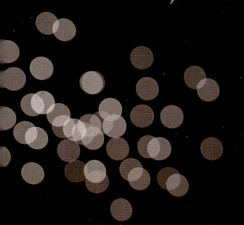

*Pour Emma, ma petite-fille,
pour son frère Swann
et leur bande de cousins, Alix, Eliot, Roman,
Madi et Anton.
D.A.R*

FLEURUS

www.ledicodesfilles.com

© Groupe Fleurus, Paris, 2011
Site : www.fleurusedition.com
ISBN : 978-2-2150-9824-9
MDS : 651 454
N° édition : 111 02
Tous droits réservés pour tous pays.
« Loi n° 49-956 du 16 juillet 1949
sur les publications destinées à la jeunesse »

Achevé d'imprimer en août 2011
par Holinail (Chine)
Dépôt légal : septembre 2011

Kiafekoa

AUTEUR
Dominique Alice Rouyer

ILLUSTRATRICE
Marianne Dupuis-Sauze

TEXTES « CAHIER 2012 »
Anne-Sophie Jouhanneau, Éléonore Thery, Marie-Laure de Buor

ILLUSTRATIONS « CAHIER 2012 »
Madeleine Martin

PAGES MODES « CAHIER 2012 »
Élisabeth Hebert, Sophie Roche, Anne-Sophie Jouhanneau

TEXTES « SPÉCIAL QUÉBEC », ENTREVUES ET PHOTOS
Justine Benoît
QUIZ PAGES 134,135
Marie-Laure de Buor
TEXTES PAGES 159, 160, 232, 233, 244, 245, 291, 456, 457
Éléonore Théry
TEXTES PAGES 161, 162, 308, 309, 338, 349, 350
Anne-Sophie Jouhanneau

PHOTOGRAPHIE « CAHIER 2012 »
Lionel Antoni ; assistante photo pages mode : Charlotte Borghi
MAQUILLAGE
Marie Viat

« MOTS »
stylisme Élisabeth Hebert, Frank Schmitt ;
prise de vue : Lionel Antoni

DIRECTION
Guillaume Arnaud
DIRECTION ÉDITORIALE
Sarah Malherbe
DIRECTION ARTISTIQUE
Elisabeth Hebert

ÉDITION
Virginie Gérard-Gaucher, assistée de Marie-Laure de Buor

CONCEPTION ET MISE EN PAGES « CAHIER 2012 »
Séverine Roze

FABRICATION
Thierry Dubus, Marie Guibert

MISE EN PAGES « MOTS »
Facompo

Bienvenue dans la grande famille des lectrices du *Dico des filles*. Une grande famille de plus d'un million de filles qui en ont fait leur livre de chevet et ont grandi avec lui. Les premières lectrices sont aujourd'hui de jeunes adultes, et elles en parlent encore entre copines !

Mais rassurez-vous, le *Dico* n'a pas pris une ride, et cette année encore, nous l'avons imaginé rien que pour vous, les filles de 2012, pour vous permettre de traverser dans la douceur et la gaîté le pays escarpé de l'adolescence, de prendre confiance en vous et de découvrir ce que vous êtes vraiment. Pour vous, nous avons préparé un *Dico* plein d'infos, de bons plans, d'astuces et de joie de vivre. Un *Dico* avec un nouveau cahier de tendances qui va vous étonner : fini le rock, le noir, le hard ; 2012 sera une année glamour, qui fera de vous une fille délicieusement féminine et raffinée. C'est aussi l'année du cinéma, l'occasion de découvrir les grandes héroïnes hollywoodiennes qui vous feront rêver d'être aussi blonde et sensuelle que Marylin.

Le *Dico*, c'est aussi les deux cents mots de la vie d'une adolescente. Nous les avons relus comme chaque année pour qu'ils soient au top de l'actualité et répondent à toutes les questions, graves ou légères, que vous allez vous poser.

Lisez-le d'un trait ou page par page, en secret ou avec vos copines, dans le train, le métro, le bus ou le soir sous la couette. Relisez-le, il vous fera rêver mais il saura aussi veiller sur vous comme la plus discrète des grandes sœurs pour que vos rêves vous aident à grandir et à devenir la fille bien que vous serez un jour.

Dominique Alice Rouyer
et l'équipe du *Dico des filles*

**DU 30 SEPTEMBRE 2011
AU 31 JANVIER 2012,**
participez à notre concours glamour
réservé aux filles !

Un diamant à gagner !

Pour jouer*, rien de plus simple :
rendez-vous sur notre site web www.ledicodesfilles.com
et remplissez le formulaire de participation en ligne.
La seule et unique gagnante
de ce somptueux lot sera tirée au sort.
Alors, toutes à vos claviers, et bonne chance !

Avec notre partenaire *Casa di Lume,* jouez et gagnez
peut-être un magnifique diamant de 0,30 carats,
monté sur pendentif en or blanc 750 ‰.

* Le concours est ouvert aux filles âgées de 12 à 16 ans, résidant en France métropolitaine
(Corse comprise), Belgique et Suisse ou Canada. Règlement du concours disponible
sur notre site www.ledicodesfilles.com

LE MAG
sommaire

8 - **ACTUS DES FILLES**
13 - **DOSSIER CINÉMA :**
« BACK TO THE 60'S »
18 - **SPÉCIAL MODE**
54 - **DOSSIER PSYCHO :**
ALLÔ MAMAN BOBO !
57 - **DOSSIER SPÉCIAL QUÉBEC**

Les actus de l'année

Par Éléonore Théry

Le cinquantième anniversaire de la guerre d'Algérie

La guerre d'Algérie débute en 1954 alors que l'Algérie est un département français. Ce conflit oppose les autorités et l'armée françaises à des indépendantistes algériens, majoritairement réunis sous la bannière du FLN, le Front de Libération Nationale. Après de longs combats, le président Charles de Gaulle signe les Accords d'Évian du 18 mars 1962. Ils débouchent sur l'indépendance du pays et un exode de la population des européens d'Algérie, appelés pieds-noirs.

Les élections présidentielles françaises

La dixième élection présidentielle de la Ve République a lieu en 2012 alors que la France est toujours plongée dans la crise économique. Elle arrive après dix-sept ans de présidence à droite.

Les élections présidentielles américaines

Les élections présidentielles américaines ont lieu en novembre 2012. Le démocrate Barack Obama, premier président noir de l'histoire des États-Unis, est éligible à un second mandat. Depuis 2010, la Chambre des représentants – l'un des deux organes du pouvoir législatif - est quant à elle tenue par les républicains.

La fin du monde ?

C'est sûr et certain : le 21 décembre 2012 signera la fin du monde. Cette prédiction est annoncée par les Mayas, Nostradamus et bien d'autres ! Et à ces prophéties, il faut ajouter un alignement « exceptionnel » de la terre, du soleil et du centre de la galaxie (ce qui arrive en réalité tous les ans...). Mais surtout, ce qui ne survient que tous les 26 000 ans, le déplacement de l'axe de rotation de la terre par rapport à son orbite. Alors, les filles, profitez bien de cette dernière année !

Les Jeux olympiques de Londres

Élue le 6 juillet 2005, Londres accueille les Jeux olympiques et paralympiques d'été en 2012. Vingt-six sports sont à l'honneur, plus de huit millions de personnes et dix mille cinq cents athlètes sont attendus. D'importants travaux sont lancés, notamment ceux du stade olympique de la banlieue est, qui pourra accueillir jusqu'à quatre-vingt mille spectateurs. La cérémonie d'ouverture est confiée au réalisateur Dany Boyle, le papa de *Slumdog Millionaire*. Du spectaculaire en perspective !

ACTUALITÉS CULTURELLES
Livres

Le Blog de la Belle
Mary Temple
Éditions Mango

« Je m'appelle Belle, j'ai seize ans et j'habite à New York. Ma vie ressemblait à celle de n'importe quelle adolescente de Manhattan jusqu'au jour où j'ai rencontré la Bête… » Une réinterprétation moderne et passionnée du célèbre conte, un blog à dévorer sans retenue !

Le Journal de Los Angeles
Violet Fontaine
Fleurus

Violet intègre le journal du lycée et tombe amoureuse du beau Nathan qui le dirige. Jalouse de la petite amie de ce dernier, elle publie un jour un article basé sur des rumeurs. La jeune fille perd alors la confiance de ses amies. Tout s'écroule autour d'elle… Jusqu'au jour où Violet reçoit d'étranges lettres qui la mettent sur la piste d'un des plus grands mystères de son lycée : la disparition de Sarah Drake ! Elle se lance dans une enquête qui ne sera pas sans danger…

Le Roman des filles :
Amitié, Shakespeare et jalousie !
Nathalie Somers
Fleurus

Rien ne va plus chez les filles !
Maëlle sent tiédir son amour pour Maxime, Chiara désespère de devenir un jour une grande comédienne et, pour couronner le tout, Lily ne parle plus à ses trois amies. Sa nouvelle copine Bérénice, est une fille étrange, timide et effacée. Mais est-ce là son vrai visage ? Entre mensonges, secrets et trahisons, l'amitié de nos quatre héroïnes va être mise à rude épreuve. Sauront-elles se retrouver ?

KEV ADAMS
Le comique de l'adolescence

Par Éléonore Théry

« **P**itié, supplie Kev Adams à l'adresse des adultes, laissez-nous dormir le matin! » L'adolescence, c'est son rayon : le comique va tout juste fêter ses 20 ans... Drôle et beau gosse, il remplit les salles, fait se tordre de rire des milliers de jeunes filles et compte encore plus de fans sur Facebook. Quelque part entre Élie Kakou, Gad Elmaleh et Florence Foresti, il décrit avec humour et talent cette drôle de période de mutation qu'est l'adolescence. Tout est passé au crible : les profs psychopathes, les filles, MSN, Facebook, la mode des pantalons mi-fesses, les retards en cours, bref tout ce que les adultes ne comprennent pas. Son œil averti et sa gestuelle tout en souplesse décryptent à merveille le monde qui l'entoure.

UN TALENT À SUIVRE EN 2012 !

Humour

ACTUALITÉS CULTURELLES
musique
1973

ILS SONT PARISIENS MAIS CHANTENT EN ANGLAIS, ET ONT SORTI UN PREMIER ALBUM ENSOLEILLÉ : *BYE BYE CELLPHONE*. RENCONTRE AVEC NICOLAS, THIBAUT ET JÉRÔME DU GROUPE 1973.

Par Éléonore Théry

– Quelles sont vos influences musicales ?
Nicolas : S'il s'agit de définir notre musique en effectuant des comparaisons, on peut sans doute parler de Syd Matters (sans le côté dark), de Phoenix (sans le côté dance-floor), des Beatles (sans le succès) ou des Beach Boys (sans les chemises hawaïennes).
Thibaut : Nous aimons quasiment tout, sans restrictions snobs du genre « ils vendent plus d'un million d'albums, ce sont des vendus du grand capitalisme ».
Jérôme : Je crois que pour ma part, c'est Metronomy. Sinon, j'aime bien Raphael Saadiq.

– Le titre musical qui définirait votre relation ?
Nicolas : En ce moment, on est assez occupés chacun de notre côté : je dirais *Bye Bye Cellphone*.
Thibaut : *Almost always is nearly enough* par Tortoise
Jérôme : *We don't need another hero*, par Tina Turner.

– Votre meilleur souvenir de *live* ?
Nicolas : Je dirais le concert à Montpellier, en co-plateau avec Lilly Wood & the Prick.
Thibaut : Je garde un excellent souvenir d'une première partie de Cœur de Pirate à Avignon. Quand les lumières se sont éteintes, tout le monde a cru à l'arrivée de la chanteuse alors que ça n'était que nous. J'ai cru qu'on allait se faire tuer et ça s'est très bien passé !
Jérôme : Notre premier concert à Londres, au Rat Theater, un genre de bouiboui qui sent la chaussette mouillée.

– Un prochain album en perspective ?
Nicolas : Pas vraiment dans l'immédiat, chacun est pris par de nouveaux projets. Cela dit, on ne sait jamais...

– Vous n'avez vraiment plus de téléphones portables ?
N.D.L.R. : leur album et un de leurs titres s'appellent Bye Bye Cellphone.
Nicolas : les chansons, ce sont souvent des métaphores... Vous croyez que Julien Doré repousse les limites ? Que Raphaël croit que la Terre est plate ? Hum... J'ai toujours un portable, mais je sais que c'est moi qui le possède et pas l'inverse.
Thibaut : Cela dit, deux tiers du groupe ont déjà vu leur téléphone portable mourir d'une manière plus ou moins violente. J'ai la palme !

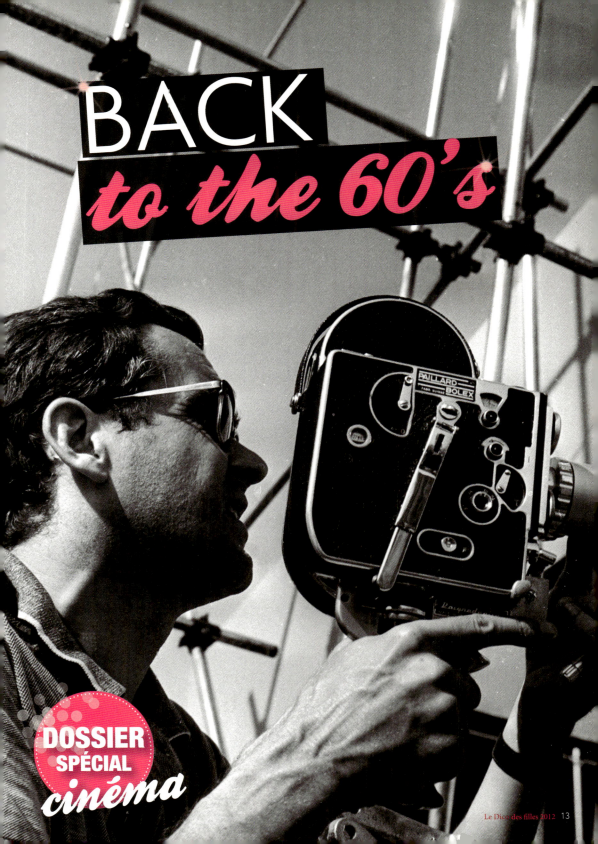

LA NOUVELLE VAGUE

L'EXPRESSION « NOUVELLE VAGUE » NAÎT DANS *L'EXPRESS* EN 1957 SOUS LA PLUME DE LA JOURNALISTE FRANÇOISE GIROUD POUR RESTITUER LES RÉSULTATS D'UNE ÉTUDE SOCIOLOGIQUE SUR LA GÉNÉRATION DE L'ÉPOQUE. LA FORMULE EST REPRISE UN AN PLUS TARD DANS LA REVUE *CINÉ 58* POUR DÉSIGNER UNE BANDE DE JOYEUX CINÉASTES, NOUVEAUX DANS LE MILIEU.

Par Éléonore Théry

Adieu au cinéma de papa

La Nouvelle Vague, c'est avant tout l'envie d'en finir avec le vieux cinéma français des années 1950, une nouvelle façon de produire et de tourner des films qui s'oppose aux traditions. Deux bandes chez ces jeunes cinéastes : d'un côté, celle des critiques de la célèbre revue *Les Cahiers du Cinéma* (Jean-Luc Godard, François Truffaut ou Claude Chabrol) de l'autre, la bande des metteurs en scène (Alain Resnais, Jacques Demy ou Agnès Varda).

Leur objectif : créer un cinéma nouveau en bousculant les règles d'antan.

Un cinéma tout nouveau !

La Nouvelle Vague, c'est une nouvelle écriture, libérée de la perfection technique. La construction du scénario est de moins en moins linéaire, contrairement à la loi du cinéma classique, notamment dans le haletant *À bout de souffle*. Les personnages, eux, exécutent les actions les plus ordinaires possibles : on peut même les voir s'ennuyer ! Mais on réfléchit bien sûr...

Halte aux énormes budgets : ces jeunes cinéastes réalisent leurs films rapidement et avec des sommes très réduites. Et vive les décors naturels, adieu les studios ! Les équipes descendent dans Paris et montrent ses rues, les Champs-Élysées et ses néons, Montparnasse et ses cafés. Il faut ajouter une autre révolution technique : celle de la caméra légère, portée à l'épaule, et des pellicules, plus sensibles. Et voilà une nouvelle esthétique, plus proche du réel.

Musique !

Qui dit nouveau cinéma dit aussi nouveaux choix musicaux. La musique pourrait même parfois remplacer les dialogues ! Figure emblématique, Michel Legrand compose les comédies musicales de Jacques Demy, *Les Demoiselles de Rochefort* et *Les Parapluies de Cherbourg*, où Catherine Deneuve pousse la chansonnette.

Vive les nouvelles têtes d'acteurs

Adieu femmes fatales et pin-up des années 1950. Des têtes inconnues sont engagées. C'est la naissance d'une nouvelle génération d'acteurs, souvent non professionnels. Arrivent Brigitte Bardot, Anna Karina, Jean-Claude Brialy, Jacqueline Bisset, Jean-Paul Belmondo, Jean-Pierre Léaud, Jean Seberg ou encore Jeanne Moreau. Ces acteurs jouent désormais moins le rôle de héros que de petites gens, et content leurs anecdotes quotidiennes.

LE SYMBOLE D'UNE ÉPOQUE
La Nouvelle Vague, c'est aussi le miroir d'une époque, la période pré-soixante-huitarde et ses mouvements de société : les Trente Glorieuses, le mouvement de libération des femmes, la guerre d'Algérie et l'explosion de la société de consommation.

UN HÉRITAGE TOUJOURS EN VUE
La Nouvelle Vague et sa grande liberté d'action se propagent hors de France. Son héritage s'étend dans de nombreux pays de monde. Les héritiers d'aujourd'hui ? Arnaud Desplechin, Olivier Assayas, Christophe Honoré ou Xavier Dolan...

UNE BANDE DE JOYEUX CINÉASTES

Divine MARILYN

Par Éléonore Théry

SPÉCIAL anniversaire

ZOOM SUR MARILYN MONROE 50 ANS APRÈS SA DISPARITION.

Née Norma Jeane Baker, la jeune fille à l'enfance difficile, commence sa carrière comme mannequin avant d'être repérée pour signer son premier contrat d'actrice. Elle tourne avec les plus grands acteurs ou réalisateurs et a une carrière éblouissante. D'une beauté et d'une sensualité éclatantes dans *Les Hommes préfèrent les blondes*, elle s'y fait aussi remarquer pour sa performance de chanteuse. Elle obtient le Golden Globe de la meilleure actrice pour *Certains l'aiment chaud* de Billy Wilder. Mais elle apparaît vulnérable et meurtrie dans *Les Désaxés*. Malgré son palmarès éblouissant, la star est en effet fragile. Elle multiplie les histoires sentimentales : trois maris, dont le joueur de baseball Joe DiMaggio ou le dramaturge Arthur Miller, et de nombreuses liaisons, la plus célèbre avec le président John Fitzgerald Kennedy. La star est également capricieuse, et les tournages se déroulent souvent difficilement. De plus en plus dépendante de l'alcool et des médicaments, Marilyn meurt le 5 août 1962, ayant apparemment mis fin à ses jours. Les circonstances exactes de sa mort ne seront jamais élucidées. Mais elle reste à jamais un mythe inégalé de la légende hollywoodienne.

Pour célébrer Marilyn en 2012

My Week with Marilyn
Réalisé par Simon Curtis, avec Michelle Williams, Kenneth Branagh, Emma Watson. Un film sur les coulisses du tournage de *Le Prince et la danseuse*.

Blonde
Réalisé par Andrew Domink, avec Naomi Watts. Un film adapté du roman de Joyce Carol Oates, faux mémoires de la star.

100% *glamour*

LES ROBES DE LÉGENDE DU CINÉMA

ELLES ONT FAIT RÊVER LES FILLES DU MONDE ENTIER, VOLANT PRESQUE LA VEDETTE À CELLES QUI LES ONT PORTÉES. CINQUANTE ANS PLUS TARD, CES ROBES DE LÉGENDE DU CINÉMA SONT ENCORE SUR LE DEVANT DE LA SCÈNE !

Par Anne-Sophie Jouhanneau

Bien avant qu'elle ne devienne une princesse, Grace Kelly en avait déjà tout l'air dans la divine robe qui l'habillait dans *La Main au collet* en 1955, soulignant sa taille fine et ses épaules délicates.

Dans le film *Sept ans de réflexion*, sorti en 1955, Marilyn Monroe et sa robe volante offrent au cinéma une de ses scènes cultes, incarnant au passage l'essence du glamour américain.

Dessinée par Hubert de Givenchy, cette petite robe noire portée par la ravissante Audrey Hepburn dans *Diamants sur canapé* en 1962 a tout d'une grande robe de cinéma.

LES BLONDES DE LÉGENDE

Par Éléonore Théry

L'idéal de la blondeur est diffusé par le cinéma américain des années 1930-1940. Synonyme de glamour ou de froideur, le blond est un véritable mythe cinématographique.

Jean Harlow

Jean Harlow exhibe sa chevelure aux teintes oxygénées dans *La Blonde platine* de Frank Capra, en 1931. C'est le coup d'envoi d'une nouvelle mode pour les femmes américaines qui déferle bientôt sur le monde entier.

Marlene Dietrich

Devenue célèbre avec le film *L'Ange bleu* en 1930, l'actrice allemande aux cheveux platinés est une star au charisme à la fois enjôleur et glacial. Elle s'oppose au régime nazi et devient citoyenne américaine avant la guerre.

Grace Kelly

L'actrice américaine **Grace Kelly** se rend célèbre par ses apparitions dans les films d'Alfred Hitchcock, notamment *Fenêtre sur cour* en 1954. Sa blondeur est synonyme d'une froideur troublante. Le grand maître du suspens aurait dit à son sujet : « Grace ? C'est le feu sous la glace. »

Jean Seberg

Dans *À bout de souffle* de Jean-Luc Godard en 1959, sa coupe de poussin blond est un exemple de la transformation des normes de la mode. Jean Seberg est un parfait symbole de la femme libre et androgyne.

Brigitte Bardot

Star mondiale des années 1960, elle est l'emblème de l'émancipation des femmes et de la liberté sexuelle. Son blond sensuel en fait un véritable sex-symbol. L'actrice, également chanteuse, joue pour les plus grands réalisateurs, de Roger Vadim à Jean-Luc Godard.

TEST

ES-TU PLUTÔT *Audrey* OU MARILYN ?

Par Marie-Laure de Buor

1. Départ en vacances, tu n'oublies jamais dans ton sac :
A – Tes petites ballerines plates, elles te seront indispensables pour une tenue décontractée.
B – Tes escarpins à talon, nécessaires pour les soirées d'été.

2. L'accessoire indispensable pour un look féminin, pour toi c'est :
A – Un foulard discrètement noué autour de la lanière de ton sac.
B – Un joli bijou afin de mettre en valeur ton cou.

3. Tes cheveux, c'est plutôt :
A – Un joli carré volumineux et brushé : tes cheveux, c'est ta féminité !
B – Cheveux courts et petite frange : le plus simple à coiffer !

4. Une bonne fée apparait et te propose de choisir la robe de tes rêves :
A – Une robe longue, noire et cintrée, afin de mettre en valeur ta taille fine.
B – Des froufous, des volants et un joli décolté : rien de mieux pour ressembler à une star.

5. Soirée sur la plage par un temps un peu frais, tu cours chercher :
A – Ton nouveau jean taille haute : il te va comme un gant.
B – Ton pantacourt noir passe partout, c'est ton préféré.

6. Un week-end à la campagne près du feu, tu enfiles :
A – Un léger pull à col roulé près du corps : même à la campagne tu veux rester élégante.
B – Rien de mieux qu'un gros pull de maille dans lequel s'emmitoufler.

7. Le plus important quand tu te maquilles, c'est de :
A – Faire ressortir ton visage par un blush rose et un rouge à lèvre assorti.
B – Souligner simplement ton regard avec un trait d'eye-liner.

8. Pour toi, les deux mots qui riment avec féminité sont :
A – Glamour et sensualité.
B – Elégance et simplicité.

	1	2	3	4	5	6	7	8
A	0	0	2	0	2	0	2	2
B	2	2	0	2	0	2	0	0

Tu as entre 0 et 10 :

Chic et décontract', comme Audrey Hepburn : voici ton *dresscode* ! Pour toi, une fille féminine ne doit pas nécessairement porter des talons hauts et des décoltés vertigineux. Une petite robe cintrée assortie à des ballerines plates : voila la tenue parfaite.
Si d'aventure, tu devais aborder une tenue plus décontractée : il te suffit d'enfiler un slim ou un pantacourt assorti d'un simple chemisier et le tour est joué !
L'accessoire que tu n'oublies jamais : tes lunettes Wayfarer et un foulard coloré pour l'été !

Tu as entre 10 et 20

Le glamour, la sensualité ... comme Marilyn Monroe : tu aimes te mettre en valeur ! Un rouge à lèvres rouge, des vêtements qui te vont parfaitement, voila la féminité pour toi ! Dans ton dressing, tu rêves de robes virevoltantes, de fourrures et de boas, le tout accompagné de longs gants afin d'accentuer le style glamour de ta tenue ! Mais attention, une fois les projecteurs éteints, Marilyn aborait fièrement sa marinière, un jean taille haute et des Converse. Un look plus décontracté pour une tenue toute aussi féminine.
L'accessoire que tu n'oublies jamais : ton parfum Chanel et ton blush pour avoir toujours bonne mine !

PEOPLE
Métier de rêve

Agnès, assistante décoration pour le cinéma

Propos recueillis par Éléonore Théry

Quel est ton métier ? Explique-nous…

Je suis là dès le début du film. Je lis d'abord le scénario, puis je participe aux discussions sur les lignes directrices des décors. Vient ensuite la préparation : je fais des recherches sur Internet, dans d'autres films ou dans des magazines de déco. Il m'arrive même d'aller chez des gens : un cabinet médical par exemple. Je constitue ensuite des planches tendance, qui matérialisent le tout avec des dessins, des tissus, etc. Enfin vient la réalisation : je loue, achète, voire fabrique ce que nous avons imaginé.

Comment qualifierais-tu ce métier ?

Il s'agit d'une véritable chasse au trésor. Il y a une grande part de débrouille en permanence. Tu dois être capable de faire des miracles ! Mais Internet a vraiment changé le métier : tu y trouves des choses géniales, uniques et pas chères.

Comment es-tu arrivée là ?

J'avais fait des études d'histoire, et des arts plastiques. Mais beaucoup ont fait de la scénographie ou de l'architecture intérieure. J'ai commencé avec des courts métrages d'étudiants en cinéma et je suis petit à petit arrivée sur des films ou des productions télé.

Quelles sont les qualités à avoir selon toi ?

Avant tout la curiosité. Il faut avoir l'œil toujours ouvert : boutiques, films, livres… Tout est source d'inspiration ! Il est important d'être très organisée, pour les commandes et les livraisons, ou les autorisations. Il est aussi nécessaire d'être très rigoureuse, pour éviter les anachronismes dans les films d'époque par exemple. Il faut enfin être volontaire car je n'ai pas d'horaires : je travaille tard le soir et commence tôt le matin.

Quel est le meilleur moment ?

Le moment où la lumière arrive, où les acteurs s'emparent de ton décor et où tout prend vie. C'est vraiment un moment magique !

Quel est ton plus bel exploit ? Ta plus belle trouvaille ?

Le sudokube ! Un objet que je ne connaissais même pas et qui n'avait jamais été vendu en France ! La réalisatrice avait repéré quelque part ce jeu : une sorte de sudoku sur le principe du rubicube. Je suis allée sur des forums Internet de jeux de casse-tête, j'ai appelé des fabricants de jouets… J'ai fait tout ce que je pouvais. J'ai finalement acheté le jeu sur Internet à quelqu'un qui l'avait rapporté des États-Unis. Sinon, de manière générale, les accessoires de saisons sont très pénibles pour moi. Trouver une tonnelle de jardin ou des jeux de plage en hiver relève aussi de l'exploit. Je dois toujours réaliser l'impossible car je ne peux jamais dire non !

Connais-tu les classiques du cinéma ?

Par Anne-Sophie Jouhanneau

1. Parmi ces trois films réalisés par Alfred Hitchcock, lequel ne sollicite pas Grace Kelly ?
a. *Le Crime était presque parfait.*
b. *Psychose.*
c. *La Main au collet.*

2. Quel est le cocktail préféré de James Bond ?
a. Le Daïquiri.
b. Le Vodka-Martini.
c. Le Black Russian.

3. Qui a composé la musique du film *Le Fabuleux Destin d'Amélie Poulain* ?
a. Alain Souchon.
b. Jean-Jacques Goldman.
c. Yann Tiersen.

4. *La Règle du jeu*, de Jean Renoir, est considéré comme un des plus grands films du cinéma. En quelle année a-t-il été réalisé ?
a. 1939.
b. 1929.
c. 1949.

5. Lequel de ces films a reçu le plus d'Oscars ?
a. *West Side Story.*
b. *Slumdog Millionnaire.*
c. *Titanic.*

6. Qui était gendarme à Saint-Tropez avec Jean Lefebvre ?
a. Coluche.
b. Bourvil.
c. Louis de Funès.

7. Que cherche Audrey Hepburn à la fin du film *Diamants sur canapé* ?
a. Ses chaussures.
b. Son chat.
c. Son rouge à lèvres.

8. De quel film cette citation est-elle extraite « c'est fin, c'est très fin, ça se mange sans faim » ?
a. *Le Père Noël est une ordure.*
b. *Les Visiteurs.*
c. *La Cité de la peur.*

9. Dans quelle région de France se déroule *La Gloire de mon père*, le film retraçant l'enfance de Marcel Pagnol ?
a. L'Alsace.
b. La Bretagne.
c. La Provence.

10. Dans *La Fièvre du samedi soir*, qui joue le rôle de Tony Manero ?
a. John Travolta.
b. Jack Nicholson.
c. Dustin Hoffman.

BONNES RÉPONSES : 1. b. Psychose. 2. b. Le Vodka-Martini. 3. c. Yann Tiersen. 4. a. 1939. 5. c. Titanic. 6. c. Louis de Funès. 7. b. Son chat. 8. a. Le Père Noël est une ordure. 9. c. La Provence. 10. a. John Travolta.

MUST HAVE
des 60's

Boucles d'oreilles Love cerise
(Le temps des cerises, 55,90 €)

Teddy laine noire et cuir blanc American College
(Le66Champs Elysees, 169 €)

Gilet court blanc à cœurs rouges
(Cache-Cache, 27,99 €)

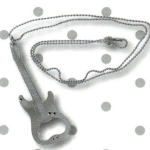

Collier guitare-décapsuleur
(Gas Bijoux, 105 €)

Espadrilles compensées
(Pepe jeans, 59,90 €)

BEAUTÉ *maquillage*

Leçon de teint

POUR COMPLÉTER LE LOOK RÉTRO,
IL FAUT SAVOIR ACCORDER SON MAQUILLAGE À SA TENUE.
RIEN DE PLUS SIMPLE EN SUIVANT CES QUELQUES CONSEILS :

Faites-vous un teint frais comme la rosée en appliquant une fine couche de poudre par-dessus un fond de teint léger, le tout suivi d'un soupçon de blush sur les pommettes. Entrent en scène les yeux de biche, les stars du visage. Maquillez-les avec une ombre banane, c'est-à-dire un fard clair sur la paupière mobile et un plus foncé dans le pli de la paupière, en suivant son contour, de la forme d'une banane. Ajoutez un trait d'eye-liner noir finissant en forme de virgule à l'extérieur de la paupière.
Et enfin, pour des lèvres à croquer, un gloss coloré fera très bien l'affaire.

Fond de teint « Some kind-a gorgeous » (Benefit, 29,50 €)

Vernis 10 jours, (Bourjois, n°15, 9,95 €)

Khol Kajal noir (Arcancil, 11,80 €)

Illuminateur « Light touch » (Arcancil, 7,90 €)

Mascara volume glamour ultra curl (Bourgeois, 11,95 €)

Fards à joue « Oh my blush » pêche (Arcancil, 11 €)

Trousse de toilette vintage Benefit

Le Dico des filles 2012

HOMMAGE À LA SÉRIE MAD MEN.

Plongée dans la mode du début des années 1960. Sans trop dévoiler, on joue de sa féminité en robe ou en jupe voluptueuse, assortie à un cardigan classique ou à une blouse colorée et de précieux accessoires qui ont su traverser les modes. Et voilà une tenue impeccablement soignée !

BEAUTIFUL MODE

Photos de : LIONEL ANTONI
Stylisme : ÉLISABETH HEBERT ET SOPHIE ROCHE
Maquillage : MARIE VIAT

Robe corail à pois blanc (Sinequanone, 85 €)
Jupon vintage
Collier de perles nacrées (Moa 5,90 €)

win-set en soie camel (Bruce Field, 49 €)
...ll er de perles nacrées (Moa 5,90 €)

Foulard vintage (Leonardi)
Lunettes vintage
Collier de perles nacrées (Moa, 5,90 €)
Twin-set en soie camel (Bruce Field, 49 €)
Jupe crayon (Benetton, 49,90 €)
Collant Voilance satiné chair (Le Bourget, 15,10 €)
Escarpins Camel (Eden, 85 €)
Sac en cuir marron (Unisa, 189 €)

Elle :
Foulard vintage (Leonardi)
Lunettes vintage
Twin-set en soie camel (Bruce Field, 49 €)

Lui :
Costume anthracite et cravate fine noire
(Bruce Field, 275 € et 29 €)
Chemise blanche (Zara, 39 €)
Borsalino gris (Moa, 12,95 €)

Top corail (Sinequanone, 45 €)
Lunettes de soleil (Sinequanone, 25 €)

Lui :
Costume anthracite et cravate fine noire
(Bruce Field, 275 € et 29 €)
Chemise blanche (Zara, 39 €)

Elle :
Twin-set en soie camel (Bruce Field, 49 €)
Sautoir en perles de rivière vintage
Boucles d'oreilles en perle vintage

Elle :
Trench (Paul & Joe Sister, 270 €)
Twin-set en soie camel (Bruce Field, 49 €)
Sautoir en perles de rivière vintage
Lunettes vintage

Lui :
Costume anthracite et cravate fine noire
(Bruce Field, 275 € et 29 €)
Chemise blanche (Zara, 39 €)

Robe noire vintage
Gants longs en cuir noir (Glove Story, 85 €)
Bracelet manchette en strass (Claire's, 6,95 €)

Costume anthracite (Bruce Field, 275 € et 29 €)
Chemise blanche (Zara, 39 €)
Borsalino gris (Moa, 12,95 €)

LATE 50'S
Accessoires rétro

Foulard Vintage (Leonardi)

Manteau beige (Blancs Manteaux, 338 €)

Lunettes (Jennyfer, 6,99 €)

Sac bowling simili cuir gold (Moa, 36,95 €)

Ballerines taupe à nœud noir simili cuir (Moa, 17,95 €)

(Marinière manche longue rouge et blanche Armor Lux, 49 €)
Lunettes cœur (Claire's, 6,95 €)

MODE
Rockabilly

La tendance Rockabilly, c'est le look rock 'n' roll à la sauce rétro. Vive les imprimés rayés, à pois ou à carreaux, assortis à un perfecto en cuir ou à un blouson en jean. À nos pieds, des baskets en toile ou des ballerines colorées, révélées par un pantalon raccourci pour pouvoir twister toute la nuit !

Elle :
Perfecto en cuir noir (Sinequanone, 269,90 €)
Marinière manche longue rouge et blanche
(Armor Lux, 49 €)
Bracelet gris et rouge à nœuds (Lollipops, 29 €)
Lunettes cœur (Claire's, 6,95 €)

Lui :
Tee-shirt manches longues (Segura, 29 €)

Marinière rouge et blanche (Armor Lux, 49 €)
Jean slim bleu brut (Sinequanone, 75 €)
Bracelet gris et rouge à nœuds (Lo lipops, 29 €)
Baskets rouges All Star (Converse, 60 €)

Blouson de cuir style motard (Segura, 299 €)
Tee-shirt (Segura, 29 €)

Veste en jean (Lois, 90 €)
Bracelet gris et rouge à nœuds (Lollipops, 29 €)
Robe-chemise à carreaux noir et blanc (Lois, 65 €)

Robe-chemise à carreaux noir et blanc (Lois, 65 €)
Corsaire noir en coton à ruban Vichy (Bleuforêt, 28 €)
Ballerines (Moa 16,95 €)

Gilet court blanc à cœurs rouges (Cache-Cache, 27,99 €)

LA MINI-JUPE
N'A PAS PRIS UNE RIDE
Par Anne-Sophie Jouhanneau

Évolution d'une jupe
À sa naissance, elle est trapèze. Le pantalon « patte d'ef » lui fait de l'ombre dans les années 1970, mais elle revient en force la décennie suivante, toute d'écossais vêtue, puis devient plissée à la fin du siècle. En 2012, on porte encore la mini à toutes les sauces, du moment qu'elle mette en valeur nos jolies gambettes !

Une courte histoire de la mini
Symbole de la libération de la femme, la minijupe apparaît en Angleterre en 1962. Elle est inventée par Mary Quant, une créatrice autodidacte qui voulait permettre aux femmes de courir après le bus, et est immédiatement adoptée par Twiggy, célèbre mannequin de l'époque. Elle est importée en France par André Courrèges en 1965, habillant sans tarder les jambes de Françoise Hardy, Brigitte Bardot et Catherine Deneuve, valant au créateur un succès fulgurant.

MODE shopping — TOUTES en jupe !

Mini-jupe orange (Zara 49,90 €)

Mini-jupe verte (Zara 39,90 €)

Mini-jupe bleue (Zara 39,90 €)

Mini-jupe noire à pois blancs (Zara, 27,95 €)

© Kai Juenemann / Madame Figaro

MON JEAN à moi

MÊME S'IL EN EXISTE DE TOUTES LES COUPES, IL N'EST PAS FACILE POUR AUTANT DE TROUVER LE MODÈLE PARFAIT. MAIS QUAND ON SAIT QUE LE BON JEAN PEUT NOUS DONNER UNE LIGNE DE RÊVE, QUELLE QUE SOIT NOTRE MORPHOLOGIE, CELA VAUT LE COUP DE CHERCHER !

Charlotte Gainsbourg

Le jean RACCOURCI
Il permet de découvrir quelques centimètres de peau et de montrer vos plus belles chaussures. Avec une paire de talons, il fait la cheville fine, mais il est aussi parfait pour les grandes qui ne trouvent jamais de jeans assez longs.

Le BOYFRIEND jean
Rien de tel pour arborer une tenue décontractée mais toutefo<!---->is bien étudiée. Il permet aussi d'étoffer un peu les plus minces avec une paire de talons ou un haut près du corps, crée un lo<!---->ok masculin-féminin qui ne passera jamais de mode.

Le jean « PATTE D'EF »
Le bas évasé permet de rééquilibrer la silhouette des plus rondes, tandis que les petites le porteront avec des compensées. Effet jambes interminables garanti !

Le jean SLIM
Contrairement aux id<!---->ées reçues, il va à presqu<!---->e toutes ! Les plus rond<!---->es le portent avec un ha<!---->ut tombant sur les hanc<!---->hes, il est parfait en hiver, dans des bottes.

Et la couleur ?
Bon à savoir : plus le jean est foncé, plus il est flatteur pour la silhouette !

Une icône / UN JEAN

ELLES LES ONT RENDUS CÉLÈBRES... EN ADOPTANT LEUR COUPE DE JEAN PRÉFÉRÉE, CES ACTRICES ONT, SANS LE SAVOIR, LANCÉ DES MODES QUI PERDURENT AUJOURD'HUI !

Par Anne-Sophie Jouhanneau

Marilyn Monroe et le jean taille haute – Elle n'hésitait pas à mettre ses courbes en valeur, que ce soit dans une robe de soirée ou dans un jean moulant parfaitement ses délicieuses rondeurs.

Jane Birkin et le « patte d'ef » – Il fait rage dans les années 1970, mais personne ne le porte aussi bien qu'elle, dont le look préféré – jean-tee-shirt-baskets – est encore admiré aujourd'hui.

Jean Seberg et le jean baggy – Le boyfriend jean n'est pas né d'hier ! Il a depuis bien longtemps été adopté par les filles à la recherche d'un look garçon manqué.

Street look

Quelques basiques et beaucoup de goût suffisent pour transformer Paris en défilé !

RAPHAËLE

CLAIRE

La chemise en jean fait son come-back ; à porter avec un petit sac ultra-féminin.

Belle jusqu'au bout des ongles !

Osez les bottines indiennes pour un style ethnique-chic !

DOSSIER psycho — LES RAPPORTS **MÈRE-FILLE**

Allo maman bobo !

PLUS JEUNE, VOUS AVIEZ L'HABITUDE DE LUI POSER PLEIN DE QUESTIONS ET DE COMPTER SUR L'AIDE ET LE SOUTIEN DE SUPER MAMAN EN TOUTE SITUATION. MAIS, AVEC L'ARRIVÉE DE L'ADOLESCENCE, DE NOUVEAUX SUJETS VOUS PRÉOCCUPENT ET VOUS NE SAVEZ PAS TOUJOURS COMMENT LES ABORDER AVEC ELLE OU GÉRER LES CONFLITS QUI POINTENT LE BOUT DE LEUR NEZ. HEUREUSEMENT QUE LE *DICO* EST LÀ POUR VOUS AIDER À RÉSOUDRE TOUS VOS PROBLÈMES !

Par Anne-Sophie Jouhanneau

Les garçons

Votre maman vous voit encore comme sa petite fille et préférerait qu'aucun garçon ne vous tourne autour avant vos 25 ans. Et vous, vous n'osez pas lui dire que vous avez déjà un amoureux !

À faire :

Sachez que rien ne vous oblige à partager avec votre mère vos émois et toutes les déclarations enflammées que vous recevez. Mieux vaut parfois garder un petit jardin secret. Si vous souhaitez lui en parler, dites-lui que vous adorez passer du temps avec lui. Elle comprendra très vite à quel point ce garçon est précieux à vos yeux !

À éviter :

- Les déballages de détails un peu trop croustillants : votre maman n'est pas votre copine.
- Mentir en disant que vous allez au ciné avec une copine alors que vous roucoulez avec Hugo.

La mode

Contrairement à vous, votre maman chérie ne considère pas l'achat de boots cloutées comme un investissement indispensable. Quelle mouche peut bien la piquer ?

À faire :

Acceptez que votre mère et vous ayez des goûts différents. Et c'est plutôt normal, vu votre différence d'âge. Vous pouvez lui dire que ce qui compte, c'est que vous achetiez des vêtements que vous aimez et que vous allez porter et reporter.

À éviter :

- Lui dire qu'elle ne connaît rien à la mode car elle n'aime pas l'imprimé tête de mort. Les goûts et les couleurs, ça ne se discute pas.
- Critiquer son look, car vous n'aimez pas qu'elle critique le vôtre.

Les trucs de fille

Certaines mères en parlent très ouvertement, d'autres partent du principe que vous discutez de tout cela avec vos copines et que vous n'avez pas besoin de leurs conseils.

À faire :

Ne vous sentez pas gênée du tout. Quel que soit le sujet (épilation, règles…), vous devriez être assez à l'aise pour lui poser toutes les questions que vous voulez. N'oubliez pas qu'elle a eu votre âge avant vous et qu'elle est passée par les mêmes étapes. Si elle vous trouve trop jeune pour vous épiler, dites-lui que vous êtes vraiment gênée par l'arrivée de poils et qu'il n'y a aucun mal à vouloir s'en débarrasser. Mais si elle refuse que vous vous maquilliez, écoutez donc ses raisons avant de vous insurger.

À éviter :

- Vous démoraliser si vous n'arrivez pas à en parler avec elle. Peut-être qu'elle n'a pas eu l'habitude de parler de ces sujets avec sa propre mère. Si elle ne répond pas à toutes vos interrogations, pourquoi ne pas lui demander qu'elle vous offre un livre ou un magazine sur le sujet qui vous préoccupe ? Et n'oubliez pas que vous pouvez parler aux autres femmes de votre entourage : cousines, tantes, copines…

Les sorties

Vous rêvez de soirées pyjama entre copines et de boums à répétition mais votre mère donne l'impression de vouloir vous enfermer dans la plus haute tour du château comme une princesse des temps modernes.

À faire :

Demandez la permission longtemps à l'avance en donnant le plus d'informations possibles (lieu de la fête, nom de la copine chez qui elle se déroule, heure de retour, moyen de transport…). Si votre mère commence par dire non, suggérez qu'elle pose ses conditions (vous devrez rentrer plus tôt ou elle viendra vous chercher à la fin, par exemple).

À éviter :

- Vous vexer immédiatement si la réponse est négative. Apprenez plutôt à négocier et à faire des compromis. Peut-être que votre mère serait plus à l'aise si elle connaissait la copine chez qui vous allez. Et une telle rencontre peut s'organiser facilement !
- Abandonner au premier « non ». Même si vous n'avez pas eu le droit d'aller à la boum de Sacha, rien ne vous empêche de redemander la permission de sortie pour la fête suivante !

Entre mère et fille

Vous avez envie de passer plus de temps avec votre mère et d'organiser des d'activités 100 % filles mais elle semble n'avoir jamais de temps pour vous.

À faire :

Dites-lui à quel point il est important pour vous de partager de précieux moments avec elle. Proposez-lui une activité, une date et une heure, et n'hésitez pas à insister un peu. Ensuite, si elle dit oui, rappelez-lui régulièrement votre sortie entre filles et assurez-vous qu'elle ne prévoie rien d'autre à la place. Et pourquoi ne pas l'aider aux tâches ménagères pour qu'elle ait plus de temps pour vous ?

À éviter :

• Baisser les bras si elle annule votre séance shopping au dernier moment car votre petit frère est malade. Montrez-vous compréhensive, puis trouvez avec elle une autre date qui lui convient.

Votre avenir

Maman chérie vous verrait bien vétérinaire ou danseuse étoile, mais vous préféreriez être architecte ou dresseuse de dauphins.

À faire :

Ne pas oublier que vos rêves et votre futur vous appartiennent ! Vous seule pouvez décider de ce que vous allez faire plus tard. Mais cela n'empêche pas que votre mère ait des aspirations pour vous. La meilleure chose à faire est de partager vos rêves avec elle dès que l'occasion se présente et de ne pas être triste si elle ne les partage pas. Rappelez-lui aussi que ce qui compte, c'est que vous trouviez une voie dans laquelle vous allez vous épanouir.

À éviter :

• Cesser toute discussion dès qu'elle fait une suggestion. Écoutez ce qu'elle a à dire, ainsi vous pourrez justement lui demander de vous écouter quand vous parlez de vos passions !

DOSSIER
spécial Québec

Par Justine Benoît

Anaïs Pouliot

ANAÏS POULIOT EST UNE JEUNE FILLE DÉTERMINÉE QUI, À L'ÂGE DE 14 ANS, A PRIS SON COURAGE À DEUX MAINS ET A FRANCHI LES PORTES DE L'AGENCE DE MANNEQUINS FOLIO À MONTRÉAL. ELLE AVAIT LE PROFIL : LA MINCEUR, DES JAMBES INFINIMENT LONGUES, DES LÈVRES À LA ANGELINA JOLIE.

LA NOUVELLE COQUELUCHE DES PODIUMS

L'agence a tout de suite reconnu les atouts de la jeune fille. Mais c'est à 18 ans que sa carrière démarre réellement. Son premier grand défilé est celui de Miu Miu, où tous les grands designers et directeurs de casting la découvrent. Depuis, Anaïs parcourt le monde, défile pour Yves Saint Laurent, Prada, Chanel, Nina Ricci ou Missoni. Ses journées ne sont jamais les mêmes : « Il n'y a pas de journée type, je suis travailleuse autonome, chaque jour est différent », nous raconte-t-elle. Elle peut vivre un mois à Londres, et le mois suivant s'installer à Paris. Toutefois, Montréal et sa famille lui manquent. En raison de son agenda maintenant bien rempli, elle lui rend visite seulement deux semaines l'été et deux semaines l'hiver. « Malgré ce que l'on peut croire, être mannequin n'est pas seulement glamour, c'est aussi épuisant et difficile. » Ce qui n'empêche pas la jeune montréalaise d'être passionnée par son métier. « C'est grâce à mon métier que j'ai la chance de visiter plusieurs pays. » Côté mode, elle adore dénicher des fringues dans les boutiques vintage du Marais à Paris et se réjouit du retour d'une mode plus classique. Les vêtements de Dior la séduisent : « C'est si beau ! Ils sont incroyables. »

Photo : Billy Kidd

Mitsou, notre artiste chérie !

QUAND ON DIT **MITSOU** AU QUÉBEC, TOUT LE MONDE - JEUNES ET MOINS JEUNES - SAIT DE QUI ON PARLE. NON SEULEMENT À CAUSE DE SON PRÉNOM SINGULIER QUI EN JAPONAIS SIGNIFIE « MIEL », MAIS PARCE QU'ELLE FAIT PARTIE DU **PAYSAGE CULTUREL DU QUÉBEC** ET DU CANADA DEPUIS PLUS DE TRENTE ANS. RENCONTRE AVEC UNE FILLE BIEN DANS SA PEAU.

Bien qu'elle ait joué dans un téléroman populaire dès l'âge de 9 ans, c'est à 17 ans qu'elle impose sa loi dans le milieu du show-business en foudroyant l'industrie du disque avec sa chanson « Bye Bye mon cow-boy », extrait de son premier album *El Mundo* paru en 1986. Son seul but était alors de devenir la plus colorée des artistes. Elle arborait un look provocateur, qu'elle assumait envers et contre tous. Par sa sensualité, elle voulait démontrer le pouvoir de la féminité. Depuis, son parcours n'a cessé d'étonner alors qu'elle endosse tous les rôles avec une facilité déconcertante : chanteuse populaire, actrice, elle est aujourd'hui animatrice des émissions *C't'encore drôle* à Radio NRJ 94.3 FM et *Kampaï* à la Télévision Radio Canada, ambassadrice des produits de beauté Lise Watier, porte-parole de la Fondation du cancer du sein, co-fondatrice de l'entreprise Dazmo spécialisée dans la conception de bandes sonores originales et mère de deux filles de 4 et 7 ans ! En 2010, à quelques jours de son anniversaire, elle a épousé leur père, Iohann, lors d'une cérémonie grandiose qu'il avait organisée dans le plus grand secret, événement que l'on peut voir sur son site Web. Les années ne semblent avoir aucune emprise sur cette femme singulière toujours aussi belle. Son remède pour arriver à conjuguer toutes ses occupations ? Se coucher tôt, bien s'alimenter et faire de l'exercice régulièrement. Une discipline qui lui permet de toujours relever de nouveaux défis, dont celui, cette année, de faire de la musique originale sur son site Web www.mitsou.com

Notre MARILYN à nous !

MITSOU A GENTIMENT ACCEPTÉ UNE TRANSFORMATION EN MARILYN MONROE POUR *LE DICO DE FILLES*. ELLE S'EST PRÊTÉE AU JEU AVEC TOUTE LA GÉNÉROSITÉ QU'ON LUI CONNAÎT. NOUS LUI AVONS POSÉ DES QUESTIONS SUR SON IDOLE.

2.

Étapes pour réaliser ce maquillage avec les produits Lise Watier

1.
- Fond de teint *Vitalité Minéraliste*
- Poudre translucide *Undercover*

2.
- Boîte compact-sourcils
- Fards à paupières *solo vanille mat* et *solo chocolat*
- Eyeliner Encre noir (de l'intérieur vers l'extérieur)

Pour un look plus glamour, ajoutez des faux-cils.

3.
- Crayon imperméable contour des lèvres rouge
- Duo *Red Carpet Glam*

Le tour est joué ! Vous êtes maintenant une vraie Marilyn!

1.

3.

Crédits :
Photos : Stéphane Martin
www.thrace.ca

Maquillage et coiffure :
Chantale Corbeil
www.studiopurecouleur.ca

Pour trouver les produits Lise Watier au Québec et en Europe www.lisewatier.com

Le Dico : Tu as accepté d'être transformée en Marilyn Monroe. Aurais-tu aimé vivre à son époque ?
Mitsou : Je préfère nettement la nôtre, pour la condition des femmes et la technologie que j'adore. Cependant, j'avoue aimer beaucoup les années 1950 pour la mode et l'architecture.

Le Dico : Aurais-tu aimé être dans sa peau ?
Mitsou : Marilyn a été incomprise à l'époque. Quand on pense que c'est la première femme à avoir été productrice de film et la première artiste à avoir possédé sa maison de production, c'est quand même impressionnant. Ce qui me peine, c'est qu'elle était très peu payée, et que le star-système à cette époque profitait d'elle. Elle a rempli les coffres des grandes maisons de production et non les siens. Donc, non, pour ces raisons, je n'aurais pas aimé être à sa place. Je tiens à mes droits d'auteur, et c'est la raison pour laquelle je me suis lancée en affaires.

Le Dico : Pourquoi crois-tu qu'elle fascine toujours, cinquante ans après sa mort ?
Mitsou : Pour sa féminité, sa fragilité et sa force à la fois. Parce qu'elle représente tout ce qu'il y a de plus beau chez une femme, et aussi par ses amours malchanceuses qui ont beaucoup fait parler.

Avez-vous déjà entendu parler du Rockabilly ? Ce terme vient de la contraction des mots Rock'n' roll et Hilbilly*. C'est un mélange de rhythm and blues de la Nouvelle-Orléans et de musique country du sud.

La commercialisation du style date du 5 juillet 1954, alors qu'Elvis Presley enregistrait « That's All Right Mama » dans le légendaire Sun Studio.

Mais le Rockabilly n'est pas seulement un style musical, c'est aussi un style de danse : le Rockabilly Jive.

Luc Osmani, passionné ces années 1950, enseigne cette danse à l'école Rock Avenue (Montréal). Ce passionné a commencé à danser à l'âge de 18 ans. Il acquiert en une seule année les connaissances et les techniques des cinq niveaux de danse swing. Après avoir parcouru l'Amérique du Nord pour prendre des cours privés avec les meilleurs danseurs au monde, il participe à des compétitions, des classes de maîtres et sait-on un camp de formation spécialisée au New Hampshire... En 2004, Luc fait ses premiers pas de Rockabilly Jive et en maîtrise les quatre niveaux en moins d'un an.

En 2009, il fonde l'école Rock Avenue à Montréal, où il enseigne le Jive tout en poursuivant sa formation pour apprendre de nouvelles acrobaties. Il s'exerce près de vingt heures par semaine ! « L'entraînement est la clé du succès en danse. Chaque semaine, j'apprends de nouveaux mouvements et de nouvelles techniques », dit-il.

Cette danse aux rythmes endiablés convient-elle à tout le monde ? « On n'est jamais trop vieux, ni trop jeune pour apprendre à danser ! Surtout sur des rythmes comme ceux d'Elvis Presley ! »

* Un Hilbilly est un habitant des Appalaches.

Pour information :
École Rock Avenue
514-843-4615

Photos : Alexandra Furminger

La boutique Itsi Bitsi

GRAPHISTE DE FORMATION, PASCALE GUINDON QUITTE LA PROFESSI[ON] ET SE RÉORIENTE DANS LA FABRICATION DES GÂTERIES LES PL[US] « FIFTIES » DU MARCHÉ : LES CUPCAKES. NOUS AVONS RENCONTRÉ CET[TE] PASSIONNÉE DANS SA BOUTIQUE, QUI DÉGAGE DES ARÔMES QU'O[N] HUMERAIT CHAQUE JOUR.

Le Dico : Vous avez été la première à ouvrir une boutique de cupcakes à Montréal. Qu'est-ce qui vous y a menée ?

P. G. : J'étais graphiste, j'en avais assez d'être dans ce domaine. Lors d'un séjour à Toronto, j'ai vu une boutique de cupcakes et j'ai pensé que tôt ou tard quelqu'un allait ouvrir une boutique de ce genre à Montréal. Comme ça ne venait pas, j'ai décidé de le faire !

DES EFFLUVES ET DES COULEURS POUR NOTRE PLUS GRAND BONHEUR !

Le Dico : D'où vous vient cette passion des cupcakes ? Est-ce par nostalgie de votre enfance ou par amour des traditions ?

P. G. : Non. C'est plutôt que je trouvais ça vraiment beau et mignon ; c'est mon côté graphiste qui refait surface. On est parti à la base de la recette de la grand-mère de la partenaire à qui j'étais associée au début et ensuite nous avons développé et modifié les recettes pour en faire ce qu'elles sont maintenant.

Le Dico : Combien de saveurs faites-vous par jour ?

P. G. : On en fait toujours six. Il y a quatre bases : vanille, fromage, chocolat, coconut, plus deux autres saveurs du jour. Lors d'événement, comme la Saint-Patrick par exemple, on ajoute une saveur spéciale.

Le Dico : Depuis quelques années, les cupcakes ont retrouvé leurs lettres de noblesse. Pour quel genre d'occasion les gens en achètent-ils ?

P. G. : Les mariages, les fêtes d'enfants et de famille, les événements d'entreprises et les lancements de film ou de disque. On participe à de nombreuses festivités à longueur d'année.

Le Dico : Diriez-vous que le cupcake a remplacé le gâteau d'anniversaire?

P. G. : Je pense que oui, c'est un nouveau style. C'est amusant d'avoir plus d'une saveur.

Le Dico : À la fin de la journée, que faites-vous des cupcakes restants ?

P. G. : On les donne à l'Armée du Salut, mais on ne capitalise pas là-dessus pour se faire de la publicité. On les apporte aussi aux voisins, à la famille et aux amis. On ne vend jamais les stocks de la veille, on ne vend que des produits frais du jour.

La boutique Itsi-Bitsi est située au 2621 avenue Notre-Dame à Montréal.
www.itsi-bitsi.com

CHARMANTE, PASCAL[E] GUINDON A FABRIQUÉ P[OUR] NOUS UNE NOUVELLE SAV[EUR] LE CUPCAKE DICO SHIR[LEY] TEMPLE : GÂTEAU ORAN[GE] & CITRON ET SON GLAÇ[AGE] À LA GRENADINE. UN PUR DÉLICE !

On peut trouver tous ces trésors à sa boutique **Vintagelove**, www.vintageloveboutique.com. Ses créations sont aussi offertes dans les boutiques **Katrin Leblon** 4647 Saint-Laurent, Montréal et **Kitsch N Swell** 3968/Rokokonut 3972 Saint-Laurent, Montréal.

Marie-Sophie Rondeau : quelques décennies trop tard ?

LES ÉTOFFES ONT TOUJOURS FASCINÉ MARIE-SOPHIE RONDEAU. À L'ÂGE DE 8 ANS, ELLE CONFECTIONNE SA PREMIÈRE ROBE ENTIÈREMENT À LA MAIN. AUJOURD'HUI, LES COLLECTIONS DE CETTE DESIGNER S'INSPIRENT D'UN MODE DE VIE ET D'UN LOOK TRÈS 50's, QUI ATTIRE TOUS LES REGARDS !

Une fascination pour les fiftie's

Cette jeune femme de 20 ans est fascinée par cette époque qui a vu naître les premiers balbutiements des grands courants sociaux de notre génération : l'émancipation de la femme, la libération sexuelle, les droits des Noirs aux États-Unis... « Et que dire de la musique... Le rock 'n' roll a fait tomber toutes les barrières musicales entre les blancs et les noirs », raconte-t-elle avec enthousiasme. Côté mode, elle admire les styles de Marylin, Coco Chanel, Brigitte Bardot et même celui d'Elvis, qui ont su insuffler un vent de jeunesse et de renouveau dans la façon de se vêtir. Le new-look de Dior est aussi un incontournable de cette époque alors que sa gaine, nouvelle version du corset, affinait la taille et donnait aux femmes des allures de stars.

« Mais au-delà des tenues, ce qui me plaît le plus dans cette époque, c'est l'élégance de la femme : qu'elles soient pin-up, actrice hollywoodienne ou ménagère, la coquetterie semblait être le mantra de chacune d'entre elles. L'élégance n'était pas seulement dans les vêtements mais aussi dans la gestuelle, la posture, la coiffure ou le regard. »

Une collection unique

À l'instar des créateurs de l'époque, Marie-Sophie voue un véritable culte aux détails lors de la confection de ses vêtements. Si certains étaient sceptiques quant à la réussite de ses collections à contre-courant, elle a trouvé ses clientes qui, comme elle, recherchent l'originalité. « Ce n'est pas un déguisement, c'est un mode de vie », clame-t-elle au *Dico*. Sa collection 2012 sera « vintage, boudoir, très froufrou, dans les teintes de saumon, lavande ou jaune beurre et faite de matière recyclée. Mais surtout, surtout, elle sera unique ».

Une passion, un mode de vie

La passion de Marie-Sophie pour les années 1950 ne se limite pas aux vêtements. Elle va également dénicher des meubles, accessoires et autres objets d'époque dans les comptoirs populaires !

DEUX ADRESSES 50's

Le Beautys - Montréal,

situé au cœur très branché quartier Plateau Mont-Royal à Montréal, semble figé dans le temps.

En 1942, deux jeunes mariés, Freda et Hymnie Sckolnick, acquièrent la papeterie Bancroft dans laquelle ils installent un comptoir de cuisine rapide destiné aux employés des manufactures de textiles avoisinantes.

Le jeune couple transforme alors la papeterie en « dinner » : le Beautys luncheonette. L'endroit devient si populaire, qu'il n'est pas rare de voir des files d'attente devant le commerce…

Aujourd'hui, le « dinner » est dirigé par le fils et la petite-fille de Freda et Hymnie. Toutefois, le fondateur veille toujours au bien-être de sa clientèle. Assis sur le premier tabouret du comptoir, vous l'entendrez vous dire, comme il le répète à chaque client depuis 70 ans : «You're always welcome !»

Au menu :
bagels, omelettes, crêpes, bacon et pommes de terre rôties que la clientèle savoure entre 6 heures et 17 heures dans le même décor depuis les années cinquante : comptoir de stainless, tabourets et les banquettes de cuir bleu…

L'HD diner - Paris,

c'est un vrai « diner » à l'américaine, en plein cœur de Paris ! La déco nous plonge illico dans l'ambiance USA des «fifties» : couleurs flashy, jukebox, rock'n'roll mais aussi méga burgers en tous genre, bagels et fish'n'chips !
Un endroit idéal qui nous transporte, le temps d'un repas, sur la route 66. Comptez environ 15 € un repas.

6/8 Square Ste-Croix de la Bretonnerie
75004 Paris

Carnet d'adresses

AMZ : 01 40 13 02 60
ARCANCIL : 01 42 60 12 72 www.arcancil.com
ARMOR LUX : 02 98 90 05 29 www.armorlux.com
BENETTON : 01 55 35 97 00
BLANCS MANTEAUX : 01 42 71 70 00
BLEU FORET : www.bleuforet.fr
BOURJOIS : 01 46 43 62 63 www.bourjois.fr
BRUCE FIELD : 01 42 21 13 68 www.brucefield.com
CACHE-CACHE : www.cache-cache.fr
CLAIRE'S : 01 40 29 13 10
CONVERSE : 02 99 94 69 85
EDEN : 01 53 16 30 84
GAS BIJOUX : 01 40 26 90 75
GLOVE STORY : 03 85 27 01 10
H&M : www.hm.com/fr
JENNYFER : www.jennyfer.com
LE BOURGET : 03 23 09 33 00
LE 66 CHAMPS ELYSEES : 01 53 53 33 80
LE TEMPS DES CERISES : 01 40 16 21 26
LILI LA TIGRESSE : 01 40 28 14 28
www.lililatigresse.com

LOLLIPOPS : 01 41 83 27 70 www.lollipops.fr
LOIS : 04 88 66 17 35
MOA : 01 72 63 66 15 www.moa.fr
PAUL & JOE SISTER : 01 42 22 34 10
PEPE JEANS : 01 53 40 95 95
SEGURA : 01 57 14 15 15
SINEQUANONE : 01 42 77 80 80
UNISA : 01 56 33 33 27
ZARA : 01 55 78 88 88

CHALEUREUX REMERCIEMENTS :
*Alexandre Maloubier et Hadrien du Restaurant-Bar Le Gatsby 64 avenue Bosquet. 75007- Paris
www.legatsby.com
*Hervé Lacoste pour le prêt de sa superbe Chevrolet Corvette 1958
*Lucien et Marie pour la galerie vintage Fiesta Galerie : 24 rue du Pont Louis Philippe. 75004-Paris
Tel : 01 42 71 53 34   fiesta.galerie@free.fr
*Laetitia Cavrois pour Mezze di Lume : 01.44.63.52.00
www.casadilume.fr

Photos

Page 8 : © Ullstein Bild / Roger-Viollet
Page 9 de haut en bas :
© Francois Durand - Getty Images News - AFP
© TopFoto / Roger-Viollet
© Robert Riger / Getty Images
Page 12 : © / Roger-Viollet
Page 13 : © Ullstein Bild / Roger-Viollet
Page 14 : © Reg Lancaster / Hulton archive / Getty Images
Page 15 de haut en bas :
© Georges Kelaïdites / Roger-Viollet
© Alain Adler / Roger-Viollet
Page 16 : © 1940-2011 Sam Shaw Inc. / Roger-Viollet
Page 17 : © 1940-2011 Sam Shaw Inc. / Roger-Viollet
© John Kobal Foundation / Getty Images
© Hulton Archives / Getty Images

Page 18 : © Hulton Archives / Getty Images
© Roger-Viollet
Page 19 : © Ullstein Bild / Roger-Viollet
© Alain Adler / Roger-Viollet
© Ullstein Bild / Roger-Viollet
Page 48 : © TopFoto / Roger-Viollet
Page 51 : © Stephan C Archetti / Hulton Archive / Getty Images
© Ullstein Bild / Roger-Viollet
© Hulton Archive / Getty Images
Page 57 : © Anne Sol
Page 58 : © Billy Kidd
Pages 59, 61 : © Stéphane Martin
Pages 62-63 : © Alexandra Furminger
Page 64, 65, 66 : © Justine Benoît
Page 66 (bas de page) : © Lionel Antoni

Le tome 5 est arrivé !

Elles sont jeunes, belles... et vraiment vaches !

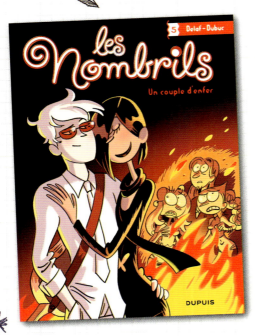

Maquillées, ultra-sexy et dragueuses, Jenny la rouquine et Vicky la brunette font tout pour être le centre d'attraction et avoir une horde de garçons à leurs pieds. Quitte à provoquer les pires ennuis à leur gentille copine Karine, un peu moins gâtée par la nature. Lorsqu'elles apprennent que le beau Dan s'y intéresse, elles font tout pour saboter cette relation.

Tous les ingrédients sont là pour une bande dessinée réussie : un humour décapant, un graphisme actuel et des scènes qui pourraient être vécues. Tout y passe : coups bas entre copines, drague, relations amoureuses, jalousie, déception ou difficulté de s'affirmer pendant cette drôle de période qu'est l'adolescence. Mais la douce Karine ne se laisse pas faire et commence à se transformer...

Dans ce tome 5 dévoilé pour le *Dico des filles,* la vie n'est plus comme avant. La métamorphose de Karine résistera-t-elle aux réactions de ses copines Jenny et Vicky ? Comment réagir si cette gentille fille ne se laisse plus faire ? Et Dan réussira-t-il à reconquérir son cœur ? Revanche et transformation au programme...

EN EXCLUSIVITÉ
Les nombrils

Acné
Le supplice du miroir

LA PUBERTÉ SE TRADUIT PARFOIS PAR DE VILAINS BOUTONS (OU PAPULES OU PUSTULES) SITUÉS ESSENTIELLEMENT **SUR LE VISAGE**.

● S'INFORMER

L'acné apparaît en général autour de 13-14 ans, mais toutes les filles n'en sont pas victimes ! Certaines gardent leur peau de bébé, d'autres voient fleurir quelques rares boutons sur le nez ou sur le menton, le plus souvent au moment de leurs règles, ce qui n'a rien à voir avec l'acné. Et puis il y a les malheureuses qui sont couvertes de boutons et qui voudraient casser tous les miroirs !

LA FAUTE AUX HORMONES
D'où vient cette plaie qui annonce votre puberté au monde entier alors que vous ne tenez vraiment pas à une telle publicité ? Les coupables sont les hormones qui, par leur abondance et leur vitalité, déclenchent une production excessive de sébum (une sorte de graisse produite par les glandes sébacées). Le sébum s'accumule sur le visage et obstrue les pores de la peau.

PAS TOUCHE !
Dans un premier temps, cela donne un « comédon » ou point noir. Parfois le comédon s'enflamme et se métamorphose en un beau bouton, parfois même en pustule (bouton rouge avec tête blanche).
Si vous tripotez vos points noirs, vous aurez toutes les chances d'avoir un bouton !
Les boutons que l'on martyrise finissent tout de même par disparaître (pas forcément plus rapidement que si on les avait laissés vivre leur vie) mais peuvent laisser des cicatrices.

LA CHASSE EST OUVERTE !
Si on a quelques boutons, il suffit généralement d'une bonne hygiène et d'une crème antiacnéique pour en venir à bout. Les patchs sont aussi très efficaces. Un pharmacien peut vous conseiller. Si tout votre visage est envahi ou que votre acné est tenace, il ne faut pas hésiter à consulter un dermatologue.
Les traitements sont longs, il faut généralement les suivre pendant toute la puberté et ils doivent s'accompagner d'une bonne hygiène de la peau. Patience : un traitement n'est efficace que s'il est appliqué strictement !

● INFO +
LE REMÈDE MIRACLE
Pour les cas les plus graves, il existe un traitement par voie orale (des gélules à prendre tous les jours). Les résultats sont spectaculaires, mais ce traitement doit être suivi au minimum pendant six mois et peut produire des effets secondaires désagréables (dessèchement de la peau et des muqueuses, sensibilité excessive au soleil, migraines). Il faut de plus s'abstenir de relations sexuelles ou prendre une contraception efficace pendant le traitement car il provoque des malformations du fœtus en cas de prise

pendant la grossesse. C'est un traitement lourd qui suppose un suivi médical sérieux. Il est réservé aux cas d'acné grave.

● COMPRENDRE

C'est d'accord, vous n'aviez pas vraiment besoin de cela : être quasiment défigurée au moment où vous avez tellement envie d'avoir confiance en vous, décidément le monde est mal fait ! Vous dire que beaucoup de vos copines connaissent les mêmes affres ne va pas suffire à vous consoler. Mais quand même, savoir que vous êtes normale et pas un phénomène de foire, c'est déjà ça, non ?

CHEEESE !

Ensuite, il faut considérer la situation avec un maximum d'objectivité. Quelques boutons n'ont jamais caché un joli regard, ni un joli sourire. Quand vous vous regardez dans la glace, c'est sûr, vous ne voyez qu'eux. Mais quand vos copains vous regardent, ils vous voient vous, avec votre sourire, votre nez retroussé, vos bonnes joues, vos blagues et vos grimaces. Sauf, bien sûr, la copine jalouse qui guette la moindre rougeur sur votre nez et qui trouverait n'importe quoi pour vous critiquer ! Alors oubliez-la et oubliez vos boutons. Les autres les oublieront plus facilement. Ne les martyrisez pas trop, même si parfois vous ne pouvez pas vous en empêcher : ils risquent de devenir encore plus vilains. Et patience, vous aurez le dernier mot : ils finiront bien par décrocher !

● BONS PLANS
COMMENT CACHER SES BOUTONS ?

– Déposer un peu d'anti-cernes sur les boutons les plus visibles avant de mettre un fond de teint.
– Utiliser des produits de maquillage spécifiques pour les peaux à tendance acnéique : s'ils ne soignent pas l'acné, au moins ils ne l'aggravent pas !

VOIR AUSSI
COMPLEXES, MAQUILLAGE, PEAU, PUBERTÉ.

VRAI / FAUX
• **FORCER SUR LE CHOCOLAT ET LA CHARCUTERIE FAVORISE L'ACNÉ.**

Faux. L'alimentation n'a pas grand-chose à voir avec l'acné mais il est vrai qu'une alimentation équilibrée est importante pour avoir une belle peau.

• **LE SOLEIL FAIT DISPARAÎTRE L'ACNÉ.**

Vrai et faux. Oui, dans un premier temps… mais l'acné reprend de plus belle dès que l'on cesse de s'exposer. D'où la nécessité d'utiliser un écran total.

• **L'ACNÉ EST HÉRÉDITAIRE.**

Vrai. Bien qu'on ne connaisse pas encore précisément les causes de l'acné, on sait qu'il y a des familles « à acné ».

• **IL FAUT NETTOYER SON VISAGE AVEC UN SAVON DESSÉCHANT QUAND ON A DE L'ACNÉ.**

Faux. Au contraire, il faut un savon doux, voire surgras, pour ne pas agresser la peau, d'autant plus si vous êtes sous traitement.

• **LA PILULE GUÉRIT L'ACNÉ.**

Vrai et faux. Il y a des contraceptifs qui la soignent et d'autres qui l'aggravent. Il faut en parler à son gynécologue.

• **AVOIR DES RAPPORTS SEXUELS GUÉRIT L'ACNÉ.**

Faux. Ce n'est d'ailleurs pas l'objectif !

Adoption
Les liens du cœur

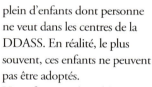

🟠 S'INFORMER

Quand un homme et une femme souhaitent accueillir un enfant abandonné, ils doivent faire une demande d'adoption. C'est une démarche qui prend du temps. Vous connaissez peut-être des parents qui ont attendu longtemps pour adopter un enfant. Certains sont même partis à l'étranger, parce qu'on ne leur confiait pas de bébé en France.

POURQUOI C'EST SI LONG ?

D'abord, il y a des conditions : être marié depuis plus de 2 ans ou avoir tous les deux plus de 28 ans ou être un(e) célibataire de plus de 28 ans. Avant l'adoption, une enquête est menée par les services sociaux qui s'assurent que l'enfant sera bien accueilli. Une fois que les futurs parents ont reçu l'accord (on dit l'« agrément ») donné par la DDASS*, ils attendent qu'un enfant leur soit confié, et cela peut prendre des années.
À l'étranger, les délais d'attente sont un peu moins longs qu'en France mais les règles sont les mêmes : il faut obtenir l'agrément de la DDASS française et se plier aussi aux lois du pays d'origine de l'enfant. Une adoption coûte de l'argent, mais attention ! personne n'achète un bébé, même à l'étranger : les frais qu'engagent les parents sont liés à la constitution du dossier (il faut payer l'avocat pour son travail, par exemple).

ADOPTER UN BÉBÉ

On ne peut pas adopter un bébé tout de suite après sa naissance. Une maman qui souhaite abandonner son enfant dès l'accouchement dispose de deux mois pour confirmer sa décision ou changer d'avis. Pendant ce temps, le bébé est confié soit à une famille d'accueil, soit à une pouponnière. Si la mère maintient sa décision d'abandon, le bébé peut alors être adopté. Le jugement d'adoption est prononcé au bout de six mois.

ET LES GRANDS ALORS ?

On croit toujours que les futurs parents adoptifs ne veulent que des bébés. Il est vrai que beaucoup préfèrent accueillir un enfant très jeune. Mais cela ne veut pas dire qu'un enfant plus âgé n'intéresse personne ! Vous croyez peut-être qu'il y a plein d'enfants dont personne ne veut dans les centres de la DDASS. En réalité, le plus souvent, ces enfants ne peuvent pas être adoptés.
Un enfant est adoptable si ses parents ont donné leur consentement, s'ils sont décédés tous les deux, ou s'ils ont cessé de s'occuper de lui et qu'un jugement a considéré qu'il était abandonné. Ce n'est pas si fréquent. Beaucoup d'enfants vivent dans des centres ou des familles d'accueil parce que leurs parents ne peuvent pas s'occuper d'eux mais espèrent qu'ils pourront un jour revivre ensemble.

UNE NOUVELLE FAMILLE

L'adoption établit un nouveau lien entre l'enfant et sa famille adoptive : l'enfant prend le nom de famille de ses parents adoptifs, son acte de naissance est remplacé par le texte du jugement d'adoption.

Les parents biologiques n'ont plus aucun droit sur lui. Ils peuvent néanmoins faire connaître à tout moment leur identité et accepter qu'elle soit communiquée à l'enfant, à sa majorité, s'il le demande.

NAISSANCE « SOUS X »

Parfois, la mère a voulu garder l'anonymat en accouchant dans le secret : on appelle cette procédure « l'accouchement sous X ». Dans ce cas, l'enfant ne pourra connaître l'identité de sa mère que si elle décide de lever le secret. Cette procédure admise par la France est contraire à la Convention internationale des droits de l'enfant de 1989, qui affirme que chaque enfant doit pouvoir connaître ses parents. Afin de respecter la convention, la loi du 10 janvier 2002 a donc aménagé cette procédure, en incitant les mères à laisser quelques précisions sur la naissance de leur enfant. Mais la divulgation de ces informations est toujours soumise à l'accord de la mère.

● COMPRENDRE

Certains enfants adoptés souffrent de leur situation. Ils peuvent se sentir honteux d'avoir été abandonnés et vouloir le cacher à leurs copains. Mais beaucoup d'autres sont très heureux : ils considèrent leurs parents adoptifs comme leurs vrais parents et se sentent bien dans la famille où ils grandissent.

AVIS DE TEMPÊTE

Au moment de l'adolescence, la relation avec les parents est souvent orageuse. Beaucoup d'adolescents envoient leurs parents promener et ne sont pas très tendres avec eux. Quand une fille a été adoptée, elle peut même avoir envie de leur jeter à la figure qu'ils ne sont pas ses « vrais » parents. Cela ne veut pas dire pour autant qu'elle ne les aime plus. Comme toutes les adolescentes qui prennent leurs distances avec leurs parents (et qui rêvent presque toutes d'en avoir d'autres !), elle les malmène un peu, peut-être juste un peu plus, et c'est normal. Le temps passant, quand on prend confiance en soi, les relations s'apaisent.

QUI SUIS-JE ?

Au moment de l'adolescence, il n'est pas rare qu'un enfant adopté ait envie d'en savoir plus sur ses origines. Il est normal d'éprouver le besoin de savoir d'où l'on vient avant de se lancer pour de bon dans la grande aventure de la vie. Certains enfants adoptés essaient de retrouver leurs parents biologiques, même s'il n'est pas toujours facile de se confronter à la réalité des faits et des causes d'un abandon. Mais d'autres n'éprouvent pas ce besoin. Cela ne les empêche pas de grandir et de devenir des adultes parfaitement bien dans leur peau !

*DDASS : Direction départementale des affaires sanitaires et sociales.

● INFO +

À 18 ans, tout enfant adopté peut voir son dossier d'adoption. Pour cela, il doit en faire la demande par écrit au secrétariat général du Conseil national pour l'accès aux origines personnelles (CNAOP) ou auprès du président du conseil général du département où il a été recueilli. Il doit joindre une copie intégrale de son acte de naissance (à demander à la mairie de son lieu de naissance) ou, à défaut, une copie du jugement d'adoption et de sa carte d'identité. Avant sa majorité, ce sont les parents adoptifs qui peuvent faire cette demande, ou donner à l'enfant l'autorisation de la faire lui-même. Mais il est bon, quel que soit l'âge, de se faire accompagner par une personne à laquelle se confier dans ces moments si importants.

INFO +

Dans les années 1970, près de 10 000 enfants naissaient « sous X » chaque année.
En 2011, on estime à 600 par an le nombre d'accouchements sous X en France.
En 2002, il y avait en France environ 400 000 personnes nées sous X. Source : ministère de la Famille et de l'Enfance.

VOIR AUSSI
FAMILLE,
FRÈRES ET SŒURS.

Adulte

J'serai jamais comme eux!

L'ADJECTIF « **ADULTE** » VIENT DU LATIN « **AD ULTIMA** » QUI **VEUT DIRE** « QUI EST **PARVENU AU TERME DE SA CROISSANCE** OU DE SA FORMATION ». UN ADULTE, C'EST UNE PERSONNE QUI A ATTEINT SON PLEIN DÉVELOPPEMENT PHYSIQUE, INTELLECTUEL ET AFFECTIF.

S'INFORMER

Contrairement à la plupart des animaux, le petit de l'être humain naît très fragile et met près de 20 ans à devenir adulte. Il y a d'abord le développement physique : vous savez bien, par exemple, qu'il y a un âge où vous aurez atteint votre taille adulte. Un corps adulte est aussi un corps qui a développé tous ses organes et ses fonctions. Les bouleversements que traverse votre corps à la puberté sont destinés à transformer votre corps d'enfant en corps d'adulte, en lui assurant en particulier toutes ses capacités sexuelles.

UNE TÊTE BIEN PLEINE

Un adulte est aussi quelqu'un qui a développé ses capacités intellectuelles. Pendant la puberté, votre cerveau se développe considérablement : vous êtes capable de faire preuve de logique, d'abstraction, de manier des concepts bien plus complexes que lorsque vous étiez petite. Votre scolarité, mais aussi vos lectures, les films que vous voyez, les discussions auxquelles vous participez, tout contribue à développer votre intelligence, vos connaissances et votre capacité de réflexion. Mais est-ce suffisant pour faire de vous une adulte ?

PLUS TARD, JE FERAI C'QUE J'VEUX !

Ce qui attire sans doute le plus dans le monde des adultes, c'est la liberté : à première vue, un adulte peut faire ce qu'il veut ! Même s'il doit composer avec la réalité, il peut orienter sa vie comme il le souhaite : choisir son domicile, son emploi, son mode de vie, son mari ou sa femme, ses opinions politiques et ses convictions religieuses, etc. Mais ce n'est pas si simple car être adulte, c'est aussi être capable de se débrouiller tout seul et surtout être pleinement responsable de ses actes.

ADULTE ET RESPONSABLE

La loi fixe l'âge adulte à 18 ans ; on appelle cela la majorité légale. À partir de cet âge, la loi vous reconnaît capable d'exercer pleinement tous vos droits (c'est la majorité civile) et d'être responsable de tous vos actes (c'est la majorité pénale). Concrètement, cela veut dire qu'un adulte a des droits mais aussi des devoirs : devoir de respecter les droits des autres, devoir de répondre de ses actes devant la loi, devoir d'éduquer ses enfants, etc.

● COMPRENDRE

D'un côté, vous avez très envie de devenir adulte. De l'autre, cela vous fait sans doute un peu peur. Certainement parce votre regard sur les adultes est ambivalent : vous hésitez entre l'admiration et l'exaspération.

DES GRANDES PERSONNES…

Quand vous étiez petite, vous appeliez les adultes des « grandes personnes », vous les admiriez et les craigniez aussi : elles savaient tout et elles pouvaient tout. Elles vous protégeaient, vous apprenaient le monde et la vie, vous ne pouviez pas vous passer d'elles. Vous les enviiez un peu aussi, car elles vous semblaient avoir tous les droits et toutes les libertés.

… AUX ADULTES

À l'adolescence, vous découvrez que les adultes, en particulier vos parents, n'ont pas que des qualités, qu'ils ne savent pas tout, qu'ils sont souvent « englués » dans le quotidien et que certains font parfois des entorses aux grands principes qu'ils défendent.
Vous dites « les adultes » avec une moue désenchantée et souvent vous les trouvez tristes, ennuyeux, sans idéal, attachés à leur confort, harassés par les tâches matérielles et les responsabilités, incapables de rêver… et de vous comprendre !
Surtout, vous leur reprochez d'être trop terre à terre, plus enclins au compromis qu'à la révolte devant ce monde qui vous paraît trop injuste et trop mal fait.

PAS COMME EUX ?

Vous n'avez plus très envie de leur ressembler et, du coup, cela peut vous couper l'envie de grandir. Pourtant, regardez autour de vous : vous connaissez certainement des adultes qui font des choses passionnantes, qui se battent pour leurs convictions et qui ont gardé l'enthousiasme sans lequel la vie serait bien fade !

COMPROMIS N'EST PAS COMPROMISSION

Si les adultes sont plus mesurés que vous et ne manifestent pas bruyamment leurs révoltes ou leurs convictions, cela ne veut pas dire qu'ils ont renoncé à leurs idéaux. Simplement, ils se sont confrontés à la réalité, ils ont découvert qu'il faut souvent beaucoup de temps et de patience pour faire avancer un peu les choses.

Et surtout, ils ont appris à négocier, à tenir compte des idées des autres, à accepter qu'il faut du temps pour convaincre ou faire évoluer certaines situations. Bref, ils ont appris à faire des compromis, un mot à ne pas confondre avec le mot « compromission ». Un compromis permet de faire un pas vers son idéal, une compromission est un accroc à son idéal qui le remet en cause.

FAIBLES HUMAINS

Les adultes, comme vous, font parfois des erreurs. Ce n'est pas une raison pour les condamner et cesser de leur faire confiance. Grâce à cette expérience qu'ils ont des erreurs et des fautes, ils peuvent vous apprendre beaucoup : vous dire notamment que les erreurs, les échecs ne sont pas inutiles, qu'ils font grandir, car rien n'est jamais perdu et que l'on peut toujours rebondir après un échec.

ADULTE… ET TOUJOURS EN CONSTRUCTION

Le secret des adultes, c'est qu'ils n'ont pas fini de grandir. Certes, ils conduisent leur vie seuls, certains ont beaucoup de connaissances, mais ils continuent d'apprendre toute leur vie : ils se cultivent, ils apprennent aussi beaucoup sur les relations humaines et sur eux-mêmes. Ne croyez donc pas que vous ne grandirez plus une fois que vous serez adulte. Grandir, ce n'est pas qu'une question de centimètres ou d'hormones : le cœur et l'intelligence peuvent grandir toute la vie. C'est aussi le secret pour rester jeune, toute sa vie !

VOIR AUSSI
AMBITION,
IDÉAL,
PARENTS,
RÉVOLTE.

INFO +

Avant la fin du XIXe siècle, on ne parlait pas d'adolescence : un enfant passait brutalement de l'enfance à l'âge adulte quand ses parents le mettaient au travail pour contribuer aux revenus de la famille. Les enfants travaillaient très jeunes (ce qui est encore souvent le cas dans les pays pauvres) et l'autonomie par rapport aux parents passait, surtout pour les filles, par un mariage arrangé par les parents. Maintenant que les jeunes ont le droit de faire des études et que l'école est obligatoire au moins jusqu'à 16 ans, l'entrée dans l'âge adulte est retardée. L'adolescence permet un passage en douceur (mais si, mais si !) entre l'enfance et le monde adulte. Parfois, ce passage est tellement doux que certains grands adolescents s'éternisent chez leurs parents sans grande envie de devenir tout à fait adultes. À vous, les filles, de garder en tête que l'adolescence n'est qu'un passage, pas une fin en soi, et de tout faire pour devenir des adultes formidables !

Âge ingrat

C'est l'âge bête !

IL N'EST PAS FACILE DE DÉFINIR CETTE EXPRESSION ASSEZ VAGUE PAR LAQUELLE LES ADULTES DÉSIGNENT **LE DÉBUT DE L'ADOLESCENCE**. « INGRAT » PEUT AVOIR PLUSIEURS SENS, COMME LE MOT « GRÂCE » DONT IL PROVIENT. UN PHYSIQUE INGRAT EST UN PHYSIQUE DISGRACIEUX. **UN INDIVIDU INGRAT EST UNE PERSONNE QUI NE SAIT PAS REMERCIER, « RENDRE GRÂCE ».**

S'INFORMER

En entrant dans l'adolescence, vous changez dans votre tête et dans votre corps. L'équilibre et l'épanouissement de l'enfance s'en trouvent bouleversés. Vous pouvez avoir été une fillette exubérante, spontanée et extravertie, un boute-en-train débordant de vitalité et, soudain, sentir cette belle assurance s'évanouir, chassée par l'envie de vous replier sur vous-même.

BONJOUR LES COMPLEXES !

Bien sûr, il y a des raisons objectives : votre corps se transforme, et pas toujours comme vous le voudriez ! Et puis ce n'est pas toujours facile de se retrouver un peu coincée entre le monde des enfants et celui des adultes. Bref, mûrir, devenir une femme, cela demande beaucoup d'énergie : il est bien normal de ne pas toujours vous sentir en pleine forme.

EUX, AVEC LEURS GROS SABOTS...

Seulement voilà, les adultes ont une fâcheuse tendance à ne pas respecter ce temps de transformation nécessaire. Comme s'ils oubliaient qu'ils sont aussi passés par là ! Alors, au lieu de vous aider – ou au moins de vous laisser vivre –, ils vous enfoncent. Oh, pas méchamment, bien sûr ! mais à coup de petites allusions ironiques, de sourires entendus. « C'est l'âge ingrat », « c'est l'âge bête » !

MERCI DE VOTRE DÉLICATESSE !

Dans le meilleur des cas, les parents vous rappellent l'histoire du vilain petit canard qui devient un cygne magnifique, ou de la chenille qui se transforme en papillon, et vous assurent que ce n'est qu'un mauvais moment à passer. La chenille les remercie de la comparaison !

SILENCE ET AMERTUME

Vous avez peut-être envie de leur reprocher leur maladresse, de leur rappeler leurs propres défauts, pour montrer que vous avez des raisons légitimes d'être agacée. À moins que vous ne préfériez vous retrancher dans un silence glacial, parce que vous pensez qu'ils ne comprennent rien à ce que vous vivez… Et parfois, le sous-entendu sur l'« âge ingrat » est la goutte d'eau qui fait déborder le vase : vous haussez les épaules, levez les yeux au ciel ou sortez dans le fracas d'une porte qui claque, pour vous enfermer dans votre chambre.

COMPRENDRE

Cette expression a le don de vous exaspérer et c'est légitime ! C'est un cliché, une expression toute faite qui ne veut pas dire grand-chose, mais qui cache l'inquiétude et le désarroi de vos parents qui ne savent plus comment s'y prendre.

INTIMIDÉS

Ils ne reconnaissent plus leur petite fille qui les aimait et les admirait dans cette jeune fille parfois bourrue qui vit des choses difficiles et ne sait pas toujours les exprimer.
Ils prennent votre silence pour du mépris et se sentent parfois même rejetés. Ils sont interloqués par ces réactions contradictoires qui vous étonnent vous-même.

POUR SE RASSURER

Alors, les parents se protègent un peu en parlant de l'âge ingrat pour mettre un mot sur ce qui les inquiète, pour ranger tout cela dans une case bien identifiée. Ils ont l'air de se moquer de vous, de nier votre identité en vous classant dans la grande catégorie des adolescents casse-pieds. Mais, en fait, ils ont un peu peur que vous vous éloigniez d'eux et que vous les aimiez moins. Alors ils essaient de se dire que c'est une période normale et qu'il faut attendre que « cela passe ».

LE DIALOGUE, UN BON REMÈDE

Ce n'est pas une raison pour vous mettre systématiquement en colère : cela risque de les renforcer dans leur attitude. Jouer l'indifférence peut désamorcer leur ironie, mais ne vous aidera pas à vous faire comprendre !
Profitez plutôt de moments apaisés pour leur dire que cette expression vous blesse ; que vous souhaitez qu'ils acceptent de vous voir changer en tenant compte de vos difficultés. Rappelez-leur combien vous êtes fragile en ce moment, combien vous avez besoin de respect… même si vous êtes parfois difficile à comprendre ! Et puis, n'oubliez pas que si votre situation n'est pas très confortable, la leur n'est pas évidente non plus.

VOIR AUSSI
ADULTE, COMPLEXES, PARENTS, PUBERTÉ, SUSCEPTIBILITÉ.

BONS PLANS

• ÉVITER LA REMARQUE VEXANTE

- Veillez à votre apparence : visage soigné (éventuellement discrètement maquillé !), cheveux propres et coiffés, regard droit, voix claire… L'« âge ingrat », c'est aussi un cortège de clichés hétéroclites, des cheveux gras à la voix inintelligible.
- Souriez ! Un simple sourire, c'est le signe que vous répondez présente. Cela réjouit les parents et ce n'est pas trop difficile : vous n'êtes même pas obligée d'ouvrir la bouche…
- Coupez l'herbe sous le pied aux éventuels médisants en utilisant vous-même l'expression avec humour !

• SORTIR DU CERCLE VICIEUX

Un mot en trop de votre mère : vous voilà claquemurée dans votre chambre…
- Commencez par vous calmer en faisant quelque chose que vous aimez. Évitez juste de mettre la musique à fond… Cela pourrait passer pour de la provocation.
- Prenez votre courage à deux mains pour faire le premier pas.
- Glissez-vous dans la cuisine pendant qu'elle n'y est pas pour mettre le couvert ou étendez la lessive en douce.
1er avantage : ça vous laisse du temps pour vous calmer hors de sa vue. 2e avantage : effet garanti. L'expression « âge ingrat » a de bonnes chances de tomber dans les oubliettes !

Agressivité
Qui s'y frotte s'y pique !

L'AGRESSIVITÉ, C'EST UN **COMPORTEMENT HOSTILE À L'ÉGARD D'AUTRUI** QUI VISE À LE PROVOQUER, LE CHOQUER, **CHERCHER LA BAGARRE**, ENGAGER UN CONFLIT.

S'INFORMER

L'agressivité est une tendance naturelle de tous les êtres vivants : elle leur permet de se défendre, de protéger leur existence et de se développer. Une agressivité positive permet de franchir les obstacles de la vie, de se dépasser, de réaliser ses objectifs. C'est ce que l'on pourrait appeler l'énergie vitale. Mais quand on parle d'agressivité, on pense plutôt à des comportements hostiles et violents dans les relations humaines. Cette agressivité peut prendre différentes formes.

T'ES QUI, TOI ? DÉGAGE !

Elle peut être verbale : un ton, des mots blessants, une manière d'apostropher celui auquel on s'adresse, des insultes et des grossièretés. Ce peut être des gestes méprisants, grimaces, bras d'honneur et autres encore plus grossiers. Un regard qui dévisage, « déshabille » ou méprise est aussi une forme d'agressivité.

QUOI, MON LOOK ? QU'EST-CE QU'IL A MON LOOK ?

Vous n'y pensez peut-être pas toujours, mais vous pouvez agresser les autres par votre apparence : tenue provocante, maquillage outrancier, tenue inadaptée aux circonstances (nombril à l'air pour un enterrement ou une cérémonie dans un lieu de culte !).

DEUX CLAQUES !

L'agressivité peut aussi se traduire dans des actes violents, bousculade, paire de claques, coups de pied, etc. Elle peut se muer en une violence plus globale et destructrice : coups et blessures, pouvant aller jusqu'au meurtre.

COMPRENDRE

Dans tous les cas, l'agressivité n'est jamais anodine. Elle rend la vie difficile à ceux qui en subissent les conséquences et avilit ceux qui en font preuve. D'ailleurs, quand vous étiez petite, vos parents, votre institutrice vous ont appris à réprimer votre agressivité, à ne pas donner de coups de pied sous la table, à ne pas arracher un jouet des mains d'un petit camarade, à ne pas lui tirer la langue, etc. Ils vous ont sans doute aussi appris à être polie, à ne pas proférer des insultes à l'encontre des gens qui ne vous plaisaient pas.

J'DIS CE QUE JE PENSE !

Et voilà qu'à l'adolescence, tout est remis en question. Vous n'hésitez pas à dire à chacun ce que vous pensez de lui, vous débarquez dans la cuisine au petit-déjeuner en houspillant tout le monde, vous hurlez votre mauvaise humeur, vous claquez les portes au nez de ceux qui osent vous contrarier et vos parents s'étonnent de votre agressivité perpétuelle.

LA TACTIQUE DU PORC-ÉPIC

Tous les changements que vous vivez dans votre corps, dans votre vie peuvent à bon droit vous rendre inquiète, voire de mauvaise humeur. Si vous avez l'impression que tout va mal, il est normal que vous éprouviez le besoin de vider votre cœur et votre esprit de tout ce qui vous fait voir la vie en gris. Alors, la première personne qui se trouve sur votre chemin en prend pour son grade, même si elle ne vous a rien fait. C'est la tactique du porc-épic qui se met en boule et sort ses épines par crainte des agressions. Tant pis pour celui qui s'y frotte !

JE T'AGRESSE, TU M'AGRESSES, IL…

Le problème, c'est que l'agressivité, c'est contagieux. Quand vous déversez sur autrui votre énervement ou votre mauvaise humeur, il n'y a pas de raison qu'il le supporte sans rien dire. Il peut d'ailleurs lui aussi avoir de bonnes raisons d'être agressif et n'a pas forcément besoin que vous le provoquiez pour s'y essayer ! Si tout le monde s'y met, nous voilà dans un monde de violences et d'agression où il ne reste plus d'autres solutions que de se mettre en boule comme le hérisson.

LA FAUTE À QUI ?

Mieux vaut sans doute y réfléchir et essayer d'y remédier. L'agressivité est une réponse spontanée à des difficultés que l'on a du mal à supporter. Mais c'est aussi une manière de ne pas affronter ces difficultés.

GARDEZ VOTRE ÉNERGIE !

Vous n'allez pas résoudre tous vos problèmes d'un coup de baguette magique et vous avez besoin de toute votre énergie pour les affronter. Alors, ne la gaspillez pas en vaines agressions. Un déferlement d'injures sur autrui ne vous soulagera pas forcément, vous aurez honte de vous et cela va encore alimenter votre agressivité. Si cela devient une manière d'être, copains et copines risquent de prendre leurs distances… et vous n'aurez plus personne à qui parler !

ZEN !

Pour lutter contre son agressivité, rien de tel qu'un sport de combat, un bon jogging, une heure de piscine ou de yoga pour évacuer le stress. Et surtout, n'oubliez pas de vous faire du bien. Bain moussant, musique douce, soirées entre copines, à vous de trouver la force de ne pas « démarrer au quart de tour » quand le monde vous résiste ou vous… agresse.

● BONS PLANS
POUR MAÎTRISER SON AGRESSIVITÉ

- Tournez plusieurs fois votre langue dans votre bouche quand vous vous sentez d'humeur chagrine.
- Si le ton monte dans une conversation, baissez la voix et parlez lentement, votre interlocuteur en fera vite autant.
- Courage, fuyez : quand vous sentez que vous allez agresser tout le monde, enfermez-vous une heure dans votre chambre, allez faire un tour, faites un jogging ou téléphonez à votre meilleure amie.
- Prenez un peu de distance (d'accord, c'est difficile), mais essayer de donner aux choses leur juste valeur : il n'y a plus de corn flakes quand vous voulez prendre votre petit déjeuner ? C'est désagréable, mais le monde ne va pas s'écrouler pour autant !

INFO +
QUAND LES GARÇONS S'EN PRENNENT AUX FILLES…

Dans la vie, vous pouvez aussi être l'agressée. N'attachez pas trop d'importance aux mots aigres-doux des copines et des copains. Mais prenez au sérieux les interpellations grossières de certains garçons. C'est une manière pour eux d'affirmer leur virilité et leur volonté de dominer les filles. Ne considérez pas ces agressions verbales comme normales ou inévitables : elles sont le signe d'un total irrespect des filles et d'un véritable machisme. Serrez-vous les coudes entre filles, fuyez-les et faites appel aux adultes présents : ces agressions ouvrent la porte à d'autres plus graves, comme les tournantes et autres agressions violentes de filles qui se sont développées ces dernières années.

VOIR AUSSI
BONNE HUMEUR, SEXISME, VIOLENCE, ZEN

Alcool

Merci, je ne bois pas !

● S'INFORMER

Peut-être avez-vous déjà bu de l'alcool, sans doute savez-vous qu'il est dangereux d'en abuser. Mais connaissez-vous réellement les effets de l'alcool et leurs conséquences ?

QUE SE PASSE-T-IL QUAND ON BOIT ?

Contrairement aux autres aliments, l'alcool n'est pas digéré. Il va directement dans le sang et se diffuse dans tout le corps. C'est ensuite le foie qui brûle l'alcool, et c'est très long. Il met une heure à éliminer un verre et on ne peut pas gagner de temps. Douche froide, air frais, café, rien n'y fait : il faut attendre !

LE TAUX D'ALCOOLÉMIE, C'EST QUOI ?

C'est la quantité d'alcool dans le sang, exprimée en grammes par litre de sang. En France, ce taux ne doit pas dépasser 0,5 g par litre lorsque l'on conduit, soit 2 verres pour une fille et 3 pour un garçon. L'alcoolémie dépend du poids (si vous êtes mince, votre taux monte plus vite), de la durée de consommation (si vous buvez beaucoup en peu de temps, il sera plus élevé), de l'alimentation (si vous buvez à jeun, il monte plus vite). On peut évaluer l'alcoolémie en fonction de ce que l'on a bu ; mais pour la connaître précisément, on utilise un Alcootest qui mesure l'alcool contenu dans l'air expiré.

DEUX DE TENSION

L'alcool ralentit l'activité du cerveau : on perd sa vigilance et ses réflexes, et surtout on ne s'en aperçoit pas. C'est pour cela qu'il est dangereux de boire avant de prendre le volant ou le guidon de son deux-roues. À long terme, les excès détruisent la santé. La consommation d'alcool engendre toutes sortes de risques : cancers du tube digestif, maladies cardio-vasculaires, troubles nerveux (perte de mémoire, anxiété, dépression) et troubles psychologiques (schizophrénie).

TU T'ES VUE QUAND T'AS BU ?

Vous pensez peut-être qu'à faible dose, l'alcool rend plus gai, plus détendu, moins timide. Mais attention, même consommé en petite quantité, l'alcool peut avoir des conséquences dramatiques : il peut faire perdre conscience du danger, entraîner à avoir des rapports sexuels que l'on aurait refusés dans son état normal ou à prendre des risques inconsidérés. Chaque année, des accidents dramatiques surviennent à cause de paris stupides que les victimes n'ont pas su refuser, parce qu'elles étaient sous l'emprise de l'alcool.

● INFO +
MESURER LA QUANTITÉ D'ALCOOL

Que l'on commande un verre de vin, une bière, une coupe de champagne, un porto, un whisky ou un pastis, il y a toujours la même quantité d'alcool car la taille et la forme des verres dans lesquels on sert ces boissons sont conçues de manière à offrir la même densité d'alcool, 10 g. C'est ce qu'on appelle un verre standard ou une unité d'alcool.

Une chose est certaine : bière et vin ne sont pas moins dangereux que le whisky.

UN COOLER ?

Il existe aussi des boissons pièges : mélanges de jus de fruits et d'alcool, on en boit facilement sans même sentir l'alcool et on se retrouve ivre ! Les producteurs de ces « coolers » ou « premix » les ont conçus spécialement pour les jeunes, afin de leur donner le goût de l'alcool à leur insu et de les rendre dépendants.

L'ALCOOL, ÇA COMMENCE TÔT

À l'âge de 12 ans, 70 % des garçons et 63 % des filles y ont déjà goûté. L'âge moyen de la première ivresse est 15 ans et demi, pour les filles comme pour les garçons.
Entre 12 et 14 ans, 2,4 % des filles et 3,3 % des garçons ont connu l'ivresse.
Entre 15 et 19 ans, 19, 9 % des filles et 32 % des garçons (Baromètre Santé 2005).

L'ALCOOL, ÇA TUE ÉNORMÉMENT

Sur la route, un tiers des accidents mortels sont dus à l'alcool et les jeunes sont particulièrement touchés. En France, l'alcool cause 45 000 décès par an et empoisonne la vie de 5 millions de personnes.

L'ALCOOL EN FRANCE

Les Français ne sont heureusement pas tous « accros » à l'alcool : 25 % des Français (1 sur 4 !) ne boivent jamais d'alcool. Alors, faites comme eux !

● COMPRENDRE

Si vous appartenez à une famille de « bons vivants » qui aiment les apéritifs et le bon vin, vous avez peut-être du mal à vous représenter l'alcool comme un produit dangereux. Dans notre pays, on oublie (ou on ne veut pas savoir) que l'alcool produit les mêmes effets que toutes les drogues. Même si c'est une drogue légale, il crée une accoutumance et une dépendance. Pour en ressentir les effets, il faut sans cesse augmenter les quantités consommées ; et on en vient vite à ne plus pouvoir s'en passer. C'est pour cela que la loi vous protège en interdisant la vente d'alcool aux moins de 18 ans, tout comme la vente de tabac.

TOUJOURS PLUS !

Mais dans les soirées, alcool et cigarettes circulent presque systématiquement. Vous êtes peut-être tentée de boire alors qu'il n'y a jamais d'alcool à la maison. Souvent ce n'est pas facile de refuser, vous pouvez vous sentir ridicule. Parce que boire de l'alcool, c'est censé prouver que l'on n'est plus une gamine, que l'on « assure ». Celles qui refusent sont prises pour des « petites joueuses » ou des filles coincées. Vous pouvez aussi être un jour tentée de tester vos limites et de voir jusqu'où vous pouvez aller. Vous risquez de découvrir les lendemains qui déchantent : mal de tête, mal de cœur et surtout honte quand une âme charitable vous rapporte ce que vous avez fait ou dit sans même vous en rendre compte ! Contrairement aux idées reçues, une « cuite » n'a rien de glorieux ni de drôle (sauf pour ceux qui en sont témoins… à jeun).

DES DÉGÂTS POUR LA VIE

Cela peut devenir aussi un jeu dangereux : se retrouver en soirée de fin de semaine avec comme unique objectif de boire et de se soûler. Ce sont surtout les garçons qui jouent à ce jeu-là, mais ils peuvent entraîner des filles. Ce type de consommation sensibilise le cerveau aux effets de l'alcool pour le restant de la vie et favorise ainsi une dépendance future.

Bien sûr, tous les jeunes qui boivent dans les soirées ne deviennent pas forcément alcooliques, mais il n'y a pas de séparation nette entre une consommation excessive occasionnelle et l'installation d'une dépendance. Alors, prenez des jus de fruits !

ÊTRE ALCOOLIQUE, C'EST QUOI ?

On peut devenir alcoolique sans être jamais ivre. Une fille qui boit régulièrement plus de 4 verres d'alcool en soirée, ou plus de 14 par semaine (soit 2 par jour), sans pouvoir s'en passer est en grand danger.

CONSEILS

SACHEZ DIRE NON !

Attention aux soirées !
- Vérifiez toujours ce que l'on met dans votre verre.
- Apprenez à refuser, ce n'est ni honteux ni impoli. Dites « Désolée, je n'aime pas l'alcool ! » et prenez un jus de fruits.
- Ne buvez que des boissons que vous connaissez.

LE VOLANT OU LA VIE !

- N'acceptez jamais de monter avec un conducteur qui a bu, même s'il assure être en forme.
- Et empêchez-le de prendre le volant, quitte à confisquer ses clés de voiture. Question de vie ou de mort !

VOIR AUSSI
CIGARETTES, DROGUES.

VRAI/FAUX

- **MÉLANGÉ À DU JUS DE FRUITS OU DU COCA, L'ALCOOL EST MOINS FORT.**
Faux. *Le volume d'alcool reste le même.*
- **L'ALCOOL RÉCHAUFFE.**
Faux. *On a d'abord une sensation de chaleur parce que le rythme cardiaque s'accélère, mais cette réaction fait baisser la température du corps.*
- **L'ALCOOL STIMULE L'ACTIVITÉ DU CERVEAU.**
Faux. *Il excite mais ralentit l'activité du cerveau et émousse les réflexes.*
- **PLUS ON EST MINCE, PLUS LES EFFETS SONT FORTS.**
Vrai. *Le taux d'alcoolémie ne dépend pas seulement de la quantité consommée mais aussi du poids du consommateur.*
- **LES FEMMES SONT PLUS SENSIBLES QUE LES HOMMES À L'ALCOOL.**
Vrai. *Aussi bien pour les risques immédiats que pour les risques à long terme.*
- **IL VAUT MIEUX NE PAS BOIRE À JEUN.**
Vrai. *Si l'on boit sans manger, l'alcool passe d'un coup dans le sang et les effets sont plus forts.*
- **IL Y A DES TRUCS RADICAUX POUR DÉGRISER PLUS VITE.**
Faux. *Ni le café (même salé !), ni l'air frais, ni la douche ne font baisser l'alcoolémie.*

Ambition

Allez les filles !

L'AMBITION, C'EST LE **DÉSIR DE RÉUSSIR**, DE FAIRE DE GRANDES CHOSES, DE **DEVENIR QUELQU'UN DE BIEN**, DE DONNER LE MEILLEUR DE SOI-MÊME.

🔴 S'INFORMER

L'ambitieux, dans beaucoup d'esprits, c'est le sale type par excellence. Celui qui fait passer ses intérêts avant tout : avant l'amitié, la générosité et même l'amour. Il a les dents longues ; on dit même qu'elles « raient le parquet » ! Pour atteindre son but, il est prêt à tricher avec la loi et la morale. Bref, l'ambitieux est franchement détestable.

On aimerait se mettre en travers de sa route pour l'empêcher d'aller plus loin en écrasant tout le monde… mais on a trop peur de se faire mordre à son tour ! Tout cela, c'est une caricature. Avoir de l'ambition, au bon sens du terme, ce n'est pas un défaut. Au contraire, c'est une très belle qualité.

L'AMBITION, LA VRAIE

C'est une exigence à l'égard de soi-même. C'est cette voix qui vous pousse à devenir meilleure, à faire des choix, même s'ils ne sont pas faciles, en fonction des priorités que vous vous êtes données. Elle vous dit d'aller toujours plus loin dans vos possibilités ; d'apprendre vos cours d'histoire pour devenir l'archéologue que vous rêvez d'être ; d'approfondir vos lectures pour pouvoir plus tard être écrivain à votre tour ; de faire vos gammes tous les soirs, même quand vous

n'en pouvez plus, parce que vous voulez devenir une pianiste de renom.

ALLEZ LES FILLES !

L'ambition, ce n'est pas réservé aux garçons, même si beaucoup de filles ont peur d'être mal jugées si elles sont ambitieuses. « C'est une tueuse ! » dit-on souvent d'une fille qui veut réussir. Encore une caricature de l'ambition… Rien n'oblige une fille à faire comme tout le monde ou à se contenter de peu pour être « féminine » et plaire aux garçons.

COMPRENDRE

Vous avez de la chance : l'adolescence, c'est le moment d'être ambitieuse, d'oser voir grand… quitte à voir un peu trop grand !
Prenez au sérieux tous les projets d'avenir qui vous font rêver, même s'ils sont de taille « XXL » alors que vous vous sentez encore plutôt « XXS » !

JE N'Y ARRIVERAI JAMAIS !

Quelquefois, vous êtes découragée. Un contrôle de maths désastreux et vous voyez déjà les portes de la faculté de médecine se fermer devant vous… Un enchaînement raté et vous voilà prête à faire une croix sur le sport de haut niveau qui vous a toujours fascinée…

MAIS SI, COURAGE !

Pourtant, quand vous êtes très motivée, vous vous accrochez. C'est ça, être ambitieuse : savoir se remettre d'aplomb après un échec, parce que même une chute peut vous faire avancer. Et c'est pour ça que l'ambition n'est pas réservée aux génies à qui tout réussit sans effort particulier. Une fille ambitieuse a une vraie force intérieure qui la pousse à travailler patiemment, sans baisser les bras, pour réussir sa vie et devenir une personne accomplie.

UNE FEMME D'EXCEPTION

L'ambition, c'est tout cela et bien plus encore : c'est un regard intérieur qui voit loin devant vous, une voix qui vous bouscule pour vous propulser en avant. Elle vous dit que vous pouvez devenir quelqu'un d'extraordinaire, quelqu'un d'exceptionnel : bref, ne pas être comme les autres ! Comment ? De mille façons, selon votre personnalité : choisir un métier qui vous passionne et tout faire pour y exceller, développer un don artistique, fonder une famille merveilleuse ou être une personne aux qualités humaines hors du commun.

FAIRE DES CHOIX

Dans tous les cas, réussir sa vie, c'est la choisir et, pour choisir, il faut avoir des critères, des valeurs. Et souvent, il faut savoir sacrifier ses envies immédiates, les satisfactions faciles, le plaisir de l'instant parce que l'on voit plus loin, parce que l'on a un beau projet pour l'avenir. Allez les filles !

INFO +

SUIVEZ LEUR EXEMPLE !

Laure Manaudou, sportive, Claudie Haigneré, spationaute, Laurence Parisot, présidente du Medef, Simone Veil, femme politique, Aurélie Dupont, danseuse étoile, Eva Joly, juge, Florence Aubenas, journaliste. Voilà des femmes ambitieuses qui sont allées au bout de leur projet, au bout d'elles-mêmes. Elles rêvaient de l'excellence et elles l'ont atteinte.

VOIR AUSSI
ÉTUDES, ORIENTATION.

Amour

La mesure d'aimer, c'est d'aimer sans mesure…

L'AMOUR AVEC UN GRAND A, **ON EN RÊVE TOUTES**, ON L'ATTEND, **ON L'ESPÈRE**, ON A PEUR AUSSI DE NE JAMAIS LE RENCONTRER, MAIS **ON EST BIEN EN PEINE DE LE DÉFINIR**.

🍊 S'INFORMER

Petite fille, vous aimiez les histoires de princesses et le prince charmant avait le visage de votre amoureux de classe. Aujourd'hui, vous n'osez pas dire que vous aimez les films qui racontent des histoires d'amour et vous cachez vos larmes à la sortie du cinéma de peur que les copains ne se moquent de vous. Pourtant vous n'êtes pas la seule à être bouleversée par les histoires d'amour. Observez les sorties de cinéma et vous en serez persuadée !

RECHERCHE ÂME SŒUR DÉSESPÉRÉMENT

Mais pourquoi diable les films d'amour nous font-ils autant d'effet ? Parce que nous aimerions tant être aimées comme des héroïnes de cinéma ou de roman. Aimer et être aimée, c'est un besoin vital, aussi indispensable que l'air que l'on respire.

Et même si vous êtes aimée depuis toujours par vos parents, cela n'a rien à voir : l'amour, le vrai, c'est celui que vous vivrez avec une personne unique, exceptionnelle. Quelqu'un que vous êtes bien en peine de décrire mais que vous attendez… avec plus ou moins de patience ! Quelqu'un qui reconnaîtra en vous celle qu'il attend lui aussi depuis toujours.

ET SI JE PASSAIS À CÔTÉ ?

Vous savez bien que l'amour, c'est encore plus fort que ces amourettes qui vous ont déjà fait battre le cœur, chantonner sans trop savoir pourquoi, ou pleurer parce que tout était fini. Seulement voilà, comment le reconnaître ? Comment faire la différence entre les simples coups de cœur et l'histoire qui vous conduira au vrai grand amour ?

A priori, les symptômes sont les mêmes : vous campez près du téléphone, vous volez plus que vous ne courez au rendez-vous

tant attendu, le rose aux joues et le cœur prêt à exploser de joie. Et puis voilà : au lieu de s'essouffler, l'histoire continue, toujours plus belle, plus forte qu'au premier jour.
Et un beau jour, vous vous apercevez, l'un et l'autre, que vous vivez bien plus qu'une amourette.
Bref, pas d'inquiétude : quand cela vous arrive, vous ne risquez pas de passer à côté !

ANNE, MA SŒUR ANNE, NE VOIS-TU RIEN VENIR ?

Quant à savoir quand et comment cela va vous arriver, personne ne peut vous le prédire. Toutes les hypothèses, même les plus rocambolesques, sont possibles. Ce sera peut-être avec quelqu'un que vous connaissez déjà : un garçon de votre classe que vous aurez ignoré pendant des années, votre vieil ami d'enfance ou même votre pire ennemi, vous savez, ce pauvre crétin que vous détestez cordialement (si, si, c'est déjà arrivé). Ou alors avec un garçon que vous ne connaissez pas encore : l'ami d'un ami d'un ami, un futur copain de fac, un garçon croisé vingt fois sans le savoir avant que la vingt et unième soit la bonne…
Quand ? Dans un an, qui sait ? Plus probablement à 20 ans, à 25 ans, comme la majorité des gens. Peut-être encore plus tard…

🟠 INFO +
LE COUP DE FOUDRE, ÇA EXISTE ?

Quelquefois, le grand amour arrive sans crier gare : on se regarde et c'est comme si l'on se reconnaissait. On ne peut plus se passer l'un de l'autre. Mais le plus souvent, il faut du temps : on ne se remarque pas tout de suite, puis l'on prend goût à la présence de l'autre. Il devient de plus en plus important, jusqu'au jour où l'on se rend compte que l'on ne peut plus vivre sans lui.

🟠 COMPRENDRE

C'est vrai : s'entendre dire que le grand amour viendra, quand on a 15 ans et que l'on se sent tragiquement seule, cela peut être parfaitement exaspérant. Surtout qu'il y a toujours ce vieux doute qui s'insinue dans votre tête : « Et si je ne le rencontrais jamais ? De toute façon, je ne plais jamais à ceux qui me plaisent ! »

J'SUIS TROP MOCHE !

Les garçons qui vous attirent sont parfois totalement dépourvus de sensibilité… La preuve : ils préfèrent des minettes superficielles au trésor que vous êtes et qu'ils sont incapables de voir. De là à vous persuader que c'est parce que vous êtes nulle, il n'y a qu'un pas ! Pourtant, regardez autour de vous : les couples ne sont pas formés de gens à la beauté parfaite, au charme ravageur et à l'intelligence hors du commun. Ce sont des gens ordinaires qui, pourtant, se trouvent mutuellement extraordinaires.

DES DÉFAUTS SI CRAQUANTS

Pourquoi ? Parce que ce qui fait fondre, ce sont tous les petits défauts que l'on découvre chez l'autre, et qui le rendent unique. C'est peut-être votre timidité qui fera craquer ce grand gaillard que vous n'osez pas approcher. Ou bien vos complexes qui donneront envie à un garçon de vous dire que vous êtes merveilleuse et de vous donner confiance en vous.

LE BONHEUR, ON Y PREND GOÛT…

Vous saurez que vous vivez le grand amour le jour où vous vous rendrez compte de quelque chose d'extraordinaire : depuis que vous êtes avec ce garçon, vous n'êtes plus la même. Vous serez en fait devenue vraiment vous-même.

PAR QUEL MIRACLE ?

Tout simplement parce qu'en étant tendrement aimée, on apprend à s'aimer soi-même et on s'accomplit vraiment.

POURVU QUE ÇA DURE !

Quand ce jour merveilleux viendra, vous aurez certainement peur que tout cela ne dure pas : on croit tellement que les histoires d'amour finissent toujours mal ! Beaucoup s'imaginent que l'on reçoit une sorte de réserve d'amour quand on rencontre quelqu'un. Ils croient qu'au début, on s'aime très fort et puis, qu'à force de puiser dans la réserve miracle, l'amour diminue jusqu'à disparaître complètement. Alors, ils vous conseillent de vous économiser : « laisse-toi désirer », « n'en fais pas trop ».

GOOD NEWS !

Pourtant, ils ont tout faux ! La bonne nouvelle, c'est que l'amour ne s'use pas avec le temps. L'amour s'use quand on ne s'en sert pas. Plus vous aimerez, plus vous aurez envie d'aimer. Alors, quand le moment sera venu, pas d'économie : donnez-vous sans compter. C'est quand on commence à compter, à vouloir vivre une relation « donnant, donnant », que l'amour fait ses valises !
Vous ne déciderez pas de la personne dont vous tomberez amoureuse. En revanche, c'est vous et vous seule qui choisirez de continuer à l'aimer… et là, impossible de faire grandir un amour à l'économie.

VOIR AUSSI
CHAGRIN D'AMOUR, MARIAGE, PASSION.

CONSEILS

- **PAS DE PRÉCIPITATION**
Ne vous précipitez pas dans les bras du premier venu. Ne gâchez pas les émotions, les expériences des premières fois, avec un garçon que vous n'aimez pas vraiment. L'amour n'est pas un jeu. Vous pouvez vous rendre incapable d'aimer vraiment à force de jouer à l'amour.
- **EN ATTENDANT LE GRAND JOUR…**
Allez au cinéma, lisez des romans d'amour, ces histoires où l'amour rime avec toujours, où l'on tient plus à l'autre qu'à sa propre vie. Il y a des romans éternels comme l'amour lui-même : en les lisant, on vibre avec les héros. On ressent comme eux cet amour total, passionné, magnifique qui transforme leur vie. Autant en emporte le vent, Le Docteur Jivago, Jane Eyre, Raisons et Sentiments, Anna Karénine sont de ceux-là.

Amoureuse

Tu crois qu'il va m'appeler ?

ÊTRE AMOUREUSE, C'EST ÉPROUVER DES SENTIMENTS TENDRES ET PASSIONNÉS POUR QUELQU'UN. ON NE SAIT PAS ENCORE SI ÇA VA ÊTRE PROFOND ET DURABLE OU LÉGER ET ÉPHÉMÈRE. L'HISTOIRE PEUT DEVENIR UN GRAND AMOUR OU S'ÉVAPORER COMME UN JOLI RÊVE.

S'INFORMER

Du coup de foudre au sentiment inconscient qui se glisse dans votre cœur et y fait son nid, il y a plein de façons de tomber amoureuse.

PREMIERS SYMPTÔMES

Qu'est-ce qui fait qu'un beau jour on se déclare amoureuse ? Difficile à dire : il n'y a pas de symptôme comme pour la rougeole ou la grippe. Simplement des signes discrets la première fois, mais qui ne trompent plus quand on en a fait l'expérience. Souvent, les copines sont là pour vous les faire remarquer !

DIAGNOSTIC CONFIRMÉ

Si vous pensez de plus en plus à Untel, si vous avez toujours envie d'être avec lui, si votre cœur bat à son passage, si son sourire vous laisse rêveuse, si vous tâtez continuellement votre portable dans votre poche en espérant qu'il va sonner, ne cherchez plus, vous êtes sûrement atteinte !

UNE BONNE MALADIE…

Profitez-en ! Être amoureuse, c'est génial, vous vous découvrez pleine d'énergie et de ressources insoupçonnées. Et si vous n'osez pas encore vous déclarer à l'heureux élu, c'est un secret agréable à garder au fond de son cœur, en attendant le moment propice !

… MAIS GARE À LA BULLE DE SAVON !

Votre prince charmant a certainement des qualités qui crèvent les yeux… et des défauts que vous ne voyez pas. Forcément, puisque vous êtes devenue aveugle ! Alors, prenez le temps de rêver, même si vous savez bien qu'une véritable relation amoureuse, c'est un peu plus compliqué que votre rêve. C'est surtout bien plus intéressant, parce que cela se vit à deux. Cela dit, vous avez le temps de musarder sur les chemins des découvertes amoureuses.

TOUS CRAQUANTS !

Essayez quand même de ne pas craquer à tout bout de champ. Apprenez à distinguer le vrai sentiment du coup de cœur, sinon vous risquez de vous user les nerfs et de passer pour un « cœur d'artichaut » !

🟠 INFO +

PEUT-ON AIMER DEUX GARÇONS À LA FOIS ?

Il y a plein d'histoires, comme le beau film *Jules et Jim,* qui racontent l'amour d'une fille pour deux garçons (et l'inverse). Ce n'est pas facile à vivre, mais cela arrive, surtout au moment de l'adolescence quand on ne sait pas encore bien ce que l'on veut. Souvent on n'aime pas les deux de la même façon, l'un attire par son charme, l'autre par son intelligence. C'est en tout cas une situation dont il ne faut pas abuser sous peine de souffrir et de faire souffrir.

🟠 COMPRENDRE

Être amoureuse à l'adolescence n'a plus rien à voir avec votre amoureux de maternelle à qui vous faisiez des bisous. Vous vous lancez dans une autre histoire, pleine d'émotions inconnues, d'inquiétudes et d'interrogations. Tout est mélangé : tendresse, attrait érotique, besoin de séduire, romantisme…

JE M'Y PERDS…

Vous découvrez un monde nouveau et merveilleux : il faudra du temps et sans doute plusieurs rencontres pour l'explorer. Alors, c'est normal de tâtonner, de se tromper, de ne pas bien comprendre ce que l'on ressent et d'être impatiente de tout vivre.

C'EST PARTI… POUR LA VIE ?

Quant à savoir combien de temps va durer une relation amoureuse, c'est une question inutile, personne n'en sait rien ! Cela dépend de ce que vous souhaitez, de l'énergie que vous y mettez, mais aussi de lui et de ce qu'il attend de votre relation. Alors, en attendant de savoir si c'est le grand amour, ne brûlez pas les étapes. Ne vous jetez pas à sa tête… ni dans son lit. Ne lui mettez pas la pression, laissez-lui le temps de découvrir ses sentiments : les garçons ont parfois plus de mal à les reconnaître, il faut apprendre à être patiente !

CAP SUR L'INCONNU !

Être amoureuse, c'est le prélude à un amour vrai, si l'on choisit ensemble de construire une relation plus profonde, plus durable. Ce n'est pas forcément pour tout de suite… Patience, vous avez tant de choses à découvrir en attendant !

VOIR AUSSI
AMOUR, DÉCLARATION D'AMOUR, RÂTEAU, SORTIR AVEC.

BONS PLANS

COMMENT LUI FAIRE COMPRENDRE ?

D'abord, regardez-le et parlez-lui ! Ça a l'air évident, mais il y a plein de filles qui restent pétrifiées dans leur coin, n'osant pas approcher ni même regarder celui qui leur plaît. Premier avantage : il saura que vous existez.
Second avantage : vous apprendrez à le connaître et vous éviterez bien des désillusions !

ET SI JE ME FAISAIS UN FILM ?

Parfois, on est tellement amoureuse qu'on prend le moindre geste ou le moindre regard pour une preuve d'amour. En gros, on se fait son cinéma ! Pour ne pas tomber de haut, il faut parfois regarder les choses en face. Difficile, bien sûr ; c'est tellement agréable de vivre dans un joli rêve ! Osez quand même demander à une amie ce qu'elle voit, elle. Elle saura vous dire si vous vous faites des idées !

Angoisse

Je stresse, je flippe, j'angoisse…

L'ANGOISSE, C'EST UNE PEUR INTENSE DONT ON NE CONNAÎT PAS L'OBJET. LES SYMPTÔMES SONT D'AILLEURS CEUX DE LA PEUR : DIFFICULTÉ À RESPIRER, **PALPITATIONS, VERTIGES, NAUSÉES, MAUX DE VENTRE, INSOMNIES.**

S'INFORMER

Vous avez peut-être déjà eu des bouffées d'angoisse, ces petites crises courtes mais aiguës qui vous serrent le cœur ou vous nouent le ventre, à la veille d'une interro ou quand vous avez fait quelque chose dont vous redoutez les conséquences. Pas très agréable !

Mais quand c'est un malaise permanent, vague et diffus, qui dure des jours, voire des semaines, c'est encore plus difficile à vivre. D'autant qu'on n'en prend pas conscience tout de suite ! Certaines filles sont angoissées sans même s'en rendre compte : elles ne comprennent pas pourquoi elles ont si mal au ventre, vont consulter un médecin et s'étonnent quand il leur demande ce qui peut bien les angoisser à ce point.

COUPS DE FLIPPE

Peur de ne pas réussir une interro, peur d'être mal jugée quand on arrive dans une nouvelle école, impression de ne pas être à la hauteur… la vie de tous les jours offre bien des sources de stress. Normalement, on réagit plutôt bien : une bonne poussée d'adrénaline, on s'adapte et c'est fini.

BONNES RAISONS

Mais vous pouvez aussi avoir de bonnes raisons d'être angoissée : quand on est ou a été victime de violences (agression à l'école, racket, maltraitance), il y a de quoi être angoissée ! Quand on a un petit frère très malade ou des parents qui ne s'entendent pas, il y a aussi de quoi être angoissée. L'angoisse n'est pas seulement le résultat d'une difficulté à s'adapter, elle a, hélas, parfois de bonnes raisons de vous envahir.

COMPRENDRE

L'angoisse est assez fréquente pendant l'adolescence. On est souvent beaucoup plus fragile à ce moment-là de la vie. On a plein de doutes, d'incertitudes sur soi-même, sur les autres ou sur l'avenir.

MON CORPS, CE CAUCHEMAR

Votre corps change et peut vous paraître bizarre, étranger, comme si ce n'était plus vraiment le vôtre. Et quand on se trouve trop petite ou trop grande, qu'on n'aime pas certaines parties de son corps (ses seins, ses fesses, son nez), c'est parfois très angoissant : on voudrait se fondre dans le moule d'un corps parfait pour être aimée, ou au moins acceptée, et on se retrouve seule, face à ses limites, à ses imperfections.

ÊTRE À LA HAUTEUR
Mais vous pouvez aussi être angoissée parce que vous ne savez pas ce que l'avenir vous réserve et que vous vous sentez impuissante.
On vous demande de choisir ce que vous ferez plus tard, alors que vous ne le savez pas, que rien ne vous attire ou que ce vous aimeriez faire vous paraît inaccessible. Vous avez l'impression que l'on exige beaucoup de vous, alors que vous ne vous sentez pas à la hauteur de ce que les autres attendent de vous.

MAUX DE FAMILLE
Vous pouvez aussi être angoissée parce que vous vivez des situations difficiles dans votre famille, parce que vous êtes en conflit avec vos parents tout en continuant à les aimer, ou encore parce qu'eux-mêmes ne s'entendent pas bien et que vous en souffrez. La perte de quelqu'un que vous aimiez, une amie qui déménage, autant d'événements qui peuvent également susciter votre angoisse ou l'augmenter.

JE BROIE DU NOIR, POURQUOI ?
L'angoisse peut aussi venir d'événements douloureux que vous avez vécus quand vous étiez petite, dont vous ne vous souvenez pas mais que vous avez mal digérés. Ils continuent à faire mal, justement parce que vous êtes plus fragile au moment de l'adolescence.

LE SILENCE ?
MAUVAIS RÉFLEXE !
Si vous êtes perpétuellement angoissée, il faut demander à voir un médecin ou un psychologue qui pourra vous aider.
Il ne faut pas rester seule avec une angoisse chronique qui paralyse, ni vous laisser martyriser par les maux physiques qui l'accompagnent. D'autant plus que l'angoisse isole terriblement : on a tendance à se replier sur soi, alors qu'il faudrait en parler, se décharger un peu de ce fardeau, et surtout se faire aider.

VOIR AUSSI
BLUES, MAL DE VENTRE.

BONS PLANS

• **FAUT QUE ÇA SORTE !**
Pour aller mieux, il faut faire sortir toutes les petites tensions qui, accumulées, peuvent vous nouer le ventre. Les activités physiques permettent de les canaliser : sports de combat ou de détente, mais aussi jogging, piscine, soirées de danse endiablées, etc.
Le chant est aussi un excellent moyen pour évacuer le stress : il oblige à bien respirer, à bien se tenir, à sortir ce que l'on a dans le ventre, justement !

• **CHOUCHOUTEZ-VOUS !**
Si vous supportez mal le stress, ménagez-vous des moments de solitude où vous pouvez vous ressourcer : moments de rêveries au calme, bain moussant, balade en solitaire, musique douce… À vous de trouver ce qui vous fait du bien.

Anorexie
Quand manger fait mal

ANOREXIE ET BOULIMIE SONT DEUX TROUBLES DU COMPORTEMENT ALIMENTAIRE. ANOREXIE VEUT DIRE « PERTE D'APPÉTIT ». **L'ANOREXIE MENTALE** SE CARACTÉRISE PAR UN **REFUS DE S'ALIMENTER** QUI RÉVÈLE UN **PROBLÈME PSYCHOLOGIQUE COMPLEXE.**
LA BOULIMIE SE TRADUIT PAR DES CRISES OÙ UN **BESOIN IRRÉPRESSIBLE DE MANGER** INCITE À SE GAVER DE NOURRITURE POUR APAISER UNE ANGOISSE. UNE ADOLESCENTE PEUT PASSER ALTERNATIVEMENT PAR DES PHASES D'ANOREXIE ET DE BOULIMIE.

 S'INFORMER

L'ANOREXIE, UNE VÉRITABLE MALADIE

Ses symptômes : des restrictions alimentaires de plus en plus importantes, des vomissements volontaires, une grande perte de poids, un arrêt des règles (ou aménorrhée), une excessive activité physique et intellectuelle et un refus de la réalité. Refus de voir sa maigreur : la jeune fille continue à se trouver grosse. Refus de reconnaître qu'elle va mal : elle prétend qu'on s'inquiète de sa santé sans raison. Refus de son corps : elle privilégie l'esprit et se plonge souvent avec une énergie farouche dans le travail.

LA VIE EN DANGER

Ce comportement menace gravement la santé et peut laisser des séquelles presque irréversibles : décalcification osseuse (les os deviennent très fragiles), baisse de la fécondité, faiblesses cardiaques, arrêt de la croissance… Surtout, il révèle une difficulté particulière à vivre son adolescence.

COMMENT LA SOIGNER ?

Il faut à la fois un suivi médical, pour éviter des troubles physiques graves, et une prise en charge psychologique. Le but est d'aider la jeune fille à comprendre pourquoi elle réagit ainsi, en en cherchant les causes dans son caractère, son histoire et ses difficultés (avec les adultes, notamment). La guérison est parfois longue car il ne suffit pas de regagner du poids. Il faut aussi apprendre à affronter ses problèmes.

LA BOULIMIE, MANGER À S'EN RENDRE MALADE

La boulimie est souvent moins visible : les boulimiques sont rarement grosses. Pour étouffer leurs idées noires, elles peuvent avaler des quantités effarantes de nourriture (jusqu'à 10 000 calories) avant de se faire vomir.

Elles absorbent diurétiques et laxatifs, se soumettent à une pratique sportive intensive ainsi qu'à des régimes draconiens pouvant aller jusqu'à l'anorexie. Cela leur évite de grossir. C'est aussi une manière de se punir d'un comportement dont elles ont honte.

LE CORPS MALMENÉ

Ces crises provoquent parfois des malaises dus à l'excès de nourriture : nausées, douleurs abdominales. Les vomissements volontaires à répétition peuvent aussi endommager l'œsophage, l'estomac ou les reins.

COMMENT LA SOIGNER ?

L'aide des amies ou de la famille ne suffit pas : il faut un suivi médical et psychologique. La guérison est difficile et souvent fragile car il s'agit de se réconcilier avec soi-même et d'apprendre à vivre avec ses angoisses et ses faiblesses.

ANOREXIE-BOULIMIE

Les deux comportements peuvent se conjuguer : quand une adolescente veut maigrir, elle a généralement tendance à s'imposer un régime très strict et des privations très sévères. Quand elle « craque », elle peut être prise de crises de boulimie et se mettre à manger de manière compulsive tout ce qui lui tombe sous la main. Elle va ensuite se faire vomir. Elle ne maigrira pas forcément aussi vite qu'une anorexique, mais elle mettra également sa santé en danger et aura besoin des mêmes soins.

● INFO +

L'anorexie touche 30 000 à 40 000 personnes en France, essentiellement des jeunes femmes (95 % des anorexiques sont des filles) entre 12 et 20 ans. Dans 5 % des cas, l'anorexie conduit à la mort. La boulimie atteint aussi principalement les filles (15 filles pour 1 garçon).

● COMPRENDRE

Anorexie et boulimie traduisent souvent des angoisses liées à l'adolescence.

LE DIKTAT DE LA MINCEUR

Au début, l'anorexie est souvent une réaction contre la peur de grossir. À l'adolescence, on quitte son corps longiligne de petite fille, on prend forcément des formes, et cela peut conduire à se sentir « grosse ». En même temps, les difficultés à vivre peuvent conduire à se consoler par un désir plus fort de manger, de se faire des petits plaisirs, de grignoter dès que l'on est triste. Ajoutons à cela la pression de la société qui veut faire croire que seules les femmes maigres sont belles… Il y de quoi être déboussolée !

TOUT CONTRÔLER

L'anorexique va réagir violemment en se privant gravement de nourriture, voire en cessant de s'alimenter. Elle va avoir ainsi l'impression de se reprendre en main, de se mettre à vraiment contrôler toute sa vie, et surtout de maîtriser ce corps qu'elle n'aime pas.

MON CORPS, CE BOULET

Elle est prête à mettre sa vie en danger pour mater cet objet encombrant. Elle ne veut pas se soumettre comme les autres aux contraintes physiques. Pour elle, les besoins matériels, la nourriture, mais aussi les désirs sexuels sont impurs et il faut s'en libérer. Ce refus du corps exprime souvent un manque de confiance en soi, la peur de ne pas être aimée, en tout cas pas avec ce corps que l'on n'aime pas.

LA FAUTE AUX PARENTS ?

On a beaucoup culpabilisé les parents en leur faisant porter la responsabilité de l'anorexie de leur fille. En réalité, on ne sait pas vraiment dire pourquoi une fille plus qu'une autre va devenir anorexique. Toutes les filles vivent ces moments de rejet de leur corps, ce désir de maigrir et d'être à l'image de la femme que la publicité nous montre. Toutes rencontrent des difficultés de relations avec leurs parents pendant l'adolescence. Et pourtant, seules quelques-unes sont atteintes d'anorexie. Aujourd'hui on essaie plutôt d'associer les parents au traitement de la maladie, pour qu'ils puissent aider leur fille.

J'ME DÉGOÛTE !

La boulimique vit aussi une grande détresse. Ce qui la distingue de l'anorexique, c'est sa culpabilité : l'absorption de nourriture, généralement solitaire, crée un dégoût de soi dont elle ne peut pas parler. Elle vit avec cette honte secrète, alors que l'anorexique est plutôt fière de contrôler sa faim et son corps. Dans 50 % des cas, la boulimie s'accompagne d'ailleurs d'un état dépressif.

VOIR AUSSI
COMPLEXES, KILOS, LOOK, RÉGIME, REPAS.

CONSEILS

• COMMENT NE PAS TOMBER DANS LE PIÈGE ?

- Ne vous comparez pas sans cesse aux filles des magazines : elles sont souvent trop maigres et malmènent leur corps pour se plier aux diktats de la mode. Les mannequins, en particulier, prennent des risques inconsidérés avec leur santé en cherchant à être toujours plus minces et il est arrivé qu'un jeune mannequin en meure. Sachez aussi que les photos de magazines sont retouchées, pour gommer les rondeurs des hanches jugées excessives, par exemple.
- Vous voulez mincir ? Consultez un médecin. Il prescrit un régime équilibré, raisonnable, et il aide à le suivre. Évitez le cercle vicieux des régimes tellement stricts qu'on craque. On se bourre alors d'aliments interdits, puis on reprend un régime encore plus strict pour craquer à nouveau.
- Surtout, pas de honte si vous sentez un jour que vous ne maîtrisez plus votre comportement alimentaire : c'est courant, beaucoup de filles rencontrent ce problème et s'en sortent, à condition de ne pas rester seules. Parlez-en à une personne de confiance qui saura vous orienter vers une aide professionnelle.

• COMMENT AIDER UNE AMIE EN DÉTRESSE ?

- Quand on a une amie anorexique, c'est important de l'entourer de son amitié, mais en faisant bien attention à ne pas entrer dans sa logique.
- Une amie vous dira rarement qu'elle est boulimique ; si elle vous fait cette confidence, il faut l'encourager de toutes vos forces à se faire aider par un médecin ou un psychologue.
- Anorexie et boulimie sont des problèmes trop graves pour être réglés entre amies : vous devez absolument en parler à un adulte (parents, infirmière scolaire ou autre). N'hésitez pas : parler, c'est peut-être sauver une vie.

Appareil dentaire

Un sourire pour la vie

S'INFORMER

On peut avoir eu de jolies petites dents de lait bien alignées pendant son enfance et se retrouver avec un sourire moins réussi quand on a ses dents définitives.

C'EST L'ANARCHIE COMPLÈTE !

Incisives trop grandes ou trop espacées qui prennent toute la place, dents qui se chevauchent ou se casent comme elles peuvent, dents du haut ou du bas qui avancent (pour les accros du pouce) : on est loin du sourire de star dont vous rêviez ! En plus, ces changements peuvent causer des déséquilibres entre les deux mâchoires et une mauvaise mastication : c'est très mauvais pour la santé des dents et cela peut rendre difficile la digestion des aliments.

FAUT REDRESSER TOUT ÇA...

Autant de bonnes raisons pour consulter un orthodontiste, dont le métier est de remettre les dents dans la bonne position (*orthos*, en grec, veut dire « droit »). Malheureusement, le miracle passe par le port d'un de ces vilains appareils qui vous font le sourire agressif et vous effraient sans doute un peu.

APPAREIL DENTAIRE, VERSION LIGHT...

Les appareils les plus simples, qui peuvent être prescrits dès l'âge de 8 ans, sont constitués d'un faux palais en métal et en résine sur lequel s'articule un fil de fer qui passe devant les dents. Ils servent à élargir le palais pour que toutes les dents trouvent leur place. Ils sont en général amovibles : on peut les enlever pour manger. Ils sont très discrets, et pas très coûteux.

... LES GRANDS MOYENS

L'autre catégorie, ce sont des appareils fixes qu'on pose pour une durée d'environ deux ans, les fameuses bagues qui vous font le sourire carnassier. On pose des supports sur les molaires du fond avec un ciment spécial. Sur ces supports, on fixe un petit tube. On colle des petits rectangles de métal ou de céramique sur les autres dents (le métal est plus visible que la céramique, mais plus solide et donc préférable pour les sportives). Un ou plusieurs fils métalliques s'emboîtent dans ces rectangles, et viennent se fixer dans les tubes sur les molaires. Il suffit ensuite de serrer ou desserrer le fil pour rapprocher ou éloigner les dents. On peut porter cet appareil dès l'âge de 10-11 ans (même si le plus souvent il est posé vers 12-13 ans) et le garder jusqu'à l'âge de 15-16 ans. Tout dépend des cas et du degré de perfection que vous souhaitez.

MOI, LA NUIT, J'AI DES MOUSTACHES…

Il y a des appareils plus laids, qui heureusement ne se portent que la nuit. On les appelle couramment des « moustaches ». Ils sont composés de deux tiges métalliques qui sortent de la bouche et sont reliées à des élastiques prenant appui sur la nuque. Ces « moustaches » sont destinées à empêcher les molaires de bouger quand elles supportent un appareil à plaquettes.

BONS PLANS

FAITES CE QUE L'ON VOUS DIT !

- Respectez à la lettre les recommandations de l'orthodontiste. C'est le meilleur moyen d'abréger la corvée ! Si vous n'en faites qu'à votre tête, vous risquez même d'être obligée de recommencer le traitement…
- Même si l'appareillage est discret, ce n'est pas une raison pour l'oublier. Brossage régulier des dents au moins deux fois par jour et, attention ! pas d'aliments durs ou collants (caramels, chewing-gums, etc.).

COMPRENDRE

C'est vrai qu'un appareil dentaire, c'est contraignant et pas très esthétique. Avec tous les autres petits cadeaux de la puberté (l'acné, les petites rondeurs superflues), vous êtes gâtée…

COMPAGNES D'INFORTUNE

Ce n'est quand même pas une raison pour rester sous la couette pendant deux ans ! D'abord, l'appareil ne cache pas les jolies fossettes qui font votre charme lorsque vous souriez, et encore moins la jolie couleur de vos yeux. Ensuite, vous n'êtes pas seule : deux adolescentes sur trois portent un appareil dentaire. Dans votre classe, plus d'une copine partage votre sort.

PLUS ON ATTEND, PLUS C'EST PÉNIBLE…

S'il est assez fréquent de porter un appareil dentaire à 13-14 ans, ça l'est beaucoup moins à 20 ou 30 ans. Imaginez-vous à un entretien d'embauche ou rencontrant l'homme de votre vie avec un sourire barbelé. Alors, autant le faire maintenant et vous débarrasser de ce petit problème au plus vite !

… ET PLUS C'EST CHER !

En plus, à partir de 16 ans, la Sécurité sociale ne rembourse plus les appareils dentaires. Et cela coûte très cher ! Plus de 2 890 € pour un traitement qui dure environ 2 ans. C'est encore plus coûteux (jusqu'à 7 600 €) si l'on veut des bagues transparentes en céramique, ce qui est souvent le cas à cet âge-là, parce qu'un sourire d'acier, c'est encore plus difficile à supporter à 20 ou 30 ans qu'à 13-14 ans… Bref, autant de bonnes raisons d'écouter votre maman et d'aller chez l'orthodontiste !

IL SE FAIT VITE DISCRET !

Convaincue ? Allez, courage, ce n'est qu'un mauvais moment à passer. Et puis, vous verrez : vous allez vite vous y habituer… et sourire à la vie. Au début, ça tire un peu sur les dents, on passe sans arrêt la langue dessus, on ne sait pas comment ouvrir la bouche. Mais au bout de trois jours, c'est fini, il fait partie de vous. Et puis, il faut bien le dire : un appareil dentaire n'a jamais empêché d'avoir un petit copain, ni même de l'embrasser !

TOUT SOURIRE

De petites contraintes pour un grand avenir auquel vous avez le droit de rêver : un sourire parfait. Et cela compte tellement un beau sourire qui vous ouvre les portes des cœurs et de la vie.

VOIR AUSSI
COMPLEXES, LOOK.

Apprentissage

J'veux travailler tout d' suite !

L'APPRENTISSAGE, C'EST UNE MANIÈRE DE **POURSUIVRE SA FORMATION** ET DE **PRÉPARER UN DIPLÔME TOUT EN TRAVAILLANT** DANS UNE ENTREPRISE **ET EN GAGNANT UN SALAIRE.**

S'INFORMER

On peut entreprendre cette formation à partir de 16 ans (fin de la scolarité obligatoire), ou à 15 ans si l'on a terminé le premier cycle de l'enseignement secondaire (fin de 3e). La loi de mars 2006 permet de faire un préapprentissage à partir de 14 ans pour découvrir des métiers et s'initier aux activités professionnelles tout en continuant à acquérir les connaissances générales de base.

POUR TOUS LES GOÛTS

Depuis une quinzaine d'années, l'apprentissage a beaucoup évolué. Il prépare désormais à tous les diplômes technologiques et professionnels du secondaire, mais aussi à certains de l'enseignement supérieur. Il concerne traditionnellement les filières de l'artisanat, du commerce, du bâtiment et des travaux publics, et de tous les métiers manuels. Il forme aussi à la vente, à la comptabilité, à la coiffure, à l'hôtellerie, au tourisme, aux services à la personne, à l'environnement, etc. On peut ainsi devenir éducateur sportif, infirmière ou ingénieur en passant par l'apprentissage.

L'ABSTRAIT, TRÈS PEU POUR MOI !

Si les études longues et théoriques vous ennuient ou vous semblent trop difficiles, l'apprentissage vous tend les bras. Mais ne vous précipitez pas, donnez-vous le temps et les moyens de choisir votre futur métier.

SI VOUS Y PRENEZ GOÛT…

Rien ne vous empêche ensuite de reprendre des études à la fin du contrat d'apprentissage. Après un CAP, on peut faire une première et une terminale professionnelles et passer un bac pro.

CONTRAINTES : REGARDEZ-LES EN FACE…

Mais pesez bien le pour et le contre ! Un contrat d'apprentissage, c'est un vrai travail avec en plus des temps de formation, des devoirs à la maison, et seulement 5 semaines de congés par an. Vérifiez aussi que le métier que vous choisissez correspond à vos goûts et à vos compétences, et qu'il offre des débouchés (informez-vous auprès de l'Onisep).

DÉCIDÉE ?

Il faut alors effectuer une pré-inscription dans un centre de formation pour apprentis (CFA). Vous trouverez la liste

des CFA de votre région auprès des services académiques de l'Inspection de l'apprentissage, du conseil régional, des chambres consulaires (chambres de commerce, d'industrie, des métiers, d'agriculture). Il est bon de s'y prendre tôt (au printemps pour la rentrée suivante) pour trouver de la place.

À VOUS DE JOUER !

À vous, ensuite, de trouver l'entreprise qui vous prendra comme apprentie. Le CFA ne confirme votre inscription que lorsque vous avez trouvé une embauche ! Mais il vous aide en fournissant souvent une liste d'employeurs. Sinon, vous pouvez faire appel à des gens que vous connaissez, aller à l'ANPE, répondre aux annonces et envoyer des candidatures spontanées aux entreprises qui vous intéressent. Leurs adresses sont disponibles dans les pages jaunes, ou dans des annuaires spécialisés à consulter en bibliothèque, comme le Kompass. Il existe également des sites Internet consacrés à l'apprentissage où vous pouvez déposer votre demande.

À MOI LA VRAIE VIE !

Une fois votre employeur trouvé, vous signez un contrat qui vous assure un salaire compris entre 25 % et 78 % du Smic, selon votre âge et l'année d'apprentissage. Dans l'entreprise, vous êtes suivie par un maître qui vous transmet son savoir-faire. Au CFA, un formateur vous accompagne dans votre formation théorique et pratique. Celle-ci compte au moins 400 heures (environ une semaine par mois). Un contrat d'apprentissage dure en général 2 ans pour un diplôme du secondaire et 3 ans pour le supérieur. On peut enchaîner plusieurs contrats.

COMPRENDRE

L'apprentissage a souvent mauvaise réputation. Beaucoup considèrent qu'il est fait pour les élèves incapables de suivre au lycée. Mais c'est faux, puisqu'il donne accès à des formations supérieures. Il y a même des métiers d'art ou d'artisanat accessibles uniquement par cette voie. Certains élèves, qui pourraient réussir brillamment dans le cursus dit « classique », choisissent ces filières-là parce qu'ils ont une véritable passion : les chefs des plus grands restaurants, les coiffeurs des célébrités, les plus prestigieux couturiers, beaucoup de grands sportifs sont passés par l'apprentissage.
L'essentiel, c'est de bien choisir son métier en prenant le temps de s'informer et de réfléchir.

CONTENTE... ET PAYÉE !

Si vous arrivez à faire le bon choix, vous serez certainement bien plus heureuse que certaines copines qui vont poursuivre le lycée sans conviction, sans garantie d'avoir leur bac et sans projet pour la suite. Et puis, l'expérience en entreprise sera un atout quand vous chercherez un emploi : à diplôme égal, les anciens apprentis trouvent plus facilement du travail que les étudiants classiques.

À SAVOIR

QUELS DIPLÔMES ?

L'éventail est très large. Un apprenti peut préparer :
- tous les diplômes technologiques et professionnels du secondaire : les CAP, BT (brevet de technicien), BTM (brevets techniques des métiers) et bacs professionnels ;
- les diplômes de l'enseignement supérieur : BTS (brevet de technicien supérieur), DUT (diplôme universitaire de technologie) ;
- certains masters ;
- certaines formations en écoles d'ingénieur après un bac professionnel (ou technologique si vous avez suivi la filière technologique jusque-là).

VOIR AUSSI
ORIENTATION, REDOUBLEMENT.

★

ANGOISSE
appareil dentaire
APPRENTISSAGE
AUTORITÉ

Argent de poche

T'as pas 10 euros ?

L'ARGENT DE POCHE, C'EST VOTRE ARGENT À VOUS, SUR LEQUEL PERSONNE NE VOUS DEMANDE DE COMPTES. **D'OÙ VIENT-IL ?** DE **CE QUE VOUS DONNENT VOS PARENTS**, DE **CE QUE VOUS GAGNEZ** EN FAISANT DES PETITS BOULOTS (BABY-SITTING OU AUTRES), OU ENCORE DES **CADEAUX « EXCEPTIONNELS »** : CEUX DES GRANDS-PARENTS, CEUX DES PARRAINS ET MARRAINES…

● S'INFORMER

Beaucoup d'entre vous ont sans doute de l'argent de poche. Encore faut-il savoir ce que l'on entend par là.

MENUS PLAISIRS…

Si vous êtes nourrie, logée, vêtue, que vos études sont prises en charge par vos parents et qu'en plus ils vous paient des activités (musique, danse, sport, vacances, etc.), l'argent de poche sert pour vos « plus » : cafés, sorties, cadeaux… C'est le moyen d'acheter le petit pull sympa que votre mère estime superflu mais qui vous fait pâlir d'envie !

PROMIS, JE GÈRE !

Si, au contraire, vos parents vous chargent d'acheter vos vêtements, vos fournitures scolaires et de financer vos activités extrascolaires, vous avez un vrai budget à gérer. Même s'il est encore modeste, cela vous apprend à être responsable et vous sera utile toute votre vie.

D'ACCORD, MAIS COMMENT ?

Il faut commencer par prévoir les dépenses qui reviennent tous les mois : les transports, par exemple. Ensuite viennent les dépenses importantes et nécessaires : manteau, paire de chaussures. Le reste, c'est pour les loisirs. Là, des choix s'imposent : si vous prévoyez un concert, vous ne pourrez peut-être pas acheter deux CD, plus le pull que vous avez repéré ! Si vous établissez chaque mois un budget, vous serez vite capable d'évaluer vos besoins et de faire des économies pour une plus grosse dépense : voyage, I-pod, deux-roues, etc.

PETITS BOULOTS !

Vos parents ne vous donnent pas d'argent de poche, vous estimez ne pas en avoir assez ? Vous pouvez faire des petits boulots pour en gagner. Sachez toutefois que, légalement, vous n'avez pas le droit de travailler

si vous n'avez pas 16 ans. Avant cet âge, vous avez heureusement plein de cordes à votre arc : baby-sitting, cours particuliers à des enfants, ou même petits travaux pour vos parents. Votre mère se plaint du bric-à-brac qui envahit le grenier ? Proposez-lui de le débarrasser moyennant un peu d'argent ! Sinon, plus classique, des heures de repassage ou de ménage à la maison peuvent alimenter votre caisse.
Parents et grands-parents sont souvent heureux de donner un coup de pouce aux courageux jeunes gens qui financent un projet sympa à la sueur de leur front !

● **INFO +**

À titre d'information, une étude réalisée par l'Ifop pour la Fédération bancaire de France en mars 2006 indiquait que les jeunes de 12 à 14 ans recevaient de leurs parents entre 16 et 25 € par mois et ceux de 14 à 17 ans entre 25 et 34 € par mois.
Si l'on tient compte des versements sur les comptes en banque et comptes d'épargne, les jeunes de 12 à 14 ans reçoivent entre 334 et 436 € par an et ceux de 14 à 17 ans entre 436 et 746 € par an.

● **BON PLAN**
OUVRIR SON PREMIER COMPTE EN BANQUE
- Dès 12 ans, vous pouvez ouvrir un compte à votre nom avec l'autorisation de vos parents. Vous aurez droit à une carte de retrait utilisable uniquement dans votre banque et vous aurez besoin de l'autorisation de vos parents pour effectuer chaque retrait. Attention, vous n'avez pas le droit à un découvert (c'est-à-dire à dépenser plus que ce que vous avez sur votre compte).
- À 16 ans, vous pouvez ouvrir un compte et avoir un chéquier et une carte de paiement, avec la caution de vos parents. Mais attention si vos dépenses dérapent : en cas de découvert, même modéré, la banque prélèvera sur votre compte des « agios » (un pourcentage de ce que vous devez).
Toutes les banques ont des produits à peu près équivalents. Vous pouvez vous adresser à celle de vos parents. Ce sera plus facile pour eux quand ils feront des virements de leur compte au vôtre. De plus, s'ils sont bien considérés par leur banquier, celui-ci aura un *a priori* positif à votre égard.
Mais vous pouvez aussi choisir votre banque, par esprit d'indépendance !

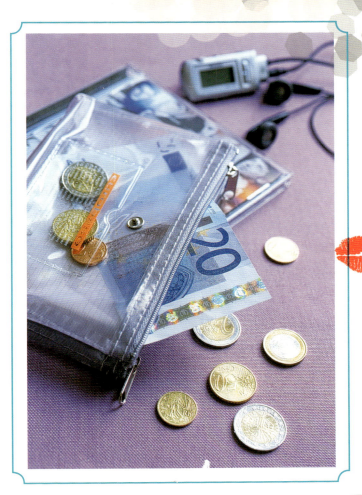

🟠 COMPRENDRE

L'argent de poche, vous le dépensez comme vous voulez, sans avoir à en parler à vos parents. C'est un moyen de ne plus être tout à fait dépendante.

CIGALE : ATTTENTION !

Ce n'est pas une raison pour le gaspiller. Si c'est vous qui le gagnez, ou si vos parents ont des difficultés financières, vous savez faire attention. Reste que certaines sont plus dépensières que d'autres… Même si vos parents n'ont pas de problème d'argent, ils n'ont pas à renflouer systématiquement votre tirelire ! De toute façon, soyez lucide : ils ne seront pas toujours là pour combler vos découverts. Si vous voulez qu'on vous prenne au sérieux, il vaut mieux vous montrer responsable.

DISCRÉTION…

L'argent ne vaut que par ce qu'il peut apporter et s'il ne fait pas le bonheur, vous savez bien qu'il peut y contribuer. Attention à ne pas l'étaler, si vous en avez beaucoup, devant celles qui sont moins chanceuses que vous. Mais ce n'est pas non plus un sujet tabou, il n'y a pas de mal à en parler entre copines, à partager vos expériences et vos difficultés.

POUR TOI, M'MAN, CE SERA GRATIS !

C'est bien de gagner son argent de poche en aidant ses parents. Mais il faut aussi savoir faire des choses gratuitement. On peut accepter un peu d'argent pour un gros travail ; mais attention à ne pas toujours compter. Garder sa petite sœur, aider sa mère à faire les courses au supermarché ou à ranger le linge sont des services qu'on se rend normalement dans une famille.

PLAISIR D'OFFRIR

L'argent de poche sert à se faire plaisir à soi, mais rend heureux aussi parce qu'il permet de faire des cadeaux aux copines, à la famille. Ce serait dommage d'avoir oublié d'en garder pour l'anniversaire de sa mère ou pour les cadeaux de Noël !

🟠 CONSEILS
SPÉCIAL DÉPENSIÈRES

Toujours attendre (au moins une journée) avant de céder à une envie.
– N'achetez que si vous avez l'argent : pas d'emprunt aux copines, pas d'avance demandée aux parents sur l'argent de poche des mois à venir.
– Évitez de vous faire mal : prévoyez d'autres activités que le lèche-vitrines le samedi !

VOIR AUSSI
BABY-SITTING, CADEAU.

TEST

ÊTES-VOUS DÉPENSIÈRE ?

• *Vous partez acheter une paire de chaussures et vous revenez avec un pull et un DVD en plus des chaussures.*
• *Si un vêtement cher vous plaît, vous n'êtes pas capable d'attendre les soldes pour vous l'acheter.*
• *Vous dépensez votre argent poche mensuel en quelques jours et vous êtes à court d'argent le reste du mois.*
• *Vous avez perpétuellement des dettes.*
• *Vous trouvez ridicule de faire des économies.*
• *Vous ne savez jamais combien il vous reste d'argent pour finir le mois.*
• *Vous achetez souvent des choses inutiles qui ne vous servent jamais.*
• *Il ne vous reste jamais d'argent pour faire des cadeaux.*

Si vous vous retrouvez dans plus de 5 de ces affirmations, pas de doute : vous êtes dépensière. Apprenez à faire un peu attention, sinon cela vous jouera des tours !
Si vous ne vous retrouvez dans aucune de ces affirmations, attention ! N'oubliez pas que l'argent, c'est fait pour en profiter et en faire profiter les autres.
Entre les deux, vous êtes très raisonnable !

Autorité

Je fais ce que je veux quand je veux

🟠 S'INFORMER

L'autorité est souvent considérée comme quelque chose de négatif, qui écrase les gens. C'est pourtant tout le contraire ! L'autorité bien comprise est un service qu'on rend aux autres parce qu'on en a la mission : mission d'éducation, de protection, etc. Cette mission donne le droit de se faire obéir… au risque de ne pas être apprécié. C'est arrivé plus d'une fois à vos parents, vos profs ou votre proviseur !

L'AUTORITÉ DES PARENTS

L'autorité que vos parents ont sur vous est définie dans le code civil. Elle consiste à vous « protéger dans [votre] sécurité, [votre] santé et [votre] moralité. Ils ont à [votre] égard droit et devoir de garde, de surveillance et d'éducation ». Ils gardent cette mission jusqu'à votre majorité. Autrement dit, vos parents exercent leur autorité pour votre bien, pour vous guider dans la vie jusqu'à ce que vous soyez capable de vous débrouiller seule !

LE PROVISEUR

Lui aussi tient son autorité d'une mission. Celle d'organiser la vie du lycée de manière à ce que tout le monde puisse y faire ce pour quoi il est là : pour les élèves se former et se préparer à la vie professionnelle, pour les professeurs enseigner. À lui de faire appliquer les règles obligeant chacun à respecter les droits des autres.

LA POLICE

Même chose, elle a une mission. Elle est là pour faire appliquer les lois, instaurées démocratiquement, en empêchant les uns de nuire aux autres. C'est dans ce but qu'elle a autorité pour arrêter un voleur de mobylette, un garçon qui agresse une fille dans la rue, etc.

LE CONTRAIRE DE LA DICTATURE !

Ceux qui ont une autorité doivent rendre compte de leurs actes. C'est tout le contraire de la dictature, où le chef peut prendre n'importe quelle décision arbitraire, simplement parce qu'il est le plus fort. Vos parents n'ont pas le droit de prendre leur autorité comme prétexte pour vous maltraiter. Le proviseur n'a pas le droit de punir arbitrairement les élèves qui ne lui plaisent pas. La police doit justifier l'arrestation d'une personne ou la relâcher.

ON EN A OU ON N'EN A PAS !

Mais l'autorité n'est pas seulement une mission. C'est aussi une qualité. On parle alors d'autorité « naturelle ». Il y a des gens qui en ont, et d'autres pas. Dans une bande par exemple, il y a toujours un chef, celui auquel tous les membres reconnaissent le droit de « commander » parce qu'il a des qualités particulières. Il y a des profs que leurs élèves ne chahutent jamais, même s'ils ne sont pas

L'AUTORITÉ, C'EST LA **CAPACITÉ ET LE DROIT DE COMMANDER**, DE PRENDRE DES DÉCISIONS ET DE SE FAIRE OBÉIR **SANS UTILISER** LA CONTRAINTE PHYSIQUE OU **LA VIOLENCE**.

très sévères. Ils sont tellement passionnants qu'on les écoute et qu'on les respecte. Ces exemples montrent que l'autorité est aussi une affaire de caractère, de contact humain. Il ne suffit pas d'en être investi par la loi. Pour exercer son autorité, il faut être respecté, écouté, admiré.

● COMPRENDRE

À l'adolescence, on a plutôt envie d'envoyer promener l'autorité. Vous vous sentez mûre, vous voulez être libre. Bien sûr, les conseils sont toujours les bienvenus lorsque vous hésitez sur ce que vous devez faire. Mais vous ne voyez pas pourquoi vous obéiriez toujours, alors que vous n'êtes pas forcément d'accord ! Et c'est bien ! C'est en exerçant votre esprit critique, en affirmant vos opinions que vous construisez votre identité.

DÉBOUSSOLÉE ?

Mais c'est aussi en trouvant des limites à ses désirs que l'on grandit. Quand on peut tout faire, tout avoir sans rencontrer d'opposition, on perd le nord et on se demande pourquoi, après tout, on a fait telle chose plutôt qu'une autre. Regardez comment se passent les cours quand l'un de vos profs manque de fermeté. Vous en profitez pour chahuter ; mais au fond vous savez bien que vous y perdez parce que vous n'apprenez rien. Pire : vous êtes la première à mépriser le prof qui ne sait pas s'imposer.

AU SECOURS ! MES PARENTS DÉMISSIONNENT…

Quand vos parents, épuisés par votre contestation, battent en retraite, vous êtes contente d'avoir gagné, mais vous vous trouvez devant un problème. À vous désormais de savoir ce qu'il faut faire ; vous ne pouvez plus compter sur personne pour vous éviter les erreurs.
Au contraire, quand ils vous interdisent de sortir le soir à mobylette parce qu'ils ont peur d'un accident, cela vous énerve, mais cela vous montre qu'ils se soucient de vous. Et leur prudence vous évitera peut-être de faire connaissance avec les ambulances du Samu !

AUTORITÉ OUTREPASSÉE, DANGER !

L'autorité a des limites : quand on les dépasse, elle n'est plus légitime. Il y a mille manières d'abuser de son autorité : punir ou interdire tout et tout le temps, jouer sur la peur de la sanction pour obtenir la soumission, faire du chantage pour amener à la délation… Dans ces cas-là, il faut réagir.

Aucune autorité ne doit vous contraindre à faire une chose que vous savez dangereuse, mauvaise, illégale ou immorale. Le reste du temps, n'oubliez pas cette équation surprenante : autorité = service. Et quand vous avez envie de ruer dans les brancards, souvenez-vous que ce n'est pas facile non plus, pour ceux qui ont autorité sur vous… de vous rendre ce service !

VOIR AUSSI
CONFIANCE, LOI, MALTRAITANCE, RESPONSABILITÉ, RÉVOLTE, SANCTION.

CONSEIL

MON PROF ABUSE DE SON AUTORITÉ…

Il n'y a pas de raison de se laisser faire ! Mais attention : soyez sûre de votre fait avant d'en parler. La sanction qu'il vous a infligée, le travail qu'il vous a donné sont-ils vraiment arbitraires ? Commencez par en discuter avec lui. Et si le dialogue est impossible, parlez-en… à celui qui a autorité sur lui, le proviseur, et à vos parents.

Avortement

Le choix d'une vie

UN AVORTEMENT, C'EST L'**EXPULSION SPONTANÉE (FAUSSE COUCHE) OU PROVOQUÉE D'UN EMBRYON**, VOIRE D'UN FŒTUS, HORS DE L'UTÉRUS AVANT QU'IL NE SOIT VIABLE. DURANT SA VIE DANS L'UTÉRUS, LE FUTUR BÉBÉ EST APPELÉ « EMBRYON » JUSQU'À 12 SEMAINES, PUIS « FŒTUS » JUSQU'À SA NAISSANCE.

S'INFORMER

Aujourd'hui, la loi française permet aux femmes d'interrompre leur grossesse. Cette interruption volontaire de grossesse (IVG) est prise en charge par la Sécurité sociale. La loi exige que l'intervention soit pratiquée par un médecin avant la fin de la douzième semaine de grossesse (soit 14 semaines après le début des dernières règles).

Pour une mineure, le consentement d'un parent ou de la personne exerçant l'autorité parentale est demandé. Si les parents refusent ou si la jeune fille veut garder le secret et ne souhaite pas leur demander leur consentement, il ne sera pas exigé, mais elle devra se faire accompagner pendant toute la procédure par une personne majeure de son choix.

RENCONTRER UN MÉDECIN

La loi impose plusieurs démarches successives, avec des délais à respecter. D'abord, la grossesse doit être confirmée par un médecin. C'est souvent à ce médecin que la femme expose son intention d'interrompre sa grossesse, mais il n'est pas obligé de traiter cette demande d'IVG, si, en conscience, il réprouve cet acte. Il doit alors adresser sa patiente à un autre médecin. Celui qui accepte de prendre en compte cette demande doit donner à la femme des informations sur les différentes méthodes d'IVG et lui indiquer les adresses des lieux où elle se pratique.

RÉFLÉCHIR…

Après la première consultation, la loi prévoit un délai de réflexion obligatoire d'une semaine avant d'autoriser l'intervention. Si la personne est mineure, elle doit se rendre pendant cette semaine à un entretien qu'on appelle « psychosocial » dans un établissement agréé : consultation ou conseil familial, centre de planification ou service social, etc. Cet entretien est destiné à l'aider à réfléchir, en lui donnant un certain nombre d'informations, aussi bien sur l'IVG qu'elle envisage que sur les aides possibles en cas de poursuite de la grossesse. Le médecin consulté fournit en général des adresses où cet entretien est pratiqué.

Il lui faut ensuite retourner voir le médecin, au minimum 2 jours après, munie d'une attestation de l'entretien, et confirmer par écrit sa décision d'avoir recours à une interruption de grossesse. Le médecin établit alors un certificat destiné au centre qui pratiquera l'intervention.

L'IVG MÉDICAMENTEUSE

Deux méthodes d'IVG sont actuellement pratiquées. La méthode médicamenteuse est pratiquée jusqu'à la fin de la cinquième semaine de grossesse (soit 7 semaines après le début des dernières règles). Elle consiste à absorber un médicament qui provoque des contractions de l'utérus et l'expulsion de l'embryon. La prise des médicaments se fait en deux fois à deux jours d'intervalle dans un établissement hospitalier ; il faut rester hospitalisée quelques heures la deuxième fois. Depuis juillet 2004, elle peut se faire chez un gynécologue ou un généraliste agréé.

L'OPÉRATION

La méthode instrumentale se fait sous anesthésie locale ou générale, par aspiration de l'embryon à l'extérieur de l'utérus. En général, la femme quitte l'hôpital quelques heures après l'opération. Les risques médicaux de l'IVG sont limités. Si elle est pratiquée dans de bonnes conditions, il n'y aura, la plupart du temps, pas de séquelle sur la fécondité. Mais il

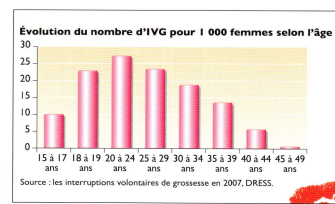

Source : les interruptions volontaires de grossesse en 2007, DRESS.

faut savoir qu'une intervention, même bénigne, n'est jamais sans risque et que des avortements à répétition augmentent considérablement les risques de fausses couches.

L'APRÈS IVG

Le médecin informe la femme des différentes méthodes contraceptives : le but est qu'elle n'ait plus jamais recours à l'IVG, qui ne doit en aucun cas être considérée comme une méthode contraceptive. Puis la femme se retrouve seule.
Si un avortement blesse rarement le corps de manière irréversible, il ne faut pas sous-estimer les blessures du cœur, les « séquelles psychologiques » dont parlent les médecins. Les femmes savent bien ce qui se passe quand une interruption de grossesse est pratiquée. Elles savent qu'elles ont mis fin à une vie et, en même temps, elles sentent que donner la vie est l'un des plus forts désirs humains. C'est la pleine conscience de ce qui est arrivé qui fait souffrir beaucoup de femmes, et qui conduit même certaines à la dépression. Sans aller jusque-là, la plupart d'entre elles penseront toute leur vie à cet enfant qui n'est pas né, et à l'âge qu'il pourrait avoir.

COMPRENDRE

Quelles que soient les raisons pour lesquelles une femme prend cette décision, interrompre une grossesse n'est jamais un acte anodin. C'est toujours une décision difficile et douloureuse. Même quand une femme pense ne pas pouvoir accueillir un enfant, elle souffre de devoir renoncer à cette promesse de vie. C'est une situation d'échec. Échec parce qu'elle n'a pas su éviter une grossesse qu'elle ne désirait pas, parfois échec d'une relation, quand le père refuse d'assumer sa paternité et qu'elle se retrouve seule.

LA LOI VEIL

En France, la loi autorise le recours à l'avortement depuis 1975. Elle le fait parce qu'elle considère que la société doit prendre en compte la détresse d'une femme ou d'une jeune fille qui se sent incapable d'assumer sa grossesse. Avant cette loi, certaines femmes avortaient clandestinement, dans des conditions physiques et psychologiques épouvantables qui mettaient en danger leur santé, voire leur vie. Cette loi permet aux avortements de se dérouler dans des conditions convenables et préserve ainsi la vie des femmes.

LÉGAL OU MORAL ?
Si la loi permet cet acte, elle ne le rend par pour autant juste ou moral. L'avortement reste un acte grave qui pose des questions sur la valeur que l'on donne à la vie humaine.

RESPECT DE LA VIE
On peut comprendre l'utilité de cette loi tout en réprouvant l'avortement parce qu'il porte atteinte à la vie humaine. C'est pourquoi cette loi ne dispense pas d'une réflexion sur le sens de cet acte.

Les autorités morales et les grandes familles religieuses ont leur mot à dire dans cette affaire, parce que c'est leur rôle d'énoncer des principes destinés à guider l'action humaine. Toutes sont en général très attachées au principe du respect de la vie humaine. Pour les croyants, la vie humaine est considérée comme le plus précieux des dons de Dieu. Nul ne peut en disposer. C'est pourquoi les chrétiens, notamment, condamnent très rigoureusement le recours à l'avortement. Le respect de la vie est d'ailleurs un principe qui ne concerne pas uniquement l'enfant à naître mais toute personne humaine, qu'elle soit lourdement handicapée, gravement malade, ou tout simplement très âgée.

EN CONSCIENCE
Bien sûr, vous pouvez penser que ça, c'est le principe mais que, dans la vraie vie, il y a des accidents et des détresses qui bousculent et qui font mal. C'est vrai. Mais les principes sont justement là pour éclairer les choix, même les plus douloureux, même les plus difficiles, que les événements de la vie obligent à faire. C'est justement dans ces cas-là qu'il faut juger selon sa conscience, après avoir mûrement réfléchi. Dans le cas précis de l'avortement, c'est important de ne pas rester seule face à cette question, d'en parler, de se faire aider dans sa réflexion et dans sa décision. Une jeune fille confrontée à cette épreuve a besoin du soutien de ses parents et, même si c'est difficile, il est important qu'elle essaie d'en parler avec eux. Quand on est croyant, on peut aussi en parler avec un membre de sa communauté et écouter ses conseils afin de décider en conscience.

L'ACTE, CE N'EST PAS LA PERSONNE
C'est vrai que l'avortement est un acte grave. Mais on peut condamner l'acte sans condamner la personne qui en a pris la responsabilité. Le recours à l'avortement est toujours une blessure qui met longtemps à cicatriser. Les femmes qui y ont recours disent souvent qu'elles ont du mal à « se pardonner ». Heureusement, cela ne veut pas dire qu'elles ne pourront pas, par la suite, accueillir avec bonheur un enfant et être de bonnes mères.

VOIR AUSSI
CONTRACEPTION, GROSSESSE PRÉCOCE.

CONSEIL

L'avortement est parfois un sujet de débats extrêmement violents : les mots fusent, la tension monte et la condamnation arrive, implacable, d'un côté comme de l'autre. Attention à ce que vous pourriez dire devant des personnes qui ont vécu, de près ou de loin, cette situation (cela arrive plus souvent qu'on ne le croit). Il est facile de parler de l'avortement avec vigueur et passion, de le condamner comme le plus monstrueux des crimes ou au contraire de le réduire à un acte médical sans conséquence, quand on n'y a pas été confrontée.

Baby-sitting
Premier job !

S'INFORMER

Vous vous sentez à l'aise avec les enfants, vous voulez gagner un peu d'argent ? Dès 14 ou 15 ans, vous pouvez vous lancer dans l'aventure du baby-sitting.
Au début, évitez peut-être de garder les nourrissons car c'est un peu « technique » si vous n'avez pas encore d'expérience.

CE SOIR, JE SUIS DE GARDE !

Il y a plusieurs sortes de baby-sitting. Le plus courant, c'est la garde occasionnelle le soir, pour permettre aux parents de sortir ; vous pouvez avoir à donner le bain et le repas, ou seulement surveiller des enfants qui dorment déjà. En général, si vous n'êtes pas chez des voisins, les parents doivent vous raccompagner chez vous à la fin de la soirée ou vous offrir un taxi. Vous pouvez aussi faire du baby-sitting l'après-midi, pour le shopping de la maman, un goûter d'anniversaire ou un mariage.

BABY-SITTER LONGUE DURÉE

Il y a des parents qui prennent une baby-sitter un ou plusieurs soirs par semaine pour aller chercher les enfants à l'école, leur faire faire leurs devoirs et les garder jusqu'à leur retour du travail.
C'est un engagement plus contraignant car il faut être disponible les jours dits et s'engager sur plusieurs mois, voire une année scolaire ! C'est important pour des parents de compter sur une personne de confiance, qui connaît bien leur enfant. Dans ce cas, ils peuvent même faire appel à vous le temps d'un week-end ou pendant les vacances scolaires.

TROUVER DES « CLIENTS »

Tentée ? Lancez-vous dans une recherche d'emploi… La première de votre vie, sans doute ! Le plus simple, c'est de faire le tour de vos relations : voisins, amis de vos parents… Vous pouvez aussi mettre des petites annonces chez le boulanger, au supermarché de votre quartier ou encore à l'école.

SURFEZ... AVEC PRUDENCE !

Il existe sur Internet des sites bien faits qui reçoivent les demandes et les offres, et mettent en relation parents et baby-sitters. Dans ce cas, soyez prudente tant que vous ne connaissez pas votre « employeur ». Laissez ses coordonnées à vos parents quand vous partez faire un baby-sitting. N'hésitez pas à les appeler en cas de problème (tant que vous êtes mineure, ils sont responsables de vous et de vos actes). Signalez ensuite ce problème à l'organisme qui vous a fourni l'adresse.

INFO +
COMBIEN DEMANDER ?

Entendez-vous toujours sur le prix avant de vous engager. Les tarifs sont variables. Ils tournent en général autour de 7 € de l'heure, un peu plus élevés à Paris qu'en province. Ils dépendent du service rendu. Garder des enfants dans la journée en les faisant déjeuner, travailler et jouer demande plus de travail que les garder la nuit. Il est légitime d'être mieux payée ! Même chose si vous gardez plusieurs enfants de familles différentes. Pour la garde en soirée, les tarifs augmentent après minuit.

COMPRENDRE

Vous avez de la chance : le baby-sitting, c'est pour vous, les filles ! Les parents s'adressent plus volontiers à vous qu'à vos copains, parce qu'ils pensent que les filles sont plus douées pour s'occuper des enfants. Cela dit, les garçons peuvent aussi être appréciés. Alors, n'hésitez pas à recommander un ami quand vous n'êtes pas libre : lui aussi sera sûrement content de gagner un peu d'argent…

LES P'TITS BOUTS, J'ADORE !

Bien sûr, il ne s'agit pas seulement de gagner de l'argent. Il faut aimer s'occuper d'enfants, sinon le baby-sitting peut vite devenir un enfer (pour vous et pour eux) ! Pensez aussi à la fréquence et à la durée des gardes : à vous de choisir le type d'engagement que vous êtes prête à assumer en fonction de votre âge, du temps dont vous disposez et de vos envies.

ÉVITEZ L'OVERDOSE !

Il faut préserver du temps pour faire vos devoirs et vous détendre. Si vous gardez

des enfants le soir et qu'ils dorment bien, cela peut vous permettre de travailler. Mais attention au manque de sommeil ! Et réfléchissez avant de renoncer à la musique ou au sport pour le baby-sitting. Bref, n'en faites pas trop ! Associez-vous éventuellement avec 2 ou 3 copines, pour garder des soirées libres sans être obligée de dire non aux clients fidèles. En téléphonant à l'une d'entre vous, ils sont sûrs d'avoir quelqu'un ; et vous, vous êtes sûre d'éviter l'overdose de baby-sitting !

CHECK-LIST INDISPENSABLE
Garder des enfants, c'est une grande responsabilité : n'hésitez pas à bien vous faire expliquer ce qu'on attend de vous, quitte à prendre des notes. Posez plein de questions aux parents sur les habitudes de leurs enfants : ce qu'ils mangent, à quelle heure ils doivent se coucher, s'ils ont un doudou, etc. Découvrez le plaisir de raconter des histoires. Cela pourra vous servir plus tard !

CONSEIL
SAVOIR DIRE NON
Même si vous adorez les enfants que vous gardez, si les parents sont sympathiques, n'hésitez pas à mettre des limites si vous trouvez que les parents vous demandent trop de travail ou rentrent trop tard à chaque garde.

SAVOIR-VIVRE
- Ne dévalisez pas le réfrigérateur. Si l'on vous a permis de vous servir, cela ne sous-entend pas qu'il faut le vider !
- N'utilisez pas les appareils de la famille (téléphone, télévision, ordinateur) sans en avoir demandé l'autorisation. N'oubliez pas qu'aujourd'hui tout le monde reçoit une facture téléphonique détaillée…
- Ne plantez pas les enfants devant la télévision pour avoir la paix : c'est vous que les parents paient, pas la télé !
- Soyez discrète : n'ouvrez pas les placards, les tiroirs ; ne touchez pas aux produits de beauté de la maman, n'essayez pas ses affaires. (D'ailleurs, une maîtresse de maison sent ces choses-là, même si vous remettez tout en place !)

VOIR AUSSI
ARGENT DE POCHE.

BONS PLANS
LES RÉFLEXES SÉCURITÉ AVEC UN PETIT ENFANT
- Tenez-le bien quand il est sur la table à langer.
- Attachez-le quand il est dans sa chaise haute ou sa poussette.
- Vérifiez la température de l'eau du bain avec un thermomètre avant de l'y plonger. Ne le laissez jamais seul dans le bain, même s'il vous semble assez âgé.
- Faites couler quelques gouttes de lait sur l'intérieur de votre poignet avant de lui donner son biberon (attention aux micro-ondes qui chauffent très vite les biberons !).
- Tournez les poignées de casserole vers l'intérieur de la plaque chauffante. Ne laissez pas de récipients pleins de liquide chaud, ni d'objets coupants au bord d'une table.
- Fermez le placard des produits d'entretien.
- Ne le laissez pas jouer au soleil sans chapeau.
- Gare aux fenêtres, balcons et escaliers !
- Attention en fermant les portes : n'y coincez pas un petit doigt.
- Si vous n'entendez plus de bruit, méfiance : les grosses bêtises se trament souvent en silence !
- Faites-vous une liste de numéros utiles : portables des parents, voisins, médecin de famille, pompiers, Samu, police, centre antipoison.

Baccalauréat

Passe ton bac d'abord !

S'INFORMER

Il y a trois grandes catégories de bacs : les bacs généraux, technologiques et professionnels. Les trois bacs généraux, littéraire (L), économique et social (ES), scientifique (S) sont destinés à la poursuite d'études supérieures générales (classes préparatoires, licence).

TECHNO OU PRO

Les bacs technologiques sont au nombre de huit. Ils permettent d'entamer des études technologiques (DUT, BTS) ou de continuer vers des études supérieures, universités ou grandes écoles. Les bacs professionnels préparent directement à l'entrée dans la vie active.

OUAH ! UNE MENTION !

Tous les candidats au bac passent une série d'épreuves obligatoires, le « 1er groupe d'épreuves ». Ceux qui obtiennent une moyenne égale ou supérieure à 10/20 sont admis. On peut avoir une mention : « assez bien » entre 12 et 14, « bien » entre 14 et 16, « très bien » au-dessus. Puisque cela existe, ce serait dommage de vous contenter de la moyenne ! Une mention, c'est très utile pour entrer dans une école sur dossier… et sur le blason de votre fierté personnelle !

J'AI EU CHAUD !

Ceux qui ont une moyenne inférieure à 8/20 sont recalés. Ceux qui obtiennent entre 8 et 10 doivent passer une seconde série d'épreuves, le « rattrapage ». Ils choisissent deux matières (en principe, les élèves prennent celles où ils ont eu de mauvaises notes et où ils pensent pouvoir faire mieux). Le coefficient reste le même ; c'est la meilleure note qui est retenue pour la moyenne générale. Si celle-ci est de 10/20 ou plus, le candidat est admis. Pour le bac professionnel, il faut la moyenne à l'ensemble des épreuves et la moyenne aux épreuves professionnelles.

PREMIER SAUT D'OBSTACLE

Pour les bacs généraux et technologiques, le premier round se déroule à la fin de la première où le candidat passe des épreuves dans certaines matières, écrites ou orales ou les deux. Pour les bacs généraux, tout le monde passe le français à l'écrit et à l'oral et des TPE (travaux personnels encadrés). Les L ajoutent les maths et les sciences à l'écrit, et les ES des sciences seulement à l'écrit également.

Les élèves des bacs technologiques passent aussi le français écrit et oral en fin de première, plus la géographie et l'histoire, sauf les STG (sciences et technologies de la gestion) qui se contentent du français écrit et oral. C'est bien plus qu'un galop d'essai : c'est quasiment un premier bac et il est important de bien le réussir, sous peine de se retrouver avec un retard de points pour la seconde partie en fin de terminale.

INFO +

Le bac est né en 1808. Il a d'abord été un examen uniquement oral. Pendant près d'un siècle (1874-1964), il se passait en deux parties, l'une en fin de première et l'autre en terminale. C'est en 1924 qu'on a instauré un bac pour les filles. Le bac technologique est beaucoup plus récent : il date de 1968. C'est en 1985 qu'est né le petit dernier, le bac professionnel.

COMPRENDRE

Passer le bac vous angoisse ? Rien de plus normal. Le bac, c'est bien plus qu'un examen ; c'est l'entrée dans le monde des adultes, la formule magique qui donne le droit de commencer la vraie vie. Regardez votre grande sœur ou celle de votre copine : dès qu'elle a su qu'elle était reçue, elle n'a plus été tout à fait de votre monde.
Ça y est, elle en a fini avec l'école, elle parle avec assurance, elle ne pense plus qu'à l'avenir, elle se sent pousser des ailes. Elle va pouvoir réaliser ses rêves.

DANS LES STARTING-BLOCKS...

Vous l'enviez et vous vous sentez toute petite devant l'obstacle. Pourtant, ce n'est pas la mer à boire. Il suffit de considérer cela comme une épreuve sportive et de s'y préparer avec soin en prenant un bon départ.

COURSE DE FOND

Le secret de la réussite, c'est de commencer à se préparer… dès la rentrée. Pour chaque cours, faites-vous une fiche et révisez-la régulièrement. Aux vacances de printemps, vous entrez dans la phase décisive : faites-vous un planning découpé en semaines et avancez dans toutes les matières en même temps. Gardez une semaine libre à la fin par sécurité, au cas où vous auriez pris du retard. Et surtout ne vous contentez pas d'apprendre les cours : entraînez-vous, faites des exercices, traitez des sujets. Utilisez pour cela les annales des années précédentes, les sites internet, et travaillez à plusieurs.

CONSEILS

QUAND LE CORPS VA, TOUT VA

Préparez-vous par une bonne hygiène de vie.
- Dormez : les révisions de nuit sont inefficaces. En plus, vous assimilez en dormant ce que vous avez appris dans la journée : faites travailler votre sommeil ! Évitez les somnifères, sous peine d'être KO le lendemain. Préférez un bon bain et une tisane.
- Mangez : 3 ou 4 repas par jour, avec des menus équilibrés.
- Ne vous dopez pas. Mieux vaut presser deux oranges et croquer quelques carrés de chocolat pour les vitamines et le magnésium plutôt que de prendre des gélules… moins savoureuses !
- Aérez-vous, faites du sport : vous travaillerez mieux si vous vous accordez des moments de détente. Courez, nagez, allez vous promener avec vos copines… sans en profiter pour réciter vos dernières révisions !

JOUR J - 1

- Le dernier jour, ne travaillez pas. Si vous avez l'impression de ne plus rien savoir, c'est normal ! Tout vous reviendra au bon moment.
- Amusez-vous, faites du shopping, allez au cinéma.
- Préparez bien vos affaires : stylo avec une cartouche de rechange, calculatrice, convocation et pièce d'identité.
- Couchez-vous tôt et rêvez à… après.

INFO +

LES BACS TECHNO
- **STG** : sciences et technologies de la gestion
- **STI** : sciences et technologies industrielles
- **STL** : sciences et technologies de laboratoire
- **SMS** : sciences médico-sociales
- **STAV** : sciences et technologies de l'agronomie et du vivant
- **TMD** : technique de la musique et de la danse
- **et le petit dernier qui n'a pas de sigle** : hôtellerie !

VOIR AUSSI

APPRENTISSAGE, DEVOIRS, ÉTUDES, ORIENTATION, REDOUBLEMENT.

Bazar

Tu vois pas que c'est rangé !

LE BAZAR OU LE DÉSORDRE, C'EST LE MANQUE D'ORDRE. ÉVIDENT ? **TOUT LE MONDE N'A PAS LA MÊME DÉFINITION DE L'ORDRE.** PAR EXEMPLE, **LA VÔTRE N'A RIEN À VOIR AVEC CELLE DE VOTRE MÈRE**, QUI VOUS DEMANDE DE RANGER ALORS QUE VOUS NE VOYEZ VRAIMENT PAS OÙ EST LE PROBLÈME !

S'INFORMER

Le désordre est souvent l'un des principaux sujets de conflit avec ses parents. Le problème, c'est que ranger, cela prend des heures ; en plus, vous n'êtes pas sûre que cela serve à quelque chose, étant donné qu'il faut toujours recommencer. Sans compter que, comme tout le monde, vous vous retrouvez très bien dans votre aimable fouillis. Vous avez presque l'impression que vous perdriez vos repères si vous vous mettiez en tête de ranger avec un zèle excessif !

QUAND LES OBJETS VOUS JOUENT DES TOURS

Pourtant, il n'est pas certain qu'un « ordre » trop fantaisiste ne fasse pas perdre du temps, de l'énergie et… du calme. Rien de plus pénible que de ne pas remettre la main sur votre livre de géographie quand vous êtes en retard. Ou de ne dénicher qu'une seule chaussette au moment de vous habiller. Quant au CD que vous avez emprunté à une copine et que vous ne retrouvez pas, quelle excuse inventer pour qu'elle ne s'impatiente pas ? Et comment porter ce joli petit haut tout froissé parce qu'il était roulé en boule sur la chaise qui sert de penderie improvisée ?

ASPHYXIE !

Le désordre, c'est aussi cette odeur écœurante que vous détectez un jour en entrant dans votre chambre. D'où peut-elle provenir ? Vous cherchez… et tombez, effarée, sur la brique de lait entamée qui traîne depuis trois jours sous votre bureau. Quand ce n'est pas le parfum qui se dégage de la cage du hamster, ou le fumet du linge sale, qui ne se décide pas à migrer tout seul vers le panier de la salle de bains.

L'ASPIRATEUR, MISSION IMPOSSIBLE

Bref, le désordre n'a pas que des avantages. Sans compter que ce n'est pas très gentil de laisser un tel capharnaüm à celle qui va faire le ménage. À moins évidemment de prendre tout en charge vous-même, du sol au plafond en passant par les carreaux… Mais y tenez-vous vraiment ?

● COMPRENDRE

À 13, 14 ou 15 ans, le désordre a tendance à prendre des proportions inégalées ! Chez certaines, il sévit depuis l'âge des caisses de jouets. Ce qui est surprenant, c'est qu'il s'installe même chez celles qui avaient pourtant pris l'habitude de ranger leur chambre et de porter leur linge au sale.

AU-DESSUS DE TOUT ÇA ?

Comme si vous vouliez dire que maintenant vous êtes libre, que toutes ces contraintes sont bonnes pour les petites. Le désordre devient une déclaration d'indépendance à l'intention des parents : « Laissez-moi tranquille avec ces chaussettes qui traînent ou ce verre de jus d'orange qui moisit sur la table de nuit, il y a des choses nettement plus importantes ! »

UN MINIMUM VITAL

C'est vrai que désormais vous n'êtes plus une enfant et que vous êtes responsable de vos affaires. C'est vrai qu'il y a des activités plus palpitantes que plier, déplacer, trier, classer, jeter. Même vos parents sont sûrement d'accord sur ce point. Ce qu'ils essaient de dire lorsqu'ils réclament une séance de rangement, c'est qu'il est bon de cultiver un peu d'ordre. Évidemment, il n'est pas question que votre chambre ressemble à celle d'un moine ou d'un militaire. Il est simplement préférable qu'on y voie clair et qu'on y respire bien. C'est une question d'hygiène physique et mentale.

ORDONNÉE, PAS MANIAQUE !

Mais attention dans le domaine du rangement, la perfection ne fait pas le bonheur. Ne pas supporter le moindre grain de poussière et frôler la crise de nerfs parce qu'un visiteur distrait a osé déplacer un livre sur les rayons de l'étagère, peut aussi être le signe que l'on ne va pas très bien ! Alors, joyeux désordre, mais pas trop quand même !

VOIR AUSSI
CHAMBRE À SOI.

BONS PLANS

• TRUCS ET ASTUCES

- *Remettez chaque chose à sa place après usage. Le désordre s'accumule moins vite !*
- *Que chaque objet ait une place définie dans votre chambre. Cela évite d'avoir à déloger une chose pour en ranger une autre.*
- *Si vous avez la flemme de ranger dans l'armoire les vêtements que vous avez essayés et qui ne sont pas sales, rien de tel qu'un grand portemanteau.*
- *On n'a rien inventé de mieux que le réfrigérateur pour les denrées périssables…*
- *Le lit fait, c'est plus sympa quand on rentre énervée par une longue journée de classe. Pas de mauvaise foi : il suffit de rabattre la couette.*
- *Faites-vous un plan de bataille : évacuation régulière du linge sale, petite remise en ordre le mercredi, grands moyens le samedi. Rassurez-vous : cela ne vous empêchera pas de faire la grasse matinée !*

• POUR LES DÉSORDONNÉES IMPÉNITENTES

Préservez au moins les documents importants (papiers d'identité, carnet de santé, convocations aux examens, diplômes éventuels, billets de train, etc.). Une grande boîte suffira à vous éviter bien des sueurs froides (le matin du brevet ou du bac, par exemple…).

Beau-père Belle-mère

D'abord, t'es pas mon père !

🟠 S'INFORMER

Autrefois, on mourait souvent jeune. Il y avait donc beaucoup de familles recomposées : veufs et veuves se remariaient, les orphelins étant pris en charge par leur beau-parent. Rappelez-vous Cendrillon ou Blanche-Neige ! Elles avaient une belle-mère, appelée leur marâtre ; et comme celle-ci n'était guère sympathique, vous en avez conclu que c'était un terme péjoratif. Mais pas du tout ! Marâtre veut simplement dire « seconde femme », en latin. Preuve que le remariage ne date pas d'aujourd'hui !

AUJOURD'HUI, LE DIVORCE

De nos jours, les décès prématurés sont heureusement rares. Mais le phénomène des familles recomposées est plus actuel que jamais : les couples se séparent beaucoup plus souvent, et il arrive que l'un des conjoints reforme un autre couple, avec ou sans mariage. Le nouveau venu, la nouvelle venue sont communément appelés « beau-père », « belle-mère » sans que cela qualifie le moins du monde leur apparence !

🟠 INFO +

En France, 780 000 enfants vivent avec un beau-parent.
Source : Insee 2006

🟠 COMPRENDRE

Le divorce des parents, quel que soit l'âge que l'on a, est toujours une épreuve. L'arrivée d'un beau-père ou d'une belle-mère n'est pas toujours facile à vivre non plus. Même si le divorce de vos parents ne date pas de la veille, vous n'êtes pas ou n'avez pas été forcément dans de bonnes dispositions pour accueillir celui ou celle qui fait d'abord figure d'intrus. Vous avez pris l'habitude de vivre seule avec chacun des parents, en trouvant un équilibre ; ce nouveau bouleversement dans la vie de votre famille peut raviver une blessure ancienne. Et c'est quelquefois plus difficile si le nouveau venu arrive avec des enfants.

POUR QUI SE PREND-IL ?

Bien sûr, ce n'est pas évident pour lui non plus. Il (ou elle) entre dans votre histoire familiale, avec sa propre histoire, ses habitudes, ses manières de vivre qui peuvent très bien ne pas plaire à tout le monde. Se pose très vite la question délicate de l'autorité. Comment allez-vous accepter que ce beau-parent, même s'il est discret et bienveillant, se mêle de l'éducation que vous recevez ? Ou seulement qu'il intervienne dans les questions toutes bêtes de la vie quotidienne ?
À votre âge, alors que vous êtes justement en pleine révolution dans votre tête et que vous avez besoin de plus de liberté et d'autonomie, vous n'êtes pas forcément prête à tolérer les remarques d'un « étranger » !

SANS MÉNAGEMENTS

Vous avez sans doute envie de prendre vos distances avec vos parents, pour vous affirmer et trouver votre identité. Avouez-le : les pauvres sont un peu le punching-ball sur lequel vous exercez vos forces et votre envie de contestation. Alors, votre beau-père ou votre belle-mère peut devenir la cible idéale et risque fort d'encaisser des coups particulièrement rudes !

DE LA LUTTE À L'ESTIME

Mais voilà : désormais, il ou elle fait partie de la maison. Et c'est votre mère, votre père qui a décidé de lui en ouvrir les portes. Dans ces conditions, tout le monde a intérêt à créer des rapports acceptables. Cela n'interdit pas les altercations ! Le conflit n'est pas un mal : c'est comme cela que deux personnes s'apprivoisent, font connaissance l'une avec l'autre… et aussi que vous apprenez à vous connaître mieux vous-même. Il est normal que les débuts soient difficiles, mais si vous jouez franc-jeu, vous pouvez finir par respecter et apprécier réellement votre beau-père ou votre belle-mère. Sans que cela enlève quoi que ce soit à l'affection que vous portez à vos deux parents !

VOIR AUSSI
AUTORITÉ, CONFIANCE, DIVORCE, FRÈRES ET SŒURS, MÈRE, PÈRE.

CONSEILS

QUELLE ATTITUDE ADOPTER ?

• *Mettez toutes les chances de votre côté : même si c'est difficile, essayez d'accueillir le nouveau venu de manière neutre, pour vous donner le temps de le découvrir.*
• *Comme au moment du divorce, évitez de vous mêler des affaires de vos parents : en particulier, de ce que votre père peut penser de votre beau-père, ou votre mère de votre belle-mère. Ce qui compte, c'est la relation que vous allez établir vous-même.*
• *Ne vous braquez pas sur les questions d'autorité : quand un problème se pose, essayez d'en parler sans agressivité, et de mettre les choses au point avec votre parent et votre beau-parent. Évitez de mêler votre autre parent à cette histoire : il ou elle aura du mal à rester objectif, s'inquiétera peut-être inutilement sans pouvoir faire grand-chose !*
• *Ne négligez pas le côté positif de la situation : cela peut être une véritable chance d'avoir près de vous un adulte avec lequel vous pouvez nouer une relation de confiance différente d'une relation filiale.*

Blog

Blog à part !

SORTE DE JOURNAL DE BORD PERSONNEL PUBLIÉ SUR INTERNET. LE MOT « BLOG » VIENT DE LA **CONTRACTION DE WEB ET DE LOG** (NOM DONNÉ AUX CARNETS DE BORD DE LA MARINE ET DE L'AVIATION AMÉRICAINES) : ON A COMMENCÉ PAR DIRE **WEBLOG**, PUIS **BLOG**. CEUX QUI NE VEULENT PAS EMPLOYER DE MOT ANGLAIS, PARLENT DE **BLOC** (ABRÉGEANT BLOC-NOTES) OU ÉCRIVENT **BLOGUE**.

S'INFORMER

Beaucoup de blogs sont des journaux intimes en ligne et parlent de la vie de leur auteur, de ses passions (sport, musique, star, etc.), de ses soucis et de ses joies comme un feuilleton : à chaque jour son épisode ! Les blogs sont aussi utilisés par les globe-trotters pour faire le récit de leur voyage au jour le jour.

CONNECTÉS

Un blog se compose de textes qui apparaissent généralement dans l'ordre inverse de leur écriture : le plus récent apparaît le premier, les plus anciens sont archivés mais restent accessibles. Il peut aussi contenir des photos, du son, de la vidéo et des liens vers d'autres sites. Ces textes peuvent être agrémentés de commentaires de lecteurs que le blogueur peut choisir de publier ou non. Les blogs sont ainsi des lieux de discussion entre internautes.

PAS QUE POUR S'AMUSER

Les hommes politiques toujours à l'affût de nouveaux moyens pour communiquer avec d'éventuels électeurs ont vite compris l'intérêt d'un tel outil. Les entreprises l'utilisent aussi pour faire connaître en temps réel leur vie et leur dynamisme ou pour motiver leurs employés. Plus pratique, quand on cherche du travail, on peut mettre son CV en ligne et construire un blog autour pour valoriser ses compétences et son expérience.

BLOGOSPHÈRE

Les premiers blogs sont apparus dans les années 1990. Aujourd'hui, c'est un phénomène tellement énorme que l'on parle de blogosphère pour désigner l'ensemble des blogs. Il est d'ailleurs bien difficile d'évaluer le nombre de blogs existants, d'autant qu'il s'en crée tous les jours : certaines études avancent le chiffre de 75 000 par jour ! Ils se comptent certainement en dizaines de millions sans que l'on puisse vraiment repérer ceux qui sont actifs (régulièrement mis à jour et consultés par les lecteurs).

COMPRENDRE

Les adolescents sont très nombreux à créer leur blog : c'est un moyen inédit de communiquer sans contrainte et d'exprimer tout ce que l'on ne veut ou ne sait pas partager avec ses proches. On peut partager ses passions, mais aussi ses angoisses, toutes les émotions dont on ne sait pas toujours quoi faire. C'est comme un journal intime où l'on peut vider son sac sans retenue. Il donne un sentiment de liberté parce que l'on n'a pas d'interlocuteur en face de soi.

ET L'INTIMITÉ ?

Mais, à la différence du journal intime, écrire un blog procède du désir de faire savoir à tout le monde des choses qui vous sont personnelles, voire intimes. Comme si l'on voulait prouver que l'on existe et que l'on peut intéresser d'autres personnes. On peut chercher à compenser les blessures d'amour-propre qu'apporte l'adolescence (je me trouve moche, grosse, nulle, etc.) en se mettant en scène comme une star. Un peu comme ceux qui participent à une émission de téléréalité. Mais étaler votre vie aux yeux de tout le monde, c'est une forme d'impudeur si vous ne posez pas de limites à ce qui va être lu.

BON SENS, COURTOISIE… ET QUELQUES RÈGLES

La première limite, c'est le respect des personnes : on garde un langage châtié et on n'injurie personne sur son blog. Critiquer quelqu'un que vous n'aimez pas, cela s'appelle de la diffamation, et c'est puni par la loi. Un tribunal a ainsi imposé une très forte amende à un élève qui avait diffamé ses professeurs sur son blog. Le respect, c'est aussi de ne pas mettre sur son blog des photos de quelqu'un sans son autorisation expresse et ne pas raconter la vie de personnes qui n'ont pas forcément envie de la voir exposer au tout venant. La loi l'interdit au nom du droit de chacun à maîtriser sa vie privée et son image. Vos copines ou leurs parents peuvent porter plainte contre vous si vous les faites figurer dans votre blog sans autorisation. Vous ne pouvez pas non plus utiliser des photos de photographes professionnels : là c'est le droit d'auteur qui est en cause et cela peut vous créer des ennuis.

BLOGUEURS INCONNUS ? MÉFIANCE…

C'est toujours flatteur de recevoir des messages sur votre blog. Mais attention ! Contrairement aux forums, sur les blogs il n'y a aucun contrôle : n'importe qui peut communiquer avec vous par ce moyen et les messages ne sont pas relus. Certaines personnes n'hésiteront pas à se servir de votre blog pour gagner votre confiance et vous inciter à faire des choses illégales ou dangereuses. Vous vous sentez peut-être protégée derrière votre écran, mais ce n'est qu'une illusion. Pour éviter les problèmes, ne donnez jamais votre adresse, ou des détails qui permettraient de vous rencontrer facilement sur votre blog et n'accordez jamais votre confiance à quelqu'un que vous ne connaissez pas.

FUTURS ÉCRIVAINS ?

Si vous prenez ces précautions, le blog peut être un moyen fabuleux de développer vos passions. Il peut vous apprendre à formuler votre pensée et vous donner le goût de la rédaction. Ce sera peut-être votre premier essai littéraire que vos lecteurs s'arracheront quand vous serrez devenue… un écrivain célèbre ! Pour cela, il faut évidemment que vous ne vous contentiez pas du style texto !

VOIR AUSSI
INTERNET.

CONSEILS

• **CRÉER SON BLOG**
C'est très simple, pas besoin de connaissances particulières, il existe des sites internet qui vous offrent la possibilité de créer votre blog en quelques instants et qui traduisent automatiquement le contenu en langage web.

• **DÉCOUVREZ LES BLOGS DES AUTRES**
Il existe des annuaires de blogs à consulter, ce qui vous permettra très vite de découvrir les blogs qui vous intéressent le plus, de les consulter régulièrement et d'y participer.

Blues

C'est la déprime !

LE MOT « BLUES » **DÉSIGNE À L'ORIGINE UN CHANT AU RYTHME LENT** ET RÉPÉTITIF, PAR LEQUEL **LES POPULATIONS NOIRES** AMÉRICAINES QUI TRAVAILLAIENT DANS LES CHAMPS DE COTON **EXPRIMAIENT LEUR TRISTESSE ET LEUR MISÈRE**. LE MOT EST PASSÉ DANS LE LANGAGE COURANT POUR DIRE QUE L'ON EST DÉPRIMÉ.

S'INFORMER

Blues, déprime, cafard, bourdon, spleen : tous ces mots sont là pour dire que l'on broie du noir… plus ou moins noir.

COUP DE CAFARD

C'est cette tristesse qui surgit un beau matin : le réveil est difficile, vous n'avez envie de rien, et surtout pas d'aller en cours. Parfois, cela passe dès que vous retrouvez vos copines ou que vous avez quelque chose d'agréable à faire. Mais cela peut durer jusqu'au soir ; vous vous endormez le cœur serré, en espérant que « cela ira mieux demain », et souvent c'est le cas.

LA VIE EN GRIS

La déprime, c'est plus profond. On l'appelle aussi le spleen. Ce mot anglais a fait fortune grâce à Baudelaire qui en parle comme un « ciel bas et lourd [qui] pèse comme un couvercle sur l'esprit gémissant ». La déprime, c'est une vaste grisaille qui peut ternir votre vie. Vous n'avez goût à rien, même pas aux choses que vous adorez d'habitude. Vous pleurez pour un oui ou pour un non, vous avez peur sans savoir pourquoi, vous vous trouvez affreuse, nulle et bête. Vous n'avez qu'une envie, vous enfermer dans votre coquille.

LE TROU NOIR

C'est un état à prendre au sérieux parce que si la déprime s'installe durablement, elle peut finir en dépression. La dépression, c'est une véritable maladie qui se soigne. Il y a des professionnels, psychiatres ou psychologues, spécialisés dans le traitement de cette maladie. Ils peuvent prescrire des médicaments dans les cas les plus graves.

SIGNE DISTINCTIF

C'est à sa durée que l'on reconnaît une véritable dépression ; vous pouvez faire des « microdéprimes » qui lui ressemblent, mais ne durent que quelques jours. La dépression, c'est un mal-être qui peut aller jusqu'à avoir envie de mourir. Beaucoup d'adolescentes se plaignent d'être déprimées mais moins de 10 % d'entre elles – un peu plus que les garçons – font une vraie dépression nerveuse.

UN MAL MYSTÉRIEUX

Les spécialistes ne savent pas très bien ce qui provoque une dépression. Certains parlent d'un dysfonctionnement du système nerveux qui pourrait être héréditaire ; d'autres l'attribuent à des choses mal vécues pendant l'enfance, qui restent dans l'inconscient et qui continuent à faire souffrir.

COMPRENDRE

Des petits coups de blues, on en traverse souvent à votre âge (et même plus tard !). Ils ne sont pas très graves mais très difficiles à vivre sur le moment. Une déception amoureuse et vous voilà désespérée, persuadée que personne ne vous aimera jamais, que vous finirez votre vie toute seule. Une note calamiteuse alors que vous aviez travaillé, et vous imaginez que vous êtes nulle et incapable de réussir.

MORT AU CAFARD !

Pourtant, même si vous êtes réellement très malheureuse sur le coup, vous arrivez à reprendre le dessus au bout de quelques jours : la vie continue, vous vous reprenez à espérer plein de choses. Bref, vous avez pris cette sale bête de cafard entre le pouce et l'index pour le balancer par-dessus votre épaule, et vous voilà de nouveau pleine d'appétit pour la vie !

S'IL RÉSISTE…

Mais parfois le cafard s'installe sans que vous sachiez trop pourquoi et il est plus difficile de le chasser. Certaines d'entre vous étaient des petites filles très gaies, pleines d'entrain et ne comprennent pas elles-mêmes pourquoi elles sont devenues si sombres.

… PAS DE PANIQUE, C'EST NORMAL !

D'abord, ce n'est pas facile de devenir une adulte : votre corps change, pas forcément comme vous le voudriez ; vous avez envie de devenir indépendante, mais en même temps vous avez besoin de vos parents et vous avez peur de les décevoir. Vous êtes aussi à l'âge des grands rêves et il y a parfois de quoi vous sentir impuissante, pleine de rage ou de désespoir, quand vous croyez n'être pas à la hauteur ou incomprise.

LES NERFS À FLEUR DE PEAU

Du coup, vous êtes parfois triste, angoissée, sensible à l'excès. Mais cela ne veut pas dire pour autant que vous allez faire une dépression ! Cela montre seulement que vous êtes fragile et que ces grandes transformations ne peuvent pas se faire facilement, sans larmes et sans douleur. À votre âge, il est normal de changer souvent d'humeur, de passer du blues à l'euphorie (et inversement). Les coups de cafard à répétition ne sont pas forcément graves.

SE FAIRE AIDER

En revanche, si vous sentez que vous vous enfoncez dans un état durable de tristesse et d'inertie, il devient nécessaire d'appeler des adultes à la rescousse. Vos parents, une amie plus âgée que vous ou un médecin avec qui vous avez un bon contact. Ne craignez pas de passer pour la fille qui s'écoute, il n'y a pas de honte à avoir. L'important, c'est de tout faire pour que cela s'arrange : vous avez tant de belles choses à vivre !

CONSEILS
POUR AIDER UNE AMIE QUI DÉPRIME

- Simple coup de cafard ? Changez-lui les idées (cinéma, balade, shopping, etc.) et secouez-la un peu.
- Si c'est une vraie dépression, prudence ! Incitez-la à en parler à un adulte. Revenez à la charge jusqu'à ce qu'elle se décide à se soigner.
- Et restez présente, même si elle n'est pas très drôle ! Elle va avoir besoin d'être entourée : la dépression, cela se soigne, mais cela prend beaucoup de temps.

VOIR AUSSI
ENNUI, FATIGUE, SUICIDE.

BONS PLANS

- Soignez votre look : se faire belle, porter des couleurs vives, sentir qu'on peut être aimée, autant d'antidotes efficaces contre les idées noires !
- Faites-vous plaisir, au moins une fois par jour. Pensez à tout ce qui sera agréable dans la semaine et le mois qui viennent (le bon film qui passe tel jour à la télé, la soirée de Mélanie, les vacances qui arrivent).
- Ne vous regardez pas trop le nombril : c'est le meilleur moyen de croire qu'on est la plus malheureuse du monde !

Bonheur

C'est quand le bonheur ?

NOUS ASPIRONS TOUS AU BONHEUR, MAIS PERSONNE NE LE DÉFINIT DE LA MÊME FAÇON, PUISQU'**IL DÉPEND DES RÊVES DE CHACUN**.

● S'INFORMER

Que faut-il pour être heureux ? Amour, gloire et beauté, dit le titre d'une série ! Argent aussi, sans doute : le dicton affirme qu'il ne fait pas le bonheur, mais lorsqu'il est rare, on est malheureux ! Santé bien sûr, cette santé qui fait partie des vœux annuels. Et encore tout ce qui va avec la réussite : talent, pouvoir, reconnaissance des autres. Mais combien de personnes qui ont tout cela sont en réalité bien malheureuses ! On peut être bien portante, riche, aimée, célèbre, et se sentir très malheureuse ! Et l'on peut vivre modestement, être malade même, et rayonner.

UN HEUREUX HASARD ?

Même quand on est très heureuse, il y a souvent une ombre au tableau. Ne serait-ce que la peur de perdre ce bonheur ! On le voudrait éternel… mais on n'arrive pas à étouffer cette petite voix intérieure qui murmure parfois que tout cela est bien fragile. Sans parler de la mauvaise conscience que donne le bonheur, cette chance folle qui tient souvent au hasard, alors que tant de gens souffrent dans le monde…

UN RÊVE ?

Alors, qu'est-ce que ce bonheur que l'on cherche si fort : un idéal inaccessible, un mirage ? Non, plutôt une disposition à accueillir l'instant, une confiance dans la vie. Concrètement, cela peut être les fous rires avec les copines, le match de volley où vous vous donnez à fond, le concert où vous êtes des milliers à vibrer d'émotion ensemble, la joie des parents quand ils sont fiers de vous…

CHACUN LE SIEN

Le bonheur, c'est un peu comme un puzzle : chaque fois que vous posez un morceau, vous devinez un peu mieux ce que cela pourrait représenter. Et la grande merveille de ce puzzle, c'est qu'il est différent pour chacun. Votre bonheur n'est pas fait des mêmes événements, visages ou histoires que celui de vos copines.

● COMPRENDRE

D'un côté, les rêves de bonheur que chantent les médias, de l'autre, le monde plein de malheurs et d'injustices… Difficile de trouver son chemin dans tout cela ! Comment vivre bien pour être heureuse ?

PLUS TARD…

Vous avez peut-être l'impression d'être au grand tournant de votre vie. C'est vrai que vous

êtes à l'âge où vous avez votre avenir entre les mains, sans trop savoir encore qu'en faire. Pas étonnant que vous ayez peur à l'idée de choisir, de vous engager dans des études pour lesquelles vous ne seriez pas faite, dans une histoire d'amour malheureuse… bref, de rater votre vie !

DÈS MAINTENANT

Bien sûr, préparer l'avenir, c'est vous donner des chances d'être heureuse. Mais l'erreur serait de vous gâcher la vie en ne pensant qu'à ce « plus tard » mystérieux. De croire que le bonheur est un rêve au futur, un parcours d'obstacles, une question d'objets à conquérir ou d'étapes à parcourir. Parce que le bonheur, c'est pour maintenant. En ce moment, vous vivez peut-être des choses un peu difficiles, mais vous êtes aussi à l'âge de grands bonheurs. L'âge des premières fois : premières réussites, premiers défis relevés, premières grandes émotions partagées. L'âge des envies sans limites, des projets un peu fous, de l'énergie et de la générosité sans bornes !

TOUT PRÈS

Regardez bien, souvent, le bonheur est tout près de nous. Avec ceux que nous aimons et qui nous aiment, ceux qui nous apprennent des choses sur nous-même et sur la vie, et même avec ceux qui nous empoisonnent l'existence ! Il est en nous et avec les autres. Bref, le bonheur, c'est une drôle d'histoire, pas facile à écrire. Mais passionnante. Comme la vie.

🔴 INFO +
POURVU QUE ÇA DURE !

Le vrai bonheur, c'est celui qui ne finit pas. À vue humaine, c'est impossible, mais du côté de Dieu ? L'espérance que portent les grandes religions, c'est la promesse que Dieu fait à l'humanité : un bonheur qui n'aura pas de fin, un bonheur parfait qui se prolongera au-delà de la vie terrestre, dans l'éternité. Cela ne veut pas dire qu'il faut se contenter d'espérer et se résigner à souffrir en attendant ! Au contraire, croire au bonheur éternel, c'est se rendre capable d'être heureux dès aujourd'hui. Parce que le reflet du bonheur promis éclaire la vie de tous les jours et donne envie de tout faire pour être heureux et rendre les autres heureux.

VOIR AUSSI
AMBITION, AMOUR, IDENTITÉ, LIBERTÉ.

BONS PLANS

On dit qu'il y a des gens doués pour le bonheur et d'autres non. Sévère, mais pas tout à fait faux ! Alors, comment être « douée » pour le bonheur ?
• Apprendre à regarder le bon côté des choses : voir le verre à moitié plein et pas à moitié vide !
• Chercher à développer ses qualités au lieu de se lamenter sur ses défauts.
• Se dire qu'on est responsable de son bonheur, et que l'on ne va pas subir les choses, mais s'efforcer d'être pleine d'énergie tous les jours.
• Avoir une attitude positive vis-à-vis des autres : se réjouir de leur bonheur, de leur intelligence, de leur beauté, de leurs qualités, c'est un peu en bénéficier… plutôt que d'en prendre ombrage !

Bonne humeur

Moi, râleuse ?

L'HUMEUR, **C'EST LA DISPOSITION D'ESPRIT DANS LAQUELLE ON EST**.
ELLE PEUT ÊTRE PERMANENTE :
IL Y A DES **TEMPÉRAMENTS GAIS**,
D'AUTRES **MÉLANCOLIQUES OU COLÉRIQUES**.
ELLE PEUT AUSSI ÊTRE PASSAGÈRE : IL Y A DES JOURS AVEC, ET DES JOURS SANS !

S'INFORMER

Dans les bons jours, on se sent bien, on a le pas léger, la voix gaie, le sourire aux lèvres. La vie est belle ! On se sent en paix avec soi-même, prête à faire profiter la terre entière du rayon de soleil qu'on a dans le cœur.

MAUVAISE PIOCHE

Parfois, avec ou sans raison, le soleil se voile, les nuages s'accumulent. Gare à celui qui croise notre chemin, il risque de prendre une douche froide ! À moins d'être traité avec un royal mépris. Souvent, on ne sait même pas pourquoi on lui inflige ça. On s'en veut un peu, surtout s'il n'a rien fait ! Mais, manque de chance pour lui, plus on s'en veut, plus on le malmène. Après tout, il n'avait qu'à ne pas se trouver au mauvais endroit, au mauvais moment.

ODIEUSE, MOI ?

Quand on est de mauvaise humeur, on a l'impression détestable de changer de personnalité. Plus on est odieuse, plus on se trouve insupportable et plus on devient odieuse : c'est le cercle vicieux. Il n'y a pas à dire, la bonne humeur, c'est quand même ce qu'il y a de plus confortable, pour soi comme pour son entourage. C'est vraiment l'humeur dans laquelle on se reconnaît, celle où l'on est sympa, détendue, naturelle, énergique aussi. Bref, où l'on est soi-même.

COMPRENDRE

Au moment de l'adolescence, la bonne humeur est souvent aux abonnés absents. La vie paraît compliquée, l'avenir angoissant, il y a des jours où l'on est persuadée que l'on « n'y arrivera pas ». Pourquoi les parents nous rebattent-ils les oreilles à longueur de journée avec ce que l'on a à faire, ou avec notre caractère, alors qu'ils ne comprennent rien à nos problèmes ? Bref, on ne compte plus les raisons de se lever du pied gauche… et de le faire savoir bruyamment.

LE PIÈGE

En plus, beaucoup de gens imaginent que pour se faire respecter dans la vie, il faut avoir un caractère bien trempé, un sale caractère, quoi ! De là à penser que la bonne humeur est une preuve de faiblesse, il n'y a qu'un pas. Alors, râler, lancer des remarques assassines qui clouent les autres sur place peut devenir une mauvaise habitude, et un piège dans lequel on a vite fait de s'enfermer.

COMMENT FONT-ELLES ?

Pourtant, certaines filles y résistent bien. Elles ne sont pas épargnées par l'énervement, elles peuvent parfois être cassantes (nul n'est parfait) mais elles savent faire bonne figure et garder le sourire la plupart du temps. Elles sont d'ailleurs les premières à en bénéficier : elles rayonnent, elles ont plein d'amis, du succès, tout simplement.

UNE PREUVE DE CARACTÈRE

Si elles rayonnent autant, c'est bien parce qu'elles ont du caractère, voire même un sacré tempérament. Parce qu'elles sont capables de refuser de se plier à la mode des visages fermés, des prétendus « sacrés caractères », des râleuses en tout genre.
Alors, allez-y : montrez que vous n'êtes pas n'importe qui, que vous pouvez contrôler votre humeur et rester zen. Avec un peu d'entraînement, la bonne humeur, ça s'attrape, ça s'installe et ça reste ! Si vous faites cet effort, vous serez contente de vous… et il n'y aura plus grand-chose pour vous mettre de mauvaise humeur.

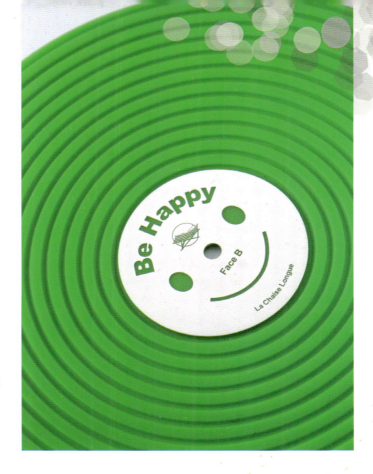

VOIR AUSSI
AGRESSIVITÉ, BOUDER, ZEN.

BONS PLANS

CONTRÔLEZ-VOUS !

- La bonne humeur, c'est une preuve de maîtrise de soi, mais aussi un signe de respect pour les autres. Vous n'avez pas le droit de les tyranniser avec vos accès d'exaspération : la plupart du temps, ils n'y sont pour rien.
- Les jours de mauvaise humeur, contrôlez votre façon de parler. Si c'est au-dessus de vos forces, évitez le contact avec les autres tant que vous restez prête à mordre plutôt qu'à sourire !

Bouder
La stratégie du ruminant

BOUDER EST UNE ATTITUDE DÉLIBÉRÉE, DESTINÉE À **MANIFESTER SON MÉCONTENTEMENT** EN PRENANT **UN AIR MAUSSADE** ET **EN SE REPLIANT SUR SOI**. EN GROS, BOUDER, C'EST « FAIRE LA GUEULE » AVEC PERSÉVÉRANCE !

S'INFORMER

Quand on a un désaccord avec une amie, ses parents, ses frères et sœurs, que l'on se sent maltraitée ou blessée par leur attitude, il y a deux manières de réagir : ou bien on éclate et on se met en colère, ou bien on se replie sur soi et on boude. Rien à voir avec le coup de blues ou la déprime, qui vous tombent dessus sans crier gare et que vous subissez. La bouderie, c'est un choix, une stratégie.

TU M'AGACES, J'TE PARLE PLUS !

Bouder, c'est « punir » l'autre ou les autres. C'est manifester son mépris et se mettre hors d'atteinte ; refuser de poursuivre l'échange avec son interlocuteur parce que celui-ci paraît injuste, de mauvaise foi ou inaccessible aux arguments que l'on avance. Le boudeur coupe court à toute explication en se drapant dans sa dignité et dispose d'un arsenal d'armes redoutables : sourcils froncés, lèvres pincées, mine renfrognée, silence intraitable… Son interlocuteur peut bien essayer de l'amadouer : il est vite découragé devant ce mur blindé !

COMPRENDRE

Il y a des gens qui sont boudeurs et d'autres qui sont colériques. C'est un trait de caractère que l'on hérite souvent de sa famille : il y a des familles où l'on crie et des familles où l'on boude.

CHANTAGE

Bouder, c'est parfois la seule stratégie que l'on trouve pour se protéger d'un conflit, quand on est trop sensible à la violence des mots ou de la situation. Mais c'est aussi un acte de violence, puisqu'il interrompt toute relation, tout dialogue. C'est un moyen de pression, une espèce de chantage : je boude en espérant que l'autre viendra me chercher et me demander pardon.

RUMINANTE PAR NATURE

On ne peut pas toujours s'empêcher de bouder, c'est une question de caractère. Quand on est boudeuse, on ne se refait pas, il faut s'accepter avec ce (petit) handicap… et lutter contre, pour éviter d'empoisonner tout le monde !

En plus, il est assez facile de se barricader dans la bouderie ; mais pour en sortir, c'est une autre paire de manches. Et si celui ou celle que l'on boude use du même procédé, cela peut durer très longtemps : les raisons de la bouderie finissent même par tomber aux oubliettes ! Pourtant, il faudra bien que l'un des deux boudeurs cède…

PRENDRE LE TAUREAU PAR LES CORNES

Alors, plutôt que de se retrancher derrière les fils barbelés d'une bouderie vengeresse, mieux vaut essayer de résoudre la crise. D'autant plus que la bouderie, c'est souvent une tempête dans un verre d'eau : on monte en épingle un problème qui ne le mérite pas. La moindre parole un peu maladroite finit par prendre des proportions démesurées !
Se braquer pour des petits riens, c'est quand même dommage. Les semaines sont trop courtes pour que l'on gâche des journées entières à ruminer derrière une porte obstinément fermée !

VOIR AUSSI
BONNE HUMEUR, PARDON, SUSCEPTIBILITÉ.

BONS PLANS

• **POUR NE PAS S'EN FAIRE UNE MONTAGNE**
- Le secret pour éviter d'entrer dans la spirale de la bouderie : prendre du recul.
- Forcez-vous à ne pas ruminer. À ne pas interpréter, déformer ce qu'on vous dit.
- Faites travailler vos mains. Cuisine, dessin, musique, bricolage… n'importe quoi, du moment que cela vous force à vous concentrer sur un objet plutôt que sur l'ignominie de votre interlocuteur !

• **COMMENT FAIRE SORTIR UNE COPINE DE SA COQUILLE ?**
- N'essayez pas trop l'humour, et évitez surtout la moquerie : les boudeurs sont susceptibles. En essayant de la dérider, vous risquez d'obtenir l'effet inverse !
- Vous n'y êtes pour rien ? Proposez-lui de parler de ce qui l'a blessée. Si elle peut exprimer son exaspération, même violemment et de façon injuste, elle arrêtera de la ruminer.
- Vous êtes la cause de sa bouderie ? Si vous avez réellement tort, demandez-lui pardon. Sinon, ne vous jetez pas à ses pieds : vous n'êtes pas obligée de céder à ce moyen de pression ! Attendez tranquillement qu'elle sorte de sa tour d'ivoire. Vous parlerez de vos problèmes quand elle aura retrouvé sa langue.

Bouquins

Tu lis quoi en ce moment ?

🔴 S'INFORMER

Il y a celles que lire ennuie et qui ne tiennent pas en place avec un livre dans les mains et puis celles qui lisent depuis toujours, qui « dévorent ». Pour elles, rien à voir avec un devoir scolaire ! La lecture, c'est une passion : impossible pour les accros d'envisager un été sans bouquins !

MAIS QUE LIRE ?

Pour découvrir le plaisir de lire, il n'y a pas qu'un seul chemin. On peut lire des BD, des magazines, des nouvelles ou des romans, des essais, de la poésie, etc. Lire les grands classiques ou, au contraire, vouloir connaître les derniers romans qui sortent, s'intéresser à la littérature d'un pays ou aux récits de voyages, lire tout un auteur quand on a aimé son premier ouvrage. Bref, il faut tout goûter, tout essayer pour savoir ce qu'on aime et se laisser prendre au jeu.

🔴 COMPRENDRE

Lire implique de bien vouloir s'arrêter un peu pour s'évader du réel. C'est se laisser prendre par la main pour vivre une histoire qui n'est pas la sienne. C'est quitter le quotidien pour entrer dans un autre monde. Et parfois on y entre si bien que l'on ne peut se résoudre à poser son livre, il mobilise tout notre temps : on ne répond plus aux questions tellement il nous absorbe, et quand on doit, de temps en temps, le quitter (c'est l'heure du dîner !), on a vraiment du mal à redescendre sur terre.

LECTURE IMPOSÉE

Évidemment, vous trouvez peut-être que votre professeur de français ne vous propose jamais des livres aussi captivants. Qu'il vous impose toujours des bouquins poussiéreux, vieillots, des œuvres de musée, ennuyeuses et momifiées : quelle corvée ! Ces livres-là, vous vous en débarrassez au plus vite ou au dernier moment, en les parcourant à toute allure, en comptant sur la fée Internet, les copines ou un bon vieux « Profil d'une œuvre » !

PAS SI MAL !

Pourtant, si vous vous y mettez avec bonne volonté, sans préjugés, vous n'êtes pas à l'abri d'une bonne surprise ! La langue est parfois un peu difficile à apprivoiser et à apprécier au début. Mais une fois franchi le seuil des 30 premières pages, bien souvent on se laisse prendre par le récit, le style, et l'on finit par s'attacher à l'histoire, à ces personnages qui ne parlent pas forcément comme nous, mais qui tombent éperdument amoureux, souffrent, sont jaloux, espèrent, bref éprouvent sous nos yeux des sentiments qui n'ont pas d'âge.

ÇA ME SOÛLE !

Il arrive, malgré la meilleure volonté du monde, que l'on n'accroche pas à un livre. Si c'est un livre imposé, il va falloir le finir, vaille que vaille. Sinon, tant pis ! Posez-le. Vous avez le droit de ne pas aimer le style ou l'histoire. Peut-être pourrez-vous le reprendre dans quelques années. En matière de littérature, tous les goûts sont dans la nature et ils évoluent dans le temps. Vous pouvez détester Balzac maintenant, avec ses descriptions à n'en plus finir, et l'adorer dans 3 ou 4 ans parce que vous trouverez que son style est génial et qu'il n'a pas son pareil pour décrire les sentiments humains.

TOUS LES GOÛTS SONT PERMIS

La lecture doit d'abord être un plaisir. Vous n'êtes pas obligée de ne lire que les classiques dont on parle en cours ! Vous pouvez avoir vos propres goûts, préférer certains genres. Policiers, contes, science-fiction, romans d'aventures ou d'amour, tout se lit !

ACCRO !

C'est en vous donnant le droit de lire ce que vous aimez, de ne pas finir un livre ou, au contraire, de le lire plusieurs fois que vous tomberez dans la potion magique de la lecture. Essayez ! Et bientôt, vous serez vous aussi une lectrice acharnée, qui relit cent fois certains passages, pour ressentir la même émotion, ou qui se presse pour savoir la fin de l'histoire, en ayant tout de même un petit pincement au cœur quand la dernière page est tournée.

● BONS PLANS

Les livres coûtent cher mais il y a des moyens de satisfaire à peu de frais votre soif de lecture.
- Les bibliothèques : bibliothèque scolaire, municipale, peut-être aussi celle des entreprises où travaillent vos parents.
- Les copines : organisez des échanges. Excellent moyen de partager ses découvertes, ses bonheurs de lecture, et de trouver des idées.

Simplement… n'oubliez pas qu'un livre prêté est fait pour être rendu !

CONSEIL

J'SAIS PAS QUOI LIRE !

Il est très difficile de donner des conseils de lecture. Par définition, à chacun ses goûts. Ce que vous pouvez faire, c'est demander à vos parents ou à votre professeur de français de vous conseiller : a priori, ils vous connaissent bien, ils devraient trouver votre bonheur.
Vous pouvez demander aussi à un libraire ou un bibliothécaire. Si vous leur indiquez vos livres, vos genres préférés, ils vous orienteront vers de nouvelles découvertes !

QUIZ LITTÉRATURE

Connais-tu tes classiques ?

★ ★ ★ ★ ★

❶ Quel était le vrai nom de Molière ?
a. Henri Beyle.
b. François-Marie Arouet.
c. Jean-Baptiste Poquelin.

❷ « Je forme une entreprise qui n'eut jamais d'exemple et dont l'exécution n'aura point d'imitateur. » Lequel de ces livres commence par cette phrase ?
a. Les Confessions.
b. Le Ventre de Paris.
c. Le Père Goriot.

❸ Lequel de ces romans a été écrit par Victor Hugo :
a. La Chartreuse de Parme.
b. Notre-Dame de Paris.
c. Bel-Ami.

❹ De quel livre de Marcel Pagnol Le Château de ma mère est-il la suite ?
a. Le Temps des secrets.
b. Le Temps des amours.
c. La Gloire de mon père.

❺ De quelle fable de La Fontaine est extraite cette morale : « Rien ne sert de courir, il faut partir à point » ?
a. Le Chat et le Rat.
b. Le Lièvre et la Tortue.
c. Le Loup et l'Agneau.

❻ Quels sont les prénoms des Trois Mousquetaires dans le roman d'Alexandre Dumas ?
a. Amos, Hélios et Athémis.
b. Athos, Porthos et Aramis.
c. Éros, Ponthos et Appolis.

❼ Dans quel département se déroule l'action du Grand Meaulnes d'Alain Fournier ?
a. Le Morbihan.
b. Le Var.
c. Le Cher.

❽ « Mignonne, allons voir si la rose » est le premier vers d'un poème de Ronsard. Quel est le deuxième ?
a. Qui m'inspira une si belle prose.
b. Qui ce matin avait déclose.
c. Qui aujourd'hui était toute chose.

❾ Dans lequel de ces romans de Zola l'héroïne épouse-t-elle son cousin ?
a. Au Bonheur des Dames.
b. L'Assommoir.
c. Thérèse Raquin.

10 Arthur Rimbaud a écrit principalement des :
a. Poèmes.
b. Romans.
c. Pièces de théâtre.

11 Dans quelle ville se déroule la tragédie de Shakespeare *Roméo et Juliette* ?
a. Rome.
b. Venise.
c. Vérone.

12 Quels sont les deux personnages principaux des *Liaisons dangereuses* ?
a. Le vicomte de Valmont et la marquise de Merteuil.
b. Cécile de Volanges et Le chevalier Danceny.
c. La présidente de Tourvel et le comte de Gercourt.

13 Lequel de ces romans n'a pas été écrit pas Stendhal ?
a. *Le Rouge et le Noir.*
b. *Les Illusions perdues.*
c. *La Chartreuse de Parme.*

14 Quelle famille antipathique exploite la petite Cosette dans *Les Misérables* de Victor Hugo ?
a. Les Tavernier.
b. Les Thénardier.
c. Les Jondrette.

15 Quelle est la fin tragique d'Emma dans *Madame Bovary* ?
a. Elle se suicide à l'arsenic.
b. Son mari apprend ses infidélités et la tue.
c. Elle meurt seule et abandonnée de tous.

16 Quel roman a inspiré l'opéra de Verdi *La Traviata* ?
a. *Eugénie Grandet.*
b. *La Dame aux Camélias.*
c. *La Reine Margot.*

17 Quel est le titre de l'ensemble des ouvrages d'Honoré de Balzac ?
a. *La Comédie humaine.*
b. *La Tragédie humaine.*
c. *L'Aventure humaine.*

18 Qui a écrit le célèbre roman *À la recherche du temps perdu* ?
a. Jules Verne.
b. Émile Zola.
c. Marcel Proust.

Bonnes réponses : 1/c. Jean-Baptiste Poquelin. 2/a. *Les Confessions.* 3/b. *Notre-Dame de Paris.* 4/c. *La Gloire de mon père.* 5/b. *Le Lièvre et la tortue.* 6/b. Athos, Porthos et Aramis. 7/c. *Le Cid.* 8/b. Qui ce matin avait déclose. 9/c. *Thérèse Raquin.* 10/a. Poèmes. 11/c. Vérone. 12/a. Le vicomte de Valmont et la marquise de Merteuil. 13/b. *Les Illusions perdues.* 14/b. Les Thénardier. 15/a. Elle se suicide à l'arsenic. 16/b. *La Dame aux Camélias.* 17/a. *La Comédie humaine.* 18/c. Marcel Proust.

Brevet
Premier exam !

LE BREVET DES COLLÈGES PORTE DÉSORMAIS LE NOM TRÈS SÉRIEUX DE « **DIPLÔME NATIONAL DU BREVET** », OU DNB. C'EST UN **EXAMEN NATIONAL** QU'ON PASSE **EN FIN DE 3e**. IL EXISTE UNE SÉRIE « COLLÈGE », UNE SÉRIE « TECHNOLOGIQUE » ET UNE SÉRIE « PROFESSIONNELLE ».

🔴 S'INFORMER

Le brevet, c'est ce qui vous fera découvrir comment se passe un examen. D'abord, vous allez recevoir une convocation par la poste. Elle vous indiquera le lieu où se dérouleront les épreuves : on passe rarement un examen dans son propre établissement. Le jour de l'examen, la liste des candidats sera affichée à l'entrée de chaque salle. Vous présenterez votre convocation et votre carte d'identité pour rejoindre votre place ; dans la salle, votre nom sera inscrit sur la table que vous devez occuper.

CORRECTION ANONYME

Vous trouverez à votre place des copies d'examen. Vous y écrirez votre nom dans le coin droit. Une fois le cache collé, la correction sera anonyme. Vous aurez également droit à des feuilles de brouillon de couleurs différentes d'une table à l'autre, pour permettre au surveillant de repérer facilement celui qui tricherait en les passant à son voisin.

PAS DE TRICHE !

L'usage d'une calculatrice ou de documents n'est autorisé que si c'est indiqué sur votre convocation. Attention ! Si vous trichez lors d'un examen, vous encourez une lourde sanction : 5 ans d'interdiction de passer un quelconque examen (y compris le permis de conduire).

LE COMPTE EST BON

Vous avez trois épreuves au brevet : français, mathématiques et histoire-géographie. Toutes ont un coefficient 2. On fait aussi une moyenne avec les notes obtenues en 3e dans toutes les matières ainsi que la note de vie scolaire et on ajoute les points au-dessus de la moyenne dans les matières en option (latin, grec, langue vivante ou découverte professionnelle). Il faut que la moyenne de l'ensemble soit d'au moins 10 pour être reçue. Si vous redoublez, ce sont les notes de l'année de redoublement qui sont prises en compte. On peut désormais avoir une mention, comme au bac, et c'est utile pour obtenir une bourse.

INFO +
LE BREVET, À QUOI ÇA SERT ?

On n'a pas besoin du brevet pour entrer en seconde, et inversement on peut le réussir et redoubler quand même : c'est le conseil de classe qui décide du passage. Mais le brevet peut vous être demandé pour vous inscrire à certains concours de la fonction publique ou pour certains emplois, si vous n'avez pas le bac. Et puis, c'est un peu la honte de ne pas l'avoir alors que 75 % des élèves l'obtiennent !

COMPRENDRE

Premier examen ! C'est votre baptême du feu, votre coup d'essai pour le bac. Le brevet vous apprend à réviser, à gérer votre stress. C'est l'occasion de faire l'expérience de nouvelles émotions : attendre les résultats, et laisser éclater sa joie et sa fierté de savoir qu'on est admise.

LA PREMIÈRE FOIS
Si vous faites des études, vous connaîtrez d'autres moments comme celui-là, et sans doute aussi des moments moins gais, quand vous serez recalée. Mais la première fois a un goût spécial, celui de la nouveauté ! Cela fait grandir, vous ne serez plus tout à fait pareille après.

FIN D'UN CYCLE !
Et puis, c'est la fin de vos années collège. Vous entrez dans une autre période de votre vie, celle qui va faire de vous une adulte. C'est passionnant ! Cela se fête bien sûr, avec vos copains et copines, c'est un moyen de tourner ensemble la page du collège, d'autant plus si vous ne prenez pas tous les mêmes orientations pour l'année suivante.

VOIR AUSSI
BACCALAURÉAT, DEVOIRS, ÉTUDES, ORIENTATION.

CONSEILS

• **AVANT LE JOUR J**
- L'important, pour vous préparer, c'est d'abord de bien apprendre vos cours toute l'année.
- Faites-vous un planning de révisions à partir des vacances de printemps. Le gros morceau pour la mémoire, c'est l'histoire et la géographie : répartissez vos révisions chapitre par chapitre jusqu'à la dernière semaine avant l'examen.
- Pour le français et les maths, c'est l'entraînement qui compte : prenez des annales, faites des exercices de maths et des sujets de français, et étudiez à fond les corrigés.

• **LE JOUR J...**
- Au moment de partir passer les épreuves, vérifiez (plutôt deux fois qu'une) que vous avez votre carte d'identité et votre convocation. Quand on est stressée, on est parfois distraite...
- En arrivant devant l'établissement, ne vous laissez pas impressionner par les autres candidats qui parlent de leurs révisions. Qui sait s'ils ne bluffent pas pour se rassurer ?

Cadeau

Dire qu'on aime

🔸 S'INFORMER

Les occasions de faire des cadeaux sont nombreuses et variées. Noël, les anniversaires, les fêtes des Mères ou des Pères, sont les plus traditionnelles. On peut aussi fêter la Saint Valentin, fête des amoureux, ou la date anniversaire d'un événement heureux.

CADEAUX TRADITION

Il y a aussi les cadeaux pour service rendu, pour bonne conduite, pour bons résultats à l'école que vous font vos parents. Ou le cadeau à sa grand-mère qui est malade. Les élèves font parfois des cadeaux à leurs professeurs à la fin de l'année, souvent des cadeaux collectifs. On fait aussi des cadeaux à la naissance d'un bébé, à l'occasion d'un mariage. Dans ce cas, il y a souvent une liste de cadeaux déposée chez un commerçant et on choisit celui qui convient à son goût et à sa bourse.

CADEAU COLLECTIF

Quand on veut faire un cadeau à plusieurs, il faut commencer par se mettre d'accord sur le prix que l'on veut y mettre et sur ce que l'on veut choisir. Si vous êtes deux ou trois, c'est assez simple : chacun apporte une partie de la somme avant l'achat. Si vous êtes nombreux (une classe par exemple), mieux vaut faire d'abord une collecte et décider ensuite du cadeau en fonction de la somme récoltée. On peut ainsi offrir un beau cadeau : un voyage, des billets pour un concert ou le dernier baladeur high-tech !

CADEAUX « SANS DATE »

Dans tous ces cadeaux, ce n'est pas le prix qui compte mais le fait d'offrir, de donner gratuitement, de chercher à faire plaisir. Il y a d'ailleurs des cadeaux sans raison, quand on n'a rien à fêter et que l'on veut juste dire « je t'aime » à celui ou celle à qui on l'offre. Ce sont les petits cadeaux « sans date », les mitaines que vous offrez à votre copine qui en a très envie et que vous avez trouvées sur le marché, les fleurs que vous ramassiez petite fille pour votre maman, etc. Sans oublier le cadeau pour se faire pardonner, quand on veut s'excuser mais aussi dire son affection au-delà des méchancetés qui vous ont échappé.

🔸 COMPRENDRE

Le cadeau, c'est d'abord le plaisir de donner. Recevoir des cadeaux, c'est forcément agréable, on aime et on ne s'en lasse pas ! Faire un cadeau, c'est un autre plaisir, celui de la gratuité : on n'attend rien pour soi, on ne pense qu'à celui ou celle qui va le recevoir. Un cadeau, c'est une preuve d'amour et d'attention. Un beau cadeau, c'est, par exemple, offrir une chose que vous ne trouvez pas belle ou utile parce que vous savez que cela fera mouche. Cela suppose donc de bien connaître celui ou celle à qui vous l'offrez ou d'avoir fait un discret sondage sur ses goûts et ses désirs.

CADEAUX D'AMOUR

Vous n'êtes pas obligée de casser votre tirelire pour faire

● BON PLAN
S'Y PRENDRE À L'AVANCE

Les fêtes de fin d'années, et les anniversaires arrivent à des dates prévisibles, ce qui permet de s'y prendre à l'avance. Plutôt que de vous creuser la tête au dernier moment sans savoir quoi offrir à votre grand frère ou à votre mère, jouez les détectives toute l'année : chaque fois qu'un membre de la famille ou une amie émet une envie ou un désir, chaque fois que vous avez une idée, notez-le secrètement dans un carnet. Au moment des fêtes, votre liste sera prête… Et vous aurez été attentive aux autres toute l'année : le plus beau des cadeaux !

un beau cadeau. Il y a des boutiques spécialisées dans les cadeaux pas chers : quand on a une grande famille et un grand cœur, c'est utile ! Essayez quand même de ne pas choisir des gadgets trop inutiles ou trop fragiles qui ne feront pas plaisir ou ne tiendront pas une journée.

Vous pouvez aussi faire vos cadeaux vous-même si vous êtes un peu habile (tricot, broderie, bricolage, confiseries), comme au bon vieux temps de l'école maternelle pour les fêtes des Mères et des Pères. La réussite n'était pas toujours au rendez-vous mais Maman ne donnerait à personne ses colliers de nouilles et ses cendriers peinturlurés tellement ils sont pleins d'amour !

CADEAUX IMMATÉRIELS

Parfois les cadeaux ne se voient même pas, ils sont immatériels. Passer un après-midi avec une voisine âgée qui s'ennuie, téléphoner à votre grand-mère ou lui envoyer des photos, prendre un peu de votre temps pour aider une copine qui a du mal à faire ses devoirs, ce sont de vrais beaux cadeaux pour ceux qui vous entourent. Rendre service est aussi une forme de cadeau !

● CONSEILS
CADEAU QUI TOMBE À PLAT

On n'a pas toujours de la chance quand on fait un cadeau et on peut tomber à plat. Vous le verrez à la tête convenue ou pincée du bénéficiaire… à moins qu'il ne vous le dise carrément et pas forcément aimablement ! Pas de panique. Dites-lui d'abord que ce cadeau est surtout une preuve d'affection et proposez-lui de le changer (d'où l'importance d'avoir gardé le ticket de caisse !). Et ne culpabilisez pas !

● SAVOIR VIVRE
QUAND ON REÇOIT UN CADEAU

- L'usage est d'ouvrir le cadeau devant la personne, sans attendre trop longtemps, et de la remercier… même si le cadeau ne vous plaît pas ! Si c'est le cas, vous pouvez avec délicatesse demander s'il est possible de le changer, en prenant soin de trouver un prétexte pour ne pas être vexante : vous l'avez déjà, la taille n'est pas la bonne s'il s'agit d'un vêtement, c'est une très bonne idée mais vous préféreriez un autre modèle, etc.

- Si vous recevez une enveloppe avec de l'argent, raconter ce que vous en avez fait à la personne qui vous l'a donné est une délicate attention.

Cannabis
Drogue quand même !

🌸 S'INFORMER

Le cannabis se présente sous trois formes :
- l'herbe ou marijuana (feuilles, tiges et fleurs séchées),
- la résine ou haschich (qu'on appelle aussi « shit ») : ce sont des plaques compressées ou des barrettes vertes, jaunes ou brunes qui contiennent souvent d'autres produits plus ou moins toxiques (henné, cirage, paraffine),
- l'huile, plus concentrée et plus rare.

L'herbe, le haschich et l'huile se fument généralement mélangés avec du tabac (sous forme de cigarette roulée qu'on appelle souvent « joint »). L'huile peut aussi être utilisée pour la préparation de gâteaux.

JE PLANE…

Le cannabis contient un principe actif (le tétrahydrocannabinol ou THC) qui agit directement sur le cerveau. Il produit un sentiment de détente, d'apaisement et même d'euphorie, et une légère somnolence. À fortes doses, il perturbe la perception du temps et de l'espace, brouille la mémoire immédiate, et plonge dans une sorte de léthargie. Or le taux de THC contenu dans le haschich, forme la plus courante du cannabis, est aujourd'hui dix fois plus important que dans les produits de 1970 et cinq fois plus que dans ceux de 1990. Autant dire qu'un joint est actuellement extrêmement toxique : plutôt que de détendre, il anesthésie.

LES YEUX ROUGES ET LA GORGE SÈCHE

Les effets physiques du cannabis ? Une accélération du pouls, une diminution de la salivation et un gonflement des vaisseaux sanguins (d'où les yeux rouges des fumeurs). Comme le cannabis est presque toujours consommé avec du tabac, les principaux risques pour la santé sont les mêmes que ceux de la cigarette : affections respiratoires et cardiaques, cancers.

DÉPENDANCE ?

En général, les experts sont d'accord pour dire que l'usage de cannabis ne crée pas, au sens strict, de dépendance physique, mais qu'une consommation régulière entraîne une dépendance psychique. Qu'elle soit physique ou psychique, il s'agit toujours de dépendance. L'usage de cannabis entraîne des difficultés de concentration qui nuisent au travail scolaire, un repli sur soi et des troubles psychologiques qui peuvent aller de la simple anxiété au sentiment de persécution, et même jusqu'au dédoublement de la personnalité. On se demande aussi s'il ne favorise pas la manifestation d'une maladie psychique très grave, la schizophrénie.

LA FUITE

Le cannabis est souvent un moyen d'esquiver les difficultés en se maintenant dans une douce léthargie. Il est particulièrement dangereux quand on en consomme seule

---

LE CANNABIS EST UNE PLANTE **CULTIVÉE DEPUIS TRÈS LONGTEMPS EN ORIENT**, OÙ L'ON UTILISE SES FIBRES **POUR FAIRE DES CORDAGES ET DES TISSUS** (C'EST LE CHANVRE INDIEN), ET SA RÉSINE **POUR CALMER LA DOULEUR**. IL A ÉTÉ INTRODUIT EN EUROPE AU XIXe SIÈCLE PAR LES SOLDATS DE NAPOLÉON.

pour se détendre et fuir un monde qui semble angoissant ou ennuyeux. Les conséquences sont alors dramatiques : arrêt des études parce que l'on ne parvient plus à se concentrer et que l'on n'a plus la volonté de les suivre, comportement asocial (on croit être la seule à comprendre le sens du monde), fuite de la réalité, dépression.

INTERDIT PAR LA LOI

Le cannabis fait partie des substances psychoactives interdites en France par la loi du 31 décembre 1970. Depuis des années, un débat se poursuit sur la dépénalisation, c'est-à-dire la suppression des sanctions pour usage de cannabis (c'est différent de la légalisation, qui en autoriserait la vente). Le simple usage de cannabis est actuellement passible d'une peine d'emprisonnement pouvant aller jusqu'à un an et d'une amende (jusqu'à 3 800 €). Par ailleurs, depuis la loi du 3 février 2003, toute personne conduisant sous l'effet de substances psychoactives encourt une peine de 2 ans de prison et une amende de 4 500 €.

● INFO +
DÉPÉNALISATION : LES ENJEUX DU DÉBAT

Les partisans de la dépénalisation font valoir que le cannabis est une drogue douce. Ils soulignent que le tabac et surtout l'alcool, deux drogues parfaitement légales, sont plus toxiques et créent une plus forte dépendance.
Les adversaires de la dépénalisation, eux, craignent que cette mesure incite à la consommation d'une drogue qui est potentiellement dangereuse.

On peut rétorquer aux premiers que la comparaison avec le tabac a ses limites. Le tabac est certes une drogue aussi toxique que le cannabis, mais il ne fait pas perdre le contact avec la réalité. Quant à l'alcool, il vaudrait mieux en réduire la consommation plutôt qu'aggraver les choses en autorisant aussi la consommation de cannabis. Aux seconds, on peut répondre que la dépénalisation aurait au moins l'avantage d'éviter aux jeunes fumeurs le contact avec des dealers, qui risquent de les faire passer à des drogues encore plus dangereuses. Certains soulignent aussi que maintenir des lois qui ne sont pas respectées contribue au mépris de la loi en général. Dans les pays de l'Union européenne, l'application des lois contre le cannabis tend à s'assouplir pour les simples usagers. Sept pays ont déjà choisi la dépénalisation, avec des résultats différents : aux Pays-Bas, la consommation a tendance à diminuer, en particulier chez les plus jeunes, alors qu'elle augmente en Espagne.

● COMPRENDRE

Le cannabis est sans doute la première offre de drogue que l'on vous fera. Dans les soirées, au lycée, dans les bandes de copains, on voit couramment circuler un joint. C'est parfois

difficile de résister à la tentation d'essayer. Les « bonnes » raisons ne manquent pas : curiosité, attrait pour ce qui est interdit ou tout simplement peur de passer pour une fille coincée et de se faire exclure.

DANGEREUX ?

Inutile de vous mentir : ce n'est pas parce que l'on tire une fois sur un joint que l'on devient toxicomane, ni même parce que l'on fume occasionnellement en soirée. Mais ce n'est pas simplement la peur de finir avec une seringue dans le bras qui doit vous faire réfléchir et vous dissuader de fumer du cannabis !

MANQUE DE CHARME

Évidemment, si vous avez envie de passer vos soirées ou vos après-midi avachie dans un canapé, les yeux rouges, la bouche pâteuse et les idées courtes, vous auriez tort de vous priver de ce grand moment de socialisation. Fumer du cannabis en groupe, c'est prouvé, cela soude : comme on n'arrive pas à aligner trois idées, les conversations sont rarement percutantes.

Et même si tous les fumeurs de cannabis n'en sont pas là, il faut bien l'avouer : on s'ennuie un peu avec eux, parce qu'ils ont du mal à se bouger et qu'ils préfèrent parler des effets de leur shit plutôt que d'avoir des activités plus passionnantes.

BONS PLANS

• SPÉCIAL TIMIDES

On vous passe un joint en soirée, et vous ne savez pas comment le refuser sans avoir l'air ridicule ou coincé ? Passez-le à votre voisin, sans commentaire, l'air détaché et sûr de vous. Si on vous questionne, n'ayez pas honte de ne pas faire comme les autres, au contraire : soyez-en fière !

• SPÉCIAL CURIEUSES

Ça vous tente ? Regardez donc votre copain Jérémie, d'ordinaire si marrant : qu'il est beau, les yeux rouges et l'air niais ! En plus, cela fait une heure qu'il bloque devant la pile de CD parce que, choisir un disque, c'est devenu un enjeu crucial pour la suite de son existence !

RENTREZ EN RÉSISTANCE

Ce programme ne vous tente pas ? Vous n'avez pas envie de faire comme tout le monde ? Vous avez bien raison. Rien ne vous oblige à suivre la masse des adolescents qui fument occasionnellement voire régulièrement du shit. Vous valez mieux que ça. Avez-vous envie de vivre les plus beaux moments de votre vie derrière un nuage de fumée ? Vous qui réclamez à cor et à cri (et vous avez raison !) des relations authentiques, qui condamnez le mensonge et l'hypocrisie, soyez lucide : le cannabis est une drogue qui déforme la perception de la réalité, qui empêche d'avoir de vraies relations avec les autres. Quand on fume du cannabis, on n'est pas dans son état normal : c'est un peu comme si l'on regardait ses amis, ses proches et tous les événements qui surviennent derrière une vitre déformante. Difficile dans ces conditions de les apprécier pour ce qu'ils sont vraiment…

● CONSEIL
AMI EN DANGER

Les garçons sont souvent plus touchés par le cannabis que les filles. Vous sentez qu'un ami perd pied et fume de plus en plus, surtout seul ? Ne le laissez pas faire, sous prétexte qu'il est grand et que fumer un joint n'a jamais tué personne. Dites-lui que cela vous inquiète, essayez de le faire réagir, proposez-lui des sorties, d'autres centres d'intérêt. Dites-lui que la vie est trop courte pour la vivre à moitié. Et parlez-en à un adulte de confiance, qui pourra vous conseiller et vous aider sortir votre ami de cette impasse.

VOIR AUSSI
ALCOOL, CIGARETTE, DROGUE.

Caresse

Les gestes de l'amour

LE MOT « CARESSE » VIENT DE L'ITALIEN CAREZZARE QUI SIGNIFIE CHÉRIR, C'EST-À-DIRE AIMER AVEC TENDRESSE. UNE CARESSE, C'EST UN GESTE EMPREINT DE **DOUCEUR** OU DE **PASSION**, DE **SENSUALITÉ** OU D'**AFFECTION**.

● S'INFORMER

Depuis la naissance, on a reçu et donné des milliers de caresses, parce que la tendresse, l'affection et l'amour ne se disent pas qu'avec des mots ; parce que nous sommes des êtres de chair et que nous avons physiquement besoin de nous sentir aimés.

DÉSIRS INCONNUS

Au moment de l'adolescence, on ressent violemment ce besoin de caresses. On découvre le désir : désir de toucher l'autre, d'exprimer ses sentiments par des gestes qui ne sont plus ceux de l'enfance. Les désirs sont souvent très forts à cet âge-là, d'autant plus forts qu'ils sont encore inconnus ; et nous ne savons pas trop quoi faire de ces émotions violentes qui nous traversent.

MUSIQUE DU CORPS

On croit souvent que le désir, c'est l'affaire des garçons parce qu'il est plus visible et plus explicite chez eux. Mais les filles ressentent aussi des désirs qui provoquent des sensations physiques : cœur battant, mains moites, gorge serrée, chair de poule et sensations plus intenses au niveau des zones érogènes.

BESOIN DE COMMUNION

On voudrait parler seulement de sentiment amoureux, mais on sait bien que lorsqu'un garçon nous plaît il y a aussi toutes ces sensations qui nous chavirent. Les caresses expriment ce désir de rencontrer l'autre, de communiquer et de communier avec lui.

● COMPRENDRE

Les caresses, c'est le langage du corps ; elles nous viennent naturellement au bout des doigts ou des lèvres. Tout notre corps est concerné et il y a mille façons de caresser. Chaque corps a son propre langage, sa sensibilité, sa manière de réagir ou de désirer.

En même temps, on est parfois timide et maladroit, et c'est très émouvant.

S'APPRIVOISER

Quand on commence à faire l'amour, les caresses sont toujours un moment important de la découverte de l'autre, un moment qui prépare et invite à l'acte sexuel. Les caresses ont le don un peu miraculeux d'apaiser le premier désir – désir de se toucher, d'entrer en contact –, et en même temps de susciter et d'approfondir celui d'une union plus totale.

COMPLICITÉ

Une femme, peut-être encore plus qu'un homme, a besoin de caresses pour se sentir prête à faire l'amour et les hommes n'y prennent pas toujours garde. C'est à la femme de faire comprendre qu'elle a besoin de ce temps d'apprivoisement et de mise en confiance, qu'elle a envie de douceur et de tendresse et pas seulement de la passion du désir masculin. Ces caresses qui précèdent l'acte sexuel, on les appelle couramment des « préliminaires », un mot pas très joli pour parler de ce moment de complicité et de plaisir partagé.

● CONSEILS
NE PAS SE FORCER

Il y a des caresses qui nous viennent naturellement : on se sent bien dans sa tête et dans son cœur. D'autres gestes, plus intimes ou inhabituels, peuvent au contraire choquer. L'important, c'est de ne pas se forcer. Toute caresse est belle quand on a aimé la donner ou la recevoir. Cela devient laid ou sale quand on se sent forcée et que l'on n'ose pas refuser.

DU RESPECT AVANT TOUTE CHOSE !

On peut avoir envie de caresses sans forcément vouloir aller plus loin. L'important, c'est de le savoir et de le dire, mais aussi de ne pas laisser le garçon s'embarquer trop loin dans le désir pour dire « stop » au dernier moment.
Un garçon ne fonctionne pas comme une fille et il ne comprendra pas forcément que vous passiez des heures à vous laisser cajoler sur un lit si ce n'est pas pour avoir une relation sexuelle. C'est important de vous faire respecter, mais aussi de faire attention à l'autre !

VOIR AUSSI
DÉSIR, PLAISIR, PREMIER BAISER, SEXE, SORTIR AVEC.

Chagrin d'amour

J'en aimerai jamais un autre...

S'INFORMER

Vous l'aimez toujours et il ne vous aime plus. Il l'a dit, c'est fini et cela fait très mal.

POURQUOI ?

Un chagrin d'amour, cela vous remue de fond en comble, vous ne savez plus où vous en êtes. Au milieu des larmes et de la désolation, les questions ne cessent de tourner : pourquoi cette rupture ? Qu'est-ce que j'ai fait pour mériter cela ? Vous vous dites : « S'il ne m'aime plus, c'est que je n'étais pas assez bien pour lui. » Vous en venez même à vous demander si un garçon pourra vraiment vous aimer un jour ! Bref, vous vous sentez vaguement coupable, sans intérêt, sans valeur, et surtout très malheureuse.

PLUS RIEN NE COMPTE

Et ce manque qui emplit le cœur, ce sentiment d'abandon, de solitude, comme si plus personne n'existait sauf celui qui justement ne veut plus de vous. « Un seul être vous manque, et tout est dépeuplé ! » écrivait le poète Lamartine. Il a très bien exprimé ce qu'on a tant de mal à démêler dans son cœur : ce mélange de larmes, de rage, de honte et de souvenirs douloureux, tous ces bons moments vécus ensemble qui reviennent sans cesse à l'esprit, tous ces rêves auxquels on croyait si fort et qui s'écroulent, ne laissant que des regrets.

COMPRENDRE

Bien sûr, dans la tourmente et la souffrance d'un vrai chagrin d'amour, cela ne vous console pas de savoir que cette expérience douloureuse arrive à beaucoup d'autres. Qu'importe le reste du monde quand on a le sentiment que sa vie s'est arrêtée ? Pourtant, il faudra bien un jour faire le premier pas pour vous en sortir, même si vous n'en avez pas envie tout de suite.

JE NE VEUX PAS L'OUBLIER !

Vous enfermer dans votre douleur, la ressasser en vous rappelant tous les moments heureux, parcourir sans vous lasser les moindres détails de cette belle histoire qui finit mal, c'est encore aimer, même si cet amour se meurt de ne plus être partagé. Alors, il va falloir en faire le deuil et, pour cela, cesser de vous torturer : pleurez, pleurez autant que vous le voulez, mais ne restez pas seule. Parlez-en avec votre meilleure amie, changez-vous les idées avec vos copines ; il y en a sûrement qui ont vécu cela

et qui peuvent vous guider sur le chemin de la guérison. Parce que, oui, on guérit d'un chagrin d'amour, il faut du temps mais on finit par y arriver.

PLUS GRANDE, PLUS FORTE, POUR UN NOUVEL AMOUR

Reste à surmonter le désir de ne plus jamais revivre une telle histoire, de ne plus jamais aimer parce qu'on ne veut plus souffrir. Pourtant, il ne faut pas regretter d'avoir vécu cette histoire, d'avoir beaucoup aimé, beaucoup donné. Ce chagrin d'amour, qui vous a tant amoindrie, vous fait grandir aussi : il vous rend plus mûre, plus forte… Quand votre cœur ne sera plus aussi meurtri, il pourra à nouveau battre pour un autre, pour celui qui en pansera les dernières plaies. Alors, osons le dire, même si vous ne voulez pas l'entendre pour le moment : ce chagrin d'amour, ce n'est pas la fin de tout, c'est aussi ce qui vous prépare à une nouvelle histoire d'amour.

AVEC LE TEMPS

Évitez d'errer comme une âme en peine sur les lieux où vous avez vécu vos plus belles heures. Mieux vaut accepter que ce soit du passé, et vous donner les moyens d'oublier.
Laissez faire le temps, faites-en un allié. Laissez-le s'écouler comme vos larmes : il vous aidera peu à peu à être en paix avec vous-même et avec votre histoire. Et surtout ne vous jetez pas, par dépit ou tristesse, sur le premier venu ! Ce serait dommage d'être encore plus blessée et de croire encore moins à l'amour.

● **CONSEIL**
NE JETEZ PAS TOUT, TOUT DE SUITE

Lettres, photos, cadeaux… vous êtes partagée entre l'envie de tout jeter, voire de tout brûler rageusement, et celle de vous bercer de souvenirs en les gardant près de vous. Mieux vaut les mettre de côté, loin des yeux et des mains, et faire un tri plus tard, quand vous serez apaisée : il est bon de prendre vos distances pour l'instant, mais vous pourriez regretter un jour de n'avoir rien gardé du tout.

VOIR AUSSI
AMOUR, ROMPRE.

CONSEIL

QUAND C'EST VOTRE AMIE QUI PLEURE SON AMOUREUX

Lorsqu'une amie traverse un vrai chagrin d'amour, l'important, c'est de l'écouter, de passer du temps avec elle et d'essayer de lui changer les idées. Mais il faut le faire avec beaucoup de délicatesse, ce qui n'est pas toujours facile parce que vous ne mesurez pas toujours sa souffrance. Surtout, ne prenez pas ce chagrin d'amour à la légère. N'essayez pas la manière forte qui consisterait à l'écœurer de celui qu'elle aime en le dévalorisant : ne lui dressez pas la liste de ses défauts, de ses bassesses ou de ses trahisons envers elle. Elle n'est pas prête à l'entendre puisqu'elle l'aime encore ! Cela ne peut que la faire souffrir davantage.

Chambre à soi

Frappez avant d'entrer !

DANS LA MAISON, **VOTRE CHAMBRE EST UN TERRITOIRE** SUR LEQUEL VOUS RÉGNEZ EN MAÎTRE, CONTRAIREMENT AUX AUTRES PIÈCES QUE VOUS PARTAGEZ AVEC TOUTE LA FAMILLE.

S'INFORMER

Une chambre rien qu'à vous, vous pouvez l'installer et la décorer à votre guise, avec des photos ou des textes, des plantes ou des fleurs et même, il faut bien le dire, avec votre joyeux bazar qui peut aller de la moquette portemanteau au lit artistiquement défait. Bref, votre chambre est le reflet de votre personnalité : romantique ou délurée, déco minimaliste ou bric-à-brac pittoresque, lumières tamisées ou spots multicolores, musique douce ou techno. Là, personne ne choisit à votre place, personne n'entre sans votre permission, et personne (ou presque !) n'exige que vous rangiez. La plus petite mansarde sous les toits devient ainsi votre empire !

COLOCATION FORCÉE

Partager sa chambre avec une (ou plusieurs) sœur(s), ce n'est pas toujours très drôle, même si l'entente est bonne et qu'il y a souvent de franches parties de rigolade ! Une chambre à deux, c'est forcément moins intime qu'une chambre à soi, et il y a des moments où l'on a besoin de solitude. Sans compter que l'on n'a pas toujours le même âge, ni les mêmes goûts que sa colocataire !

● BON PLAN
SPÉCIAL CHAMBRE PARTAGÉE

- Faites-vous votre petit coin bien à vous. Tout le monde en a besoin : installez votre armoire ou vos étagères de façon à délimiter votre territoire, ou mettez une tenture, un voilage (moins étouffant et tout aussi efficace !) ou un paravent entre les deux espaces. Personnalisez-le à votre goût, avec des lumières (spots ou petites lampes) ou une couleur particulière (en mettant du tissu sur le mur, par exemple).
- Respectez votre sœur, elle vous respectera : mettez un casque si vous voulez écouter de la musique et qu'elle a besoin de calme, ne

touchez pas à ses affaires, laissez-lui le droit d'être seule de temps en temps quand c'est nécessaire. Entendez-vous sur le rangement : ce qui vous paraît inacceptable ne l'est pas forcément pour elle, et inversement.
Si vous faites attention l'une à l'autre, la cohabitation sera plus douce !

COMPRENDRE

Quelle chance d'avoir une chambre à soi ! Celles qui n'en ont pas en rêvent… C'est le refuge, l'oasis ou le bunker où vous pouvez fuir le monde quand il est trop dur, vous détendre loin des autres, et même crier, pleurer, taper des pieds et des poings… pour reprendre votre calme. Vous y travaillez, vous y bâtissez vos projets d'avenir…

L'ANTRE DES RÊVES

C'est là encore que vous rêvez, que vous avez toutes les audaces. Vous écrivez vos espoirs les plus fous dans votre journal, vous dessinez, vous lisez, bref vous vous occupez de vous ! Dans votre chambre, vous pouvez vous retrouver seule, rentrer en vous-même, faire le point sans fard et sans bluff.
À d'autres moments, votre chambre devient le salon où vous recevez vos amies et leurs confidences, où vous riez de bon cœur de vous-même – et plus souvent des autres ! – loin des oreilles indiscrètes.

RESPECT !

Votre chambre, c'est un peu votre maison, en attendant d'en avoir une pour de vrai. Vous êtes en droit d'exiger que votre intimité soit respectée, que l'on frappe avant d'entrer, que l'on n'y pénètre pas en votre absence et que votre mère ne l'occupe pas régulièrement sous prétexte de ranger.

NI ROBINSON, NI VENDREDI

N'oubliez jamais, cependant, que vous n'habitez pas une île déserte au milieu du Pacifique, mais l'une des pièces de la maison familiale. Vos parents ont le droit d'être reçus chez vous de temps à autre ! Et celui de refuser que votre petit royaume devienne une sorte d'antichambre de la poubelle, sous prétexte de souveraineté et de liberté absolue.

SAVOIR EN SORTIR

Votre chambre ne doit pas non plus être le moyen de rester toujours invisible. Barricadez-vous dedans lorsque vous en avez besoin. Mais sachez aussi en sortir pour partager la vie familiale… ou en ouvrir la porte à tel ou tel membre de la famille, pour bavarder au calme loin du brouhaha de la maison. Vous pouvez goûter dans votre chambre sans oublier que les repas de famille existent et ne sont pas seulement une corvée mise au point pour vous faire perdre du temps. Vous pouvez lire dans votre chambre, mais aussi ailleurs ; écouter seule de la musique, ou la partager avec vos frères et sœurs dans le salon ; méditer pensivement dans votre chambre et, soudain, aller prendre part à la conversation passionnée dont vous captez des bribes venant de la cuisine !

BONS PLANS

Faites respecter votre intimité :
- inscrivez sur la porte : « Frappez avant d'entrer. »
- trouvez-vous un coin secret qui ferme à clé.
- quand vous voulez être seule, accrochez sur votre porte une pancarte « Ne pas déranger ».
- découvrez plein d'idées et de conseils malins dans le guide déco : *Ma chambre et moi*, Fleurus.

VOIR AUSSI
BAZAR, FRÈRES ET SŒURS, SOLITUDE.

SAVOIR-VIVRE

• Veillez à ne pas mettre la musique trop fort ou trop tard.
• Assurez un minimum de nettoyage pour éviter que de mauvaises odeurs ne se propagent ou que de charmantes petites bêtes n'envahissent le salon.
• Éteignez les lumières et la musique quand vous partez.
• Le respect, c'est réciproque : si vous respectez le coin secret des autres, ils respecteront le vôtre.

Cheveux
J'veux changer de tête !

🔴 S'INFORMER

Bouclés ou raides, fins ou épais, gras ou secs, mous ou drus… Il y a toutes sortes de cheveux. Mais ils ont tous la même nature : ils sont faits, comme les ongles, d'une protéine appelée kératine. Quant à leur couleur, elle dépend de quelques grains de mélanine.

Dans toutes les chevelures, il y a deux sortes de mélanine : selon leurs proportions, elles peuvent donner toutes les nuances de brun, de blond ou de roux.

DU FIL À RETORDRE

Parure naturelle, oui… Mais parure embarrassante, avec ses défauts trop visibles. Entre les pellicules, les pointes fourchues, les cheveux gras, cassants ou ternes, il y a parfois de quoi regretter le temps où l'on portait des perruques !

CHEVEUX ADOLESCENTS

À l'adolescence, votre corps subit des changements hormonaux dont les cheveux, comme la peau, risquent de faire les frais. Cheveux gras, mous, incoiffables vont vous désespérer. Patience ! ce n'est qu'un mauvais moment à passer : la structure des cheveux évoluant avec l'âge, vous allez probablement vous retrouver avec des cheveux en meilleure forme dans quelques années. Mais cela ne vous console pas forcément quand vous regardez vos mèches pendouiller tristement ou se coller dès le lendemain d'un shampooing. Pas de panique vous avez dès maintenant quelques armes.

NE LES AFFAMEZ PAS !

Le traitement commence à table ! Les cheveux sont les premiers à faire les frais des régimes déséquilibrés. Vous mangez équilibré, et malgré tout vos cheveux sont fatigués ? Procurez-vous des shampooings fortifiants, faites-vous un masque ou une crème régulièrement après chaque shampooing.

Si cela ne suffit pas, vous pouvez aussi consulter un dermatologue qui vous donnera un traitement bien adapté à votre problème. Mais cela ne suffit pas toujours et il vous faudra peut-être avoir de la patience et vous donner la peine d'un shampooing quotidien pour vous sentir présentable.

TEINTURES, PRUDENCE !

Si vous n'aimez pas la couleur de vos cheveux ou que vous avez envie de changer de tête, vous serez peut-être tentée par la coloration. Mais prudence ! Une coloration abîme les cheveux et puis, certaines couleurs sont franchement vulgaires ! Ménagez vos cheveux et préférez des shampoings qui donnent juste des reflets et s'atténuent au bout de quelques semaines. Ces produits sont sans danger pour les cheveux. Pour devenir blonde ou rousse quand on est châtaine ou brune, il faut une vraie couleur avec ammoniaque et produits oxydants qui assèchent le cheveu. Le résultat est permanent. Pour l'éliminer, il faut attendre que les cheveux repoussent, et qu'on puisse les couper !

COMPRENDRE

On est rarement contente de ses cheveux. Il faut apprendre à faire avec ceux que vous avez ! Cela ne veut pas dire que vous devez vous résigner s'ils ont des défauts particuliers. Tous les coiffeurs vous le diront : « Il n'y a pas de problème, il n'y a que des solutions ! » Les cheveux, c'est comme le reste du corps. Pour être beaux, ils n'attendent qu'un effort de votre part. Il faut bien les traiter et tirer parti de leur nature pour les mettre en valeur.

LA COIFFURE QUI VOUS VA

Vous avez les cheveux très raides ou très frisés ? On peut friser les cheveux raides, mais à la longue ils risquent de s'abîmer et de devenir cassants. Quant à défriser ses boucles, c'est rarement réussi et en plus les frisettes reviennent en courant avec la pluie. Mieux vaut chercher une coiffure qui tienne compte de la nature de vos cheveux et de la forme de votre visage.

LA GÉOMÉTRIE APPLIQUÉE AUX CHEVEUX !

Vous avez un visage ovale ou triangulaire ? Petite veinarde : vous pouvez pratiquement tout vous permettre. Un visage rond ? Surtout, pas de coupe trop courte sous peine de ressembler à... une boule ! Optez pour un carré qui allonge ou une frange raide. Les visages longs sont desservis par des cheveux longs et raides : préférez une coupe courte et dynamique. Adoucissez un visage carré par une frange légère et une coupe dégradée.

COUP DE BLUES ? VITE, CHEZ LE COIFFEUR !

Il y a des jours où, quand vous vous regardez dans la glace, vous avez envie de retourner vous coucher ? Rassurez-vous, toutes les filles sont pareilles, et cela ne change pas avec l'âge ! Un des remèdes miracles, c'est le petit tour chez le coiffeur qui est là pour vous faire belle, mais aussi vous dorloter en vous racontant plein d'histoires complètement futiles : de quoi vous remonter le moral en deux temps trois mouvements !

À VOTRE AVIS, QU'EST-CE QU'IL ME FAUT ?

Si vous ne savez pas trop quelle coiffure choisir, c'est le coiffeur qui vous conseillera en fonction de votre visage, de votre type de cheveux, de votre habileté à vous coiffer et de votre mode de vie : si vous êtes une grande nageuse, par exemple, mieux vaut choisir une coiffure qui vous permettra d'être impeccable même en piquant une tête dans la piscine trois fois par semaine.

CONSEIL
LES SECRETS D'UN SHAMPOING RÉUSSI

D'abord, choisissez un bon shampooing adapté à la nature de vos cheveux. Attention aux idées reçues : ce n'est parce que vous avez les cheveux ternes qu'ils sont forcément gras ! Pour le savoir, demandez à un coiffeur : il faut lui montrer vos cheveux au moins deux jours après un shampooing, sinon il ne peut rien voir ! Ils sont effectivement gras ? Utilisez un shampooing qui absorbe l'excès de sébum (shampooing à l'argile, en particulier). Secs ? Misez sur une crème nourrissante, un concentré en vitamines et lipides. Fins ? Optez pour des produits à base de protéines de blé et d'avoine pour les rendre plus épais. Des pellicules ? Utilisez un shampooing antipelliculaire doux qui assainit le cuir chevelu.
Enfin, faites un bon rinçage (il faut sentir ses cheveux crisser sous les doigts) : mal rincés, les cheveux sont toujours ternes.

BONS PLANS
COIFFURE D'UN SOIR

Pour un soir, vous pouvez maquiller vos cheveux sans risque : il existe toutes sortes de produits en spray qui permettent de colorer des mèches, de poser des paillettes ou des gels pour se sculpter une coiffure originale. Un shampooing suffit pour les enlever.

TROUVER LE COIFFEUR DE VOS RÊVES

- Ne changez pas tout le temps de coiffeur : comment voulez-vous qu'il vous connaisse du premier coup ?
- Forcez-vous à lui dire ce que vous n'aimez pas, plutôt que d'opiner du chef en n'en pensant pas moins. Vous avez le droit d'avoir des idées qui ne sont pas les siennes, quitte à être un peu ferme au début.
- Optez quand vous le pouvez pour les chaînes de coiffeurs pas très chères. Leur clientèle est plus jeune, donc leurs coupes plus modernes ! Mais demandez à avoir toujours le même coiffeur.

VRAI/FAUX

• LES CHEVEUX POUSSENT INDÉFINIMENT.
Faux. Un cheveu pousse de 1 à 1,5 cm par mois mais a une durée de vie limitée. C'est pour cela que vos cheveux dépassent rarement une certaine longueur, malgré vos efforts !

• LA CALVITIE, C'EST UN PROBLÈME D'HOMME.
Vrai. La perte de cheveux est due à l'action d'hormones mâles, les androgènes, sur les follicules pileux. Or les œstrogènes, hormones femelles très nombreuses chez la femme, combattent l'effet des androgènes.

• LES CHEVEUX, C'EST FRAGILE.
Vrai et faux. Un cheveu peut supporter un poids de 100 g. Théoriquement, une chevelure moyenne pourrait porter 12 t ! Mais, sans casser, le cheveu peut vite s'écailler. Porter des dreadlocks vous condamne à couper vos cheveux après !

• UN SHAMPOOING QUOTIDIEN ABÎME ET GRAISSE LES CHEVEUX.
Faux. Il vaut mieux laver ses cheveux tous les jours avec un shampooing très doux plutôt que de laisser son cuir chevelu étouffer sous l'excès de sébum.

Cigarette

Ne commencez pas !

IMPORTÉ D'AMÉRIQUE PAR CHRISTOPHE COLOMB, LE TABAC EST **UNE PLANTE** DE LA FAMILLE DES SOLANACÉES (COMME LA POMME DE TERRE, LA TOMATE ET LE PÉTUNIA), **CULTIVÉE POUR SES FEUILLES**. EN FRANCE, **ON A COMMENCÉ PAR LE PRISER** (ON LE RENIFLAIT), **LE CHIQUER** (ON LE MÂCHAIT) OU **LE FUMER DANS UNE PIPE**. LES CIGARETTES NE SONT APPARUES QU'AU XIXe SIÈCLE.

● S'INFORMER

La cigarette contient plusieurs substances dangereuses : arsenic, ammoniac, acétone et aussi nicotine, goudron et monoxyde de carbone, qui le sont encore plus.
Le monoxyde de carbone est un gaz particulièrement toxique qui prend la place de l'oxygène dans l'organisme. Il est donc très mauvais pour le cœur et les poumons et génère des maladies cardio-vasculaires. Le goudron, lui, est responsable des cancers : il crée des tumeurs sur le trajet de la fumée (bouche, œsophage, poumons), mais aussi à distance (vessie et, pour les femmes, col de l'utérus).

NICOTINE = DÉPENDANCE !

Il s'agit de la substance la plus nocive : non contente d'accélérer le rythme cardiaque, de rétrécir les petits vaisseaux sanguins et donc de provoquer des maladies cardio-vasculaires ou de l'hypertension, elle crée une dépendance et une accoutumance. Il devient de plus en plus difficile de s'en priver, on passe de 3 cigarettes par jour à 10 puis à 20, sans même s'en rendre compte !

EN MANQUE

La dépendance liée au tabac est à la fois physique et psychologique. Un fumeur privé de sa dose de nicotine devient irritable, nerveux, se sent mal, a des difficultés de concentration ; il est en « manque ». En plus, psychologiquement, il a besoin du plaisir, de la détente que lui procure sa cigarette.

DANGER SPÉCIAL FILLES

Pour les filles, le tabac est particulièrement toxique. Il peut rendre les règles plus douloureuses, irrégulières, et diminuer la fertilité. Il provoque des cancers de l'utérus. L'association tabac-pilule contraceptive est vivement déconseillée, car elle favorise la formation de caillots de sang et multiplie les risques d'accidents cardio-vasculaires.
Pour les femmes enceintes,

fumer fait courir des risques graves au bébé qui peut naître trop tôt, être plus fragile et souffrir d'insuffisances respiratoires.

UNE HALEINE DE CENDRIER

Enfin, sachez que le tabac s'attaque aussi à votre beauté ! Quand on fume, la peau et les cheveux deviennent ternes, les rides apparaissent plus vite, les dents jaunissent et on dégage une odeur de tabac froid peu attirante. Quant à l'haleine d'une fumeuse, n'en parlons pas !

INFO +

LE TABAC TUE

Dans le monde, le tabac tue une personne toutes les 10 secondes. En France, 66 000 décès par an sont dus aux maladies provoquées par le tabac, la plus meurtrière étant le cancer du poumon.

COMPRENDRE

On fume souvent sa première cigarette dans une soirée ou à la sortie des cours. On essaie pour voir, par curiosité… et on ne trouve pas forcément cela bon ! Puis vient la deuxième, pour faire comme les autres, appartenir au groupe. On trouve cela sympa, la cigarette entre copains, à la pause, au café, en soirée ! Fumer donne une contenance, du courage pour aborder les autres. On se sent « grande », adulte, libre. Alors, de cigarette en cigarette, on s'habitue. Pire, on ne peut bientôt plus s'en passer, même si l'on sait très bien que le tabac met la santé en danger.

NE COMMENCEZ PAS !

C'est pourtant un piège qui a vite fait de se refermer sur l'apprenti fumeur. Les statistiques le disent : environ la moitié de ceux qui essaient la cigarette deviennent des fumeurs réguliers en un an. Ceux qui osent ne pas fumer sont donc gagnants. Alors, ne vous laissez pas entraîner par les copains : vous n'avez pas besoin de la cigarette pour devenir adulte, ni pour vous faire respecter. Au contraire, une fille qui ne fume pas étonne par sa force de caractère. Les autres vont s'interroger. Peut-être même leur ferez-vous envie… et leur donnerez-vous l'idée de s'arrêter.

TROP TARD ?

Vous avez commencé ? Eh bien non, il n'est pas trop tard pour vous arrêter ! La première chose pour y parvenir est de le décider. Ensuite, tout dépend de votre niveau de dépendance. Contre la dépendance physique, il existe des médicaments : parlez-en à votre médecin. Mais le plus difficile est de vaincre la dépendance psychologique.

PRÉPARATION PSYCHOLOGIQUE

Pour cela, il faut se préparer. Choisissez une date propice (pas en pleine révision du bac). Trouvez une copine qui veut aussi s'arrêter : à deux, c'est plus stimulant. Et pensez à tous les plaisirs que vous allez retrouver : mieux sentir le goût des aliments et les bonnes odeurs ; retrouver du souffle ; faire des économies !

JE NE VEUX PAS GROSSIR

Quand on fume, on est souvent un peu en dessous de son poids d'équilibre. Vous risquez donc de prendre 2 ou 3 kg en arrêtant, mais pas plus avec un peu de vigilance… et un peu plus de sport. Si vous avez vraiment peur de trop grossir, parlez-en à votre médecin. Et puis, mieux vaut vivre avec 2 kg de plus que de mourir d'un cancer des poumons, non ?

INFO +
CE QUE DIT LA LOI

En France, depuis 1991, la loi Évin interdit de fumer dans l'ensemble des locaux à usage collectif, clos ou ouverts. Les écoles, lycées, universités sont donc soumis à la même règle : interdiction de fumer en dehors des lieux prévus à cet effet.

La loi interdit la vente de tabac aux mineurs de moins de 18 ans. Cette loi comprend aussi tout un ensemble de mesures visant à lutter contre le tabagisme des jeunes : interdiction de vendre des paquets de moins de 19 cigarettes, interdiction de faire de la publicité en faveur du papier à cigarettes, obligation pour les écoles d'informer les jeunes sur les méfaits du tabagisme, etc.

Le 16 novembre 2006, le gouvernement a adopté un décret interdisant de fumer dans tous les lieux publics (hôpitaux, administrations, écoles, collèges, lycées, entreprises, etc.). Cette loi a pris effet le 1er février 2007 dans les lieux publics, et le 1e février 2008 dans les cafés, les restaurants et les boîtes de nuits. Dans les entreprises privées, les dirigeants peuvent installer une salle fumeurs hermétiquement close. Dans les lycées et collèges, la cigarette est interdite jusque dans la cour. Pourquoi cette loi ? Parce qu'un fumeur fait fumer ceux qui l'entourent même sans leur offrir une cigarette ; on appelle cela du tabagisme passif. Le fumeur passif absorbe la fumée et « profite » d'une partie des substances toxiques. Vivre près d'un fumeur revient à fumer soi-même plusieurs cigarettes par jour.

MAUVAIS PLANS

- « Demain, j'arrête. » Il vaut mieux fixer une vraie date ! À force de reculer, votre décision va s'étioler. Pourquoi ne pas décider d'arrêter… aujourd'hui ?

- « Je contrôle parfaitement ma consommation. » Aujourd'hui peut-être, mais demain ? La cigarette est une drogue : vous aurez vite fait de devenir dépendante.

- « J'ai arrêté, mais je m'autorise une cigarette. » Autant dire que vous acceptez la rechute. Une ancienne fumeuse n'en a jamais vraiment fini avec la cigarette, un peu comme un ancien alcoolique avec l'alcool. Souvenez-vous du mal que vous avez eu à arrêter. Ce serait si bête de gâcher tant d'efforts !

VOIR AUSSI
ALCOOL, DROGUE.

VRAI/FAUX

• **FUMER DES BLONDES OU DES LIGHT EST MOINS DANGEREUX.**
Faux. On en fume plus pour avoir autant de nicotine et on absorbe la même dose de goudron. De plus, les light peuvent entraîner des affections particulières à la périphérie du poumon car on inhale plus profondément la fumée.

• **FUMER MOINS DE 3 CIGARETTES PAR JOUR NE CRÉE PAS DE DÉPENDANCE.**
Faux. La dépendance ne dépend pas du nombre de cigarettes fumées.

• **IL Y A DES PERSONNES QUI NE POURRONT JAMAIS ARRÊTER DE FUMER.**
Faux. Même si beaucoup d'anciens fumeurs craquent et reprennent la cigarette, même s'il faut souvent s'y reprendre à plusieurs fois avant d'arrêter définitivement, chaque rechute augmente les chances de réussir à la tentative suivante !

• **ARRÊTER DE FUMER REDONNE DU GOÛT.**
Vrai. Aux aliments… et à la vie. Pour le prix de 2 paquets, vous vous offrez le cinéma et le pop-corn ! Pour 5 paquets, 2 CD. Pour une cartouche, un petit pull sympa. Faites le compte de ce que vous pourriez vous offrir au bout d'un an !

Cinéma

On s'fait un ciné ?

« CINÉMA », **C'EST LE RACCOURCI DE « CINÉMATOGRAPHE »**. AU DÉBUT, LE MOT DÉSIGNAIT **L'APPAREIL SERVANT À PROJETER UN FILM**, À « ÉCRIRE LE MOUVEMENT » (EN GREC, KINÊMA SIGNIFIE « MOUVEMENT » ET GRAPHEIN, « ÉCRIRE »). PAR EXTENSION, CETTE ABRÉVIATION CÉLÈBRE DÉSIGNE **LA SALLE DE PROJECTION**, MAIS AUSSI **L'ART DU CINÉMA**.

● S'INFORMER

Aller au cinéma, voilà sans doute l'une des premières sorties que les parents vous ont autorisée à faire seule. Vous y allez en général avec votre groupe d'amis. Le plus difficile, c'est toujours de se mettre d'accord sur le film !
C'est peut-être aussi la première sortie en tête à tête qu'IL vous proposera. C'est là que, dans le noir, il osera peut-être vous embrasser pour la première fois. Aller au ciné avec son amoureux, ce n'est pas uniquement pour voir le film. Mais bien sûr, là n'est pas le seul intérêt du cinéma !

MOINS D'UN SIÈCLE D'HISTOIRE

Si vous vous passionnez pour le cinéma, vous êtes « cinéphile ». Vous ne vous contentez pas des derniers films sortis ; vous allez voir les anciens, ceux qui ont fait l'histoire du cinéma. Elle n'est pas très longue, d'ailleurs, cette histoire. C'est en 1895 que deux Lyonnais, les frères Lumière, mettent au point leur premier film et déposent le brevet du cinématographe.
Bien sûr, il s'agit de cinéma muet. Il faut attendre 1927 pour le premier film parlant, *Le Chanteur de jazz*.

QUE LA COULEUR SOIT !

Ensuite, vient la couleur : le premier film français tourné entièrement en couleurs *(Le Mariage de Ramuntcho)* date de 1946. Mais les innovations techniques ne s'arrêtent pas là. Le premier film à avoir utilisé le son Dolby, vous le connaissez peut-être, c'est *Orange mécanique* de Stanley Kubrick. On dit que c'est un « film culte » parce qu'il a marqué toute une génération.

FILMS CULTES

Certains grands classiques sont éternels : *La Ruée vers l'or* de Chaplin, *Autant en emporte le vent*, ou *Casablanca*. Vos grands-mères ont adoré *Les 400 Coups* de Truffaut ou *Pierrot le fou* de Godard ; vos mères étaient sous le charme des films de Woody Allen (*Manhattan*) ou de Claude Sautet (*Les Choses de la vie*). *Harry Potter* ou *Le monde de Narnia* ont fait craquer vos grandes sœurs. Et vous, *Twilight* sera-t-il votre film culte ?

INFO +

POURQUOI LE « 7ᵉ ART » ?

Traditionnellement, on dénombrait six « beaux-arts », classés en deux ensembles : arts plastiques (architecture, peinture, sculpture) et arts rythmiques (musique, danse, poésie). Le cinéma n'entrait dans aucune de ces catégories ; pourtant, il méritait bien d'être ajouté à la liste ! On l'a donc baptisé « 7ᵉ art ».

COMPRENDRE

Le cinéma, cela vous prend tout entière. Vous riez, vous pleurez, vous frissonnez, la musique vous transporte : surtout, vous y croyez. Vous basculez dans l'histoire. Bien sûr, à partir d'un certain âge, on ne fait plus comme les enfants, qui crient pour prévenir le héros que son ennemi arrive ! Mais c'est tout comme, vous vibrez, c'est magique. Rien à voir avec la télé et son petit écran que vous pouvez regarder du coin de l'œil en grignotant. Rien à voir même avec le DVD que vous regardez entre copines. Dans une salle de cinéma, il y a l'ambiance, tous ces gens qui vibrent ensemble, le grand écran… et le pop-corn !

COMPLÈTEMENT AILLEURS !

Il suffit d'examiner les gens à la sortie d'une salle de cinéma. Ils ont les yeux rouges d'avoir pleuré ou, au contraire, le sourire aux lèvres si le film était drôle, mais dans tous les cas ils ont du mal à reprendre pied dans la réalité. Comme s'ils revenaient d'un long voyage.

CES STARS DE RÊVE

Et puis il y a tous ces acteurs qui vous font rêver et dont vous êtes un peu amoureuse… parfois beaucoup ! Ils sont beaux, jeunes, célèbres et tellement « craquants ». Les femmes aussi sont impressionnantes. Vous voudriez leur ressembler, être aussi belle, aussi parfaite. Vous les imaginez heureuses, et vous enviez la chance qu'elles ont de faire du cinéma.

L'AMOUR, CE N'EST PAS DU CINÉMA

Mais le cinéma n'est pas la réalité. L'amour, le vrai, celui qu'on ne vit pas devant les caméras ni sous les projecteurs, n'est pas toujours un rêve. Il demande des efforts. Il n'est pas réservé non plus, heureusement, aux canons de beauté. Tout le monde peut le vivre ; et s'il est souvent moins mélodramatique, plus « ordinaire », il reste toujours une aventure incroyable !

DANGER, VIOLENCE ?

Le cinéma aime nous montrer des choses très violentes. Est-il vrai qu'il peut inciter ceux qui sont fragiles, influençables ou mal dans leur peau, à commettre des actes de violence ?
Le débat est ouvert : tout le monde n'est pas d'accord sur la réponse. Mais quelles que soient les opinions sur ce sujet, on peut s'interroger sur l'intérêt de certains films qui se complaisent dans la violence.

🟠 BONS PLANS
LE MÉTIER VOUS TENTE ?

Il existe des écoles qui préparent aux divers métiers du cinéma. Attention : il y a beaucoup d'appelés, et peu d'élus !
- Envie d'être comédienne ? De nombreux cours préparent au prestigieux Conservatoire national supérieur d'art dramatique : renseignez-vous dans votre ville (à la mairie ou dans les théâtres).
- Envie de passer derrière la caméra ? Il existe une École supérieure d'études cinématographiques à Paris… mais aussi une multitude d'excellentes écoles, en province ou à l'étranger. Renseignez-vous sur Internet ou au CIO de votre école pour avoir une liste exhaustive des formations aux différents métiers du cinéma.

🟠 SAVOIR-VIVRE

Le plaisir de regarder un film ensemble suppose d'observer quelques règles élémentaires :
- Ne pas donner sans cesse des coups de pied dans le dossier devant soi.
- Ne pas jeter son cornet de pop-corn par terre.
- Ne pas bavarder pendant le film.
- Éteindre son portable.
- Rester discrète dans ses effusions avec son amoureux.
- Ignorer pudiquement celles de sa copine.

VOIR AUSSI
AMOUR, FAN, HÉROS, RÊVE.

BON PLAN

SPÉCIAL SOIRÉE CINÉ ENTRE AMIS

Impératif : choisissez le film avant de vous retrouver, sinon vous risquez de ne pas réussir à vous mettre d'accord, de rater toutes les séances et de passer une soirée très déprimante ! Demandez à chacun de choisir 2 films et de se renseigner sur la salle qui les diffuse et sur les horaires, puis décidez-vous ensemble. Certaines salles proposent des cartes utilisables à plusieurs : c'est idéal pour bénéficier d'un tarif réduit, même le samedi soir !

Dossier

LES FILMS
DE LÉGENDE

Fenêtre sur cour,
Alfred Hitchcock, 1955

Après s'être cassé la jambe, un photographe de presse est contraint de rester chez lui sur un fauteuil roulant en plein cœur de l'été. Interprété par James Stewart, cet aventurier se met alors à observer ses voisins par la fenêtre. Il soupçonne vite l'un d'entre eux de meurtre. Son infirmière et sa petite amie, jouée par Grace Kelly, sont d'abord dubitatives avant de se prendre au jeu. Le film est un chef-d'œuvre du maître du suspens.

À bout de souffle,
Jean-Luc Godard, 1960

Joué par le jeune Jean-Paul Belmondo, un petit délinquant vole une voiture à Marseille pour se rendre à Paris. Sur la route, il tue un policier lors d'un contrôle. Lors de son arrivée à Paris, il retrouve une étudiante américaine, interprétée par Jean Seberg, avec qui il avait eu une liaison. Traqué par la police, il essaie de convaincre la jeune fille de fuir avec lui en Italie. Jean-Luc Godard invente un nouveau cinéma : ce sont les débuts de la Nouvelle Vague.

La Leçon de piano
Jane Campion, 1993

Ada McGrath, muette depuis un terrible événement, arrive en Nouvelle-Zélande pour épouser Alistair, un homme qu'elle n'a jamais vu. Elle est accompagnée de sa fille de neuf ans et de son piano. Son mari, insensible à la musique, refuse d'emporter l'instrument, qui reste sur la plage. Baines, un ami d'Alistair, prend le piano chez lui. Pour le récupérer, touche par touche, Ada devra se conformer à ses désirs. Ce film superbe et sauvage a reçu la Palme d'or à Cannes.

Autant en emporte le vent, Victor Fleming, 1939

En Géorgie, état du sud des États-Unis, Scarlett O'Hara est une jeune fille de la haute société dont la famille possède une plantation de coton. Courtisée par tous, elle n'a d'yeux que pour le fiancé de sa cousine Mélanie. Mais lors d'une soirée, alors que la guerre de Sécession éclate, elle retient l'attention du cynique Rett Butler. Cette grandiose épopée servie par le couple mythique d'acteurs Vivien Leigh et Clark Gable est le plus grand succès de l'histoire du cinéma américain.

★★★ My Fair Lady, George Cukor, 1964

À Londres au début du XXe siècle, Eliza Doolittle, incarnée par Audrey Hepburn, est une pauvre marchande de fleurs qui parle l'anglais du peuple : le cockney. Elle demande au professeur Higgins qui se moque de son accent de lui apprendre l'anglais d'une lady. Sur un pari avec son collègue le colonel Pickering, il décide de relever le défi. Cette mythique comédie musicale couronnée d'Oscars est l'un des grands succès d'Audrey Hepburn.

Raison et sentiments, Ang Lee, 1996

Au XIXe siècle en Angleterre, les sœurs Dashwood doivent s'ex à la campagne, privées de leur fortune après le décès de leur p L'aînée, Elinor, incarnée par Emma Thomson, renonce avec rai à son amour pour Edward Ferrars, joué par Hugh Grant. Maria la seconde, tombe dans les bras du séduisant et romanesque Willoughby. Mais ce dernier disparaît brusquement. Cette com dramatique offre une formidable adaptation du roman de Jan Austen.

QUIZ CINÉMA

Quelle cinéphile es-tu ?

❶ Dans quel film peut-on voir Marylin Monroe faire virevolter sa robe blanche au-dessus d'une bouche d'aération ?
a. *Autant en emporte le vent.*
b. *Sept ans de réflexion.*
c. *Les Hommes préfèrent les blondes.*

❷ Où se situe l'histoire du film *Slumdog Millionaire* ?
a. En Norvège.
b. Aux États-Unis.
c. En Inde.

❸ Lequel de ces films compte Brad Pitt parmi ses acteurs ?
a. *Ocean's Eleven.*
b. *Inside Man.*
c. *Titanic.*

❹ Dans *Harry Potter à l'école des sorciers*, la baguette magique d'Harry contient...
a. Une pierre précieuse.
b. Un poil de chat.
c. Une plume de phénix.

❺ Combien de temps dure, en moyenne, le tournage d'un long métrage ?
a. Moins d'un mois.
b. Entre trois et neuf mois.
c. Plus de dix-huit mois.

❻ « La vie, c'est comme une boîte de chocolats : on ne sait jamais sur quoi on va tomber. » Dans quel film Tom Hanks prononce-t-il cette phrase ?
a. *Nuits blanches à Seattle.*
b. *Forrest Gump.*
c. *Da Vinci Code.*

❼ Qui a remporté l'Oscar de la meilleure actrice en 2008 ?
a. Kate Winslet.
b. Julia Roberts.
c. Paris Hilton.

❽ Lequel de ces dessins animés n'a pas été produit par les Studios Disney ?
a. Toy Story.
b. Shrek.
c. Cendrillon.

❾ Comment le diable s'habille-t-il ?
a. En culotte courte.
b. En rouge.
c. En Prada.

❿ Qui joue le rôle de l'amoureux d'Audrey Hepburn dans le film Sabrina ?
a. Humphrey Bogart.
b. Robert Redford.
c. Fred Astaire.

Et maintenant, compte tes points en t'aidant du tableau ci-dessous :

	1	2	3	4	5	6	7	8	9	10
a	1	1	3	2	1	2	3	2	1	3
b	3	2	2	1	3	3	2	3	2	1
c	2	3	1	3	2	1	1	1	3	2

Si tu as entre 24 et 30 points, ton profil est le A.
Si tu as entre 17 et 23 points, ton profil est le B.
Si tu as entre 10 et 16 points, ton profil est le C.

● **Profil A**

Tu es très calée en cinéma ! Tu connais les titres des films, les noms des acteurs, suis la cérémonie des Oscars et t'intéresses aussi bien aux dessins animés qu'aux films classiques. Tes samedis sont consacrés à visionner les derniers films à l'affiche, un cornet de pop-corns à la main.

● **Profil B**

Tu as une bonne culture cinématographique, mais tu t'intéresses plus particulièrement aux films populaires et connais rarement les noms des acteurs ou réalisateurs. Tu pourrais bénéficier d'une petite séance de rattrapage. Allez, hop, rends-toi chez le loueur de DVD et découvre les films étrangers ou les films d'art. Il n'y a pas que Harry Potter dans la vie !

● **Profil C**

Hmmm... Te souviens-tu du dernier film que tu as vu au cinéma ? Non ? Pas surprenant, car tes connaissances sur le sujet sont plutôt limitées. Sache que Nemo n'est pas un requin et que Paris Hilton n'a jamais remporté d'oscar ! Alors, si tu souhaites améliorer ton score à ce test, éteins la télévision et direction les salles obscures.

....

Bonnes réponses : 1/b. Sept ans de réflexion. 2/c. En Inde. 3/a. Ocean's Eleven. 4/c. Une plume de phénix. 5/b. Entre trois et neuf mois. 6/b. Forrest Gump. 7/a. Kate Winslet. 8/b. Shrek. 9/c. En Prada. 10/a. Humphrey Bogart.

Cités
Dure vie pour les filles !

ON AURAIT PU DIRE AUSSI **BANLIEUES** OU **QUARTIERS**. LES SOCIOLOGUES DISENT « QUARTIERS SENSIBLES ». LES ENSEIGNANTS PARLENT DE ZEP, CE QUI VEUT DIRE « ZONES D'ÉDUCATION PRIORITAIRES ». DANS TOUS LES CAS, IL S'AGIT D'ENSEMBLE D'HABITATIONS AUTOUR DES VILLES **OÙ LA VIE EST SOUVENT DIFFICILE POUR LES HABITANTS**.

● S'INFORMER

Autrefois le mot « cité » voulait dire « ville », c'était la ville elle-même avec tous ses services, ses commerces et ses institutions politiques. La cité grecque de l'Antiquité était même le lieu et le modèle de la vie démocratique. Longtemps la cité a été le cœur de la ville comme en témoigne le nom de l'île de la Cité à Paris ou la City de Londres. Aujourd'hui, les cités sont au contraire des quartiers éloignés du centre-ville. Ils ne disposent pas toujours des services (écoles, bureaux de postes, médecins, loisirs) en quantité suffisante. La violence et le refus du droit y règnent trop souvent.

PAVILLONS AVEC JARDINS

Pourtant ces banlieues n'ont pas toujours eu aussi mauvaise réputation. Sans parler des luxueuses villas de certains quartiers résidentiels, savez-vous que les banlieues du début du siècle accueillaient des petits pavillons avec jardins ? On parlait même de « cité-jardin » quand un groupe de pavillons et d'équipements collectifs avec jardins était organisé par une entreprise pour ses ouvriers. Déjà, à l'époque, ces zones à proximité des villes accueillaient des immigrés : Italiens, Polonais, Espagnols venus chercher du travail en France. Avec le développement économique, ce sont aussi les habitants des campagnes françaises qui sont venus travailler en ville et peupler ces banlieues.

QUARTIERS POPULAIRES

Dans ces quartiers populaires, on travaillait, on s'entraidait, on défendait ses droits et on se faisait respecter. Demandez à vos arrière-grands-parents de vous parler de ces quartiers qui ont résonné des victoires du Front populaire et des jeux des enfants dans les rues d'Aubervilliers, d'Épinay ou de Saint-Denis.

CRISE DU LOGEMENT ET IMMIGRATION

Le tournant a été la Seconde Guerre mondiale. Après la guerre et les destructions massives qui en ont résulté,

il a fallu construire des logements en catastrophe. En même temps, les Français se sont mis à avoir beaucoup d'enfants, c'est le fameux « baby-boom » dont vous avez entendu parler. La France est entrée dans une ère de grand développement industriel pour lequel il fallait beaucoup de main-d'œuvre. De nombreux étrangers, principalement des Algériens, sont alors venus travailler en France parce qu'ils avaient du mal à faire vivre leurs familles dans leur pays.

GRANDS ENSEMBLES

Ils se sont installés et ont fait venir leurs familles… et il a aussi fallu loger tout ce monde-là. L'État s'est mis à construire en banlieue des grands ensembles (les fameuses barres que l'on commence à détruire aujourd'hui) avec des commerces et des écoles. À l'époque, pour les gens très mal logés, c'était une aubaine. Saviez-vous, par exemple, que nombre d'entre eux avaient vécu longtemps dans un bidonville autour de Nanterre près de Paris ? Dans ces grands ensembles, vivaient côte à côte des gens d'origines variées : Français, Algériens, Marocains, Tunisiens, puis d'Afrique noire.

CITÉS GHETTOS

Peu à peu les habitants qui faisaient quelques économies cherchaient à quitter la « cité » pour la petite maison individuelle dont ils rêvaient. Et ce sont les plus pauvres, ceux qui avaient le plus de difficultés qui sont restés dans ces grands ensembles. Les immeubles se sont dégradés parce que les constructions n'étaient pas de bonne qualité, parce qu'elles n'ont pas été entretenues et parce les habitants n'ont pas toujours pris soin d'elles, quand certains ne les ont pas volontairement détériorées. Aujourd'hui, ces cités sont ainsi habitées par des populations défavorisées. Pauvreté, logements insalubres, chômage, insécurité, absence de services, y font régner la violence et le désespoir. La drogue y circule et les bandes font la loi, désespérant les habitants qui aspirent à vivre dans le calme et la dignité.

COMPRENDRE

Les cités ont ainsi une image très négative dans l'opinion publique car les médias montrent quotidiennement les violences qui s'y produisent et la vie difficile de leurs habitants. Pourtant, il ne s'y passe pas seulement des violences et des horreurs. Des gens y vivent, y travaillent, y élèvent leurs enfants et espèrent pour eux un avenir meilleur que le leur. Ils s'entraident de leur mieux : de nombreuses associations interviennent auprès des enfants pour leur proposer soutien scolaire et activités de loisirs, auprès des parents pour les aider à trouver du travail, à se former, à faire des démarches administratives, etc. Mais la vie reste difficile car les habitants se sentent oubliés, abandonnés, enfermés dans ces sortes de ghettos loin du centre des villes, du travail, des loisirs, de la richesse qu'ils voient tous les jours à la télévision.

FILLES PIÉGÉES…

Pour les filles de ces cités, la vie est spécialement difficile. Majoritairement issues de familles de culture africaine ou maghrébine, elles ne sont pas toujours traitées de la même façon que les garçons. Elles doivent prendre en charge les tâches ménagères avec leur mère, elles n'ont pas le droit de sortir, de se maquiller, de porter des vêtements à la mode, etc. Elles sont surveillées par les hommes de la famille (pères, frères, cousins, oncles) qui considèrent que tout manquement à ces règles met en jeu l'honneur de la famille. Certains parents cherchent même à les marier sans leur consentement.

… JUSQU'À LA VIOLENCE

Les violences faites aux filles s'y répandent : certaines subissent des viols collectifs qu'on appelle « tournantes », d'autres sont battues, voire brûlées vives comme la jeune Sohane à Vitry en 2002. De là est né en 2003 un mouvement de femmes appelé « ni putes, ni soumises » qui veut défendre les filles et les femmes des cités et réclame pour elles les mêmes droits que les autres.

EN SORTIR…

Ces filles, vous ne les rencontrerez sans doute pas beaucoup dans vos collèges si vous n'habitez pas près de ces quartiers, car la carte scolaire les oblige à aller dans le collège le plus proche de leur immeuble. Elles vous rejoindront au lycée, pour celles qui réussissent. Ce n'est d'ailleurs pas facile pour elles car leurs parents ne peuvent pas toujours les aider et leur entourage ne les pousse pas forcément à avoir de l'ambition. Pourtant, il y en a qui se battent avec courage et volonté, parce qu'elles ont compris que les études sont leur planche de salut et que c'est le seul moyen pour elles de sortir de la cité et de se construire une autre vie.

… AVEC DES COPINES

Mais pour cela, elles ont besoin d'être bien accueillies, d'être reconnues pour leurs qualités et non étiquetées comme « filles des cités ». Elles ont besoin de copines qui leur passent les cours quand elles sont absentes, qui les invitent à leurs fêtes ou au ciné. De vraies amies qui ont envie de les connaître, de découvrir leur vie et leur culture, de partager avec elles leurs émotions et leurs fous rires d'adolescentes. Parce qu'elles sont des adolescentes comme les autres, avec leurs interrogations, leurs inquiétudes, leurs rêves et leurs projets d'avenir. Parce que toutes les filles ont le droit de rêver grand et de vouloir réussir leur vie.

VOIR AUSSI
ÉGALITÉ, FEMMES, FILLE-GARÇON, SEXISME, VIOL, VIOLENCE.

INFO +

QUAND LES CITÉS FLAMBENT

En octobre 2005, deux jeunes de Clichy-sous-Bois poursuivis par des policiers se sont réfugiés dans un transformateur électrique et sont morts électrocutés. À la suite de ce drame, des émeutes ont éclaté dans beaucoup de cités pendant trois semaines. Mais la violence n'est jamais une solution et elle ne fait qu'aggraver la situation. Les habitants des banlieues en ont d'ailleurs été les premières victimes et deux pères de famille ont même perdu la vie en essayant de défendre leurs biens. En novembre 2007, la mort de deux autres jeunes dans un accident avec une voiture de police a provoqué de nouvelles émeutes à Villiers-le-Bel. Pour la première fois, on a tiré sur les forces de l'ordre à balles réelles et beaucoup de policiers ont été blessés. À la suite de ces émeutes, des associations se sont constituées pour aider les jeunes à refuser la violence et les encourager à s'inscrire sur les listes électorales afin de faire entendre leur voix pacifiquement et démocratiquement.

Complexes
J'me trouve moche !

ON DIT QU'**UNE PERSONNE** A DES COMPLEXES QUAND ELLE N'EST **PAS SATISFAITE DE CE QU'ELLE EST**, DE SA PERSONNALITÉ OU DE SON PHYSIQUE.

● S'INFORMER

Il y a celles qui sont complexées parce qu'elles ont un grand nez, pas assez ou trop de poitrine, parce qu'elles se trouvent trop grosses ou trop maigres. Et puis, il y a celles qui se croient moins intelligentes que leurs copines, moins drôles, moins séduisantes. On appelle cela des complexes d'infériorité, parce qu'ils conduisent à se trouver toujours moins bien que les autres. Certaines ont le défaut inverse et jugent que toutes leurs copines (sauf une ou deux amies peut-être) sont nulles, ou en tout cas moins bien qu'elles. Elles font un complexe de supériorité, et ce n'est pas forcément plus facile à vivre !

OBSÉDÉE

Il y a beaucoup de degrés dans les complexes. Une fille peut être consciente d'avoir des petits défauts et s'en plaindre de temps en temps, sans que cela l'empêche de vivre, d'être spontanée et naturelle. À défauts égaux, une autre réagira beaucoup plus mal. Un passant dont le regard s'attarde sur son visage, et la voilà le cœur en déroute : une fois de plus la preuve est faite qu'on ne voit d'elle que ses oreilles décollées.

PARALYSÉE

Un sourire discret du prof pendant son exposé, et elle perd ses moyens : c'est sûr, ce qu'elle dit est ridicule, comme d'habitude. Elle se croit stupide parce qu'elle n'est pas très à l'aise à l'oral. Et elle se retrouve paralysée par la timidité, rougissant et bafouillant, alors que le prof souriait peut-être en constatant ses progrès ou en pensant à sa soirée de la veille !

● COMPRENDRE

À l'adolescence, il y a de nombreuses raisons de se faire du souci à propos de son apparence : acné, petites rondeurs superflues, lunettes, appareil dentaire, on les accumule ! On ne se sent pas bien dans son corps ; il y a des jours où l'on aurait franchement envie de devenir transparente.

TROP NULLE

Et s'il n'y avait que le physique… Mais il y a tout le reste : l'impression de ne pas avoir assez de connaissances ou de mémoire, celle encore plus douloureuse de manquer de personnalité ou de projets d'avenir, d'être tragiquement dépourvue de goût, de mal s'exprimer en public. « Parlez plus fort et articulez », serinent les profs sur tous les tons…

TOI AUSSI ? ! ?

Pourtant, regardez autour de vous et faites un petit sondage auprès de vos copines. Chacune d'elles se juge durement… même celles que vous enviez et avec qui vous échangeriez volontiers corps et esprit ! Tout le monde a des complexes parce que personne n'est parfait, ni physiquement ni intellectuellement.

VIVRE AVEC
Eh oui ! il va falloir apprendre à vivre avec votre grand nez, votre poitrine un peu trop généreuse ou toute petite, avec votre timidité et votre peur de parler devant les autres. Bien sûr, il y a des choses plus ou moins importantes, plus ou moins faciles à accepter, et puis certaines qui peuvent être transformées.

POUR TOUJOURS ? NON !
Quand vous aurez grandi, que votre silhouette sera plus équilibrée, que vous n'aurez plus d'acné et que vous aurez trouvé une jolie coiffure, vous prendrez de l'assurance. Alors vos petits défauts, ceux que vous ne pouvez pas modifier, auront moins d'importance à vos yeux.

PRENDRE CONFIANCE EN SOI
Quand vous prenez confiance en vous, vous supportez mieux vos imperfections. Et très souvent, elles s'arrangent ; sinon, vous apprendrez à les masquer avec un peu d'habileté. Et puis, il faut le dire : contrairement à ce que l'on croit dur comme fer, elles sautent rarement aux yeux, parce que les complexes sont souvent dans votre tête ! Et vos copines seraient probablement bien surprises de savoir que vous avez honte de votre nez ou que vous vous trouvez « énorme ».

QUAND C'EST TROP LOURD
Malgré tout, même dans la tête, cela fait quelquefois suffisamment mal pour qu'il soit nécessaire de faire quelque chose. Dans certains cas, on peut effectivement y remédier. Vous avez une poitrine qui vous encombre, vous avez mal quand vous courez et vous n'osez pas vous mettre en maillot de bain ? Il faut peut-être envisager, à la fin de l'adolescence, d'avoir recours à la chirurgie esthétique. Même chose pour des oreilles décollées.

SE FAIRE AIDER
Quelquefois, on ne s'en sort pas toute seule. Les défauts deviennent des obsessions qui vous empoisonnent la vie. Si vous passez votre temps à vous désespérer devant le miroir, si vous n'osez même plus sortir en jupe, vous avez peut-être besoin de l'aide d'un psychologue pour dédramatiser et découvrir que vous êtes bien comme tout le monde, avec vos défauts, vos qualités… et vos complexes !

VOIR AUSSI
APPARENCE, CORPS, TIMIDITÉ.

TEST

ÊTES-VOUS COMPLEXÉE ?
Répondez par oui ou non aux affirmations suivantes :
1. On vous a déjà fait remarquer votre tendance à vous tenir voûtée, le cou rentré dans les épaules.
2. Lorsque vous passez devant un miroir, vous évitez soigneusement d'y jeter un coup d'œil.
3. Le matin, au moment de vous habiller, ce sont toujours de grands pulls informes qui vous tombent sous la main.
4. Vous examinez toutes les filles que vous croisez dans la rue pour comparer vos fesses, votre poitrine, votre nez.
5. Une invitation à la piscine vous met au supplice (il va falloir vous mettre en maillot de bain).
6. Vous avez définitivement renoncé à vous maquiller, parce que cela ne sert à rien.
7. Un gros bouton sur le nez, vous renoncez à une soirée pour rester chez vous.
8. Vos copines sont toutes plus belles et intelligentes que vous.
9. Les mannequins ignorent ce que c'est qu'un complexe.
10. Si quelqu'un vous dit que vous êtes jolie, c'est forcément un menteur ou un flatteur.

Moins de 5 oui. Vous êtes comme tout le monde, vos complexes ne vous empêchent pas de vivre.
Plus de 6 oui. Apprenez à dédramatiser !
9 à 10 oui. Il faut vous faire aider, vous ne pouvez pas continuer à vous empoisonner la vie.

Concert

Tu l'as vu en concert ?

🌸 S'INFORMER
Votre vie d'ado ne serait pas une vraie vie d'ado sans concert. Aller au concert, c'est un privilège de « grande », c'est un des bonheurs de la vie adolescente, même si, la première fois, il faudra peut-être négocier avec vos parents l'autorisation, voire accepter qu'ils vous accompagnent.

TU SAIS QUAND IL PASSE ?
Les concerts sont en général annoncés dans les journaux de spectacles, à la radio, sur Internet, par des affiches. Ensuite, l'information circule entre copines et vous élaborez un plan pour aller ensemble au concert de votre chanteur ou de votre groupe préféré.

ACHETER LES BILLETS
Ils sont généralement en vente dans les grands magasins de musique, dans les salles ou sur Internet. Si votre vedette est très connue et très appréciée, il faut vous y prendre longtemps à l'avance. Souvent chères, les places de concert risquent de faire mal à votre tirelire. Alors pensez à l'avance à faire des économies. À moins que vous trouviez le moyen de vous faire offrir la place pour votre anniversaire… ou pour vos bonnes notes !
Évitez d'acheter vos billets à un revendeur qui risque de vous escroquer en vous vendant cher des places bon marché et parfois décevantes. Il existe des kiosques qui vendent des places pour le jour même à des prix intéressants. Renseignez-vous dans votre ville.

SE PRÉPARER
Un concert, c'est comme une épreuve de sport, il faut vous y préparer. Ne vous couvrez pas trop parce qu'il va faire chaud et que l'excitation va faire monter la température. En hiver, prévoyez un bon manteau pour sortir. Mieux vaut aussi ne pas y aller le ventre vide car vous allez probablement rester debout, danser, chanter, crier, bref vous allez avoir besoin de toute votre énergie.
Enfin, malgré votre impatience, inutile d'arriver trop en avance. Votre vedette préférée ne passera qu'en deuxième partie, il est rare qu'un concert commence très à l'heure et vous risquez de faire longtemps la queue sur le trottoir !

QUELQUES CONSEILS
Dans la joie et l'excitation du grand moment tant attendu, vous risquez de tout oublier… et d'avoir de mauvaises surprises. Pensez à bien ranger papiers et argent dans une poche à fermeture éclair ou, encore mieux, une poche intérieure ou une « banane ».
Si vous êtes sensible à la chaleur, installez-vous près d'une porte de sortie pour prendre une bouffée d'air de temps à autre si nécessaire. Évitez aussi de vous mettre à proximité des baffles et munissez-vous d'une paire de boules Quies pour protéger vos oreilles car la sono est souvent trop forte. Inutile d'emporter des bouteilles d'eau, elles sont interdites, comme les appareils photos, et vous seront confisquées à l'entrée. Sachez enfin que les concerts sont des lieux propices à la consommation de drogues.

Ne vous laissez pas prendre au jeu : vous n'avez pas besoin de cela pour profiter à fond de ce moment unique !

● COMPRENDRE

Les concerts ne se déroulent pas de la même façon selon que les spectateurs sont tous debout ou au contraire assis chacun à sa place.

DEBOUT DANS LA FOULE

Dans les grandes salles de concert, les spectateurs sont le plus souvent debout, et il y a alors deux possibilités : être ou non dans la fosse, l'espace le plus proche de la scène. Si on veut être tout près, il vaut mieux se précipiter dès l'ouverture des portes, car les vigiles ferment l'accès dès qu'ils estiment que la fosse est assez pleine. Mais attention, la fosse est réservée aux plus solides car vous risquez d'être malmenée par la poussée de la foule. Il n'est pas rare que dans cette zone, des spectateurs soient pris de malaises.

PLUS INTIMES

Dans des salles plus petites, les spectateurs sont assis à leur place et le concert prend un caractère plus intimiste. Dans ce cas, on ne va pas au concert pour crier, hurler les chansons en même temps que le chanteur, ou commenter le concert à voix haute, mais pour se laisser emporter par la musique en silence.

MIEUX EN LIVE

Dans tous les cas, votre chanteur, chanteuse ou groupe préféré est là sous vos yeux. Vous écoutez en *live* les chansons que vous avez écoutées cent fois sur votre iPod, mais que vous n'aviez jamais entendues comme cela !

TOUS ENSEMBLE

Et quelle ambiance ! Partager avec tous ces fans qui sont là avec vous, comme une grande famille qui crie et vibre à l'unisson…

À LA SORTIE

Vous rêvez sans doute de rejoindre votre idole dans les coulisses, ou dans sa loge, et vous aimeriez bien l'attendre à la sortie. Malheureusement, ce n'est qu'un rêve car vous avez très peu de chances de la voir sortir : elle préférera sans doute s'éclipser par une sortie dérobée pour éviter la bousculade de ses fans après la fatigue d'un concert.

● À SAVOIR

LA RAVE PARTY, UNE FORME PARTICULIÈRE DE CONCERT

Rave est un mot anglais qui signifie « délire ». C'est un rassemblement autour de la musique, le plus souvent techno. Il peut durer toute une nuit ou plusieurs jours. Les raves se déroulent généralement dans des lieux insolites (entrepôts, garages, forêts, champs) et sont annoncées de manière confidentielle, par des tracts (les flyers) passés sous le manteau, ou par des SMS qu'on reçoit sur son portable, qui donnent le lieu de rendez-vous.

INFO +

LES FESTIVALS

Un bon moyen d'aller écouter vos artistes préférés en concert sans payer trop cher et en profitant d'une ambiance « bon enfant » est de vous rendre à un festival de musique. Outre la fête de la musique, pensez aux Francofolies de La Rochelle, aux Vieilles Charrues à Charaix (Bretagne) qui accueillent chaque année des stars et des « petits jeunes » prometteurs.

ATTENTION DANGERS

Ce sont d'abord vos oreilles qui sont en danger : elles peuvent être exposées à des sons allant jusqu'à 120 décibels et subir des dommages très graves, voire irréversibles. Ensuite, y circulent toutes sortes de drogues (cannabis, cocktails dopants, ecstasy, LSD…) et on y compte régulièrement des décès. Enfin, sachez que dans une rave, vous êtes seule. Il y a tellement de monde et tellement de bruit que vous pouvez très bien avoir un malaise et avoir besoin d'aide sans que personne ne s'en aperçoive. À éviter donc, absolument !

VOIR AUSSI
CANNABIS,
DROGUE,
MUSIQUE,
STAR.

Confiance
J'suis plus un bébé !

C'EST UN **SENTIMENT DE SÉCURITÉ** QUE VOUS ÉPROUVEZ À L'ÉGARD DE QUELQU'UN QUAND VOUS SAVEZ QUE CETTE PERSONNE EST HONNÊTE, QU'ELLE NE CHERCHE NI À VOUS TROMPER NI À VOUS FAIRE DU MAL. **VOUS POUVEZ VOUS FIER À ELLE**.

S'INFORMER

La confiance, c'est un tabouret à trois pieds. Ces pieds portent chacun un nom : respect, honnêteté, vérité. En d'autres termes, pour pouvoir nouer une relation de confiance avec une personne, il faut qu'elle vous respecte, que vous soyez sûre de son honnêteté, de sa franchise et aussi de sa bienveillance à votre égard. Et vice versa ! Chacun doit se montrer digne de la confiance de l'autre.

À TESTER AVANT USAGE !

Quand vous êtes sûre de ces trois pieds, vous pouvez vous asseoir sans vous poser de questions : la confiance est un siège aussi solide que confortable ! En revanche, si un seul des pieds flanche un peu… gare à la chute ! La précaution élémentaire, avant d'accorder votre confiance à quelqu'un, c'est donc de vérifier que les trois pieds existent bien et qu'ils sont solides pour éviter de vous retrouver par terre.

LA CONFIANCE, C'EST LA VIE !

En famille, vous avez besoin de vous fier à vos parents, à vos frères et sœurs comme de savoir qu'ils se fient à vous. Vous aimez aussi pouvoir faire confiance à vos amies, à vos professeurs. Un jour, il sera essentiel de donner votre confiance au jeune homme avec qui vous choisirez de construire un grand amour, et il sera essentiel de recevoir la sienne. Plus tard aussi, vous apprécierez de vous sentir en confiance avec les personnes avec qui vous travaillerez. La confiance, c'est la liberté, c'est la vie !

COMPRENDRE

La confiance fait avancer celui qui la reçoit comme celui qui la donne et vous avez raison de réclamer cette confiance à vos parents. Il faut qu'ils vous l'accordent pour que vous puissiez prendre des responsabilités et faire vos preuves.

FAIS TES PREUVES D'ABORD !

Mais parfois, vous vous sentez prise dans un cercle vicieux. Vous réclamez leur confiance et ils exigent que vous fassiez vos preuves d'abord. Bien sûr, la confiance se mérite ; mais il est vrai que s'ils refusent de croire en vous au départ, vous aurez du mal à montrer que vous en êtes digne. La confiance doit s'établir progressivement et mutuellement : aidez-les à vous faire confiance, comme eux doivent vous aider à prendre des responsabilités et à les assumer jusqu'au bout.

JE FAIS CE QUE JE DIS
Très concrètement, faites toujours ce que vous dites. Vous dites que vous rentrerez à minuit, faites-le. Vous dites que vous rapporterez du pain, faites-le. Vous dites que vous emmenez votre petit frère essayer ses patins neufs, faites-le. Vous dites que vous gérerez sérieusement votre argent de poche, faites-le. Si vous remplissez vos petits contrats, vous gagnerez vite des points dans la confiance de vos parents et ils auront envie de vous en confier de plus grands !

UN CERCLE VERTUEUX
Tout cela revient à leur montrer que les pieds « honnêteté » et « vérité » du tabouret tiennent bon ; et si, en prime, vos parents sont sûrs de votre respect, ils n'hésiteront plus à s'asseoir ! Ils vous laisseront libre de vos loisirs, ils vous donneront plus volontiers la permission de sortir, ils ne mettront pas votre parole en doute…

DES ACTES, PAS DES PAROLES
Et vous, comment pouvez-vous être sûre que vous n'accordez pas votre confiance à une personne qui ne la mérite pas ? Faites-lui faire ses preuves aussi. Voyez si elle vous respecte. Vous le sentirez vite.
Quand elle vous dit quelque chose, vérifiez qu'elle le fait vraiment. Demandez des actes, et pas seulement des mots. Les grandes promesses, les serments éblouissants, c'est facile à faire et c'est souvent sans suite. Il y a des gens particulièrement doués pour vous payer de mots en estimant que ça suffit largement !

PRUDENCE, MAIS PAS MÉFIANCE !
C'est important de réfléchir, d'être prudente avant d'accorder sa confiance. Mais attention ! ne tombez pas non plus dans l'excès inverse, en vous méfiant de tout et de tout le monde. Sinon, vous allez perdre confiance en ce qu'il y a de plus beau, la vie !

INFO +
ET LA CONFIANCE EN SOI ?
C'est une forme particulière et indispensable de la confiance. Comment avoir confiance dans les autres, croire qu'ils nous aiment et veulent notre bien quand on n'a pas une grande estime de soi ? Il vous arrive sûrement de douter de vos propres qualités, de vous croire incapable de telle ou telle chose. C'est assez normal à votre âge. Vous verrez : le temps arrange bien ce petit handicap. Le temps… et les autres ! C'est grâce à vos amis, à votre famille, à tous ceux qui vous aiment et qui sont convaincus que vous êtes une fille « extra » que vous allez finir par le croire et le devenir pleinement. Alors, confiance !

VOIR AUSSI
FIDÉLITÉ, MEILLEURE AMIE, RESPONSABILITÉ.

BONS PLANS

• **LE BABY-SITTING, UNE GARANTIE DE CONFIANCE**
*Le baby-sitting est un moyen hors pair de montrer que vous êtes digne de confiance.
Si vos premières gardes se passent bien, que vous êtes appréciée par les enfants et leurs parents, vous risquez de crouler sous les demandes : effet boule de neige garanti ! Et vos parents seront édifiés de voir qu'on s'arrache leur fille !*
• **ENTRETENIR LA CONFIANCE AVEC SES COPAINS**
*- Sachez garder un secret.
- Ne critiquez pas une copine derrière son dos. Les gens qui s'abstiennent de médisances sont toujours respectés et on leur fait spontanément confiance !*

Conscience
Un petit Jiminy Cricket dans la tête…

VOUS L'AVEZ SÛREMENT DÉJÀ ENTENDUE, **CETTE PETITE VOIX INTÉRIEURE** QUI SE PERMET DE DONNER SON AVIS SUR CE QUE VOUS DEVRIEZ FAIRE, **QUI PRÉTEND CONNAÎTRE LE BIEN ET LE MAL**, ET VOUS **INCITE À CHOISIR LE BIEN**.

S'INFORMER

Même si elle ne se promène pas à côté de vous comme le petit Jiminy Cricket qui poursuit Pinocchio pour l'empêcher de faire des bêtises, votre conscience existe ! Nous avons tous cette petite bête-là dans la tête. Impossible de s'en débarrasser facilement, même quand elle dérange. D'où vient-elle ? Certains pensent que nous l'avons en nous depuis toujours, d'autres qu'elle vient de l'éducation que nous avons reçue. Ce qui est sûr, c'est que nous avons appris à reconnaître ce qui était bien, dans des choses très concrètes (être polie, se tenir correctement à table) ou plus profondes (ne pas mentir, respecter les autres). Nous avons intégré tout cela, et c'est devenu cette drôle de petite voix qui veut intervenir dans tous les choix que nous faisons. Elle est parfois discrète, parfois bruyante, selon notre envie de l'écouter ou de la faire taire.

LIBÉREZ JIMINY !

Cette petite voix a pris la place que vous avez voulu lui donner. Question de caractère : quand vous tenez à réfléchir à ce que vous faites, vous l'invitez à se faire entendre. Évidemment, si vous foncez sans réfléchir, parce que vous croyez tout savoir, le pauvre Jiminy n'a plus qu'à se taire dans son coin !

 COMPRENDRE

Votre conscience ne vous empêche pas de faire ce que vous voulez, au contraire : elle est là pour vous faire réfléchir et trouver des solutions. C'est un guide qui vous aide à faire bon usage de votre liberté. Un peu comme une boussole, elle est là pour vous aider à vous diriger, mais le pilote, c'est vous !

UNE BOUSSOLE POUR LES GRANDS CHOIX

C'est justement parce que vous êtes libre que vous avez besoin d'une conscience ; sans elle, vous auriez vite des problèmes d'orientation ! La conscience, c'est ce qui vous aide à faire des choix, petits et grands. Plus ils sont grands, plus vous en avez besoin.

PAS DE RECETTE

Ne cherchez pas un mode d'emploi qu'il vous suffirait de suivre sans vous poser de questions. C'est plutôt un dialogue intérieur. Elle est là pour vous rappeler quelques principes simples. À chacun de les appliquer dans des situations qui sont souvent complexes.

BIEN SÛR, JIMINY !

Quelquefois, la question est vite réglée : votre conscience a parlé, vous l'avez écoutée, tout va bien, vous pouvez avoir « bonne conscience ». Vous trouvez un portefeuille bourré de billets dans la rue. « Il ne t'appartient pas », dit votre conscience ; et vous êtes bien d'accord ! Vous le rapportez à l'adresse indiquée dans le portefeuille, sans même compter l'argent.

LA FERME, SALE CRIQUET !
Mais cela peut aussi se passer autrement. Vous savez très bien ce que vous devez faire ; seulement, voilà, vous n'en avez pas envie. Ces billets sont tentants ! Qu'est-ce qui vous empêche de vous servir avant de glisser le portefeuille dans la boîte aux lettres de son propriétaire ? Ni vu ni connu ! « Il ne t'appartient pas », chuchote votre conscience… mais ce serait trop bête de ne pas en profiter ! Vous avez bien envie de la faire taire.

LA VENGEANCE DE JIMINY
En général, elle ne se laisse pas faire. Ces billets pèsent lourd dans la poche. Ils traînent avec eux une sorte de malaise. Vous avez honte. L'envie de dépenser cet argent disparaît et, même si vous le faites, cette affaire reste un mauvais souvenir. Vous n'êtes vraiment pas fière de vous. Votre conscience se venge d'avoir été bâillonnée ; elle vous rend la vie dure et vous prive du plaisir de cet argent mal acquis. Vous avez « mauvaise conscience ».

VOYONS, JIMINY, DÉCIDE-MOI !
Souvent, c'est beaucoup moins simple. Il n'y a pas le bien d'un côté et le mal de l'autre ; c'est plus mélangé, vous ne savez pas trop comment vous y retrouver. Et là, justement, silence radio ! Votre conscience, si maligne d'habitude, hésite. Vous avez été témoin d'un vol au lycée, mais vous connaissez bien le voleur et vous savez qu'il a une vie difficile : faut-il le dénoncer ?

PLUS FORT, J'ENTENDS RIEN !
Difficile de démêler cela toute seule, même quand vous voulez sincèrement bien faire. Vous pouvez être prise entre deux feux, faire mal à l'un ou à l'autre, mentir à l'un ou à l'autre, et vous sentir piégée. Dans ces cas-là, mieux vaut en parler. Bien sûr, personne ne peut remplacer cette voix intérieure que vous voudriez entendre plus clairement. Mais les avis extérieurs peuvent vous aider à l'écouter. Il faudra parfois vous contenter de faire le mieux possible… ou le moins mal. C'est cela, la vraie conscience.

QUAND JIMINY DÉMISSIONNE
En tout cas, une chose est sûre : mieux vaut accepter le dialogue avec sa conscience et s'entraîner à tendre l'oreille, même quand elle parle sans prendre de gants ! Si vous la faites taire systématiquement, parce que c'est plus facile et que cela vous permet de faire ce que vous voulez, il ne faut pas vous étonner de perdre vos repères et de faire n'importe quoi. Tricher en classe, par exemple, peut arriver. Mais si vous n'écoutez pas les reproches de votre conscience, cela deviendra une habitude, et c'est dangereux. D'abord, vous ne saurez jamais ce que vous valez vraiment, et puis vous risquez de vous laisser entraîner à tricher toujours, même ailleurs qu'en classe, et de ne plus pouvoir vous arrêter.

VOIR AUSSI
AMBITION, IDÉAL, HONNÊTETÉ.

CONSEIL

AU BOULOT, JIMINY !
Une conscience, cela s'entretient. Bien nourrie, vitaminée, entraînée, c'est une athlète de la réflexion. Mais quand elle est anémiée, famélique, sa voix est si faible qu'on n'y prête pas garde. Comment l'entretenir ? D'abord, en la faisant travailler régulièrement. Ensuite, en la nourrissant. Comment ? C'est tout simple : essayez de ressembler à ceux que vous admirez, qui font des choses bien, qui sont exigeants, dans la vie, bien sûr, mais même dans les livres. Vous trouvez ça « moralo » ? Et alors, vous voulez être une fille bien, oui ou non ? À vous de choisir, parlez-en avec Jiminy !

Contraception

Un bébé ? Pas maintenant !

LA CONTRACEPTION, C'EST L'**ENSEMBLE DES MOYENS QUI EMPÊCHENT** UN RAPPORT SEXUEL DE PROVOQUER **UNE GROSSESSE**, EN RENDANT IMPOSSIBLE LA RENCONTRE DE L'OVULE ET D'UN SPERMATOZOÏDE.

🔴 S'INFORMER

Il existe différentes méthodes contraceptives, plus ou moins efficaces et plus ou moins faciles à utiliser.

LA PILULE, EFFICACITÉ MAXIMUM !

Il existe une trentaine de marques de pilules qui fonctionnent toutes sur le même principe : elles empêchent l'ovulation. Pas d'ovule, pas de grossesse possible. Prise convenablement (tous les jours, à la même heure), la pilule est efficace à presque 100 %. (Pour plus d'informations, voir Pilule.)

LE DIU (DISPOSITIF INTRA-UTÉRIN)

C'est un petit objet en plastique et en cuivre que le médecin place dans l'utérus.
Il empêche la fécondation de l'ovule par le spermatozoïde. Le cuivre est en effet un métal toxique pour les spermatozoïdes : les ions de cuivre du DIU se diffusent dans l'utérus et le vagin et détruisent les spermatozoïdes. On a longtemps appelé les DIU « stérilets » car l'on pensait qu'ils empêchaient la nidation de l'ovule fécondé. On sait aujourd'hui que cela est faux puisqu'il n'y a pas de fécondation. Il existe aujourd'hui des DIU spécifiques pour les jeunes filles. Ils peuvent être proposés lorsqu'une jeune fille ne peut pas prendre la pilule pour des raisons médicales (cholestérol ou diabète).

LE DIAPHRAGME : PAS FACILE !

C'est une rondelle de latex qu'il faut placer profondément dans le vagin pour obstruer l'entrée de l'utérus. Son but est d'empêcher un spermatozoïde de rencontrer l'ovule.
Il doit être posé avant un rapport sexuel, gardé quelques heures après et s'accompagner d'une crème spermicide (qui tue les spermatozoïdes). C'est une méthode un peu difficile à utiliser, surtout pour une jeune fille qui ne connaît pas encore très bien son corps. On l'appelle parfois « préservatif féminin », mais contrairement au préservatif « masculin », il ne protège pas des maladies sexuellement transmissibles.

LES SPERMICIDES : MOYENNEMENT SÛRS !

Ce sont des crèmes, tampons ou ovules (sorte de gros suppositoires) à introduire dans le vagin avant un rapport sexuel. Ils contiennent des substances chimiques qui tuent les spermatozoïdes. Ils sont beaucoup moins fiables que la pilule ou le DIU et doivent être associés à un autre moyen de contraception, par exemple le diaphragme.

MÉTHODES « NATURELLES » : COMPLIQUÉ !

Ces méthodes sont dites « naturelles » parce qu'elles ne

reposent ni sur un traitement médical ni sur l'utilisation d'objets contraceptifs, comme le préservatif. Elles consistent à s'abstenir de tout rapport sexuel au moment de l'ovulation (et même un peu avant, puisque les spermatozoïdes vivent jusqu'à cinq jours). Elles supposent donc que l'on soit capable de connaître de façon certaine le moment de l'ovulation, en observant les signes physiques qui l'accompagnent, en particulier l'augmentation de la température de la femme. Leur faiblesse ? Difficile de déterminer avec précision la date d'ovulation, surtout pour une jeune fille qui peut avoir pendant plusieurs années des cycles irréguliers. Ces méthodes s'adressent aux couples adultes et stables qui désirent fonder une famille en espaçant les naissances.

RETRAIT : NE JAMAIS S'Y FIER !

Le retrait masculin (sortir le pénis du vagin avant l'éjaculation) suppose une certaine maîtrise de la part de l'homme. D'autre part, la pénétration sans éjaculation peut être fécondante : une fois en érection, le pénis laisse s'écouler un liquide lubrifiant qui va faciliter la pénétration. Ce liquide peut contenir quelques spermatozoïdes, ce qui suffit à entraîner une grossesse. Par ailleurs, une éjaculation hors du vagin mais près de la vulve peut aussi être fécondante : le corps de la femme produit aussi un liquide lubrifiant sous l'effet du désir puis du plaisir, dans le but de faciliter le parcours des spermatozoïdes dans le vagin. C'est d'ailleurs pour toutes ces raisons que des câlins un peu coquins peuvent être fécondants, même s'il n'y a pas eu de pénétration vaginale (sodomie par exemple).

LE PRÉSERVATIF

C'est un étui en latex qui se place sur le pénis en érection. Il faut apprendre à bien le placer. L'homme doit se retirer aussitôt après l'éjaculation. Il faut en changer à chaque rapport. C'est la seule méthode qui protège des maladies sexuellement transmissibles et du sida, mais il n'est pas fiable à 100 %. (Pour plus d'informations, voir Préservatif.)

● INFO +
PILULE DU LENDEMAIN

Si vous avez eu un rapport sexuel et que vous avez peur d'être enceinte, vous pouvez peut-être éviter une grossesse en prenant la « pilule du lendemain », dans les 72 heures après le rapport sexuel. Une loi de novembre 2000 permet aux mineures de l'obtenir sans en informer leurs parents. L'infirmière du lycée peut l'administrer à une élève en s'assurant qu'elle sera ensuite suivie médicalement et psychologiquement. Pour être efficace, cette pilule contient une dose très élevée d'hormones qui, en cas de fécondation, empêche l'œuf de s'implanter. Cette pilule n'est pas une méthode contraceptive. Elle est réservée aux cas d'urgence : elle peut échouer surtout si elle est utilisée plus tard que le lendemain.

● INFO +
CE QUE DIT LA LOI

La loi Neuwirth de 1967 autorise en France l'utilisation de contraceptifs chimiques. Depuis 1974, les mineures peuvent utiliser des contraceptifs sans l'autorisation de leurs parents. Elles peuvent bénéficier d'une consultation anonyme et gratuite dans un centre de planification familiale. La plupart des contraceptifs oraux, le DIU et le diaphragme sont remboursés par la Sécurité sociale.

● COMPRENDRE

Utiliser une méthode contraceptive efficace est une question de responsabilité quand on a décidé d'avoir des rapports sexuels sans pouvoir ou vouloir assumer une grossesse.

PAS DE ROULETTE RUSSE !

D'abord, gardez toujours à l'esprit les cas tragiques des filles qui tombent enceintes dès le premier rapport sexuel. Ensuite, ne jouez pas à vous faire peur en ayant un rapport sexuel sans contraception. On peut être « chanceuse » une ou deux fois : on a 2, 3 voire 8 jours de retard et on est infiniment soulagée quand les règles arrivent enfin.

Mais c'est un jeu dangereux qui peut malheureusement finir par un avortement.

UNE AFFAIRE DE FILLES ?

Les garçons devraient se sentir tout autant concernés que les filles, car il s'agit aussi de leur responsabilité. Mais il faut bien dire qu'en cas d'échec de la contraception, c'est toujours vous, les filles, qui devrez assumer une grossesse accidentelle. Bien sûr, cela ne veut pas dire qu'il est inutile d'en parler avec votre copain. Le choix d'un mode de contraception le concerne tout autant que vous, et même si la méthode choisie ne repose pas sur ses épaules (c'est le cas de la pilule, notamment), il doit vous accompagner : comprendre comment cela fonctionne, se soucier de l'efficacité de la contraception et de votre santé. La contraception, c'est mieux quand on la vit à deux.

CONSEILS
LES DÉMARCHES POSSIBLES

Beaucoup d'entre vous se tourneront naturellement vers leur mère. Mais si vous ne pouvez pas en parler avec elle, parlez-en avec un adulte en qui vous avez confiance et qui pourra vous expliquer comment vous y prendre et vous donner des adresses :
- Votre médecin généraliste ou un gynécologue, celui de votre mère (il est tenu au secret professionnel) ou celui d'une amie.
- Un centre de planification familiale, un dispensaire municipal, certains hôpitaux.

MAUVAIS PLANS
ÇA NE MARCHE PAS !

Une bonne douche, même intime, ne suffit pas. Pas plus que les bains chauds, les doigts croisés ou l'ail au-dessus du lit. N'oubliez pas que les cycles de fécondité d'une adolescente sont souvent irréguliers et qu'un rien (émotion, stress, changement de climat) peut les dérégler : aucune période n'est sans risque (pas même les règles). Enfin, ne sous-estimez pas votre fécondité. Elle est deux fois plus importante que celle d'une femme de 35 ans !

VOIR AUSSI
AVORTEMENT, FÉCONDITÉ, GROSSESSE PRÉCOCE, GYNÉCOLOGUE, MST, PILULE, PREMIER RAPPORT SEXUEL, PRÉSERVATIF, RÈGLES.

FIABILITÉ DES DIFFÉRENTES MÉTHODES

Méthode	Taux d'échec observé
Spermicides	26 %
Méthodes dites naturelles	20 %
Diaphragme	20 %
Retrait	19,4 %
Préservatif	14 %
Pilule	1 %
DIU	0,8 %

Source : OMS (Organisation Mondiale de la Santé)

Pour comprendre ce tableau, il faut savoir que les femmes qui ont une activité sexuelle régulière et qui ne prennent aucune contraception ont entre 85 et 89 % de chance de tomber enceintes, au cours d'une année. Ces chiffres montrent bien que, dans la réalité, aucune méthode n'est fiable à 100 %.
Il faut compter avec l'oubli, la négligence, la maladresse et surtout le désir d'enfant qui est à la fois puissant et secret.

Copains

Vive les garçons !

🔸 S'INFORMER

Vous les croisez tous les jours, au lycée, à la piscine, au ciné et en soirée. Ils sont vos copains, vous riez, vous chahutez ensemble. Il arrive même que certains soient de vrais amis à qui vous pouvez confier vos secrets et vos soucis. Et pourtant, ils vous semblent parfois étranges, ces garçons, pas romantiques pour deux sous, un peu balourds et vantards… parfois franchement débiles ! Voici un petit mode d'emploi de vos chers copains.

EUX AUSSI

Il n'y a pas seulement les filles qui sont bouleversées par les transformations de l'adolescence. Pour les garçons aussi, c'est le grand chambardement. Comme vous, les filles, ils voient leur corps changer et pas forcément comme ils le voudraient : grands pieds, grand nez (chez un garçon, ces parties du corps grandissent parfois plus vite que le reste), ils se trouvent trop maigres et rêvent de beaux pectoraux. Barbe et moustaches leur font découvrir le feu du rasoir. Leur voix passe des aigus les plus extrêmes aux graves les plus mâles, pour votre plus grande joie, mesdemoiselles.

LITTÉRALEMENT, LES COPAINS, CE SONT CEUX QUI MANGENT LE MÊME PAIN. COPAIN VIENT DE DEUX MOTS LATINS, QU'ON RETROUVE AUSSI DANS « COMPAGNON » : *CUM* QUI VEUT DIRE « AVEC », ET *PANIS* QUI VEUT DIRE « PAIN ». C'EST UN MOT APPARU AU MILIEU DU XIXe SIÈCLE, UN VIEUX MOT QUE DES GÉNÉRATIONS D'ADOLESCENTS CONTINUENT DE FAIRE VIVRE.

LA PUBERTÉ DES GARÇONS

Les transformations les plus importantes sont les moins visibles. Testicules et pénis augmentent de volume. Contrairement aux filles qui possèdent leur capital d'ovules dès la naissance, la production de spermatozoïdes commence chez les garçons à la puberté. Ils deviennent alors capables d'être pères.

DES SITUATIONS GÊNANTES

Surtout, ils découvrent le nouveau fonctionnement de leur corps. Sous l'influence de l'hormone mâle qu'on appelle testostérone, ils ont de nombreuses érections, souvent la nuit ; elles peuvent se terminer par une éjaculation (expulsion de sperme). Ces érections sont généralement spontanées et parfois fort embarrassantes.

🔸 COMPRENDRE

Toutes ces nouveautés ne sont pas faciles à vivre pour les garçons de votre âge, mais ils n'en parlent pas et surtout pas à leurs copines ! Pour leur défense, il faut dire qu'on leur a souvent mis dans la tête, dès leur plus jeune âge, qu'un garçon doit

toujours être fort et « assurer », en particulier dans le domaine de l'amour et de la sexualité.

FAUT QUE JE SOIS UN HOMME !

Alors, ils se demandent s'ils vont être à la hauteur et se posent plein de questions : est-ce qu'il faut avoir un grand pénis pour être un homme et plaire aux filles ? Est-ce que je vais pouvoir avoir une érection au bon moment ? Est-ce que je vais savoir me maîtriser et ne pas éjaculer trop vite ? En plus, alors que, chez les filles, on a longtemps valorisé la virginité, pour les garçons, c'est plutôt l'expérience qui est bien vue ; et justement c'est ce qui leur manque le plus !

LE MASQUE DU GROS DUR

Mais oui, mesdemoiselles, les garçons ont souvent peur de vous… et d'eux-mêmes ! Peur de ne pas savoir s'y prendre, et peut-être aussi d'être pris pour des mauviettes s'ils n'assurent pas avec les filles. Alors, pour se donner du courage, ou simplement une contenance, certains jouent les gros durs et sont brutaux, agressifs ou grivois. C'est leur manière d'évacuer leurs angoisses et les tensions qu'ils subissent.

LES COPAINS D'ABORD

Vous trouvez qu'ils ne s'intéressent guère aux études, qu'ils ne lisent pas beaucoup et qu'ils vous assomment avec le foot et leurs autres copains ? C'est que l'amitié est très importante pour eux, à tel point qu'ils peuvent préférer une vraie amitié de garçons aux relations amoureuses avec les filles. Pour eux, filles veut souvent dire bavardages, « chichis » et « pleurnicheries »… ce qui ne les empêche pas d'avoir de bonnes copines.

GROS DUR AU CŒUR TENDRE

Mais si vous avez de vrais copains et que vous vous respectez mutuellement, vous aurez sans doute l'occasion de vous apercevoir que, sous leurs airs de gros durs, les garçons ont les mêmes rêves que vous : rencontrer l'âme sœur, être appréciés et aimés. Qu'ils peuvent être désemparés, inquiets ou tristes quand ils ne se sentent pas reconnus et acceptés, et surtout qu'ils peuvent rêver d'une fille sans oser le lui dire.

CONSEILS
LA BONNE COPINE

Pour avoir de bons copains… il faut savoir être une bonne copine :
- savoir se passionner pour le foot ou pour une partie de basket ou de volley ;
- aimer jouer aux cartes ou aux jeux vidéo ;
- mais ne pas se laisser aller à la grossièreté ou à la vulgarité et remettre à leur place ceux qui font des plaisanteries grivoises ;
- ne pas tolérer les gestes obscènes ;
- être franche et simple ;
- ne pas jouer à la séduction ;
- savoir reconnaître la déprime sous les grands airs des gros durs ;
- respecter les secrets qu'on vous confie ;
- ne pas chercher à savoir ce qu'il n'a pas envie de vous dire ;
- ne pas colporter de ragots, cela ne les intéresse pas ;
… aimer rire, chahuter, bouger, faire du sport et rêver d'aventures extraordinaires !

À SAVOIR
TOMBER AMOUREUSE D'UN COPAIN

Tous les bons copains ne deviennent pas des amoureux, mais il peut arriver que l'un d'entre eux prenne doucement une autre place dans votre cœur. Si ce sentiment est partagé, vous le saurez très vite (allez voir à la case Amoureuse). C'est alors une belle histoire qui commence. Sinon, il n'y a pas de honte à avoir, il vous reste à oublier ce copain, (aller voir à la case Râteau) et à prendre vos distances le temps que votre cœur s'en remette.
En revanche, si un bon copain vous fait une déclaration d'amour et qu'elle vous laisse froide, c'est à vous de remettre les choses à leur place avec délicatesse et discrétion, mais avec clarté pour ne pas le faire trop souffrir.

VOIR AUSSI
FILLE/GARÇON, MIXITÉ, SORTIR AVEC.

Copines

Jamais sans mes copines

🔸 S'INFORMER

Avec les copines, c'est la bonne ambiance. Goûts, activités, projets, vous avez un tas de choses en commun. Vous aimez vous retrouver tous les jours, voire plusieurs fois par jour, en semaine comme en week-end. Cinéma ou shopping, café ou patinoire, bahut ou loisirs, vous vivez tout ça ensemble ! Jamais blasée, vous en redemandez sans cesse. La preuve : ce sont toujours les mêmes têtes qui défilent à la maison.

LA FAMILLE AU PARFUM

Et même si vous n'invitez pas souvent vos copines chez vous, vous aimez en parler. Toute la famille connaît leurs prénoms, leurs caractères, leurs histoires d'amour et leurs projets d'avenir. Votre mère vous demande parfois des nouvelles de Victoria, qui a des relations un peu tendues avec ses parents, ou encore de Julie, qu'elle a particulièrement remarquée.

ÇA BOUGE DANS LA BANDE

Un groupe de copines, ça évolue. Il y a le « noyau dur » de la bande, les piliers du groupe, celles que vous connaissez

LES COPINES, VOUS LES VOYEZ TOUS LES JOURS, ET VOUS VOUS TÉLÉPHONEZ AUSSI PLUSIEURS FOIS PAR JOUR ! VOUS AVEZ LES MÊMES GOÛTS, LES MÊMES SOUCIS, LES MÊMES FOUS RIRES, LES MÊMES ANGOISSES… ET LES MÊMES COPAINS !

depuis la maternelle, avec qui vous avez fait les 400 coups et qui vous rappellent qu'à 4 ans votre amoureux s'appelait Quentin. Et il y a les autres, celles qui sont arrivées en milieu de parcours scolaire et qui sont entrées dans la ronde. Ce ne sont pas forcément les moins « accros » ! Et tout cela fait un joli cocktail qui se bonifie au fil des années. Il peut vous arriver d'être d'humeur massacrante en famille : votre agressivité fond comme neige au soleil dès que vous partez les retrouver…

ON FAIT BLOC

La bande de copines, c'est un merveilleux cocon pour se protéger de la dureté du monde extérieur. Seule, vous seriez sûrement plus fragile, plus sensible aux critiques des autres. Avec les copines, vous vous sentez en confiance.

COMPRENDRE

La bande des copines, c'est un peu comme une autre famille, celle que l'on se choisit. Avec elles, vous êtes bien, vous pouvez tout partager, des inquiétudes aux fous rires.

EXPÉRIENCES DE FILLES

C'est avec elles aussi que vous parlez de vos émotions amoureuses, avec elles que vous échangez les bons plans pour acheter vêtements et produits de beauté, et les bonnes adresses de baby-sitting pour se faire de l'argent de poche.

C'est avec elles que vous tenterez les expériences les plus folles… et les plus risquées : la coloration miracle qui vous laissera les cheveux orange ou le masque de beauté qui couvrira votre visage de plaques rouges, le bon plan qui transformera votre jean neuf en patchwork !

JOYEUSES FOFOLLES

Avec elles aussi, vous vous laissez aller à faire les folles : soirées pyjama, shopping, toutes les occasions sont bonnes pour se retrouver entre filles. Avec les copines, on se raconte les histoires d'amour des uns et des autres, on évalue le charme des copains, on critique, on « ragote » et on oublie les kilos en trop, les devoirs et les parents exigeants.

GARE AUX TRAHISONS

Ce monde de rêve peut parfois devenir un monde cruel où l'envie, la jalousie, le mensonge et les ragots peuvent creuser secrètement leurs galeries. Les copines ne vous veulent pas forcément toutes du bien, et il vous arrivera de pleurer si l'une d'entre elles vous a trahie, a raconté vos secrets aux garçons, ou pire, a organisé une sortie sans vous inviter. Il vous faudra savoir prendre vos distances si la blessure est trop forte. Mais souvent, ce n'est qu'un mauvais moment à passer : une fois les colères et les rancœurs apaisées, la bande repart de plus belle pour de nouvelles aventures !

CONSEILS
LIBERTÉ, LIBERTÉ CHÉRIE !

Les copines, c'est super, mais ce ne sont pas elles qui doivent décider de tout pour vous !
- Vous n'êtes pas obligée de vous habiller comme elles, d'aimer la même musique qu'elles, de penser comme elles.
- Quand elles font des choses qui vous déplaisent, vous avez le droit et même le devoir de ne pas les suivre. Si vous trouvez que votre bande de copines est sur la mauvaise pente, c'est important de le dire. Et si elles ne veulent rien savoir, de s'éloigner. C'est sûrement difficile, car les copines, ça aide à vivre et l'on ne sait pas comment s'en passer, mais vous trouverez vite d'autres copines, plus en accord avec votre façon de penser… et tout aussi sympas !
- Évitez de mettre vos copines dans le secret de vos amours, car l'amour est quelque chose de personnel et d'intime qui ne concerne que vous et le garçon que vous aimez. Les copines peuvent trahir votre secret et provoquer des catastrophes en croyant bien faire. Ne racontez pas à vos copines vos exploits amoureux si vous ne voulez pas que toute le monde les connaisse et que cela vexe votre amoureux.

VOIR AUSSI
IDENTITÉ, LIBERTÉ, MEILLEURE AMIE, SOLITUDE.

Corps

Corps de rêve ou pur esprit ?

DANS NOTRE CULTURE OCCIDENTALE, ON A L'HABITUDE D'OPPOSER LE CORPS ET L'ESPRIT (VOIRE L'ÂME) ET DE CONSIDÉRER QUE LES ÊTRES HUMAINS ONT UN CORPS COMME TOUS LES ANIMAUX ET QUE LEUR ORIGINALITÉ, C'EST D'AVOIR UN ESPRIT QUI LEUR PERMET DE PENSER. LE CORPS SERAIT DONC LA **PARTIE VISIBLE, MATÉRIELLE, PHYSIQUE DE L'HOMME**, ORGANISÉE DE MANIÈRE À PERPÉTUER LA VIE.

S'INFORMER

Alors que, petite fille, vous n'y aviez peut-être jamais pensé, la puberté est là pour vous rappeler, parfois durement, que vous êtes affectée d'un corps que vous n'avez pas vraiment choisi et que vous ne pouvez pas non plus transformer à votre guise.

QUEL BOULET !

À la puberté, le corps se transforme pour devenir adulte et cela ne se fait pas toujours dans l'harmonie et la joie. Vous vous regardez dans la glace et vous trouvez vos seins trop gros ou trop petits, vos fesses ou vos cuisses trop imposantes ou maigrichonnes. Votre nez ou vos oreilles n'ont pas toujours l'heur de vous plaire non plus ! Bref, vous regardez ce nouveau corps avec étonnement ou agacement, persuadée que ce n'est pas vous telle que vous vous voyez (ou vous rêvez !) dans votre tête.

ALTER EGO

Pourtant vous n'avez guère le choix, c'est lui qui vous accompagne, qui vous permet d'entrer en communication avec les autres, qui vous procure quelques plaisirs et quelques douleurs aussi. Même si vous ne l'avez pas choisi, il est là et il ne vous quittera pas de toute la vie.

PETIT CORPS MALADE

Dès que vous êtes malade, vous vous apercevez très vite de l'importance de votre corps : des maux de tête empêchent de réfléchir ou de bien faire ses devoirs. Des maux de ventre vous laissent pliée en deux sur votre lit, enroulée autour de votre douleur. Quand c'est une maladie plus grave, ce n'est pas uniquement le corps qui souffre, c'est toute la vie qui est bouleversée, la façon de voir le monde, d'apprécier un rayon de soleil ou un sourire, de s'adresser aux gens.

BLEUS À L'ÂME

Bien plus, vous savez bien que les bleus de l'âme font mal au corps. Vous êtes inquiète, angoissée ? Bonjour les maux de ventre, les battements de cœur, les nausées ! Vous vivez quelque chose de douloureux, la fin d'un amour, la séparation de vos parents, un deuil, vous pouvez en perdre l'appétit, avoir des maux de ventre ou de tête et même tomber vraiment malade.

VOTRE CORPS, C'EST VOUS

Bref, vous n'êtes pas un animal qui vit seulement au rythme de son corps et cherche à satisfaire ses exigences. Vous n'êtes pas un pur esprit qui peut s'abstraire de son corps et vivre sans se soucier de ses besoins naturels. Mais vous n'êtes pas non plus la simple addition d'un esprit et d'un corps. Votre corps, c'est votre façon de vous exprimer, d'appréhender le monde, de communiquer avec les autres, de vous souvenir, d'aimer, de vivre. Bref, votre corps, c'est vous !

COMPRENDRE

Notre société développe un tel culte du corps qu'on en vient à croire qu'il ne doit y avoir qu'un seul modèle de corps : jeune, mince, musclé et bronzé. Le corps n'a pas le droit de vieillir et seuls ceux qui ont un beau corps peuvent prétendre à l'amour et au bonheur.

NON AU MODÈLE UNIQUE

Au moment où votre corps d'adulte se construit, attention à ne pas tomber dans le piège de vouloir ressembler à ce modèle tel qu'il est exhibé dans les publicités et les magazines. Gym, régime, mode, maquillage, certaines font tout pour rendre leur corps conforme à ce modèle. À moins que vous ne décidiez de faire tout le contraire en refusant de prendre soin de votre corps : jeans et gros pull informe toute l'année, ongles rongés, cheveux « au naturel » pour oublier ce corps qui ne vous plaît pas. Pourtant, entre culte du corps et refus du corps, il y a un difficile équilibre à trouver et c'est important d'y réfléchir…

UN CORPS POUR VIVRE

Votre corps, c'est votre principale richesse, votre capital, vous n'en avez qu'un et il va vous accompagner toute votre vie. Si vous prenez soin de lui, il sera votre ami. Avec un corps sain, on a de l'énergie, de la vitalité, de l'imagination, on vit pleinement et on profite de la vie. Si vous le malmenez, si vous fumez, vous droguez, faites des régimes absurdes ou vous faites vomir pour garder la ligne, vous pouvez mettre fin à votre vie plus vite que prévu.

UN CORPS BIEN À SOI

Votre corps vous appartient et il n'appartient qu'à vous. Personne n'a le droit d'y toucher, de le manipuler sans votre consentement. Celui qui le ferait commettrait un abus de pouvoir ou un viol. De même, les secrets de votre corps… sont des secrets, et vous n'avez pas à les exposer aux yeux de tous. Cette réserve s'appelle la pudeur, qui veut qu'à votre âge vous ne vous promeniez pas toute nue dans la maison familiale et n'exposiez pas votre corps au regard des autres. Cela veut dire aussi que vous ne racontez pas sur la place publique, ni même à vos copines, vos petits soucis intimes, les petits maux de votre corps, pas plus que vous ne raconterez par le menu votre « première fois » le moment venu.

UN CORPS POUR COMMUNIQUER

Votre corps est aussi votre moyen de communication avec les autres. C'est même ce qu'ils voient en premier. C'est par votre look, votre regard, votre sourire (pas forcément votre acné ou vos rondeurs !) qu'ils

vous découvrent et se font une première idée de vous. D'où l'importance de soigner votre corps pour qu'il ait belle allure ! C'est d'ailleurs moins une question de canons de beauté que d'hygiène : bien coiffée, avec des vêtements propres et repassés, des ongles soignés… et un sourire, vous avez plus de chance de réussir votre entrée en matière qu'avec un corps de mannequin pas très net !

UN CORPS POUR AIMER ET ÊTRE AIMÉE

C'est aussi avec son corps, à travers son corps que l'on aime et que l'on ressent l'amour de l'autre. D'ailleurs, quand on est amoureuse, on est d'abord inquiète de savoir si on va être acceptée avec tous les défauts de son corps. Dans ces moments-là, on voudrait tellement avoir un corps de rêve… et on n'a que le sien ! Mais savez-vous que ce que vous considérez comme un horrible défaut va sans doute attendrir un jour votre amoureux et le conquérir ? Ce nez en trompette qui vous semble si ridicule ou ces bonnes grosses joues qui rappellent trop à votre goût la petite fille que vous avez été, c'est peut-être cela qui va l'émouvoir et le faire fondre.

Quand un amour est partagé, toutes les angoisses s'envolent comme par magie. On se trouve belle, vivante, on fait la paix avec son corps. Quand on exprime cet amour par des baisers, des caresses, puis, quand on est prête, par des relations sexuelles, on découvre alors que c'est merveilleux d'avoir un corps qui sait vibrer et chanter ce que l'on ressent. Mais pour cela il faut grandir, mûrir, prendre son temps car des relations sexuelles prématurées et malheureuses peuvent vous faire détester ce corps, ou vous amener à le considérer comme un étranger que l'on peut mépriser. Alors, prenez soin de ce corps sans lequel vous n'existez pas !

POUR ÊTRE BIEN DANS SON CORPS

Il n'y a pas de recette miracle, juste quatre ingrédients qui s'appellent :
- une alimentation saine et équilibrée,
- une hygiène rigoureuse jusqu'au bout des ongles,
- un peu de sport,
- de bonnes nuits de sommeil.

VOIR AUSSI
LOOK, PUBERTÉ, PUDEUR, INCESTE, VIOL.

INFO +

MUTILATIONS ET SCARIFICATIONS

Quand on ne va pas bien dans sa tête, il arrive que l'on s'en prenne à son corps comme pour se venger. Mutilations, scarifications, sont des pratiques qui traitent le corps comme un objet, qui en cherchent les limites. Ce peut être aussi un moyen de se faire entendre, de faire savoir son mal être ou sa souffrance intérieure. Dans tous les cas, celles qui en arrivent à maltraiter leur corps de la sorte ont besoin d'aide de la part de professionnels. Si l'une de vos amies se laisse prendre à ce jeu dangereux, il faut en parler à vos parents ou à un adulte en qui vous avez confiance.

Courage

Y a pas que les héros !

LE COURAGE, C'EST LA **FORCE DE CARACTÈRE QUI FAIT QU'ON NE RECULE PAS DEVANT LE DANGER**, QU'ON EST PRÊT À S'ENGAGER AU RISQUE DE PRENDRE DES COUPS. AU SENS PHYSIQUE OU AU SENS MORAL ! C'EST AUSSI LA FERMETÉ POUR ALLER AU BOUT DE CE QU'ON A DÉCIDÉ, POUR **FAIRE FACE À LA VIE** QUOTIDIENNE ET **SE DONNER LES MOYENS DE SES OBJECTIFS**.

S'INFORMER

Agir avec audace pour défendre ce en quoi vous croyez. Résister pour ne pas trahir vos valeurs. Entreprendre des choses difficiles pour atteindre un but que vous jugez bon. Le courage, c'est tout cela ! Plus largement, c'est tout le contraire de la paresse : la volonté de vous bouger, l'ardeur au travail, l'envie de bien faire les choses, jusqu'au bout. Pourquoi ? Parce que vous avez envie de réussir votre vie, de ne pas la vivre à moitié, de devenir quelqu'un de bien. Bref, d'être à la hauteur de vos ambitions les plus folles et les plus nobles !

SANS PEUR ET SANS REPROCHE ?

Le courage n'est pas donné une fois pour toutes. Vous pouvez apprendre à vous raisonner, vous entraîner à dompter vos craintes, à oser, et aussi à ne pas vous laisser influencer, à faire ce que vous croyez bon en vous moquant du qu'en-dira-t-on. On croit souvent que les gens courageux n'ont pas peur : rien de plus faux ! Le courage consiste à maîtriser sa peur et à faire face malgré elle.

LE COURAGE, MAIS PAS LA TÉMÉRITÉ !

Il ne s'agit pas de jouer avec sa vie comme si elle ne valait rien. Le vrai courageux évalue les risques, les compare aux enjeux, et réfléchit pour faire un choix sérieux. Un guide de montagne sait qu'il prend des risques. Et il fait tout pour réussir son ascension sans accident. Si le temps se gâte, son courage ne consiste pas à s'entêter, mais à faire demi-tour, quitte à décevoir ses clients !

Vous n'allez pas non plus vous fixer des objectifs inaccessibles sous prétexte de courage. Sinon, vous avez toutes les chances de vous décourager et de laisser tomber. Si vous avez des difficultés dans une matière, le courage ne doit pas vous pousser à être la première de la classe, mais à travailler dur, régulièrement, sans vous laisser décourager même si vos notes montent très lentement…

COMPRENDRE

Le courage physique devant un danger ne sert pas tous les jours… C'est plutôt le courage des temps exceptionnels, celui des personnages de fiction. Heureusement, tout le monde n'est pas appelé à vivre des situations extrêmes !

L'ÉTOFFE D'UN HÉROS ?

Nul ne sait vraiment comment il réagirait devant le danger. À y réfléchir calmement, bien à l'abri, vous pouvez vous sentir pousser des ailes, vous prendre pour un héros, ou au contraire vous croire lâche et imaginer que vous ne sauriez pas faire face. Tant que vous n'êtes pas au pied du mur, vous ne pouvez que faire des suppositions. Nous avons tous des lâchetés et des accès de courage, et il n'y a pas de honte à cela.

À LEUR PLACE…

C'est justement une bonne raison pour ne pas juger trop vite l'attitude des autres. Quand vous entendez à la radio qu'une fille s'est fait agresser dans un train et qu'aucun passager n'a bronché, vous êtes scandalisée ; mais auriez-vous eu le courage de vous interposer ?

LE VISIBLE ET L'INVISIBLE

Pourtant, dans le monde, les exemples de courage ne manquent pas. Pensez aux gens qui choisissent un métier exposé pour sauver des vies ou encore à certains journalistes qui risquent gros en allant dans les pays en guerre.
Il y a aussi des actes de courage moins spectaculaires, mais tout aussi authentiques. Ce grand malade qui réussit à sourire et à plaisanter pour remonter le moral de sa famille, cette personne qui défend ses idées alors que tout le monde s'y oppose et qu'il serait beaucoup plus facile de se taire, ou ce bénévole qui continue à quêter pour les plus démunis sous une pluie battante.

LE COURAGE AU JOUR LE JOUR

Le courage n'est pas seulement celui des causes glorieuses, c'est aussi celui de la vie quotidienne, des petites choses : défendre la fille qui est toujours raillée par le reste de la classe, oser dire au professeur qu'il punit injustement un camarade. Ou encore refuser de tomber dans la facilité pour faire comme tout le monde, oser vous dénoncer quand vous avez commis une faute, vous engager dans une action bénévole en sacrifiant du temps que vous auriez pu passer avec vos amies. Modeste ? Oui, mais quel bon début !

REFUSER DE CRAQUER

Et puis, reconnaissons-le, le courage des moments exceptionnels est parfois plus facile que celui de faire simplement ce que vous avez à faire. Le courage, c'est aussi de tenir bon dans la durée, de ne pas vous défiler même quand vous n'avez pas trop le moral et que vous trouvez la vie ennuyeuse et sans éclat.
Le courage, c'est aussi la force de résister au découragement !

VOIR AUSSI
AMBITION, PARESSE, VALEURS.

VRAI/FAUX

• **QUI DIT « COURAGEUX » DIT « INCAPABLE DE FAIBLIR ».**
Faux. Même les héros ne sont pas courageux tous les jours.
• **ÊTRE COURAGEUX, C'EST NE JAMAIS REMETTRE UNE ACTION AU LENDEMAIN.**
Faux. Retarder le moment d'agir, ce n'est pas forcément de la lâcheté. C'est important de prendre le temps de se donner des priorités, ou simplement de s'accorder un répit pour faire mieux ensuite.
• **ON N'A PAS TOUS BESOIN DE COURAGE DE LA MÊME MANIÈRE.**
Vrai. Ce qu'une copine fait sans même y penser peut vous demander beaucoup de courage.
• **SI ON VEUT, ON PEUT.**
Vrai et faux. Le courage, c'est effectivement une bonne part de motivation. Quand on veut vraiment quelque chose, on ne craint pas de prendre des risques. Mais il arrive que l'on ne puisse plus se bouger, que l'on n'ait plus de volonté. C'est alors le signe qu'on va mal et qu'on déprime. Un signal d'alarme qui vous dit quand il est temps de demander de l'aide.

Critiques

Elle fait rien que critiquer…

🟠 S'INFORMER

Critiquer, ce n'est pas seulement dire du mal de quelqu'un, même si c'est la première idée qui vous vient à l'esprit quand vous entendez le mot « critique » ! En fait, une critique n'est pas forcément négative. Quand quelqu'un vous demande ce que vous avez pensé d'un film, d'un livre ou encore du dernier album que vous avez écouté, vous faites une critique : vous dites ce qui vous a plu, si vous conseillez de le voir, de le lire ou de l'acheter. Ce peut être une critique très mesurée : vous pesez le pour, le contre ; ou passionnée : vous avez « a-do-ré » ou, au contraire, vous détestez !

ESPRIT CRITIQUE

Être capable de juger une œuvre selon des critères précis et pas seulement par des réactions épidermiques, c'est important. Vous faites alors marcher votre « esprit critique ». Il ne vous sert pas uniquement pour les films, les livres ou la musique, mais dans toute votre vie. Exercer votre esprit critique, c'est refuser de croire tout et n'importe quoi et prendre du recul par rapport à ce que vous voyez, ce

LE TERME « CRITIQUE » VIENT D'UN MOT GREC QUI VEUT DIRE JUGER. LA CRITIQUE, **C'EST EFFECTIVEMENT UN JUGEMENT, ET PAS FORCÉMENT DÉFAVORABLE**, COMME ON LE CROIT SOUVENT : UN CRITIQUE LITTÉRAIRE, DONT LE MÉTIER EST DE JUGER LES LIVRES, PEUT FAIRE UNE EXCELLENTE « CRITIQUE » !

que vous entendez. Vous êtes alors capable de dire si vous approuvez ou non un acte ou une idée, en fonction des valeurs auxquelles vous adhérez. Bref, vous refusez ainsi que les autres pensent à votre place !

🟠 COMPRENDRE

En ce moment, vous formez votre esprit critique. Plus question de prendre tout ce qu'on vous dit pour argent comptant : vous n'êtes plus une petite fille ! Tout passe aux rayons X de votre jugement : ce que vos parents disent, ce que vos profs enseignent, ce que les médias affirment. Avouez-le : vous avez même tendance à tout critiquer dans tous les sens ! C'est normal : vous développez votre sens du jugement, et vous prenez du recul par rapport à beaucoup de choses !

CRITIQUE QUI CONSTRUIT, CRITIQUE QUI DÉTRUIT

Seulement, voilà, vous n'exercez pas toujours votre esprit critique de manière constructive… Vous êtes même tentée de l'exercer de manière destructrice en prenant les autres pour cible !

Parfois, sans forcément vouloir faire de mal à ceux que vous visez, vous vous en donnez à cœur joie. Tout le monde y passe : les parents, les profs, mais aussi les copines, avec leurs vêtements ringards ou leur attitude « débile ». Sans compter les gens que vous voyez à la télé, hommes politiques, artistes, etc. C'est tellement grisant de faire rire les autres par la seule force d'une pique bien envoyée… et les filles sont particulièrement championnes à ce jeu-là !

DANGER, RAGOTS

Parfois, on se laisse aussi aller à critiquer tout et n'importe quoi, et surtout n'importe qui. Vous avez entendu des ragots sur une personne, vous ne prenez pas le temps de vérifier et vous vous embarquez dans une aventure de très mauvais goût : faire circuler la rumeur, généralement malveillante, qui de bouche à oreille va faire le tour des copines. C'est souvent d'ailleurs une rumeur qui a trait à la vie privée de votre cible et c'est même là le côté croustillant de l'affaire. Vous oubliez que la personne concernée va en souffrir et que les dégâts peuvent être sérieux, parfois irréparables. Certaines filles mettent des années à s'en remettre et ont beaucoup de mal à reprendre confiance en elles.

DUR DE SE TAIRE !

Il faut du courage pour ne pas céder à ce goût de la critique systématique, qui devient presque un jeu entre copines. Difficile, quand une ou deux amies commencent à critiquer quelqu'un, de ne pas entrer dans la danse à votre tour. Sans compter que critiquer, vous moquer de quelqu'un, raconter n'importe quoi sur son compte permet de vous mettre en valeur, de développer une complicité entre « ragoteuses », de vous sentir bien dans la bande de copines !

FAITES BARRAGE !

Vous faites preuve de beaucoup plus de caractère quand vous refusez de tomber dans le piège de la critique facile et que vous cherchez à défendre ceux que l'on attaque injustement, au lieu de passer votre temps à « casser » tout le monde ! En plus, il y a des choses beaucoup plus intéressantes à se raconter que les ragots minables que certaines font profession de transmettre (ou même d'inventer). Alors, mieux vaut fermer vos oreilles aux calomnies, garder votre langue des malveillances… et employer plutôt votre sens critique à vous ouvrir l'esprit !

VOIR AUSSI
HYPOCRISIE, JALOUSIE, SUSCEPTIBILITÉ.

CONSEILS

REFUSEZ LA CRITIQUE FACILE !

- *La critique, c'est un peu lâche. Parler derrière le dos des gens, c'est comme faire un procès sans que l'accusé, absent, puisse se défendre.*
- *La critique, c'est caricatural. Vous ne voyez que les défauts de l'accusé, vous oubliez ses qualités… or il en a, comme tout le monde.*
- *La critique, c'est injuste. Vous vous permettez de tout dire sur l'accusé, mais vous n'admettriez pas la réciproque !*

VICTIME DE RAGOTS ?

- *Se rappeler que les ragots naissent souvent de la jalousie. Un ragoteur ne perdra jamais son temps à colporter des rumeurs sur les gens inintéressants ! En un sens, ces ragots vous honorent. Restez digne, gardez la tête haute !*
- *Opposer un démenti formel, si c'est intenable et que cela peut vraiment vous causer du tort. Vous pouvez faire passer les informations véridiques par le bouche à oreille, à la manière des ragots (bref, les tuer sur leur propre terrain), via vos bonnes copines.*

Cuisine

Comment ça se cuit l'œuf à la coque ?

🔵 S'INFORMER

Depuis que l'homme a découvert le feu, il ne mange plus cru… parce que sa femme fait la cuisine !

VOUS, LES FEMMES…

La cuisine a été longtemps exclusivement une affaire de femmes. Comme elles nourrissent leur bébé dès la naissance, elles ont endossé le rôle de mères nourricières pour toute la famille. Malgré les évolutions de la société moderne, la cuisine reste encore largement entre les mains des femmes… du moins au quotidien. Et la cuisine est la pièce où elles règnent encore souvent en souveraines.

LES GRANDS CHEFS

En revanche, jusqu'à une époque récente, les grands chefs cuisiniers, sauf exception, étaient des hommes. Les femmes font pourtant une percée dans ce domaine, pendant que bien des hommes se mettent aux fourneaux à la maison… si leurs compagnes les y autorisent ! Surtout, filles et garçons de votre génération se retrouvent souvent à égalité devant la durée de cuisson des pâtes ou la manière de faire cuire un œuf à la coque, c'est-à-dire dans une ignorance de nouveau-né.

MIAM MIAM MIAM !

Ce sont souvent les gourmandes qui ont envie de faire de la cuisine, pour faire des petits plats, cuisiner ce qu'elles aiment, faire attention à leur ligne ou découvrir de nouvelles saveurs. Vous vous sentez peut-être démunie devant cet art qui vous semble très compliqué. Pas de complexe, il suffit d'oser… et de rôder souvent dans la cuisine à l'heure de la préparation des repas.

LES RECETTES, ÇA SE TRANSMET

Car la cuisine, cela ne s'apprend pas que dans les livres. Cela commence par se transmettre de mère (ou de père) à fille en regardant faire, en discutant, en donnant un coup de main et en apprenant un tour de main. Vous aurez vite fait de prendre des initiatives et de commencer à voler de vos propres ailes. Et pourquoi pas de préparer le dîner de la famille de temps à autres ?

🔵 COMPRENDRE

La cuisine, c'est souvent la pièce principale de la maison, le lieu où il se passe des choses importantes, qui n'ont pas toujours de lien direct avec la gastronomie. On y discute, on y raconte sa journée, on s'y dispute et on y pleure, mais c'est aussi le royaume des consolations tendres et sucrées. L'homme ne se nourrit pas seulement pour vivre, il trouve aussi du plaisir à partager son repas avec d'autres.

LE GOÛT DES AUTRES

On fait la cuisine parce qu'on aime les bonnes choses, mais surtout pour en faire profiter les autres. Toute petite, vous saviez bien que votre maman ou votre papa aimait vous préparer un bon gâteau. Et sans doute qu'aujourd'hui encore, quand

de complicité pour parler plus librement avec lui… sans forcément troubler la fête avec vos mauvaises notes !

INFO +
LIVRES DE CUISINE

Voici quelques incontournables :
- *Je sais cuisiner*, Ginette Mathiot, Albin Michel. La « bible » en la matière date de 1932 ! Cela vous fait sourire mais elle vous apprendra tout sur les aliments et les recettes de base, et surtout le sens des principaux termes des recettes de cuisine.
- *La cuisine des filles*, Fleurus. Un livre coloré, plein de recettes faciles pour les débutantes. Idéal pour les nulles en cuisine qui veulent épater leurs copines !
- *La cuisine des filles. Saveurs du monde entier*, Fleurus. Des recettes simples et originales pour faire le tour du monde en trois coups de fourchette !

votre mère voit que vous n'allez pas bien, que vous êtes triste ou tendue, elle a envie de vous confectionner votre gâteau préféré ou de vous proposer une soirée crêpes. Et qui d'entre vous n'a pas préparé, à l'occasion de la fête des Mères, un bon repas ou un gâteau pour sa maman ?

MÈRE ET FILLE

C'est pour cela que la cuisine est un lieu stratégique dans la maison. Quand cela ne va pas trop bien entre votre mère et vous, ce qui peut arriver à l'adolescence, c'est peut-être en lui proposant de l'aider à préparer le repas que vous pourrez renouer le dialogue…

Les jours meilleurs, faire la cuisine avec sa mère, pour une fête de famille, un anniversaire, c'est retrouver la douce complicité que vous aviez avec elle quand vous étiez petite fille. En pétrissant la pâte à tarte, en battant des œufs en neige, en garnissant des petits canapés, on se laisse aller aux confidences. Maman raconte son apprentissage de la cuisine… et de la vie et vous osez lui parler de vos rêves ou de vos soucis.

PAPA CUISTOT

Et si vous avez la chance d'avoir un père qui se met volontiers aux fourneaux, accompagnez-le et profitez de ces moments

CONSEIL

VOTRE CARNET DE RECETTES

C'est le moment pour vous de commencer votre propre cahier de recettes. Vous y noterez d'abord les premières recettes que vous réaliserez. Pour chaque plat, il existe une multitude de recettes. Quand vous aurez fait plusieurs essais, vous pourrez y noter la recette que vous préférez, par exemple le gâteau au chocolat que vous préférez.

Vous ne manquerez pas de demander à vos grands-mères, à vos parents, oncles et tantes, leurs recettes favorites pour ne pas perdre les traditions de famille et leurs « trucs » de cuisiniers expérimentés. Vous échangerez aussi des recettes avec vos copines et vous les recopierez sur votre carnet. Bientôt vous noterez vos propres inventions… quand vous les aurez réussies !

Déclaration d'amour

Comment lui dire ?

S'INFORMER

« Je t'aime » se dit en mille langues et de mille manières, « je t'aime » s'est dit de tout temps ; et pourtant… personne ne peut échapper à la question : comment lui dire ? Surtout comment oser lui dire ?

LOVE ME TENDER…

La déclaration d'amour, c'est le moment crucial où les choses vont entrer dans la réalité. Avant, il y a eu les regards, les sourires, les battements de cœur, les rêves, les craintes et les éblouissements, mais tout cela sans mots, au fond du cœur et du corps, dans le secret du silence. Maintenant, on voudrait bien trouver les mots pour faire vivre ce rêve, pour savoir s'il est partagé, pour se mettre à rêver à deux. Mais voilà, qui va faire le premier pas ?

PAS LES FEMMES

Savez-vous que c'est une question très nouvelle que vous vous posez là ? Ni vos grands-mères, ni même peut-être vos mères ne se la sont posée, car pour elles, pas de doute, c'était au garçon de parler le premier. Il n'y avait que des femmes effrontées, mal vues par la bonne société pour faire le premier pas. Aujourd'hui, les filles n'attendent plus forcément, le cœur battant, sans rien pouvoir faire, que l'heureux élu vienne déclarer sa flamme. Du coup, elles sont elles aussi confrontées à cette question angoissante : comment lui faire savoir ?

SOUPÇONS

Souvent, n'en doutez pas, il saura déjà. Vos regards, le rouge qui vous montera aux joues quand il vous regardera, votre façon de tourner le dos dès qu'il vous regarde, auront suffi. Sauf évidemment si vous êtes bonne comédienne et que vous avez préféré l'ignorer complètement pour qu'il ne se doute de rien. Ou si votre Roméo est comme bien des garçons : incapable de voir ce qui crève les yeux à tous… à moins qu'il ne fasse mine de ne pas voir parce que lui aussi est timide !

LE GRAND SAUT
De toute façon, une déclaration d'amour, c'est toujours un pas dans le vide. C'est celui qui se sent le plus prêt, le plus courageux, le plus amoureux ou le plus fou qui peut le faire. Vous, peut-être ?

COMPRENDRE
Déclarer son amour, c'est accepter de se mettre en danger ; c'est courir le risque d'être repoussée, moquée mais surtout de découvrir que ses sentiments ne sont pas partagés. Alors que vous ne vous sentez pas sûre de vous, que vous avez plutôt tendance à vous croire moche, nulle et surtout indigne de l'élu de votre cœur, il y a de quoi vous sauver en courant… ou rester sans voix avec votre secret sur le cœur.

COURAGE !
Ce serait dommage de renoncer uniquement par timidité. Si c'est important pour vous, vous n'avez pas d'autre solution que de vous lancer. Mieux vaut savoir plutôt que rester dans l'incertitude. En amour aussi, celui qui ne tente rien n'a rien… Peut-être n'attend-il que cela ?

PAS DE PRÉCIPITATION
Autant mettre toutes les chances de votre côté. Il vaut mieux que les mots « je t'aime » ne soient pas les premiers que vous lui adressez. Pour parler d'amour, c'est bien d'avoir déjà fait un peu connaissance et mieux encore d'avoir partagé quelques activités avec lui : sortie, piscine, cinéma…

COMMENT ?
Autrefois, on écrivait une lettre d'amour, des poèmes pour dire son amour. C'est encore possible quand on est très romantique et que l'on croit que l'autre l'est aussi. Le mail, le texto peuvent aussi servir d'entrée en matière. Le téléphone n'est pas une bonne idée parce que les garçons ne considèrent pas cet instrument de la même manière que les filles. Pour eux, il sert juste à obtenir une information, à dire oui ou non et à raccrocher. Vous risquez fort de vous retrouver vite sans le son !

LES COPINES
Les copines vous abreuveront sûrement de conseils… pas toujours pertinents ! Sachez qu'il n'y a pas de recette de déclaration d'amour parce que chaque histoire d'amour est unique. Si elles vous proposent de vous aider, ou de parler elles-mêmes à l'heureux élu, méfiez-vous et gardez le contrôle de la situation : elles risquent de tout compliquer et vous pourriez le regretter !
En fait, il n'y a qu'une stratégie, la vôtre, celle qui vous ressemble, que vous saurez inventer quand vos sentiments seront plus forts que toutes vos craintes.

DISCRÉTION
Bien sûr vous avez envie d'en parler avec les copines pour vous rassurer. Mais gardez toujours à l'esprit qu'il est question de votre vie intime. Et surtout, après vous être lancée, n'allez pas raconter en long et en large comment cela s'est passé. Vos copines n'ont pas besoin de tout savoir et votre amoureux n'aimerait sans doute pas que ce moment qui n'appartient qu'à vous deux devienne le principal sujet de conversation de vos copines !

INFO +

UN BAISER EST-IL UNE DÉCLARATION D'AMOUR ?
Si vous êtes très amoureuse, vous risquez de le croire ; eh bien, méfiez-vous ! Pour un garçon, un baiser peut être un geste sans importance, juste parce qu'il en avait envie. À moins que ce soit un défi qu'il s'est lancé à lui-même, ou pire, un pari fait avec les copains. Rien ne vaut donc les mots, même maladroits, même balbutiés, pour dire son amour ; le baiser vient alors les confirmer, pas les remplacer.

**NI URGENCE
NI COMPÉTITION**

Si malgré tout vous ne vous sentez pas prête, pas capable, rien ne vous oblige à vous précipiter pour déclarer votre amour. Vous pouvez aussi prendre votre temps, laisser faire les choses, voir venir. Après tout, le temps des allusions, des doutes et des rêves est aussi un moment très fort. Et si ça doit venir, ça viendra. L'un de vous osera. Tant pis si vous êtes maladroite, ou s'il est un peu gauche : quand l'amour est partagé, la maladresse ne compte pas, elle ajoute même à l'émotion !

● **CONSEILS**

Si vous recevez une déclaration d'amour alors que vous ne l'aimez pas :
- Accueillez-la avec gentillesse, délicatesse et bienveillance, en pensant combien il est difficile de faire ce premier pas.
- Même si vous le trouvez ridicule, ne riez pas, il ne faut pas qu'il reparte en ayant honte d'avoir osé.
- Mais soyez claire, ne le laissez pas espérer si vous êtes certaine de ne pas l'aimer, vous risqueriez de le faire souffrir davantage en lui laissant de faux espoirs.
- Soyez discrète et promettez-lui la discrétion. Il a eu le courage d'oser, il n'a pas de chance, il ne mérite pas qu'on se moque de lui. Il a besoin de votre discrétion pour se remettre de son échec.

**VOIR AUSSI
AMOUR, AMOUREUSE, SORTIR AVEC, ET… RÂTEAU.
POUR TOUT SAVOIR, LISEZ « AMOUREUSE », LE GUIDE DU DICO DES FILLES !**

Déléguée de classe

Ils m'ont fait confiance !

LES DÉLÉGUÉS SONT LES ÉLÈVES CHARGÉS, POUR L'ANNÉE SCOLAIRE, DE **REPRÉSENTER LEUR CLASSE** AUPRÈS DES PROFS **PENDANT LE CONSEIL DE CLASSE**, QUI SE RÉUNIT CHAQUE TRIMESTRE, **ET** AU COURS D'**ÉVENTUELS CONSEILS DE DISCIPLINE**.

● S'INFORMER

À chaque rentrée et dans chaque classe, au collège comme au lycée, les élèves doivent élire deux délégués. Tous les élèves peuvent être candidats. C'est généralement le prof principal qui organise l'élection. Il recueille les noms des différents candidats et organise un vote à bulletin secret après une présentation du projet des candidats.

TRAIT D'UNION

Les délégués sont le trait d'union entre les profs et les élèves. Ils transmettent les informations entendues dans les réunions avec les enseignants. Si un élève rencontre un problème particulier, les délégués peuvent demander un entretien avec le prof concerné. Lors du conseil de classe, ils donnent leur point de vue sur la vie de la classe, sur les difficultés que rencontrent les élèves dans leur travail. Ils sont chargés de défendre les élèves et d'éclairer les profs dans leurs décisions. Lors d'un conseil de discipline, il leur revient de plaider la cause de l'élève. Comme ils ont le même âge, parfois les mêmes soucis, ils peuvent être plus à même que des adultes d'expliquer pourquoi un élève a commis un acte ou adopté une attitude qui peuvent être sanctionnés.

VIE SCOLAIRE, UN RÔLE À JOUER

L'ensemble des délégués d'un établissement se retrouvent dans la conférence des délégués de classe. Le proviseur peut demander l'avis de la conférence sur toutes les questions concernant la vie scolaire. Pour exercer leurs responsabilités, les représentants des élèves peuvent être aidés par les conseillers principaux d'éducation. Il existe aussi des stages de formation, utiles surtout pour les représentants au conseil d'administration ou au conseil de la vie lycéenne.

COMPRENDRE

L'élection des délégués, c'est le moyen d'apprendre ce que veut dire être citoyenne et faire fonctionner la démocratie. Si vous êtes élue vous-même, c'est la première responsabilité importante que vous prendrez dans votre établissement scolaire. Cette mission que les élèves vous confient vous confère des devoirs. À vous d'être digne de la confiance qu'ils ont placée en vous et de mériter le respect des profs.

LES INGRÉDIENTS DE LA CONFIANCE

Pour cela, il n'y a pas de secret : il faut être une élève sérieuse, posée, capable d'écouter à la fois les élèves et les profs. Vous devez donc être attentive à la vie de la classe, aux soucis de chaque élève, savoir prendre des décisions, parler en public… et accepter de prendre un peu de temps sur vos loisirs pour cela. Tout le monde n'en a pas forcément l'envie ou les capacités. Il faut être motivée et persévérer toute l'année ! Si vous vous présentez pour être déléguée, c'est que vous êtes prête à tenir votre engagement jusqu'au bout.

QUI M'AIME ME SUIVE

Le but n'est pas de se faire élire Miss 3ᵉ 2. Une élection n'est pas un applaudimètre pour savoir si vous êtes populaire dans la classe. C'est un service que l'on accepte de rendre aux autres ! Être délégué n'est pas réservé aux top models de la classe, et vous pouvez vous présenter même si vous êtes timide. Et si vous devez choisir entre le plus beau garçon de la classe et une fille discrète, réfléchissez avant de vous prononcer pour le charmeur. Il s'agit de voter utile !

EN CAMPAGNE !

Si cette responsabilité vous tente, lancez-vous quand le professeur demande des candidats. N'ayez pas peur de passer pour une orgueilleuse, ni de subir une « défaite » : si vous voulez vous occuper des autres, il faut y aller ! Si vous n'êtes pas élue, il n'y a aucune honte. Vous trouverez d'autres moyens de rendre service dans votre classe.

SAVOIR-FAIRE
LA FEUILLE DE ROUTE DU DÉLÉGUÉ

- Écouter les autres.
- Savoir prendre la parole.
- Mériter la confiance et le respect des profs et des élèves.
- Avoir le souci de faire participer tout le monde à la vie de la classe.
- Avoir des idées pour améliorer la vie quotidienne des élèves.
- Rester modeste : le délégué est un élève comme les autres !

BONS PLANS

QUELQUES PISTES POUR VOTER :

- Ne votez pas forcément pour votre copine si vous pensez qu'il y a un meilleur candidat. Ne votez pas forcément comme elle non plus !
- Commencez déjà par éliminer ceux qui n'ont aucune idée intéressante pour la vie de la classe, ceux qui se présentent pour le seul plaisir d'être élus, les girouettes qui changent toujours d'avis, ceux qui s'écrasent devant les profs ou au contraire ceux qui parlent à tort et à travers. Ils pourraient desservir les élèves.
- Le vote est personnel et secret : vous n'êtes pas obligée de dire pour qui vous avez voté.

Déménager

Partir, c'est mourir un peu…

🔴 S'INFORMER

Il y a toutes sortes de raisons de déménager, des bonnes et des moins bonnes, ou du moins des heureuses et des malheureuses.

VIVE LE CHANGEMENT !

Vous pouvez être contente de déménager parce que vous vous rapprochez d'une grand-mère bien-aimée, de cousins ou d'amies d'enfance ; que vous vous installez dans une région que vous aimez. Vous pouvez aussi être contente de quitter la ville pour vivre à la campagne, ou au contraire de fuir un trou perdu ! Vous pouvez aussi vous réjouir car votre maison sera plus grande et que vous aurez enfin votre chambre !

J'VEUX PAS PARTIR

Vous pouvez aussi avoir le cœur serré si votre famille déménage à cause de problèmes d'argent, parce que vos parents se séparent ou, encore plus grave, en raison d'un décès. Dans tous ces cas, le déménagement peut augmenter votre peine ou votre inquiétude. Il peut aussi vous aider à prendre le dessus, à vous bagarrer avec les problèmes matériels en attendant d'être capable d'affronter la cause douloureuse de ce changement.

À VOS CARTONS

Quoi qu'il en soit, il va falloir vous y mettre. Car même si le gros du travail pour organiser le déménagement revient à vos parents, c'est aussi votre affaire. Ranger, trier, nettoyer, tout cela a du bon : les regrets et la nostalgie sont tenus à distance et ne vous submergent pas…

🔴 COMPRENDRE

Déménager, c'est un peu changer de vie, aller vers quelque chose qu'on ne connaît pas. C'est normal d'avoir un peu d'appréhension.

DIRE AU REVOIR

Pour le vivre le mieux possible, il faut essayer de ne pas trop brusquer les choses, de respecter des étapes. D'abord, prenez le temps de faire vos adieux, de réunir les amies que vous quittez, de faire des projets pour vous revoir. Faites le tour aussi des lieux que vous avez aimés, prenez des photos. Faites-vous un petit bagage de souvenirs et de projets.

GARDER, JETER

Pour cela, il est important de trier vos affaires, de garder certains souvenirs, mais aussi de savoir se séparer d'autres pour matérialiser votre départ. On n'emmène jamais toute sa vie avec soi et jeter des objets, c'est une façon de regarder vers l'avant et de laisser le passé… dans le passé. Mais attention ! n'allez pas trop vite, vous ferez un second tri quand vous serez dans votre nouvelle vie !

EN ROUTE
VERS LE FUTUR

Si c'est possible, partez à la découverte de votre nouvel environnement : visitez votre nouveau logement, votre future chambre, votre nouveau collège ou lycée, faites le tour du quartier pour repérer ce qui vous intéresse, allez à la

mairie ou à l'office du tourisme pour connaître la ville, les activités à votre disposition. Bref, commencez à vous mettre dans la peau d'un nouvel habitant ! Souvent d'ailleurs les communes organisent un accueil des nouveaux habitants au moment de la rentrée des classes et, dans les villes, des associations se chargent toute l'année de l'accueil des nouveaux.

SE FAIRE DE NOUVELLES COPINES

Le plus difficile pour vous, c'est sans doute de quitter vos copines et de ne pas trop savoir comment en trouver d'autres. Si vous déménagez en début d'année, c'est facile. Il y a fort à parier pour que vous ne soyez pas la seule « nouvelle », il y a eu aussi des départs à la fin de l'année : les groupes vont se réorganiser, vous avez toutes les chances de vous intégrer ! Déménager en cours d'année demande une plus grande capacité d'adaptation. D'abord au niveau des cours, car d'un établissement à l'autre, il peut y avoir des différences : certains professeurs peuvent avoir davantage avancé dans le programme ou ne pas avoir les mêmes méthodes. Mais ils sauront vous aider à reprendre le fil du cours et les élèves auront vite fait de vous initier à leurs exigences. Ce sera même une bonne occasion de faire connaissance et d'entrer dans une bande de copines !

● CONSEIL
GARDER DES LIENS AVEC SES ANCIENNES COPINES

Ce n'est pas parce que vous n'habitez plus près de chez elles et que vous n'allez plus en classe ensemble que tout ce que vous avez partagé va disparaître. Il se peut même que l'éloignement crée de nouveaux liens ou une nouvelle manière de vivre vos amitiés.
- Les mails, les SMS sont les premiers outils pour continuer à partager les événements de sa vie et pour bavarder de tout et de rien.
- Les anniversaires se souhaitent aussi par mails et par SMS.
- On peut s'envoyer des photos, des vidéos et même commencer un Blog sur sa nouvelle vie pour le faire connaître facilement à toutes ses anciennes copines.
- Les vacances sont de bonnes occasions de se revoir et de retrouver le bonheur d'être ensemble.

VOIR AUSSI
BLOG, COPINES, TIMIDITÉ.

BON PLAN

OÙ TROUVER DES COPINES ?

Il n'y a pas que l'école pour se faire de nouvelles copines. Il y a d'abord le voisinage, les filles et les garçons qui prennent le bus avec vous pour aller en classe, la piscine ou la patinoire, le centre de loisirs, le cinéma, la fille de la boulangère ou le fils du marchand de journaux. Bref, les occasions ne manquent pas. Si vous vous sentez seule, ne vous découragez pas et prenez l'initiative : inscrivez-vous à une activité qui vous plaît (sport, dessin, musique, aumônerie…). C'est le meilleur moyen de rencontrer de nouvelles têtes… qui, en plus, auront des goûts communs avec vous.

Désir

Quand le corps s'emballe…

LE DÉSIR EST UNE **ÉMOTION VIOLENTE ET SPONTANÉE QUI** VOUS **ATTIRE VERS UNE AUTRE PERSONNE**.

● S'INFORMER

Le désir s'exprime par une multitude de sensations physiques, des plus discrètes aux plus violentes. Ce peut être un doux fourmillement tout le long du corps, une impression un peu bizarre au creux du ventre (parfois même un coup subit), ou tout simplement le rouge qui monte aux joues, quand on est en présence d'une personne attirante… Et puis, il y a les expressions plus violentes et manifestes du désir sexuel.

DES MANIFESTATIONS PARFOIS TRÈS GÊNANTES

Pour l'homme, c'est très visible. Le pénis augmente de volume et se durcit ; on appelle cela une érection. Si c'est plus discret chez la femme, c'est pourtant très réel : la pointe des seins se dresse, tout le sexe devient sensible et humide, le clitoris se durcit, les lèvres gonflent, le vagin se détend et s'ouvre, comme dans l'attente d'un rapport sexuel.

CES ÉMOTIONS QU'ON VOUDRAIT TAIRE

Au moment de l'adolescence, ces sensations jusqu'alors inconnues peuvent être très troublantes, même si elles ne se manifestent pas tous les quatre matins ! Certaines filles se sentent gênées, et même honteuses de ces réactions qu'elles ne maîtrisent et ne comprennent pas toujours.

JE SUIS AMOUREUSE, JE CROIS…

C'est pour cela que beaucoup de filles ne font pas forcément le lien entre leur « coup de cœur » et une forme de désir. Pourtant, il ne faut pas s'y tromper : dans l'attirance soudaine que l'on ressent pour un garçon, entrent tout autant en jeu les battements du cœur (on n'est pas des bêtes !) que l'émotion des sens (parce que l'on n'est pas de purs esprits non plus).

● COMPRENDRE

Pendant longtemps, le désir a été nié ou caché comme quelque chose de malsain. Pourtant, c'est quelque chose de très naturel, qui pousse l'être humain vers la vie et vers les autres ; cela n'a rien de sale ni de honteux. Simplement, il faut apprendre à vivre avec ces émotions fortes sans qu'elles vous mènent par le bout du nez !

ATTENTION À LA CONFUSION DES GENRES !

Le danger est de confondre désir et amour. Il vous est peut-être déjà arrivé d'être attirée par un garçon que vous connaissiez à peine, voire que vous aviez simplement croisé ! Vous n'étiez attirée ni par ses qualités, ni par son intelligence, vous n'aviez pas encore eu le temps de les découvrir ! Simplement, sans que vous sachiez vraiment pourquoi, il vous plaisait. Cela ne veut pas forcément dire que vous l'aimiez, encore moins qu'il fallait vous jeter dans ses bras tout de suite ! Le désir, c'est le langage du corps. L'amour, c'est une autre histoire, où le cœur et l'intelligence entrent aussi en jeu.

DÉSIR OU TENDRESSE ?

Il y a longtemps, les Grecs avaient déjà compris que l'amour se nourrit et s'enrichit aussi bien du désir que du sentiment amoureux. Ils avaient d'ailleurs deux figures pour symboliser l'amour : Éros (devenu Cupidon en latin) et Agapé.

Éros, c'est l'amour-désir. On le représente sous les traits d'un petit dieu espiègle qui lance des flèches pour allumer le désir chez les gens ! Agapé, c'est l'amour-tendresse, l'amour généreux, celui du cœur qui se centre sur l'autre, qui cherche à donner avant de recevoir.

JAMAIS L'UN SANS L'AUTRE

Attention ! l'un n'exclut pas l'autre. Au contraire ! Les deux sont essentiels. Le désir, c'est important. C'est ce qui pousse une fille et un garçon l'un vers l'autre pour se découvrir et construire une relation plus réfléchie, où ils apprennent à se connaître et à s'aimer.

ÉROS + AGAPÉ

Au cœur même du plus beau et du plus grand des amours, le désir continue à faire son œuvre. L'amour n'est pas un sentiment désincarné qui serait devenu beau et pur parce qu'il n'y a plus de désir ! Un garçon et une fille, un homme et une femme, qui s'aiment vraiment ont envie et besoin de se toucher, de s'embrasser, de se caresser, ils ont envie de ne faire plus qu'un. Bref : le grand amour, c'est Éros et Agapé qui s'associent, c'est le cœur et le corps qui ne font qu'un. Et cet amour-là, c'est le bonheur !

AGAPÉ, CE GRAND TIMIDE

Mais attention, si vous vous contentez de satisfaire le désir de votre corps, vous avez toutes les chances d'oublier en chemin celui de votre cœur, parce qu'il est plus discret, moins évident et sans doute moins facile à comprendre et à combler. C'est aussi pour cela que le plaisir du cœur rend vraiment heureux et qu'il n'est pas éphémère comme celui du corps…

DU CALME, ÉROS !

Le désir, c'est bien, c'est bon, comme la sève qui monte dans les arbres au printemps, c'est la vie. Mais sa pulsion est tellement forte, quand on est jeune et inexpérimentée, que cela risque de tout balayer. Attention à ne pas tomber dans le panneau et à ne pas laisser Éros prendre toute la place. Tout ce que vous ressentez n'est pas forcément de l'amour !

ON REPREND SES ESPRITS !

À votre âge, c'est normal de tomber amoureuse, et même d'être troublée par des désirs dont vous ne soupçonniez pas l'existence, il y a quelques mois encore ! Cela ne veut pas dire qu'il faut vous y soumettre. Vous pouvez toujours vous donner le temps de reprendre vos esprits ! Après tout, si c'est vraiment l'amour, vous aurez bien l'occasion de vous en apercevoir !

VOIR AUSSI
AMOUR, AMOUREUSE, CARESSE, PLAISIR, PREMIER RAPPORT SEXUEL,

Désir d'enfant

Le temps du désir

S'INFORMER

Le désir d'enfant vient souvent bien plus tôt que l'âge d'en avoir. Sans doute parce que beaucoup de filles en rêvent depuis qu'elles jouent à la maman avec leurs poupées.

LA FÉCONDITÉ, CE MIRACLE

À la puberté, une fille découvre brusquement que son corps devient capable d'accueillir un bébé ; cette réalité peut la troubler et la faire rêver. Elle peut être pressée de connaître cette aventure à peine croyable, pressée aussi de savoir si son corps fonctionne bien et sera capable de porter un bébé.

RÊVES D'AMOUR PARFAIT

Chez certaines, ce désir devient très fort au moment où elles prennent leurs distances avec leur mère. Cette relation intense dont elles sont en train de se dégager, elles aimeraient la retrouver d'une autre manière, la reproduire. Étrange ? Pas tellement ! Parce que, malgré tout, elles voient peut-être la relation d'une mère avec son bébé comme la relation idéale, le parfait amour où chacune des deux personnes a tellement besoin de l'autre qu'elles ne font qu'un.

UN BÉBÉ RIEN QU'À MOI

D'ailleurs, on se voit facilement mère sans trop réfléchir à ce que cela veut dire, ni à quoi cela engage. C'est plutôt un désir de bébé, parce que l'on se sent attirée et émue par les tout petits enfants. Vous avez envie de les serrer dans vos bras, de les pouponner, de jouer avec eux, d'en avoir un tout à vous.

COMPRENDRE

Désirer avoir un enfant, rien de plus normal quand vous sentez que votre corps se prépare à devenir un corps de femme. C'est un désir encore vague, que vous ne savez pas bien formuler et que vous entretenez dans vos rêves. À 14 ou 15 ans, on a beau être physiquement capable d'avoir un bébé, on n'est pas prête du tout à l'accueillir.

BIEN PLUS QU'UNE POUPÉE

Un enfant, ce n'est pas seulement un bébé qui sourit en gazouillant, ou un petit bonhomme à qui l'on peut raconter des histoires. Il a besoin d'être protégé, nourri, éduqué. Quand on devient mère, on prend la responsabilité de ce petit être pour toujours. C'est une responsabilité magnifique, mais bien trop grave pour être assumée par une toute jeune fille comme vous. Vous sentez bien d'ailleurs qu'il vous faut encore mûrir et apprendre à vous connaître avant d'être prête.

PAS DE BÉBÉ TOUTE SEULE

Et puis, au risque de vous décevoir, les filles, un bébé, ça se fait à deux ! En d'autres termes, avant d'envisager d'avoir un enfant, il faut d'abord trouver le père ! Cela implique d'aimer et d'être aimée. En plus, les garçons de votre âge sont certes physiquement capables d'avoir des enfants… mais ils sont peut-être encore moins prêts que vous à se lancer dans un travail d'éducation !

L'ORDRE DES CHOSES

Alors le désir d'enfant doit rester un désir, sans se transformer en une grossesse qui viendrait trop tôt dans votre histoire. Il faut le laisser grandir tranquillement en vous, tout en continuant à grandir vous-même. Le vrai désir d'enfant se révèle une fois que l'on a une relation heureuse avec un garçon responsable, une relation tellement forte que l'on décide de s'y engager pour la vie. C'est ce bonheur profond qui donne envie de fonder une famille.

LE TEMPS DE LA LIBERTÉ

À ce moment-là, vous aurez vraiment les moyens d'accueillir un enfant (et même plusieurs) non pas comme des jouets, non pas pour votre plaisir personnel, mais par amour : pour leur bien à eux, pour partager et faire grandir le bonheur que vous avez reçu. Mais patience, ce n'est pas encore pour aujourd'hui, ni même pour demain.
D'ailleurs, pour l'instant, vous avez envie de vivre votre vie, de profiter de votre liberté et de votre insouciance. Et c'est normal ! C'est même essentiel. Les années que vous êtes en train de vivre construisent votre personnalité. Elles feront de vous une adulte solide, prête à transmettre un jour à vos enfants le bonheur de vivre.

● BONS PLANS

En attendant… vous pouvez exprimer votre affection pour les enfants en vous occupant… de ceux des autres ! Il y a mille manières de le faire :
- Le baby-sitting, bien sûr.
- Le soutien scolaire. Aider des petits à apprendre l'art des additions et des multiplications, ou à vaincre les sorcelleries de l'orthographe, c'est déjà un excellent moyen de devenir pédagogue !
- À partir de 17 ans, vous pouvez suivre pendant les vacances une formation pour devenir animatrice et obtenir le Bafa, un diplôme qui vous permet d'encadrer des colonies de vacances ou de travailler dans des centres de loisirs. Adressez-vous à la Direction de la jeunesse et des sports de votre département (vous trouverez facilement son adresse sur Internet). Elle vous fournira un formulaire de demande d'inscription aux épreuves du Bafa et vous donnera une liste des organismes qui peuvent vous y préparer.

VOIR AUSSI
GROSSESSE PRÉCOCE, MÈRE.

INFO +

Le désir d'enfant est très répandu, mais toutes les filles ne le ressentent pas. Vous pouvez rester complètement indifférente devant un bébé et être parfaitement normale ! Ne commencez pas à vous inquiéter ou à craindre d'être une mauvaise mère plus tard. Rien à voir !

Deuil

Je ne peux pas vivre sans lui…

LE DEUIL SIGNIFIE DEUX CHOSES : **LA PERTE D'UNE PERSONNE AIMÉE** ET **LE TEMPS QUI SUIT SON DÉCÈS**, PÉRIODE DOULOUREUSE OÙ IL FAUT APPRENDRE À VIVRE SANS ELLE.

S'INFORMER

Toutes les civilisations ont inventé des rites pour aider à surmonter la souffrance due à la mort d'une personne aimée. Dans beaucoup de sociétés, on observe un temps de deuil d'une durée déterminée, avec un costume particulier et un retrait de la vie sociale (pas de sorties, pas de fêtes, voire dans certaines sociétés une vraie coupure d'avec le monde).

UN PASSAGE DOULOUREUX

Jusqu'à la Première Guerre mondiale, en France, on distinguait des périodes dans le deuil : le grand deuil au début, où l'on s'habillait tout en noir, puis le petit deuil suivi du demi-deuil, qui imposaient une liste de couleurs et de vêtements autorisés. Aujourd'hui, ces manifestations extérieures ont pratiquement disparu, mais on évite toujours de porter des couleurs vives lors d'un enterrement. Mais, si les signes extérieurs ont disparu, le deuil reste une période plus ou moins longue pendant laquelle on apprend à accepter la mort de la personne aimée ; et l'absence de rites traditionnels ne facilite pas forcément ce passage douloureux.

COMPRENDRE

La mort d'un être aimé, père, mère, frère, sœur, ami ou grand parent, est toujours un choc violent, une rupture dans la vie : il y aura désormais un avant et un après. C'est vrai même si une maladie grave laissait prévoir cette mort depuis longtemps.

LE TEMPS DES LARMES

D'abord, on ne veut pas y croire, cela paraît incompréhensible. Ensuite, on est submergée par la douleur. On pleure, on a mal, souvent même physiquement, parce que le corps aussi refuse cette séparation. Tout paraît pénible et difficile, même des choses quotidiennes comme s'habiller, manger, dormir. Comme si le fil de la vie était rompu aussi pour ceux qui restent.

LE REFUS DU DÉPART

On a tendance à se replier sur soi. À vouloir oublier la réalité pour revenir au temps où la personne aimée était encore là. À ressasser tout ce que l'on a vécu avec elle, comme si c'était un moyen de lui redonner vie. On la fait exister en soi pour oublier qu'elle n'est plus là, qu'elle ne le sera plus jamais. C'est parfois si fort que l'on peut se laisser aller à croire qu'elle est partie en voyage, qu'elle reviendra un jour.

TROP TARD

Pourtant, quand elle était en vie, l'entente n'était pas

parfaite. Disputes, critiques, colères injustes, bouderies, il y a eu bien des occasions de mal se conduire. Mais justement, la mort empêche désormais d'effacer cela ; et on peut se sentir malheureuse de ne pas avoir été plus délicate, de ne pas lui avoir demandé pardon quand il le fallait. Ce sentiment s'ajoute à une autre culpabilité plus inconsciente, celle de jouir encore de la vie alors que l'autre en est privé.

LE TRAVAIL DE DEUIL

Il faut du temps pour accepter l'absence, pour passer de la colère, du chagrin au souvenir plus serein. Cette lente transformation intérieure, appelée « travail de deuil », n'est pas un effort conscient. C'est lâcher doucement la main de celle ou celui qui est parti, apprendre à marcher seule pour revenir dans le monde des vivants.

UN PILIER EN MOINS

À l'adolescence, c'est une épreuve particulièrement difficile. Parce que c'est l'âge où vous êtes en train de vous lancer dans la vie, un âge crucial où vous avez particulièrement besoin d'être soutenue. Perdre brutalement quelqu'un de proche quand on est adolescente, c'est être privée d'un appui dont on avait besoin pour grandir, quitter l'enfance et devenir adulte. Si cela vous arrive, vous pouvez avoir l'impression que tout lâche en même temps, avant d'avoir eu le temps de prendre des forces pour vous débrouiller seule avec les difficultés de la vie.

DIRE ET PLEURER L'ABSENCE

L'important, c'est de pouvoir parler. Évoquer la personne disparue avec ceux qui l'ont connue, partager les souvenirs, les moments de bonheur et la douleur de la séparation. Mais parfois, on n'ose pas parler avec des gens trop proches : on a tous tellement mal ! Il est bon alors de trouver une personne qui a un peu plus de recul ; quelqu'un que l'on aime, qui est plus fort pour écouter, devant qui l'on peut se laisser aller à pleurer. Quelqu'un aussi qui peut ouvrir la porte de l'avenir, dire que la vie n'est pas finie.

RÉAPPRENDRE À VIVRE

Et surtout, il ne faut pas croire qu'accepter la mort d'une personne aimée, être heureuse de vivre alors qu'elle est morte, c'est la trahir. Cela n'empêche pas de garder dans son cœur tout ce que l'on a vécu avec elle, cette histoire qui nous a fait grandir, cette relation qui a tellement contribué à faire de nous ce que l'on est aujourd'hui. En réapprenant à vivre, à rire, à faire des projets, à aimer aussi, on fait vivre le trésor que nous a laissé celui ou celle qui est parti.

VOIR AUSSI
MORT, SUICIDE.

CONSEILS

- Se donner du temps, se donner le droit de pleurer, d'avoir mal et même d'être malade.
- Parler de lui ou d'elle, dire ce qu'on ressent.
- On peut aussi lui écrire une lettre d'adieu.
- Aider à préparer une belle cérémonie d'adieu, où chacun pourra dire sa douleur et son amour avec des objets, de la musique, des poèmes.
- Se faire un coin dans sa chambre avec quelques objets symbolisant le défunt et accepter peu à peu l'absence.
- Aller se recueillir au cimetière, en posant un bouquet de fleurs sur sa tombe, signe qu'on ne l'oublie pas.
- Si on est croyante, prier et essayer de mieux comprendre ce que sa religion dit de l'espérance après la mort.

Deux-roues

J'veux un scoot !

LES DEUX-ROUES, C'EST UNE DÉNOMINATION TRÈS VASTE : ÇA VA **DE LA PATINETTE À LA MOTO** !

🔴 S'INFORMER

La loi n'impose pas les mêmes contraintes aux utilisateurs des différents deux-roues : les précautions obligatoires dépendent bien sûr des risques encourus.

DEUX POIDS, DEUX MESURES

Pour le vélo, pas d'obligation légale de permis, de casque, ni d'assurance. Cela dit, il est préférable (et pas ridicule du tout !) de porter un casque et d'envisager une assurance spécifique : à partir du moment où vous circulez sur la chaussée, vous pouvez avoir un accident. Vous pouvez conduire une mobylette ou un scooter dès l'âge de 14 ans. À deux conditions : que ce soit une cylindrée inférieure à 50 cm³ et que vous soyez titulaire du brevet de sécurité routière. Casque et assurance sont obligatoires.

BREVET DE SÉCURITÉ ROUTIÈRE

Ce brevet se compose d'une partie théorique et d'une partie pratique. La partie théorique, que doivent passer tous les élèves de 5ᵉ, c'est l'attestation scolaire de sécurité routière. Elle permet de s'assurer que les jeunes connaissent les règles générales de sécurité routière et sont capables d'analyser les dangers qu'ils peuvent rencontrer en circulant sur la voie publique, qu'ils soient à pied ou à deux-roues. Cette attestation est délivrée par l'Éducation nationale. Ensuite, pour avoir le brevet, il faut passer la partie pratique, à savoir trois heures de circulation sous le contrôle d'un accompagnateur agréé. À partir de 16 ans, si vous êtes titulaire d'un permis A1, vous pouvez conduire un deux-roues de plus de 50 cm³ et de moins de 125 cm³. Pour les plus grosses cylindrées, il faut passer un permis moto.

🔴 INFO +

LE COÛT D'UN DEUX-ROUES

Ce n'est pas donné ! Pour une cylindrée de moins de 50 cm³, il faut compter entre 1 600 et 3 000 €. Plus 300 à 1 000 € pour l'assurance et 120 à 150 € pour le casque, absolument obligatoire. Sans compter l'essence (2,5 litres pour 100 Km), l'huile, les réparations… et les contraventions. Jusqu'à 135 € si on a « oublié » son casque, 135 € pour des pneus lisses ou sous-gonflés, 68 € si l'on roule de nuit les feux éteints (et même de jour pour les gros cylindres).

🔴 COMPRENDRE

Le deux-roues, c'est la liberté, le rêve… et quelquefois le sujet de conflit par excellence avec les parents.

BOTTES DE SEPT LIEUES, VERSION MODERNE

La Mobylette ou le scooter, ça change la vie. Vous pouvez aller voir vos copines à tout moment sans dépendre de vos parents. Plus besoin non plus de supplier que l'on vous véhicule pour aller faire du shopping ou vous rendre au cours de danse, sans compter la joie d'épater la galerie des copains et des copines !

PREMIER COUP DE STARTER

C'est aussi le signe que l'on a confiance en vous, en vous laissant vous lancer dans la jungle de la circulation routière. C'est un premier pas vers le monde adulte, le début de votre indépendance. Vous vous souviendrez longtemps de votre première Mobylette, du moment où les parents ont cédé, inquiets et pleins de bonne volonté, et de la famille réunie pour vous regarder démarrer votre rutilant deux-roues…

LA CARROSSERIE, C'EST VOUS

Toute à votre joie et à votre insouciance, vous n'avez peut-être pas vraiment conscience du bien-fondé de l'inquiétude de vos parents. Pourtant, les accidents de deux-roues sont l'une des causes principales de mortalité chez les jeunes.

N'oubliez pas que vous êtes bien moins protégée sur un scooter ou une Mobylette que dans une voiture : logique, en cas de choc, c'est vous qui tenez lieu de carrosserie ! Chaque fois que vos parents ne vous verront pas rentrer à l'heure prévue, ils ne pourront pas s'empêcher d'y penser.

ALLÔ, J'ARRIVE !

Alors, la meilleure façon de les remercier de leur confiance, c'est d'être prudente : portez toujours votre casque, ne conduisez jamais si vous êtes fatiguée ou après avoir bu (ne buvez pas du tout, c'est encore mieux), ne roulez pas trop vite, respectez bien le code de la route. Et soyez sympa : passez un petit coup de fil à vos parents chaque fois que vous pensez être en retard…

LES ACCIDENTS

Parmi les cyclomotoristes de 16 ans, on compte près de 80 tués et 4 000 blessés par an. Plus d'un jeune cyclomotoriste tué sur 10 ne portaient pas de casque.
La moitié des accidents mortels impliquant un cyclomoteur se produisent la nuit.

LE CASQUE, VOTRE BOUCLIER

- Le casque, c'est vital. Et pas n'importe quel casque ! Si 95 % des cyclomotoristes en portent, on constate que 50 % des blessures graves touchent quand même la tête. Pourquoi ? Parce que certains accidentés portaient des casques non homologués (c'est-à-dire non soumis aux normes élémentaires de sécurité).
- Pour être efficace, un casque doit être correctement attaché : ne l'enfilez pas à la va-vite !

VOIR AUSSI
CONFIANCE, PARENTS, PERMIS DE CONDUIRE, RESPONSABILITÉ.

BONS PLANS

QUAND VOUS PRENEZ LA ROUTE
- Vérifiez les pneus, les freins, la chaîne, le niveau d'huile. Assurez-vous que votre phare fonctionne.
- En cas de pluie, doublez vos distances de sécurité, roulez moins vite. N'oubliez pas que les autres véhicules ont, comme vous, plus de mal à freiner. Attention aux bandes de signalisation collées au sol (passages piétons, lignes de marquage), aux plaques d'égouts, aux rails de tram, etc. : l'eau les transforme en patinoire !
- Dès qu'il fait mauvais, pensez à mettre vos affaires précieuses dans un sac plastique. Ça vous évitera d'avoir recours aux services du fer à repasser pour remettre en forme vos papiers trempés !

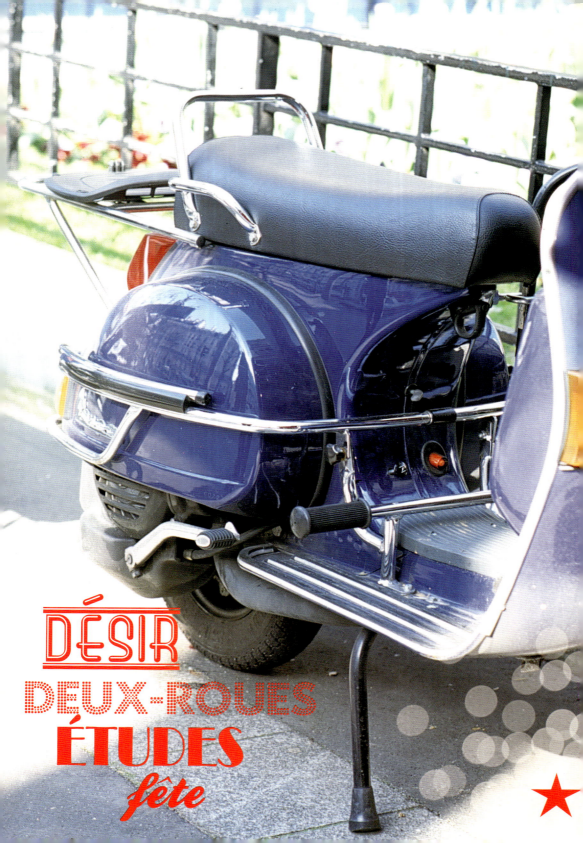

Devoirs

J'arrive pas à m'y mettre !

🔸 S'INFORMER

Pas moyen d'y couper : les devoirs, ça revient tous les jours ! Face à cette réalité implacable, il y a deux solutions. La prendre avec philosophie et vous organiser pour que ça ne vous empoisonne pas l'existence. Ou choisir la politique de l'autruche, mais bonjour les nuits blanches ou les dimanches soir déprimants !

UN TEMPS POUR SOUFFLER

Certaines filles préfèrent s'y mettre dès la sortie des cours, pour avoir fini plus vite. Mais vous avez peut-être besoin d'un petit temps de décompression. Goûter devant la télé, coup de fil à une amie : l'important, c'est de vous changer les idées. Une heure suffit largement : après, vous n'aurez plus le courage de vous y remettre !

LES SPÉCIALISTES DE LA DERNIÈRE MINUTE

Vous préférez peut-être travailler après le dîner. Vous n'avez d'ailleurs pas forcément le choix, pour peu que l'entraînement de sport tombe à la sortie des cours ! À éviter cependant quand vous avez beaucoup de travail, à moins que vous n'aimiez mettre votre réveil à 6 heures du matin pour boucler un devoir…

DOUBLE AGENDA

Le mieux, c'est de vous faire une organisation sur la semaine, une sorte d'emploi du temps bis qui indique quel jour vous ferez votre devoir de maths, vous réviserez l'anglais, etc., en y intégrant vos autres activités. Un emploi du temps souple, bien sûr, à moduler en cas d'événement important (la sortie à ne pas manquer !).

LE CADRE

Reste bien sûr à s'y mettre. Le cadre de travail est essentiel : on travaille mal dans le bruit et le désordre. Mieux vaut vous enfermer dans votre chambre ou un endroit au calme, vous installer devant un bureau rangé et bien éclairé. Relisez les cours de la journée et assurez-vous

pause (le temps de votre single préféré). Cela motive pour attaquer la suite !

MUSIQUE OU SILENCE ?
Travailler en musique, pourquoi pas ? Certaines finissent par ne plus l'entendre et s'aperçoivent qu'elles ont besoin d'une pause quand elles y font de nouveau attention. D'autres ont besoin de silence pour se concentrer. À vous de trouver votre méthode.

AVEC OU SANS LES COPINES ?
Les amies, c'est parfois très efficace pour se motiver : on n'ose pas lever le nez quand on voit les autres concentrés ! Essayez donc de travailler ensemble… mais cela oblige à une grande discipline pour ne pas partir sur un autre sujet ! Même exigence pour les coups de fil « SOS » pour terminer un devoir : difficile parfois de ne pas dévier sur les histoires de l'une ou de l'autre !

 INFO +
MÉMOIRE VISUELLE, MÉMOIRE AUDITIVE
On n'a pas toutes la même mémoire. Les unes ont une mémoire visuelle : elles se rappellent la page où est écrit le cours. D'autres ont une mémoire auditive : pour se souvenir, elles entendent dans leur tête la voix du professeur. Vous avez une mémoire visuelle ? Prenez des notes, faites des fiches que vous reverrez mentalement en interro. Une mémoire auditive ? Répétez tout haut vos leçons pour vous souvenir de la musique des mots le moment venu ou enregistrez-les sur un dictaphone pour les réécouter.

COMPRENDRE
D'accord : il y a des soirs où c'est franchement un crève-cœur de faire vos devoirs quand vous avez envie de rêvasser, de passer du temps à parler de tout et de rien avec une amie, ou de regarder la télé. De quoi regarder de travers les bonnes âmes qui ont la fâcheuse idée de vous dire que les études, c'est le bon temps, alors qu'elles ont leurs soirées et leur week-end libres, sans l'angoisse de l'interro du lendemain !

UN TEMPS POUR TOUT
Seulement, voilà, elles sont aussi passées par là, elles ont d'autres soucis et surtout beaucoup moins de vacances que vous ! Et puis, qui vous dit qu'elles ne regrettent pas sincèrement ce temps passé à former leur intelligence et à forger leur esprit critique ?

MUSCLEZ VOTRE CERVEAU !
Les devoirs ne servent pas seulement à passer de classe en classe, à décrocher le bac et à obtenir des diplômes. Ils vous aident à devenir plus intelligente, à engranger des connaissances que vous n'aurez plus le temps d'acquérir quand vous travaillerez.

que vous avez compris les exercices faits en cours. Sinon, programmez de les refaire le mercredi ou pendant le week-end. Faites les exercices rapides et gardez les plus longs pour le mercredi ou le week-end.

PETITE PAUSE ?
Pour ne pas musarder, fixez-vous une durée à ne pas dépasser. Cela évite d'être mobilisée toute la soirée. Vous pouvez aussi morceler votre temps de travail : une heure pour les maths, puis une courte

C'est pour cela que faire vos devoirs, c'est votre « travail » et la rémunération, c'est une intelligence plus performante, un savoir approfondi (et la conscience tranquille !).

AU BOULOT !
Alors, haut les cœurs, il faut y aller ! Détrompez-vous : ce n'est pas toujours ennuyeux. Vous allez même découvrir des tas de choses passionnantes. N'hésitez pas, quand un sujet vous plaît, à aller plus loin que ce que l'on vous demande : cherchez des informations complémentaires, lisez un livre sur le sujet. Mais même si une matière vous rase, il faut, au minimum, assimiler chaque cours. Sinon, vous allez patauger au cours suivant… ou, pire, l'année suivante. Ce serait dommage de redoubler une année par simple paresse. Alors courage !

VOIR AUSSI
BACCALAURÉAT, BREVET, ÉTUDES, ORIENTATION, REDOUBLEMENT.

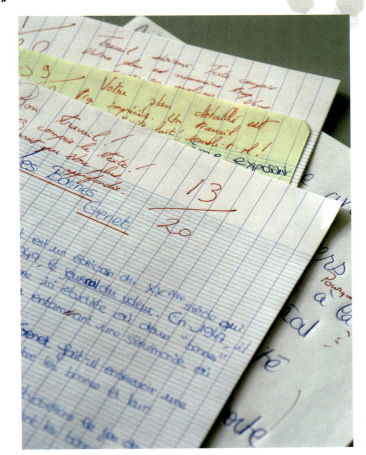

BONS PLANS

SPÉCIAL BOSSEUSES DE DERNIÈRE MINUTE
On a beau vous dire de vous y prendre à l'avance, rien n'y fait et vous galérez toujours à apprendre des tonnes de leçons la veille des contrôles importants. Sans forcément apprendre à l'avance, il y a des petits trucs pas fatigants qui font la différence (utiles du collège à la fac !) :
• Soyez attentive en cours : la moitié du travail est faite (surtout si votre mémoire est auditive). Cela implique de ne jamais sécher ou buller, et de ne pas se contenter de photocopier les cours des autres. En plus, bien prendre ses notes, c'est rentabiliser le temps passé en classe !
• Le soir, reprenez vos notes. Soulignez les titres, encadrez ce qui est important. Relisez-les une ou deux fois attentivement. Cela vous prendra 10 minutes maximum pour chaque cours et la veille du jour J, tout rentrera bien plus vite.

Dieu

Tu crois en Dieu, toi ?

DIEU, C'EST **UN MOT QUI** EXISTE DANS TOUTES LES LANGUES, MAIS IL **A DES SIGNIFICATIONS DIFFÉRENTES SUIVANT** LES CULTURES ET **LES RELIGIONS**. ET SURTOUT SUIVANT **LA MANIÈRE DONT ON L'ÉCRIT** !

● S'INFORMER

Les dieux avec un « d » minuscule, ce sont des puissances qui sont supposées intervenir sur la destinée des hommes. Pensez aux dieux et aux déesses des Grecs et des Romains ! Ils n'avaient pas toujours bon caractère ; alors, pour se les concilier et recevoir d'eux des bienfaits, il fallait leur offrir des sacrifices. Aujourd'hui, plus personne ne vénère les dieux grecs ou romains, mais des religions traditionnelles honorant plusieurs divinités existent en Afrique et en Asie.

L'UNIQUE

Écrire Dieu avec un « D » majuscule, c'est radicalement différent. Il s'agit alors d'un Dieu unique, créateur de toute chose, tout-puissant, infini et éternel. Contrairement aux dieux multiples, que nous pouvons facilement nous représenter parce qu'ils ressemblent à des hommes, avec chacun leur beauté, leur laideur, leurs qualités et leurs défauts, Dieu est difficilement représentable ! Pourquoi ? Parce que nous avons un esprit limité, et que tous ces « grands » mots : tout-puissant, infini, éternel, parfait, nous dépassent.

MAIS QUI DONC EST DIEU ?

C'est la question impressionnante à laquelle essaient de répondre les trois religions « monothéistes » (qui croient en un seul Dieu). Ces religions sont, dans l'ordre où elles sont apparues : le judaïsme, le christianisme et l'islam. Elles disent que Dieu est le créateur de l'univers et de l'homme ; il est extérieur au monde (on dit qu'il est « transcendant »). Il n'est pas quelque chose, une puissance, une force ; il est quelqu'un, quelqu'un qui se fait connaître aux hommes (on dit qu'il se « révèle »), et qui donne des moyens d'entrer en relation avec lui. Pour les chrétiens, Dieu lui-même, en la personne de son Fils Jésus-Christ, s'est fait homme et a partagé notre destinée.

SA PAROLE DANS DES LIVRES

Cette révélation que Dieu fait de lui-même, cette parole de Dieu, chacune de ces trois religions la retrouve dans des écrits différents. Les juifs lisent la Torah, qui est une partie de la Bible ; les chrétiens se réfèrent aussi à la

Bible, mais surtout aux évangiles qui racontent l'histoire de Jésus-Christ, qu'ils reconnaissent comme le Fils de Dieu. Les musulmans ont reçu de Dieu le Coran par l'intermédiaire de son prophète Mahomet.

COMPRENDRE

Croyez-vous en Dieu ? Vous vous posez peut-être la question, vos copines vous la posent ou se la posent. Pour y répondre, vous pouvez vous demander si Dieu existe. Mais cette question est abstraite. Personne ne peut y donner une réponse certaine ! Depuis toujours, les hommes cherchent des preuves de l'existence de Dieu. Mais le mystère de Dieu reste entier.

CONCRÈTEMENT, QU'EST-CE QUE ÇA CHANGE ?

Ce qui compte pour vous, c'est plutôt de vous poser cette question : « Si je crois en Dieu, qu'est-ce que cela change dans ma vie ? » Parce que croire peut avoir deux sens. D'abord, penser que c'est vrai ; ensuite et surtout, faire confiance. « Je crois en toi », vous dit votre mère, parce qu'elle vous aime et qu'elle a confiance en vous.

ON N'EST PAS LÀ PAR HASARD

Croire en Dieu, c'est cela ! C'est choisir de faire confiance à ceux qui parlent de Dieu, aujourd'hui et depuis le début de l'histoire. Et surtout, c'est avoir envie de le connaître et de l'aimer. Cette foi change toute l'existence, parce qu'elle lui donne un sens. Les croyants pensent que l'on n'est pas venu sur terre par le plus grand des hasards, mais que l'on est voulu, créé par Dieu. On n'est pas un être vivant perdu dans l'immensité de l'univers, une sorte d'algue pensante qui habite la banlieue de la Voie lactée, comme cela, sans raison !

CHERCHER, SANS SE LASSER

Les croyants appartiennent à différentes religions, mais tous ont en commun le désir de rencontrer Celui qui les a créés, et la volonté de le chercher. Être croyant, c'est l'aventure de toute une vie, parce que l'on n'a jamais fini de chercher Dieu. Le croyant ne possède pas un savoir, même s'il fait référence à des écrits sacrés. Il doit lui-même faire son chemin, construire sa relation avec Dieu. Sans cesse, il doute et il n'a jamais de réponses certaines et définitives à ses questions.

UN JOUR, JE VERRAI DIEU

Être croyant demande beaucoup de courage et d'humilité ! Mais ceux qui se lancent dans cette voie orientent toute leur vie vers une immense espérance : connaître Dieu, le rencontrer.

SON VISAGE DANS CHACUN DES HOMMES

Pour les chrétiens, par exemple, Dieu propose son amour à tous les hommes et leur demande d'y répondre. Comment ? En l'aimant, et en s'aimant les uns les autres comme il les aime. Le message a l'air simple ? Simple oui, mais sûrement pas facile ! Il est en réalité extrêmement exigeant… puisqu'il s'agit d'aimer même ses ennemis ! Pour le chrétien, le chemin vers Dieu passe par l'amour de tous les hommes, parce que Dieu ne peint pas son portrait dans les nuages, mais le dessine sur le visage des hommes et des femmes de la terre.

VOIR AUSSI
FOI, RELIGION.

INFO +

QUELQUES DÉFINITIONS
- *Un athée, c'est quelqu'un qui ne croit pas en Dieu. Pour lui, Dieu est une pure invention des hommes : la vie humaine est apparue par hasard sur la terre, et l'homme disparaît totalement après sa mort.*
- *Un agnostique ne veut pas se prononcer : peut-être que Dieu existe, peut-être pas ! Pour lui, la question mérite d'être posée, mais on ne peut pas y répondre avec certitude.*
- *Un croyant, c'est quelqu'un qui a la conviction intime que Dieu existe, même si l'on ne peut pas le prouver rationnellement.*

Divorce

J'ai deux familles…

LE DIVORCE, C'EST LA **DISSOLUTION DU MARIAGE CIVIL**, QUI SE FAIT **PAR UN JUGEMENT**.

● S'INFORMER

Depuis le 26 mai 2004, la loi a simplifié les procédures de divorce dans l'espoir de les rendre plus rapides et moins conflictuelles.

QUAND LES DEUX ÉPOUX SE METTENT D'ACCORD

S'ils sont d'accord sur tout (garde des enfants, partage des biens, etc.), la procédure dite de « consentement mutuel » peut s'appliquer. Ils choisissent un avocat (ils peuvent choisir le même) et proposent au juge une convention qui règle la garde des enfants et les problèmes d'argent. S'il reste des points de désaccord entre eux, ce sera au juge de trancher.

POUR ALTÉRATION DÉFINITIVE DU LIEN CONJUGAL

Il est possible quand les époux vivent séparés depuis au moins 2 ans. L'un d'eux peut aussi le demander quand l'autre est atteint d'une maladie mentale grave. Dans ce cas, même divorcé, il continue à lui devoir assistance.

DIVORCE POUR FAUTE

Il intervient quand l'un des conjoints reproche à l'autre une violation grave des devoirs et obligations du mariage (violences conjugales, par exemple.)

UNE LONGUE PROCÉDURE

Une procédure par consentement mutuel dure moins de 6 mois. Quand les époux ont des sujets de désaccord (garde des enfants, argent…), c'est souvent beaucoup plus long, entre 12 et 18 mois.

ET LES ENFANTS ?

En général, les deux parents gardent l'autorité parentale, même si la garde est attribuée à l'un (la mère dans 71,8 % des cas), tandis que l'autre a un droit de visite (souvent un week-end sur deux et la moitié des vacances scolaires).
Pour éviter une trop grande séparation, 21,5 % des parents choisissent la garde alternée : les enfants vivent tantôt chez l'un, tantôt chez l'autre (une semaine sur deux, par exemple).

LEUR MOT À DIRE

Le juge peut consulter les enfants avant de prendre une décision sur leur lieu de vie. S'il ne le fait pas, ils peuvent demander à être entendus. À quel âge ? « Dès qu'ils sont capables de discernement », précise l'article 12 de la Convention internationale des droits de l'enfant. En pratique, seuls les adolescents ont recours à cette possibilité. L'entretien a lieu sans les parents, à huis clos (c'est-à-dire en privé). L'enfant peut demander l'appui d'une personne de son choix, et même d'un avocat, qu'il n'a pas à payer.

● INFO +
CE QUE LES RELIGIONS DISENT DU DIVORCE

Le mariage est béni par toutes les religions, qui souhaitent aux époux bonheur et fécondité.

Mais la plupart d'entre elles considèrent le mariage comme une décision purement humaine entre deux personnes qui se choisissent. Elles admettent donc que l'un ou l'autre des époux, ou les deux, puisse souhaiter rompre l'union.

UN CAS PARTICULIER : LE CATHOLICISME

Pour l'Église catholique, le mariage n'est pas seulement un engagement humain. L'amour que les époux se portent est le signe de l'amour de Dieu pour les hommes. Dieu s'engage lui-même dans le mariage et les hommes ne peuvent pas défaire ce que Dieu a fait. Aussi les époux restent-ils mariés devant Dieu, même s'ils sont divorcés devant le juge.

● COMPRENDRE

Un divorce, c'est toujours douloureux. Pour les adultes, c'est l'aveu d'un échec, la fin d'un amour. Ils s'étaient cru capables de s'aimer pour toujours, et puis c'est fini. Quant aux enfants, ils gardent souvent au fond d'eux-mêmes la nostalgie d'une famille unie.

UNE NOUVELLE VIE

Garde alternée, visites régulières au parent chez qui ils n'habitent pas, le rythme de vie des enfants est marqué par le divorce. Bien sûr, on s'habitue à cette nouvelle situation. N'empêche : les allées et venues entre les deux parents, ce n'est pas naturel, et cela leur rappelle sans cesse le divorce, même s'il est très ancien.

MA FAUTE ?

Il arrive que les enfants éprouvent un sentiment de culpabilité : si le couple de mes parents n'a pas marché, c'est peut-être de ma faute ? On dit souvent que les enfants sont le ciment d'un couple : un enfant qui voit ses parents divorcer peut se demander, même inconsciemment, s'il n'est pas responsable de cette crise. Bien sûr, la réponse est non. Un enfant peut créer des tensions entre ses parents s'ils ne sont pas d'accord sur la manière de l'éduquer, mais jamais il ne les mènera devant le juge.

PAS D'AMOUR HEUREUX ?

Les divorces peuvent survenir alors que les enfants sont déjà adolescents. Ce n'est pas la même chose parce qu'on est moins dépendant de ses parents pour la vie quotidienne, mais c'est aussi douloureux que lorsque l'on est enfant. Cela vous fait mal, vous chamboule et fait surgir des tonnes de questions sans réponses. C'est donc vrai que l'amour peut ne pas durer toute la vie ? Alors, à quoi bon se lancer soi-même ? À l'âge où l'on se pose de grandes questions sur ce que l'on va faire de sa vie, il faut avouer qu'un divorce n'est pas très encourageant.

CE N'EST PAS UNE FATALITÉ

Pourtant, aucun divorce ne doit faire désespérer de l'amour. Bien sûr, c'est affreux de voir tous ces couples séparés. Mais il n'y a ni norme, ni fatalité, les statistiques qui font état de chiffres inquiétants concernant le nombre de divorces ne vous empêcheront pas de prendre votre vie en main et de vous battre pour réussir votre couple !

VOIR AUSSI
AMOUR, BEAU-PÈRE / BELLE-MÈRE, MARIAGE, MÈRE, PÈRE.

CONSEILS

UN PÈRE À MI-TEMPS

Si vos parents sont divorcés et que vous vivez, comme la plupart des enfants dans ce cas, chez votre mère, ce n'est peut-être pas évident de communiquer avec un père que vous ne voyez pas souvent. Pour un père divorcé, les week-ends avec une petite fille, c'est facile : entre le zoo, les glaces et le patin à roulettes, il y a plein de choses à faire ! Mais quand elle grandit, il est souvent désemparé devant une jeune fille qu'il ne comprend pas toujours, d'autant plus qu'il n'a pas la mère de la demoiselle comme décodeur ! Si c'est votre cas, soyez indulgente avec lui. Patiente, aussi : quand vous aurez 18 ou 20 ans, vous aurez certainement une relation beaucoup plus simple et complice avec lui.

Drogue

La drogue, c'est l'enfer !

LES SCIENTIFIQUES REGROUPENT SOUS LE NOM DE **DROGUES** DIFFÉRENTES SUBSTANCES DITES « PSYCHOACTIVES », C'EST-À-DIRE QUI **MODIFIENT LE FONCTIONNEMENT DU CERVEAU ET LA PERSONNALITÉ**. CES SUBSTANCES CRÉENT UNE ACCOUTUMANCE ET UNE DÉPENDANCE, À LA FOIS PHYSIQUES ET PSYCHOLOGIQUES.

● S'INFORMER

La loi du 31 décembre 1970 punit la production, la détention et l'usage de stupéfiants (cannabis, cocaïne, crack, ecstasy, LSD, héroïne…) par des sanctions allant de 76 à 76 000 € d'amende et de 1 à 20 ans de prison.

DURE OU DOUCE

Drogue dure ou douce, la science ne sait pas ce que cela veut dire. Les scientifiques définissent trois grandes catégories de drogues, en fonction de leur action sur le système nerveux : les dépresseurs, les perturbateurs et les stimulants.

LES DÉPRESSEURS DU SYSTÈME NERVEUX

Les effets

Les dépresseurs peuvent être des produits autorisés par la loi mais détournés de leur usage (certains médicaments par exemple) ou des produits interdits comme l'opium ou l'héroïne. Ces drogues ralentissent l'activité du cerveau et produisent, dans un premier temps, un sentiment de bien-être, d'apaisement pouvant aller jusqu'à l'euphorie. Dans le cas précis de l'héroïne, on appelle « flash » le sentiment intense de plaisir que les toxicomanes ressentent lors de la première prise et qu'ils cherchent à retrouver à tout prix, en augmentant et en rapprochant les doses, au risque d'en mourir (par « overdose », un excès de produit que le corps ne peut pas supporter et qui provoque une crise cardiaque).

Les conséquences

Quand la dépendance physique s'installe, et dans le cas de l'héroïne cela peut être dès la première prise, la personne souffre du manque dès que les effets du produit se sont dissipés : son corps réclame la drogue, son esprit est obsédé, son énergie mobilisée par la recherche du produit. Dans le cas de l'opium et de l'héroïne, les crises de manque sont insupportables : crises d'angoisse, crampes abdominales provoquant vomissements et diarrhées, vertiges, tremblements, sueurs froides, hallucinations… La dépendance psychologique, elle aussi, est très forte. Un ancien toxicomane garde souvent le souvenir du plaisir que lui donnait la drogue. Par ailleurs, le mal-être qui l'avait amené à se droguer n'a pas disparu et c'est souvent cela qui est le plus difficile à surmonter.

LES PERTURBATEURS DU SYSTÈME NERVEUX

Les médecins classent dans cette catégorie diverses substances interdites par la loi comme le cannabis, les champignons hallucinogènes, le LSD (encore appelé acide) et l'ecstasy. Il faut y ajouter les colles et les solvants.

Les effets

On appelle ces drogues « hallucinogènes », car leur action sur le cerveau modifie la perception de la réalité, au point de provoquer des hallucinations (modification des perceptions, de la notion du temps et de l'espace, distorsion des images et des couleurs, confusion entre les images et les sons). C'est la perte de la notion du temps dans l'ivresse cannabique, ou encore le « voyage psychédélique » du LSD.

Les conséquences

Les conséquences de la prise de certaines substances hallucinogènes (LSD ou acide, ecstasy) peuvent être dramatiques dès la première prise. Cela n'a rien à voir avec la prétendue « qualité » du produit. Ces drogues peuvent causer des lésions irréversibles au cerveau, entraînant des accidents psychiatriques extrêmement graves, comme la schizophrénie, sans que l'on sache pourquoi cela arrive à une personne et pas à une autre. Des cas de maladie d'Alzheimer précoce (25 ans), consécutifs à la prise d'acide, ont

aussi été recensés : le cerveau des victimes avait été en quelque sorte « carbonisé » par l'acide.

Le « bad trip »

Le LSD peut provoquer des hallucinations très dangereuses : le « voyage psychédélique » a parfois entraîné des personnes à se jeter par la fenêtre, non par désespoir, mais parce qu'elles pensaient pouvoir voler ! D'autres ont éprouvé des crises d'angoisse avec des bouffées délirantes aux conséquences tout aussi dramatiques (boire de l'eau de Javel pour tuer les vers imaginaires qui rongeaient leur ventre, par exemple). Ce que les initiés nomment le « bad trip » a parfois des conséquences mortelles.

Il ne faut pas oublier non plus le « retour d'acide » : les molécules d'acide peuvent rester inactives dans le cerveau pendant six mois et se mettre à agir à n'importe quel moment… Imaginez ce qui peut se passer quand ce « retour d'acide » arrive au conducteur d'une voiture…

Contrairement à des idées reçues, les champignons hallucinogènes ne sont pas moins dangereux que les autres drogues, et ils peuvent avoir les mêmes effets dramatiques que le LSD.

L'ecstasy

Enfin, l'ecstasy, qui agit à la fois comme hallucinogène et comme stimulant, est aussi très dangereuse : en supprimant la sensation de fatigue ou de malaise, cette drogue a conduit des jeunes consommateurs de rave party à la mort. Les victimes dansaient depuis des heures sans manger ni boire parce qu'elles n'en ressentaient pas le besoin : elles souffraient pourtant d'une déshydratation intense faisant monter leur température corporelle à plus de 43 °C.

LES STIMULANTS DU SYSTÈME NERVEUX

Les effets

Ces drogues suppriment la sensation de fatigue et de faim et, dans un premier temps,

PRODUITS	CATÉGORIES	COMPOSITION-PRÉSENTATION	EFFETS IMMÉDIATS	EFFETS INDÉSIRABLES-DANGERS
CANNABIS	Perturbateur du système nerveux central.	Issu d'une plante, le chanvre indien. Se présente sous 3 formes : l'herbe ou marijuana, le haschich ou shit, l'huile (peu répandue).	Détente, relaxation, euphorie. Modification de la perception du temps. Parfois sentiment de persécution, anxiété.	Ralentissement des réflexes, pertes de mémoire, difficultés de concentration. Dépendance physique faible. Risque de dépendance psychologique.
COCAÏNE	Stimulant du système nerveux central.	Extraite d'une plante, la feuille de coca. Se présente sous la forme d'une poudre blanche. Généralement inhalée, elle peut s'injecter. Souvent mélangée à d'autres produits.	Excitation intense, disparition de la sensation de fatigue, coupe-faim ; puis crampes musculaires, état d'épuisement, frissons, dépression.	Détérioration des cloisons nasales, accidents cardiaques, overdose, accidents psychiatriques. Dépendance psychique forte.
CRACK	Stimulant du système nerveux central.	Mélange de cocaïne, de bicarbonate de soude et d'ammoniaque. Se présente sous forme de petits cailloux dont on inhale la fumée après les avoir chauffés.	Excitation, effets plus intenses que la cocaïne, car arrive plus vite au cerveau. Puis hallucinations, comportements violents, états suicidaires.	Graves altérations des voies respiratoires, arrêts respiratoires ou cardiaques, dommages neurologiques. Dépendance physique et psychique très forte.
ECSTASY	Perturbateur du système nerveux central.	Substance chimique souvent mélangée à des amphétamines, de la caféine, de l'amidon ou de la lessive. Se présente sous forme de comprimés colorés ornés d'un motif.	Stimulation, résistance à la fatigue et au sommeil, exacerbation de sensations, délires. Puis, les jours suivants, épuisement et grosse déprime.	Troubles cardiaques, toxicité au niveau du foie, dégradation des cellules nerveuses, troubles psychiques sévères et durables. Dépendance psychique grave.
LSD (encore appelé acide)	Perturbateur du système nerveux central.	Substance provenant d'un champignon hallucinatoire : l'ergot du seigle. Se présente sous forme d'un buvard, de «micropointe» (comme une mine de crayon) ou d'un liquide.	Modifications sensorielles, hallucinations, fous rires, délires. Puis angoisses, crises de panique, bouffées délirantes, risque de « bad trip ».	Accidents psychiatriques graves et durables, parfois dès la première prise.
HÉROÏNE	Dépresseur du système nerveux central.	Substance naturelle issue du pavot. Se présente sous forme de poudre blanche ou brune. S'injecte. Peut être sniffée.	Sensation immédiate d'extase qu'on appelle «flash», puis sensation d'euphorie et somnolence. Parfois nausées et vertiges.	Contamination par les seringues usagées : Sida, hépatites. Overdose. Dépendance physique et psychique très forte.

stimulent l'activité intellectuelle. C'est le cas des amphétamines (notamment des coupe-faim), de la cocaïne et du crack. À l'exception du crack (très peu cher et extrêmement dangereux) qui fait des ravages dans les milieux défavorisés, ces drogues sont plus souvent utilisées dans les milieux artistiques ou intellectuels : ceux qui les consomment recherchent leur effet stimulant immédiat pour être plus performants, plus brillants. Depuis peu, les prix de la cocaïne ont baissé et cette drogue se répand, notamment chez les jeunes.

Les conséquences
Quand les effets des amphétamines ou de la cocaïne sont dissipés, les consommateurs entrent dans une phase de dépression. Ils sont épuisés et ont l'impression de ne plus réussir à penser. La multiplication des prises peut entraîner des crises de tachycardie (le cœur se met à battre trop vite) et des accidents cardiaques.

Les conséquences du crack sont autrement tragiques.
Ce produit, élaboré à partir de la cocaïne retraitée de façon chimique, tire son nom du craquement sonore qu'il produit en chauffant (c'est une drogue que l'on fume). Ses effets sont bien plus intenses que ceux de la cocaïne : excitation euphorique, sentiment de puissance, hallucinations. 1 à 3 prises suffisent pour être dépendant.

Le surdosage entraîne souvent la mort par crise cardiaque.

● INFO +
DÉPENDANCE, ACCOUTUMANCE
La dépendance, c'est le fait de ne plus pouvoir se passer de la drogue. Quand on n'en a pas, on est en état de manque. L'accoutumance, c'est le fait d'être obligé de prendre de plus en plus de drogue pour obtenir le même effet.

● COMPRENDRE
Même si l'adolescence est un moment de la vie où l'on a particulièrement envie d'exercer sa liberté, de tester ses limites et, pour certaines, de braver des interdits, il y a une expérience à éviter absolument : celle de la drogue.

L'ENFER !
Vous êtes effrayée par les effets du crack ou de l'héroïne ? Vous avez raison. Sous l'emprise de la drogue, on vit une véritable descente en enfer. Une journée de consommation d'héroïne, c'est au moins 150 voire 300 €. Et pas de répit possible. Pour ne pas être en manque, les drogués sont prêts à tout : se prostituer, ou commettre des agressions.

TOUTES DANGEREUSES !
Mais il n'y a pas seulement l'héroïne ou le crack qui sont dangereux. Acide et ecstasy sont à la mode dans certains milieux branchés qui refusent d'en voir les vrais dangers. Si on vous en propose un jour, dites non ! Il n'y a pas de « bon » ou de « mauvais » acide qui tienne. Vous ne pouvez pas savoir si vous ferez partie ou non des malchanceux qui ont eu le cerveau bouilli, fondu, dès la première prise.

TU VAS VOIR, C'EST SUPER…
N'acceptez jamais ce qu'un « ami » sympa pourrait vous donner pour vous détendre ou vous éclater. C'est toujours le début de l'enfer. La drogue ne résout jamais les problèmes, elle les aggrave.

LA VIE EN ROSE
Et puis, si vous décidez de réussir votre vie, d'avoir des projets d'avenir, des amis bien choisis, vous n'aurez pas besoin de poudre blanche ou de pilules colorées pour voir la vie en rose. Vous n'aurez pas besoin de stimulants, de calmants ou d'hallucinogènes pour changer la réalité… parce que cette réalité, vous l'aimerez. Ce sera la vraie vie, la vôtre, celle que vous êtes en train de construire.

● À LIRE
Deux témoignages (véridiques et effrayants) de jeunes filles droguées :
- *Moi, Christiane F, 13 ans, droguée, prostituée*, Folio.
- *L'Herbe bleue, Journal intime d'une jeune droguée*, Presses Pocket.

VOIR AUSSI
ALCOOL, CANNABIS, TABAC.

Droit

C'est mon droit…

UN DROIT EST LA **FACULTÉ DE FAIRE** OU **DE DIRE** QUELQUE CHOSE, **DE DISPOSER D'UNE CHOSE** OU **D'EXIGER** QUELQUE CHOSE DE QUELQU'UN. CETTE FACULTÉ EST GARANTIE PAR LA LOI.

S'INFORMER

Les droits fondamentaux des hommes et des femmes ont été inscrits dans les lois au cours de l'histoire. La France a joué un rôle particulier dans ce processus, en rédigeant en 1789 la Déclaration des droits de l'homme et du citoyen, qui a inspiré beaucoup de pays.

LES DROITS À L'ÉCHELLE DU MONDE

Après la Seconde Guerre mondiale, l'Organisation des Nations unies (ONU) a repris les principes de la Déclaration des droits de l'homme de 1789 pour élaborer une Charte internationale des droits de l'homme, proclamée le 10 décembre 1948. Quels sont ces droits ? Droit à la vie et à la liberté, droit de vivre dans des conditions décentes, ou encore de ne pas être inquiété pour ses opinions politiques et religieuses. Elle interdit aussi la torture et les traitements dégradants.

DES PROGRÈS, DES LACUNES

Depuis 1948, plus de 170 pays ont signé la charte de l'ONU. Hélas, les violations des droits de l'homme restent pourtant nombreuses dans le monde.

MÊME LES ENFANTS ?

En 1989, la communauté internationale a essayé de définir les droits des enfants. Ratifiée par 191 pays, la Convention internationale des droits de l'enfant définit des règles visant à les protéger : droit d'être nourris et logés décemment, droit à l'éducation, droit de ne pas travailler trop jeunes, de vivre avec leurs parents, de ne pas subir de mauvais traitements, etc. En 2003, le 12 juin a été déclaré Journée mondiale contre le travail des enfants.

JAMAIS SANS DEVOIRS

Les lois édictent également des devoirs qui accompagnent ces droits : devoir de respecter les droits d'autrui, devoir pour les parents de bien traiter leurs enfants, devoir pour les citoyens de contribuer à la vie commune en payant des impôts…

COMPRENDRE

Avant 18 ans, vous ne jouissez pas encore de tous les

droits d'un adulte… mais vous n'en avez pas non plus tous les devoirs ! C'est à l'âge de la majorité que vous les recevrez : droit de vote, mais aussi droit de passer votre permis, d'agir sans le consentement de vos parents, etc. Mais à votre âge, vous avez déjà pas mal de droits, petits et grands.

LES DROITS, ON AIME ÇA !

Quand on vous dit : « Tu as le droit de… », vous êtes plutôt contente, et vous vous empressez (légitimement !) d'en profiter. Le droit de sortir jusqu'à minuit, le droit de donner votre avis sur un tas de choses, le droit de conduire un scooter… Avoir des droits, c'est sympa ! On regrette seulement de ne pas en avoir davantage !

MAIS CE N'EST PAS GRATUIT

Pourtant, les droits ne sont pas gratuits. Ils ne tombent pas du ciel. Vous n'êtes pas l'heureuse gagnante d'une tombola des droits !
Mais, direz-vous, je ne les ai jamais achetés. Ils me sont donnés, c'est justement cela qui est appréciable… Alors, comment cela, pas gratuits ?

CELA SE PAIE EN DEVOIRS, PAS EN EUROS !

Eh oui ! Il se trouve qu'en échange de ces droits, vous donnez une contrepartie. Pas en pièces sonnantes et trébuchantes, bien sûr, sauf quand il s'agit d'acheter le droit d'entrer à la piscine ou au cinéma. Tous les autres droits, vous les payez… en devoirs. Par exemple, le droit de sortir tard le soir implique le devoir de respecter l'heure de retour convenue, et aussi celui d'être prudente pendant la soirée, pour justifier la confiance que vous font vos parents.

LES DEVOIRS…

Il y a aussi tout ce que vos parents vous demandent de faire : travailler en classe, aider à la maison, rendre service, etc. Pourquoi toutes ces obligations alors qu'il y a des choses beaucoup plus agréables à faire dans la vie ? Parce que derrière tout cela il y a quelque chose de très important : le droit pour chacun au bonheur, à la liberté et au respect. Faire votre devoir, c'est vous acquitter de plein de petits devoirs qui permettent de mieux vivre ensemble.

… ET VOTRE DEVOIR

C'est aussi construire votre bonheur. Car le devoir n'a pas que le goût amer de la contrainte ! Au contraire… Avez-vous déjà pensé à ce que vous vous devez à vous-même ? Développer vos qualités, devenir quelqu'un de bien, réussir votre vie… Ce ne sont pas des devoirs imposés de l'extérieur, c'est ce que vous devez à votre propre exigence. Visez haut, voyez grand, rêvez large ! Vous êtes à l'âge extraordinaire où vous pouvez avoir toutes les ambitions, croire en tous vos rêves. Ces devoirs que vous vous donnez à vous-même sont un formidable moteur pour vous dépasser et faire que ces rêves deviennent réalité !

VOIR AUSSI
LIBERTÉ, RESPONSABILITÉ.

BONS PLANS

VOTRE MUNICIPALITÉ VOUS DONNE LA PAROLE !

Dans de nombreuses communes, il existe des conseils municipaux de jeunes qui donnent leur avis sur de nombreux sujets : terrains de sports, loisirs, mais aussi solidarité entre
les habitants, transports, sécurité routière, etc.
C'est l'occasion d'élire des représentants, de contrôler ce qu'ils font, d'apprendre à débattre, à prendre des décisions… et de se familiariser avec le fonctionnement de la démocratie.
C'est aussi l'occasion de découvrir concrètement comment on fait respecter des droits, comment ils peuvent être mis en péril et comment il faut les défendre.
Cette formule existe peut-être chez vous ! Renseignez-vous auprès de l'Association nationale des conseils municipaux d'enfants et de jeunes (Anacej) : voir la liste des numéros utiles en fin d'ouvrage.

Écologie

Attention, urgence planétaire !

LA PLANÈTE VA MAL, ET LE TABLEAU QUE NOUS EN OFFRENT LES MÉDIAS FAIT SOUVENT FROID DANS LE DOS. POURTANT, IL VAUT MIEUX LE REGARDER EN FACE : DE NOS JOURS, L'ÉCOLOGIE N'EST PLUS UNE **IDÉOLOGIE FACULTATIVE** POUR AMOUREUX DE LA NATURE, ELLE EST DEVENUE UNE **QUESTION DE SURVIE** POUR LA PLANÈTE TOUT ENTIÈRE ET SES HABITANTS.

● S'INFORMER

C'est le réchauffement climatique qui a vraiment commencé à bousculer les individus et les politiques, et a remis en cause des comportements individuels et collectifs.

RÉCHAUFFEMENT CLIMATIQUE

Il se traduit par l'augmentation de la température moyenne des océans et de l'atmosphère. Cela est dû en grande partie aux émissions de gaz carbonique (CO_2) produites par les activités humaines (industrie, chauffage, transports, etc.). Les conséquences sont énormes : fonte des glaciers et de la banquise, hausse du niveau des mers et diminution des terres habitables et cultivables, aggravation de phénomènes climatiques (ouragans, canicules, inondations).

MESURES INSUFFISANTES

La plupart des pays du monde en ont compris la gravité et ont commencé à prendre des mesures en signant le protocole de Kyoto, qui est entré en vigueur en 2005. Insuffisant, il devait être révisé en 2010 au sommet de Copenhague, mais celui-ci n'a hélas eu que de maigres résultats.

RESSOURCES LIMITÉES ET INÉGALITÉS

Ce n'est pas le seul problème écologique. La population mondiale (plus de 6 milliards aujourd'hui, probablement 9 en 2050) augmente beaucoup plus vite que les ressources agricoles et énergétiques. De plus, le mode de vie des pays riches produit pollution, déchets, consommation excessive d'eau, d'énergie, etc. Or, 80 % des ressources naturelles de la planète sont consommées par 20 % de la population mondiale pendant que plus des trois quarts de l'humanité n'a pas accès à l'eau potable, manque de nourriture et des moyens de vivre décemment.

DÉVELOPPEMENT DURABLE

L'idée d'un développement respectueux de la planète et de ses limites et plus égalitaire, le développement durable, né à la fin des années 1980, recueille aujourd'hui un large accord.

Encore faut-il prendre les moyens de le mettre en œuvre, ce qui suppose à la fois une volonté des gouvernements et une véritable révolution dans les mentalités et les comportements individuels.

INFO +

GRENELLE DE L'ENVIRONNEMENT

C'est une vaste concertation lancée en 2007 par le gouvernement français, qui a interrogé toutes les institutions concernées par l'environnement (État, collectivités locales, associations, entreprises) et qui a abouti à un ensemble de lois votées en octobre 2008 et février 2009. Elles comportent notamment des mesures pour lutter contre le changement climatique, pour mieux protéger la biodiversité et les milieux naturels, et pour mieux prévenir les risques sur l'environnement et la santé

COMPRENDRE

L'écologie concerne tous les pays et tous leurs habitants, et chacun d'entre nous a sa petite contribution à apporter. C'est d'ailleurs une formidable occasion d'inventer des modes de vie plus responsables, plus conviviaux, où l'on gaspille moins et où l'on partage davantage.

GASPILLAGE ET DÉCHETS

Nous avons été habitués à consommer sans modération, à renouveler nos équipements et à jeter sans souci les anciens : je change mon portable tous les ans, je veux un mp3 plus perfectionné. On achète en grande surface des produits aux emballages multiples (charcuterie, crayons ou gomme sous blister, etc.). On produit ainsi quantité de déchets dont le traitement est source de pollution. À nous maintenant de dédaigner les packagings encombrants et polluants, de trier nos déchets et d'apprendre à recycler les objets.

DES FRAISES EN HIVER ?

C'est aussi apprendre à vivre davantage selon les rythmes de la nature : manger des produits de saison plutôt que des produits du bout du monde dont le transport consomme de grandes quantités d'énergie. C'est également privilégier le commerce équitable en achetant les produits de petits producteurs qui s'engagent dans une agriculture soucieuse de l'environnement.

LA NATURE ET L'HOMME

C'est évidemment protéger la nature, la faune et la flore, en particulier les espèces menacées par la pollution ou la surexploitation. L'homme fait partie de la nature et, s'il veut bien vivre et continuer à se développer, il a intérêt à préserver ce milieu naturel qui est le sien.

DES GESTES POUR LA PLANÈTE

- Économiser l'eau, en prenant des douches (courtes) plutôt que des bains, en ne laissant pas couler l'eau quand on se brosse les dents, etc.
- Privilégier les produits simples sans emballage polluant, comme le savon plutôt que le gel douche.
- Éteindre la lumière quand on quitte une pièce, ne pas laisser la télévision et les ordinateurs en veille nuit et jour.
- Utiliser des ampoules moins gourmandes en énergie.
- Éviter d'acheter des produits alimentaires en portions individuelles.
- Prendre les transports en commun, opter pour le covoiturage ou son vélo plutôt que pour la voiture ou le scooter.
- Ne pas laisser le chauffage allumé si on quitte sa chambre pour la journée.
- Donner les objets usagés à des associations qui les recyclent.
- Économiser le papier en utilisant son imprimante avec modération.
- Vous trouverez d'autres idées sur un site très riche et ludique : http://www.fondation-nicolas-hulot.org/gestes/gestes.php

Égalité
Elle en a plus que moi !

« **TOUS LES HOMMES SONT ÉGAUX**, MAIS CERTAINS SONT PLUS ÉGAUX QUE D'AUTRES », DISAIT COLUCHE. UNE BOUTADE QUI MONTRE COMBIEN L'ÉGALITÉ EST COMPLEXE !

🔸 S'INFORMER

L'article 1er de la Déclaration des droits de l'homme proclame : « Tous les hommes naissent et demeurent libres et égaux en droits. » Cela veut dire que tous, indépendamment des différences physiques, intellectuelles et sociales, ont la même valeur et méritent le même respect.

L'IDÉE QUI A CHANGÉ LE MONDE

L'égalité est une idée très ancienne et pourtant extrêmement fragile car elle est toujours remise en cause dans les faits. Elle nous vient du début de notre ère, lorsque le christianisme a affirmé que tous les hommes étaient des frères, également aimés de Dieu. Une véritable audace révolutionnaire ! Les peuples de l'Antiquité avaient une conception hiérarchique du monde : chacun devait rester à sa place, l'esclave et l'étranger n'ayant pas les droits des citoyens. Les premiers chrétiens ont été persécutés parce qu'ils prônaient l'égalité et la mettaient en pratique.

DES PROGRÈS À FAIRE

Malheureusement, c'est une idée qui a été souvent trahie, en particulier dans des sociétés qui ont instauré des privilèges. C'est pourtant cette idée qui a inspiré la Déclaration des droits de l'homme de 1789. Aujourd'hui admise dans les sociétés démocratiques, elle a encore de sérieux progrès à faire dans beaucoup de pays.

DANS LES FAITS...

Des inégalités, vous en côtoyez tous les jours. Votre copine Amélie a des parents bien plus riches que les vôtres ; la famille de Léa a souvent du mal à joindre les deux bouts. On naît beau ou laid, plus ou moins intelligent, dans un pays où la vie est plus ou moins facile, dans une famille heureuse ou déchirée. Bref, tout le monde n'a pas les mêmes atouts au départ. Et les différences se creusent au cours de la vie, selon l'éducation qu'on reçoit et les événements qui peuvent survenir (accidents, handicaps, etc.).

🔸 COMPRENDRE

Comme tout le monde, il vous arrive de râler parce que d'autres ont plus de chance que vous. L'égalité des droits, vous l'avez devant la loi. Mais il y a toujours des choses qui vous manquent, alors que d'autres les ont. Vous n'avez peut-être pas assez d'argent pour partir, en voyage à l'étranger, alors que d'autres filles peuvent se le permettre. Mais, parmi vos amies, il y en a qui en ont encore moins que vous, et cela vous révolte aussi.

JUSTE ET GÉNÉREUSE

L'égalité est une idée juste et généreuse. Juste, parce qu'elle rappelle que tous les hommes ont les mêmes droits : droit de penser et d'agir librement, de pouvoir se nourrir, se loger, élever des enfants, se cultiver, se distraire, etc. Généreuse, parce qu'elle pousse à se soucier de ceux qui n'ont pas ces droits.

L'ÉGALITÉ PAR LA FORCE

Le communisme a rêvé d'une société où l'égalité serait parfaite. Mais il a voulu l'imposer à tous par la violence en s'emparant des biens des plus riches pour les donner aux défavorisés : il a manqué son but et fait des millions de morts.

L'ÉGALITÉ IMPOSSIBLE

Le libéralisme pense au contraire que l'on ne peut pas abolir toutes les inégalités économiques et sociales, parce qu'elles sont causées par les inégalités naturelles. Pour les libéraux, la société doit donner à tous la liberté de s'enrichir. Le meilleur gagnera beaucoup plus que les autres, mais comme les richesses créées seront très importantes, tout le monde aura sa part. Néanmoins les inégalités sont là dès la naissance ; et même s'ils sont très intelligents, ceux qui n'ont pas les moyens de faire des études, ou de les faire dans de bonnes conditions, n'ont pas les mêmes chances de réussir que ceux qui n'ont pas de souci d'argent.

L'ÉGALITÉ SANS COMPÉTITION ?

Alors ? Il n'y a pas de solution miracle, mais un juste milieu à trouver. Ne rien faire pour favoriser l'égalité, c'est maintenir les inégalités de naissance. Mais l'imposer coûte que coûte, c'est prendre le risque de tuer tout dynamisme, toute créativité. À quoi bon se donner du mal pour développer ses talents, si l'on n'en tire aucun bénéfice ? Imaginez qu'aux jeux Olympiques, on décide de donner des médailles à tous les sportifs : cela n'aurait plus de sens.

À CHANCES ÉGALES

La compétition est une bonne chose, parce qu'elle oblige chacun à donner le meilleur de soi-même. Mais elle n'est juste que si tous les athlètes – filles ou garçons – ont eu les mêmes moyens de s'entraîner et si même le dernier reçoit de quoi vivre dignement.

● INFO +
ÉGALITÉ = TOUS PAREILS ?

C'est important de vouloir que tout le monde ait les mêmes droits et les mêmes chances pour réussir sa vie. Mais attention ! cela ne veut pas dire que tout le monde doit être pareil. Vous avez le droit d'avoir des idées, des goûts différents de ceux des autres, et même des ambitions plus hautes. Vous avez aussi le droit de réussir mieux que vos amies, sans vous sentir coupable : tout le monde a le droit d'être exceptionnel !

VOIR AUSSI
FRATERNITÉ, JUSTICE, LIBERTÉ, SEXISME.

CONSEILS
POUR PROMOUVOIR L'ÉGALITÉ À VOTRE ÉCHELLE

- N'entrez jamais dans la logique du racisme, de la xénophobie, de tous ces discours qui affirment que certains sont supérieurs à d'autres.
- L'inégalité se compense par le partage. Invitez la copine qui n'a pas d'ordinateur à utiliser le vôtre, proposez à l'amie qui ne peut pas partir en vacances de partir avec vous, etc.
- Vous avez parfois l'impression de n'avoir pas reçu autant que d'autres ? C'est la vie ! Cultivez ce que vous avez de mieux, sans vous lamenter sur vos défauts et vos faiblesses !
- L'inégalité crée aussi la complémentarité et la solidarité. Si l'une de vos copines a un don exceptionnel pour le piano, par exemple, quel bonheur pour elle de vous en faire profiter, et pour vous de l'écouter ! Alors, au lieu de vous jalouser les unes les autres, réjouissez-vous quand ces inégalités vous permettent de donner et de recevoir !

Égoïsme

Et moi, et moi, et moi…

ÉGOÏSME VIENT DU LATIN EGO, QUI VEUT DIRE « MOI ». C'EST UNE **ATTITUDE QUI CONSISTE À PENSER D'ABORD À SOI**, À FAIRE PASSER SYSTÉMATIQUEMENT SES DÉSIRS, SON PLAISIR, SON INTÉRÊT AVANT CEUX DES AUTRES.

S'INFORMER

« L'égoïste fait de son propre bonheur la loi de ceux qui l'entourent », dit le philosophe Alain. Rien de plus vrai : quand on est égoïste, on part du principe que les autres sont là pour nous rendre service (un service à sens unique, bien sûr !). On aime beaucoup telle fille… parce qu'elle est bonne en maths et que c'est pratique de se faire aider dans ses devoirs. On ne s'adresse à ses parents d'un ton aimable… que lorsque l'on a un projet de vacances en tête, et qu'il faut bien trouver des sponsors pour le financer ! Dans les conversations, on ne parle que de soi, sans écouter ce que les interlocuteurs ont à dire. Bref, les autres sont intéressants… lorsqu'ils sont utiles !

ÉGOÏSTE, MOI ?!

L'égoïsme, on le remarque très rarement chez soi. Alors que chez les autres, il saute immédiatement aux yeux ! Quand on a un comportement égoïste envers quelqu'un, on imagine lui demander un « service » ; quand les autres osent avoir le même comportement, on les accuse de nous « exploiter » ! Pourtant, des réflexes d'égoïste, nous en avons tous.

NI VU, NI CONNU

Il vous est peut-être déjà arrivé, par exemple, de vous intéresser subitement à un camarade de classe à qui vous n'aviez jamais pensé, parce que vous venez d'apprendre qu'il a un graveur et qu'il pourrait bien vous copier quelques CD. Ou alors d'aller au cinéma avec les copains en imposant le film (même avec finesse), sans vous préoccuper de ce que les autres aimeraient voir… Ce sont encore des formes d'égoïsme.

COMPRENDRE

L'égoïsme, c'est humain. Nous avons tous envie de réussir notre vie, de trouver le bonheur : quoi de plus légitime ? Et quand nous pensons à tous les coups de pouce que les autres peuvent nous donner, c'est tentant de les utiliser un peu. Et nous avons vite fait d'oublier qu'ils ont aussi leurs rêves de bonheur, leur sensibilité, leur histoire et… le droit de ne pas être traités comme des instruments.

CARAPACE

Mais l'égoïsme, c'est souvent aussi une façon d'exprimer ses peurs : peur de manquer de quelque chose, peur du monde, de la vie qui paraît difficile, des autres qui sont différents et parfois égoïstes eux aussi ; peur de ne pas être soi-même si on leur cède, de ne plus être respectée. Cette espèce de sentiment d'insécurité provoque un repli sur soi. Nous nous fabriquons une carapace, nous cherchons à nous donner la première place, pour nous sentir plus sûres de nous.

REMÈDE DE CHOC

L'égoïsme, cela arrive à tout le monde. Mais heureusement, il y a quelque chose d'autre qui est aussi très humain et qui sauve de l'égoïsme : c'est son contraire, la générosité. Nous avons toutes et tous une aspiration au partage, une envie de faire attention aux autres, de les aider.

GÉNÉROSITÉ CACHÉE

La générosité se manifeste peut-être moins spontanément que l'égoïsme. Elle se laisse souvent intimider ou étouffer par de bons raisonnements… égoïstes. Qu'est-ce que l'on va penser de moi si je suis trop gentille ? Qu'est-ce qui va me rester pour acheter le pull de mes rêves, si je donne de l'argent à cette femme qui me tend la main ? Pourquoi est-ce que j'aiderais ma sœur à faire ses devoirs, alors que j'ai envie de regarder la télé ?

LE PLAISIR D'AIMER

Pourtant, il y a des moments où l'on n'écoute que son cœur. Et vous savez par expérience que l'on ne les regrette jamais. Au contraire, ce sont d'excellents souvenirs. Vous pouvez être fière de vous être comportée comme quelqu'un de bien, qui écoute les autres, qui les aime pour de vrai ; fière d'être sortie de votre coquille, de vos petites préoccupations personnelles ; heureuse aussi de recevoir des remerciements, de constater que vous avez vraiment fait plaisir à quelqu'un, que vous lui avez réellement rendu service.

ENGAGEZ LE COMBAT !

Alors ? Alors, l'essentiel, c'est de cultiver votre générosité, pour qu'elle intimide à son tour vos tendances égoïstes. Vous êtes assoiffée de justice, de partage, de fraternité ? L'individualisme vous scandalise ? Battez-vous au quotidien… y compris avec vous-même : « Tu n'as pas honte de ne penser qu'à toi ? Tu oses encore te regarder dans la glace après avoir refusé un service si simple ? » Que votre générosité naturelle soit un peu agressive vis-à-vis de votre égoïsme, pour qu'ils luttent tous les deux… et que la meilleure gagne !

VOIR AUSSI
NARCISSISME.

BONS PLANS

POUR NE PAS VIVRE EN ÉGOÏSTE

- *Toujours prendre le temps avant de refuser de rendre un service : la première réaction peut être vive, et on le regrette après !*
- *Il n'y a pas uniquement l'argent qui se partage. Ce n'est pas parce que vous ne pouvez pas inviter une copine à boire un café que vous êtes égoïste : votre temps, votre bonne humeur, vos compétences sont bien plus précieux !*
- *De temps en temps, faites un petit exercice : mettez-vous à la place de chaque personne que vous rencontrez : copine, voisin, parent et même prof ! Imaginez ce qui lui ferait plaisir et faites-le !*
- *Faites-en l'expérience : on préfère toujours recevoir que donner, mais on a presque toujours plus de joie à donner qu'à recevoir.*

Engueulade

Prise de tête !

ON POURRAIT DIRE « DISPUTE », MAIS CELA N'EXPRIMERAIT PAS AUSSI BIEN LES CRIS, VOIRE LES INJURES, QUI RETENTISSENT DANS LE MOT « ENGUEULADE » (PLUS FAMILIER, MAIS TOUT À FAIT AUTORISÉ : ON LE TROUVE DANS LE DICTIONNAIRE !). L'ENGUEULADE, C'EST LE **CLASH QUI FAIT DU BRUIT, QUI ÉNERVE, QUI FAIT MÊME PLEURER** ET QUI MOBILISE PARFOIS LA FAMILLE ENTIÈRE, QUAND TOUT LE MONDE S'EN MÊLE.

🟠 S'INFORMER

Les sujets de conflits ne manquent pas lorsque l'on vit sur un même territoire et que l'on utilise les mêmes objets. Surtout quand on grandit et que chacun a ses exigences et ses habitudes. Il y a le frère qui ne rince jamais sa baignoire, la petite sœur qui fouille toujours dans votre tiroir ou votre sac. Il y a (encore) le frère qui prend un malin plaisir à rester sur Internet alors que vous avez un besoin urgent de discuter avec votre copine sur MSN.

CES SUJETS QUI FÂCHENT

Avec les parents, c'est autre chose. Le genre de votre mère, c'est plutôt de vous demander de mettre le couvert juste à l'heure de votre feuilleton préféré. Quant à votre père, il a le chic pour s'informer de vos dernières notes en plein milieu du repas. Sans parler des désaccords politiques qui l'opposent à votre frère aîné : cela vire à l'engueulade un soir sur deux. Car le pire, c'est quand cela se répète régulièrement, comme si personne ne pouvait l'empêcher. Vous avez peut-être l'impression qu'à la maison, « ça gueule tout le temps ».

AU SECOURS, LES PARENTS S'ENGUEULENT !

Dans un couple, il est normal de ne pas être toujours d'accord et que cela produise des conflits. D'autant qu'élever des enfants ensemble, c'est tout un programme, et un beau sujet de controverses. Quand on est la cause d'une crise entre ses parents, on se sent malheureuse et souvent coupable. Mais on perçoit bien si, sous l'engueulade, il y a de l'amour ou si la situation est plus grave. De manière générale, c'est vrai pour tous les membres de la famille : comme vous les connaissez par cœur (ou presque !), vous décodez assez bien l'affection contenue dans l'éruption volcanique !

COMPRENDRE

On pourrait croire qu'il y a les familles où l'on s'entend bien et celles où l'on s'engueule. Mais c'est plus compliqué que cela. Il y a des familles où l'on ne s'engueule pas parce que l'on ne se parle pas beaucoup : chacun vit sa vie dans son coin et on ne dit rien quand ça ne va pas. Inversement, quand on s'engueule en famille, ce n'est pas forcément parce que l'on ne s'entend pas ou que l'on ne s'aime pas.

PARTAGER, C'EST PARFOIS ENRAGER !

Simplement, vivre ensemble, c'est toujours difficile : il faut partager l'espace, partager le temps. On n'a pas tous le même rythme ni les mêmes envies au même moment.
Et c'est particulièrement vrai en famille, parce que vous ne vous êtes pas choisis, mais que vous avez une longue histoire ensemble, des liens souvent très forts, et plein de sujets de conflits.

VASE QUI DÉBORDE NE CASSE PAS

Quand les choses ne vont pas, il vaut mieux en parler. Pas forcément en explosant ! Mais il y a des familles très « soupe au lait ». On a de la voix et de la personnalité, si bien que les conflits donnent lieu à de belles engueulades. Ce n'est pas forcément une mauvaise chose, tant que l'on sait éviter la violence, physique bien sûr, et même verbale, parce que certains mots blessent pour longtemps. Le problème, c'est quand cela devient une habitude, un rite, et que l'on ne sait plus se parler autrement qu'en criant.
Si vous croyez que c'est vraiment ce qui se passe chez vous, parlez-en à une personne extérieure. Même si cela n'arrange pas tout, cela aide de se décharger de ce genre de tension !

NOTA BENE

Les bonnes engueulades font souvent les bons souvenirs… quand on s'aime.

VOIR AUSSI
FAMILLE, REPAS, VIOLENCE.

CONSEILS

ÉVITER OU DÉDRAMATISER LES ENGUEULADES

• *Elles ont souvent lieu au cours des repas, parce que c'est là que la famille se retrouve, que l'on a parfois à se dire des choses qui fâchent, ou que tout le monde veut parler en même temps. On peut y penser à l'avance, et ne pas aborder les sujets difficiles à table !*
• *On gagne parfois à rire au milieu d'une engueulade : l'humour décrispe et permet ensuite de reprendre les choses plus calmement.*

• *Attention aux mots qui font mal : dans le feu de l'action, c'est vite fait de dire des tas d'horreurs que l'on ne pense pas vraiment. Seulement voilà, les mots sont sortis, et on les oublie difficilement ! Quand la pression monte, respirez à fond, pensez à l'« après-engueulade », et interrogez-vous : voulez-vous vraiment faire mal, là, maintenant, avec ces mots-là ?*

Ennui

J'sais pas quoi faire !

MALHEUREUSEMENT, IL EST SANS DOUTE INUTILE DE VOUS DÉFINIR CE QU'EST L'ENNUI, PARCE QUE, COMME TOUT LE MONDE, VOUS CONNAISSEZ CETTE CHARMANTE SENSATION, **VOUS EN FAITES L'EXPÉRIENCE... LE MOINS SOUVENT POSSIBLE, ESPÉRONS-LE !**

● S'INFORMER

Il y a plusieurs façons de s'ennuyer. Soit vous tournez en rond parce que vous n'avez rien à faire. Soit vous en avez assez de faire toujours la même chose. Soit vous ne voyez pas le but de ce que vous êtes en train de faire. Vous mordillez votre stylo en pensant : « Mais à quoi cela va-t-il me servir de démontrer que ces deux droites sont parallèles, alors que cela crève les yeux ! » Quelle que soit la cause de l'ennui, les symptômes sont les mêmes : une impression de vide, de lassitude et même parfois de désespoir !

RIEN À FAIRE, J'PEUX RIEN FAIRE !

Une drôle de faiblesse physique, aussi ! Le livre que vous teniez vous tombe des mains, les objets qui jonchent le sol de votre chambre vous semblent si lourds que vous ne pouvez pas vous résoudre à les ramasser, l'activité sympa que vous avez un temps imaginée vous épuise avant même de l'avoir commencée.

ENVIE DE RIEN...

Il n'y a plus qu'une chose que vous parvenez à faire : vous traîner en gémissant d'ennui comme une malheureuse, de votre chambre au salon, en espérant qu'un miracle vous sorte de cette torpeur. Mais rien à faire, le temps n'avance pas plus vite. Pire encore, devant votre air abattu, votre mère vous prend en pitié et tente de vous occuper... en vous demandant d'étendre le linge : « Puisque tu t'ennuies, viens donc m'aider ! »

DISPARU, VOLATILISÉ !

Heureusement, s'il vous arrive de vous ennuyer ferme, vous n'êtes pas non plus totalement au bord du désespoir. Le lendemain d'un jour d'ennui, vous pouvez être de nouveau pleine d'énergie dès que vous revoyez vos copains de classe. Bref, l'ennui, c'est bien ennuyeux, mais fort heureusement, cela n'a rien à voir avec la déprime !

● COMPRENDRE

Quand vous êtes pleine de vie, de désirs et de projets, vous aimeriez que les journées filent comme un TGV. Or voilà, il arrive que votre vie soit plutôt comme un tortillard-qui-s'arrête-à-toutes-les-gares ! Sans parler des moments où il s'arrête carrément en rase campagne.

palpitante, peuvent aussi avoir un avantage : celui de vous faire réfléchir à des choses auxquelles vous ne prendriez pas le temps de penser si vous viviez à cent à l'heure !

VOIR AUSSI
LECTURE, SOLITUDE.

Et vous en êtes réduite à vous morfondre devant un paysage désespérément immobile. Rien à faire en attendant que cela reparte !

CONDAMNÉE À ATTENDRE
À votre âge, les grands rêves se bousculent dans votre tête. Projets d'avenir, rêves d'amour, désir de réussir votre vie… Ce sont des rêves immenses, que vous avez parfois du mal à caser dans les limites de votre vie quotidienne ! Les cours, la routine familiale… Même les loisirs se répètent et se ressemblent. Tout cela vous paraît parfois petit, trop familier et ne colle pas avec vos rêves. Et vous voilà condamnée à attendre l'avenir, en poussant de temps à autre un gros soupir d'ennui.

TOUJOURS LA MÊME CHOSE !
« L'ennui naquit un jour de l'uniformité », a écrit le poète La Motte-Houdar. Autrement dit, quand vous faites toujours la même chose, même quelque chose que vous aimez, cela finit par devenir monotone. Alors, il est normal d'être parfois sans volonté devant la routine de la vie quotidienne, d'être effleurée de temps en temps par l'idée que les journées manquent de sel, de piment, de poivre, enfin d'un on-ne-sait-quoi qui les rendrait moins fades et plus palpitantes !

À MORT, LE TEMPS !
Il est normal aussi de ne plus avoir envie de quoi que ce soit, d'avoir l'impression qu'il vous reste seulement à tuer le temps, parce que vous ne voyez pas ce que vous pourriez faire de vos dix doigts ni surtout des heures qu'il reste jusqu'au dîner ! S'ennuyer, laisser les minutes passer sans rien faire, c'est aussi un moyen d'apprivoiser ce fichu temps qui passe à une vitesse prodigieuse selon vos parents, et à celle d'un escargot selon vous. Même si vous trouvez cela pénible, c'est très fréquent et bien normal à votre âge !

L'ENNUI NE FAIT PAS DE MAL…
Et puis, ces temps de battement où vous ne savez pas trop quoi faire ne sont pas forcément mauvais. Ce sont des moments de vagabondage intérieur qui vous enseignent la patience. Les longues journées d'ennui contre lesquelles vous ne pouvez rien, parce que vous êtes coincée à des kilomètres de toute activité

CONSEIL

CONTRE L'ENNUI, ON SE BOUGE

Vous pouvez aussi refuser de vous ennuyer, vous secouer et chercher à vous occuper. Il y a plein de choses à faire en dehors des cours et des devoirs, alors ne gâchez pas vos temps de liberté à vous morfondre sans énergie et sans réaction. Cherchez vos talents, ce que vous aimez faire : danse, sport, musique, poterie, des activités où vous pouvez développer votre personnalité, vous exprimer et surtout vous faire plaisir. Sans compter que vous pouvez choisir des loisirs qui se pratiquent à plusieurs et en profiter pour goûter les joies de l'amitié. Enfin n'oubliez pas la lecture ! Un bon roman vous fait oublier le monde, le temps n'existe plus… et l'ennui non plus.

Études
Les clés du métier

JUSQU'À 16 ANS, ON PARLE DE SCOLARITÉ. C'EST MÊME LA **SCOLARITÉ OBLIGATOIRE**. APRÈS, LA LOI N'OBLIGE PLUS LES PARENTS À ENVOYER LEURS CHÈRES TÊTES BLONDES À L'ÉCOLE. CONTINUER À ALLER EN CLASSE OU S'ENGAGER DANS UNE FORMATION **AU-DELÀ DE 16 ANS**, C'EST DONC, AU SENS STRICT, FAIRE DES ÉTUDES.

● S'INFORMER

Vous pouvez choisir des études courtes et opter dès la fin du collège pour une voie professionnelle (CAP ou un bac professionnel après lequel vous pourrez continuer en BTS), ou même, si vous avez de très bons résultats, un bac technologique.

SOLUTION FAC OU PRÉPA

En revanche, si vous voulez faire des études supérieures, vous devez entrer au lycée pour passer un bac général ou technologique. Avec un bac général, vous pouvez aller à l'université, ou choisir une classe préparatoire pour tenter les concours des grandes écoles d'ingénieurs ou de commerce, des instituts d'études politiques (IEP dits « Sciences Po ») ou des écoles normales supérieures. Cette préparation se fait dans certains lycées où vous êtes admis sur dossier. Il faut de très bons résultats scolaires. Si vous ne réussissez pas de concours, vous pouvez toujours bifurquer vers l'université.

L'UNIVERSITÉ

Les universités prennent en priorité les élèves qui viennent d'obtenir le bac. Les autres sont acceptés sur dossier. Vous y préparez d'abord une licence en 3 ans. Vous pouvez ensuite faire un « master 1 » durant une 4e année, puis choisir soit un « master 2 pro » pour vous préparer à la vie active, soit un « master 2 recherche » pour vous préparer à faire une thèse. La thèse de doctorat se fait normalement en trois ans mais beaucoup prennent un peu plus de temps.

PROF, MOI ?

Avec une licence, vous devrez continuer deux ans pour obtenir un master qui vous permettra de passer le concours de professeur des écoles ou le Capes (certificat d'aptitudes à l'enseignement secondaire) et devenir professeur en collège ou en lycée. Avec un master, vous pourrez préparer le concours le plus difficile, celui de l'agrégation.

TECHNO !

Mais l'université s'ouvre de plus en plus aux filières technologiques en proposant des DEUST (diplômes universitaires de sciences et techniques), des MST (maîtrise de sciences et techniques) ou des MSG (maîtrises de sciences de gestion).

MÉDECIN ?
Vous pouvez aussi choisir la fac de médecine, sachant qu'un concours en fin de 1re année opère une sélection très rigoureuse. Toutefois, selon votre classement et votre choix vous pourrez suivre des études scientifiques ou paramédicales.

ABRÉGEONS !
Si, après le bac, vous préférez un cycle plus court, vous pouvez opter pour un brevet de technicien supérieur (BTS), un diplôme universitaire de technologie (DUT) ou un diplôme d'école spécialisée (paramédical, social, juridique, artistique, etc.). Vous pouvez ensuite parfaire votre formation par une licence professionnelle. Les BTS se préparent dans des lycées qui recrutent sur dossier. Les DUT se font dans les instituts universitaires de technologie (IUT), qui recrutent aussi sur dossier, avec souvent des entretiens et/ou des tests écrits.

COMPRENDRE
Quand on vous demande ce que vous voulez faire plus tard, vous êtes sans doute bien en peine de le dire. Pas d'inquiétude : si vous pensez aller jusqu'au bac, vous avez du temps pour vous décider.

PLUS TARD, JE SERAI…
Une fois en terminale, c'est sûr, il faudra vous décider. Mais là encore, pas de panique. Faire des études dans un domaine ne débouche pas sur un seul métier ! Évidemment, quand on fait des études de médecine, c'est pour devenir médecin (mais il y a encore à faire le choix des spécialités). Si vous choisissez de faire des lettres, du droit, des mathématiques, des langues étrangères, vous optez pour une formation générale. C'est au fil des études que vous allez découvrir quel métier vous voulez faire.

UNE BONNE TÊTE POUR UN BON MÉTIER
Comment ? Tout simplement en laissant les études former votre esprit pour qu'il soit capable de bien penser. Un esprit bien formé peut convenir à des tas de métiers ! Après, c'est une question de goût, de pratique bien sûr, de rencontres aussi. Il y a souvent un déclic quand on rencontre des gens qui exercent des métiers passionnants. N'hésitez pas à les interviewer pour mieux connaître leur métier et surtout ne vous limitez pas aux métiers les plus connus, explorez toutes les voies. Vous découvrirez des métiers rares, dont, peut-être, le vôtre !

BON TEMPS
« Les études, c'est le bon temps ! » Voilà une petite phrase qui a le don de faire enrager les étudiants à la veille des examens ! Pourtant, vos aînés ont raison. Étudier, c'est vraiment une chance pour vous. Et c'est vraiment le bon temps, pas uniquement celui de l'insouciance ! Dans les années qui viennent, vous allez vous intéresser à l'histoire, à la littérature, à l'économie, découvrir les mystères du corps humain ou des pays lointains, apprendre à connaître le monde qui vous entoure et ceux qui l'ont façonné…
Alors, profitez bien de ces années fabuleuses où l'on ne vous demande qu'une chose : apprendre. Après, vous aurez moins de temps… et moins de mémoire aussi !

VOIR AUSSI
APPRENTISSAGE, BACCALAURÉAT, LYCÉE, ORIENTATION.

CONSEIL

PAS DE PANIQUE
Vous avez peut-être l'impression que vous ne saurez pas faire votre choix face à toutes ces possibilités. Vous craignez peut-être de vous tromper, de vous lancer dans des études longues, de vous retrouver au chômage. On entend partout que les jeunes aujourd'hui ont du mal à entrer dans la vie active, mais sachez que ce sont ceux qui ont fait des études supérieures qui s'en sortent le mieux, même s'ils ne travaillent pas toujours exactement dans la spécialité qu'ils avaient choisie.

Facebook

Un trombinoscope planétaire

S'INFORMER DE L'UNIVERSITÉ D'HARVARD…

Sur une idée du jeune Mark Zuckerberg, le site internet Facebook est né à la prestigieuse université d'Harvard. Son nom – en français, trombinoscope – est tiré des albums qui regroupent des photos des étudiants et sont distribués avant l'été. Le site était à l'origine réservé aux élèves de l'université afin de partager informations et photos.

… AU SUCCÈS PLANÉTAIRE

Facebook a été ouvert par la suite à d'autres grands campus américains avant que tout le monde y ait accès en 2006. Il est vite devenu un succès planétaire : son fondateur a annoncé avoir réuni plus de 500 millions de membres actifs à travers le monde !

UN PROFIL ET C'EST PARTI !

Facebook est un réseau social, c'est-à-dire un ensemble de personnes ou d'organisations qui communiquent et échangent des informations, le tout sur internet ! Pour entrer dans ce vaste monde, il suffit de s'inscrire au site et de se créer un « profil », sorte de carte d'identité virtuelle.

UN CLIC ET JE PARTAGE MES INFOS

Il est ensuite possible de publier toutes sortes d'informations écrites, photos ou vidéos, de communiquer avec des « amis » mais aussi de constituer ou de faire partie de groupes qui peuvent soutenir une cause, une idée ou une marque. En quelques clics, vous partagez vos dernières photos de vacances, tchattez avec un cousin québécois ou faites partie de la grande communauté des fans de *Twilight*. L'idée ? Les amis de mes amis sont mes amis, et ceux qui partagent les mêmes passions que moi, aussi !

COMPRENDRE
RÉEL OU VIRTUEL ?

Facebook est bien un outil de votre génération : la majorité de ses utilisateurs en France ont entre 12 et 18 ans. Mais s'il facilite les échanges, Facebook doit aussi faire réfléchir. La personne derrière son écran ressemble-t-elle vraiment à celle qu'elle montre sur le site ? Méfions-nous de cette frontière entre le réel et le virtuel !

UN JOURNAL INTIME EN PUBLIC ?

De plus, il est facile de faire des confidences, bien caché derrière un ordinateur ou un téléphone portable. Attention à ne pas confondre Facebook avec un journal intime ! D'une part, beaucoup de personnes peuvent y avoir potentiellement accès. Les amis de vos amis ont-ils vraiment besoin de savoir ce que vous avez fait ce week-end ? De plus, les données sont utilisées à des fins marketing et publicitaires. L'image vous vantant les mérites de tel ou tel produit n'arrive pas par hasard sur votre page !

INFO

Le film *The Social Network* permet d'être incollable sur l'histoire de Facebook : comment tout savoir sur les dessous de cette invention révolutionnaire et sur les conflits passionnés qu'elle a engendrés.

CONSEIL

Pensez donc à vérifier les « paramètres » de votre profil pour que n'importe qui ne puisse pas y avoir accès. Vous pouvez décider de bloquer votre statut, vos images, vos activités et même votre nom ! C'est tout simple et très important de garder un peu d'intimité !
De même, réfléchissez bien avant de changer votre « statut » et ne donnez pas d'informations trop personnelles.

Famille

On ne choisit pas sa famille...

AU SENS STRICT, LA FAMILLE EST FORMÉE PAR **LES PARENTS ET LES ENFANTS** : C'EST LA FAMILLE « NUCLÉAIRE », LE PETIT NOYAU FAMILIAL. **AU SENS LARGE**, CE SONT AUSSI **LES COUSINS, ONCLES ET TANTES, GRANDS-PARENTS...** ET JUSQU'AUX LOINTAINS AÏEUX, QUI PARAISSENT SI ABSTRAITS !

● S'INFORMER

Votre famille, vous ne la choisissez pas et pourtant, il y en a de toutes sortes ! Regardez autour de vous. Autant de copines, autant de familles. Il y a les copines dont les parents vivent ensemble. Celles dont les parents sont divorcés et qui vivent seules avec leur mère ou avec des demi-frères et demi-sœurs, en famille « recomposée ». Les filles uniques et celles qui sont dotées d'une famille nombreuse. Celles qui ont des frères et sœurs adoptifs...

HISTOIRES DE FAMILLES

Le rapport avec la famille élargie varie aussi selon les circonstances. Vous pouvez être très proche de vos grands-parents, oncles, tantes et cousins ou les considérer comme des étrangers, parce que vous habitez loin d'eux ou que la vie a distendu les liens.

DES RACINES POUR LA VIE

Quel que soit le schéma, vous avez une famille qui vous a donné un nom, une origine et des racines, même si vous les connaissez peu ou pas. Un jour, vous partirez pour fonder votre propre famille ! En attendant, jusqu'à 18 ans, âge de la majorité, vous dépendez de cette famille que la vie vous a donnée et qui vous a donné la vie ; c'est elle qui est responsable de vous.

● COMPRENDRE

Encombrante, la famille ! C'est ce que vous vous dites plus ou moins souvent à votre âge. Il vous arrive peut-être de penser : « Si j'avais eu le choix, j'aurais atterri ailleurs ! » Chez telle ou telle copine, où tout le monde a l'air trop sympa.

GRRRRRRR... M'ÉNERVENT...

Et pourtant, faites un petit sondage : parmi vos amies, laquelle ne reproche rien à sa famille ? Il y a fort à parier que certaines, avec qui vous échangeriez bien votre place, envient votre sort ! Il est normal d'éprouver de l'agacement. Vous n'êtes plus à l'âge où vos parents vous semblaient sans défaut. Et une vie de famille sans disputes ni prises de bec, cela n'existe pas !

SOLIDAIRE DES SIENS

Mais au fond, vous y tenez, à votre famille. La preuve :

vous n'aimez pas l'entendre critiquer par des étrangers. Voilà un droit dont vous vous réservez l'exclusivité ! Parce que vous vous sentez solidaire d'elle. Solidaire de vos frères et sœurs quand ils sont attaqués à l'école, de vos parents qui se donnent du mal, même s'ils sont parfois maladroits.

UN BAGAGE POUR LA VIE

Votre famille… Vous y avez appris à aimer, à être aimée, à vivre ensemble, à vous battre, à pardonner et à vous réconcilier, à donner et à recevoir. Vous y avez appris à distinguer le bien du mal, vous y avez découvert le respect des autres. Bref, vous devez à votre famille beaucoup de ce que vous êtes : c'est avec ce bagage que vous partirez bientôt sous d'autres cieux.

QUAND LA FAMILLE FAIT MAL

Il arrive malheureusement que la famille ne soit pas ce qu'elle devrait être, un lieu d'amour et de sécurité affective. Qu'elle soit déchirée par les conflits, la violence, les souffrances. Dans ces cas difficiles, la seule chose que l'on puisse faire, c'est essayer de se trouver une sorte de « deuxième » famille que l'on apprécie particulièrement, où l'on se sent libre de bavarder avec la mère, de chahuter avec les frères et sœurs, de partir en vacances tous ensemble. C'est précieux, même si cela ne remplace jamais la vraie famille.

FAMILLES RECOMPOSÉES, LE BONHEUR POSSIBLE

Quand les parents se séparent, la famille « éclate ». C'est difficile à vivre, cette impression de dire adieu au bonheur familial et à la douceur de vivre. Pourtant, on peut recréer une atmosphère chaleureuse dans une famille recomposée, si chacun y met du sien. On peut même parfois y rencontrer le frère ou la sœur dont on avait rêvé.

● SAVOIR-VIVRE POUR RENDRE LA VIE PLUS BELLE

Ah, ces mots magiques qu'on prodigue à ses amis et qu'on oublie curieusement à la maison ! Simples, comme « bonjour », « s'il te plaît », « merci » ; plus difficiles, comme « pardon », « j'ai eu tort » ; plus secrets, comme « je t'aime »… À remettre d'urgence en service chez vous !

VOIR AUSSI
BEAU-PÈRE / BELLE-MÈRE, DIVORCE, ENGUEULADE, FRÈRES ET SŒURS, PARENTS.

CONSEILS

POUR QUE ÇA ROULE

C'est bête à dire, mais l'esprit de famille et la bonne entente à la maison tiennent aussi à des petites choses matérielles. Pour faire bon ménage les uns avec les autres, un secret : le partage des tâches. Que ce ne soient pas toujours les mêmes (ou la même !) qui s'y collent !
• *L'éponge et les produits d'entretien ne sont pas la propriété exclusive de la maîtresse de maison. Elle ne vous en voudra sûrement pas si vous vous en servez !*
• *C'est une bonne idée de se renseigner sur l'endroit où se trouve caché l'aspirateur. N'ayez pas peur de sortir ce monstre rugissant de son placard, de temps en temps !*
• *Ne partez pas du principe que c'est toujours au tour des autres de promener le chien ou de nettoyer la litière du chat.*

Fatigue

J'suis morte !

🟠 S'INFORMER

Il y a plusieurs sortes de fatigue. D'abord, la fatigue physique ou psychique qui résulte d'un gros effort : performance sportive, longue journée de cours, dissertation… Il suffit d'un peu de repos et d'une bonne nuit pour la chasser et retrouver son énergie.

ELLE NE VOUS LÂCHE PLUS

Il y a la fatigue « chronique ». Celle qui vous suit dès le réveil. Vous ouvrez l'œil… pour le refermer aussitôt, parce que vous êtes sans force et que vous n'avez pas envie de vous lever. Cette fatigue-là dure toute la journée : c'est une sorte de lassitude générale tant physique que mentale. Ses causes ? Une mauvaise hygiène de vie, une période de croissance, une maladie ou le mal de vivre, voire la dépression.

BIEN PRATIQUE !

Et puis, il y a une fatigue très spéciale. C'est la fatigue dite « pipeau ». Vous savez, celle que vous exagérez, dont vous vous plaignez devant les autres pour avoir la paix et qui surgit, comme par hasard, juste au moment de faire vos devoirs ou de mettre le couvert. Bref, toujours à un instant exaltant.

COMME PAR MIRACLE

D'ailleurs, il suffit qu'une copine appelle à ce moment précis pour vous proposer un pot au café du coin, et hop ! tout à coup, vous voilà regonflée à bloc : un vrai miracle ! Ce genre de fatigue se traite comme l'ennui : changez d'activité pour la dissiper ou, si vous n'avez pas le choix, essayez de vous forcer un peu pour la surmonter et faire ce que vous avez à faire.

🟠 COMPRENDRE

Il est normal de vous sentir souvent fatiguée à votre âge : la forte croissance et les transformations physiques nécessitent de lourdes dépenses d'énergie. Ajoutez à cela le rythme scolaire, avec ses longues journées de cours et ses devoirs du soir et, pour certaines, une alimentation déséquilibrée, parce qu'elles ont peur de grossir ou qu'elles n'aiment pas les menus de la cantine. Bref, mille et une raisons d'être « crevée », voire « morte ».

LE SYMPTÔME D'UN MALAISE

Parfois, la fatigue peut venir de ce que l'on a dans la tête : angoisse, peur de l'avenir, tristesse, ennui, tout ce mal-être qui pèse sur l'esprit et que vous ne savez pas bien exprimer. On appelle cela de la fatigue, mais c'est plutôt une envie de ne rien faire, le sentiment de ne pas pouvoir surmonter toutes ces difficultés. Si cela s'accompagne de maux de tête, de courbatures, d'un manque d'appétit, d'une irritabilité permanente ou d'insomnies, il vaut mieux voir un médecin, pour qu'il vous prescrive des vitamines ou vous conseille une aide psychologique.

LE MEILLEUR REMONTANT

La fatigue ne se combat pas seulement à coups de vitamines. Il y a des moyens très naturels de la combattre ; ce sont ceux qu'il faut essayer en premier.

Écoutez un peu ce que dit votre maman, pour une fois : dormez bien, mangez mieux ! Un solide petit déjeuner, par exemple, est le meilleur moyen de lutter contre la fatigue de la fin de matinée.

CARBURANT NIVEAU RÉSERVE !

L'important est de rester attentive aux messages de votre corps pour ne pas trop tirer sur la corde. Même si vous êtes en pleine santé, il y a des limites à respecter, sous peine de tomber vraiment malade. Mais cela ne veut pas dire se dorloter à l'excès. Rester avachie sur un canapé toute la journée en séchant les cours n'est pas forcément reposant, et peut même vous fatiguer davantage en vous donnant des idées noires !

SAVOIR PERDRE DU TEMPS... À DORMIR !

Enfin, n'oubliez pas une chose qui peut paraître évidente, mais que l'on a vite fait d'oublier lorsqu'on est pleine de vie, d'activités et de projets. C'est formidable de vous donner à fond dans tout ce que vous faites. Seulement voilà : les journées ne sont pas extensibles. Elles comptent 24 heures et 8 d'entre elles doivent impérativement être consacrées à dormir !

VOIR AUSSI
SOMMEIL.

BONS PLANS

POUR GARDER LA FORME

• Mangez équilibré. Privilégiez les aliments qui donnent de l'énergie et n'hésitez pas à varier les plaisirs ! Pensez aux fruits secs, riches en minéraux ; au boudin noir, à teneur inégalée en fer pour lutter contre l'anémie ; aux asperges, pleines de vitamines.

• Si cela ne suffit pas, envisagez une cure de magnésium (prescrite par un médecin et remboursée par la Sécurité sociale) ou de vitamines (en vente libre). Mais n'abusez pas de ces béquilles chimiques et préférez toujours l'équilibre alimentaire ! Quand on se dope aux vitamines, on gomme les signes de la fatigue, mais pas la fatigue elle-même.

• Pour bien dormir, évitez les excitants (café, boissons contenant de la caféine). Gardez une certaine régularité dans vos horaires de sommeil. Et ne prenez pas de somnifères ! Ils font dormir d'un sommeil lourd, sans rêves ; or les rêves vous aident à récupérer de votre fatigue psychique. Et mettez la pédale douce sur la télévision qui excite et nuit à la qualité du sommeil.

• Si vous aimez le sport, privilégiez la natation, la marche, le vélo. Ils sont excellents pour lutter contre le stress. Mais pas de sport après 21 heures : l'effort excite au lieu d'endormir.

Fécondité

Le rendez-vou de la vie

LA FÉCONDITÉ BIOLOGIQUE POUR UNE FEMME, **C'EST LA CAPACITÉ DE CONCEVOIR UN ENFANT**, DE LE PORTER, **DE LE METTRE AU MONDE**, DE DONNER LA VIE.

S'INFORMER

Dès la naissance, le corps d'une petite fille dispose de tous les « outils » nécessaires à la conception d'un enfant. À la puberté, sous l'effet des hormones, ce corps devient capable de les faire fonctionner. La venue des premières règles inaugure le premier cycle menstruel (on l'appelle ainsi parce qu'il dure environ un mois). Une jeune fille qui vient d'avoir ses premières règles peut donc se retrouver enceinte si elle a des rapports sexuels. On dit alors qu'elle est fécondable, et cela jusqu'à l'arrêt définitif de ses règles (c'est la ménopause) qui survient ordinairement vers l'âge de 50 ans (parfois plus tôt, parfois plus tard).

LE CYCLE MENSTRUEL

Le cycle menstruel de la femme dure environ 28 jours (il peut être plus court ou plus long) et se reproduit tous les mois. Chaque mois, un ovule mûrit au sein d'un des deux ovaires féminins. Sous l'effet des hormones, à peu près au milieu du cycle, vers le 14e jour, l'ovaire expulse cet ovule dans la trompe de Fallope : c'est ce que l'on appelle l'ovulation.

QUE FAIT L'OVULE ?

Il attend ! Dans la trompe, l'ovule va attendre environ trois jours une fécondation, tandis que le corps se prépare à l'éventualité d'une grossesse : il produit certaines hormones qui favorisent l'accueil du futur bébé, la paroi intérieure de l'utérus s'épaissit pour permettre au futur œuf de s'installer. S'il n'y a pas fécondation (c'est-à-dire si aucun spermatozoïde ne pénètre l'ovule), l'ovule meurt. Le corps enregistre qu'il n'y a pas de grossesse qui commence, il produit de moins en moins d'hormones et le cycle se termine : c'est l'arrivée des règles. La muqueuse utérine se détache avec un peu de sang.

QUAND LE SPERMATOZOÏDE RENCONTRE L'OVULE…

Après un rapport sexuel, les dizaines de millions de spermatozoïdes contenus dans le sperme de l'homme progressent dans le vagin de la femme jusqu'à l'entrée de la trompe de Fallope, dans le but d'une heureuse rencontre. Certains sont très résistants et peuvent attendre jusqu'à 5 jours avant de mourir. Et il suffit qu'un seul spermatozoïde pénètre l'ovule pour qu'il y ait fécondation.

ITINÉRAIRE D'UN OVULE FÉCONDÉ

À partir de ce moment-là, cet ovule fécondé, qu'on appelle désormais œuf, commence à se diviser pour produire les cellules

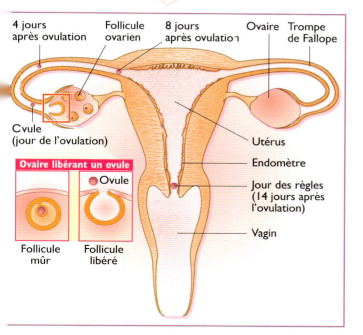

nécessaires à la fabrication d'un embryon. Il reste encore deux jours dans la trompe de Fallope puis descend dans l'utérus où il va pouvoir s'installer en s'accrochant à la paroi : on appelle cela la nidation. À ce moment-là, la femme ne sait pas encore que la grossesse a commencé. L'absence des règles est le premier signe qui fait comprendre qu'elle est enceinte. C'est le début de neuf longs mois d'attente.

COMPRENDRE

Entre ses premières et ses dernières règles, une femme ovule environ 400 fois. La grande majorité de ces ovules ne rencontreront pas de spermatozoïde et seront expulsés lors des règles, soit parce que la femme n'aura pas eu de rapport sexuel pendant la période de l'ovulation, soit parce que la rencontre entre l'ovule et un spermatozoïde n'aura pas eu lieu.

HEUREUX HASARD

Cette rencontre ne se produit pas à chaque fois : même si l'homme et la femme ont un corps qui fonctionne bien, il demeure une part de hasard qui fait que « ça ne marche pas » à chaque fois. C'est le mystère de la vie que l'on ne maîtrise jamais tout à fait. Les médecins disent toujours aux couples qui désirent un enfant d'être patients (au moins un an) et de ne pas s'affoler trop vite si la grossesse se fait attendre.

UNE PART DE HASARD, OUI MAIS...

C'est vrai que cela ne « marche » pas à chaque fois... Mais à chaque fois, cela peut marcher ! Il y a toujours une possibilité de grossesse quand il y a un rapport sexuel : faire l'amour porte en soi le risque et la chance de faire un enfant.

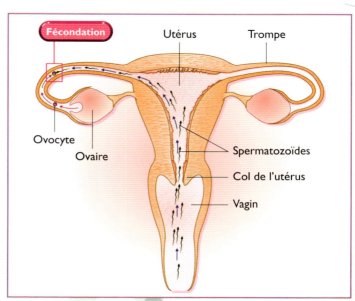

Et plus on est jeune, plus c'est vrai ! La période de plus grande fertilité de la femme se situe entre 15 et 25 ans. Après, la fertilité décline : à la naissance, une petite fille possède entre 500 000 et 1 000 000 d'ovules. Pendant l'enfance, un grand nombre d'ovules disparaît et une adolescente n'en a plus qu'environ 400 000. Seuls 400 arriveront à maturité, les autres dégénèrent tout au long de la vie de la femme.

VRAI/FAUX

• **UNE JEUNE FILLE EST FÉCONDABLE DÈS LA PUBERTÉ.**
Vrai. On peut être enceinte dès les premières règles et dès le premier rapport sexuel.
• **LES RÈGLES EMPÊCHENT LA FÉCONDATION.**
Faux. Un rapport sexuel pendant les règles peut être fécondant car l'ovulation peut se produire tout au début du cycle et les spermatozoïdes vivent pendant 5 jours.
• **DES RÈGLES TRÈS IRRÉGULIÈRES EMPÊCHENT D'ÊTRE FERTILE.**
Faux. Elles rendent difficile de prévoir la date d'ovulation mais du moment qu'il y a ovulation, la fécondation est possible.

● CONSEIL
ATTENTION AUX VARIATIONS DES OVULATIONS

L'ovulation peut avoir lieu avant le 14e jour, ou bien après ! Cela dépend de la longueur du cycle de chaque femme, mais aussi de bien d'autres facteurs : une grosse émotion, par exemple, peut provoquer l'ovulation. Il est très difficile de déterminer avec précision la date de l'ovulation. C'est d'autant plus vrai chez une toute jeune fille qui n'a pas des cycles réguliers. Ne vous fiez jamais à la date présumée de votre ovulation comme méthode de contraception.

VOIR AUSSI
CONTRACEPTION, GROSSESSE PRÉCOCE, GYNÉCOLOGUE, PREMIER RAPPORT SEXUEL, RÈGLES.

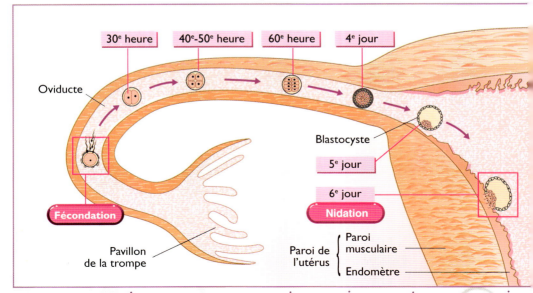

Femmes

Fragile égalité !

IL POURRAIT Y AVOIR MILLE DÉFINITIONS DE LA FEMME, UNE SEULE SUFFIT : **LES FEMMES CONSTITUENT LA MOITIÉ DU GENRE HUMAIN,** LA MOITIÉ DE LA POPULATION DE LA PLANÈTE.

S'INFORMER

Vous avez peut-être l'impression qu'en France les femmes ont les mêmes droits que les hommes. Comme vos copains, vous aurez le droit de vote à votre majorité, vous pouvez faire des études et plus tard travailler et disposer librement de votre salaire. Vous aurez aussi le droit de décider d'avoir un enfant quand vous le souhaitez grâce aux méthodes contraceptives. C'est vrai, mais… cela n'a pas toujours été le cas.

DES DROITS GAGNÉS

Ces droits, les femmes ne les ont pas reçus dans leurs petits chaussons à Noël, elles les ont gagnés, souvent de haute lutte, et ce, depuis peu de temps. Savez-vous que vos grands-mères, mesdemoiselles, n'avaient pas ces droits qui vous paraissent l'évidence même ? En France, les femmes n'ont le droit de vote que depuis 1945. Elles n'ont le droit de travailler, de disposer librement de leur salaire et d'ouvrir un compte en banque sans l'autorisation de leurs maris que depuis… 1965 !

ENCORE UN EFFORT

Et puis, des principes à la réalité, il reste des marches à gravir, même chez nous. Aujourd'hui encore, en France, les femmes sont payées environ 20 % de moins que les hommes pour le même travail, malgré la loi de 1983 sur l'égalité professionnelle. Le 6 juin 2000, une loi est votée pour assurer la parité au sein des milieux politiques. Cependant, il n'y a que 18,5 % de femmes à l'Assemblée nationale et très peu occupent des postes de direction dans les entreprises.

VIOLENCES

Savez-vous qu'en France (mais oui !), une femme meurt tous les 3 jours sous les coups de son conjoint ou compagnon ? Que des jeunes femmes sont agressées dans les cités parce qu'elles refusent les contraintes que veut leur imposer leur famille (voile, interdiction de sortir, mariage forcé, etc.) ?

FEMMES DANS LE MONDE

Pourtant, les femmes de France ne sont pas les plus à plaindre. Dans le monde, les violences faites aux femmes sont encore monnaie courante : soumission à leur père puis à leur époux, mariages forcés, lapidation pour adultère, voile et vie recluse, mutilations sexuelles, prostitution des petites filles, etc. Vous avez sans doute vu les femmes d'Afghanistan complètement enfermées dans leur burka, cette longue robe bleue avec juste un mince grillage au niveau des yeux. Vous avez peut-être entendu parler de cette pratique barbare appelée excision qui consiste dans certaines cultures africaines à sectionner le clitoris des petites filles afin de les priver à jamais de tout plaisir sexuel et les soumettre à leur futur mari.

LA PRÉFÉRENCE AUX GARÇONS

Les femmes sont souvent tellement peu considérées que la naissance d'une petite fille peut être vue comme une catastrophe. Alors que sur les autres continents, il naît un peu plus de filles que de garçons, le continent asiatique a le triste privilège d'abriter nettement plus d'hommes que de femmes. En Chine, pour limiter la croissance de la population le gouvernement n'autorise qu'un enfant par famille… ce qui conduit beaucoup d'entre elles à privilégier la naissance d'un garçon. Et en Inde, où la pratique veut que les parents d'une fille versent une dot lors de son mariage, beaucoup cherchent aussi à éviter la naissance de filles !

Enfin dans les pays pauvres, les femmes sont souvent les plus démunies : elles n'ont pas droit à l'éducation, aux soins de santé, à la contraception et s'usent aux travaux ménagers dans des conditions parfois insupportables.

INFO +

C'est en 1948 que l'égalité des hommes et des femmes a été admise comme un principe fondamental dans la Déclaration universelle des droits de l'homme. Mais, sans la lutte acharnée des femmes, les droits qui en découlent n'auraient pas vu le jour.

COMPRENDRE

Nées en France à la fin du XXe siècle, vous avez les mêmes droits que les garçons et vous pensez sans doute qu'il n'y a aucune raison que cela change. Il arrive pourtant que les droits des femmes soient remis en cause après leur avoir été octroyés. Savez-vous, par exemple, que les Iraniennes pouvaient se promener sans voile et en minijupe il y a près de 30 ans, avant la révolution islamiste ?

Cu que les femmes, en Afghanistan n'ont porté la burka et n'ont été forcées de rester à la maison qu'après l'arrivée des talibans au pouvoir en 1996 et qu'elles n'ont pas retrouvé tous leurs droits malgré la chute de ce régime en 2001 ? N'oubliez pas non plus qu'aujourd'hui en France, il y a des hommes politiques qui voudraient voir les femmes rentrer à la maison pour lutter contre le chômage.

ÊTRE FEMME…

Encore aujourd'hui en France, une femme a toujours à prouver qu'elle peut faire aussi bien qu'un homme. Les femmes qui s'aventurent en politique ou à de hauts postes dans les entreprises savent bien qu'elles seront beaucoup plus critiquées que les hommes. Autrement dit, les filles, préparez-vous à avoir de l'ambition et à vous imposer, sans complexes mais sans naïveté, en refusant les modèles imposés par le regard masculin ou par les traditions et les habitudes.

… ET LE RESTER

Cela ne veut dire pour autant imiter les hommes. Un certain féminisme a voulu faire des femmes… des hommes comme les autres ! C'était peut-être nécessaire pour que les hommes reconnaissent aux femmes le droit à l'égalité de traitement. Mais cela a aussi déclenché une guerre des sexes qui n'a profité ni aux femmes ni aux hommes. Vos grands-mères et vos mères ont été témoins de cette époque. Aujourd'hui, vous vivez sans doute une situation plus apaisée où hommes et femmes cherchent à mieux vivre ensemble. Ils ont compris que certains sentiments ou comportements ne sont ni virils ni féminins, mais simplement humains. Mais c'est encore une situation plus fragile que vous ne l'imaginez. Et les femmes sont parfois les complices des inégalités dont elles souffrent. Cela vous étonne ?

FEMMES LIBÉRÉES ?

Sont-elles vraiment libres, ces filles qui se torturent, se privent de manger pour être aussi maigres que les mannequins des magazines ? Sont-elles vraiment libres, celles qui se plient à tous les caprices de la mode ? Ou se soumettent-elles aux critères qu'elles croient être ceux des hommes ? Et celles qui manquent d'ambition et n'osent pas se destiner à un « métier d'hommes » ? Celles qui croient que les maths sont une affaire de garçons et la littérature une affaire de filles ?

AVEC LES HOMMES

On entend souvent dire que le XXIe siècle sera celui des femmes. Est-ce une bonne chose ? Mieux vaudrait qu'il soit celui de l'humanité ! En tout cas, vous aurez à le construire avec tous ceux qui sont capables de reconnaître que l'avenir de l'humanité a besoin des deux sexes. Vous aurez aussi à aider les hommes à trouver leur place. À vous de leur faire comprendre qu'ils n'ont pas besoin de dominer les femmes pour être pleinement hommes ! Mais qu'ils ont le droit d'être des hommes et d'en être fiers, tout comme vous pouvez être fières d'être des filles.

VOIR AUSSI
AMBITION, FILLE/GARÇON, SEXISME.

À LIRE

Latifa, Visage volé, avoir 20 ans à Kaboul, en Livre de poche :
À l'arrivée des talibans dans Kaboul, Latifa avait seize ans et des rêves plein la tête. Malgré la guerre qui sévissait en Afghanistan depuis dix-sept années, elle menait une vie plutôt insouciante et heureuse, assez semblable à la vôtre. Mais depuis cette date, les talibans ont fermé les écoles aux filles et, comme toutes les femmes, Latifa a été humiliée, insultée, obligée de vivre en recluse. Ce livre est le récit de sa vie sous le régime des taliban et de son combat pour que les femmes afghanes retrouvent leur liberté et leur dignité.

Dossier

Figures de légende

LE FÉMINISME EST UN ENSEMBLE D'IDÉES POLITIQUES, PHILOSOPHIQUES, OU SOCIALES. IL REVENDIQUE L'ÉGALITÉ ENTRE LES SEXES ET DÉFEND LES DROITS DES FEMMES. CE MOUVEMENT NE S'EST CONSTITUÉ QU'À LA FIN DU XIX$^\text{E}$ SIÈCLE, MAIS SES RACINES SONT BIEN PLUS ANCIENNES. RETOUR SUR SIX FIGURES FONDATRICES.

> *"On ne naît pas femme, on le devient."*
> Simone de Beauvoir

OLYMPE DE GOUGES

Née au XVIII$^\text{e}$ siècle, Marie Gouze dite Olympe de Gouges est une femme de lettres, femme politique et polémiste. Pendant la Révolution, très en avance sur son temps, elle prône de nombreuses réformes : l'égalité des sexes, l'instauration du divorce, l'abolition de l'esclavage. En 1791, elle publie un texte radicalement féministe intitulé *Déclaration des droits de la femme et de la citoyenne*. Elle y affirme l'égalité des citoyens - hommes ou femmes - en matière de droits civils et politiques. Ce combat la mènera à la guillotine en 1793.

MADAME DE SÉVIGNÉ

La jeune Marie de Rabutin-Chantal est née au XVII$^\text{e}$ siècle. Une fois Marquise de Sévigné, elle devient vite veuve, mais belle et spirituelle, est très appréciée à la cour. Elle y mène une existence indépendante et y côtoie Madame de La Fayette, Fouquet ou La Rochefoucault. Elle échange avec sa fille une volumineuse correspondance qui laisse paraître des positions critiques vis-à-vis d'un pouvoir exercé à l'époque exclusivement par les hommes.

SIMONE DE BEAUVOIR

Née en 1908, elle fait la connaissance de Jean-Paul Sartre alors qu'elle prépare l'agrégation de philosophie. C'est le début d'une relation mythique : un demi-siècle de vie commune, d'échanges intellectuels et d'engagements militants. En 1949, elle écrit *Le Deuxième Sexe*, qui obtient un succès immédiat et devient un texte fondateur pour le mouvement féministe. Elle y décrit une société qui maintient la femme dans une permanente situation d'infériorité.

© Albert Harlingue / Roger-Viollet

Simone de Beauvoir

LES SUFFRAGETTES

Sous le doux nom de Suffragettes se cache une organisation créée en 1903 au Royaume-Uni. Ses militantes revendiquent le droit de vote pour les femmes par des moyens provocateurs : elles vont jusqu'à brûler un terrain de golf ou une église réservés aux hommes. Il faut dire que les femmes sont alors considérées comme intellectuellement inférieures ! En 1918, elles obtiennent le droit de vote pour les femmes à partir de 30 ans. Un droit qui n'a été acquis par les Françaises qu'en 1944...

SIMONE VEIL

Simone Veil est une femme politique française et une figure importante du XXᵉ siècle. Pendant la Seconde Guerre mondiale, elle est déportée en camp de concentration mais est sauvée de justesse avec ses deux sœurs. Elle fut haut fonctionnaire dans la magistrature, ministre de la Santé sous la présidence Valéry Giscard d'Estaing et présidente du Parlement européen. Elle a fait voter en 1975 une loi qui dépénalise l'avortement. Elle siège aujourd'hui à l'Académie française.

ÉLISABETH BADINTER

Née en 1944, Élisabeth Badinter est une femme de lettres, philosophe mais aussi femme d'affaires. Tout comme son mari, l'avocat Robert Badinter, elle soutient dans ses écrits une certaine idée de la démocratie. Elle défend la place de la femme dans la société, mais critique les dérives des mouvements féministes qui ont pu faire de la femme une victime et appelle plutôt à une véritable égalité des sexes. Elle s'est ainsi opposée à la loi sur la parité dans les partis politiques, qui à son avis laissait penser que les femmes ne pouvaient pas l'obtenir sans cette aide.

© Janine Niepce / Roger-Viollet

À SAVOIR

Nous vivons toujours sous la loi du 26 Brumaire an IX de la République interdisant aux femmes de porter des pantalons !

Fête

C'est la fête ce soir !

🟠 S'INFORMER

Une fête, cela s'organise, sinon cela peut être un raté magistral. Alors, au travail !

TOP CHRONO, C'EST PARTI !

Avant toute chose : choisir LA date. Attention aux périodes de contrôles scolaires ! Mieux vaut trouver un soir où tout le monde sera détendu. Si votre anniversaire tombe mal, fêtez-le en avance… ou en retard.

OÙ, MAIS OÙ ?

Autre question essentielle à régler au préalable : vous mettre d'accord avec vos parents si vous souhaitez faire la fête chez eux. Vous pouvez aussi essayer d'organiser la fête avec une copine, et la faire chez elle, si ses parents sont d'accord. Sinon, il y a toujours des bons plans à trouver : une salle des fêtes, un réfectoire de cantine…

QUI INVITER ?

Inviter beaucoup de monde pour que la fête soit grandiose, ou seulement les proches pour être sûre de l'ambiance, quitte à ce qu'elle soit intimiste ? À vous de voir, bien sûr. En général, il faut compter 30 % de refus… un peu compensés par les « incrustes » de dernière minute.

SOIRÉE À THÈME OU DÉGUISÉE ?

Une soirée déguisée peut être très sympa et permet en plus d'être originale, voire excentrique ! Mais certains peuvent refuser de venir parce qu'ils ne savent pas comment se déguiser. Le plus simple, c'est une soirée à « thème » : il suffit juste d'un détail pour être dans le ton. Soirée « turquoise », soirée « fleurs », soirée du « détail insolite »… À vous de trouver l'idée du siècle !

CHECK-LIST OBLIGATOIRE !

Mieux vaut établir un budget et une liste avant de vous lancer ! Cela vous permettra aussi d'être raisonnable sur le nombre d'invités. Jus de fruits, sodas, etc. : prévoir au minimum 1 l par personne, plus s'il fait chaud et que c'est une soirée de gros danseurs. Prévoir 15 canapés par personne ou une quiche pour 4. Pensez aux saladiers de bonbons, toujours très appréciés.

PARTICIPATION ?

Si vous avez beaucoup d'invités, vous pouvez prévoir une participation. Le plus élégant et le plus efficace, c'est la participation en nature : demandez à vos invités d'apporter une bouteille, un gâteau ou une quiche.

LA DÉCO

Tout est permis, mais attention aux règles minimales de sécurité. Évitez les bougies et autres lampions… sauf si vous avez envie d'un after avec les pompiers ! Pour les tables, le plus pratique, c'est quand même les nappes et assiettes en papier, et les gobelets et couverts en plastique, qui existent dans une large gamme de couleurs. Prévoyez des grands sacs poubelles (100 l) bien solides pour tout jeter après.

LA SONO

Vous n'avez sans doute pas les moyens de vous offrir un disc-jockey, mais vous avez certainement un copain qui se débrouille. Passez le matériel en revue avec lui : a-t-il ce qu'il faut ? Faut-il alors prévoir une table de mixage ? Combien de prises électriques faut-il ? Certains « pros » de l'ordinateur ont un logiciel extra qui permet de programmer toute une soirée.

ET LES VOISINS ?
Prévenez-les que vous allez faire du bruit, par un petit mot dans l'entrée ou l'ascenseur, ou en allant les voir personnellement, si possible quelques jours avant les hostilités.

UNE HEURE AVANT
Occupez-vous de vous ! Prenez le temps d'une bonne douche, pour vous détendre et vous faire belle…

POUR UN LENDEMAIN SANS DÉPRIME
Après la fête, il faut ranger. Mobilisez quelques bons amis. Le but du jeu, c'est de rendre la pièce encore plus propre qu'avant pour remercier ceux qui vous l'ont prêtée et avoir une chance qu'ils recommencent ! Faites le maximum avant de vous coucher, sinon, le réveil risque d'être difficile…

EXTRA OU EXCÈS ?
« La fête est un excès permis », disait Freud. C'est vrai que l'on s'y autorise des choses que l'on ne fait pas tous les jours. Mais il faut savoir vous fixer des limites. Ne vous gâchez pas la fête en vous mettant dans un état second où vous ne seriez plus vous-même. L'amour de la fête est quelque chose de naturel, qui se passe parfaitement de substances artificielles !

LE CŒUR BATTANT
La fête, c'est aussi un moment propice à la tendresse et aux effusions. Là aussi, il est important de savoir vous fixer des limites. Sinon, cela peut vous emmener plus loin que vous ne l'auriez souhaité.

FÊTE RÉUSSIE : LE SECRET
Enfin, pour bien profiter de la fête, occupez-vous plus des autres que de vous-même. Une fête n'est pas un concours de beauté. Tant pis si vous n'êtes pas la plus jolie, la plus tendance ou le centre de la fête ce soir ! L'important, c'est d'être pétillante, d'entraîner les autres pour que tous passent un bon moment !

● MAUVAIS PLANS
CE QUI GÂCHE UNE FÊTE
- La chaleur qui tue l'ambiance. Coupez le chauffage l'hiver : 30 personnes qui dansent dans une pièce, ça chauffe !
- Les copains qui vomissent sur la moquette parce qu'ils ont trop bu. Pour éviter cette galère, supprimez l'alcool. Si certains en introduisent subrepticement, n'hésitez pas à faire disparaître les bouteilles dans un placard fermé à clé…
- Les dégradations en tous genres : cachez bibelots et objets précieux, fermez les pièces sensibles. Installez un tapis ou une chute de moquette pour protéger le parquet. Pour les taches sur la moquette, une seule solution : frotter avec vos petits bras musclés et du savon de Marseille.
- La drogue : « Dehors ! » C'est le seul mot à dire à ceux qui voudraient « s'éclater » un peu plus.
- Les « incrustes » de dernière minute. Si ce sont des types sympas, des vrais copains des copains, ça va. Mais parfois, cela peut dégénérer : les gens entendent de la musique et veulent se joindre à la fête. Prévoyez votre service d'ordre perso : grand frère, cousin ou copain un peu costaud.

VOIR AUSSI
ALCOOL, CANNABIS, DROGUE, SORTIE, MAQUILLAGE, PARENTS, RESPONSABILITÉ.

BONS PLANS

SPÉCIAL « NÉGOCIATION AVEC LES PARENTS »
Une fête à la maison inquiète tous les parents. Pour qu'ils vous fassent confiance, il n'y a pas 36 solutions.
- Expliquez-leur ce que vous avez prévu : combien d'invités, qui ils sont, comment c'est organisé, ce que vous ferez, combien de temps cela va durer.
- Fixez avec eux l'heure à laquelle ils partiront (vont-ils être là à l'arrivée des invités ?) et l'heure à laquelle ils reviendront (avant ou après la fin ?).
- S'ils ont l'excellente idée de partir avant et de revenir après, promettez-leur que la maison sera impeccable à leur retour. Et tenez vos promesses !

Fidélité

C'est possible !

À L'ORIGINE DU MOT FIDÉLITÉ, IL Y A **LE MOT LATIN FIDES** QUI **SIGNIFIE** À LA FOIS **CONFIANCE ET FOI**. ET, EN EFFET, PARLER DE LA FIDÉLITÉ, C'EST PARLER DE LA CONFIANCE ET DES VALEURS AUXQUELLES ON CROIT.

🟠 COMPRENDRE

On parle parfois de la fidélité à soi-même, à ses idées, mais la plupart du temps, la fidélité évoque l'engagement que deux personnes prennent l'une à l'égard de l'autre. Quel engagement prennent-elles ? Principalement celui de s'aimer longtemps, si possible, toujours. Et pas de s'aimer comme des amis ou comme des frères et sœurs, non, de s'aimer vraiment d'un amour « amoureux », un amour qui préfère l'autre pour toujours. Cela suppose une relation spéciale, exclusive.

LE CŒUR ET LE CORPS

Cette exclusivité concerne toute la personne. Avec celui que l'on aime fidèlement, on partage tout ce qui est important, on lui ouvre son cœur, on lui fait entièrement confiance, on lui dit la vérité et, bien sûr, il est le seul avec qui on a des relations physiques intimes. Le tromper, ce n'est pas seulement avoir des relations sexuelles avec un autre, cela commence dès que vous jetez un regard intéressé vers un autre garçon alors que vous êtes avec votre amoureux.

IMPOSSIBLE ?

Beaucoup de gens pensent que la fidélité est impossible. Ils disent que l'amour ne se commande pas et que l'on ne peut pas aimer quelqu'un fidèlement toute une vie. Ils ont raison sur un point, l'amour ne se commande pas. Vous aurez beau décider d'aimer quelqu'un de toutes vos forces, s'il n'y a pas le déclic amoureux, le petit plus ou le grand choc qui vient sans crier gare, cela ne marchera pas.
En revanche, ils ont tort car, lorsque deux personnes s'aiment vraiment, elles peuvent décider de tout faire pour que leur amour soit de plus en plus beau, de plus en plus fort. Et c'est possible parce que l'amour ne s'use que lorsque l'on ne s'en sert pas.

Si tous les matins vous décidez de vivre un jour d'amour ensemble, cet amour que vous partagez, loin de diminuer, grandit. Évidemment, il faut y croire, et retrousser ses manches tous les matins. C'est d'autant plus difficile que toute la pub, les romans, le cinéma et les chansons nous serinent que « les histoires d'amour finissent mal en général… ». Peut-être, mais vous pouvez faire le pari que votre histoire à vous sera particulière, exceptionnelle. Pour cela, bien sûr, il faudra trouver le garçon qui voudra partager cette aventure avec vous ! Pour l'instant, c'est peut-être un peu tôt. En attendant, vous pouvez déjà vous exercer.

DANS LES PETITES CHOSES

Les petites choses préparent les grandes. Apprenez à ne pas être une girouette. Quand vous faites une promesse, tenez-la ! Quand une amie ne va pas bien, même si elle est un peu « pénible », soutenez-la d'une amitié fidèle. Et si vous êtes amoureuse d'un garçon, ne cherchez pas à accrocher le regard d'un autre, même pour vous rassurer et vous sentir plus mignonne.

VOIR AUSSI
AMOUR, MARIAGE.

INFO +

COMMENT RESTER FIDÈLE ALORS QUE L'ON CHANGE ?

Vous êtes à un âge où l'on change beaucoup, et vous craignez peut-être que la fidélité soit une sorte d'immobilité. On se choisit, et puis on fait tout ce que l'on peut pour rester les mêmes qu'au premier jour. Vous sentez bien que c'est impossible. Alors, rester fidèle en changeant, est-ce possible ? Non seulement c'est possible, mais c'est justement cela qui est passionnant. La fidélité devient une véritable aventure à deux. On décide de changer ensemble, l'un avec l'autre.

Ensemble, on fait des projets de vie professionnelle, ensemble, on devient des jeunes parents, ensemble, on deviendra des grands-parents, ensemble, on aura des rides qui raconteront notre histoire, avec ses bonheurs et ses chagrins. Regardez autour de vous, il y a sûrement des gens qui s'aiment depuis des dizaines d'années. Regardez-les bien, ne sont-ils pas beaux ? Eh bien, vous, ne choisissez pas la fidélité parce que c'est facile, mais parce que c'est beau.

Fille / Garçon

Vive la différence... et le respec

🔴 S'INFORMER

Dès la conception, on est fille ou garçon : tout se joue à la rencontre de l'ovule et du spermatozoïde !

XX OU XY ?

Dans le noyau de chaque cellule sexuelle (ovule et spermatozoïde) on trouve 23 « chromosomes » ; dans les deux cellules, 22 sont identiques. C'est le 23e, le chromosome sexuel, qui fait la différence. Dans tous les ovules, il est identique : on l'appelle X. Dans les spermatozoïdes, c'est soit un X, soit un Y. Si l'ovule est fécondé par un spermatozoïde porteur du chromosome X, l'œuf fécondé est une fille (XX) ; si le spermatozoïde est porteur d'un chromosome Y, c'est un garçon (XY). Mais cela ne se voit pas avant le début du 3e mois de grossesse, quand les organes sexuels se différencient (voir les infographies).

GARÇON OU FILLE, DE PLUS EN PLUS

Ces différences sexuelles se traduisent par des différences physiques qui vont surtout se développer au cours de l'adolescence. Pour les filles, c'est la formation des seins, les hanches qui s'arrondissent, l'arrivée des règles. Pour les garçons, c'est l'apparition des poils sur le visage, le développement des épaules, la mue de la voix, les premières éjaculations.

LA DIFFÉRENCE MAJEURE

Les hommes sont en général plus forts en raison de leur puissance musculaire. Mais la différence physique radicale, c'est que seules les filles pourront être enceintes !

ET DANS LA TÊTE, C'EST DIFFÉRENT ?

À ces différences physiques, on a l'habitude d'associer des différences psychiques. On attribue aux filles une intelligence concrète, aux garçons une plus grande capacité à l'abstraction. On parle d'intuition et de finesse pour les filles, de clarté et de concision pour les garçons. Les femmes auraient un don pour l'analyse, les hommes une capacité de synthèse.

FAUT QUE JE TE RACONTE...

On peut facilement remarquer que les filles s'expriment davantage que les garçons sur ce qu'elles sont et ce qu'elles vivent. Elles parlent entre elles de leurs sentiments, alors que les garçons partagent plutôt projets et actions. Elles sont capables de faire plusieurs choses à la fois, alors que les garçons, dit-on, préfèrent se consacrer à une seule tâche.

FAITS POUR VIVRE ENSEMBLE

À l'école, au collège, au lycée et dans la vie, filles et garçons partagent les mêmes cours et les mêmes activités. Une évidence ? Pas depuis si longtemps ! Il y a 50 ans, l'idée de mettre leur fille dans une école mixte donnait la chair de poule aux parents. La mixité est devenue la règle dans toutes les écoles primaires à partir de 1969. Les collèges sont mixtes depuis les années 1970. Les lycées et les grandes écoles ont suivi : la première promotion mixte de l'École polytechnique date de 1972.

UNE SAINE CAMARADERIE ?

Il a fallu vaincre bien des réticences pour la réaliser. Les adversaires de la mixité craignaient qu'en classe les élèves ne pensent plus qu'à la drague et aux relations sexuelles. Les partisans de la mixité, eux, évoquaient la chance de mieux se connaître entre filles et garçons et de développer une « saine

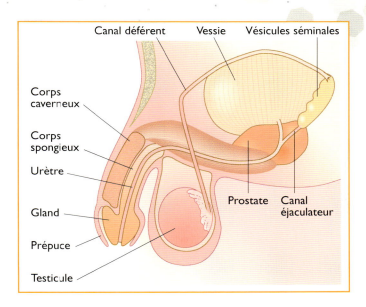

camaraderie ». De nos jours, la vie amoureuse est effectivement plus précoce qu'il y a 50 ans, mais la mixité n'est sans doute pas l'unique responsable de cette évolution ; même s'il ne faut pas se faire d'illusions : la mixité ne crée pas uniquement une « saine camaraderie » entre les filles et les garçons !

ATTENTION LES FILLES

De nos jours, hélas, la mixité n'est pas toujours une partie de plaisir. Les garçons font preuve d'agressivité ou d'irrespect à l'encontre des filles. Quand ce ne sont pas les filles qui insultent copieusement leurs copains ! Attention les filles : ne prenez pas l'habitude d'insulter les garçons ou de vous laisser insulter par eux. Ne croyez pas que c'est un mode normal de relation entre filles et garçons. Apprendre à vivre ensemble, hommes et femmes, est essentiel et cela se joue dès le collège !

SE FAIRE RESPECTER

Enfin, dans certains collèges, dans certains milieux, il est devenu difficile aujourd'hui pour une fille de vivre à côté de garçons qui jouent les caïds et s'affichent franchement machos, notamment ceux qui ont des difficultés scolaires et supportent mal la réussite des filles. Si l'on peut comprendre leur malaise, on ne peut accepter leur comportement : ne tolérez pas qu'une fille, quelle qu'elle soit, se fasse insulter ou agresser par des garçons sans en référer à des adultes.

INFO +

- Il naît en moyenne 104 à 106 garçons pour 100 filles, mais il meurt un peu plus de garçons dans leur première année. Il reste toutefois un petit excédent d'hommes à l'âge adulte.
- Les femmes vivent plus longtemps que les hommes :

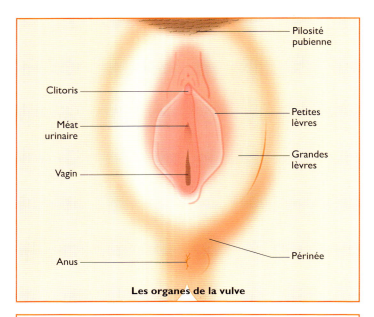

Les organes de la vulve

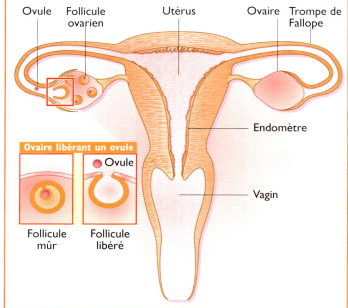

Les filles doivent être comme ci, et les garçons comme ça. Gare aux rebelles ! Un garçon est un peu trop sensible ? C'est une « fillette » ou une « femmelette ». Une fille un peu trop directe et énergique ? On a vite fait de dire qu'elle est « garçon manqué », voire « hommasse » !

DES MILLIARDS DE CARACTÈRES

Deux cases pour ranger des milliards de caractères, avec leurs nuances et leurs richesses particulières ! Un peu réducteur comme classement… Pourquoi un garçon n'aurait-il pas le droit d'être tendre, de pleurer quand il est triste ? Pourquoi une fille devrait-elle s'interdire d'avoir envie de réussir sa vie professionnelle, d'avoir un sacré tempérament ou de l'énergie à revendre ?

ÉGAUX, PAS PAREILS !

Mais il ne faut pas non plus tomber dans l'excès inverse. Sous prétexte de détruire les caricatures, certains en arrivent à vouloir ranger tout le monde dans la même case. On est tous égaux, donc, on serait censés être tous pareils. Mais non ! Une fille, ce n'est pas un garçon, et vice versa : quel intérêt y a-t-il à mettre tout le monde au même format ?

VIVE LES DIFFÉRENCES…

Le secret, c'est de ne surtout pas penser les différences en termes de supériorité et d'infériorité. Les différences, c'est génial, c'est une source de richesses

84,8 ans d'espérance de vie contre 78,1 ans pour ces messieurs. Pourquoi ? Les hommes meurent davantage d'accidents, de maladies liées à l'alcool et au tabac. La différence tend à diminuer : aujourd'hui, les femmes travaillent, fument, boivent, subissent le même stress… et continuent à s'occuper du ménage et des enfants.

● **COMPRENDRE**

« Fille » et « garçon » : deux « cases » où l'on essaie de faire entrer tout le monde.

et de surprises. Autant en profiter au maximum, sans s'affronter comme si on avait un territoire à défendre, sans non plus s'imiter les uns les autres.

ET LA CONNAISSANCE MUTUELLE ?

La mixité permet aux filles et aux garçons de mieux se connaître, à l'école comme dans les loisirs et les mouvements de jeunesse. Les filles qui n'ont pas de frère y découvrent les goûts, les réactions et les aspirations des garçons. Et vice versa. Pourtant, les relations ne sont pas toujours faciles. Filles et garçons ont des préoccupations et des goûts différents et ne grandissent pas au même rythme. Au même âge, vous avez souvent plus de maturité que ces messieurs ! Vous pouvez les trouver bêtes, grossiers, sans culture et obsédés par la drague. Eux, ils vous jugent allumeuses ou coincées, maniérées ou bosseuses.

SANS RENONCER À LA FIERTÉ D'ÊTRE FILLE

Sens pratique et fantaisie, délicatesse et courage, énergie et séduction… vous êtes pleines de qualités et vous pouvez en être fières à juste titre. Aimez-vous comme vous êtes, et ayez la volonté de vous améliorer. Développez vos qualités de fille tous azimuts : sans complexes, sans *a priori* et sans vous laisser enfermer dans un modèle unique. Parce qu'être une fille, c'est cela doit rester… le bonheur !

VOIR AUSSI
COPAINS, FEMMES, SEXISME, SEXUALITÉ.

CONSEILS

SOYEZ FILLE !

• On peut être féminine en pantalon ou en jupe, cheveux longs ou courts. Ce qui compte : se sentir bien !

• Avec les garçons, restez fille, sans en enlever ou en ajouter : vous n'êtes pas obligée de jouer les garçons manqués… ni les allumeuses.

• Ne tombez pas dans les idées toutes faites sur les garçons. Regardez vos frères, cousins, amis. Vous serez moins démunie le jour où il faudra comprendre votre amoureux !

• Vous réclamez le droit d'avoir des goûts attribués aux garçons ? Ne vous moquez pas de l'inverse : ils ont le droit d'aimer le shopping, et de passer 3 heures sous la douche (même votre frère) !

Foi

Est-ce que tu as la foi ?

🔸 S'INFORMER

Avoir la foi, c'est croire en Dieu non seulement dans le sens où l'on croit que Dieu existe, mais dans le sens où cette croyance influence la manière dont on vit. Pour celui ou celle qui a la foi, Dieu a une importance particulière.

UNE QUESTION DE CONFIANCE

Foi et confiance viennent du même mot latin, *fides* ; et les deux mots sont quasiment synonymes. Avoir la foi, finalement, c'est faire confiance à Dieu. Cela suppose que Dieu ne soit pas seulement une idée, mais quelqu'un. C'est pourquoi la question de la foi concerne principalement les trois grandes religions monothéistes (qui croient en un seul Dieu) : le judaïsme, le christianisme et l'islam.

UNE QUESTION DE RELIGION

Bien sûr, on peut dire que l'on croit en Dieu et refuser d'appartenir à une grande famille religieuse. Mais, en fait, la façon d'exprimer sa foi, de la vivre, n'est jamais totalement inventée, elle est reçue d'autres croyants (souvent de la famille) et elle est transmise dans le cadre d'une religion.

ET DIEU, DANS TOUT CELA ?

Pourtant, les croyants témoignent tous de la même expérience : leur foi ne vient pas d'eux-mêmes, ni de leur famille, ni de leur religion. Elle vient de Dieu lui-même. C'est une

chose très mystérieuse et parfois même très énervante pour les incroyants : si c'est Dieu qui donne la foi, pourquoi y a-t-il des gens qui l'ont et d'autres pas ?

LIBRE RÉPONSE

Pour les croyants, l'homme répond librement à une proposition de Dieu. Ce qui fait la différence, ce n'est pas Dieu, c'est l'homme. Cette réponse, disent-ils, est une réponse de

---

À SAVOIR

VOCATION

Pour certains, la foi prend une forme particulière : elle les pousse à consacrer leur vie à Dieu. On dit qu'ils ont la « vocation », c'est-à-dire qu'ils ont entendu un appel particulier de Dieu : dans le mot vocation, il y a le mot voix. Ils choisissent alors de mener une vie entièrement consacrée à Dieu, soit en se retirant dans un monastère pour y prier, soit en se mettant au service des autres en étant prêtre ou religieuse.

toute la personne, avec son cœur et son intelligence, ses émotions et sa raison. On ne peut pas croire comme par magie sans rien comprendre, on ne peut pas non plus attendre de tout comprendre pour croire.

UN PAS DANS LE VIDE

Certains croyants emploient une jolie image pour symboliser cette question de confiance. Décider de croire, c'est oser faire un pas dans le vide et découvrir que ce sont les mains de Dieu qui vous soutiennent.

● COMPRENDRE

Est-ce que la foi se perd comme un parapluie ? Eh bien, si l'on s'en sert comme d'un parapluie, sûrement. Vous avez certainement remarqué que vous perdez votre parapluie quand vous êtes entrée dans un endroit alors qu'il pleuvait, et que vous en ressortez quand la pluie a cessé. Si votre foi ne sert que les jours de mauvais temps, quand tout va mal et que vous avez quelque chose à demander à Dieu, il est probable que vous allez la laisser à l'abandon dans un coin : le jour où vous en aurez besoin, vous direz que vous l'avez perdue. À tout prendre, il vaudrait mieux que la foi soit comme un téléphone portable : on l'a toujours sur soi, et il permet de rester en relation. Et sans doute avez-vous remarqué que l'on perd moins son téléphone que son parapluie…

AU FAIT, LA FOI, ÇA SERT À QUOI ?

À rien ! C'est vrai : la foi ne donne aucun pouvoir magique, elle ne simplifie pas l'existence, elle n'aplatit pas les obstacles. Elle ne rend pas les croyants plus aimables que ceux qui n'ont pas la foi. Eux aussi essaient d'être des gens « bien » et, dans cet effort-là, tout le monde est à égalité.
Mais la foi donne confiance : on a déjà dit que les deux mots se ressemblaient ! Un croyant, c'est quelqu'un qui est convaincu qu'il n'est pas là par hasard. Il croit que Dieu s'intéresse à lui, que sa vie a un but. Et cela lui donne une bonne dose de courage et d'espoir.

● SAVOIR-VIVRE
RESPECT MUTUEL

Quand on est croyante, on doit respecter ceux qui ne le sont pas ; la réciproque est vraie. Si vous n'êtes pas croyante, attention à ne pas blesser ceux de vos amis ou camarades de classe qui le sont. Avoir la foi, c'est comme être amoureux : on est passionné, mais aussi un peu fragile et susceptible. Vous n'auriez pas idée de critiquer devant une amie le garçon qu'elle aime, parce que vous savez que cela lui ferait mal. Ayez la même délicatesse à l'égard des croyants !

VOIR AUSSI
DIEU, RELIGION.

CONSEILS

COMMENT PARLER DE LA FOI ?

*On a souvent peur de parler de sa foi : on croit que l'on va se rendre ridicule, ou choquer ceux qui ne la partagent pas.
L'important, c'est de :*
• *Ne pas vouloir convaincre à tout prix.*
• *Respecter ceux qui ont une foi différente… ou pas de foi du tout.*
• *Ne pas vouloir toujours en parler, parce que l'on risque d'exaspérer les autres.*
• *Ne pas confondre parler de sa foi et donner des leçons : faites ce qui vous semble être juste et laissez les autres cheminer à leur rythme.
Mais ce n'est pas non plus un sujet tabou ! On peut en parler entre amies, même si l'on n'est pas toutes croyantes.*

Fraternité

Je l'aime comme un frère…

AU SENS PROPRE, LA FRATERNITÉ EST LE **LIEN QUI UNIT LES FRÈRES ET SŒURS**. PLUS LARGEMENT, ON PARLE DE FRATERNITÉ DANS TOUS LES GROUPES HUMAINS QUI VIVENT DES CHOSES FORTES ENSEMBLE.

● S'INFORMER

Les filles, vous ne parlez peut-être pas beaucoup de fraternité, sans doute parce que ce n'est pas votre mot à vous ; à première vue, c'est plutôt un mot de garçons. On aurait pu dire « sororité », après tout. Mais, comme souvent, le masculin l'a emporté sur le féminin !

LIBERTÉ, ÉGALITÉ…

Et pourtant, c'est un mot que vous connaissez bien. Un mot appris presque au biberon… en tout cas, dans vos premiers cours d'éducation civique, dès que vous avez eu l'âge de comprendre que la devise de la France était « Liberté, Égalité, Fraternité » ! Qu'est-ce qu'il implique, ce grand mot, familier mais parfois un peu abstrait ?

J'AI PAS CHOISI !

Eh, bien ! d'abord, le fait que l'on n'a pas choisi. Vos frères et sœurs, vous les avez reçus, pas choisis : pour la fraternité au sens large, c'est pareil. Cela signifie que tous les hommes sont frères, qu'ils s'entendent entre eux ou non.

SUR UN PIED D'ÉGALITÉ

La fraternité implique surtout une relation d'égal(e) à égal(e). Dans une famille, tous les enfants doivent être traités équitablement.

JE T'AIME UN PEU, BEAUCOUP…

Enfin, entre frères et sœurs, il y a généralement de l'affection, de la solidarité, de l'entraide. Bien sûr, cela n'exclut pas les disputes, la jalousie, parfois l'agressivité. Mais l'idée de fraternité évoque plutôt une relation heureuse entre frères et sœurs !

TOUS DANS LE MÊME BATEAU

L'idée d'une fraternité entre tous les peuples n'est pas neuve. L'humanité a toujours rêvé d'une fraternité universelle, qui préserverait les hommes de la violence et de la guerre et ferait régner l'égalité et la justice.

CROYANTS, NON-CROYANTS, MÊME COMBAT

Les grandes familles religieuses prêchent toutes la fraternité entre les hommes. Le christianisme est la première religion à l'avoir proclamée avec force, parce que le Christ annonçait que Dieu aime tous les hommes comme ses enfants, et qu'ainsi tous sont frères. Mais il existe bien sûr une version laïque de la fraternité. La République française l'a introduite dans sa devise ; et de nombreux penseurs, surtout au XIXe siècle, ont tenté de réfléchir sur cet idéal et de le concrétiser.

COMPRENDRE

Vivre en frères, c'est respecter l'autre « côté cœur », car la fraternité va plus loin que le respect que l'on doit à tous les hommes. Elle implique qu'on les aime et que l'on ait envie de partager avec eux. Elle invite à vivre avec l'espoir que les hommes finiront par cesser de se battre entre eux et apprendront à partager pour que tous puissent vivre heureux.

DOUX RÊVEURS ?

À première vue, ce paradis rêvé semble irréalisable. Mais est-ce si sûr ? Le désir de fraternité est une force, qui donne envie d'agir pour rapprocher la réalité de ce rêve. Oui, agir : parce que la fraternité n'est pas une émotion sentimentale, un souhait à l'eau de rose, mais bien plutôt un acte volontaire : reconnaître la valeur des autres, et le montrer.

LA FRATERNITÉ À FLEUR DE PEAU

Évidemment, on ressent parfois aussi la fraternité comme une émotion ! Ceux qui ont vécu un grand événement, comme la libération de Paris, la chute du mur de Berlin, la fin de l'apartheid en Afrique du Sud (ou la victoire des Bleus lors de la Coupe du monde de 1998 !), disent qu'ils ont vibré ensemble et qu'ils ont ressenti dans ces instants la réalité de la fraternité humaine.

VOIR AUSSI
ÉGALITÉ, LIBERTÉ, PAIX, SOLIDARITÉ.

BONS PLANS

• Faire du bénévolat, pour rendre plus concret l'idéal de fraternité (voir la liste des numéros utiles en fin d'ouvrage).
• Suivre l'actualité (journaux, radio, télévision). Si l'on considère les hommes comme des « frères », il est normal de prendre régulièrement de leurs nouvelles. La fraternité devient tout de suite moins abstraite !

Frères et sœurs
Maman, il m'embête…

● S'INFORMER

Fille unique, aînée, petite dernière ou autre : vous avez une position bien à vous dans votre famille. Certaines ont aussi des demi-frères et demi-sœurs, nés d'une autre union. Le regard que vous portez sur vos frères et sœurs dépend de tout cela. Quand on est seule, on rêve souvent des frères et sœurs que l'on n'a pas et avec lesquels on aurait aimé tout partager.

Mais quand on est plusieurs, on sait bien que le partage n'est pas toujours facile !

UNE ÉCOLE DE VIE

La fratrie (l'ensemble des frères et sœurs d'une famille), c'est une société en miniature, avec ses leaders et ses timides, ses « grandes gueules » et ses sournois, ses batailles de polochons et ses coups de pied sous la table. Vous y apprenez à vivre en groupe, à vous défendre et à vous aimer aussi. Vous partagez les mêmes histoires, les mêmes habitudes et pourtant vous êtes souvent très différents.

QUAND ILS VOUS FONT TOURNER EN BOURRIQUE

Il y a des schémas communs à beaucoup de fratries. Par exemple, les relations entre garçons et filles : pas tristes ! Les filles squattent la salle de bains à temps plein et reprochent aux garçons (à juste titre ?) de ne pas se laver. Les garçons filent en douce devant la table à débarrasser et hurlent quand ces demoiselles monopolisent l'ordinateur pour tchatter sur MSN. Quant au petit frère pot de colle qui se mêle de tout et ne sait pas tenir sa langue, vous l'aimez, mais il y a des jours où vous en feriez volontiers cadeau à une autre famille !

ON SE DISPUTE, ON S'ADORE

Entre frères et sœurs, c'est la complicité. Parfois aussi la rivalité. Chacun voudrait être le préféré des parents. Il peut même y avoir le chouchou de service, qui en profite pour « cafter » et risque de faire l'unanimité contre lui. À ce train-là, les étincelles sont inévitables ! Elles n'empêchent pas la fratrie d'être fortement soudée. Vous vous bagarrez volontiers à la maison, mais au-dehors, c'est l'union sacrée : gare à celui qui toucherait à un cheveu de votre petite sœur !

● INFO +

La taille moyenne actuelle des familles est de 2,01 enfant par famille, contre 3,5 enfants il y a 30 ans. Source : Observatoire des familles, 2010.

● COMPRENDRE

L'important, dans une fratrie, c'est de trouver sa place et de bien la vivre. Vous êtes l'aînée ? Vous vous sentez la plus forte et la plus mûre. Vous êtes la première à arriver à l'âge où l'on veut sortir le

soir et avoir une mobylette, l'âge où l'on tombe amoureuse, etc. Bref, vous « essuyez les plâtres » pour les suivants.

POUCE POUR LE NUMÉRO 1
Les parents ont vite fait de vous donner des responsabilités, et vous en êtes fière. Mais quand c'est trop, vous avez le droit de le leur dire. Parce que c'est essentiel de garder du temps pour soi.

DES « VIEUX » DEVANT SOI
Si vous êtes la dernière, les autres vous tirent en avant. Opinions politiques du grand frère, études de la sœur qui n'habite plus à la maison, premier métier, mariage, vous êtes témoin des préoccupations de gens plus âgés ! Quelquefois, vous aimeriez peut-être que l'on vous laisse vivre votre vie de collégienne ou lycéenne… sans vous prendre systématiquement pour la « petite ». N'empêche : c'est enrichissant d'avoir des « vieux » devant vous.

JUSTE (AU) MILIEU
Enfin, il y a celles qui sont placées entre des grands et des petits. C'est une bonne position, confortable et amusante, avec des aînés pour vous tracer la route et des petits à pouponner ! Certaines peuvent avoir du mal à s'affirmer : il leur faut attendre que les aînés soient partis de la maison pour inventer une nouvelle relation avec les parents.

ENNEMIS UN JOUR, AMIS TOUJOURS
Ce qu'il faut savoir, c'est que les relations entre frères et sœurs changent avec le temps. Si vous avez des difficultés avec les vôtres, tous les espoirs sont permis. Le grand frère odieux d'aujourd'hui peut devenir demain votre protecteur adoré. Vous avez peut-être une sœur qui vous donne des complexes parce que vous pensez qu'elle est mieux que vous : un jour, vous découvrirez en elle une amie… qui ne se croit pas du tout supérieure ! Et le petit frère encombrant peut finir par devenir un grand confident. Au fil du temps, les années d'écart semblent moins grandes !

● INFO +
SPÉCIAL DEMI !
Enfants des beaux-parents ou véritables demi-frères, vous vivez peut-être avec des demi-frères et demi-sœurs. Autant faire votre possible pour vous accepter mutuellement : essayez de dialoguer pour mieux vous connaître et, pourquoi pas, avoir des relations amicales. Le plus difficile, souvent, c'est l'enfant qui peut naître d'un remariage récent. Vous n'étiez pas forcément préparée à voir arriver un bébé à la maison. Il bouscule les habitudes, mobilise tout le monde. Mais il peut aussi être une chance merveilleuse à votre âge où vous avez souvent envie de dorloter un bébé. Si vous n'êtes pas prête, gardez vos distances et faites comprendre sans agressivité à vos parents que pouponner n'est pas votre tasse de thé. Si vous adorez les bébés, profitez de cette petite sœur (ou frère) inattendue qui pourrait bien rester dans votre cœur toute votre vie.

VOIR AUSSI
ENGUEULADE, FAMILLE, PARENTS.

SAVOIR-VIVRE

ENTRE FRÈRES ET SŒURS
- *On se serre les coudes.*
- *On ne cafte pas (sauf problème gravissime : drogue, etc.), même quand les autres le font. Si vous gardez un secret qui pourrait mettre l'un de vos frères et sœurs dans une situation délicate, soyez sûre que ce ne sera pas oublié… et qu'il vous rendra un jour la pareille !*
- *On ne pique pas les affaires des autres en douce.*
- *On a le droit de taquiner, mais on s'arrête avant la crise de nerfs.*
- *On ne lésine pas sur l'emploi de certains mots : « s'il te plaît », « merci », « ça va ? » et surtout « pardon ».*
- *On évite d'être rancunier.*
- *On répond présent en cas de déprime.*

Fugue
De toute façon personne ne me regrettera

FAIRE UNE FUGUE, C'EST **S'ENFUIR DE SON DOMICILE** (LE MOT FUGUE VIENT DU LATIN FUGA, QUI SIGNIFIE FUITE). TOUT D'UN COUP, ON CLAQUE LA PORTE. IMPOSSIBLE DE RESTER UNE MINUTE DE PLUS DANS CETTE MAISON, AVEC CES GENS.

Elles s'échappent de la maison, et surtout des problèmes qu'elles y rencontrent et qui leur semblent impossibles à résoudre.

LA GAMME DES FUGUES
Il y a les petites et les grandes fugues. Partir pour l'après-midi sans dire où l'on va, passer la nuit chez une copine sans que les parents sachent où l'on est, c'est faire une petite fugue. La grande fugue, c'est quand on part plusieurs jours sans donner de nouvelles, sans même savoir si on a envie de revenir un jour.

CIAO !
Certaines pourraient penser que faire une fugue, c'est répondre à l'appel impérieux de la liberté, à l'envie de vivre une formidable expérience. Mais, même si les adolescents ont souvent le goût de l'aventure, ils ne partent pas tous un beau matin avec un sac sur le dos. Heureusement, parce qu'une fugue peut avoir des conséquences tragiques.

ROSE, LA LIBERTÉ ?
Une fugue est toujours très difficile à vivre pour la personne qui fugue. Partir de chez soi quand on a votre âge, c'est compliqué et dangereux. Il faut trouver où dormir, comment manger, se laver. C'est aussi un grand moment de vulnérabilité, où l'on risque de faire de très mauvaises rencontres. Souvenez-vous de ces visages d'ados disparus, placardés un peu partout par des parents inquiets. Faire une vraie fugue, sans point de chute, c'est prendre le risque de ne jamais revenir du tout. Chaque année, des adolescents fugueurs disparaissent à jamais.

● S'INFORMER
Certaines filles partent parfois sur un coup de tête, pour un mot en trop, une remarque qui fait déborder le vase. D'autres, après avoir longtemps prémédité leur départ. Mais, dans tous les cas, leur fugue est une fuite.

● COMPRENDRE
Il y a plein de raisons différentes pour lesquelles une fille peut décider un beau matin de claquer la porte… La plupart du temps, elle ne se sent pas

comprise, pas aimée, pas à sa place dans sa famille. C'est souvent une manière d'attirer l'attention de ses parents sur ses difficultés. Peut-être parce qu'elle ne sait pas se faire entendre autrement. Et c'est vrai qu'il y a des moments où les parents peuvent avoir de gros soucis et oublier que leurs enfants, même grands, ont encore besoin d'eux.

SOS J'EXISTE !
La fugue est alors l'ultime bouteille à la mer pour savoir si l'on compte à leurs yeux. Est-ce qu'ils vont lancer des recherches, se faire du souci, avoir de la peine ? Est-ce qu'ils vont enfin comprendre qu'il y a un gros malaise ? Est-ce qu'ils vont réagir, au lieu de continuer à faire comme si de rien n'était ?

GROSSE BÊTISE
Il y a aussi des cas, plus rares, où celle qui fugue rencontre un problème grave qu'elle n'ose pas affronter et dont elle ne veut pas parler avec ses parents, parce qu'elle a peur de leur réaction. Renvoi de l'école, grossesse précoce, acte de délinquance : ce sont parfois ces raisons-là qui poussent une fille à partir, comme si la fuite pouvait tout régler.

K.O.
Une fugue est difficile à vivre pour tout le monde. Pour les parents, c'est un coup terrible. Il y a l'inquiétude, mais aussi la douleur de ne pas avoir réussi à comprendre leur fille, même s'ils sentaient bien qu'il y avait un malaise, et qu'ils l'aiment profondément. Mais comment prévoir un tel drame ?

MAUVAIS PLAN
Quels que soient les problèmes qui en sont la cause, une fugue est loin d'être la bonne solution. C'est parfois la seule réponse que l'on trouve à son malaise, mais c'est un acte désespéré. Il faut tout faire pour ne pas en arriver là. Comment ?
En parlant de ce qui ne va pas. À ses parents, bien sûr, qui sont capables de répondre présents dans les moments les plus graves. Si ce n'est pas possible, à une amie, à d'autres adultes qui pourront intercéder auprès des parents ou trouver des solutions, même à des problèmes que l'on croit inextricables.
La fuite ne résout jamais les problèmes, elle les multiplie.

VOIR AUSSI
MALTRAITANCE, PARENTS, PÉDOPHILIE,

CONSEILS

• POUR ÉVITER D'EN ARRIVER LÀ

- Quand vous vous êtes fâchée avec vos parents, essayez toujours de vous expliquer.
- Si le dialogue devient trop difficile, faites intervenir une personne qui a votre confiance et celle de vos parents.
- Si vous n'arrivez pas à parler, écrivez : cela permet de dire les choses calmement, et vous avez plus de chances d'être écoutée jusqu'au bout.

- Si, malgré tout cela, vous partez en claquant la porte, réfugiez-vous chez une amie. Vous pourrez ainsi vous donner le temps de réfléchir avant d'appeler vos parents (ou les faire appeler, si c'est trop douloureux).
Mais surtout, ne partez pas dans la nature !
Et si le retour est difficile, faites-vous accompagner par une personne en qui vous avez confiance (adulte, de préférence).

• QUAND UNE AMIE PARLE DE FUGUE

- Parler de fugue, même si elle n'a jamais lieu, c'est quand même le signe qu'il y a un problème : faites-la parler, essayez de comprendre ce qui ne va pas pour demander conseil à un adulte.

- Rappelez-lui que c'est dangereux. Dites-lui aussi qu'elle peut compter sur vous, quoi qu'il arrive. Parlez-en avec vos parents. Si jamais elle part sur un coup de tête, il faut qu'elle sache qu'elle pourra trouver refuge chez vous.

Gothique
attirant, inquiétant ou dangereux ?

S'INFORMER
Vous avez des copines, des élèves dans votre classe, qui s'habillent tout en noir, portent des bijoux avec des têtes de mort et des croix, se maquillent les lèvres et les ongles en noir, se font faire des piercings, etc. Vous les trouvez mystérieuses, inquiétantes ? Elles vous attirent ?

LA CULTURE GOTHIQUE
Peut-être ne savez-vous pas vraiment ce qu'est le mouvement « gothique ». C'est d'abord un mouvement culturel qui se traduit par un style musical, une esthétique vestimentaire, des activités artistiques et un état d'esprit particulier. Issu du mouvement punk en déclin au début des années quatre-vingt, il s'inspire principalement d'une forme de romantisme qui a remis le Moyen Âge au goût du jour, en se centrant sur ses côtés tristes, lugubres. Il se réclame aussi de Baudelaire et de son « spleen », sa mélancolie, de lord Byron, d'Oscar Wilde, de Lautréamont ou encore de Mary Shelley, l'auteur de *Frankenstein*. Les gothiques sont fascinés par les ambiances troubles et noires, les lieux mystérieux, ténébreux, qui inquiètent et provoquent l'imagination, comme les cimetières, les catacombes…

LA MUSIQUE GOTHIQUE
Passionnés de musique, ils ont élaboré un style musical où dominent les thèmes de la mort, de l'amour malheureux et des blessures de l'âme. The Cure et Sister of Mercy sont considérés comme les groupes fondateurs de la musique gothique dans les années 1980. Depuis, divers styles de musique les ont influencés créant différents courants musicaux : rock gothique, postpunk, batcave, dark wave, etc. Attention, certains groupes de musique dite gothique peuvent faire l'apologie de la violence ou du satanisme (voir encadré).

L'HABIT NE FAIT PAS LE GOTHIQUE
Mais tous les adolescents qui se disent gothiques n'ont pas forcément cette culture littéraire ou musicale. Par leur tenue vestimentaire, ils expriment surtout un certain pessimisme sur la nature humaine et une fascination pour tout ce qui est morbide.

LES RISQUES DE DÉRIVES
Dans leur démarche, les gothiques manifestent un refus du monde, un goût pour la provocation, le pessimisme et le mystère qui n'en font pas un mouvement politique ou religieux. Mais leur caractère contestataire les rend sensibles à tous les extrémismes, de droite comme de gauche. Certains groupes ont été soupçonnés de sympathie avec le nazisme ou avec l'anarchisme.

CONTRE SOI-MÊME
Les dérives les plus courantes viennent surtout du climat sombre qui règne dans les groupes gothiques et qui peut conduire des personnes fragiles à la dépression et/ou à des pratiques dangereuses :

scarifications, automutilations, prise de drogue. Dans les cas les plus graves, au suicide.

 COMPRENDRE

Sous les pratiques gothiques, il y a une façon de voir le monde, une sorte de philosophie. On ne veut pas « être comme tout le monde » et on refuse ce monde qu'on trouve égoïste, hypocrite et superficiel. Ce refus se traduit par une attitude de provocation qui va du look à tout un ensemble de goûts et de pratiques qui peuvent choquer ou faire peur.

ATTIRANT ?

Vous avez peut-être des amis qui sont tentés par cette démarche. À l'adolescence, le mouvement gothique peut être pour eux le moyen de s'opposer à leurs parents, de les choquer et de se dessiner une identité à part. Et puis, avec ses musiques, ses romans, son goût pour le fantastique, le mouvement gothique offre aussi tout un imaginaire, qui permet de s'évader d'un monde qui ne fait pas rêver.

UN MAL-ÊTRE DIFFICILE À VIVRE

Souvent à l'adolescence, on a la tête pleine de grandes interrogations : on se demande pourquoi on est là, pourquoi on vit. Chez certains, ces questions peuvent aussi s'accompagner d'un profond mal-être : impression de ne pas être vraiment à sa place, de ne pas être fait pour cette vie. Une fille qui vit des moments difficiles peut ressentir ce mal-être indéfinissable et retrouver chez les gothiques un sentiment comparable.

LA SPIRALE NOIRE

Mais attention, elle peut se laisser entraîner très loin. Au début, c'est juste un style qu'elle se donne. Mais dans cette période où elle se cherche, elle est très vulnérable et très influençable. Elle croit exprimer sa personnalité et sa révolte, mais risque de se laisser contaminer par l'ambiance du groupe et de prendre sur elle leur malaise en plus du sien. Au lieu de lui permettre d'affirmer sa personnalité, l'ambiance gothique risque de l'enfermer dans une vision du monde de plus en plus noire. Le pessimisme des gothiques va si loin qu'il peut même la conduire à des comportements extrêmement dangereux pour sa santé et même sa vie.

NE PAS SE LAISSER ENFERMER

Si vous voulez l'aider, la seule solution, c'est de ne pas la laisser s'enfermer dans une relation exclusive avec ce milieu et surtout de ne pas la suivre. Poussez-la à élargir son cercle d'amis. Montrez-lui qu'après tout, il y a des personnes sensibles, passionnées et passionnantes aussi chez les « non-gothiques » ! Et aidez-la à affirmer sa personnalité à elle et pas celle de son groupe…

VOIR AUSSI
BLUES, LOOK, MORT, MUSIQUE, SUICIDE.

LE PIÈGE DU SATANISME

Quand on est gothique ou qu'on fréquente le mouvement gothique, le risque de récupération par le mouvement sataniste constitue un véritable danger. Le satanisme, qui tient son nom de Satan, est une sorte de religion à l'envers où l'on vénère ce dieu du mal. Il y a différentes formes de satanisme ; mais elles ont en commun de vouloir libérer l'homme de tout asservissement à une religion ou à une morale. Ce qui est exalté, c'est le droit du plus fort, la violence, la haine, la destruction de soi. Les différents courants sataniques développent des rites violents, magie noire, profanation de cimetières, incitation au suicide, etc. Régulièrement des jeunes se laissent entraîner dans ce type de sectes et peuvent y laisser leur vie. Si une amie proche vous semble prise au piège, il faut d'urgence en parler à vos parents ou à tout adulte en qui vous avez confiance. N'hésitez pas, cela peut vraiment lui sauver la vie.

Grands-parents

Grand-père, Mamie, Bon-papa, Mamita, Grand-maman…

🔴 S'INFORMER

Autrefois, les gens mouraient plus jeunes. Du coup, on n'avait souvent pas beaucoup le temps de connaître ses grands-parents ; en tout cas, pas tous. Aujourd'hui, vous avez plus de chances de connaître vos grands-parents, et même vos arrière-grands-parents. En revanche, vous habitez souvent plus loin de chez eux qu'autrefois, et il arrive que vous les voyez moins souvent.

CES « VIEUX » SI JEUNES

Mais surtout, les grands-parents ont changé. Ce n'est plus la grand-mère qui tricote au coin du feu ou le grand-père qui bouquine en fumant sa pipe. Ils ont rajeuni ! Certains ont encore une activité professionnelle, ils n'ont plus forcément les cheveux blancs (ou ils les colorent), et ils débordent d'activités. Ils font du sport, voyagent aux quatre coins du monde, s'investissent dans des tas d'associations.
Bref, même quand ils sont à la retraite, ils n'ont pas le temps de s'ennuyer !

🔴 INFO +

QUELQUES CHIFFRES

Il y a 12,6 millions de grands-parents en France, dont 2 millions sont aussi arrière-grands-parents.
- Parmi eux, 12,4 millions vivent à la maison, et 200 000 dans une institution.
- À 56 ans, 1 personne sur 2 a des petits-enfants.
- À 70 ans, 4 personnes sur 5 ont des petits-enfants.
- Les grands-parents ont 4 petits-enfants en moyenne.
- Aujourd'hui, 41 % des enfants ont, à la naissance, leurs 4 grands-parents vivants, contre 5 % au XVIIIe siècle.
Source : Insee.

🔴 COMPRENDRE

Les grands-parents actuels sont souvent affairés et dynamiques ; mais cela ne veut pas dire qu'ils ne s'intéressent plus à leurs petits-enfants. Ils jouent toujours un rôle important pour leur raconter l'histoire de la famille. N'hésitez pas à questionner vos grands-mères pour savoir comment étaient votre mère et votre père quand ils étaient petits, pour entendre des anecdotes savoureuses sur leur enfance.

UNE MÉMOIRE VIVANTE

Ils sont un peu la mémoire de la famille. Ils peuvent vous parler de ses racines et de sa région d'origine, que vous ne connaissez peut-être pas bien. Prenez le temps de les écouter : ils savent des choses que personne d'autre ne pourra vous dire quand ils ne seront plus là.

MERVEILLEUX CONFIDENTS

Mais surtout, ce sont souvent de merveilleux confidents. D'abord parce qu'ils ont du temps pour vous écouter, mais aussi parce qu'ils n'ont pas le même souci d'éducation que vos parents. Ils ne sont pas là pour vous dire ce que vous devez faire, ils n'ont pas besoin d'avoir la même autorité. En plus, ils ne vivent pas en permanence avec vous : quand vous vous mettez toute la maison à dos en piquant une crise de mauvaise humeur, eux n'en savent rien.

PARFAITE À LEURS YEUX

Ils vous voient avec les yeux de l'amour sans condition, avec bienveillance et confiance. Vous êtes leur petite-fille ; alors, ils ne doutent pas une minute que vous soyez la plus belle, la meilleure en classe et la plus douée en musique. Cela fait du bien, un regard qui accueille sans jugement, et même avec admiration. Surtout les jours où vous ne débordez pas de confiance en vous, ce qui peut arriver !

LE BONHEUR À L'ÉTAT BRUT

Ils peuvent aussi être les complices pleins d'humour et d'indulgence de vos rêves, de vos projets. Bref, ils vous aiment, et ils laissent les soucis à leurs enfants, vos parents. Vous leur offrez l'occasion qu'ils n'ont pas eue avec vos parents : celle de pouvoir aimer sans se poser de questions, sans se demander s'ils font bien, s'ils ont raison de vous interdire ceci ou de vous priver de cela. Les grands-parents, c'est le bonheur à l'état brut : de l'amour, de la disponibilité et le plaisir des loisirs partagés.

● SAVOIR-VIVRE

- Les grands-parents ont sans doute du temps pour vous. Mais ils ont aussi leur vie personnelle qu'il faut respecter. Ne les accablez pas de demandes en tous genres sous prétexte qu'« ils n'ont que ça à faire ».
- Même s'ils ne sont pas très vieux, n'oubliez pas qu'ils sont d'une autre génération que vos parents, avec d'autres habitudes. En matière de nourriture, de langage ou de vêtements, faites un petit effort pour ne pas les braquer : évitez le jean déchiré et traduisez le verlan !
- Quand ils ont des idées « vieux jeu », ne cherchez pas à les réformer. Il est trop tard pour les faire changer de point de vue sur la vie. Vous risquez de passer pour une redresseuse de torts sans grande expérience ! Et ne levez pas les yeux au ciel en les écoutant…
- L'affection, cela s'entretient. Passez les voir régulièrement ; écrivez-leur si vous habitez loin, ou quand vous partez en vacances… et pas uniquement avant Noël pour vous rappeler à leur bon (et généreux) souvenir.
- Vous considérez qu'il est normal qu'ils vous fassent des cadeaux ? Pensez à leur en faire aussi !

VOIR AUSSI
FAMILLE, IDENTITÉ, PARENTS.

Grossesse précoce

Ça n'arrive pas qu'aux autres !

● S'INFORMER

Être enceinte à l'adolescence arrive plus souvent qu'on ne le croit. Soit qu'on n'ait pas utilisé de moyen contraceptif, soit qu'il y ait eu un « raté » parce qu'aucun contraceptif n'est sûr à 100 %.

LES RISQUES MÉDICAUX

Chez une adolescente, la grossesse présente des risques médicaux spécifiques. Une jeune fille de 14 ans, dont le corps n'a pas fini de grandir, n'est pas totalement prête à porter un enfant. Des complications comme l'hypertension (une tension trop élevée) chez la mère peuvent survenir plus fréquemment. Le risque d'accouchement prématuré ou difficile est également plus grand. Enfin, le bébé d'une adolescente est souvent plus petit et donc plus fragile. Cependant, un bon suivi médical de la grossesse peut prévenir la plupart de ces risques. Attention, ce qui est dangereux à 14 ans ne l'est pas à 18. Bien au contraire, une grossesse à 18 ans présente bien moins de risques qu'à 40 ans.

UN DRAME HUMAIN

Les principaux problèmes posés par une grossesse précoce ne sont pas d'ordre médical. Quand on n'a ni l'argent, ni le temps, ni la maturité nécessaire pour élever un enfant que l'on n'a pas vraiment voulu, quand on se retrouve seule face à ce problème, la grossesse est vécue comme une catastrophe. Au point que certaines filles refusent même de reconnaître qu'elles sont enceintes, et parfois leur entourage ne s'aperçoit de rien jusqu'aux tout derniers mois. Pourtant, pour des raisons de santé, il est important de savoir rapidement si l'on est enceinte ou non.

COMMENT SAVOIR ?

En surveillant son cycle menstruel, de façon à s'inquiéter rapidement d'un retard de règles. Si l'on a eu des relations sexuelles depuis ses dernières règles, même si l'on utilise un moyen contraceptif, il convient de vérifier si ce retard ne signifie pas le début d'une grossesse.

QUEL TEST FAIRE ?

Les tests de grossesse vendus en pharmacie peuvent être faits dès le premier jour de retard des règles. Ils mesurent le taux d'hormones (signe d'une grossesse) contenues dans les urines. S'ils sont de plus en plus performants, ils ne sont pas fiables à 100 % : ils peuvent donner un résultat négatif alors que l'on est enceinte. En revanche, il n'y a pas d'erreur en cas de résultat positif.

UNE PRISE DE SANG

En cas de doute, il vaut mieux consulter un médecin qui prescrira une analyse de sang dans un laboratoire afin de mesurer le taux d'hormones. Cette analyse est remboursée par la Sécurité sociale. Ce médecin pourra par la suite donner tous les renseignements nécessaires en cas de grossesse ou prescrire une contraception efficace si l'on a seulement eu une grosse frayeur !

TEST POSITIF...

Dans le cas d'un résultat positif, et même si cela n'est pas évident parce que l'on ne ressent rien encore, il y a un embryon qui se développe et qui deviendra un bébé... Il ne faut pas rester seule avec un si lourd secret. Si

l'on a trop peur d'en parler à ses parents, on peut se tourner vers un adulte en qui l'on a confiance : confident(e), infirmière ou assistante sociale du collège ou du lycée, médecin ami, etc. Mais les parents, même s'ils sont bouleversés par la nouvelle, sont sans doute les mieux placés pour aider à réfléchir, à prendre puis à assumer une décision.

SOS PAPA-MAMAN
Même si l'on a une peur panique de la réaction de ses parents, même si l'on craint de leur faire du mal ou de les décevoir, il faut toujours garder à l'esprit qu'ils aiment et aimeront toujours leurs enfants, quoi qu'il arrive. Passé la première réaction qui peut être un peu dure, ils sauront certainement écouter, consoler, conseiller pour trouver la meilleure solution.

INFO +
TROP D'ADOLESCENTES CONCERNÉES
Près de 10 000 adolescentes de 15 à 18 ans sont enceintes chaque année en France. En France, les femmes mineures au moment de l'accouchement représentent 0,5 % des mères. Source : INSEE, 2008.

COMPRENDRE
Pourquoi cela arrive-t-il ? Il y a bien sûr les cas douloureux et terribles des grossesses qui sont le résultat d'une relation forcée, c'est-à-dire d'un viol. Il y a aussi les « accidents » : un préservatif qui craque, une pilule oubliée…

QUAND L'INCONSCIENT PARLE
Mais une grossesse accidentelle peut être aussi le résultat d'un désir d'enfant inconscient ou inavoué. On a voulu vérifier que son corps fonctionnait bien ; on avait envie de quelqu'un à aimer qui soit tout à soi ; on aime un garçon et l'on a voulu le forcer à s'engager ; on ressent un vide dans sa vie et l'on croit qu'un enfant à élever va le combler ; on veut se prouver ou prouver à ses parents que l'on est adulte. Toutes ces raisons ne sont jamais si clairement exprimées et elles sont souvent entremêlées. De toute façon, le désir d'enfant reste un sentiment un peu mystérieux que l'on n'expliquera jamais tout à fait.

ÇA N'ARRIVE QU'AUX AUTRES !
Vrai, si vous n'avez pas de relations sexuelles. Sinon, attention ! La plupart des adolescentes oublient que la conséquence la plus naturelle d'un rapport sexuel, c'est une grossesse !

QUE FAIRE ?
Dans tous les cas, c'est toujours à la jeune fille enceinte de décider. Mais pour cela, elle doit se donner les moyens de

EN CAS D'URGENCE

Si vous avez eu un rapport sexuel et que vous avez peur de tomber enceinte, vous pouvez prendre la « pilule du lendemain » dans les 72 heures après le rapport sexuel.
Depuis une loi de novembre 2000, les mineures peuvent l'obtenir sans en informer leurs parents. L'infirmière du lycée peut l'administrer à une élève en s'assurant qu'elle sera ensuite suivie médicalement et psychologiquement.
Pour être efficace, cette pilule contient une dose très élevée d'hormones qui, en cas de grossesse, provoque son interruption. Cette pilule n'est pas une méthode contraceptive. Elle est réservée aux cas d'urgence : elle peut échouer et l'on n'a pas assez de recul pour en connaître les effets à long terme.

réfléchir le plus sereinement possible avec l'aide et l'amour de son entourage : ses parents qui sont les premiers à pouvoir l'aider, les personnes en qui elle a confiance, le père de l'enfant quand cela est possible.

LE GARDER ET L'ÉLEVER ?

La jeune fille peut choisir de mener cette grossesse à terme, c'est-à-dire très concrètement de mettre un bébé au monde. C'est un choix pour lequel elle aura besoin du soutien de ses parents ou, à défaut, d'autres adultes. Choisir d'élever son enfant malgré les difficultés que cela présente quand on est très jeune et sans moyens matériels est un engagement difficile à prendre, un engagement de longue durée, qui transforme toute une vie mais qui n'est pas impossible à tenir si l'on est bien entourée.

LE GARDER ET LE CONFIER ?

La jeune fille peut aussi ne pas vouloir recourir à l'avortement ou ne pas le pouvoir (il est trop tard), tout en se disant qu'elle est trop jeune pour élever un enfant. Dans ce cas, elle peut confier le bébé à l'adoption dès sa naissance. Ce n'est pas forcément une décision qui sera facile à tenir quand on sentira son bébé grandir en soi et qu'on le découvrira à la naissance.

NE PAS LE GARDER ?

Si, après avoir examiné toutes les solutions possibles, la jeune fille décide de ne pas mener à terme cette grossesse, il lui faudra recourir à l'avortement. C'est une décision grave et forcément douloureuse : même quand on ne se sent pas capable d'élever un enfant, on a au fond de soi un désir de vie. La loi française autorise l'IVG (interruption volontaire de grossesse) jusqu'à 12 semaines de grossesse (c'est-à-dire 14 semaines après le début des dernières règles).

JAMAIS DE SOLUTION TOUTE FAITE

Tout choix implique des responsabilités et personne ne peut les assumer à la place de la personne concernée. Il faut donc prendre le temps de mûrir sa décision pour être certaine de son choix. L'important, c'est de pouvoir en parler avec des personnes responsables, des personnes de confiance, pour bien mesurer ce que l'on veut au fond de soi, ce dont on est capable, pour faire le bon choix.

🟠 CONSEILS

Le mieux, ce serait quand même de ne pas se mettre dans cette situation !
• Même si le conseil vous semble un peu ringard, le risque de grossesse précoce est l'une des raisons pour lesquelles il n'est peut-être pas judicieux d'avoir des rapports sexuels trop jeune. Ce n'est pas la même chose d'attendre un bébé à 14 ans qu'à 18 ou 20 ans.
• Sinon, prenez une contraception efficace : la plus sûre, c'est la pilule (associée au préservatif qui protège des maladies sexuellement transmissibles).
• Ne jouez pas avec le feu : qui dit rapport sexuel dit possibilité de grossesse, et cela dès le premier rapport. Ne croyez pas non plus qu'il y a des périodes du cycle où l'on ne risque rien, comme celle des règles par exemple : c'est faux…
• Surtout ne faites pas partie des 80 % de filles qui ont leur première relation sexuelle sans contraception !

VOIR AUSSI
ADOPTION, AVORTEMENT, CONTRACEPTION, DÉSIR D'ENFANT, GYNÉCOLOGUE, FÉCONDITÉ, PILULE, PREMIER RAPPORT SEXUEL, RÈGLES.

Gynécologue

La première visite

UN GYNÉCOLOGUE EST UN **MÉDECIN SPÉCIALISTE** DES MALADIES **DE LA FEMME POUR TOUT CE QUI CONCERNE SA SEXUALITÉ**.

 S'INFORMER

Il y a plusieurs raisons d'aller voir un gynécologue au moment de l'adolescence.

RÈGLES DOULOUREUSES OU TARDIVES

Vous pouvez lui rendre visite pour parler de vos règles, si elles sont irrégulières, douloureuses ou trop abondantes ou si vous n'êtes pas encore réglée et que vous vous demandez si cela est normal.

PREMIERS RAPPORTS SEXUELS

Certaines filles vont voir le gynécologue quand elles envisagent d'avoir des rapports sexuels, pour savoir comment cela se passe, ce qu'est le plaisir, quelles peuvent être les éventuelles difficultés, s'informer sur le sida et les maladies sexuellement transmissibles (MST) et surtout se faire prescrire leur première contraception (même si un généraliste peut le faire). Mais vous pouvez aussi voir un gynécologue si vous n'avez pas encore de relations sexuelles, simplement pour savoir si tout va bien et vous faire expliquer comment fonctionne votre corps.

PETITS PROBLÈMES DE FILLES

Un gynécologue est plus à même qu'un généraliste de trouver une solution aux problèmes particuliers comme les pertes vaginales, les inflammations de l'appareil génital, les douleurs entre les règles, les abcès au sein, etc.

COURAGE !

Le tout, c'est de se décider à effectuer cette première visite, qui fait toujours un peu peur. Pour vous rassurer, dites-vous que le gynécologue a une grande habitude de cette première rencontre, et qu'il saura trouver les mots pour vous mettre à l'aise.

LES QUESTIONS QU'IL POSE

Il va d'abord chercher à vous connaître mieux sur le plan médical, en vous posant des questions : la date de vos premières règles (d'où l'intérêt de la noter sur votre carnet de santé), celle des dernières, comment elles se passent, si elles sont irrégulières, douloureuses. Il voudra aussi savoir les maladies que vous avez déjà eues, éventuellement les interventions chirurgicales. Il vous pèsera, vous mesurera, prendra votre tension et examinera vos seins pour détecter d'éventuels kystes ou anomalies.

CET EXAMEN IMPRESSIONNANT

Ce que vous craignez le plus, c'est le fameux examen gynécologique dont vous avez peut-être entendu parler. Sachez qu'il n'est pas obligatoire si vous êtes encore vierge et que vous venez juste pour une visite de contrôle ou une première contraception. Mais il peut se faire sans déchirer l'hymen, s'il est nécessaire que le médecin vous examine. Cet examen, un peu impressionnant la première fois, se passe d'autant mieux si l'on s'efforce d'être décontractée et de ne pas trop s'en « faire une montagne ».

LE DÉROULEMENT

Après s'être dévêtue (on peut garder son haut, mais il faut retirer sa culotte), on s'allonge sur une table d'examen, et on écarte les jambes pour mettre les pieds dans des supports métalliques, les « étriers ». Le médecin introduit dans le vagin un petit appareil en métal appelé « speculum », au travers duquel il peut regarder pour examiner le col de l'utérus. Après avoir retiré le speculum, il met un gant et introduit deux doigts dans le vagin pour palper l'utérus. Ce n'est pas douloureux, seulement désagréable quand on est contractée, ce qui est normal la première fois. On peut se rhabiller dès que l'on descend de la table d'examen.

● SAVOIR-VIVRE

Par respect pour le médecin et pour vous-même, une toilette intime particulièrement soigneuse et du linge propre sont de rigueur ce jour-là… plus encore que les autres jours !

● COMPRENDRE

Il est important de bien choisir votre gynécologue, car c'est plus qu'un médecin : c'est quelqu'un qui pourra vous accompagner tout au long de votre vie de femme. Quelqu'un qui pourra vous écouter et vous aider dans les difficultés que vous rencontrerez.

CELUI DE VOTRE MÈRE ?

Votre mère vous proposera peut-être son gynécologue. Comme tout médecin, un gynécologue est tenu au secret professionnel et ne doit pas parler de votre visite à votre mère. Malgré tout, vous pouvez préférer que ce ne soit pas le même, car il s'agit de choses très intimes qui ne concernent que vous. Dans ce cas, dites-le simplement à votre mère, qui pourra vous conseiller quelqu'un d'autre.

UN HOMME OU UNE FEMME ?

Les gynécologues hommes sont bien sûr tout aussi compétents que les femmes. Reste qu'à votre âge, on se sent souvent plus à l'aise avec une femme pour parler de ces choses-là. L'important, c'est de vous sentir en confiance.

Si le contact ne passe vraiment pas à la première visite, n'hésitez pas à voir quelqu'un d'autre. Enfin, au moins la première fois, faites-vous accompagner : mère, sœur, tante, amie, vous avez le choix. Elle restera dans la salle d'attente pendant l'examen, mais sa présence vous rassurera.

VOIR AUSSI
CONTRACEPTION, PREMIER RAPPORT SEXUEL, RÈGLES.

CONSEILS

• Il est préférable de ne pas aller chez le gynécologue au moment de vos règles, car cela rend l'examen plus difficile.
• En général, le médecin vous explique ce qu'il fait et ce qu'il remarque pendant l'examen. N'hésitez pas à lui poser toutes vos questions : il est là pour vous répondre.
• Si vous ne savez pas comment choisir un gynécologue, vous pouvez vous adresser au Planning familial de votre ville ou de votre région. Vous pourrez y avoir une consultation gratuite et être conseillée.

Homosexualité

Le même et l'autre

L'HOMOSEXUALITÉ EST UNE **ATTIRANCE SEXUELLE POUR LES PERSONNES DU MÊME SEXE**, LES FILLES POUR DES FILLES, LES GARÇONS POUR DES GARÇONS. *HOMOS* EN GREC VEUT DIRE « MÊME ». LE CONTRAIRE D'HOMOSEXUEL, C'EST HÉTÉROSEXUEL, DU GREC *HETEROS* QUI VEUT DIRE « AUTRE ».

S'INFORMER

On parle d'homosexualité à propos de réalités bien différentes : il s'agit soit d'un attrait passager pour une personne du même sexe qui n'empêche pas d'avoir également une attirance et des relations avec l'autre sexe, soit d'un attrait confirmé et exclusif pour les personnes du même sexe.

POURQUOI ÇA ARRIVE ?

Certains affirment que l'homosexualité est inscrite dans les gènes de la personne, que c'est dans sa nature. D'autres pensent que cela vient de son histoire personnelle, de sa relation avec ses parents (sa mère, notamment), bref qu'elle a des origines psychologiques. Mais ce ne sont que des hypothèses. En fait, on ne sait pas pourquoi certaines personnes sont homosexuelles.

ET SI ÇA M'ARRIVAIT ?

À votre âge, il arrive que l'on vive des relations si intenses avec des amies (surtout avec sa meilleure amie) que l'on peut se croire homosexuelle : on pense que l'on ne pourra jamais aimer autant un garçon, jamais se comprendre aussi bien qu'entre filles. C'est fréquent, surtout dans la première partie de l'adolescence, et cela ne veut pas du tout dire que l'on est ou que l'on sera homosexuelle !

POURQUOI ?

Simplement, vous pouvez avoir un peu peur des garçons, parce qu'ils sont trop différents et inquiétants. Vous avez aussi un peu peur de vous-même, parce que vous ressentez des désirs nouveaux. Alors, vous vous sentez plus en sécurité avec celles qui vous ressemblent. Les garçons aussi connaissent cette crainte de ne pas savoir s'y prendre avec les filles.

LA CONFUSION DES SENTIMENTS

L'adolescence est le moment où l'on construit son identité : rien d'étonnant à ce que vous soyez un peu désorientée. C'est aussi une période de la vie où les désirs sont très forts, et partent même un peu dans tous les sens ! C'est très troublant et il faut apprendre à maîtriser toutes ces émotions nouvelles. Mais pas de panique : certains psychologues disent qu'il faut attendre le début de l'âge adulte pour être vraiment fixé sur sa sexualité. À l'aube de l'adolescence, les choses ne sont pas forcément figées.

LA BONNE DISTANCE

Parce que votre âge est celui des désirs confus et des sentiments troubles, et qu'il en est de même pour vos amies, apprenez à garder la bonne distance. L'intimité entre amies s'arrête aux limites de la pudeur.

COMPRENDRE

Vivre son homosexualité n'est pas simple et le chemin du bonheur est difficile. D'abord, cela signifie se sentir toujours différent, minoritaire. Toutes les personnes homosexuelles ne le vivent pas de la même façon : certaines se sentent bien dans leur peau, d'autres ont plus de mal à s'accepter, par peur du regard des autres, peur d'être mal jugées, mal comprises, d'être cataloguées, réduites à n'être qu'un(e) homosexuel(le).

PAS D'ENFANT

Quand on aime quelqu'un, on a envie d'avoir un enfant avec lui. C'est ce qui peut faire souffrir les personnes homosexuelles : elles savent qu'elles ne pourront pas avoir d'enfants avec une personne du même sexe.

PERSONNE NE SE RÉDUIT À SA SEXUALITÉ

Comme tout individu, les personnes homosexuelles ont des qualités et des défauts, elles peuvent être généreuses ou égoïstes, fidèles ou volages, désintéressées ou manipulatrices. Elles ne sont ni pires, ni meilleures. On ne peut pas réduire une personne, homosexuelle ou hétérosexuelle, à sa sexualité. Ce qui est sûr, c'est que tout le monde a besoin de se sentir accueilli et d'avoir des amis.

INFO +
LE PACS, C'EST QUOI ?

En octobre 1999, le Parlement français a voté la création du pacte civil de solidarité (pacs), pour répondre notamment aux situations particulières causées par le décès d'un des partenaires d'un couple homosexuel. Ce contrat se passe au tribunal de grande instance entre deux personnes qui n'ont pas de lien familial. Il donne un certain nombre de droits : l'un des contractants peut bénéficier de la Sécurité sociale de l'autre, et, en droit du travail, ils ont les mêmes droits que les époux (congés, mutation pour les fonctionnaires, etc.). Les « pacsés » se doivent une aide matérielle réciproque, sont solidaires de leurs dettes et paient leurs impôts en commun. Le Pacs ne fait pas des partenaires des héritiers l'un de l'autre. Pour se séparer, il leur suffit d'en informer le tribunal d'instance. Le pacs n'est pas un mariage, parce que le mariage comporte d'autres engagements que ceux financiers.

INFO +

Les homosexuels ont longtemps été rejetés, voire persécutés. Ils étaient obligés de se cacher, même de leurs familles et de leurs amis. Depuis quelques années, ils sont mieux acceptés mais continuent de se battre pour obtenir un certain nombre de droits : droit de se marier, droit d'adopter des enfants…

La société s'interroge sur la légitimité de ces demandes. Certains pensent que la société doit rester fondée sur une famille composée d'un homme et d'une femme qui élèvent des enfants. D'autres, et en particulier les mouvements homosexuels, considèrent que deux personnes du même sexe peuvent former une famille et élever des enfants. Actuellement la loi française n'autorise pas les homosexuels à se marier ni à adopter des enfants en tant que couple. Les mouvements homosexuels considèrent que c'est une discrimination qu'il faut combattre.

VOIR AUSSI
FILLE/GARÇON, RESPECT, SEXUALITÉ.

Honnêteté

C'est pas malhonnête : tout le monde le fait !

🔴 S'INFORMER

Honnêteté est un mot qui vient en droite ligne de cette vieille notion que l'on appelle l'honneur : être honnête, c'est se comporter de manière honorable, en méritant le respect.

AU GRAND JOUR

Souvent, on parle d'honnêteté au sujet de l'argent : quelqu'un qui est honnête ne vole pas, ne s'enrichit pas en détournant des fonds, respecte le bien d'autrui. En un mot, il est incorruptible. Mais l'honnêteté ne se réduit pas à des histoires d'argent. C'est toute une attitude face à la vie. Vous êtes honnête quand vous n'avez rien à cacher, quand vous êtes « droite » : une image pour signifier que vous refusez les coups tordus, tout ce qui ne se fait pas au grand jour.

PAS DE MAQUILLAGE MORAL !

On dit aussi « être honnête avec soi-même ». Cela veut dire ne pas se mentir, ne pas se cacher ses défauts et ses torts en les justifiant par des excuses bancales. Par exemple, si vous avez triché en classe, l'honnêteté vous pousse à reconnaître que ce n'est pas très reluisant, sans vous dire « eh bien quoi, tout le monde le fait » et à ne pas vous réjouir de votre bonne note comme si elle était due à votre travail ou à votre intelligence.

🔴 INFO +
HONNÊTETÉ, MALHONNÊTETÉ, OÙ EST LA LIMITE ?

Être malhonnête, ce n'est pas forcément faire quelque chose de mal. Ce peut être oublier de faire quelque chose de bien ! Un exemple. La boulangère vous rend la monnaie sur 10 € alors que vous lui avez donné 5 €. Si vous « oubliez » de le lui faire remarquer, ce n'est pas franchement un mensonge ou un vol (vous n'avez pas volé dans la caisse !), mais n'empêche : la limite entre honnêteté et malhonnêteté est déjà franchie…

🔴 COMPRENDRE

L'honnêteté est un exercice difficile qui oblige à reconnaître ses faiblesses, à accepter de n'être pas toujours bien vue. Elle implique aussi de faire une croix sur ce que vous ne pouvez pas vous procurer honnêtement. En fait, elle vous oblige à assumer les conséquences de vos actes plutôt que de vous raconter des histoires.

CES MINI-MALHONNÊTETÉS QUI POURRISSENT LA VIE

L'honnêteté est exigeante. Elle vous oblige à vous fixer,

des règles, à respecter les autres et à vous respecter vous-même. C'est facile de voler sans se faire prendre, de tricher en classe ou de se mentir sur soi-même. Ce sont souvent des petites choses sans importance et, pourtant, elles pourrissent la vie et la confiance. Lorsque l'on sent que quelqu'un est malhonnête, on s'en méfie.

Et puis, une personne malhonnête imagine souvent que tout le monde raisonne comme elle et essaie de la tromper ! Impossible de construire des relations vraies à partir de là…

PAS DE DEGRÉS DANS L'HONNÊTETÉ

Quand vous apprenez que des responsables politiques abusent de leur pouvoir pour s'en mettre plein les poches, vous êtes scandalisée. Mais, en réalité, il n'y a pas de différence fondamentale entre eux et l'employé qui rapporte du bureau papier et crayons pour ses enfants. Ni avec la fille qui embarque quelques CD ou déguste un paquet de gâteaux dans les rayons du supermarché. Cela a l'air de petites choses, sans rapport avec les grandes magouilles qui concernent des sommes avec plein de zéros. Pourtant, c'est le même esprit, qui fausse toutes les relations et ruine la confiance.

HONNÊTETÉ, LE TICKET GAGNANT

L'honnêteté, c'est un choix de vie. Il faut y aller à fond, refuser les demi-mesures, cesser d'être indulgente avec vous-même, et refuser de vous passer quoi que ce soit. Exigeant ? Oui… mais si vous misez sur l'honnêteté, vous allez vite vous apercevoir que vous êtes gagnante ! Parce que les gens vous feront confiance. Et quelle satisfaction de pouvoir vous regarder en face… et être fière de vous !

VOIR AUSSI
CONFIANCE,
HYPOCRISIE,
MENSONGE,
VÉRITÉ.

TEST

JUSQU'OÙ VA VOTRE HONNÊTETÉ ?

Répondez par oui ou non aux affirmations suivantes :

1. La mère des enfants que vous gardez vous paie pour la deuxième fois les heures de garde que vous avez faites. Vous le lui dites.
2. Vous avez emmené par mégarde l'iPod d'une copine. Elle croit qu'elle l'a perdu. Vous le lui rendez.
3. Tout le monde recopie son devoir de maths sur le premier de la classe pendant la récré. Tant pis, vous prenez le risque d'avoir une mauvaise note en refusant de faire la même chose.
4. Vous n'avez pas assez d'argent pour prendre un ticket de bus plein tarif. Vous préférez en acheter un demi-tarif plutôt que de marcher.
5. Un copain vous propose un ordinateur très peu cher, vous savez qu'en fait il provient d'un trafic d'ordinateurs « tombés du camion ». Malgré votre envie d'avoir un ordinateur, vous refusez.
6. Vous vous regroupez avec vos frères et sœurs pour faire un cadeau collectif à votre mère pour son anniversaire. Vous avancez l'argent et chacun rembourse sa part. Mais l'un donne trop : votre part se réduit à zéro ! Vous allez le trouver pour lui payer votre part.
7. Le professeur d'histoire vous félicite pour l'originalité de votre exposé. Vous lui avouez que vous en avez trouvé une bonne partie sur Internet.
8. Votre grand-mère a complètement oublié qu'elle vous avait donné 20 € pour faire les courses et vous les rembourse. Vous le lui rappelez.

- Moins de 3 oui, vous flirtez avec la malhonnêteté.
- De 3 à 5 oui, vous faites des efforts mais vous craquez encore souvent.
- Plus de 5 oui, bravo ! À quand les 8 oui ?

Honte

J'ai la honte…

🔸 S'INFORMER

La honte peut surgir dans diverses situations. En général, on a honte quand on fait une chose pas très reluisante : tricher, mentir à une copine, ne pas travailler suffisamment en classe, trahir la confiance de ses parents, etc.

J'ASSURE PAS COMME EUX

Mais vous pouvez avoir honte parce que vous ne vous sentez pas à la hauteur : mauvaises notes, mauvaises performances en sport, impression d'être moins douée ou moins intelligente que les copines. La honte peut aussi venir d'une différence, si vous n'êtes jamais sortie avec un garçon par exemple ou que vous vous sentez rejetée par un groupe.

QUAND LES AUTRES S'Y METTENT

On a honte également quand on se sent maltraitée. Si vous avez été humiliée par une copine qui s'est moquée de vous en public, si vous avez pris un râteau, si vos copines ont dit du mal de vous et que vous l'avez appris, il est normal de vous sentir honteuse, même si vous n'êtes pas responsable de ce qui vous arrive.

LE ROUGE AU FRONT

La honte peut être une réaction immédiate et paralysante. Joues écrevisse, larmes aux yeux, bégaiement, vous ne savez pas quoi répondre ; vous voudriez disparaître sous terre. Ce peut être aussi quelque chose de plus profond et de permanent, que vous traînez comme un boulet : un sentiment d'infériorité qui vous donne une mauvaise image de vous et vous pourrit la vie.

🔸 COMPRENDRE

À votre âge, on a souvent honte, parce que l'on est particulièrement sensible au regard des autres. La psychanalyste Françoise Dolto comparait les adolescents à des homards au moment de la mue : ils ont perdu leur carapace et n'ont pas encore eu le temps de s'en fabriquer une nouvelle. Alors, ils sont comme des écorchés vifs et la moindre parole désagréable, le moindre reproche leur fait très mal.

SOUS LA CARAPACE

Vous avez beaucoup changé ces derniers temps. Votre corps s'est transformé, et vous ne vous y sentez peut-être pas encore très à l'aise. Vous vous trouvez plein de défauts, vous posez plein de questions sur ce dont vous êtes capable, sur ce que vous allez faire dans la vie. Vous avez du mal à vous faire une idée juste de vous-même.

C'EST DANS LA TÊTE

Alors vous vous comparez aux autres, et ce n'est, bien sûr, pas toujours à votre avantage. Ou alors, vous mettez la barre très haut parce que vous aimeriez être parfaite, de sorte que, par contraste, vous vous trouvez nulle. Et quand on vous critique, vous avez honte, parce que tout ce que vous vous reprochez à vous-même vous revient à l'esprit. Il y a une grande part d'imagination dans

la honte : vous imaginez que les autres vous jugent aussi mal que vous le faites vous-même, et cela vous fait souffrir.

MIEUX SE CONNAÎTRE POUR MIEUX S'AIMER

Pour lutter contre ce sentiment, il faut apprendre à mieux vous connaître, découvrir vos points forts, accepter vos faiblesses et vivre avec de manière positive, en vous efforçant de vous améliorer. C'est un long chemin : il commence maintenant, mais il dure toute la vie.

DES AMIES POUR VOUS ENCOURAGER

Cela vous paraît insurmontable ? Normal, nous avons tous besoin d'une image positive de nous, d'encouragements et de confiance : vos amies sont là pour ça ! Elles peuvent vous rassurer, vous comprendre, et surtout vous dire qu'elles vous aiment telle que vous êtes.

DES FILLES SANS HONTE, ÇA EXISTE ?

Toutes vos copines connaissent ces moments de honte, mais certaines réussissent à enfermer tout cela en elles et savent faire face à toutes les humiliations. Vous les enviez ? Ne soyez pas dupe : cela ne les empêche pas d'avoir honte de temps à autre et d'en être malheureuses. Accepter de ne pas être la meilleure en tout, apprendre à reconnaître ses torts, mettre en valeur ce que l'on a de beau, avoir un regard bienveillant sur soi et sur les autres : tel est le chemin pour devenir une adulte sans honte inutile.

**VOIR AUSSI
COMPLEXES,
IDENTITÉ.**

BONS PLANS

SURVIVRE À LA HONTE

Après une humiliation, mieux vaut laisser passer l'orage et s'efforcer de :
• Garder la tête haute en public pour ne pas offrir à vos agresseurs le plaisir de constater leur victoire.
• Vous éclipser rapidement pour vider votre cœur en laissant éclater votre rage ou en pleurant un bon coup. Cela fait du bien et aide mieux à s'en remettre que de rester stoïque.
• Ne pas ressasser ni imaginer des vengeances : cela vous empêche de dépasser l'humiliation et fait plus de mal que de bien.
• Ne pas rêver que vous envoyez du tac au tac la petite phrase assassine que vous n'avez pas su trouver au bon moment. Tout le monde en rêve ; mais cela ne soulage jamais, au contraire, cela ne fait qu'énerver davantage !
• Ne pas croire que vous êtes la seule à vivre ce genre de désagréments. Parlez-en avec vos amies pour prendre du recul et retrouver confiance en vous.
• Prendre si possible les choses avec philosophie : « Un moment de honte est vite passé », dit-on souvent. Et la honte ne tue pas.

Hypocrisie

Sale hypocrite !

EN GREC, *HUPOCRITÈS*, C'EST L'ACTEUR, C'EST-À-DIRE **CELUI QUI JOUE UN PERSONNAGE**. AUTREMENT DIT, L'HYPOCRITE EST CELUI QUI NE SE MONTRE PAS SOUS SON VRAI JOUR, **QUI NE DIT JAMAIS CE QU'IL PENSE VRAIMENT**. BREF, C'EST QUELQU'UN QUI RÉUSSIT L'EXPLOIT DE VOUS PASSER LA MAIN DANS LE DOS PAR-DEVANT ET DE VOUS CRACHER À LA FIGURE PAR-DERRIÈRE !

● S'INFORMER

Vous pensez peut-être que l'hypocrisie est assez répandue. Les gens se font des ronds de jambe alors qu'ils ne s'aiment pas ; ils se prétendent généreux et ont le cœur dur. Le prof qui vous parle gentiment vous descend au conseil de classe ; votre mère est parfaitement respectueuse avec sa belle-mère mais vous savez qu'elle n'en pense pas moins ; les copains peuvent vous critiquer derrière votre dos ; les hommes politiques font de beaux discours, mais sont loin d'être aussi désintéressés qu'ils le disent.

C'EST RÉVOLTANT !

Cela vous fait bondir. Vous rêvez d'une société où tout le monde aurait le courage de se dire les choses en face, où personne ne tromperait celui qui lui fait confiance. Vous êtes peut-être de celles qui n'hésitent jamais à dire ce qu'elles pensent, même quand ce n'est pas très flatteur pour les autres. À votre âge, on a soif de vérité. On refuse d'être une comédienne, une hypocrite, parce que l'on veut être soi-même, sans déguisement. Vous avez appris à aimer la sincérité ; c'est ce que vous voulez vivre, plutôt que la langue de bois.

● INFO +

Molière, le grand auteur de théâtre, s'est copieusement moqué des hypocrites qui cachent un caractère détestable sous des manières d'ange. Il a inventé un personnage caricatural appelé Tartuffe, dans la pièce du même nom, et l'a tellement réussi qu'il est devenu un modèle : pour parler d'un hypocrite, on dit un « Tartuffe ».

● COMPRENDRE

Il est vrai que l'hypocrisie est franchement détestable. Mais toutes les personnes que vous soupçonnez d'être hypocrites le sont-elles vraiment ?

HYPOCRITES SOURNOIS

Quelqu'un qui dit volontairement du mal de vous derrière votre dos, en vous témoignant de l'amitié quand vous êtes là, est vraiment un hypocrite, et vous avez raison de l'envoyer promener si vous parvenez à le prendre sur le fait.

UN PEU D'INDULGENCE !

Mais tous ceux que vous taxez d'hypocrisie parce qu'ils ne disent pas toujours ce qu'ils pensent ne sont pas à classer dans le même sac. Pourquoi ? Parce qu'il y a des raisons respectables de taire le mal que l'on pense : peur de blesser, peur d'être mal jugée ou incomprise si les autres ne pensent pas la même chose, ou tout simplement envie de maintenir des relations apaisées avec autrui.

Et si, dans un moment d'égarement, certains confient qu'ils n'apprécient pas une personne avec laquelle ils entretiennent des relations courtoises, cela ne veut pas forcément dire qu'ils sont d'abominables hypocrites !

PERSONNE N'EST PARFAIT !

Attention donc, réfléchissez avant de taxer quelqu'un d'hypocrite. Il y a des gens qui ont de grands idéaux mais n'arrivent pas à les mettre tous en pratique. On est tenté de les traiter d'hypocrites. Mais peut-être sont-ils juste un peu trop faibles pour atteindre ces idéaux dont ils rêvent sincèrement et n'osent-ils pas se l'avouer. Parfois, les adultes paraissent hypocrites simplement parce qu'ils voudraient être meilleurs mais n'y parviennent pas.

RESTONS POLIS !

Il ne faut pas non plus confondre politesse et hypocrisie. Vos parents n'apprécient pas leurs voisins outre mesure ? S'ils esquissent un sourire au lieu de leur jeter un flot d'insultes à la figure quand ils les croisent dans l'escalier, c'est parce qu'ils ont un minimum de savoir-vivre. Pour vivre en société, il faut aussi pouvoir côtoyer des gens que l'on n'aime pas forcément, travailler avec eux, sans leur dire leurs quatre vérités tous les matins. Cela vous dérange peut-être, mais imaginez que ceux qui ne vous aiment pas – il y en a, c'est inévitable ! – vous balancent toutes les horreurs qu'ils pensent sur vous, comme cela, sans prévenir. Vous resteriez sans voix !

● **SAVOIR-VIVRE**

- Si vous ne pouvez pas voir une personne, vous n'êtes pas obligée de la fusiller par-derrière !
Vous n'êtes pas obligée non plus de le lui dire !
- Il y a manière et manière de dire ce qu'on pense : on peut parler sans agressivité, en prenant des gants, pour essayer de ne pas blesser inutilement.
- Être poli avec quelqu'un que l'on désapprouve ou que l'on n'aime pas trop, c'est juste reconnaître qu'il n'a pas que des défauts. On n'est pas obligé non plus d'en faire trop et de le flatter : question de dosage !

VOIR AUSSI
HONNÊTETÉ, MENSONGE, VÉRITÉ.

CONSEIL

Avec un véritable hypocrite, mieux vaut jouer franc-jeu et lui signifier carrément que vous n'êtes pas dupe. Un sourire entendu et bien appuyé, les yeux dans les yeux, suffit amplement…

Idéal

Idéaliste, moi, et alors ?

IDÉAL VIENT DU MOT IDÉE. **C'EST L'IDÉE DE LA VIE QUE L'ON ESPÈRE MENER**, L'IDÉE DU GARÇON QUE L'ON RÊVE DE RENCONTRER. C'EST LE REPÈRE QUI PERMET DE SE DIRIGER DANS LA VIE, **LA LIGNE D'HORIZON QUE L'ON FIXE DU REGARD** POUR SE DONNER DU COURAGE ET AVANCER.

🔸 S'INFORMER

Des idéaux, il y en a de toutes sortes. À vrai dire, il y en a pour tous les domaines de la vie. L'idéal amoureux, c'est, par exemple, de rencontrer un garçon que l'on aimera passionnément, et qui vous aimera avec autant de force, pour toujours. Mais vous avez certainement plein d'autres idéaux : l'idéal d'une amitié fidèle où l'entente serait parfaite, l'idéal d'une société juste où chacun serait pleinement heureux. Pour celles d'entre vous qui ont la foi, l'idéal rejoint Dieu.

IDÉAL RIME AVEC PARFAIT

Bref, l'idéal ressemble beaucoup à la perfection. D'ailleurs, ne dit-on pas « c'est idéal » quand on parle de quelque chose qui nous semble sans défaut ? Vos idéaux sont nés de l'envie d'absolu que vous avez au fond du cœur et que vous avez peu à peu découverte.

PROFESSEURS D'IDÉAL

C'est un peu mystérieux, d'ailleurs, cette découverte… Votre idéal s'est sans doute forgé en rencontrant des personnes qui vous ont semblé parfaites… ou presque ! Qui ? Vos parents, certainement, mais aussi des amis, des profs, des gens célèbres que vous avez admirés ou tout simplement des héros fictifs qui vous ont semblé grandioses.

🔸 COMPRENDRE

Maintenant, vous débordez d'idéal, sans doute, comme toutes les filles de votre âge. Vous n'avez pas envie de vivre à moitié. Vous ne rêvez pas d'un avenir médiocre, ni pour vous ni pour les autres ! Avouez-le, au fond de vous, vous avez une envie formidable de l'atteindre, votre absolu, quel qu'il soit !

PLEINE D'IDÉAL

Avoir la tête pleine de rêves et d'idéaux, c'est essentiel.

Vous êtes justement à l'âge où vous construisez votre avenir, même si cela se passe encore beaucoup dans votre tête. Ce serait tellement dommage de le voir médiocre, étriqué. Vous avez bien raison de le voir sur grand écran et en dolby stéréo ! Même si vous n'avez pas encore tous les moyens de parvenir au sommet, c'est bien de viser haut et de vous dire qu'un jour vous y arriverez.

AU RAS DES PÂQUERETTES
Seulement voilà : en regardant les adultes autour de vous, vous avez peut-être l'impression que leur sommet a fondu comme neige au soleil pour devenir une motte de terre misérable, qu'ils volent au ras des pâquerettes et qu'en plus ils ont l'air de s'en contenter !

T'ES BIEN MIGNONNE !
Pire encore : vous trouvez peut-être qu'ils sont tous blasés et qu'ils vous regardent comme une extraterrestre quand vous vous lancez dans vos grandes tirades sur la vie, l'amour, la société. Ils prennent un air compatissant, comme si vous étiez une pauvre naïve qui n'a rien compris à la vie, et vous disent qu'en mûrissant on renonce à ses illusions.

HORREUR !
De quoi vous saper le moral ! Comme si la vie était jouée d'avance ! Alors, le doute vous assaille : et si l'avenir devait vraiment être médiocre et ennuyeux ?

OUVREZ LES YEUX !
Ne vous découragez pas. D'abord, commencez par poser un regard plus lucide et plus tendre sur les gens qui vous entourent. Tous les adultes n'ont pas renoncé à leurs idéaux. Ce n'est pas parce qu'ils ne passent pas leur temps à faire de grands discours de principe qu'ils sont blasés.
Si vous regardez bien leur vie, vous pouvez voir que justement ils ont des idéaux mais qu'en plus ils agissent en leur nom. Ils vont voter ? C'est bien la preuve qu'ils ont un idéal pour la société, même s'ils ne bondissent pas d'indignation dès que l'on parle de catastrophe écologique. Vos parents vous interdisent certaines choses et vous encouragent à en faire d'autres : cela montre qu'ils ont un idéal de bonheur et qu'ils aimeraient que vous puissiez l'atteindre !

LES PIEDS SUR TERRE
Avoir un idéal, ce n'est pas seulement en parler, même avec éloquence. C'est avant tout agir en son nom. C'est avoir la tête dans le ciel, les deux pieds sur terre… et parfois les mains dans le cambouis ! C'est ce que font les parents qui élèvent leurs enfants, les amoureux qui continuent à se pardonner l'un à l'autre pour que leur amour grandisse, les membres d'associations humanitaires, les militants politiques.

PETITES CHOSES ET GRANDES IDÉES
Vous n'êtes jamais certaine d'atteindre un idéal, mais vous pouvez vous y efforcer, tous les jours, avec réalisme et persévérance. Cela commence souvent dans les petits détails, ceux qui paraissent dérisoires, mais qui ont leur importance, parce qu'ils vous permettent de faire un pas (même modeste) en direction de votre idéal.

CONSEIL

ENTRAÎNEMENT INTENSIF
Vous n'avez peut-être pas encore tout le matériel qu'il faudrait pour partir à l'assaut d'un sommet. Ce n'est pas grave : continuez de le regarder et entraînez-vous pour l'avenir. Vous rêvez de changer le monde pour qu'il soit plus juste, plus fraternel ?
Commencez par agir au plus près de vous. Refusez de tricher, refusez de taper sur le bouc émissaire de la classe. Essayez d'apaiser les petites tensions dans votre entourage. Cela ne vous suffit pas ? Investissez-vous dans une association humanitaire !

Identité

Qui suis-je ?

🔴 S'INFORMER

Qui êtes-vous ? Bonne question ! Vous êtes née d'une alchimie mystérieuse, celle des gènes de vos deux parents, qui fait que vous êtes grande ou petite, blonde ou brune, ronde ou menue… Vous avez peut-être les yeux d'une de vos grands-mères, le sourire de votre père ou les fossettes de votre mère.

SACRÉ CARACTÈRE !

Sans parler de votre caractère… On vous dit peut-être que vous êtes « soupe au lait » comme la grande sœur de votre mère ou timide comme votre grand-père paternel. Bref : aspect physique ou caractère, que cela vous plaise ou non, vous ne pouvez pas renier votre famille !

C'EST BIEN MA FILLE !

D'autant plus que tout ce joli patrimoine s'est développé dans une histoire qui est la vôtre, bien sûr, mais aussi celle de votre famille. Vous avez grandi en France ou à l'étranger, à la ville ou à la campagne. Vous êtes fille unique ou entourée de frères et sœurs, née de parents aisés ou non, qui ont des convictions politiques ou religieuses ou non. En tout cas, vos parents vous ont élevée de leur mieux, avec leurs choix, leur cœur et leurs principes.

CURRICULUM VITAE

Et puis, au cours de votre enfance, il s'est passé plein d'événements heureux ou douloureux qui vous ont façonnée : naissance de frères et sœurs, parfois séparation des parents, rencontres d'amies, maladies, déménagements. Sans parler de tous les apprentissages merveilleux que vous avez faits : ils vous ont permis de découvrir le monde qui vous entoure et ont forgé vos goûts. Tout cela, en quelque sorte, c'est votre CV, votre curriculum vitae (« parcours de vie » en latin) !

MODÈLE UNIQUE

Tout cela – votre nature, vos acquis – s'est mélangé dans un grand chaudron pour faire cette petite fille que vous étiez encore il y a peu, et qui devient une femme. Une personne unique au monde. Une personne qui a déjà un visage, un caractère, une façon de voir le monde, d'aimer, d'espérer – de vivre en somme ! – qui n'appartient qu'à elle.

🔴 COMPRENDRE

Pas évident, direz-vous ! Vous êtes peut-être déjà tiraillée entre ce que vous voudriez être et l'image que les autres vous renvoient. Peut-être aussi désorientée parce qu'il y a plein de choses que vous aimiez petite fille et dont vous ne voulez plus entendre parler maintenant…

TU AS CHANGÉ !

Eh oui, n'en déplaise à votre grand-mère ou à votre papa, vous n'êtes plus la petite fille câline qu'ils prenaient sur leurs genoux. Ils vous reconnaissent bien quand même, au point que vous avez certainement, comme dans toutes les familles, une étiquette que vous aimeriez bien décoller ! Elle porte rarement sur des qualités d'ailleurs : tête en l'air, « bordélique », caractère de cochon… C'est parfois si énervant que vous avez envie de crier que vous avez changé !

J'T'ADORE !

Et puis, il y a vos copines, vos amies, qui vous voient

comme ci ou comme ça… et quelquefois vous en êtes la première surprise. Même si cela vous fait chaud au cœur, parce qu'elles vous « adorent », vous avez l'impression qu'elles ne comprennent pas qui vous êtes vraiment. D'ailleurs le savez-vous vous-même ? Difficile à dire à l'âge des grands chambardements !

J'AI PAS DE PERSONNALITÉ !

Alors, vous tâtonnez, vous prenez le contre-pied de ce que vous avez été, vous changez peut-être souvent de look, vous imitez celles qui vous paraissent avoir de la personnalité. Vous avez parfois l'impression d'être tragiquement nulle, genre transparente ? C'est normal ! On ne devient pas adulte du jour au lendemain !

C'EST LONG !

D'accord, c'est long. D'accord, c'est inconfortable. Mais il ne faut pas désespérer. La personnalité, l'identité, le caractère, ce sont des choses qui se construisent toute la vie, à travers les rencontres, les relations que vous nouez avec les autres, les événements que vous affrontez, les projets que vous réalisez. Toute cette histoire déjà vécue, ces richesses engrangées durant votre enfance et même vos défauts, ce sont vos provisions pour la route.

PATIENCE…

Ce chemin, c'est vous qui allez le tracer. Il faudra, bien sûr, faire avec ce que vous avez déjà dans votre panier, bon ou moins bon : votre tendance à la colère, votre goût pour la paresse, votre jalousie exacerbée ou votre timidité maladive. Mais tout cela se travaille. Pour cela, sachez être patiente, acceptez de prendre votre temps.

HELP, PLEASE !

Sachez reconnaître le regard, les conseils des autres, qui vous aideront à devenir vraiment vous-même. À vous de trier, d'éviter les mauvaises influences, celles qui vont à l'encontre de votre intérêt. Comment ? En choisissant avec soin ceux qui vous conseilleront. Les premiers à écouter sont ceux qui vous aiment vraiment, qui vous connaissent depuis longtemps, et ont envie que vous soyez heureuse : vos parents bien sûr, mais aussi vos véritables amis, et pas seulement les copains qui changent chaque année ! C'est en faisant ces choix-là que vous affirmerez votre personnalité, maintenant et plus tard.

VOIR AUSSI
COMPLEXES, IDÉAL.

CONSEILS

NON À L'EFFET CAMÉLÉON !

Pour avoir de la personnalité, mieux vaut ne pas faire comme tout le monde. Sinon, l'on n'est ni plus ni moins qu'un caméléon qui change de couleur au gré de ses rencontres.
- Ne copiez pas le look de la fille la plus tendance du lycée. Les copieurs agacent toujours.
- N'essayez pas de devenir amie à tout prix avec la fille la plus populaire, à laquelle vous rêvez de ressembler. Vous n'avez peut-être rien en commun. Vous aurez envie de faire tout comme elle : rien de tel pour l'énerver. Et peut-être serez-vous surprise, si vous la revoyez dans 10 ans, de voir qu'elle n'a rien d'extraordinaire !
- Ne sortez pas avec un garçon si vous n'en avez pas vraiment envie, ne vous escrimez pas à fumer des cigarettes en toussant comme une tuberculeuse pour vous donner un genre.
- Si l'on vous provoque, prenez un air assuré (mais si, on y arrive !) et dites que faire comme tout le monde, ce n'est pas franchement votre genre.

Inceste

C'est toujours l'adulte le coupab[le]

L'INCESTE, C'EST LE FAIT D'AVOIR DES **RELATIONS SEXUELLES** OU MÊME SEULEMENT DES **ACTES IMPUDIQUES** (ATTOUCHEMENTS, CARESSES, BAISERS, NON-RESPECT DE L'INTIMITÉ) **ENTRE PERSONNES D'UNE MÊME FAMILLE, DONT LE MARIAGE EST INTERDIT PAR LA LOI** : ENTRE UN PÈRE (NATUREL OU ADOPTIF) ET SA FILLE, ENTRE UN BEAU-PÈRE (QU'IL SOIT MARIÉ OU CONCUBIN DE LA MÈRE) ET SA BELLE-FILLE, ENTRE UN GRAND-PÈRE ET SA PETITE-FILLE, UN ONCLE ET SA NIÈCE, ENTRE UN FRÈRE ET UNE SŒUR.

S'INFORMER

Dans toutes les sociétés connues, l'inceste est interdit. On doit aller chercher la personne avec laquelle on fondera une famille en dehors de celle dans laquelle on est né. Les anthropologues qui étudient les coutumes des sociétés humaines pensent que cette règle permet à une société de se développer, parce qu'elle l'oblige à s'ouvrir sur l'extérieur.

COUPER LE CORDON

Pour les psychologues (qui étudient le psychisme humain), cet interdit aide l'enfant à se libérer des liens forts qu'il entretient avec sa famille, pour grandir et construire sa propre vie, en particulier sa vie amoureuse. L'inceste, c'est le contraire : l'enfermement dans la famille, l'impossibilité de grandir, la négation des différences entre générations.

CE QUE DIT LA LOI

Le Code pénal dit qu'un adulte qui a des relations sexuelles avec un mineur commet un crime, puni de 15 ans d'emprisonnement. Quand cet adulte est un parent proche, le crime est encore plus grave et la sanction plus lourde : 20 ans d'emprisonnement. Les autres agressions sexuelles (sans pénétration) à l'égard de mineurs sont punies de 7 ans d'emprisonnement. Le mineur, lui, n'est pas puni : il n'est jamais coupable. Depuis la loi du 3 juillet 1989, une victime d'inceste peut porter plainte contre son agresseur jusqu'à l'âge de 28 ans.

COMPRENDRE

L'inceste peut arriver dans n'importe quelle famille et, souvent, les familles n'imaginaient même pas que cela pouvait être possible.

UN AGRESSEUR BIEN CONNU

Souvent l'adulte incestueux est quelqu'un que la victime connaît bien, qu'elle aime, qui l'aime et qui s'intéresse à elle. Comme pour tout viol, c'est parfois brutal, mais cela peut être beaucoup plus sournois : l'adulte est gentil, il joue sur l'affection que lui porte l'enfant ou l'adolescent pour obtenir des gestes ou des relations sexuelles.

SURMONTER LA HONTE
Mais, après, la victime se sent salie, elle a honte. Elle pense être coupable : parce qu'elle n'a pas fait attention, parce qu'elle croit qu'elle a séduit son agresseur ou qu'elle n'a pas su lui résister. Pourtant, le coupable, c'est toujours l'adulte qui sait que c'est interdit et qui est assez grand pour se contrôler. Quand on est une petite fille ou une jeune fille, on est à l'âge où l'on se construit : on a besoin d'être aimée et reconnue pour grandir encore. C'est pour cela que certaines victimes ont pu être flattées au départ par l'attention qu'un adulte leur portait. Elles ont pu être d'accord la première fois, et même y trouver du plaisir. Mais elles sont trop jeunes pour porter cette responsabilité, elles ne sont pas coupables, même si elles aiment toujours celui qui commet l'inceste.

MUETTE DE PEUR
C'est important d'en être bien convaincue, car c'est ce qui peut donner le courage d'en parler, même si c'est difficile. Souvent, le coupable a demandé à sa victime de se taire, il lui a dit que c'était un secret entre eux, il a même pu lui faire très peur.

PEUR DE FAIRE DU MAL
Parfois aussi, la victime se tait parce qu'elle sent que cela risque de chambouler toute sa famille. Elle peut aussi avoir peur de faire souffrir sa mère, en lui révélant la trahison de son père ou de son beau-père. Ou craindre les conséquences pour son agresseur qu'elle continue souvent à aimer malgré tout… Elle peut aussi penser que personne ne va la croire. Pourtant, la parole des victimes finit toujours par être entendue, même si elle dérange et fait mal.

PARLER, POUR SE PROTÉGER
Parler à quelqu'un de confiance, c'est d'abord empêcher que les faits se reproduisent. La victime peut bien essayer de se protéger toute seule, en refusant les avances de l'agresseur, mais elle a souvent besoin d'aide pour mettre une distance entre elle et son agresseur.

PARLER, POUR GUÉRIR
Parler, c'est le seul moyen de commencer une nouvelle vie, de retrouver sa liberté, dans son esprit et dans son corps. Se reconstruire peut passer par une action en justice, parce qu'une victime a besoin d'être reconnue comme telle, de voir son agresseur puni, pour retrouver confiance en elle. C'est une démarche difficile et on peut se faire aider pour cela.

PARLER, POUR RETROUVER LE SOURIRE
Rencontrer un psychologue est très utile pour évacuer la honte et la culpabilité, la souffrance aussi, quand cela vient de quelqu'un que l'on aimait. C'est un travail douloureux mais qui permet de repartir d'un bon pied pour une nouvelle vie, avec toutes ses chances de bonheur.

● INFO +
NON-ASSISTANCE À PERSONNE EN DANGER
Aujourd'hui, la loi punit ceux qui ont eu connaissance d'abus sexuels sur mineur et ne les ont pas signalés à la police, à une assistante sociale ou à un juge. Pour s'adresser à un juge, on peut envoyer une lettre au tribunal de grande instance ou au tribunal pour enfants.

VOIR AUSSI
MALTRAITANCE, PÉDOPHILIE, VIOL.

CONSEILS

POUR SIGNALER UN INCESTE
- *On peut essayer d'en parler à un adulte de confiance dans sa famille ou dans son entourage proche (la mère d'une amie, par exemple).*
- *On peut le dire à l'assistante sociale ou à l'infirmière du collège ou du lycée, à un professeur, à son médecin.*
- *On peut appeler un accueil téléphonique spécialisé : des psychologues, des juristes, des éducateurs écoutent les jeunes, les soutiennent et les informent s'ils souhaitent une intervention de la justice. Voir les numéros utiles en fin d'ouvrage.*

Inconscient
La face cachée...

S'INFORMER

L'inconscient, ce n'est pas la même chose que l'inconscience. Quand votre mère vous dit : « Tu es inconsciente de faire du scooter sans casque », elle vous reproche d'être irresponsable. Vous ne vous rendez pas compte du danger ; mais vous pourriez tout à fait en être consciente si vous vous en donniez la peine !

CES CHOSES SANS NOM

L'inconscient, au contraire, ce sont des productions de l'esprit (images, émotions, sentiments, désirs) qui échappent à la conscience. Vous ne savez pas qu'elles existent ; vous ne pouvez pas les nommer, ni les penser. Mais elles se manifestent sans crier gare, de différentes façons. Dans vos rêves et vos fantasmes, mais aussi dans vos paroles et vos actes.

QUAND LA LANGUE FOURCHE

Par exemple, l'inconscient vous fait dire des choses que vous ne pensez pas consciemment. Quand vous faites un lapsus (vous dites un mot pour un autre), le mot que vous employez ne vous vient pas au hasard : c'est souvent votre inconscient qui s'exprime. Si vous appelez un professeur « Maman », cela peut vouloir dire que vous attendez de lui le même soutien, la même affection ; ou, au contraire, que vous le craigniez comme votre mère. Cela dépend des relations que vous avez avec elle !

UN OUBLI QUI EN DIT LONG

Il arrive aussi que votre inconscient vous empêche de faire ce que vous aviez décidé de faire. Cela s'appelle un acte manqué et cela peut vous jouer des tours pendables ! Vous prenez rendez-vous chez le dentiste. Mais vous oubliez ce rendez-vous parce qu'au fond de vous, vous n'avez pas envie d'y aller. Ou encore, vous finissez tant bien que mal un devoir, mais vous l'oubliez sur votre bureau avant d'aller en cours. En fait,

vous n'aviez pas du tout envie de le rendre parce que vous n'en étez pas contente.

🟠 INFO +
PREMIER EXPLORATEUR DU MYSTÈRE « INCONSCIENT »

D'où vient-il, cet inconscient ? Comment fonctionne-t-il ? C'est le docteur Freud qui, le premier, a exploré ses mécanismes à la fin du XIXe siècle, en soignant des personnes qui souffraient de malaises inexpliqués. Il en a déduit que l'inconscient se construit dans notre petite enfance à partir des sentiments et des désirs que notre éducation nous oblige à taire, et qui tentent de se manifester malgré tout.

🟠 COMPRENDRE

Nous avons tous un inconscient qui nous joue des tours de temps à autre. C'est comme une partie très intime et très obscure de nous, qui ne s'exprime jamais directement, mais qui trouve toujours le moyen de se rappeler à notre bon souvenir !

ENLÈVE TON MASQUE !
Le mal de ventre qui surgit avant le contrôle de maths, les pleurs ou les fous rires qui éclatent au mauvais moment, c'est l'inconscient qui vient nous dire un petit bonjour… On ne peut pas éviter ces petits désagréments, puisqu'on ne les contrôle pas. En revanche, on peut les prendre avec philosophie et rire des lapsus et autres rendez-vous oubliés !

DRÔLE DE RÊVE…
Sans parler des rêves délirants qui nous laissent tout estomaquées au réveil. Ils sont parfois agréables : petite fille, vous rêviez peut-être d'avoir toutes les poupées que vous vouliez ; aujourd'hui d'embrasser le garçon… de vos rêves. On dit qu'ils sont la réalisation de nos désirs refoulés. Quand ils sont positifs, ils ne vous posent pas de problème ! Mais c'est parfois un peu troublant de rêver de la mort d'un proche ou de faire des rêves pas franchement racontables. Là encore, il faut le prendre avec sérénité : l'inconscient, on ne le contrôle pas !

PETITE BARQUE DIRIGEABLE
C'est vrai que vous ne pouvez pas contrôler votre inconscient. Mais cela ne veut pas dire que vous êtes soumise pieds et poings liés à des forces obscures et incompréhensibles.
Vous n'êtes pas un petit bateau livré aux lames de fond d'une mer en furie. Il y a un gouvernail et un capitaine à bord ! Autrement dit, vous avez aussi une liberté et une volonté qui vous permettent de diriger votre vie.

L'INCONSCIENT, CE N'EST PAS UNE EXCUSE !
Même si vous savez bien que vos choix sont en partie influencés par des choses profondes et inconscientes, cela ne vous empêche pas de réfléchir, de décoder ce que vous vivez et ce que vous voulez : l'inconscient n'est pas l'excuse miracle qui peut vous dispenser de prendre votre vie en main !

VOIR AUSSI
ANGOISSE, BLUES, RÊVE.

INFO +

QUAND L'INCONSCIENT HURLE

Il peut arriver que certaines personnes n'arrivent plus à gérer les désirs de leur inconscient. Les conflits intérieurs deviennent tellement aigus qu'ils se manifestent au niveau conscient par des manies, des obsessions, des angoisses, des phobies, etc. Cela peut devenir de véritables maladies psychiques qu'il faut soigner.

Internet
Le monde à portée d'un clic

ON DIT LE WEB, LA TOILE, LE NET ; EN FAIT IL S'AGIT DE CHOSES UN PEU DIFFÉRENTES. **LE WEB**, DE SON VRAI NOM *WORLD WIDE WEB* EST UN **ENSEMBLE DE DONNÉES QU'ON PEUT CONSULTER DE TOUS LES COINS DU MONDE.** LE **NET**, C'EST UN **RÉSEAU INFORMATIQUE** QUI PERMET LA COMMUNICATION À L'ÉCHELLE MONDIALE.

UNE PROMENADE À L'INFINI
Le Web est une formidable banque d'informations ! Deux clics de souris, et vous voilà embarquée pour un voyage à l'infini, d'un sujet à l'autre, à travers le monde et les connaissances ! Encore faut-il savoir faire le tri…

TOUT EST POSSIBLE !
Tchatter avec votre grande sœur installée en Australie, poser des questions à des chanteurs canadiens *via* leur forum, vous lancer dans un jeu en ligne avec une équipe faite de Chinois, d'Espagnols et de Danois : les frontières n'existent plus. Vous pouvez même aller vous balader sur une île paradisiaque totalement imaginaire dans un cyber-univers pour vivre une « seconde vie »…

UNE TOILE IMMENSE
Pas toujours facile de vous y retrouver sans carte, dans ce monde gigantesque composé de millions de sites, réalisés par des entreprises, des centres de documentation, des associations ou des particuliers. Heureusement, les moteurs de recherche mènent l'enquête

● S'INFORMER
Internet est né en 1957 aux États-Unis. À l'origine, c'était un réseau militaire appelé Arpanet, qui servait à relier entre eux les laboratoires de recherche militaire. En 1979, il devient accessible aux chercheurs civils. Mais c'est en 1982 que le nom d'Internet apparaît, et il faut attendre le début des années 1990 pour que le Web actuel soit mis en place. La France est l'un des premiers pays d'Europe à s'y relier.

pour vous et sont capables de vous trouver instantanément les 5 689 sites qui parlent du sujet qui vous intéresse.

ENTRER DANS LE RÉSEAU

Pour se connecter, un ordinateur, un modem ou un réseau wifi suffisent. Vous pouvez aussi utiliser un téléphone, une clé 3G. En revanche, attention à la facture…

ABONNEMENTS À LA CARTE

Dans tous les cas, la clé du Web passe par un « fournisseur d'accès ». L'abonnement haut débit permet une navigation rapide et illimitée. Il offre en plus la possibilité de téléphoner gratuitement en France et dans un certain nombre de pays étrangers, et souvent aussi l'accès à des chaînes de télévision, pour un prix forfaitaire qui tourne autour de 30 € par mois.

COMPRENDRE

Le Net est une formidable révolution dans le partage de l'information. Jamais les hommes n'ont eu autant de renseignements à leur disposition. C'est merveilleux, mais on a vite fait de s'y perdre. Vous cherchez une information ; de lien en lien, vous vous promenez… et vous y restez des heures, sans vous en rendre compte !

TOUT CUIT DANS LE BEC

Internet rend de grands services, pour les exposés par exemple. Finies les recherches interminables en bibliothèque. Tout arrive sur l'écran, si vous savez bien naviguer. Et la tentation est grande de recopier les documents tels quels, au risque de tomber à côté de la question que vous aviez à traiter !
Mais, le plus grand danger, c'est de trouver des informations parfaitement… fausses ! Eh oui, n'importe qui a la possibilité d'ouvrir un site et d'y raconter ce qu'il veut sans aucun contrôle ni restriction. Quand vous utilisez des informations d'Internet, vérifiez toujours qui écrit… Ce fabuleux site sur l'ADN est-il tenu par un chercheur du CNRS ou par un petit rigolo ? Méfiance…

DES TORCHONS ET DES SERVIETTES

Sur Internet, il y a du bon et du moins bon. On peut tomber sur des pages sans intérêt ou truffées de fausses informations ou pire, sur des choses peu édifiantes ou immorales (sites pornographiques, incitations à la violence). Sur le plan de la réglementation, le Web se cherche encore : difficile de fixer des limites dans un monde sans frontières !

GARE À LA NOYADE !

Pour les plus âgés, le principal problème est de faire le tri et de ne pas se noyer.
Il existe des recueils de bons sites thématiques qui paraissent régulièrement. Mais cela n'empêche pas de faire ses choix soi-même !

2 MILLIARDS DE SPECTATEURS

Facebook, Twitter, MSN… Ajoutez un appareil numérique ou une webcam et vous voilà capable de partager vos délires avec tous vos amis ! Mais attention, avez-vous pensé que 2 milliards d'internautes peuvent ainsi partager votre vie ?
Par pitié, protégez votre profil et votre intimité. Vos photos « délires » et vos défis d'ado font peut-être rire vos copains aujourd'hui, mais ils risquent de largement refroidir un futur patron quand vous chercherez votre futur boulot…

MAUVAIS PLAN
GARE AU VIRUS !

Un virus est un petit logiciel capable de perturber, voire d'endommager gravement le fonctionnement d'un ordinateur. Ces logiciels sont imaginés par des pirates de l'informatique : on les reçoit généralement par mail.
Si vous recevez par exemple un fichier dont le nom se termine par « exe », méfiance, il y a de fortes chances qu'il contienne un virus. Pour les mettre hors d'état de nuire, il existe des logiciels antivirus (à mettre à jour régulièrement). Mais ils ne vous dispensent pas de faire attention : n'ouvrez jamais un mail ou un spam dont vous ignorez la provenance, et évitez de télécharger des animations rigolotes qui peuvent cacher des virus.

TCHAT ET FORUM

Faites-vous la différence entre forum et tchat et savez-vous qui pourra lire ce que vous écrivez ?
Dans un tchat, on doit s'inscrire et choisir un pseudonyme, et on s'adresse à une ou plusieurs personnes qui sont seules à pouvoir lire ce qu'on écrit. C'est comme une conversation entre copines.
Un forum, en revanche, est un espace virtuel de débat. N'importe qui peut y participer et toutes les interventions sont publiées et lisibles. Attention à ne pas y mettre n'importe quoi, ni à croire tout ce qui s'y dit…
Le bel Edouard (15 ans) qui tchatte avec vous avec tant d'humour peut très bien cacher en fait un Robert de 60 ans ! Prudence !

BON PLAN
POUR ÊTRE UNE BONNE INTERNAUTE

- Vous définissez précisément ce que vous cherchez avant de vous connecter.
- Quand vous utilisez les liens hypertextes, vous évitez de perdre de vue ce que vous cherchez.
- Dans les forums et les tchats, vous ne donnez pas vos coordonnées (vous ne savez pas à qui vous avez affaire). Et vous n'allez surtout pas rencontrer seule celui avec lequel vous discutez régulièrement !
- Vous ne copiez pas les textes, musiques ou images : la copie est illégale.
- Vous ne téléchargez pas illégalement des films ou des musiques, c'est interdit et de plus en plus sanctionné.
- Vous vérifiez les informations, vous les triez… et vous réfléchissez plutôt que de faire du « copier-coller ». Votre prof aussi sait surfer. Il ne sera pas dupe !
- Vous restez polie, vous ne proférez pas d'injures et vous ne dites pas de mal des gens dans les forums et les tchats. La loi l'interdit et les parents des mineures qui commettent une infraction peuvent être sanctionnés et devoir payer une amende.
- Vous ne passez pas tout votre temps sur MSN, au risque d'oublier de faire vos devoirs… et des choses plus intéressantes !

POUR DÉBUTER
Téléchargez (c'est autorisé et gratuit !) le petit livret « C ton net » pour apprendre à surfer malin : http://www.droitdunet.fr/juniors/

VOIR AUSSI
BLOG, TÉLÉCHARGEMENT.

Communauté virtuelle

Un minimonde virtuel

Le concept a été développé à l'origine par des Finlandais pour promouvoir un groupe de rock. Aujourd'hui, **Habbo Hotel** est un succès dans le monde entier : cet espace virtuel est le plus répandu pour les 13-18 ans. Il existe dans 32 pays, et 10 millions de visiteurs s'y rendent chaque mois !
Pour faire partie de la communauté, il suffit de se **créer un Habbo, personnage virtuel.** Vous pouvez alors vous promener dans cet endroit étonnant, entrer en contact avec d'autres membres de l'hôtel, vous faire couper les cheveux, danser en boîte de nuit et même meubler votre appartement comme bon vous semble. Chacun a une *home page*, peut participer à des groupes ou prendre part aux forums. C'est aussi un lieu qui permet de rencontrer ses idoles grâce à des *tchats* régulièrement organisés : l'occasion de parler à Tokio Hotel ou Pony Pony Run Run !

Pour avoir les pieds dans le réel

Mais si ce monde est virtuel, comme dans la vraie vie, tout s'achète, même le moindre meuble. La possibilité de dépenser ces « crédits Habbo » est déconcertante de facilité, le tout sans l'accord des parents bien sûr. Gare à l'addition en euros réels, qui peut être salée ! Et l'espace attire aussi les marques... Il est fréquent de tomber sur des publicités intégrées au site au détour de l'Habbo Hotel. Un œil averti en vaut deux !

Jalousie

Ne tombez pas dans le piège !

🔸 S'INFORMER

Être jalouse, c'est être exclusive. La jalousie est une manière d'aimer les gens en les voulant tout à soi. Dès que ceux que vous aimez s'éloignent un peu, vous vous inquiétez, vous avez peur de les perdre ! Alors, vous les étouffez, vous les surveillez de peur qu'ils ne vous aiment plus !

J'ÉTOUFFE !

La jalousie est un sentiment normal : quand vous tenez à quelqu'un, vous ne voulez pas le perdre. Mais attention à ne pas en faire une maladie. Emprisonner les autres n'est pas une solution : quand on est trop jalouse, on risque de compromettre ses amitiés et ses amours. Être jalouse avec votre copain, avoir peur qu'il parte avec une autre fille et lui casser les pieds avec cela, c'est le meilleur moyen qu'il le fasse… pour avoir un peu d'air ! La jalousie exagérée est le contraire d'une preuve d'amour : elle révèle qu'on ne fait confiance ni à soi-même, ni à celui qu'on prétend aimer.

JALOUSE OU ENVIEUSE ?

L'envie est la cousine de la jalousie : vous pouvez envier quelqu'un parce qu'il possède un objet, un vêtement que vous désirez ; envier une copine parce que vous la trouvez plus belle ou plus mince, parce que vous croyez que tout le monde l'aime. Envier votre sœur parce que vous imaginez qu'elle est l'enfant préférée des parents ; envier une amie parce que vous pensez qu'elle a une famille bien mieux que la vôtre.

L'ENVIE, ÇA FAIT MAL

Bref, il y a mille occasions d'être envieuse, surtout quand on n'est pas très sûre de soi, et que l'on n'a pas encore mesuré ses propres atouts et ses richesses personnelles. Personne ne peut s'empêcher d'être envieux, et pourtant cela fait mal.

QUAND L'ENVIE REND MÉCHANTE

Certaines filles peuvent aller jusqu'à en vouloir carrément à la personne qu'elles envient, parce qu'elles trouvent injuste que cette personne possède ce qu'elles n'ont pas. Il vous est peut-être arrivé d'être exaspérée par le succès d'une fille que vous trouviez sans intérêt (Mais qu'est-ce qu'ils lui trouvent ?). Ce sentiment-là peut faire encore plus mal, parce qu'il rend méchante : on voudrait presque que l'autre soit enfin privé(e) de ce qui fait – injustement à nos yeux ! – son bonheur !

COMPRENDRE

La jalousie, l'envie, vous les avez sans doute connues dès l'enfance, quand vous avez cru que le nouveau bébé qui arrivait dans la famille prenait votre place, quand vous avez commencé à comparer vos jouets à ceux de votre petite sœur...

À moins que ce soit à l'égard de la petite copine que tout le monde admirait à l'école, alors que vous auriez aimé être la seule dans le cœur de la maîtresse.

J'AI PEUR

Pourquoi est-on jalouse ? Tout simplement parce que l'on a peur : peur de ne pas être aimée, de ne même pas le mériter parce qu'au fond, on ne s'aime pas soi-même. Alors, on ne croit pas que les autres puissent nous aimer et dès qu'ils regardent une autre personne, on a peur qu'ils la préfèrent et qu'ils ne nous aiment plus.

TOUJOURS MIEUX, LE JARDIN DU VOISIN !

À votre âge, l'envie aussi revient en force : vous prenez peu à peu conscience de ce que vous êtes, vous découvrez vos qualités, mais ce sont surtout vos défauts qui vous sautent aux yeux ! Et même si vous savez qu'il n'y aura pas de baguette magique pour tout changer, vous ne pouvez pas vous empêcher de jeter un petit coup d'œil dans le jardin des voisins, pour voir ce qu'ils ont de mieux que vous ! Et évidemment, quand vous trouvez une fille jolie, ou chanceuse, voilà l'envie qui pointe son nez. Personne n'y échappe : nous avons tous, à certains moments, des petits picotements d'envie en regardant l'assiette du voisin, parce que nous avons peur d'avoir été moins bien servis. Il n'y a pas d'âge pour cela : c'est toute la vie qu'il faut lutter contre l'envie.

C'EST INÉLUCTABLE ?

Bien sûr, plus vous grandirez, plus vous prendrez confiance en vous, moins vous aurez la tentation d'envier les autres. Il vous arrivera peut-être encore d'éprouver ce petit pincement au cœur quand vous rencontrerez une personne qui vous semblera plus chanceuse que vous, mais vous serez vite capable de relativiser et de vous dire que vous aussi, somme toute, vous avez beaucoup de chance dans la vie !

VOIR AUSSI
COMPLEXES, IDENTITÉ.

CONSEILS

POUR ÉVITER D'ÊTRE ENVIEUSE

• Faites le point sur tout ce qui va bien pour vous pour avoir des arguments de choc s'il vous vient un accès d'envie : vos qualités, vos compétences, vos parents, vos amis, il y a sûrement des tas de choses dont vous pouvez être heureuse et fière. Une sorte de capital, une brassée de chances qui doivent vous donner du punch et vous éviter de mariner dans l'envie.

• Quand vous rencontrez une fille jolie, sympa, intelligente, dites-vous : « Autant de qualités réunies en une seule personne, cela tient du miracle ! » et émerveillez-vous plutôt que d'espérer lui découvrir un jour des vices de fabrication cachés.

• Quand une amie a la chance de réussir son examen, de recevoir un cadeau, d'être choisie par le plus beau garçon de la classe, pourquoi ne pas vous réjouir pour elle, et avec elle ? Vous ajouterez à sa joie, et vous en profiterez un peu vous-même. Et puis, la capacité de se réjouir pour les autres, c'est une qualité formidable... que bien des gens vous envieront !

Journaux

Personne ne pensera à ma place !

🔸 S'INFORMER

Les journaux sont des publications où l'on trouve des informations de toutes sortes : politiques, littéraires, scientifiques, etc. Ils peuvent être quotidiens – ce sont les journaux d'information générale –, hebdomadaires ou mensuels.

JOURNAL, DONNE TON AVIS !

Les journaux peuvent être informatifs. Ils donnent l'information brute, sans plus de commentaire, ni de piste de réflexion. C'est le cas notamment des journaux distribués gratuitement dans les transports en commun des grandes villes de France. Ou, au contraire, ils commentent l'événement ou la situation grâce à l'avis de spécialistes, voire émettent un jugement. C'est pour cela qu'ils sont un peu plus longs à lire, mais aussi plus nourrissants. Quand un journal prend nettement parti, on parle de presse d'opinion.

🔸 INFO +

La « semaine de la presse à l'école » a lieu tous les ans au mois de mars : elle permet aux élèves de travailler en classe sur un ou plusieurs journaux. Si cela vous intéresse, parlez-en à votre professeur de français.

🔸 COMPRENDRE

Sauf exception, vous ne vous précipitez pas sur les journaux d'information. C'est normal à votre âge : vous préférez sans doute les magazines pour filles, pour tout savoir sur la mode, le maquillage, faire plein de tests rigolos et aussi avoir des éléments de réponse aux problèmes que vous pouvez rencontrer.

MENSUELS POUR PASSIONNÉE

Ou alors vous êtes passionnée de musique, de cinéma, de sport… et vous attendez chaque semaine ou chaque mois la parution du journal qui vous donnera le plein d'infos et de bons plans.

TRISTES ET VIEUX !

Évidemment, à côté de cette concurrence déloyale, pleine de couleurs et de clins d'œil complices, les quotidiens ont l'air plutôt rébarbatifs, sans images et tout en noir. Pourtant, cela vaut la peine d'y mettre un peu le nez. Parce que c'est irremplaçable : rien à voir avec le journal télévisé et le flash

d'infos de la radio qui sont trop rapides et sélectifs pour permettre une bonne information.

POUR NE PAS PENSER IDIOT !

Réflexions, analyses qui aident à comprendre l'information, rappellent le contexte historique, mettent en relation les événements : les journaux vous donnent le temps et les moyens de réfléchir, de prendre du recul, et surtout de vous faire votre propre opinion !

SYNDROME PERROQUET

Vous vivez dans un monde où il se passe des tas de choses, où tout change très vite. Souvent, on vous demande votre avis. Regardez les élections : vous ne votez pas encore, pourtant vous entendez déjà parler de politique, vous en discutez entre amis. Si vous ne lisez jamais la presse, vous serez condamnée à répéter bêtement ce que disent les autres : les journalistes de la télé, vos parents, le garçon du café où vous prenez des pots avec vos copains.

POUR PENSER AUX AUTRES

Et puis l'actualité, c'est ce qui arrive à d'autres hommes, d'autres femmes en France et dans le monde, cela vous concerne forcément ! L'avenir du monde, c'est aussi le vôtre. Bien sûr, ce n'est pas en lisant la presse que vous allez changer le monde, mais c'est déjà bien de comprendre ce qui s'y passe.

VOIR AUSSI
MAG, POLITIQUE.

BONS PLANS

• JOURNAL, MODE D'EMPLOI

- *Commencez par lire celui de vos parents (essayez d'y mettre le nez une ou deux fois par semaine).*
- *Puis voyez celui que lisent les parents de vos copines, ou un adulte dont vous appréciez les idées.*
- *Écoutez les revues de presse à la radio : chaque matin elles vous disent ce que l'on trouve dans les journaux. Vous pourrez repérer quel quotidien parle des thèmes qui vous intéressent.*
- *Si vous êtes très intéressée, vous pouvez essayer une fois ou deux d'en lire plusieurs, pour comparer la manière dont est traitée une même information et faire votre choix en conséquence.*

• APPRENDRE À LIRE UN JOURNAL

- *Ne vous lancez pas du premier coup dans une lecture de A à Z. C'est le meilleur moyen de vous décourager et d'ailleurs quasiment personne n'a le temps de le faire !*
- *Commencez par feuilleter en lisant les titres et les petits paragraphes en gras qui sont juste en dessous. Ils vous donnent les éléments essentiels de l'article. Vous pouvez aussi commencer par les « brèves », de très petits articles de quelques lignes qui donnent des tas d'infos.*
- *À partir de là, sélectionnez un ou deux articles qui vous intéressent particulièrement.*
- *L'important, c'est de vous y mettre régulièrement.*

Justice

C'est vraiment trop injuste !

🟠 S'INFORMER

La justice est un grand mot qui veut dire plusieurs choses. Il désigne à la fois un principe moral (celui du respect d'autrui, de ses droits et de sa dignité), les règles concrètes que chaque société définit, et les institutions qui servent à les appliquer. La justice concerne tous les domaines de la vie.

UN SOU, C'EST UN SOU !

Par exemple, quand vous empruntez de l'argent à une copine, la justice consiste à lui rendre exactement ce que vous lui devez. Ou encore, quand vous achetez un téléphone portable, vous vous attendez à ce qu'il remplisse toutes les fonctions que le vendeur vous a décrites ! C'est ce qu'on appelle la justice « commutative » qui règle les échanges de biens entre personnes. Mais il y a plein d'autres domaines dans la justice : la justice sociale, par exemple, consiste à faire en sorte que tous les membres d'une société puissent vivre d'une manière décente et aient les mêmes chances pour réussir.

LA LOI, C'EST LA LOI !

La justice, ce n'est pas seulement un principe. Concrètement, il y a des lois et des personnes chargées de les appliquer et de les faire respecter. La justice, c'est aussi l'ensemble des institutions et des juges qui punissent ceux qui ont enfreint la loi et défendent tous ceux qui subissent une injustice. Comment ? En jugeant les faits et en appliquant une sanction : une peine.

LA JUSTICE FAIT DE SON MIEUX !

Les juges essaient d'être les plus justes possible, à l'égard de la victime… et du coupable ! Ils étudient les faits et donnent des sanctions qui leur paraissent justes. Ces sanctions sont prévues par la loi : elle précise toujours ce que l'on risque si on ne la respecte pas. Elles sont proportionnelles à la faute : on ne sanctionne pas de la même façon un vol dans un supermarché et un hold-up avec violence ! Enfin, les juges étudient les circonstances de la faute : il arrive que l'on fasse une grosse bêtise sous l'influence de quelqu'un d'autre, et ils savent en tenir compte. Ce sont les « circonstances atténuantes », elles atténuent (diminuent) la gravité de la faute.

LA JUSTICE N'EST PAS LA VENGEANCE

Contrairement à la vengeance, la justice ne cherche pas à faire subir au coupable la même chose qu'à la victime. Cela vous paraît injuste ? En fait, non ! D'abord, la vengeance ne suffit pas à réparer le tort subi par la victime et n'efface pas le mal. Ensuite, la justice doit permettre à tout le monde de vivre ensemble. Elle donne aussi l'exemple : elle ne répond pas à la violence par la violence, ni à la mort par la mort.

COMPRENDRE

Le désir de justice est une aspiration légitime que nous avons tous au fond du cœur. Depuis que vous êtes toute petite, vous savez protester et dire : « C'est pas juste ! » quand vous avez l'horrible impression d'avoir été lésée.

Y A PAS DE JUSTICE !

En ce moment, vous pensez peut-être qu'il n'y a pas de justice en ce bas monde. Vous trouvez que les coupables s'en sortent toujours mieux qu'ils ne devraient, que les victimes ne sont pas écoutées, sans compter l'injustice de la société : des gens souffrent et galèrent alors que tant d'autres ne savent plus quoi faire de leur argent. Et que dire des injustices de tous les jours : les profs qui punissent l'une et pas l'autre, les copines qui ont le droit de sortir plus tard que vous, etc. !

DUR, DUR !

C'est vrai que la justice n'est pas facile à mettre en œuvre. D'abord parce qu'elle n'existe pas comme cela, dans la nature : tout le monde n'a pas la chance de naître beau, riche et intelligent ! En soi, déjà, ce n'est pas juste. Alors les hommes essaient de faire de leur mieux pour rééquilibrer un peu la balance, mais ils ne sont pas parfaits !

C'EST VRAIMENT PAS JUSTE !

Vos parents, par exemple, font de leur mieux pour être justes avec vous. Mais parfois, vous trouvez qu'ils en sont loin. Ils peuvent accepter que vous sortiez un soir et refuser à un autre moment, sans raison valable, d'après vous. Peut-être parce que vous le leur avez demandé alors qu'ils étaient fatigués et énervés, ou tout simplement parce qu'ils voient les choses différemment cette fois-ci.

ESSAYONS QUAND MÊME

Pour l'institution judiciaire, c'est la même chose. Les juges font tout pour être justes, mais ils peuvent aussi se tromper. Ce sont des hommes après tout. C'est vrai que la justice française n'est pas parfaite, qu'elle est lente, qu'elle manque de moyens, qu'elle commet des erreurs. Mais, pour le coup, ce serait vraiment injuste de dire qu'elle fait n'importe quoi ou, pire, qu'elle est « pourrie », comme certains le prétendent.

TOUS RESPONSABLES

Cela ne veut pas dire non plus qu'il faut vous résigner et accepter les injustices ! Vous avez bien raison de vous révolter contre elles. Vous pouvez commencer par lutter contre celles sur lesquelles vous avez prise : rappeler la vérité quand on accuse quelqu'un à tort, aller voir un professeur quand la sanction donnée à un élève vous semble injuste, souligner les qualités d'une personne quand on ne parle que de ses défauts. Cela ne changera pas la face du monde, c'est sûr ! Mais au moins, vous aurez fait quelque chose.
Et si tout le monde faisait comme vous, qui sait ?

VOIR AUSSI
DROITS, ÉGALITÉ, LOI, SANCTION.

LA PEINE DE MORT

La justice s'efforce d'appliquer aux coupables des peines proportionnées à leurs fautes. On punissait ainsi de mort les assassins et les auteurs des violences les plus graves. Cette peine a depuis toujours suscité des débats : ses partisans invoquent le droit à la vie, l'irréversibilité de la peine et la nécessité du pardon, ses opposants mettent en avant la nécessité de protéger la société et de dissuader les éventuels criminels. On sait aujourd'hui que la menace n'est pas dissuasive et beaucoup de pays depuis deux siècles ont aboli la peine de mort. La France l'a fait en 1981. De grands pays comme les États-Unis la pratiquent encore.

Kilos

Je suis trop grosse !

S'INFORMER

Le poids idéal n'est pas forcément celui dont on rêve. Quand on se trouve trop grosse (ou trop maigre !), il faut essayer de regarder les choses objectivement pour ne pas confondre les formes avec l'obésité, ni la minceur avec la maigreur.

NOUVELLES FORMES

À votre âge, une fille grandit et grossit, c'est parfaitement normal. En moyenne, vous devez prendre 20 cm et 20 kg pendant toute votre adolescence. C'est ce qui vous donnera des allures et des formes de femme. La poitrine se développe, la taille s'affine, les hanches s'arrondissent... tout comme les fesses. Envolée la petite fille filiforme.
Mais rassurez-vous : les garçons a-do-rent ça !

PAS TROP TOUT DE MÊME !

Vous trouvez peut-être que vous avez des formes un peu trop généreuses. Attention aux kilos imaginaires : vous pouvez être tout à fait normale même si vous vous trouvez « énorme ». Si vous avez réellement quelques kilos en trop ou en moins, ne vous inquiétez pas trop : cela arrive souvent à votre âge. Les chamboulements hormonaux qui se produisent à la puberté sont les premiers coupables. Avec les années, cela s'arrange.

TROP RONDE, TROP MENUE

Mais vous avez peut-être réellement des problèmes de poids qui vous désolent. Qu'est-ce qui vous fait grossir ? Ou pourquoi ne grossissez-vous pas ? Il peut y avoir des facteurs héréditaires ; il y a des familles de gros et des familles de maigres.

PETITE SOURIS QUI GRIGNOTE

Mais le plus souvent, le principal coupable, c'est votre mode d'alimentation. Réfléchissez à la manière dont vous mangez. Excès de sucreries, grignotage, petit déjeuner que vous n'avez jamais le temps de prendre : autant de raisons de prendre du poids. Votre mode de vie y est aussi pour quelque chose. Évitez le régime « trop de télé et pas assez de sport » !

INÉGALES DEVANT LA NOURRITURE

L'alimentation compte, c'est certain. Mais ne tombez pas dans le piège des privations excessives du genre « une pomme et un verre d'eau » à chaque repas. Toutes les filles ne peuvent pas avoir la ligne mannequin, parce qu'elles ne sont pas égales devant la nourriture et n'ont pas la même morphologie. Certaines ont des os tout fins, d'autres de gros squelettes. Il y a les gourmandes et les autres ; celles qui ne peuvent pas se passer de beurre et celles qui n'en raffolent pas, celles qui prennent un kilo en croquant deux chips et celles qui engloutissent un couscous sans prendre un gramme. Inutile donc de rêver d'être comme votre copine : vous n'êtes pas bâtie de la même façon !

INFO +

CALCULER VOTRE IMC

Pour évaluer les problèmes de poids, les médecins se fondent sur l'indice de masse corporelle (IMC). Vous pouvez facilement

le calculer. Il suffit de diviser votre poids (en kilos) par le carré de votre taille (en mètres). Exemple : un poids de 55 kg, une taille de 1,60 m. On divise 55 par (1,60 x 1,60), ce qui donne un IMC d'environ 21,5. Or un IMC normal est compris entre 20 et 25. On commence à parler d'obésité quand l'IMC dépasse 30. Cela dit, si vous avez un IMC de 18 ou 19, n'allez pas croire que vous êtes rachitique. Beaucoup de filles sont dans ce cas : elles sont très minces, mais pas maigres !

● COMPRENDRE

Vous avez peut-être été une petite fille fluette. Et depuis quelque temps, vous vous voyez changer. Vous prenez des formes et l'aiguille de la balance s'emballe : alors vous vous étonnez, et peut-être que vous vous inquiétez.

MES FESSES SONT MONSTRUEUSES

Rien de plus normal, pourtant : vous êtes tout simplement en train de devenir une femme. Il va falloir vous habituer à ce corps nouveau, l'apprivoiser, admettre que certaines rondeurs ne sont pas des paquets de graisse mais des formes féminines tout à fait charmantes.

J'AI FAIM !

En plus, vous grandissez, parfois même à vive allure. Cette croissance accélérée peut vous donner un bon coup de fourchette, qui pourtant ne fait pas toujours grossir, si vous évitez le régime fast-food. Ce qui fait le plus grossir, ce sont les petites déprimes, les coups de blues que l'on noie à grand renfort de chocolat et de sucreries en tout genre !

PAS DE RÉGIME SANS QUEUE NI TÊTE !

L'important, c'est de ne pas trop vous inquiéter au sujet de votre poids et de cette fichue balance qui prend toujours un malin plaisir à vous rappeler à l'ordre quand vous avez le moral dans les chaussettes. Efforcez-vous de manger équilibré plutôt que de faire n'importe quel régime qui risque de vous mettre à plat... et de vous faire grossir à long terme !

LES FORMES, C'EST BEAU

Alors ne tombez pas dans le piège en vous occupant tout le temps de votre ligne : cela vous gâcherait la vie et risquerait même de transformer vos petits problèmes de poids en gros problèmes de santé. Le principal est de vous sentir bien, même si vous n'avez pas (du tout) la même silhouette que les top models de vos magazines préférés (d'abord, elles sont trop maigres !).

● SAVOIR-VIVRE
NE SOYEZ PAS VEXANTE !

Si vous n'avez pas de problème flagrant de poids, ne faites pas partie des filles qui se plaignent pour rien. Évitez de faire la coquette et de dire que vous avez 3 kilos à perdre (ou à prendre !) devant une copine qui a de réels problèmes de poids et qui devra vivre avec toute sa vie. C'est insultant et très agaçant.

VOIR AUSSI
ANOREXIE, BOULIMIE, COMPLEXES, RÉGIME, REPAS.

BONS PLANS

● **SPÉCIAL « 3 KG EN TROP »**
- Prenez un bon petit déjeuner.
- Forcez sur les légumes, la viande, les yaourts et les fruits.
- Bougez, nagez, courez, montez les escaliers à pied et ressortez votre vélo.
- Ne regardez pas les mannequins à la télé... et consolez-vous en vous disant que beaucoup de garçons apprécient les rondeurs !

● **SPÉCIAL « 3 KG EN MOINS »**
- Prenez aussi un bon petit déjeuner.
- Mangez équilibré, ne négligez pas les sucres lents (féculents).
- Bougez, nagez, courez : le sport vous musclera.
- Et ne vous désolez pas : toutes vos copines vous envient !

Liberté

Liberté, liberté chérie

S'INFORMER

La liberté est l'aspiration de tous les hommes, le rêve du poète, l'idéal du révolutionnaire, l'espoir du prisonnier, la revendication des opprimés… et le souci de toute adolescente ! Mais en quoi consiste-t-elle, au juste ?

ÊTRE LIBRE, C'EST…

faire ce que je veux, direz-vous. Vous n'avez pas (complètement) tort ! C'est vrai que la liberté consiste à pouvoir penser ce que vous voulez, sans recevoir de consignes ; à régler vous-même les questions qui vous concernent : vous êtes libre de déterminer la couleur de votre jean, de choisir vos amis, de vous orienter à l'école en fonction de vos compétences.

LA LIBERTÉ, QUELLE ESCROQUERIE !

Mais souvent, vous vous heurtez à des limites et vous enragez, parce que vous pensez que l'on bride votre liberté. Vous voulez partir faire du ski parce que vous estimez que c'est votre droit de prévoir vos vacances, et vos parents refusent parce que cela coûte cher. Vous rêvez d'une grasse matinée, et vous êtes obligée de vous lever parce que la cloche du lycée ne vous attendra pas pour sonner. Vous entendez choisir vos livres, et le professeur de français vous les impose sans vous demander votre avis.

PARCOURS D'OBSTACLES

À tout instant, dans toutes les circonstances, vous rencontrez des « obstacles » à votre liberté, et quelquefois vous pouvez vous demander si vous êtes vraiment libre de quoi que ce soit dans la vie. D'ailleurs, la vie, parlons-en ! Après tout, qui vous a demandé votre avis avant de vous faire naître ? Vous n'avez pas choisi de vivre, d'avoir les parents que vous avez, d'être petite ou grande, blonde ou brune.

FAUSSE PISTE !

Si vous pensez que la liberté consiste à faire ce que l'on veut de manière illimitée, vous partez sur une mauvaise piste. Forcément, dès que l'on bute sur une contrainte, on grince des dents, mais être libre, ce n'est pas faire tout et n'importe quoi. Les lois sont même là pour empêcher cela et éviter que la société devienne une jungle où les plus forts font la loi sous prétexte de « faire ce qu'ils veulent ». Elles évitent aussi que l'on se fasse du mal à soi-même, en croyant se faire du bien (en prenant de la drogue, par exemple).

COMPRENDRE

À votre âge, on a une grande soif de liberté et l'impression frustrante d'être encore très dirigée dans la vie. Vous avez vos parents et vos professeurs « sur le dos » pour vous donner plein de conseils, quand ce ne sont pas des ordres ou des interdictions formelles ! Alors, vous pensez

peut-être que la liberté, il n'y a que les adultes qui peuvent vraiment en profiter.

FILET DE SÉCURITÉ
Mais, en même temps, vous êtes bien contente d'avoir des conseils quand vous rencontrez un problème. C'est rassurant de savoir qu'il y a un filet de sécurité en dessous du fil sur lequel vous marchez (et même trépignez, quand vous voulez quelque chose !). Ce n'est pas si facile de faire des choix, librement et en conscience. Dites-vous bien que les adultes, eux, sont sans filet : ils doivent décider seuls et assumer les conséquences de leurs actes.

LIBRES COMME L'AIR ?
Et puis, ils ont d'autres contraintes. Ce ne sont plus les cours, les dissertations à rendre ou l'obligation de rentrer tôt quand ils sortent le soir, mais il y a bien d'autres choses pour « limiter » leur liberté… à commencer par vous, leur fille bien-aimée, qui leur donnez tout de même un peu de travail !

LIBRE ET RESPONSABLE
Être libre, c'est avant tout être responsable de ce que l'on décide : savoir estimer les conséquences de ses choix, et les assumer. Vous êtes libre de ne pas faire vos devoirs et de buller toute l'année. Mais vous acceptez alors d'avoir de mauvais résultats et de risquer le redoublement. C'est sérieux la liberté et il faut du temps pour en prendre conscience.

Au fond, il ne s'agit pas tant de faire ce que vous voulez que de vouloir ce que vous faites. Et pour cela, il vous faut apprendre à ne pas vous laisser gouverner par vos envies et vos instincts, et être assez forte pour diriger votre vie dans la direction que vous avez choisie, au nom des valeurs que vous vous êtes données.

PAS SI FACILE, LA LIBERTÉ !
Cela demande du courage et de la volonté pour ne pas vous laisser influencer, pour défendre vos idées et vos choix. Influencer par qui, par quoi ? Par votre entourage bien sûr… mais aussi par votre propre nature, vos défauts, vos excès ! Si vous faites tout ce qui vous passe par la tête, parce que vous pensez ainsi être libre, vous risquez d'être prisonnière de vos coups de tête, des petits plaisirs du moment, d'une vie que vous n'aurez en fait pas vraiment choisie.

ITINÉRAIRE BALISÉ
Le secret pour être vraiment libre ? Voir un peu plus loin que le bout de son nez ! Regardez l'avenir, et pas seulement l'instant présent. Alors, vous pourrez exploiter au mieux vos chances, vos qualités et faire des choix intelligents. Le bon choix, ce peut être avant tout d'accepter librement, volontairement, avec patience, les petites limites qu'on vous impose : elles sont là pour vous aider à avancer, comme des panneaux de signalisation. Imaginez des routes sans panneaux : les voitures seraient libres de foncer en tous sens, mais comment trouveraient-elles leur chemin ? et que d'accidents en perspective !

VOIR AUSSI
DROITS, LOI.

Loi

Qui est-ce qui fait la loi ici ?

● S'INFORMER

La loi, c'est ce qui règle la vie en société. En France, où le régime politique est démocratique, la loi est faite par les représentants politiques que nous élisons.

COMMENT NAÎT UNE LOI ?

Une loi peut être proposée soit par le gouvernement, soit par l'Assemblée nationale. Elle est ensuite discutée par les deux assemblées successivement (Assemblée nationale et Sénat), puis votée. Si elle obtient la majorité des suffrages, elle devient une loi de la République, appliquée à tous les citoyens.

À QUOI ÇA SERT ?

Une société a besoin de lois pour que tout le monde puisse vivre en harmonie et en sécurité. C'est vrai dans tous les domaines : il y a des lois pour régir le fonctionnement de la famille (le Code de la famille), pour régler la circulation sur la voie publique (le Code de la route), pour tout ce qui concerne le travail et l'emploi (le Code du travail), pour fixer les règles du commerce, etc.

QUI APPLIQUE CES LOIS ?

Suivant le domaine concerné, elles sont mises en application par différentes catégories de personnes : les chefs d'entreprise sont chargés d'appliquer la loi sur la durée du travail, les maires d'appliquer celle qui concerne le mariage, les policiers de faire respecter le code de la route, etc.

ET SI ÇA NE MARCHE PAS ?

L'État est garant de l'application de la loi. Pour cela, il a deux outils : la police et la justice. Quand vous ne respectez pas une loi (si vous volez dans une grande surface, par exemple), vous pouvez être arrêtée par la police et traduite devant un juge qui examine le cas et peut appliquer une sanction.

LES PETITES LOIS DE TOUS LES JOURS

Et puis, il y a aussi des lois qui vous touchent de près. Elles n'ont pas donné lieu à de grands débats à l'Assemblée nationale et vous ne risquez pas d'aller en prison si vous les enfreignez, mais vous risquez quand même une sanction ! Ce sont les règlements intérieurs de votre lycée, de votre club de sport… et même les règles instituées par vos parents : « Dîner à 19 h 30, merci de prévenir en cas de retard ! »

RESPECT !

Bref les lois, petites ou grandes, servent à se respecter mutuellement et à vivre en harmonie, sans s'agresser en permanence.

INFO +
C'EST UN PEU VOUS QUI DÉCIDEREZ !
À 18 ans, vous aurez le droit de vote. Vous pourrez élire vos représentants, dans votre commune, mais aussi à l'Assemblée nationale, là où les lois sont proposées, débattues et votées. Cela suppose de bien lire les programmes des candidats pour être sûre de voter pour celui qui représente au mieux vos idées.

COMPRENDRE
La loi est faite pour donner les mêmes droits à tous les membres d'une société, les forts mais aussi les faibles qui ne peuvent pas se faire respecter par la force.
DÉGAGE, MINUS !
Cela évite que la société devienne une jungle où les plus forts écrasent les autres, s'approprient leurs biens et les maltraitent. Imaginez qu'un gros malabar entre dans un magasin, se serve, reparte sans payer et que personne ne lui dise rien, de peur de se faire écrabouiller la tête contre le mur. C'est cela, une société sans loi !
PAS BESOIN DE LA LOI, MOI !
Vous vous dites peut-être qu'entre personnes civilisées, qui savent se tenir, on n'a pas besoin de la loi. Seulement voilà, tout le monde n'est pas comme vous ! Il ne vous viendrait même pas à l'esprit d'agresser une personne très âgée pour lui voler 15 €, l'idée même vous fait sans doute mal au cœur. Malheureusement, cela arrive chaque année.
LOI = REPÈRE
Les lois sont faites avant tout pour obliger ceux qui ne savent pas respecter les autres à ne pas les insulter, les voler, les maltraiter, les humilier et même les tuer. Comment ? Par la peur du gendarme, celui qui a pour mission de faire respecter la loi, par la sanction, mais surtout en donnant des repères. Derrière les textes de loi, il y a des lois morales comme le respect de l'autre, l'égalité, la justice.
LOI = MORALE ?
C'est la loi qui vous rappelle qu'être raciste est contraire au respect de la personne. C'est elle encore qui protège l'enfant maltraité. Tout cela semble tellement juste et moral qu'on pourrait croire que tout ce qui est autorisé par la loi est bien ou bon. Mais la réalité est plus complexe. Ceux qui font la loi essaient de faire de leur mieux. Ils arbitrent entre les différents besoins des membres de la société. Parfois, ils ne choisissent pas le bien, mais ce qui leur semble le moindre mal. Aussi n'êtes-vous pas obligée de faire tout ce que la loi vous autorise à faire : fumer n'est pas illégal, par exemple, mais ce n'est pas bon pour la santé non plus !

INFO +
LES LOIS DES AUTRES PAYS
Tous les pays n'ont pas les mêmes lois. Certains maintiennent toujours la peine de mort, par exemple, alors qu'elle a été abolie en France en 1981. Certains sont plus stricts que la France sur la répression du trafic de drogue, d'autres plus souples.

VOIR AUSSI
AUTORITÉ, POLITIQUE, RESPONSABILITÉ, SANCTION.

BON PLAN
VISITE À L'ASSEMBLÉE NATIONALE
Si la façon dont les députés discutent les lois vous intéresse, et que vous êtes en région parisienne, vous pouvez demander à votre professeur d'histoire d'organiser une visite avec votre classe : les séances sont ouvertes au public. Cette visite peut aussi être au programme d'un séjour à Paris pour les provinciales. Sinon, vous pouvez regarder les débats de l'Assemblée nationale le mercredi après-midi sur France 3 et la chaîne parlementaire LCP sur le câble.

Look

Faut-il se fier aux apparences ?

VOTRE LOOK, C'EST **LA MANIÈRE DONT VOUS APPARAISSEZ AUX YEUX DES AUTRES**, C'EST VOTRE ÉCORCE, CE QUE LES GENS VOIENT TOUT DE SUITE DE VOUS. C'EST LE **PREMIER MESSAGE** QUE VOUS DONNEZ **AUX AUTRES** ET QUI ORIENTE, PARFOIS BIEN MALGRÉ VOUS, LEURS IMPRESSIONS ET LEUR JUGEMENT.

S'INFORMER

Votre look, ce n'est évidemment pas ce que vous êtes profondément, même s'il dit quelque chose de vous. Si vous arrivez quelque part le cheveu gras, la mine défaite et le T-shirt douteux, vous ne ferez pas vraiment la même impression que si vous avez le sourire, les cheveux et les yeux brillants, et un pantalon propre.

PLUSIEURS LOOKS À MON ARC !

Cela ne veut pas dire qu'il faut toujours avoir la même apparence, bien sûr. Il y a des jours où l'on fait moins d'efforts que d'autres. Vous n'allez pas passer trois heures chaque matin à vous préparer pour aller en cours. Il y a même des jours où vous avez envie de sauter dans le premier jean venu (surtout quand vous n'avez pas entendu le réveil !). En revanche, vous n'aimez pas vous rendre à une soirée dans n'importe quelle tenue. Qu'est-ce que l'on pourrait bien penser de vous ?

UNE ÉTIQUETTE SOCIALE

Eh oui, tout le problème de l'apparence est là : qu'est-ce que l'on va bien pouvoir penser de vous en vous regardant ? Ce que vous portez, la façon dont vous vous tenez orientent le jugement des autres sur ce que vous êtes, ce que vous faites et même sur votre origine sociale. C'est aussi ce qui se passe dans le monde du travail. Imaginez qu'un patron se présente en jean et baskets au bureau. La nouvelle standardiste pourrait très bien le prendre pour un livreur, et être mortifiée en apprenant la vérité. Le look d'une personne rend service aux autres en leur permettant de la situer et d'éviter ainsi bien des impairs.

J'VAIS QUAND MÊME FAIRE UN EFFORT…

Aujourd'hui, les conventions sont plus souples, on est plus libre de choisir son look, parce que les codes sociaux évoluent. Mais ils ne disparaissent pas complètement. La preuve : vous soignez votre tenue quand vous arrivez dans un nouveau lycée ; vous le ferez pour un entretien d'embauche ou quand vous rencontrerez la famille de votre amoureux pour la première fois.

COOL OUI, CRADE NON !

Et même si vous refusez d'être jugée sur votre apparence, ce n'est pas une raison pour la négliger. Une apparence agréable est d'abord une marque de respect pour les autres. La première règle, c'est la propreté. Attention aux détails qui tuent : ongles noirs, cheveux gras, dents mal brossées, chaussures poussiéreuses, etc.

COMPRENDRE

Les gens valent souvent bien plus qu'ils n'en ont l'air et vous gagnerez toujours à dépasser les apparences. Parfois même, cela vaut le coup d'essayer de comprendre pourquoi certaines personnes se donnent un style qui nous dérange.

DÉGAGE !

Par exemple, les apparences peuvent être une manière de mettre une barrière entre soi et les autres. Certaines filles s'en servent pour exprimer leur mal-être, leur ras-le-bol ou leur agressivité : cheveux mal peignés, vêtements fripés, maquillage outré, comme si elles voulaient écarter tous ceux qui ne s'intéressent qu'à l'apparence.

UN PETIT EFFORT, S'IL VOUS PLAÎT

Pas facile de deviner quelqu'un sous son look ! Avouez-le : vous vous laissez encore prendre au piège. Comme tout le monde, vous êtes spontanément attirée par la copine agréable à regarder, bien habillée, bien maquillée… quitte à vous apercevoir par la suite qu'elle est superficielle et égoïste ! Vous mettez peut-être plus de temps à apprécier celle qui a un cœur d'or et plein de points communs avec vous, tout simplement parce qu'elle est mal habillée, qu'elle a des boutons ou quelques kilos en trop.

L'HABIT NE FAIT PAS LE MOINE

Certaines filles peuvent être cruelles avec celles qui ne portent pas de marques, elles s'en moquent et vont jusqu'à les exclure. Elles ne pensent même pas à se demander pourquoi elles n'en ont pas… Peut-être leurs parents ne veulent-ils pas dépenser trop pour les vêtements, ou simplement ont-elles de la personnalité et ne se sentent-elles pas forcées de faire comme tout le monde ?

PATIENCE

Car c'est une preuve de caractère de garder sa liberté face au regard des autres, de ne pas se sentir obligée de porter les marques à la mode pour se faire bien voir. Mais le regard des autres est parfois difficile à soutenir, surtout quand on a déjà l'impression d'être nulle et moche, ce qui arrive souvent à votre âge ! Soyez patiente : en grandissant, on devient plus indulgent envers soi-même et envers les autres. On voit bien que la plupart des gens ne sont ni des canons de beauté, ni des gravures de mode : cela n'empêche pas de les trouver séduisants ! On apprend aussi à s'aimer soi-même ; du coup, on est plus tendre avec les autres…

VOIR AUSSI
COMPLEXES, KILOS, MODE.

CONSEILS

À L'AISE EN TOUTES CIRCONSTANCES

Pour être à l'aise partout, il faut savoir adapter sa tenue.
- *N'en faites pas trop pour aller en classe : tenue simple !*
- *Pas de grand décolleté ni de nombril à l'air pour une cérémonie à l'église.*
- *Pas de maquillage de star pour une fête de famille.*
- *Pour la soirée avec les copains… à vous de voir !*

J'RESSEMBLE À RIEN !

Vous avez l'impression de ne pas avoir de style ? Vous regardez avec envie la copine qui réussit comme par magie à se distinguer de tout le monde ?
- *N'essayez pas de la copier. Vous n'êtes pas son clone et ce qui lui va si bien ne vous ira pas forcément !*
- *Demandez à une amie de quoi vous avez l'air avec ce nouveau type de pantalon ou de pull, cette coiffure, ce collier.*
- *Surtout, ne vous torturez pas l'esprit ! Un style se définit peu à peu, à mesure que la personnalité se construit. Un jour, vous serez toute surprise d'entendre un compliment admiratif sur ce style dont vous vous croyez dépourvue !*

Dossier

Trouver son look

AUJOURD'HUI ROMANTIQUE, DEMAIN PUNK ROCK... TU NE SAIS PAS OÙ DONNER DE LA TÊTE QUESTION LOOK ? ENVIE DE SORTIR DU TROUPEAU TOUT EN COPIANT LE LOOK DE TA MEILLEURE COPINE ? VOICI QUELQUES ASTUCES POUR CRÉER UN STYLE QUI TE RESSEMBLE.

Sur la route du style

Ton style, c'est toi ! Tes goûts, tes envies, tes loisirs sont autant de choses qui constituent ton style vestimentaire. Et comme tout cela va évoluer au fil des années, ton look aussi suivra la tendance. Alors au lieu d'essayer de mettre le doigt sur un style précis, suis ton instinct et porte ce que tu aimes, là tout de suite. Si tu es de bonne humeur dès que tu mets une jupe, n'hésite plus à montrer tes gambettes ! Amuse-toi avec tes vêtements, et le reste suivra !

Une bande, un look ?

L'adolescence est une période de recherche d'identité. On essaie de se définir, souvent par rapport aux autres. Alors pas de panique si tu as l'impression d'être habillée de la même manière que tes copines : vous faites partie de la même bande et avez donc les mêmes repères. Mais si vos profs n'arrivent plus à vous distinguer, demandez-vous si vous n'avez pas laissé votre personnalité au placard. Résiste à la tentation de copier les looks de Coralie et Julie pour mieux te faire accepter. Au contraire, adapte le style de la bande à ta sauce. Emma porte son jean slim avec une tunique et des ballerines ? Pique-lui l'idée du jean et associe-le avec un tee-shirt rigolo et des baskets. Vous n'aurez plus l'air de jumelles, mais seulement de bonnes copines !

Faites-le tri

Au-delà des amies, les influences en matière de mode sont nombreuses : magazines, publicité, blogs, séries télé... Si tu les écoutais tous, tu porterais un leggings léopard avec une minijupe rouge, le tout perchée sur des talons de cinq centimètres ! Avant de décréter ton besoin d'une nouvelle garde-robe, rappelle-toi que tu es une lycéenne et pas une actrice célèbre. Fais le tri parmi tes sources d'inspiration et adapte-les à ton style de vie. Garde les talons pour une soirée et laisse le leggings léopard à Paris Hilton. Par contre, l'idée du foulard coloré pour rehausser une tenue triste, c'est noté !

Ton parfum

Choisir un parfum n'est pas une mince affaire, mais en suivant ces quelques conseils, tu devrais pouvoir trouver celui ou ceux qui viendront parfaire ton « look » à merveille.

Le parfum idéal doit :

- Te mettre de bonne humeur dès que tu le vaporises le matin.
- Représenter ton style, ta personnalité car il fait un peu partie de toi.
- Être adapté à ton âge. Le parfum capiteux de ta maman ou celui au chocolat de ta petite sœur ne sont pas faits pour toi !

Le parfum idéal ne doit pas :

- Être le même que celui d'une copine : ce serait comme si vous étiez tout le temps habillées de la même façon.
- Être si entêtant que l'on puisse te sentir avant de te voir.
- Forcément être au singulier. Rien ne t'empêche d'avoir dans ta trousse de toilette un parfum léger pour le lycée, un plus sexy pour les soirées et un parfum fruité pour l'été, par Exemple !

Tes couleurs

Parmi toutes les couleurs de l'arc-en-ciel, il y a en quelques-unes qui sont faites pour toi et qui sauront t'accompagner du matin au soir. Le tout, c'est de découvrir lesquelles !

- D'une manière générale, les couleurs dites froides (le bleu, le violet, le vert...) s'accordent bien avec les teints pâles et les cheveux clairs, alors que les couleurs chaudes (le rouge, le jaune, le marron...) conviennent particulièrement bien aux peaux plus mates et aux cheveux bruns.

- Mais pour trouver tes couleurs à toi, rien ne vaut une séance d'essayage en bonne et due forme. Choisis un endroit éclairé par la lumière du jour (plus fiable) et demande l'assistance d'une bonne copine. Installe-toi devant un miroir et approche des couleurs de ton visage (un foulard vert d'eau, un pull rose bonbon, une chemise bleu marine ...) l'une après l'autre. Tu verras, le résultat est bluffant ! Avec l'une, tes yeux pétillent, alors qu'une autre te donne l'air fatigué. Certaines couleurs te donneront une mine « délavée » alors que d'autres apporteront l'illusion que tu rentres de vacances !

Lycée

Il est comment ton bahut ?

🔴 S'INFORMER

Le lycée, c'est peut-être pour vous la suite logique du collège. En fin de troisième, vous passez en seconde, puis en première et en terminale. Mais même si cela vous paraît tout simple, il y a plusieurs choses à savoir.

NOUVELLES MÉTHODES DE TRAVAIL

Les trois années du lycée préparent au baccalauréat bien sûr, mais aussi aux études que l'on fait par la suite. Vous y apprenez une nouvelle façon de travailler : prise de notes et non plus dictée de cours, devoirs différents de ceux du collège (en français notamment).

NOUVELLES MATIÈRES

Surtout, vous allez découvrir de nouvelles matières. Dès la seconde, l'éducation civique, juridique et sociale vous permet de mieux comprendre notre démocratie. Vous pouvez aussi choisir l'option sciences économiques et sociales, qui vous fera découvrir le fonctionnement de la société à travers l'étude de la famille, de l'entreprise et de l'économie nationale.

L'ENTRÉE EN SECONDE

En seconde, tout le monde suit les mêmes cours, à l'exception des deux enseignements de détermination, ou options, qui sont là pour vous permettre d'affiner votre projet et de choisir, dès la première, quel bac vous présenterez. Il est important de les choisir en fonction de vos projets et de vos goûts. Mais vous avez encore le droit de vous tromper ! Vous pourrez changer d'avis en fin d'année et faire une première sans avoir suivi l'enseignement correspondant : il peut exister des cours de rattrapage. C'est un peu difficile mais c'est faisable. En début de seconde, une évaluation nationale est prévue en maths, français, histoire-géo et première langue vivante pour déterminer les acquis et les lacunes (connaissances, méthodes de travail). Elle sert à déterminer dans quelles matières vous avez besoin d'une aide individualisée qui vous sera donnée en petit groupe deux heures par semaine.

LA PREMIÈRE

En première, vous vous orientez vers un bac spécifique, général ou technologique, et vous préparez les épreuves de la première partie du bac que vous passerez en fin d'année (français et autres suivant les bacs, voir Baccalauréat).

PHILOSOPHE, MOI ?

Enfin, en terminale, vous découvrez la philosophie qui impressionne toujours un peu ! Vous aurez des cours de philosophie quel que soit le bac que vous choisirez, mais vous aurez plus d'heures et le programme sera plus important si vous préparez un bac littéraire. Il ne faut pas vous en faire une montagne. La philosophie est tout simplement une manière de réfléchir sur le monde et sur soi. En terminale, tous les élèves sont capables de l'aborder. Avec l'aide des grands philosophes, vous aborderez les grandes questions que tous les hommes se posent : Qui suis-je ? Qu'est-ce que je peux connaître ? Comment dois-je agir ? Vous apprenez à réfléchir par vous-même, à vous faire un jugement en construisant un raisonnement. Il suffit simplement d'être curieuse et d'avoir l'esprit logique. Vous trouverez un excellent exemple de ce qu'est un raisonnement philosophique en lisant le mot « Vérité » dans le *Dico des filles*.

COMPRENDRE

Vous êtes peut-être moins impressionnée par votre entrée en seconde que par votre entrée en sixième. Mais, quand même, vous devez certainement vous dire que cela devient vraiment sérieux. Le bac qui se profile à l'horizon vous angoisse un peu ; la perspective d'avoir à choisir les études que vous ferez après aussi. Heureusement, vous avez trois ans pour vous y préparer !

Y A PAS QUE LES COURS DANS LA VIE !

Mais le lycée ne se limite pas aux cours. Au lycée, il se passe plein de choses : vous pouvez faire du théâtre, trouver un club de lecture, de photo ou d'informatique, faire du sport, monter une association, participer à la rédaction d'un journal, etc.

PLUS GRANDE, PLUS FORTE !

Le lycée, c'est un tournant dans la vie. Vous y rencontrez de nouveaux amis, on vous propose plus de fêtes. Comme vous êtes plus âgée, vos parents vous laissent peut-être davantage sortir. C'est le moment idéal pour passer des contrats de confiance avec eux, pour avoir plus d'autonomie et vous montrer responsables.

VIVE LES COPAINS !

Le lycée, c'est le temps des soirées en bande le week-end, qui laissent des souvenirs pour longtemps. C'est parfois aussi le temps des histoires d'amour sérieuses : il arrive que l'on rencontre l'homme de sa vie pendant les années de lycée ! Il faut dire que vous avez beaucoup changé : les grands bouleversements physiques de l'adolescence sont souvent terminés, vous êtes plus jolie, plus sûre de vous. Et si la confiance n'est pas encore tout à fait au rendez-vous le jour de la rentrée en seconde, patience ! Cela viendra certainement !

VOIR AUSSI
APPRENTISSAGE, BACCALAURÉAT, ÉTUDES, ORIENTATION, REDOUBLEMENT.

CONSEILS

POUR VOUS PRÉPARER À ENTRER AU LYCÉE

- *Informez-vous pour bien choisir vos enseignements de détermination : vous avez le choix entre 17 matières en seconde générale !*
- *Réfléchissez aussi aux options facultatives. Vous pouvez en choisir une seule en seconde : deuxième langue, troisième langue, latin, grec, arts. Évidemment, tout dépend de ce que vous propose votre établissement. Attention à ce que ce ne soit pas une surcharge de travail trop importante !*
- *Souvent on change d'établissement en seconde : si c'est votre cas, faites connaissance avec votre nouveau lycée avant la rentrée ; s'il y a des journées portes ouvertes, allez-y.*

Mag
Rêves de filles

🔵 S'INFORMER

Il existe quantité de magazines pour les jeunes : les magazines généralistes, qui parlent un peu de tout, les mags spécialisés (mode, cinéma, voile, musique, etc.), les hebdomadaires d'actualité, les magazines télé, ceux consacrés aux stars, etc. Et puis il y a cette catégorie particulière dont se moquent parfois les hommes et les garçons : la presse féminine, les magazines de filles !

DE 7 À 77 ANS

Dès qu'on sait lire, on peut trouver un magazine spécial filles adapté à son âge : les premiers s'adressent aux 7-10 ans ou aux 8-12 ans. Puis ils grandissent avec vous : 11-15 ans, jeunes filles, femmes, il y en a pour tous les âges. On peut même dire qu'il y en a pour les grands-mères, puisque les magazines du troisième âge s'adressent en premier lieu aux femmes.

DE MÈRE EN FILLE

Vous avez trouvé le magazine qui vous convient ? Cela ne vous empêchera pas de lire celui de votre mère. Il se peut même que vous l'adoptiez car c'est une chose qu'on se transmet volontiers de mère en fille : il y a des familles *Elle*, des familles *Marie-Claire*, etc.

TOUTE LA VIE DES FILLES

On y trouve tout ce qui intéresse la vie des filles au jour le jour, la mode, l'amour, les projets d'avenir, les études, les métiers, la musique, les stars, les bons plans pour être au top, les tests pour s'amuser, l'horoscope pour rêver. On peut aussi y trouver des sujets de société, des questions d'actualité, des infos culturelles, bref pas seulement des choses futiles.

VITE PÉRIMÉS

Un magazine, par nature, cela ne dure pas ; vous le lisez et puis vous le jetez car il ne parle que de l'instant, et de manière souvent un peu rapide et superficielle. Et puis vous n'y trouverez probablement pas toutes les réponses aux questions que vous vous posez, ni tous les sujets qui vous préoccupent. Les magazines ne sont d'ailleurs pas faits pour cela.

🔵 COMPRENDRE

Les magazines, toutes les filles en lisent et adorent cela, mais toutes n'osent pas l'avouer. Certaines se jettent dessus chez le médecin ou le coiffeur, ou les enfouissent dans leur sac pour les cacher de peur que l'on se moque d'elles !

MAUVAISE PRESSE

Les magazines féminins ont souvent… mauvaise presse : les garçons s'en moquent, les intellos les méprisent, les profs vous conseillent de leur préférer la littérature, votre mère vous reproche de les lire au lieu de faire vos devoirs ; mais tous ces donneurs de leçons (en partie des garçons) ne résistent généralement pas à la tentation d'y jeter un œil ou davantage quand ils peuvent le faire discrètement et en toute impunité.

POURQUOI ?

On y déguste le bonheur d'être une fille, d'être chouchoutée et prise au sérieux.
C'est tellement agréable, surtout à l'adolescence, quand on se sent fragile, pleine de doutes et de questions.

SE CONSOLER
Les filles achètent aussi des magazines quand elles ont le blues, qu'elles se sentent mal dans leur peau ou seules, ou incomprises. Pour s'offrir un moment de rêve, de douceur et d'oubli.

DEUXIÈME DEGRÉ
Mais cela ne veut pas dire qu'il faut prendre au sérieux tout ce que vous lisez dans les magazines ni vous abrutir à ne lire que cela. La vraie vie, c'est la vôtre, pas celle des magazines où les filles sont toujours bien habillées, où les tests définissent votre personnalité en quelques questions, où les problèmes ont toujours des solutions sans effort et sans échec. Les magazines de filles, c'est fait pour s'amuser et trouver quelques bonnes idées ; pas plus…

LES FILLES DES MAGAZINES
D'ailleurs ces filles des magazines qui vous font rêver, vous ne les reconnaîtriez pas dans la rue. Sur papier glacé, elles sont apprêtées, maquillées, retouchées, subtilement éclairées, bref tellement peu naturelles que ce n'est pas la peine de crever d'envie en les regardant : elles n'existent pas. Dans la vraie vie, elles sont comme vous, avec des qualités et des défauts, des réveils difficiles et des cheveux indociles, des gros pulls et des jeans, des kilos en trop ou des genoux affreux.

FILLES MAIS PAS IDIOTES
Les magazines de filles, c'est sympa, cela permet de passer un bon moment, mais cela ne remplit ni une tête ni une vie ! Même quand ils traitent de sujets sérieux, ce ne sont que des magazines. Vous pouvez aussi aller voir dans des journaux d'actualité, de voyages, d'histoire, etc. Sans compter les romans, les BD, les essais. Rien ne vous empêche de diversifier vos lectures… en plus des magazines féminins !

● BON PLAN
Pour se remettre d'une mauvaise note ou d'un râteau, se blottir sous la couette avec une pile de magazines et une tablette de chocolat, cela aide, à condition de ne pas faire durer trop longtemps le remède !

À SAVOIR

NE VOUS Y FIEZ PAS
Tous les ans, début mars, vous trouverez le même dossier dans tous les magazines féminins : maigrir. Ne vous fiez pas trop à leurs mille et un régimes prétendument miracles. Il n'y a qu'une seule bonne méthode : manger équilibré et bouger !

Majorité

Majeure et vaccinée

LE MOT MAJORITÉ VIENT **DU LATIN MAJOR** QUI VEUT DIRE « PLUS GRAND ». EN FRANCE, ON EST **MAJEUR À 18 ANS**. À CET ÂGE, LA LOI VOUS RECONNAÎT **CAPABLE D'EXERCER** PLEINEMENT **TOUS VOS DROITS** (C'EST LA MAJORITÉ CIVILE) ET D'ÊTRE **RESPONSABLE DE TOUS VOS ACTES** (C'EST LA MAJORITÉ PÉNALE).

S'INFORMER

À 18 ans, vous pourrez choisir vous-même votre domicile et donc quitter celui de vos parents, et aussi le territoire national sans autorisation parentale. Vous pourrez également vous marier sans l'autorisation de vos parents.

DROIT DE VOTE

Vous recevrez le droit de vote à condition d'être inscrite sur les listes électorales. Normalement, l'inscription est automatique à 18 ans, mais il est bon de vérifier dès votre anniversaire auprès de votre mairie qu'elle a bien été faite. Vous pourrez être candidate aux élections municipales à 21 ans révolus. En revanche, il faut avoir 23 ans pour être candidate aux élections législatives et présidentielles, et 35 ans pour être sénateur.

PERMIS DE CONDUIRE

À 18 ans, vous pourrez passer votre permis de conduire, mais vous pouvez vous y préparer dès 16 ans grâce à l'AAC, l'apprentissage anticipé de la conduite, ou conduite accompagnée, si vos parents sont d'accord. À partir de 14 ans, vous pouvez piloter un cyclomoteur avec un brevet de sécurité routière et à 16 ans une 125 cm^3 moyennant un permis spécifique.

RICHE COMME CRÉSUS

Vous devez attendre votre majorité pour gérer seule vos biens, salaire et autres, sans le contrôle de vos parents. C'est le cas également pour recevoir un bien en héritage ou par donation. Mais dès 16 ans vous pouvez conclure seule un contrat de travail.

MAJORITÉ SEXUELLE

En France, la majorité sexuelle est fixée à 15 ans. Les relations sexuelles entre un majeur et un mineur de moins de 15 ans sont punies par la loi, même s'il n'y a eu ni contrainte ni violence : la loi considère qu'un enfant de moins de 15 ans n'est pas capable de disposer librement de sa personne. Sachez aussi que le mineur de plus de 15 ans n'est pas considéré comme consentant dans le cas d'une relation avec une personne majeure en situation d'autorité (un professeur, par exemple).

GROSSE BÊTISE

À 18 ans, vous avez des droits, mais aussi des devoirs ! Vous êtes grande et désormais considérée comme responsable de vos actes, sur le plan pénal. Concrètement, si vous commettez un délit grave, vous risquez d'aller dans une prison d'adultes. Avant 18 ans, les jeunes sont mis dans des centres de détention pour mineurs et peuvent continuer leur scolarité.

À partir de 13 ans, si vous commettez un acte contraire à la loi, vous pouvez encourir une sanction pénale : peine de prison dans un centre de détention pour mineurs (rarement appliquée et inférieure de moitié à celle prévue pour la même faute commise par un adulte), amende, travail d'intérêt général. Entre 16 et 18 ans, vous pouvez être mise en détention provisoire et encourir une peine égale à celle d'un adulte.

SOS PARENTS

Reste que souvent, à 18 ans, vous n'avez pas les moyens de vous acquitter d'une amende, ni de réparer les dommages que vous avez provoqués. Vos parents seront sollicités pour le faire à votre place : à méditer avant de faire les 400 coups.

COMPRENDRE

La majorité, vous l'attendez, vous en rêvez, vous piaffez sans doute d'impatience et il vous est peut-être déjà arrivé d'envoyer à la figure de vos parents ébahis cette petite phrase cinglante : « De toute façon, à 18 ans, je quitte la maison ! »

J'SUIS GRANDE, MAINTENANT !

Dix-huit ans est un âge qui donne des droits et des devoirs, mais c'est surtout un symbole important de l'entrée dans le monde des adultes. Même si aujourd'hui beaucoup de jeunes filles ne sont pas indépendantes financièrement à 18 ans, c'est le moment où l'on peut se dire : « Ça y est, je suis libre de décider de ma vie ! »

PAS TROP, QUAND MÊME…

Mais, même si vos parents vous regarderont un peu différemment et que vous vous comporterez de plus en plus comme une adulte, ils auront encore leur mot à dire, parce qu'ils vous aiment et que vous les aimez, et que vous serez bien contente d'avoir leurs conseils ! Vous aurez sans doute encore à mûrir, à acquérir de l'expérience et de la confiance en vous.

MAJEURE ET VACCINÉE !

Depuis votre enfance, vous avez déjà appris peu à peu à être responsable, de petites puis de grandes choses. Mais cette fois-ci, ce sera sérieux et vous le sentez bien. Il faudra bien profiter de ce moment important, qui va vous faire grandir d'un coup : fêtez-le dignement, avec vos parents, vos amies, et comptez sur toutes ces affections pour vous aider à entrer en douceur dans la vie des grands.

VOIR AUSSI
DROITS,
PERMIS DE CONDUIRE,
RENDEZ-VOUS CITOYEN.

INFO +

C'EST QUOI L'ÉMANCIPATION ?
Pour différentes raisons, on peut acquérir dès 16 ans une sorte de majorité que l'on appelle émancipation. La demande doit être faite par les parents au juge des tutelles. La jeune fille émancipée a les mêmes droits qu'une personne majeure, sauf celui de voter et d'être élue, et celui de se marier sans leur autorisation. Mais une jeune fille qui se marie avant 18 ans (avec l'autorisation de ses parents) est automatiquement émancipée.

Mal de tête

Ça cogne là-haut !

🟠 S'INFORMER

Le mal de tête est la douleur la plus fréquente chez les jeunes, surtout chez les filles. Il est plus répandu dans les villes (surtout les grandes, plus polluées) que dans les campagnes.

MAL DE TÊTE TOUT BÊTE

Les maux de tête les plus répandus sont les « céphalées de tension ». C'est un mal diffus dans tout le crâne, plus ou moins intense : c'est désagréable, mais on peut continuer une activité à peu près normale. Il se manifeste quand vous avez faim, quand vous êtes fatiguée, par exemple les lendemains de fête, quand vous êtes restée trop longtemps dans une atmosphère bruyante ou enfumée.

PRISE DE TÊTE !

Il existe aussi des maux de tête qui ont sensiblement les mêmes symptômes, mais pas du tout les mêmes causes. Les médecins les nomment « céphalées psychogènes ». Leur origine ? Le stress, l'angoisse, les difficultés scolaires, les conflits… Généralement, ce type de maux de tête est aussi associé à des contractures musculaires de la nuque ou des épaules : vous êtes toute nouée ! Antalgiques, massages et relaxation sont les meilleurs remèdes.

J'SUIS MALADE !

Les maux de tête peuvent aussi accompagner une maladie qui provoque de la fièvre (grippe, angine, bronchite, etc.) : dans le cas de la grippe, par exemple, c'est souvent une barre en travers du front, à la limite du supportable !

ÉTONNANTES RÉPERCUSSIONS

Les douleurs peuvent aussi venir d'une autre partie du corps : carie dentaire, otite, sinusite, problèmes digestifs, ou mauvaise vision (à ne pas négliger à votre âge !). En cas de maux de tête répétés, il faut peut-être faire un examen général. Il y a souvent au début des règles une mauvaise période à passer, avec maux de tête à la clé.

DANS DE RARES CAS…

Exceptionnellement, les maux de tête peuvent signaler une maladie du cerveau, comme une méningite ou une tumeur. Mais ne vous croyez pas atteinte d'une maladie mortelle à chaque fois que cela cogne dans votre crâne ! Les maux de tête, dans ces cas rarissimes, sont d'une violence extrême et s'accompagnent d'autres symptômes : vomissements, raideur de la nuque, troubles visuels, tremblements, etc. On ne s'y trompe pas !

🟠 INFO +
LA MIGRAINE, C'EST QUOI ?

La migraine (mot qui signifie « douleur d'un côté du crâne ») est un mal de tête particulièrement douloureux, qui survient par crises. Rien à voir avec le petit mal de tête qui passe avec une aspirine et que certains nomment migraine. Les symptômes de la migraine sont fracassants : impression d'avoir un côté de la tête serré dans un étau, vertiges ou nausées, impossibilité de supporter le bruit et la lumière. Les analgésiques classiques (aspirine, paracétamol) suffisent rarement à calmer cette douleur ; il existe des médicaments plus efficaces, mais qui ne marchent pas sur tout le monde. La migraine est encore un peu mystérieuse. On ne sait pas trop d'où elle vient (il y a généralement une prédisposition familiale) et on n'a pas découvert de remède miracle, à part se coucher dans le noir et le silence, avec un gros panneau « Ne pas déranger SVP » sur la porte, et attendre que cela passe !

COMPRENDRE

La tête est un véritable carrefour : les nerfs conduisent au cerveau toutes sortes d'informations, de sensations agréables ou de douleurs. C'est de là aussi que partent tous les ordres qui coordonnent nos mouvements. C'est en quelque sorte le centre d'un réseau très perfectionné, qui réagit en permanence à l'environnement extérieur et veille au bon fonctionnement de votre corps. Pas étonnant qu'il y ait surchauffe de temps à autre !

QUAND VOTRE TÊTE S'ESTIME SURMENÉE

Les maux de tête sont des réactions à toutes sortes d'agressions. Pas assez ou mal dormi, pas assez ou mal mangé ? Votre tête proteste ! De même qu'elle n'aime pas les soirées trop arrosées et se venge le lendemain en vous infligeant une sérieuse « gueule de bois ». Elle peut aussi vous faire payer cher une trop longue exposition au soleil, une chaleur trop forte, une grosse fatigue ou un effort prolongé, qu'il soit physique ou intellectuel.

LA MIGRAINE IMAGINAIRE

Mais comme par hasard… il y a des filles qui ont systématiquement mal à la tête avant une interrogation écrite. Ou quand leur père veut discuter avec elles de leurs résultats scolaires pas très brillants. Ou encore quand elles ne veulent pas répondre au coup de téléphone d'une copine qui les ennuie.

LÀ, C'EST DANS LA TÊTE !

Le mal de tête peut devenir une excuse pour se dispenser de ce qu'elles n'ont pas trop envie de faire ! Ou un prétexte pour bouder et s'isoler. Certaines auront même mal à la tête parce qu'elles ont envie de se faire chouchouter. Bref, le mal de tête peut avoir bon dos !

UN ESPRIT SAIN DANS UN CORPS SAIN !

Que faire contre les maux de tête ? Entretenir une bonne hygiène de vie, qui permet d'éviter la plupart d'entre eux. Première arme : une alimentation équilibrée, avec un bon sommeil en quantité suffisante. Il faut aussi savoir vous détendre après un travail intense, apprendre à bien respirer, à vous relaxer, à alterner travail intellectuel et sport. Quitte à avoir quelques comprimés d'aspirine en réserve, pour les mauvais jours !

SAVOIR-VIVRE

Bien sûr, il y a des filles qui exagèrent leurs maux. Mais ne prenez pas à la légère l'amie qui vous dit qu'elle a une solide migraine ! D'ailleurs, cela se voit : elle est blanche… comme un cachet d'aspirine, et n'a vraiment pas l'air bien. Soyez compatissante. Évitez de parler trop fort, proposez-lui de la raccompagner chez elle ou, si vous êtes à la maison, de s'allonger dans une pièce à la lumière tamisée. Elle vous en sera reconnaissante !

CONSEILS

- *Pour les maux de tête ordinaires, un peu de repos et de l'aspirine sont les meilleurs remèdes. Attention : l'aspirine, qui fluidifie le sang, est déconseillée pendant les règles. Remplacez-la par du paracétamol ou de l'ibuprofène.*
- *Pour les vraies migraines, consultez un médecin : il vous aidera à trouver le remède qui vous conviendra le mieux.*
- *N'avalez pas l'aspirine par plaquettes entières : aérez-vous, détendez-vous, faites du sport ! Apprenez en particulier à reconnaître le mal de tête classique qui survient vers 12 h 30… Les maux de tête chroniques peuvent être le signe de difficultés psychologiques. Parlez-en à votre médecin.*

Mal de ventre

Pliée en deux !

● S'INFORMER

Le ventre, qu'on appelle aussi abdomen, est une immense cavité : il contient toutes sortes d'organes essentiels qui ont des fonctions bien différentes.
La première chose à faire en cas de douleurs abdominales, c'est de repérer à quel « ventre » on a mal !

LE CŒUR, C'EST L'ESTOMAC

Il y a les nausées, que l'on appelle à tort les maux de cœur. En réalité, c'est l'estomac qui se manifeste. Il arrive même qu'il vous fasse vomir, quand il décide de rejeter violemment son contenu. L'estomac (qui se situe en haut du ventre) est aussi sujet à des inflammations : si vous éprouvez très souvent une sensation de brûlure intense à cet endroit, il faut vérifier que vous n'avez pas un ulcère, c'est-à-dire une plaie sur la paroi interne de l'estomac.

INTESTINS EN COLÈRE

Quand vous digérez mal, vous pouvez aussi avoir mal plus bas, aux intestins : ballonnements, diarrhées, coliques, constipation…
Les intestins peuvent aussi être atteints par des maladies dues à des infections, des dysfonctionnements, des inflammations ou des malformations. L'appendicite, par exemple, est une inflammation de l'appendice qui prolonge le gros intestin. Elle nécessite une intervention chirurgicale bénigne.

LE MAL DE VENTRE DU MOIS

Les règles provoquent aussi des maux de ventre, dus aux contractions de l'utérus lorsqu'il expulse chaque mois sa membrane interne et l'ovule non fécondé. Les maux de ventre peuvent aussi venir d'une infection urinaire qui touche la vessie. On a alors mal tout en bas du ventre et on ressent en général des sensations de brûlure lorsque l'on urine. Ce qui rend cette infection facile à reconnaître.

L'ANGOISSE ATTAQUE !

On a souvent mal au ventre quand on est stressée ou angoissée : juste avant un examen, par exemple. Le langage populaire dit « que l'on se fait de la bile », ou que tel événement, telle personne vous « donne des coliques ». Le corps réagit à ce stress en protestant par l'intermédiaire du ventre ! Ce peut être effectivement des coliques : l'intestin se tord et la douleur est violente. Ou encore des nausées, des brûlures d'estomac. Mais quand l'anxiété est permanente et diffuse, la douleur abdominale peut l'être aussi.

C'EST DANS LA TÊTE QUE CELA SE PASSE

Ces douleurs ne proviennent pas de dysfonctionnements. Le cerveau, sous l'effet des informations qu'il reçoit, envoie des substances chimiques (comme les hormones) vers les organes, modifiant ainsi leur fonctionnement. On dit alors que ces douleurs sont « psychosomatiques » : c'est un état d'esprit qui produit une réaction du corps. Une forte contrariété peut suffire à vous tordre de douleur. Cela ne veut pas dire que la douleur est feinte : elle existe réellement !

COMPRENDRE

Nous connaissons mal notre ventre : c'est une vaste zone et nous avons du mal à situer les organes. C'est aussi une zone fragile, sans protection osseuse, qui est un peu notre centre de gravité.

MAIS OÙ, EXACTEMENT ?

« J'ai mal à tous mes ventres », répondait un petit garçon à sa mère qui essayait de lui faire préciser sa douleur. C'est souvent comme cela, effectivement ; parce que le ventre est un tout, sans barrières réelles, de sorte que la douleur irradie d'une zone à l'autre. Chaque douleur, même identifiée, envahit les autres zones : quand on a ses règles, on a la sensation d'avoir mal dans tout le ventre indistinctement, jusqu'au dos, dans les reins !

IDENTIFIER POUR MIEUX SOULAGER

L'important, c'est d'apprendre à vous connaître. D'abord en repérant mieux où se trouvent vos différents organes, puis en étant attentive à chaque type de douleur, de manière à la reconnaître la fois suivante. Cela permet de ne pas laisser traîner trop longtemps une douleur qui signale une maladie et nécessite une consultation. Mais cela permet aussi de ne pas s'affoler du mal au ventre qui survient au moment d'un bon coup de stress !

VOIR AUSSI
ANGOISSE, RÈGLES.

CONSEILS

• Vomissements et diarrhée sont souvent le signe d'une indigestion : vous avez mangé un aliment avarié... ou vous avez été trop gourmande !
• Mais si vous avez de la fièvre en prime, pensez à la gastro-entérite : c'est une infection qui nécessite de consulter un médecin.
• Si vous ressentez une douleur brutale et violente au milieu du ventre alors que vous êtes stressée, c'est une simple colique (contraction musculaire de l'intestin).
• Si vous avez le ventre gonflé après un repas, avec une sensation de malaise diffus, ce sont des ballonnements : vous avez mangé trop vite, sans bien mâcher.
• Si les douleurs qui accompagnent vos règles sont trop violentes et se renouvellent tous les mois, parlez-en à votre médecin, il vous prescrira des calmants appropriés.
• Vous ressentez dans le bas-ventre droit une douleur sourde qui augmente quand vous appuyez dessus et s'accompagne de nausées et de fièvre (même faible) ? C'est probablement le signe d'une crise d'appendicite : il faut consulter très rapidement.

Maltraitance
SOS, danger, SOS…

TRÈS SOUVENT, ON ÉVOQUE PAR LE MOT « MALTRAITANCE » LES **AGRESSIONS À CARACTÈRE SEXUEL SUR LES MINEURS**. MAIS IL DÉSIGNE AUSSI **TOUS LES MAUVAIS TRAITEMENTS INFLIGÉS À DES PERSONNES** FRAGILES OU SANS DÉFENSE, COMME LES ENFANTS OU LES PERSONNES ÂGÉES.

S'INFORMER

La maltraitance, cela peut être les coups et blessures en tous genres. Le manque de nourriture ou de soins.

Le défaut d'éducation (l'éducation étant un devoir pour les parents). Ce sont aussi tous les gestes, mots, comportements humiliants qui conduisent l'enfant ou l'adolescent à se mépriser lui-même et à perdre confiance en lui. Répéter à un enfant tous les jours qu'il est laid, bête et méchant, qu'il ne vaut rien et qu'il aurait mieux valu pour tout le monde qu'il ne vienne pas au monde, ce sont des coups aussi violents et destructeurs que des coups de ceinturon. S'ils ne laissent pas de trace sur le corps, ils peuvent meurtrir le cœur à jamais.

LES MALTRAITANCES SEXUELLES

Il y a aussi toutes les formes d'atteintes sexuelles : exhibitionnisme, voyeurisme, attouchements, utilisation d'images, de récits pornographiques, agressions verbales de nature à dévaloriser l'autre sexe, et bien sûr tous les actes sexuels proprement dits. Ces atteintes ne sont pas forcément imposées par la violence, elles peuvent l'être par la séduction. L'agresseur peut être un membre de la famille ou non. Les victimes ? Les garçons autant que les filles, et surtout les enfants de moins de 10 ans.

INFO +

En 2007, Allô Enfance maltraitée a reçu 77 000 appels. Le dernier rapport de l'Observatoire de l'action sociale (novembre 2006) dénombre en France 19 000 enfants maltraités (dont 5 500 victimes d'abus sexuel) et 98 000 enfants en danger.

COMPRENDRE

D'abord, il faut balayer les idées toutes faites et reconnaître certaines réalités. Non, la maltraitance n'est pas un phénomène rare. Oui, toutes les agressions sont graves, qu'elles soient commises une fois ou de façon répétée, avec ou sans violence dans le cas des agressions sexuelles ou de la torture psychologique. Non, la plupart du temps, il n'y a pas de traces visibles de coups. Oui, cela arrive dans toutes les classes sociales, dans toutes les cultures. Oui, dans les cas d'abus sexuels, le plus souvent l'agresseur est le père, le grand-père ou l'oncle.

ENFANT BATTU

En général, pour la victime, il est très difficile de prendre conscience qu'elle est réellement maltraitée. Souvent, l'enfant ou l'adolescent se demande s'il n'est pas responsable des mauvais traitements qu'il subit. S'il est violemment battu, il peut penser que c'est seulement parce que ses parents sont très sévères ou parce qu'il est vraiment coupable. Si son père a envers lui des gestes à caractère sexuel, il peut croire que c'est juste parce qu'il est tendrement aimé et être envahi d'émotions contradictoires qui vont de la peur à la honte.

EMMURÉ DANS LE SILENCE

Pour toutes ces raisons, l'enfant maltraité a peur de parler : peur de ne pas être cru, peur des représailles, peur de faire punir un adulte qu'il aime malgré tout. Un petit garçon que ses parents, sa grand-mère et sa tante battaient sauvagement dans une ferme française il y a quelques années demandait à voir sa maman après que l'on eut mis fin à son calvaire. Aussi surprenant que cela puisse vous paraître, un enfant aime toujours ses parents, même s'ils le maltraitent.

PARLER POUR VIVRE

Pour la victime, il y a mille raisons de se taire. Mais parler est le seul moyen de se sauver, de briser le cercle infernal et de se donner des chances de s'en sortir. Les mauvais traitements peuvent entraîner beaucoup de séquelles physiques, mais aussi psychiques.

DEVOIR D'AGIR !

Dans tous les cas de maltraitance, il faut à la fois agir pour soustraire l'enfant ou l'adolescent à l'agresseur et s'adresser à la justice pour que le crime soit sanctionné. Il est très important, quand on soupçonne un cas de maltraitance, d'en parler très vite à un adulte. N'oubliez pas : parler, c'est peut-être sauver une vie. Ne faites pas comme ceux qui ferment les yeux sous prétexte de ne pas se mêler des affaires des autres !

CONSEIL

NE CONFONDEZ PAS TOUT !

Attention à ne pas confondre les gestes normaux que tous les parents peuvent faire et ceux qui sont des vrais gestes de maltraitance. Votre papa a tout de même le droit de vous embrasser et de vous serrer dans ses bras pour vous montrer qu'il vous aime ! Si cela vous gêne parce que vous vous trouvez trop grande, vous pouvez lui dire gentiment, sans l'accuser des pires horreurs !
De même, il peut arriver que, sous le coup de l'exaspération, vos parents laissent partir une gifle ou un coup de pied aux fesses. Ces choses arrivent dans beaucoup de familles et cela n'a rien à voir avec la maltraitance !

VOIR AUSSI
INCESTE, PÉDOPHILIE.

INFO +

Il y a 3 numéros de téléphone à appeler en cas de maltraitance : Allô Enfance maltraitée, Fil Santé jeunes, Viol Femmes Informations (voir en fin d'ouvrage). Des psychologues, des médecins, des juristes, des assistantes sociales écoutent, soutiennent et surtout orientent les jeunes vers les aides adéquates.

Maquillage

Léger, frais et doux !

🔸 S'INFORMER

Rien de tel qu'un maquillage réussi pour embellir un visage, donner bonne mine à un teint un peu chiffonné, illuminer un regard.
Mais attention ! Un maquillage raté ou trop voyant peut être catastrophique !

TU REVIENS DE VACANCES ?

Vous vous trouvez pâlotte ? Vous pouvez de temps en temps « tricher » avec la nature en utilisant du « soleil en boîte », qui donne bonne mine comme au retour des vacances ! Prenez du blush ou de la « Terra cotta », une poudre colorée irisée qui existe dans une gamme de couleurs allant du marron glacé (terre de Sienne) au vieux rose givré. N'oubliez pas non plus le blush rose tendre, très frais et idéal à votre âge.

COMMENT METTRE SON BLUSH ?

Mettez-le sur toute la surface du visage, pas seulement sur les joues ! N'oubliez pas les pommettes, le front, le nez, le menton et éventuellement le haut des arcades sourcilières : effet « bonne mine » garanti !

CONSEILS POUR TOUS LES VISAGES

Modulez la pose en fonction de la forme de votre visage. Rond ? Insistez sur les pommettes en remontant vers les tempes. Trop long ? Posez-le sur les joues, à l'horizontale. Carré ? À la verticale, pour arrondir. Le bon plan ? Utilisez un gros pinceau pour l'appliquer : le rendu sera uniforme et fondu, donc plus naturel !

FOND DE TEINT ?

Normalement, à votre âge, votre peau est fraîche : vous ne devriez pas avoir besoin de mettre du fond de teint, qui étouffe un peu la peau et surtout peut donner un effet masque pas très joli quand il est mal posé. Si vous avez de l'acné, il peut aussi faire des pâtés assez disgracieux (et aggraver votre cas si vous ne prenez pas des produits adaptés). Il vaut bien mieux utiliser une crème teintée, qui sera plus légère et plus naturelle.

COMMENT LE CHOISIR ?

Si vous voulez quand même mettre du fond de teint, par pitié : choisissez-le bien ! Posez une touche de fond de teint sur l'intérieur de votre bras. Choisissez le ton le plus proche possible de la couleur de votre peau. Il vaut mieux qu'il soit trop clair que trop foncé : c'est plus naturel.

COMMENT LE POSER ?

Le fond de teint s'applique plus facilement à l'aide d'une éponge humide. Après l'avoir posé, estompez-le avec l'éponge (sans en rajouter !) vers le haut du front (jusqu'à la racine des cheveux), le début des oreilles, le dessous, le dessus et le coin des yeux, le long des mâchoires en descendant à mi-cou : cela évite la ligne de démarcation !

ET LA POUDRE ?

Sur une crème teintée, la poudre est très pratique pour éviter l'effet « brillant ». Prenez une poudre incolore et transparente, pour avoir une peau nette, fraîche et naturelle. Vous la posez de préférence avec une houppette de coton, sur tout le visage : n'oubliez pas les coins du nez et des yeux.

T'AS DE BEAUX YEUX, TU SAIS !

Pour des moments plus exceptionnels, une soirée par exemple, vous pouvez aussi maquiller vos yeux : crayon, fard à paupière, mascara, vous avez l'embarras du choix pour vous faire un joli regard ! Évitez de choisir un crayon ou un fard qui soit de la même couleur et du même ton que vos yeux : cela éteint le regard. Il vaut mieux choisir un ou deux tons au-dessus de la couleur de vos yeux, ou une tout autre couleur. N'oubliez pas que si vous portez des lunettes, il faut vous maquiller un peu plus les yeux.

JOLI COUP DE CRAYON

Avant de poser le crayon, chauffez la mine en traçant plusieurs traits sur le dos de la main. Puis lancez-vous ! En tirant légèrement la paupière supérieure avec un doigt, tracez un trait au ras des cils, sans vous arrêter, du coin intérieur jusqu'à l'extérieur de l'œil (cela évite les tracés peu rectilignes). N'appuyez pas non plus comme une brute : un œil, c'est fragile !

CONSEILS POUR TOUS LES YEUX

Pour agrandir vos yeux, appliquez le crayon sur la paupière supérieure et allongez bien le trait à l'extérieur (pas jusqu'à la tempe, tout de même !) Surtout pas de trait en dessous, cela réduit l'œil ! Pour les yeux un peu enfoncés, faites un trait très léger, utilisez un fard à paupière clair et limitez le mascara aux cils supérieurs. Si vous trouvez que vos yeux sont un peu globuleux (en êtes-vous sûre ?), faites un trait au-dessus et au-dessous de l'œil, posez du mascara sur la rangée supérieure et inférieure des cils.

LONGS CILS RECOURBÉS

Pour mettre du mascara : posez délicatement la brosse, préalablement débarrassée du surplus de produit, au ras des cils et faites-la glisser le long de ceux-ci en remontant. Plusieurs fois de suite mais pas trop pour éviter la surcharge ! Le mascara sèche en 2 ou 3 minutes : pendant ce temps, vous pouvez faire des retouches, après c'est trop tard, sinon gare aux pâtés ! Choisissez de préférence des

323

mascaras waterproof : en cas de chaleur ou de grosse émotion, ils ne coulent pas.

ET LES SOURCILS ?
On les oublie souvent, pourtant ils font toute l'harmonie d'un visage. Ne les épilez pas de manière intempestive : limitez-vous éventuellement au milieu des deux sourcils. Il vaut mieux les discipliner : brossez-les ! La brosse idéale ? Une brosse à dents. Si vous les trouvez trop clairs, vous pouvez les colorer avec un peu de fard à paupière posé sur la brosse. Bannissez le crayon (même à sourcils) : ça se voit trop ! Attention aussi à ne pas mettre de la poudre ou du blush sur vos sourcils quand vous vous maquillez.

BOUCHE À CROQUER
Discrets pour une journée, brillants pour une soirée, vous avez plein de choix pour les rouges à lèvres. Bannissez en tout cas les crayons pour le contour des lèvres : très difficiles à poser, ils peuvent donner l'impression que votre bouche est tordue ! En plus, ils restent souvent alors que le rouge à lèvres est parti et c'est très laid ! À votre âge, évitez de maquiller en même temps vos yeux et votre bouche avec des couleurs sombres : effet vulgaire garanti !

SECRET LONGUE TENUE
Une recette miracle pour faire tenir un rouge toute une soirée : posez le rouge, puis serrez un mouchoir en papier entre vos lèvres. Poudrez. Repassez une couche de rouge à lèvres : tenue garantie !

VIVE LES GLOSS !
Les gloss sont légers, faciles à poser : ils sont plus frais et naturels que les rouges à lèvres, et il existe un grand choix de coloris.

COMPRENDRE
C'est difficile de savoir comment se maquiller à votre âge, à quelle occasion, et de supporter le premier regard (surtout celui des parents) ! En même temps, c'est un vrai bonheur de fille de se sentir jolie.

T'AS L'AIR D'UN CLOWN !
Quand on sort de la salle de bains et que l'on croise un regard médusé, voire moqueur (souvent celui du grand frère), il y a de quoi devenir rouge brique. C'est normal : laissez-leur le temps de s'habituer et surtout, faites les choses en douceur !

TOUT DOUX !
Pour éviter le ridicule, ne sortez pas tout de suite la panoplie complète. Allez-y progressivement. Choisissez une circonstance : une fête, un anniversaire, un mariage. Demandez à une fille plus âgée (cousine, grande sœur) de vous aider : si c'est réussi, vos parents ne pourront pas se fâcher ! Vous pouvez commencer par un peu de blush sur les joues et du gloss. C'est naturel, doux et cela passe très bien à votre âge.

SÉANCE MAQUILLAGE
Reste à apprendre à utiliser tous ces produits merveilleux qui vous font rêver, à marier les couleurs en fonction de votre visage, de vos yeux, de vos cheveux. Vous pouvez demander conseil à votre maman, à une tante ou une

marraine, mais rien ne remplace les séances de maquillage dans la salle de bains avec les copines, quand on partage produits, savoir-faire, secrets et fous rires !

INFO +
LE JEU DES COULEURS

• Les couleurs foncées creusent, structurent mais aussi assombrissent.
• Les couleurs claires bombent, unifient et illuminent.
• Le noir, les bruns, bleus marine, verts bronze, violets foncés vont bien aux yeux sombres. Les yeux clairs sont mis en valeur par le noir, le gris anthracite, les marrons, violets vifs, bleus plus soutenus et les verts intenses. Les bruns d'une manière générale sont plus naturels et les violets plus « osés ». Le noir approfondit toujours le regard quelle que soit la couleur des yeux : indémodable, à la fois passe-partout et sophistiqué, suivant l'application (trait fin ou un trait un peu plus épais… pas trop quand même !).
• Pour les lèvres, sachez que si le rouge blanchit les dents, le mauve les jaunit.
Attention : le chocolat et le beige donnent mauvaise mine !

CONSEIL
SOS BOUTONS

Si vous avez un bouton qui fleurit au mauvais moment, vous pouvez le cacher avec un peu d'habileté et… un soupçon d'anticerne. Allez-y doucement : le risque, c'est de faire un pâté qui se verra encore plus ! Si vous avez beaucoup d'acné, le fond de teint n'est pas la bonne solution. Il attire le regard sur les imperfections. Il vaut mieux déplacer l'attention : des yeux bien maquillés, une bouche fraîche, une jolie coiffure (et la bonne humeur, en prime) ont un effet camouflage bien plus efficace !

INFO +
OÙ ACHETER SON MAQUILLAGE ?

Vous pouvez acheter vos produits dans les grands magasins. Ils seront de bonne qualité, vous pourrez les tester et ils seront à un prix raisonnable. En revanche, n'achetez jamais votre maquillage sur les marchés : vous n'avez aucune certitude sur son origine.

SAVOIR-VIVRE
POINT TROP N'EN FAUT

N'abusez pas du maquillage. Il y a des circonstances (une messe d'enterrement par exemple) où il est même déplacé. Et, quelle que soit l'occasion, un visage trop maquillé n'est jamais mis en valeur. Vous risquez de passer pour un clown ou, pire, pour une fille vulgaire ou aguicheuse.

VOIR AUSSI
ACNÉ, PEAU.

BONS PLANS

SPÉCIAL HYGIÈNE

• Comme tout ce qui est en contact direct avec la peau, les ustensiles de maquillage doivent être régulièrement nettoyés : lavez pinceaux, houppettes et éponges à l'eau et au savon et attendez qu'ils soient complètement secs avant de les réutiliser.
• On ne prête ou on n'emprunte pas de produit pour les yeux ni de rouge à lèvres, même à sa meilleure copine ou à sa sœur !
• Les produits de maquillage se périment : ne les gardez pas pendant des années !
• On se démaquille avant d'aller se coucher (quelle que soit l'heure) avec un lait démaquillant adapté à sa peau : il faut que le dernier coton utilisé soit blanc ! Et on rince une dernière fois son visage à l'eau ou on met un tonique, pour être toute fraîche sur l'oreiller. Sinon, bonjour les boutons et le teint terne au réveil !

Mariage
Le plus beau jour de la vie ?

🔸 S'INFORMER

Le mariage est une institution qui existe dans toutes les sociétés. C'est l'engagement solennel pris par un homme et une femme qui décident de vivre ensemble et de fonder une famille. Les conditions de cet engagement et ses effets sont définis par la loi pour le mariage civil et par la religion pour le mariage religieux.

DEVANT M. LE MAIRE

En France, pour se marier, il faut avoir 18 ans. On peut demander une dispense pour se marier plus jeune, avec le consentement de ses parents. Le mariage civil est célébré à la mairie par un officier d'état civil (le maire ou l'un de ses adjoints). Il lit aux futurs époux les articles du Code civil qui régissent le mariage.

DROITS ET DEVOIRS DES ÉPOUX

Les époux s'engagent à vivre ensemble, à être fidèles et à s'assister mutuellement. Ils doivent dans la mesure de leurs moyens contribuer aux charges du ménage. Chacun des époux peut garder son nom, prendre celui de son conjoint ou l'accoler au sien.

DEVANT DIEU

Depuis la séparation de l'Église et de l'État en France (en 1905), le mariage religieux n'a aucune valeur juridique. Pourtant, on ne peut pas se marier religieusement sans s'être d'abord marié à la mairie. C'est une obligation que l'État impose aux instances religieuses.

POUR TOUJOURS

En France, le mariage religieux le plus courant est le mariage catholique. Pour l'Église catholique, le mariage est un sacrement, c'est-à-dire un signe que Dieu donne aux hommes pour leur témoigner son amour. Dans le mariage, Dieu s'engage avec les mariés et l'amour des époux est signe de son amour fidèle pour tous les hommes. On dit que le mariage catholique est fondé sur quatre « piliers » : la liberté de s'engager, l'engagement pour toujours (ou indissolubilité), l'intention d'être fidèle, le projet d'avoir des enfants. Le mariage catholique est indissoluble. Même si les époux divorcent, le mariage reste valable du point de vue religieux.

🔸 INFO +

En 2009, l'âge moyen pour un premier mariage était de 31,7 ans pour les hommes et de 29,8 ans pour les femmes, alors qu'en 1968 il était de 25 ans pour les hommes et de 23 pour les femmes.

Source : Insee, 2009.

🔸 COMPRENDRE

Quelle fille n'a jamais rêvé de la journée de son futur mariage, de la robe blanche, des petits enfants qui courent partout, du champagne, de la fête digne des plus beaux jours ? Ce jour-là, on voudrait qu'il soit parfait, pour couronner un amour parfait.

LEVER DE RIDEAU

Un beau mariage, c'est merveilleux. Vous avez bien raison d'en rêver. À condition de ne pas croire qu'après, la magie,

c'est fini ! Le jour du mariage n'est pas le couronnement d'une histoire d'amour, le point final d'un beau roman, le générique qui clôt un film magnifique. Au contraire ! C'est plutôt le lever du rideau sur un amour que l'on montre au grand jour : « Mesdames et Messieurs, je vous présente l'homme de ma vie, ce garçon formidable avec qui j'ai bien l'intention de vivre jusqu'à la fin de ma vie. »

UN SACRÉ CHALLENGE !

Eh oui ! quand deux amoureux se marient, c'est parce qu'ils ont envie de dire à tout le monde qu'ils s'aiment, mais aussi de se dire l'un à l'autre qu'ils souhaitent vieillir ensemble. Difficile ? Cela peut paraître fou ce s'engager à aimer quelqu'un toute la vie, à 20 ans, à 40 ans, à 70 ans. C'est un vrai pari, une véritable aventure. Mais cela ne veut pas dire que c'est impossible !

L'AVENTURE DES TEMPS MODERNES

Les mariés d'aujourd'hui sont de vrais aventuriers : alors qu'il est si facilement admis aujourd'hui de vivre ensemble sans se marier, ils choisissent cette voie exigeante, parce qu'ils veulent ce qu'il y a de mieux pour leur amour. Ils ne sont ni naïfs ni bêtement idéalistes, ils sont ambitieux : pour leur amour, pour eux-mêmes et pour celui ou celle qu'ils aiment. Ils sont intimement convaincus qu'en s'engageant et en se donnant entièrement l'un à l'autre, ils s'aimeront toute la vie. Ils se marient parce qu'ils ont envie de s'aimer chaque jour davantage.

ET SI ÇA NE MARCHAIT PAS ?

Cela vous fait peut-être un peu peur, tout autant que cela vous attire. C'est normal, quand on voit tous les couples qui se séparent. Vous n'avez pas envie de vous tromper le moment venu, vous pouvez aussi avoir peur de ce que l'avenir vous réserve.

N'AYEZ PAS PEUR !

C'est pour toutes ces raisons qu'il faut attendre, être patiente, vous préparer. Comment ? En rêvant, déjà : comment vivre le grand amour si vous n'en rêvez même pas, parce que vous pensez que c'est impossible ? Et puis en regardant autour de vous les couples mariés depuis longtemps, qui s'aiment depuis 10, 20, 30 ans. Écoutez-les : ils vous diront que c'est possible. Fermez vos oreilles aux esprits chagrins qui veulent vous faire croire que l'amour passe avec le temps : ceux qui n'ont pas réussi eux-mêmes préfèrent croire qu'aimer la même personne toute la vie est impossible.

LA PLUS BELLE DES PROMESSES

Se marier, c'est se faire une promesse. C'est dire : quoi que la vie nous réserve, je te promets de faire en sorte qu'elle nous apporte beaucoup d'amour, pour toujours. C'est le contraire de la facilité, de l'amour à l'essai, de la peur, du confort aussi, parce que c'est exigeant.

● INFO +
LES SYMBOLES DU MARIAGE

- L'alliance est le symbole de l'union : le cercle signifie que l'amour n'aura pas de fin et l'or, métal inaltérable, l'éternité.
- La robe blanche est apparue au XIXe siècle. Le blanc était alors le symbole de la pureté et de la virginité de la jeune fille. C'est pour les catholiques le rappel de la robe de baptême, le signe de l'appartenance à l'Église.
- Les grains de riz ou les pétales de fleurs lancés par les invités à la sortie de la mairie ou du lieu de culte signifient que l'on souhaite aux mariés d'avoir beaucoup d'enfants.

VOIR AUSSI
AMOUR, DIVORCE, FIDÉLITÉ.

SAVOIR-VIVRE

NE JUGEZ PAS !

Ne soyez pas trop sévère avec ceux qui vous entourent. Vous n'êtes pas au cœur de leurs secrets de couple. Ne jugez pas durement les couples mariés de longue date. Certains pourront passer 60 ans à se chamailler tous les jours et s'aimer passionnément alors que d'autres les traverseront avec sérénité et autant d'amour ! Certains couples ne supporteront pas d'être séparés plus de 48 heures, d'autres seront très indépendants. Il n'y a pas de recette magique.

Meilleure amie

Il n'y a qu'elle qui me compren[d]

L'AMITIÉ, C'EST UN SENTIMENT D'AFFECTION PROFONDE, **UNE FORME D'AMOUR SANS CARACTÈRE SEXUEL, UN LIEN RÉCIPROQUE, FAIT DE RESPECT ET DE CONFIANCE.** ET VOTRE MEILLEURE AMIE, C'EST CELLE AVEC QUI VOUS PARTAGEZ TOUT, À QUI VOUS POUVEZ DIRE CE QUE VOUS AVEZ SUR LE CŒUR, PARLER DE VOS PEINES, DE VOS JOIES, OU DEMANDER CONSEIL.

● S'INFORMER

Il y a les copines, les filles que vous voyez tous les jours parce que vous avez les mêmes activités. Et puis il y a les amies. En général, on les compte sur les doigts d'une main. Et enfin il y a la seule, l'unique : votre meilleure amie.

UNE PERLE RARE ?

Avec elle, c'est l'harmonie, l'osmose. Tout le monde sait que vous êtes amies, mais personne d'autre que vous deux ne devinera jamais l'ampleur réelle de votre amitié ! Entre vous, il y a tous ces secrets, ces confidences, ces joies, et parfois ces heures difficiles, qui n'appartiennent qu'à vous.

ÇA ARRIVE COMMENT ?

Il y a des amitiés qui sont de vrais coups de foudre. Dès le début, on se sent bien ensemble, on ose confier ce que l'on n'a jamais dit à personne. Mais on peut aussi apprendre peu à peu à se découvrir, à se faire confiance.

LA PARTIE IMMERGÉE DE L'ICEBERG !

L'amitié est exigeante. Vous avez aussi des devoirs à l'égard de votre amie. Ils tiennent tous en seul mot, le mot-clé de l'amitié : « délicatesse ».
Être délicate avec une amie, c'est garder ses secrets quand elle vous les confie… mais aussi respecter son choix de ne pas vous en faire part. C'est savoir deviner sa tristesse, changer de conversation quand vous sentez qu'un sujet la gêne. C'est prendre sa défense, ne pas mettre en doute sa parole, connaître ses qualités et ses défauts et ne pas la condamner, même quand elle a eu tort.

LUI DIRE SES QUATRE VÉRITÉS !

Vous êtes aussi capable de lui dire franchement quand vous n'êtes pas d'accord. Savoir dire (délicatement !) à votre meilleure amie que vous êtes déçue par son attitude est l'un des devoirs les plus difficiles de l'amitié. Mais c'est aussi l'un des plus beaux ! Peut-être avez-vous

déjà eu l'occasion de remercier votre meilleure amie de vous avoir « remonté les bretelles ». Sur le coup, le reproche est amer… mais très vite vous lui êtes reconnaissante.

COMPRENDRE

C'est souvent à votre âge que se nouent des amitiés pour la vie. Vous vous sentez proches parce que vous avez plein de choses en commun… mais attention à ne pas vouloir tout faire l'une comme l'autre. L'amitié, ce n'est pas un dialogue entre deux clones. C'est une rencontre entre deux caractères qui s'enrichissent mutuellement.

DU PIMENT DANS L'AMITIÉ

Il ne s'agit pas non plus d'étaler de beaux sentiments un peu mièvres, ni de passer votre temps à vous faire de gentils compliments ! Au contraire, il y a parfois des sujets explosifs, des tensions et des colères : c'est excellent pour la santé de votre amitié ! L'essentiel, c'est de savoir vous retrouver après une dispute. N'hésitez pas à faire le premier pas : une véritable amie le vaut bien, non ?

QU'EST-CE QUE JE DOIS FAIRE ?

Une meilleure amie est là aussi quand on a une décision difficile à prendre. Elle est prête à écouter, à donner des conseils : rien de tel pour mûrir une décision ! Mais attention, si vous sentez que votre meilleure amie est sur le point de prendre une décision dangereuse pour elle ou pour autrui, votre devoir est de l'empêcher de faire une bêtise, quitte à ce qu'elle vous en veuille sur le moment.

RIEN DE RIEN, JE NE REGRETTE RIEN

Certaines n'osent pas se lancer dans une pareille aventure, par timidité ou par peur d'être déçues. Une amie peut vous trahir ou vous abandonner, et cela fait mal. Au moment de l'adolescence, il arrive que vous vous éloigniez de votre meilleure amie d'enfance parce que chacune évolue différemment.
Il ne faut pas vous en vouloir, ni en vouloir à l'autre. Soyez sans

crainte : vous aurez sûrement l'occasion de rencontrer à nouveau une grande amie en qui vous aurez confiance. Et même si cette amitié doit se terminer, ne regrettez rien : elle restera toujours un moment privilégié où vous aurez beaucoup donné, beaucoup reçu, beaucoup grandi.

VOIR AUSSI
COPINES, FIDÉLITÉ, SECRETS, SOLITUDE.

CONSEILS

LE PIÈGE DES AMITIÉS MALSAINES

Il y a des filles exclusives et manipulatrices dont il vaut mieux s'écarter. Si vous sentez, même confusément, qu'une amie vous fait plus de mal que de bien parce qu'elle est trop possessive et qu'elle ne vous laisse plus la liberté d'être vous-même, faites attention ! Une amie dominatrice peut vous faire beaucoup souffrir en jouant avec vos sentiments ou votre histoire personnelle. Et c'est difficile de résister parce que, en amitié comme en amour, on est aveugle…

LES LIMITES DE L'AMITIÉ

• *Votre meilleure amie n'a pas le droit de vous demander de faire n'importe quoi : acte dangereux ou illégal, silence complice sur quelque chose que vous réprouvez (usage de drogue, par exemple).*

• *Il y a des secrets trop graves pour être tus : ceux qui mettent la vie en danger. Être une véritable amie exige parfois de briser le silence et de parler avec des adultes des problèmes de son amie (idées de suicide, anorexie ou boulimie, grossesse, usage de drogue…). C'est le seul moyen de l'aider vraiment.*

Mensonge

Mentir ou tout dire

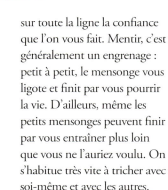

🌸 S'INFORMER

Mentir, c'est dire quelque chose de faux ou nier quelque chose de vrai. Volontairement. Quand vous dites quelque chose de faux parce que vous ne savez pas ou parce que vous vous trompez, ce n'est pas un mensonge, mais une erreur. Le mensonge est un acte responsable parce que vous le faites délibérément, en connaissant la vérité.

UN MENSONGE GROS COMME ÇA !

Des mensonges, il y en a de toutes les tailles. Comme tout le monde, il vous arrive peut-être d'en inventer de petits pour éviter les conflits, donner une bonne image de vous ou encore vous débarrasser d'un gêneur. Mais vous pouvez aussi dire un gros mensonge, qui trahit sur toute la ligne la confiance que l'on vous fait. Mentir, c'est généralement un engrenage : petit à petit, le mensonge vous ligote et finit par vous pourrir la vie. D'ailleurs, même les petits mensonges peuvent finir par vous entraîner plus loin que vous ne l'auriez voulu. On s'habitue très vite à tricher avec soi-même et avec les autres.

🌸 COMPRENDRE

Pourquoi mentir alors que ce serait si simple de dire la vérité ? Souvent, c'est pour vous tirer d'affaire quand vous avez fait une bêtise ou que vous vous êtes mal comportée à l'égard de quelqu'un. Vous mentez par lâcheté, parce que vous avez honte et que vous voulez éviter d'être mal jugée.

EXCUSES BIDON

Vous pouvez mentir à une copine que vous laissez tomber le soir de son anniversaire pour aller à une autre soirée en prétendant que vous êtes fatiguée ou que vous avez trop de travail. Ou, dans le même genre, vous dites à un professeur que vous étiez malade alors que c'est par pure paresse que vous n'avez pas fait vos devoirs.

MENTEUSE ET PAS FIÈRE DE L'ÊTRE

Cela n'arrange rien. D'abord, quand vous mentez, vous risquez de vous faire prendre. C'est la meilleure façon de vous retrouver encore plus honteuse d'avoir ajouté un mensonge à votre bêtise. Surtout, vous ne vous sentez pas trop à l'aise : ni avec vous-même, ni avec celui que vous avez trompé, ou encore moins avec celui que vous avez fait punir à votre place. Bref, la franchise est certainement plus difficile à première vue mais, au moins, elle gagne à tous les coups ! Les gens apprécient que vous reconnaissiez votre faute simplement et sont davantage disposés à vous pardonner. La franchise demande du courage. Mais, après tout, personne n'est parfait et reconnaître votre faute, c'est accepter honnêtement vos limites.

MENTIR, C'EST COMMODE !

Il y a aussi des filles qui mentent par commodité, quand elles veulent éviter de se battre pour obtenir une autorisation. Celle qui dit à ses parents qu'elle va en bus à une soirée alors qu'elle s'apprête à grimper sur le scooter de son copain, par exemple. Elle ment pour préserver son intimité : elle ne veut pas qu'ils sachent qu'elle a un amoureux. Elle veut leur éviter de s'inquiéter, aussi : le scooter leur fait peur !

D'AUTRES FAÇONS D'ÊTRE INDÉPENDANTE

Mais cela peut être le début d'une longue habitude, celle de mentir pour tout, « parce que c'est plus pratique ». Bien sûr, la franchise, c'est difficile quand on ne veut plus que les parents sachent tout. Mais il y a peut-être d'autres façons de gagner son indépendance. D'autant plus que le risque est gros de se faire prendre ! Une gaffe ou, pire, un accident de scooter, et le mensonge crève comme une bulle de savon. Rien de tel pour se faire traiter comme un bébé par des parents désormais méfiants !

MYTHO

Le mensonge peut servir aussi à se mettre en valeur. Une fille un peu fragile pourra inventer des romans pour faire croire qu'elle est très riche, que ses parents sont des gens admirables ou très doués, ou même s'inventer un petit ami. Pourquoi ? Parce qu'elle est énervée par une copine qui se vante ou qui semble avoir trop de chance. Ou encore parce qu'elle a honte de ses parents ou d'elle-même et qu'elle préfère cacher la réalité en crânant.

SEULE AVEC SA VÉRITÉ CACHÉE

Souvent, c'est qu'elle n'a pas confiance en elle : elle croit qu'il faut épater les copines pour être aimée. Mais elle entre dans un cercle vicieux. Elle se retrouve seule avec sa vérité cachée, obligée de mentir toujours plus pour éviter que les autres découvrent la supercherie. De quoi se rendre la vie impossible !

MENSONGE « SUPERGLU »

Autrement dit, mentir n'est pas le meilleur moyen d'avoir le cœur léger. Cela fait vivre la peur au ventre. Cela oblige à porter un masque : formidable pour avoir des relations vraies ! Cela rend méfiante : les autres aussi peuvent être des menteurs ! Bref, le mensonge n'a jamais libéré personne, ni arrangé les choses à long terme. Il englue le menteur dans une toile d'araignée dont il faut bien du courage et des forces pour se dépêtrer !

🌅 SAVOIR-VIVRE
TOUTE VÉRITÉ N'EST PAS BONNE À DIRE…

- Vous trouvez hideuse la nouvelle robe de votre amie ? Vous pouvez vous abstenir de donner votre opinion.
- Votre sœur a l'air fatigué ? Vous n'êtes pas obligée de vous exclamer qu'elle a un teint cadavérique. Ce n'est pas le genre de vérité qui redonne de l'énergie !
- Vous n'appréciez pas un camarade de classe ? Vous n'êtes pas forcée de lui dire qu'il n'a rien pour plaire et qu'il sent mauvais.

VOIR AUSSI
HONNÊTETÉ, HYPOCRISIE.

CONSEIL

SORTIR D'UN GROS MENSONGE

Vous avez inventé un énorme mensonge. Il vous gâche la vie, mais vous ne savez pas comment vous en sortir ? Une seule solution, qui demande du courage : dire la vérité, tout d'un coup, très vite. Choisissez le moment propice, l'oreille la plus indulgente, et lancez-vous. Expliquez pourquoi vous avez menti, dites que cela vous ronge, que vous regrettez. Vous verrez, cela soulage !

Ce que vous risquez ? Perdre la confiance des uns, mais aussi gagner l'estime d'autres. En revanche, si vous persistez dans le mensonge, vous perdrez tout quand le pot aux roses sera découvert. Alors, courage !

🌸 S'INFORMER

Les mamans d'aujourd'hui ne sont plus les mêmes que celles de la génération de vos grands-parents. Nouveaux droits, contraception, autonomie financière grâce au travail : les femmes ne se définissent plus uniquement par le fait d'être mère.

🌸 MAMAN PAR ENVIE

Sauf exception, une femme a aujourd'hui un bébé parce qu'elle l'a choisi, ce qui change beaucoup de choses ! Elle peut aussi décider d'avoir une activité professionnelle, ou de s'arrêter de travailler, plus ou moins longtemps, pour s'occuper de ses enfants, les voir grandir, leur consacrer du temps.

🌸 PAS DE MODÈLE UNIQUE

Évidemment, cela ne veut pas dire que toutes les mères fonctionnent sur le même modèle ! Il y a toutes sortes de façons d'être mère : mère autoritaire, mère tendresse pour sa petite fille, mère complice ou même mère copine quand sa petite fille grandit, mère poule toujours inquiète pour ses petits et toujours prête à les défendre, mère surchargée (par son métier, les travaux ménagers et l'éducation des enfants), et parfois même mère absente quand elle s'investit à fond dans son travail. Mais, votre mère tient sans doute un peu de tous ces modèles, suivant les jours…

🌸 COMPRENDRE

Quand vous étiez petite, vous adoriez probablement votre maman. Pour une petite fille, une maman, c'est un peu le centre du monde, le modèle que l'on imite quand on joue à la poupée ou à la dînette. C'est celle qui console, qui soigne les genoux écorchés et les gros chagrins. C'est celle qui sait trouver des solutions à tous les problèmes, qui rassure, qui conseille.

🌸 PLUS UNE PETITE FILLE !

Seulement voilà : vous n'êtes plus une petite fille, et même si vous aimez beaucoup votre maman et que vous la trouvez aussi géniale qu'avant, vous la trouvez parfois un peu encombrante ! Normal : maintenant, vous avez envie de prendre votre indépendance, de vous libérer un peu de tous ses conseils et de vous débrouiller toute seule. C'est très bien : elle ne sera pas toujours là pour vous protéger comme une poule protège ses poussins !

🌸 UN PEU DE DOUCEUR, PLEASE !

Ce besoin tout à fait naturel de couper le cordon et de prendre votre envol n'est pas un moment facile, ni pour elle

ni pour vous. Votre maman n'a pas forcément pris conscience que vous aviez grandi, même si vous avez pris des formes et des centimètres ! Il faut qu'elle s'habitue à voir en vous une grande fille et non plus un petit bout de chou qui a besoin d'elle. Ne l'envoyez pas promener à la moindre occasion sous prétexte de prendre vos distances : entretenir des relations d'adulte à adulte suppose d'être capable de maîtriser son agressivité !

J'SAIS PLUS CE QUE JE VEUX !

Et puis, avouez que ce n'est pas toujours évident de vous suivre : il y a des moments où vous voulez qu'elle vous laisse vivre votre vie et d'autres où vous sollicitez ses conseils, son aide… voire ses câlins ! Comment voulez-vous qu'elle s'y retrouve ?

TU M'ÉTOUFFES !

Couper le cordon, ce n'est pas facile pour vous non plus : c'est tellement confortable d'avoir quelqu'un qui prend tout en charge et qui répond présent en cas de problème. Si, en plus, votre maman est du genre à savoir tout faire, à assurer tout le temps, au bureau, à la maison, avec votre père, avec votre petit frère, avec vos professeurs, il y a de quoi vous sentir un peu écrasée !

COMMUNIQUEZ !

Pourtant, vous seriez sans doute stupéfaite de vous rendre compte que cette maman si exceptionnelle est une femme comme les autres, qui connaît aussi des moments de doute, de fatigue, et qu'elle ne se croit pas du tout parfaite ! Alors, plutôt que de ruer dans les brancards, prenez le temps de parler avec elle, essayez de lui dire que vous avez besoin à la fois d'air et de soutien, de liberté et d'affection. Prenez aussi soin d'elle : c'est comme cela que vous établirez peu à peu des relations de grandes personnes.

COMMUNICATION ZÉRO

Il est possible que vos relations soient très tendues, que votre maman ne soit pas assez disponible, voire carrément absente. Dans ce cas, essayez de passer agréablement le peu de temps que vous avez ensemble : évitez les sujets qui fâchent et les règlements de comptes. Si vous avez envie de lui dire certaines choses et que les mots ne sortent pas parce que c'est difficile ou douloureux, écrivez-lui. Patience : quand vous serez adulte, vos relations seront bien plus faciles, vous verrez.

🟠 CONSEILS
DOIT-ON TOUT DIRE À SA MÈRE ?

- C'est merveilleux quand on peut parler de tout avec sa mère. Mais vous n'êtes pas obligée de tout lui confier ! Vous avez le droit d'avoir vos petits secrets : cela ne veut pas dire que vous ne l'aimez plus. Si votre maman le prend mal, dites-lui gentiment que vous avez envie de garder certaines choses pour vous mais rassurez-la en lui disant qu'il n'y a rien de grave !
- Vous êtes peut-être du genre à tout dire à votre mère. C'est bien, mais attention à ne pas y chercher une caution pour tous vos choix ou tous vos amours. Prenez ses conseils pour ce qu'ils sont : des conseils. Ce ne sont ni des ordres ni des bénédictions : ils ne vous dispensent pas d'assumer les conséquences de vos choix !

VOIR AUSSI CONFIANCE, PARENTS, SECRETS.

BONS PLANS

MIEUX VIVRE AVEC SA MÈRE

• N'oubliez pas qu'elle a été une adolescente comme vous !

• Prenez soin d'elle : demandez-lui comment elle va quand vous la retrouvez le soir, donnez-lui de temps en temps un coup de main pour le dîner ou pour étendre le linge et, si vous sentez qu'elle est fatiguée, proposez-lui de se reposer pendant que vous assurez « le service ».

• Apprenez à lui dire gentiment que vous préférez être seule quand elle cherche à vous remonter le moral et que cela vous énerve.

Mode

C'est tendance

MANIÈRE D'AGIR, DE VIVRE, DE PENSER LIÉE À UNE ÉPOQUE OU À UNE SOCIÉTÉ, **LA MODE EST FORCÉMENT PASSAGÈRE**, TRANSITOIRE, FUGITIVE MÊME, ET N'A FINALEMENT RIEN DE PLUS PRESSÉ QUE D'ÊTRE RAPIDEMENT DÉMODÉE !

● S'INFORMER

Les modes vestimentaires qui dictent leur loi tous les 6 mois nous viennent de partout, de France bien sûr, la vraie patrie de la mode, mais aussi des États-Unis, d'Italie, d'Espagne, d'Angleterre, sans compter d'autres influences plus exotiques, maintenant que l'on communique facilement d'un bout à l'autre de la planète.

NAISSANCE D'UNE MODE

Comment lance-t-on la mode de l'été et celle de l'hiver ? Les tendances qui font la mode d'une saison sont fabriquées bien avant la saison en question, souvent deux ans plus tôt, par des « bureaux de style » : ils font toutes sortes d'études sociologiques et économiques, envoient des conseillers à New York, Milan ou Tokyo pour observer les gens dans la rue, repérer les originaux qui innovent… Ils déterminent ainsi les tendances qui ont des chances de « marcher » en matière de tissus, de couleurs, de formes de vêtements et d'accessoires.

« AUTOMNE-HIVER » … EN MARS

Il y a aussi les grands couturiers et les stylistes qui présentent chaque saison leurs collections pour la saison suivante. C'est ce qui fait qu'au début du printemps, on vous parle de ce que vous devrez porter l'hiver prochain ! Puis, la fabrication industrielle s'en empare et garnit les grands magasins, les boutiques et les catalogues de vente par correspondance.

PEOPLE ET MAGAZINES

Tout cela, vous le découvrez grâce à la presse de mode, à la télé, au cinéma aussi, car les chanteurs, acteurs et artistes sont des « lanceurs » de mode privilégiés. Mais la mode reste toujours une alchimie mystérieuse : les bureaux de style peuvent se tromper, une tendance peut surgir alors que la presse spécialisée n'en avait jamais parlé. C'est tellement surprenant que les sociologues étudient avec intérêt les modes pour essayer de comprendre où et comment elles naissent !

LA OU LES MODE(S) ?

Il n'y a pas *la* mode mais des modes. Elles ne sont d'ailleurs pas uniquement vestimentaires mais concernent beaucoup de domaines de la vie.

Il y a tout ce qui fait le « look » (des chaussures à la coupe de cheveux !), mais aussi le logement, les loisirs : il y a des sports à la mode, une cuisine et des boissons à la mode, des spectacles, des lieux à la mode pour sortir ou passer ses vacances. Bien plus, la mode va se nicher là où on n'irait pas la chercher comme dans le choix des prénoms des bébés !

LES CYCLES DE LA MODE

Et puis, il y a des cycles dans la mode. Vous avez sûrement entendu votre mère ou même votre grand-mère dire : « Tiens, c'était à la mode de mon temps ! » Et vous qui croyiez que c'était inédit, que cela venait d'être inventé ! Parce que les modes passent et reviennent ; le retour au bon vieux temps fait régulièrement partie des modes… à la mode. On a ainsi vu revenir la mode des années 1970, hippies nouvelle vague avec broderies partout sur les jeans et longues jupes en patchwork. Puis la mode des années 1960, beaucoup plus sobre et stricte. Qui sait ? Un jour, votre fille portera peut-être ce que vous aimez aujourd'hui !

● INFO +
LA MODE DU CORPS

La mode concerne aussi la forme du corps. Il y a seulement cinquante ans, une belle femme avait de la poitrine, des hanches, des formes généreuses. Les années 1960 et 1970 ont valorisé le style unisexe : pas de fesses, pas de poitrine pour les filles, tous en jeans. Aujourd'hui, on aime à nouveau les belles poitrines, mais pas les hanches arrondies. Comparez Marylin Monroe, Jane Birkin et Monica Bellucci, elles ont été ou sont des modèles de beauté pour leur génération. Au début du xxe siècle, la mode était à la peau blanche et les femmes se protégeaient du soleil sous de grands chapeaux. Et puis, ce fut la mode des peaux bronzées, au point que certaines ont passé leurs étés à brûler sur les plages et leurs hivers à faire des UV. Aujourd'hui, on a découvert que le soleil pouvait être dangereux pour la santé. Qui sait ? Dans quelques années, la peau blanche reviendra peut-être à la mode !

● COMPRENDRE

Dans le grand tourbillon des modes, on est sans cesse partagée entre le désir de suivre la mode, la peur d'être ringarde, l'aspiration à être soi-même et les limites en tous genres : celles de notre corps et celles de notre porte-monnaie !

SI, SI, ÇA TE VA !
Pourtant, la mode vous ferait acheter n'importe quoi, même ce pantalon en stretch dans lequel vous êtes toute boudinée (« Il vous va à ravir », serine la vendeuse, hypocrite) ou ces chaussures pointues qui vous martyrisent les pieds et que vous ne porterez jamais.

JOUER FINEMENT AVEC LA MODE
Pour éviter que le shopping ne devienne une séance de torture, il faut apprendre à jouer avec la mode et ne pas vous obstiner à porter ce qui, résolument, ne vous va pas. Pourquoi porter cette grande robe fluide dans laquelle vous êtes perdue alors qu'une petite robe cintrée vous irait à merveille ? Pourquoi porter un pantalon moulant qui va vous grossir alors que vos jolies rondeurs seraient bien mieux mises en valeur dans une jupe à volants ? La mode, c'est un ensemble de courants, de tendances, dans lequel vous pouvez puiser au gré de vos humeurs, bien sûr, mais aussi en fonction de vos atouts !

COULEURS ET TISSUS
La mode n'est pas simplement une affaire de formes : c'est aussi un ensemble de couleurs, de matières, d'imprimés. Vous pouvez très bien être à la mode en choisissant des couleurs, des matières « tendance », coupées à votre avantage. Et renoncer sagement à la forme à la mode qui va à merveille à votre copine, mais ne donne rien sur vous !

ÇA COÛTE CHER !
La mode s'est démocratisée. Si vous avez envie de succomber au plaisir de la mode, vous devriez y arriver sans trop vous ruiner ou ruiner vos parents. Le problème est plutôt ce que vous entendez par « mode ». Elle ne passe pas uniquement par les marques à la mode chez les filles de votre âge ! Ces marques-là sont effectivement souvent assez chères mais, pour tout dire pas très originales, puisque tout le monde les porte ! Résultat : alors que l'on a abandonné depuis longtemps l'idée de faire porter des uniformes aux collégiennes et lycéennes, elles s'habillent toutes de la même façon !

COMME TOUT LE MONDE
Bien sûr, au moment de l'adolescence, on ne sait pas encore bien définir son propre style et on préfère souvent se fondre dans la masse plutôt que de prendre le risque de se tromper ou de faire des choix qui pourraient être critiqués. Ce n'est pas facile de prendre le parti d'être différente, d'être soi-même en somme. Pourtant, sous l'uniforme des marques de vêtements à la mode, il y a des personnes différentes, uniques, intéressantes qui se cachent et qui mériteraient d'être mises en valeur.

INVENTEZ VOTRE LOOK
Pour lutter contre l'effet uniforme, apprenez à innover. Pour commencer sans trop en faire, allez-y par petites touches, jouez sur les accessoires. Faites vous-même vos boucles d'oreilles, vos sacs, décorez vos tee-shirts. Et puis lâchez-vous : faites votre « vintage » familial en vous offrant un tour dans les robes d'étudiante de votre mère, bref, inventez votre mode.

VOIR AUSSI
LOOK, SHOPPING.

BONS PLANS

BUREAU DE STYLE PERSO
- Prenez le temps de voir ce qui vous va, ce qui vous met en valeur. Êtes-vous petite, grande, mince, ronde ? Quelles sont les couleurs qui vous vont le mieux ?
- Faites aussi attention à votre style de vie : êtes-vous sportive et toujours en train de courir, ou au contraire très calme, coquette et soigneuse ?
- Faites ensuite comme les vrais bureaux de style : humez l'air du temps. Observez les gens dans la rue. Regardez les magazines féminins pour repérer les couleurs, les matières. Les pages consacrées aux accessoires sont très utiles et très bien faites. Et ne vous contentez pas des vitrines : elles sont déjà un peu en retard !

Dossier

Le rétro
a le vent en poupe

PETIT DÉCRYPTAGE D'UNE TENDANCE QUI FAIT TOURNER LES JUPES DES FILLES ET LA TÊTE DES GARÇONS !

Depuis quelques saisons, une nouvelle série télévisée nous transporte dans les rues de New York du début des années 1960. Alors que *Mad Men* fait sensation sur nos écrans, une nouvelle tendance apparaît dans les défilés de mode : des tenues féminines, élégantes et classiques, tout droit sorties d'une époque où les femmes ne sortaient jamais sans être impeccablement coiffées.

Pendant ce temps-là, les fashionistas du monde entier ne jurent que par le *vintage* et furètent dans les friperies à la recherche de pièces rétro et uniques. Une façon écologique et maligne de faire du shopping à petit prix... Tout en étant toujours tirée à quatre épingles !

Les atouts d'une élégante

Jeans et tee-shirts, disparaissez sur le champ ! Une véritable lady porte :
- Une jupe (toujours au-dessous du genou) : volante et légère, plissée ou bien crayon.
- Des vêtements à la taille très marquée et bien coupés, qui épousent les formes plutôt que de les dissimuler.
- Une blouse ou une chemise au décolleté modeste, rentrée dans un pantalon raccourci qui dévoile des chevilles fines.
- Des escarpins au talon pratique, qui féminisent une tenue sans risquer de se tordre une cheville.

Accessoires ? Non, essentiels !

Adopter la mode des années 1950/1960, c'est aussi savoir intégrer ces précieux accessoires à sa garde-robe : une ceinture, tout d'abord, pour bien marquer la taille d'une jupe, d'une robe ou d'un pantalon taille haute. Ensuite, une vraie lady ne se découvrant jamais trop, elle use et abuse des foulards à nouer autour du cou. Elle ne sort aussi jamais sans ses gants, en résille ou en cuir, une petite touche coquette qui ne manque pas d'être remarquée.
Dans sa boîte à bijoux, on découvre l'indispensable rang de perles, de même que des boucles d'oreille clinquantes pour le soir. Et enfin, elle porte son sac à main, compact et structuré, à la main ou au creux du coude.

Les trois commandements d'une parfaite lady

- Je ne montre pas trop de peau. J'évite les décolletés plongeants, les minijupes et les vêtements transparents qui ne laissent pas grand-chose à l'imagination !
- Je ne ressemble pas seulement à une lady, je me comporte comme telle et j'abolis le langage injurieux et les chewing-gums mâchouillés à longueur de journée.
- Je suis lady jusqu'au bout des ongles (manucurés, ou au moins très soignés) et je sors de chez moi bien coiffée, avec un maquillage approprié et des chaussures propres et bien cirées.

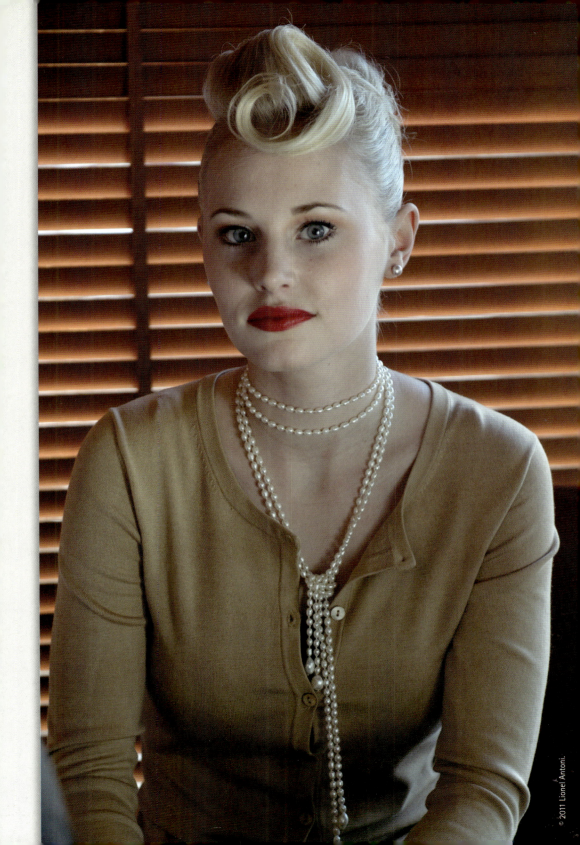

Mort

Y a-t-il une vie après la mort

S'INFORMER

Depuis toujours et pour tout le monde, la mort est révoltante. Pourquoi certains meurent-ils si jeunes ? Pourquoi ceux que nous aimons sont-ils morts ou vont-ils mourir ? À quoi bon se donner du mal, prendre la vie à bras-le-corps, si c'est pour qu'elle nous quitte ? À quoi bon s'attacher aux gens et les aimer de tout son cœur, si c'est pour les perdre ? Il n'y a pas de réponse toute faite. Toute la vie, on se pose ces questions, et parfois avec violence et révolte, quand l'on est confronté à la mort d'un être cher.

MOI AUSSI, JE MOURRAI ?

Même si nous n'y pensons pas en permanence, la mort est présente dans notre vie. Elle se rappelle à notre souvenir quand un proche meurt, bien sûr, mais aussi quand nous apprenons le décès d'un voisin, d'un élève que l'on connaissait à peine. Dans ces cas-là, nous nous souvenons brutalement que toute vie a une fin, même la nôtre. C'est difficile, c'est douloureux et souvent effrayant. On se pose plein de questions. Quand vais-je mourir ? Est-ce que je vais souffrir ? Est-ce qu'il y a quelque chose après la mort, ou rien, le néant ?

OÙ VA-T-ON APRÈS ?

La réponse que les gens donnent à cette question dépend beaucoup de leur religion. Les athées disent que la mort est le point final de la vie. Les bouddhistes pensent que l'énergie vitale se réincarne, c'est-à-dire qu'elle va habiter un autre corps ; elle vit ainsi des vies terrestres successives, jusqu'au moment où elle est pure et prête à rejoindre le nirvana. Les grandes religions monothéistes affirment que les hommes sont appelés à trouver après leur mort un bonheur éternel auprès de Dieu. Les chrétiens pensent même que la personne ressuscite tout entière, corps et âme.

OUI, MAIS N'EMPÊCHE, À QUOI ÇA SERT ?

Bien sûr, même l'espérance de ressusciter n'efface pas les questions douloureuses qu'on peut se poser sur la mort. Elle n'empêche pas de douter, d'avoir peur : peur physique, peur de s'être trompée sur ce qu'il y a après. Même la foi en une vie après la mort ne donne pas de réponse toute faite sur la façon de mener sa vie, de la réussir.

COMPRENDRE

À votre âge, on n'a pas forcément envie de penser à des choses douloureuses comme

la mort. Vous voulez surtout croquer la vie à pleines dents, penser à l'avenir, seulement voilà : la mort se profile à l'horizon de cet avenir radieux. C'est injuste, certes, mais c'est ainsi.

MOURIR, MOI ? JAMAIS !

Certaines personnes de votre âge font comme si la mort n'existait pas. C'est plus souvent le cas des garçons, qui prennent parfois à l'adolescence (et même après !) des risques inconsidérés dans tous les domaines : conduire trop vite, ne pas mettre de casque, pratiquer des sports dangereux sans trop de précautions.

MOURIR JEUNE ET BEAU

Pour beaucoup de garçons et de filles de votre âge, la mort semble bien lointaine et c'est bien sûr tout le mal que l'on vous souhaite. Il faut que vous ayez le temps de construire votre vie ! Pourtant, certains sont fascinés par ceux qui meurent jeunes, qui ont la « chance » de ne pas vieillir, de rester purs, sans avoir renoncé à leurs rêves, à leurs idéaux. C'est une vision romantique qui n'est pas nouvelle : James Dean est devenu un véritable mythe après sa mort subite et violente dans un accident de voiture, à 24 ans, dans les années 1950.

LE PRIX DE LA VIE

C'est pourtant une vision assez lâche de la vie. Rêver de partir avant d'avoir eu le temps de vieillir, de commettre des erreurs, de faiblir, c'est en quelque sorte rechercher la facilité. C'est même traiter avec mépris la chance fabuleuse que l'on a d'être en vie. Heureusement, vous avez beaucoup d'occasions de vous rendre compte du prix de la vie. Vous faites des projets, vous vous passionnez. Sans parler du jour où vous serez amoureuse : là, c'est certain, vous aurez envie que l'amour dure longtemps, toute la vie et même après, pour l'éternité !

LA VIE, UNE CHANCE À NE PAS GÂCHER

C'est bien d'avoir envie de vivre sa vie pleinement, de ne pas être fascinée par la mort. Passer sa vie à penser à la mort, c'est basculer dans l'absurde et gâcher la chance de mener une belle vie. Cela ne veut pas dire qu'il faut agir comme si vous étiez éternelle ! Vous n'avez qu'une seule vie, alors autant la réussir. Soyez ambitieuse, soyez pleine de vie. Ne la gâchez pas en la vivant à moitié ou en prenant le risque de l'écourter.
Bref, ne vivotez pas ! Vivez… à fond la vie !

VOIR AUSSI
DEUIL, GOTHIQUE, SUICIDE.

Mst Attention, danger !

MST VEUT DIRE **MALADIES SEXUELLEMENT TRANSMISSIBLES**. ON DISAIT AUTREFOIS MALADIES VÉNÉRIENNES, DU NOM DE VÉNUS, DÉESSE DE L'AMOUR DANS L'ANTIQUITÉ.

🔴 S'INFORMER

Quand on vous parle de MST, vous pensez tout de suite au sida, qui est la maladie sexuellement transmissible la plus tristement célèbre. Pourtant, il existe beaucoup d'autres MST, dont certaines peuvent avoir des conséquences graves.

COMMENT ÇA S'ATTRAPE ?

Comme leur nom l'indique, ces maladies se transmettent le plus souvent lors d'un rapport sexuel. Les principales MST sont les candidoses, la blennorragie, la syphilis, les chlamydiases, l'herpès génital, l'hépatite B et le sida. Elles proviennent de germes (bactéries, virus, parasites, champignons) présents dans le sperme ou dans les sécrétions vaginales : les germes peuvent passer du vagin de la fille au pénis du garçon, et inversement. Attention : cela arrive même quand il n'y a pas eu de pénétration, un simple contact peut suffire.

AUTRES MODES DE CONTAMINATION

Certaines MST ne se transmettent pas seulement par les relations sexuelles mais aussi par le sang (contact avec une plaie même minime, seringues infectées). C'est le cas du sida. Et aussi de l'hépatite B qui se transmet également par la salive. Ses symptômes ? Une fièvre persistante, une grande fatigue que l'on peut prendre pour une grippe, une jaunisse qui peut devenir chronique.

COMMENT SAVOIR ?

Les principaux signaux d'alerte des MST peuvent être des pertes vaginales plus importantes qu'à l'ordinaire (et surtout d'une odeur désagréable), des brûlures en urinant, des douleurs persistantes au bas-ventre ou des douleurs pendant un rapport sexuel, des lésions de la vulve (irritation, inflammation, plaies, verrues). Tous ces signes doivent vous inciter à consulter immédiatement un médecin.

MALADIES CACHÉES

On peut aussi présenter des symptômes ailleurs que sur les organes génitaux : des rougeurs douloureuses dans la bouche ou la gorge, par exemple, que l'on peut prendre pour les signes d'une angine. Il n'est pas évident de savoir si l'on est atteinte d'une MST. On peut être malade sans présenter aucun symptôme, risquer des complications pour soi-même ou transmettre la maladie sans le savoir. C'est un risque à prendre très au sérieux.

COMMENT S'EN PROTÉGER ?

Si vous n'avez pas de relations sexuelles et que vous faites attention aux autres risques.

de contamination, vous êtes protégée de toutes les MST. Si l'on a des relations sexuelles, il faut utiliser un préservatif à chaque rapport. En cas de rapport sexuel non protégé, il est important de consulter un médecin… même si aucun des deux partenaires ne présente de symptômes ! En cas de doute, le médecin prescrira des analyses. Bien évidemment, ceux qui vivent un grand amour, fidèle, et qui ont la certitude qu'aucun des deux n'est atteint, parce qu'ils ont fait des tests ou qu'ils n'avaient jamais eu de rapports sexuels auparavant, peuvent se passer du préservatif. Attention néanmoins aux autres modes de contamination !

PLUS DE BISOU ?
Pour les autres modes de contamination (salive, sang), une hygiène rigoureuse suffit : médecins, dentistes et autres spécialistes de la santé sont très sérieux et changent leur matériel à chaque patient. Pour la vie courante, c'est à vous de faire attention : pas de prêt ou d'emprunt de brosse à dents, par exemple ! Et si vous êtes terrifiée au point de ne plus vouloir embrasser votre copain, sachez qu'il existe des vaccins contre l'hépatite B et que le sida ne se transmet pas par la salive.

ÇA SE SOIGNE ?
Beaucoup de ces maladies guérissent si elles sont traitées rapidement. Certaines, comme l'herpès, récidivent par crises, toute la vie durant. On peut limiter les effets du sida mais on n'a pas encore trouvé les moyens de guérir cette maladie.

PRUDENCE, LES FILLES !
Enfin, certaines maladies sexuellement transmissibles n'ont aucune conséquence sur le garçon, mais peuvent rendre la fille stérile si elle ne se soigne pas rapidement. Rassurez-vous : ces maladies-là ne se transmettent ni par le sang ni par la salive.

COMPRENDRE
Si vous apprenez un jour que vous avez une maladie sexuellement transmissible, il faudra, bien sûr, vous soigner, mais aussi informer votre partenaire que vous êtes malade, pour qu'il se soigne lui aussi.

DEVOIR DE VOUS PROTÉGER
Même si vous ne vous sentez pas concernée pour l'instant, il est important que vous gardiez à l'esprit que certaines maladies sexuellement transmissibles ne sont pas uniquement des maladies désagréables qui provoquent démangeaisons ou brûlures urinaires. Mal soignées, ces maladies peuvent vous priver à jamais du bonheur d'être mère. Ne l'oubliez pas au moment de votre premier rapport sexuel, comme les 80 % de filles qui n'utilisent pas de préservatif à cette occasion. Ni même après, bien entendu.

OCCUPEZ-VOUS DE VOUS
Sans vouloir vous inciter à vous méfier du garçon de vos rêves ou du futur homme de votre vie, n'oubliez pas les risques que vous encourez : ne renoncez pas trop vite au préservatif, pour lui faire plaisir, parce que c'est plus agréable et plus authentique. N'oubliez pas que les femmes sont toujours les premières victimes de ces maladies.

INFO +
NON AUX IDÉES REÇUES
Soyez prudente, mais ne tombez pas non plus dans la psychose. On n'attrape pas le sida ou d'autres maladies sexuellement transmissibles en allant à la piscine (les produits mis dans l'eau éradiquent tous les germes), ni en allant aux toilettes si l'on fait attention à leur propreté (en cas de doute, ne pas s'asseoir : non, les germes ne sautent pas), ni en essayant des robes dans les magasins, ni en serrant la main des gens, ni en les embrassant sur la joue, ni en les côtoyant alors qu'ils éternuent… En revanche, pas d'emprunt de brosse à dents ou de maillot de bain aux copines !

VOIR AUSSI
PRÉSERVATIF, SIDA.

LES PRINCIPALES MST

Maladies	Signes d'alerte	Complications
Les chlamydiases Causées par des bactéries, les *chlamydiæ*. C'est la plus fréquente des MST. Les porteurs sains de *chlamydiæ* sont très nombreux. **Pronostic** Guérison par antibiotique dans la majorité des cas, à condition que les deux partenaires soient traités.	**Chez l'homme** • Démangeaisons au niveau de l'urètre ; • Légères brûlures en urinant ; • Écoulement clair et très discret au bout du gland ; • Parfois aucun signe. **Chez la femme** • Pertes blanchâtres ou jaunâtres assez abondantes ; • Infections urinaires discrètes ; • Parfois aucun signe.	**Chez l'homme** • Urétrite, épididymite, souvent sévères ; • Conjonctivite ; • Décès dans 5 % des cas. **Chez la femme** • Infections des trompes de Fallope, très fréquentes chez les jeunes (80 % des cas concernent les moins de 20 ans !), d'autant plus dangereuses qu'elles sont le plus souvent très discrètes. Risque important de stérilité définitive ; • Conjonctivite ; • Risques importants pendant la grossesse et à la naissance.
La syphilis Appelée vulgairement la « vérole ». Causée par un microbe, le tréponème. Se transmet surtout par voie sexuelle. Après avoir régressé, les cas de syphilis augmentent depuis quelques années. La syphilis évolue en trois stades dits primaire, secondaire et tertiaire. **Pronostic** Guérison rapide si le diagnostic est précoce.	**Syphilis primaire :** • Apparition d'un bouton dur habituellement sur les organes génitaux, mais pas obligatoirement (bouche, anus) ; • Découverte d'un petit cratère rougeâtre d'aspect brillant ; • Gonflement indolore d'un ganglion ; • Ces signes (souvent cachés chez la femme) disparaissent normalement au bout d'un mois ou deux, ce qui ne signifie pas qu'on est guéri. **Syphilis secondaire :** • Maux de tête, nausées, douleurs multiples, courbatures ; • Petites taches roses discrètes sur le thorax et les membres (roséole) ; • Ongles cassants, perte de cheveux, atteintes de la peau ; • Plaques muqueuses contagieuses.	• Une fois passées les phases primaire et secondaire, la syphilis évolue longtemps sans symptôme. Le troisième stade dit tertiaire expose à des complications graves et irréversibles (cardio-vasculaires et neurologiques). **Chez la femme** • Une femme infectée peut contaminer son enfant pendant la grossesse et l'allaitement.
Les hépatites virales Causées par plusieurs virus qui donnent différentes formes de maladies. Ne se transmettent pas exclusivement (et pour certaines pas du tout) par voie sexuelle. Vaccin efficace pour l'hépatite B. **Pronostic** Pas de traitement efficace.	• Signes proches de ceux de la grippe ; • Nausées, vomissements, grande fatigue ; • Jaunisse.	• Comme beaucoup de maladies à virus, guérissent spontanément avec possibilité de rechutes périodiques. • Complications très graves dans 10 % des cas d'hépatite B.
La trichomonase Causée par un parasite microscopique, le *trichomonas vaginalis*. **Pronostic** Guérison rapide si les partenaires sont traités en même temps.	**Chez l'homme** • Le plus souvent aucun signe. **Chez la femme** • Simples démangeaisons ; • Sensations de brûlure au niveau de la vulve et du vagin ; • Pertes malodorantes (leucorrhées) ; • Douleur pendant les rapports.	**Chez l'homme** • Inflammation de la prostate (rare). **Chez la femme** • Risque à long terme de favoriser un cancer du col de l'utérus.

Maladies	Signes d'alerte	Complications
La gonococcie Appelée vulgairement « chaude-pisse ». Causée par une bactérie, le gonocoque. Une des MST les plus fréquentes. **Pronostic** Guérison rapide si le traitement est précoce.	**Chez la femme** • Le plus souvent aucun signe ; d'où l'importance pour l'homme de prévenir toutes ses partenaires qui risquent une stérilité définitive et sont contagieuses sans le savoir. **Chez l'homme** • Brûlures en urinant ; • Écoulement de pus à l'extrémité de la verge.	**Chez la femme** • Infection des trompes de Fallope (salpingite) entraînant un risque très élevé de stérilité définitive. **Chez l'homme** • Atteinte de la vessie, de la prostate et des testicules.
Les candidoses Appelées aussi le « muguet ». Causées par des champignons du genre *candida*. Se transmettent à l'homme uniquement par voie sexuelle. Chez la femme, transmission possible par du linge souillé, par le sable des plages et par autocontamination (les matières fécales contiennent des *candida*). Attention donc à l'hygiène intime. **Pronostic** Guérison après un traitement long.	**Chez l'homme** • Démangeaisons au niveau du gland ; • Le plus souvent aucun signe. **Chez la femme** • Pertes blanchâtres (aspect de lait caillé) ; • Brûlures au niveau de la vulve ; • Douleur pendant les rapports ; • Signes discrets ou inexistants.	Les partenaires doivent être traités en même temps. Des mesures d'hygiène s'imposent pour éviter les récidives.
Les condylomes Appelées aussi « verrues vénériennes ». Causées par des virus. **Pronostic** Traitement par électrocoagulation ou par neige carbonique. La guérison définitive est rare. Les partenaires doivent être traités simultanément. Une excellente hygiène intime s'impose.	Présence de petites excroissances à surface dentelée. **Chez l'homme** • Sur le gland, les replis du prépuce, le méat urinaire ou l'anus. **Chez la femme** • Sur la vulve (surtout sur les petites lèvres).	**Chez la femme** • Risque très rare d'évolution cancéreuse sur la vulve ; • Favorise les cancers du col de l'utérus.
L'herpès génital Causé par un virus, il représente 10 % des MST. Il favorise les autres MST. L'herpès est très contagieux pendant les poussées, beaucoup moins pendant les périodes de transition : un porteur sain peut être contagieux. **Pronostic** Pas de traitement réellement efficace. • 60 % des sujets atteints guérissent seuls, à moins qu'ils ne soient recontaminés. Dans ce cas, leurs chances de guérir à nouveau spontanément diminuent. • 40 % vont continuer à héberger le virus après la primo-infection. Ils connaîtront des récidives.	**Chez l'homme** • Petites cloques remplies d'un liquide transparent (réunies en « bouquet ») sur la verge ; • Parfois, inflammation douloureuse du gland ; • Rarement, inflammation de l'urètre avec écoulement discret au bout du gland ; • Dans 20 % des cas, aucun signe. **Chez la femme** • Douleurs au niveau de la vulve et du vagin ; • Brûlures en urinant ; • Fièvre et sensation de faiblesse ; • Au niveau de la vulve et du vagin, petites cloques remplies d'un liquide transparent ; • Dans 20 % des cas, aucun signe.	**Chez l'homme** • Peut favoriser le cancer de la prostate. **Chez la femme** • Les risques de contamination du bébé sont importants au moment de l'accouchement ; • Peut favoriser le cancer du col de l'utérus (frottis réguliers obligatoires).

Musique
Le rythme dans la peau

ROCK ALTERNATIF, HEAVY METAL, FUSION, **REGGAE,** RAGGA, SKA, **POP, TECHNO,** HOUSE, FRENCH TOUCH, RAP, GROOVE, **JAZZ,** SOUL, R & B, ET MÊME **CLASSIQUE, IL Y A TOUTES SORTES DE DÉCIBELS À** VOUS METTRE **DANS LES OREILLES.**

S'INFORMER

Impossible de vous résumer l'ensemble des genres musicaux : il y en a tellement qu'il faudrait en faire un dictionnaire… et l'actualiser presque tous les mois ! Même les plus « classiques » évoluent sans cesse : le rock des années 1960 n'a rien à voir avec le rock des années 2000.

POUR TOUS LES GOÛTS

Des musiques, il y en a pour tous les goûts. Votre grand-mère préfère sans doute Bach à celle que vous écoutez, et vos parents ont peut-être du mal à vous faire comprendre que le jazz ou Brassens peuvent être audibles et ne sont pas totalement ringards. Mais vous pouvez très bien avoir une passion immodérée pour la musique baroque alors que votre mère adore le reggaé !

FAUT SUIVRE

La plupart du temps, ce sont quand même les jeunes de moins de 30 ans qui écoutent les nouveaux genres de musique, les découvrent, les lancent et leur donnent leurs lettres de noblesse. Dans le domaine de la musique, tout bouge et l'on peut vite décrocher. Même les jeunes ont parfois du mal à s'y retrouver dans la jungle des genres musicaux.

Avouez-le : est-ce que vous savez vraiment ce que sont la fusion, le trash, le roots ou encore l'indie ? Alors imaginez vos parents ou vos grands-parents !

MAIS COMMENT FONT-ILS ?

Il existe pourtant de vrais passionnés qui sont toujours au courant de toute l'actualité musicale : nouvelles tendances, dates de concerts, bons plans Internet ou radios géniales qui passent de la « super zic ». Ces filles ou ces garçons-là, tout le monde les regarde un peu avec émerveillement en se demandant comment diable ils font pour tout savoir sur tout !

TOURNE LE BOUTON

Comment font-ils ? Ils se passionnent, tout comme vous pouvez vous passionner pour un tout autre domaine. Comme tous les fondus de musique, ils sont toujours en recherche : recherche de nouvelles radios (il suffit de tourner le bouton ou d'appuyer sur les touches, après tout !), surf sur Internet (il existe des sites spécialisés pour chaque genre musical), lecture de magazines spécialisés, visite régulières des bacs des disquaires (il faut pour cela accepter de se tromper de temps en temps), et tout simplement discussions avec d'autres passionnés pour récolter informations et bons plans en tous genres.

INFO +

POUR NE PAS AVOIR L'AIR BÊTE

Voici une classification des principaux genres musicaux (très simple et non exhaustive) avec quelques exemples classiques et récents. On peut trouver d'autres classifications, d'autant qu'aujourd'hui la mode est à la « fusion » entre plusieurs genres.

- *La musique électronique :* techno, house, dance, dub, drum and bass, etc. : Daft Punk, Bob Sinclar, Gotan Project, Émilie Simon…
- *La pop :* comporte un peu de tout, vient de « musique populaire », c'est la musique du moment : les Beatles, Gainsbourg, les Rolling Stones ont été classés pop en leur temps. Aujourd'hui, on y trouve les groupes Oasis, Arcade Fire, Aaron, Mika, Ayo, Yael Naïm, Amy Winehouse…
- *Le rap, le slam :* I AM, Abd Al Malik, Grand Corps Malade. Les filles s'y mettent : Diam's…
- *Le rock et ses dérivés :* hard rock, heavy metal, gothic avec Iron Maiden, Metallica et, plus récent, Superbus, AC/DC et Marilyn Manson (un homme !).
- *Le reggae et le ragga* (rap avec mélodie) : Bob Marley et ses descendants, Alpha Blondy, et, plus récent, Sizzla, Sean Paul, Shaggy, Tiken jah Fakoly. Mêlé au rock, cela devient du ska, celui des célèbres Madness ou plus récemment du groupe Zebda.
- *Le groove et le R & B* (prononcez « Aren'bi ») sont issus du bon vieux rythm & blues de Marvin Gaye et Stevie Wonder. Plus récents : Mary J Blige, Beyoncé, Corinne Bailey Rae.
- *La chanson française* prend un nouvel essor avec de jeunes artistes comme Bénabar, Vincent Delerm, Calogero ou Sanséverino et beaucoup de filles qui « montent » : Olivia Ruiz, Anaïs, Adrienne Pauly, Jeanne Cherhal. À ne pas confondre avec la variété française (Souchon, Voulzy, Bruel, etc.).
- *La world :* l'appellation recouvre des musiques de tous les continents, du Cap Vert de Cesaria Evora à Cuba avec Compay Segundo, en passant par l'Afrique avec Youssou Ndour, Salif Keita ou l'Amérique latine avec Gilberto Gil ou Bebel Gilberto.

COMPRENDRE

La musique, c'est souvent ce qui vous permet d'affirmer votre personnalité voire votre identité, au point que de véritables styles de vie et de mode vestimentaire correspondent à certains genres musicaux. Regardez vos copains affublés de baggies qui écoutent du rap toute la sainte journée, ou encore vos amis rastas qui passent du reggae en boucle et portent des dread locks.

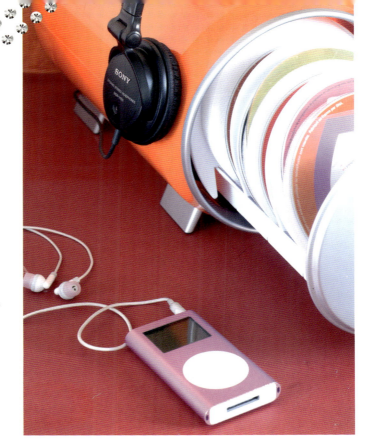

347

T'ES PAS DE MA BANDE

La musique, c'est aussi un signe d'appartenance à une tribu, à un groupe, à une bande. Au point qu'on a parfois du mal à afficher d'autres goûts musicaux que ceux que la bande juge « normaux ».

Vos copains peuvent même, sans s'en rendre compte, pratiquer un véritable terrorisme musical : le choix du CD à écouter ensemble peut devenir un véritable supplice : que vont-ils penser si je ne choisis pas le bon ?

LA TRIBU FAMILIALE

À la maison, c'est une autre histoire : vos parents ne sont peut-être pas de la même « tribu » que vous, et il leur arrive même de protester quand les décibels qui émanent de votre chambre viennent troubler leur tranquillité… ou, pire, se mêler aux leurs ! En matière de musique, tous les goûts sont dans la nature et il faut bien que vous acceptiez avec philosophie que la musique de votre groupe favori puisse être considérée comme de la musique de primates !

● INFO +
BOÎTE DE NUIT, CONCERTS ET DÉCIBELS

Attention à vos oreilles ! Les décibels que vous aimez tant peuvent aussi vous endommager sérieusement l'oreille interne et vous faire perdre l'audition. Sachez que un jeune sur cinq en France a une audition déficiente, en grande partie due au nombre trop élevé des décibels des concerts, des boîtes ou des MP3. Pénible à partir de 70 dB (décibels), un bruit devient dangereux à partir de 90 dB. À 120 ou 130 dB, il y a un risque de dégâts immédiats et irréversibles.

Pour information, le niveau sonore d'une boîte de nuit est souvent supérieur à 100 dB, voire 120 dB. Même chose pour les concerts : d'ailleurs, on en ressort souvent avec l'impression d'avoir du coton dans les oreilles ! Cette gêne ne doit pas dépasser 24 heures : au-delà, il faut consulter d'urgence un médecin ! Pour limiter les dégâts, ne vous collez pas aux baffles. N'écoutez pas votre MP3 trop longtemps (même si désormais leur puissance est généralement limitée, une source de son continue aussi près de l'oreille est dangereuse).

● SAVOIR-VIVRE

En musique, comme dans tout autre domaine, il faut savoir respecter les autres :
- Ne soyez pas une terroriste musicale : si vous n'aimez pas le disque qu'un copain vient de mettre, vous n'êtes pas obligée de vous exclamer que c'est nul, commercial ou à vomir, bref de vous moquer de lui. Tout le monde a le droit d'avoir ses propres goûts musicaux.
- Apprenez à baisser le volume sonore dans votre chambre avant que vos parents tambourinent à la porte. Et pensez à couper la musique quand vous quittez les lieux !
- Évitez de rendre des CD à vos copains au bout de 6 mois alors que vous les leur aviez empruntés « juste le temps de les graver » – ce qui est d'ailleurs strictement interdit par la loi !

VOIR AUSSI
CONCERT, TÉLÉCHARGEMENT,

BONS PLANS

SPÉCIAL ZIC

• Pour trouver le titre d'une chanson qui vous plaît et qui passe souvent à la radio, allez sur le site internet de la radio qui vient de la diffuser. Les radios donnent en général leur programmation. Si elles n'ont pas de site internet (ce qui est rare), n'hésitez pas à appeler le standard qui pourra vous renseigner.

• Vous ne trouvez pas le dernier album d'un groupe français dans votre magasin de disques ? Vérifiez qu'il n'est pas classé parmi les variétés françaises. Eh oui, cela arrive même aux meilleurs !

Quelle est la place de la musique dans ta vie ?

❶ Lorsque tu prends ta douche…
a. C'est en silence, pour mieux en profiter.
b. Tu sifflotes, tu chantonnes.
c. Tu emportes dans la salle de bain ta petite radio portative et écoutes ta station préférée.

❷ Joues-tu d'un instrument ?
a. Oui, et plutôt bien.
b. Pas encore, mais tu aimerais t'y mettre.
c. Non, tu n'as jamais eu le courage d'apprendre le solfège.

❸ Quand tu organises une soirée chez toi…
a. Tu laisses ton copain Nico faire le DJ, il adore ça !
b. Tu mets au point plusieurs playlists pour les différents moments de la soirée.
c. Tu rassembles tes CD préférés et s'en occupe qui veut !

❹ Possèdes-tu un lecteur MP3 ?
a. Oui, depuis longtemps déjà, et tu y tiens comme à la prunelle de tes yeux.
b. Oui, même si tu ne t'en sers pas tous les jours.
c. Non. Tu n'en ressens pas le besoin.

❺ Selon toi, les chaînes musicales sont…
a. Pratiques pour se tenir au courant de l'actualité de tes artistes préférés.
b. Totalement inintéressantes.
c. Indispensables.

❻ Et les concerts alors ?
a. Tu y passerais ta vie si tu le pouvais !
b. Tu n'en raffoles pas : la foule et la chaleur t'oppressent, et la musique y est toujours beaucoup trop forte.
c. Tu essaies d'assister à ceux de tes groupes préférés.

❼ Lorsqu'un titre passe à la radio, tu connais…
a. Presque toujours le nom de l'artiste.
b. Assez souvent le nom de l'artiste.
c. Très rarement le nom de l'artiste.

8 Ta collection de CD...
  a. Nécessite deux énormes étagères.
  b. Remplit deux boîtes.
  c. Quatre disques, c'est le début d'une collection ?

9 En musique, tu dirais que tes goûts sont...
  a. Très hétéroclites.
  b. Très précis.
  c. Très flous.

10 Quelle est la citation avec laquelle tu te sens le plus en accord ?
  a. « Il n'existe que deux sortes de musiques : la bonne et la mauvaise. » Duke Ellington.
  b. « Sans la musique, la vie serait une erreur. » Friedrich Nietzsche.
  c. « Quelle musique, le silence ! » Jean Anouilh.

Et maintenant, compte tes points en t'aidant du tableau ci-dessous :

	1	2	3	4	5	6	7	8	9	10
a	1	③	1	③	2	3	③	③	③	2
b	②	2	③	2	1	1	2	2	2	③
c	3	1	2	1	③	②	1	1	1	1

Si tu as entre **24 et 30 points**, ton profil est le **A**.
Si tu as entre **17 et 23 points**, ton profil est le **B**.
Si tu as entre **10 et 16 points**, ton profil est le **C**.

● Profil A

Tu aimes la musique plus que tout au monde ! Selon toi, elle sublime le quotidien, et tu serais incapable de t'en passer. C'est ta passion et tu consacres beaucoup de temps à jouer de ton instrument, à te renseigner sur des artistes ou tout simplement à écouter des CD dans ta chambre. Tu t'intéresses à tous les styles et à toutes les tendances, et ta culture musicale est impressionnante !

● Profil B

Tu aimes la musique, mais seulement un style bien précis. Tu voues un culte à quelques artistes que tu suis en concert et que tu écoutes en boucle. Pour toi, les goûts musicaux sont le reflet de la personnalité et on écoute ce qu'on est. Essaie tout de même de t'ouvrir davantage aux styles musicaux que tu penses ne pas aimer. Tu découvriras sans doute des trésors !

● Profil C

La musique n'occupe pas une place très importante dans ta vie. Tu ne détestes pas en écouter, mais tu n'en ressens pas le besoin. En fait, tu aimes surtout le silence : il t'apaise et te ressource. Et les bruits de la nature ou de la ville t'émeuvent beaucoup plus qu'une chanson d'amour. Pour toi, c'est eux qui créent la plus belle des musiques. Mais un bon disque, c'est bien de temps en temps ! Essaie, tu verras !

Narcissisme

Nombril, mon beau nombril…

S'INFORMER

Le terme vient d'une légende de la mythologie grecque. Il était une fois Narcisse, un jeune homme d'une grande beauté, qui se pencha sur une fontaine. Geste fatal ! Il tomba fou amoureux de son reflet… au point de tomber à l'eau et de se noyer. L'histoire dit qu'une fleur poussa sur le bord de la fontaine funeste : on lui donna le nom du malheureux disparu.

PAS DOUÉ, LE PAUVRE GARÇON !

Cette légende ne vous paraît sans doute pas tragique. Peut-être vous semble-t-elle même franchement comique ! Vous vous dites sans doute : comment pourrais-je être assez ridicule (et assez maladroite !) pour qu'il m'arrive la même chose qu'à ce pauvre Narcisse ?

MON BEAU NOMBRIL

C'est vrai que cette histoire a l'air simpliste mais, en réalité, elle a une valeur symbolique. Elle représente tous ceux qui aiment se regarder le nombril sans se lasser, qui sont tellement centrés sur eux-mêmes qu'ils en oublient le monde extérieur, ceux que l'on appelle les « narcissiques ».

COMPRENDRE

C'est important de vous aimer vous-même. C'est ce qui vous donne envie de prendre soin de vous, de vous mettre en valeur, de progresser. Vous avez le droit de vous arrêter de temps en temps devant un miroir et de vous dire : « Finalement, je suis plutôt bien ! » Et cela ne concerne pas uniquement votre physique. Sachez vous réjouir de vos propres qualités : cette attitude n'est pas narcissique, elle est saine. Elle vous donne confiance en vous.

SEULE AU MONDE, AVEC MOI ET JE

Attention, seulement, à ne pas tomber dans l'excès… et dans la fontaine. Le narcissisme consiste à être complètement centrée sur soi-même, au point de ne connaître que deux personnes au monde : moi et… je ! Deux personnes qu'on peut admirer passionnément ; comme le font ces filles qui se

prennent pour la plus belle… sans s'apercevoir qu'elles ont les chevilles ridiculement gonflées. Vous pouvez trouver, au contraire, que moi et je ne sont pas à la hauteur. Et c'est le désespoir : moi, je devrais être mieux ; moi, je suis nulle ! C'est encore du narcissisme. Parce que vous êtes alors complètement obsédée par vos défauts. Du coup, vous montez le moindre problème en épingle, vous vous complaisez dans vos coups de blues. Se regarder tout le temps le nombril comme s'il était le centre du monde, ce n'est vraiment pas sain !

PARLEZ-MOI DE MOI !
Être obnubilée par soi-même est très ennuyeux. Adieu les différences, adieu les gens qui vous étonnent, adieu les choses déstabilisantes qui mettent du piment dans la vie ! Vous n'appréciez plus que les copains qui vous ressemblent ou vous admirent (ceux-là, comme vous les aimez ! Il faut dire qu'ils ont tellement raison).

Bref, le monde est mortellement ennuyeux quand vous êtes narcissique : c'est peut-être ce que nous enseigne la noyade de ce pauvre Narcisse !

SAUVETEURS DE CHOC
Alors, vive les autres ! Ce sont eux qui vous sauvent de la noyade. Les jours où vous avez tendance à vous admirer plus que de raison, regardez autour de vous : il y a vraiment des gens formidables dans votre entourage, de quoi rester modeste ! Leur compagnie est tellement enrichissante que vous n'avez plus du tout envie de rester centrée sur vous-même.

REFLET BIENVEILLANT
Et dans vos accès de désespoir, quand vous vous jugez vraiment affreuse et dramatiquement dépourvue d'intérêt, laissez tomber votre miroir déformant et regardez-vous… à travers les yeux des autres. Vous serez surprise par le reflet que vous y verrez, tellement différent de celui que vous imaginiez !

LE BONHEUR, C'EST LES AUTRES
Ceux qui vous aiment (mais aussi ceux qui ne vous aiment pas) sont autant de miroirs que la vie vous tend. Ils vous aident à mieux vous connaître, avec vos qualités et vos faiblesses. Ce qu'ils disent de vous peut vous surprendre, mais aussi parfois vous aider à rectifier le tir. Les autres attendent la même chose de votre part : c'est votre regard, à la fois juste et attentif, compréhensif et exigeant, qui peut les aider à mieux se connaître et à mieux s'aimer. Une bonne raison de poser ce regard ailleurs que sur votre nombril !

VOIR AUSSI
ÉGOÏSME.

TEST

ÊTES-VOUS NARCISSIQUE ?
1. *Vous avez souvent rendez-vous avec votre miroir.*
2. *On vous critique ? C'est parce que l'on ne vous comprend pas ou que l'on ne vous connaît pas bien.*
3. *Vous êtes capable de vous admirer follement et de vous détester 5 minutes après.*
4. *Vous vous trouvez régulièrement bien meilleure que les autres.*
5. *Vous vous jugez souvent bien plus mauvaise que tout le monde.*
6. *On fait un compliment à votre amie : il y a erreur, c'est à vous qu'il devait s'adresser !*
7. *On vous fait souvent remarquer que vos amies vous ressemblent.*
8. *Vous avez besoin d'être le centre d'intérêt d'un groupe pour vous sentir bien.*
9. *Les soirées les plus réussies sont celles où l'on vous fait le plus de compliments.*
10. *Pour commencer une phrase, vous utilisez souvent l'expression « moi, je ».*

Moins de 5 oui : *vous êtes raisonnablement narcissique.*
Entre 5 et 7 oui : *vous vous intéressez beaucoup à votre petite personne.*
8 oui ou plus : *évitez les fontaines, la noyade vous menace !*

Orientation

Qu'est-ce que je vais faire plus tard ?

🔴 S'INFORMER

L'orientation est un parcours en plusieurs étapes. Jusqu'à la troisième, les choix ne sont pas encore majeurs. En cinquième, vous pouvez commencer le latin si vous en avez envie. En fin de cinquième, vous devez choisir une seconde langue vivante étrangère ou régionale, et en fin de quatrième, vous pouvez y ajouter une langue ancienne (le grec) ; l'option « découverte professionnelle » (3 heures de découverte de l'entreprise par semaine) ou le module « découverte professionnelle » (6 heures par semaine).

L'HEURE DES GRANDS CHOIX

C'est en troisième et en seconde qu'ont lieu les deux orientations essentielles. En fin de troisième, ceux et celles qui ont du mal avec le système scolaire classique et qui ont une idée d'une formation professionnelle peuvent faire un CAP ou une seconde professionnelle pour un bac en trois ans. (Voir aussi Apprentissage).

CONTINUER SUR SA LANCÉE ?

Si, en fin de troisième, un élève a de bons résultats et l'envie de poursuivre des études supérieures, il peut entrer dans une seconde générale et technologique. Cette seconde permet de s'orienter indifféremment vers un bac général ou un bac technologique. Bref, elle donne encore un an pour réfléchir ! Attention, deux exceptions cependant : pour faire un bac technologique hôtellerie ou TMD (techniques de la musique et de la danse), il faut se diriger vers une seconde spécifique.

SECONDE : UN AN POUR RÉFLÉCHIR

Quand vous optez pour une seconde générale et technologique, il vous faut choisir deux matières dites « enseignements de détermination » pour évaluer vos aptitudes et confirmer vos préférences.

LES VŒUX POUR LA PREMIÈRE

Nouvelle grande orientation en fin de seconde : le lycéen choisit son bac pour de bon. Pas de panique ! Vous avez l'année pour vous déterminer et vous n'êtes pas toute seule devant ce choix. Le conseiller d'orientation organise des séances d'information et vos professeurs sont là pour vous conseiller. La procédure commence en février : l'élève doit exprimer des vœux provisoires. En mars, sur le bulletin trimestriel, le conseil de classe donne un premier avis sur ces vœux. En mai, il faut remplir une fiche de vœux définitifs ; c'est le conseil de classe de juin qui donnera l'avis final. Si l'élève n'est pas d'accord avec cette décision, il a trois jours pour faire appel et une commission tranchera. Il peut aussi choisir de redoubler pour retenter sa chance l'année suivante.

UN NOUVEAU LYCÉE ?

Dernière étape du parcours : le moment où vous recevez votre affectation, c'est-à-dire le nom du lycée où vous serez inscrite l'année suivante ! Eh oui, parce que tous les lycées ne proposent pas l'ensemble des options et des baccalauréats ! (Pour en savoir plus, voir Lycée).

COMPRENDRE

Il est important de bien choisir votre orientation. Pourtant, en troisième ou en seconde, il est souvent trop tôt pour savoir ce que vous voulez faire dans la vie. Vous n'avez pas beaucoup d'idées ? Rien de plus normal ! Évidemment, c'est mieux de pouvoir faire un choix positif, si vous savez déjà le métier que vous voulez faire ou si vous êtes sûre de vouloir et de pouvoir faire des études longues. Mais vous pouvez aussi choisir par élimination, parce que vous savez ce que vous ne voulez surtout pas faire !

QU'EST-CE QUE J'AIME DANS LA VIE ?

Il y a plusieurs critères de choix. D'abord, les matières que vous aimez : le français, les langues, l'histoire, l'art, les maths, les sciences, etc. Ensuite, vous pouvez réfléchir aux grandes familles de métiers, pour vous orienter vers le domaine que vous préférez : santé, commerce, enseignement, communication, recherche scientifique, art ou artisanat, métiers manuels, électronique ou informatique, métiers en lien avec la nature, comme l'agriculture ou l'environnement, etc.

TRAVAIL : CE DONT JE RÊVE

Il faut penser aussi à la manière dont vous avez envie de travailler plus tard : seule ou en équipe, dans un bureau ou dehors, en France ou à l'étranger. Est-ce que vous éprouverez le besoin d'avoir beaucoup de contacts extérieurs ou plutôt de travailler toujours avec les mêmes collaborateurs ? Aurez-vous envie de travailler en équipe ou préférerez-vous être indépendante ? Toutes ces questions peuvent vous aider à l'heure des choix !

RENSEIGNEZ-VOUS !

Surtout, il faut vous informer. Vous découvrirez ainsi des métiers dont vous ne soupçonnez même pas l'existence. Sans compter qu'il s'en crée sans cesse de nouveaux : celui que vous exercerez dans 10 ans n'existe peut-être pas encore ! En attendant, le mieux, si vous ne savez pas quoi choisir, c'est de continuer le plus longtemps possible dans la voie générale. Elle vous donnera une bonne formation de base et vous laissera le temps de réfléchir.

🔴 INFO +
LES MÉTIERS À LA MODE
Les métiers à la mode font rêver, mais il y a souvent peu de places… Attention à la concurrence ! Pour percer, il faut beaucoup travailler.
- *Les métiers de l'humanitaire :* professions médicales ou paramédicales, nutritionnistes, logisticiens.
- *Les métiers de la communication :* journalisme, événementiel, audiovisuel, publicité, communication d'entreprise.
- *Les métiers de la mode :* stylisme, bureaux de style, agences de mannequins.
- *Les métiers de la nature :* défense et protection de l'environnement, agriculture biologique, développement durable.
- *Les métiers de la gestion du territoire :* gestion des collectivités territoriales, gestion du patrimoine historique et culturel.
- *Les métiers de l'informatique et des nouvelles communications :* ergonomie, infographie, PAO, programmation.
- *Les métiers autour de la recherche scientifique :* biologie mais aussi océanographie, astronomie (conquête de l'espace).

VOIR AUSSI
APPRENTISSAGE, BACCALAURÉAT, ÉTUDES, LYCÉE, REDOUBLEMENT.

CONSEILS

• *Parlez-en aux professeurs que vous appréciez ou dont vous aimez la matière : ils auront de bons conseils à vous donner.*
• *Parlez aux adultes qui vous entourent : interrogez-les sur leurs métiers, sur ce qu'ils font exactement, ce qu'ils aiment dans leur profession… et ce qu'ils aiment moins !*
• *Pour en savoir plus sur les métiers, adressez-vous au CDI de votre collège, à un CIO (centre d'information et d'orientation) ou à l'Onisep qui édite toutes sortes de brochures sur les orientations et les métiers.*
• *Dans un CIO, vous pouvez aussi passer des tests pour déterminer vos compétences particulières.*
• *Faites aussi confiance à vos parents, ils vous connaissent bien ! S'ils vous conseillent de continuer en seconde et que vous en avez les capacités, écoutez-les. Vous les remercierez sans doute dans quelques années !*

Paix

La guerre, quelle horreur !

● S'INFORMER

Vivre en paix est l'aspiration de tous les hommes. Pourtant, l'histoire humaine est un patchwork de guerres et de paix. Il y a de multiples raisons de faire la guerre et les hommes ne cessent d'en inventer de nouvelles.

Ils peuvent se battre pour un territoire, pour prendre le pouvoir dans un pays, pour s'approprier des richesses, pour imposer leurs manières de vivre ou de penser, pour se venger d'une offense, d'une injustice ou d'une autre guerre.

DE SIX JOURS À CENT ANS

Il y a les guerres qui s'éternisent (la guerre de Cent Ans) et les guerres éclairs où l'un des adversaires écrase l'autre très rapidement (la guerre des Six Jours). Dans tous les cas, les belligérants finissent généralement par déposer les armes et signer un texte censé mettre les deux parties d'accord : cet « armistice » ou « traité de paix » met fin à la guerre. Mais il n'est pas toujours efficace. Il suffit que l'un des deux ennemis s'estime brimé pour que la paix vole en éclats à la première occasion.

CITOYENS CONTRE CITOYENS

Il y a aussi des guerres qui éclatent à l'intérieur d'un pays : ce sont les guerres civiles. Pour les arrêter, la communauté internationale parle d'un nouveau droit, le « droit d'ingérence » : celui de se mêler des affaires intérieures d'un pays quand il massacre ou laisse massacrer une partie de sa population.

ON N'ARRÊTE PAS LE PROGRÈS, HÉLAS !

Les hommes ne sont jamais à court d'imagination quand il s'agit de détruire leurs semblables, quitte à s'autodétruire au passage. Des arbalètes à la bombe nucléaire, les hommes n'ont cessé de perfectionner leurs armes. Aujourd'hui, les actes de terrorisme à grande échelle, les armes chimiques et bactériologiques pourraient bien donner lieu à un autre type de guerre.

● INFO +

Il existe des institutions internationales chargées de régler les conflits entre pays pour préserver la paix. C'est après la Seconde Guerre mondiale qu'est née l'actuelle Organisation des Nations unies (ONU). Cette organisation, qui regroupe 192 États du monde, a la vaste mission de maintenir la paix dans le monde et de développer des relations amicales entre les peuples. Depuis sa création en 1945, elle a dû gérer de nombreuses crises. Elle opère à l'aide des « casques bleus », soldats neutres chargés de s'interposer entre les belligérants et d'assurer la protection des civils.

COMPRENDRE

La paix est préférable à la guerre, on est tous d'accord. Surtout les femmes, qui sont généralement moins sensibles que les hommes au côté « héroïque » de la guerre et plus soucieuses des morts qu'elle provoque.

PEACE AND LOVE

L'horreur de la guerre et de son cortège de souffrances peut conduire à refuser systématiquement tout recours à la force. Cette attitude est appelée pacifisme. Elle se fonde sur des convictions religieuses ou morales. Toutes les religions valorisent la paix, même si certains croyants trop zélés sont capables de prendre les armes au nom de Dieu. Le pacifisme reste souvent impuissant à prévenir ou arrêter les guerres. Dans un climat de tensions et de haine, tout le monde se monte la tête et les pacifistes passent alors pour des imbéciles ou des lâches (voire des traîtres).

LÉGITIME DÉFENSE

Peut-on éviter toutes les guerres ? Provoquer un conflit est condamnable, mais il n'y a pas de raison qu'un peuple se laisse faire quand il est injustement attaqué. Il est alors dans une situation de « légitime défense ». Un pays peut ainsi être amené à faire la guerre pour lutter contre la violence et la tyrannie, et pour rétablir la paix. Cela ne dispense pas de tout tenter pour résoudre les tensions pacifiquement avant qu'elles ne dégénèrent.

CONTRE NOUS DE LA TYRANNIE...

Si les tentatives de négociations diplomatiques échouent parce que l'agresseur ne veut rien entendre, la guerre est légitime à condition que la riposte soit proportionnée à l'attaque et qu'elle ne fasse pas plus de dégâts que le mal qui a déjà été fait. Mais souvent les mots de « guerre juste » et de « légitime défense » sont des prétextes pour déguiser l'avidité d'un pays qui louche sur les richesses de son voisin. Il faut donc toujours prendre ces arguments avec beaucoup de précaution.

PLUS JAMAIS ÇA !

À la fin de toute guerre, il faut bien faire taire les armes et se mettre autour d'une table pour négocier et rétablir la paix. Alors, pourquoi commencer par faire tant de morts ? Sans doute parce que les hommes ne savent pas faire autrement. « Plus jamais ça », disent-ils à chaque fois. Mais ils ne se donnent pas suffisamment les moyens de prévenir les conflits. La paix se construit tous les jours. Les ingrédients ? Plus de justice, plus de solidarité et un plus grand respect des autres.

VOIR AUSSI
JOURNAUX, POLITIQUE, VIOLENCE.

CONSEIL

Il y a sans doute des conflits qui vous bouleversent et vous révoltent, comme le conflit israélo-palestinien. Vous vous demandez peut-être pourquoi personne n'arrive à y trouver des solutions de paix durables. Pour comprendre, il ne suffit pas de lire la presse, il faut vous plonger dans l'histoire des pays concernés. Posez des questions à votre professeur d'histoire, lisez des livres sur le sujet.

Pardon

Je ne lui pardonnerai jamais !

🔴 S'INFORMER

Il y a mille façons de demander pardon à quelqu'un. Ce peut être un simple mot d'excuse dit avec un sourire gêné quand vous avez bousculé quelqu'un : c'est le signe que vous faites attention aux autres, que vous êtes ennuyée de les avoir dérangés. Ne pas le dire serait une offense bien plus grave que l'incident qui vous a fait venir spontanément le mot aux lèvres !

DES MOTS POUR RÉPARER

Le vrai « pardon », celui que vous ne dites pas facilement, est bien moins fréquent. Vous demandez pardon quand vous avez blessé une personne, même involontairement : ces mots, parfois si difficiles à dire, ont la magie de rendre le sourire, de renouer les amitiés… quand le pardon est accordé !

DEUX POUR UN PARDON

Il faut être deux pour un pardon : celui qui a offensé demande pardon, celui qui a été offensé accepte de pardonner. Ce n'est pas facile, ni dans un sens ni dans l'autre !

🔴 COMPRENDRE

Quand vous avez fait du mal à quelqu'un, vous vous sentez un peu honteuse, vous êtes coupable mais vous n'avez pas forcément envie de le reconnaître. Demander pardon n'est pas une démarche facile. Il faut déjà prendre sur soi pour s'avouer que l'on a eu tort, avant de le dire à la personne offensée.

PARDON ! PARDON ! PARDON !

Ce n'est pas facile de se sentir toute petite, de reconnaître ses torts et d'attendre que le pardon soit accepté. D'autant plus que vous ne savez pas toujours comment l'autre va réagir : pardon immédiat qui soulage, dans un grand éclat de rire ? Pardon lâché du bout des lèvres, encore plein de rancœur, au point que l'on se demande s'il est vraiment accordé ? Ou refus violent, quand la personne se retranche dans sa peine comme dans une tour d'ivoire ?

JE TE PARDONNE

On apprend à pardonner toute la vie. Vous avez commencé toute petite, en pardonnant à votre frère qui avait cassé votre poupée chérie. Vous avez pardonné aux copines d'avoir perdu votre livre préféré ou d'avoir dit du mal de vous. Vous avez peut-être eu à pardonner des choses plus graves, si votre meilleure amie est sortie avec votre petit ami ou si votre mère a lu en cachette votre journal intime.

JE NE TE PARLE PLUS

Quand vous avez été blessée, vous pouvez être pleine de rancune, avoir envie de vous venger et de rendre à l'autre tout le mal qu'il vous a fait. Vous pouvez aussi vous dire que vous êtes dans votre bon droit et que vous ne voyez pas pourquoi vous accepteriez d'oublier l'affront.

N'EN PARLONS PLUS

Accorder son pardon, c'est renoncer à se venger. Renoncer à être la plus forte, à avoir raison,

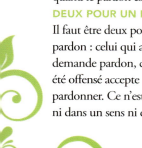

à écraser l'autre en le laissant patauger dans sa culpabilité. Tirer un trait sur ce qui a été dit ou fait, accepter de repartir sur de nouvelles bases, parce que l'on pense que l'autre en vaut la peine.

JE N'Y ARRIVE PAS

Bien sûr, quand il s'agit d'une chose très grave, on ne sait pas si l'on sera un jour capable de pardonner. La souffrance est tellement grande, la confiance a été trahie : on ne sait pas si l'on a envie de la redonner, de prendre le risque de souffrir à nouveau. Il faudra sans doute beaucoup de temps, quelquefois toute une vie quand la blessure est profonde.

LES PLUS BEAUX MOTS DU MONDE

Les mots d'excuse ou de réconciliation sont encore plus grands que des mots d'amour. Demander pardon ou pardonner, c'est une des plus belles façons de dire que vous aimez la personne qui est en face de vous, parce que vous lui dites qu'elle est plus importante à vos yeux que le conflit qui vous sépare. C'est une très grande preuve d'estime que de vouloir donner la chance à cette relation de survivre à la peine, à la honte, à l'orgueil, à la colère ou à la rancune.

LE PARDON N'EST PAS L'OUBLI

Pardonner, c'est une façon de ne pas se laisser enfermer dans le passé parce que l'on a confiance dans l'avenir d'une amitié ou d'un amour. Pourtant, le pardon, ce n'est pas l'oubli. Il y a des blessures que l'on n'oublie jamais, qui sont irréparables. Le pardon est alors un choix très difficile qui demande beaucoup de temps. Mais c'est toujours une libération qui permet de passer au-delà de la souffrance pour recommencer à vivre à fond.

UNE CERTAINE IDÉE DE L'HOMME

Même si l'on a beaucoup souffert, on peut pardonner des actes très graves, simplement parce que l'on a une trop grande idée de l'homme pour le condamner définitivement.

VOIR AUSSI
BOUDER, ENGUEULADE.

CONSEILS

PARDON : MODE D'EMPLOI

• Le pardon est un don : il ne se monnaie pas, il ne sert pas à écraser l'autre. Quand vous avez pardonné, l'autre ne vous doit plus rien. Si vous le lui rappelez tout le temps, vous ne lui avez pas vraiment pardonné.
• Si vous n'êtes pas encore prête à accorder votre pardon, dites que vous êtes encore blessée, que cela vous prendra du temps, plutôt que d'accorder un demi-pardon de principe. Vous ferez le premier pas quand vous serez plus sereine.
• Apprenez à distinguer les demandes de pardon. Elles ne comportent pas toujours le mot « pardon » ou encore l'expression « je suis désolée ». Une marque d'attention, des phrases gentilles, un sourire affectueux sont souvent des demandes de pardon, maladroites certes, mais sincères. Un sourire suffit à montrer que vous les acceptez.
• Pour vous faire pardonner, vous pouvez essayer de réparer le mal que vous avez fait. Si ce n'est pas possible, engagez-vous à ne pas recommencer.

Parents

Y m'comprennent pas !

S'INFORMER

La loi détermine les droits et les devoirs des parents à l'égard de leurs enfants. Les parents détiennent l'autorité parentale « pour protéger l'enfant dans sa sécurité, sa santé et sa moralité. Ils ont à son égard droit et devoir de garde, de surveillance et d'éducation » (article 371-1 du Code civil). Ils ont cette obligation jusqu'à sa majorité ou son émancipation. Jusqu'à vos 18 ans, vous devez leur obéir et ils doivent agir pour votre bien.

L'AUTORITÉ PARENTALE, C'EST QUOI ?

L'autorité parentale est le droit qu'ont vos parents de décider en votre nom dans le but de vous protéger et de vous éduquer. Elle s'exprime concrètement quand il s'agit d'obtenir un certain nombre d'autorisations vous concernant avant votre majorité : sortie du territoire, opération chirurgicale, ouverture d'un compte en banque, etc.

PARENTS, MAIS PAS MARIÉS

Quand les parents vivent ensemble sans être mariés, chacun des deux doit reconnaître l'enfant à la mairie, avant sa naissance ou au plus tard un an après, pour avoir l'autorité parentale.

PARENTS, MAIS SÉPARÉS

En cas de divorce ou de séparation, les deux parents gardent l'autorité parentale, sauf clause particulière dans le jugement de divorce.
Mais l'un des parents peut aussi renoncer à exercer l'autorité parentale pour des raisons pratiques : s'il part à l'étranger, par exemple. Cela ne veut pas dire qu'il renonce à voir son enfant et à l'aimer !

LES DEVOIRS DES ENFANTS

Eh oui, il n'y a pas que vos parents qui ont des devoirs ! Vous en avez aussi ! Le Code civil précise dans l'article 371-1 que « l'enfant, à tout âge, doit honneur et respect à ses père et mère ». Méfiez-vous avant de claquer trop fort la porte du salon ! Plus encore : le droit de la famille précise que vous devrez les aider s'ils ont un jour des difficultés financières, notamment à la fin de leur vie. Concrètement, vous devrez subvenir à leurs besoins s'ils ne le peuvent pas eux-mêmes.

COMPRENDRE

À votre âge, c'est assez courant de regarder ses parents avec plus de sévérité que par le passé. Vous les aimez certainement tout autant que lorsque vous étiez une petite fille, seulement, vous le montrez moins !

MES PARENTS, DES HÉROS ?

Vous avez grandi et vous êtes maintenant capable de vous rendre compte que vos parents chéris ne sont plus les héros sans faille de votre enfance.

DES ADULTES, BEURK !

Il vous arrive peut-être de les considérer surtout comme des « adultes », ces êtres un peu étranges qui ne comprennent jamais rien tout en prétendant tout comprendre, interdisent les choses les plus sympas, font des cadeaux « débiles », des discours « débiles » et ont des idées… « débiles ».

PEUVENT MIEUX FAIRE

Et même si vous êtes plus indulgente, vous trouvez quand même que vos parents pourraient être meilleurs, comme ceux de vos amis, qui sont nettement plus ouverts d'esprit ! C'est assez habituel de réagir comme cela à votre âge. Ce n'est pas facile de découvrir que ses parents ne sont pas parfaits, qu'ils ont des défauts, comme tout le monde.

LÂCHEZ-MOI !

Comme vous avez grandi, vous avez envie de plus d'autonomie. Pour penser vraiment par vous-même, vous éprouvez le besoin de prendre vos distances : plus question de tout leur raconter, de leur dire tout ce que vous ressentez, tous vos projets, tous vos espoirs. Garder vos secrets pour vous, c'est une manière de commencer à prendre votre indépendance, il n'y a pas de mal à cela.

T'AS RIEN COMPRIS !

Mais acceptez aussi de comprendre que cette distance, certes nécessaire, peut créer bien des incompréhensions. Vous avez l'impression qu'ils ne comprennent jamais rien ? Vous trouvez qu'ils ne voient jamais ce qui se passe, ce qui change en vous et qu'ils continuent à vous voir comme une gamine ? C'est sans doute vrai, mais comment pourrait-il en être autrement si vous passez votre vie claquemurée dans votre chambre ou obstinément muette à l'heure des repas ?

BESOIN D'EUX

Et puis, avouez-le : vous n'êtes pas encore tout à fait prête à vous débrouiller toute seule. Vous avez encore besoin d'eux, de leur soutien, de leurs conseils, de leur affection. Mais vous ne voulez pas trop le leur dire de peur qu'ils en profitent pour essayer de vous garder encore un peu tout à eux !

ALORS, COMMENT FAIRE ?

D'abord, gardez à l'esprit que vos parents vous aiment et qu'ils sont contents que vous grandissiez, même s'ils n'ont pas l'air de le voir ou de le prendre en compte en ce moment. Accordez-leur le droit de se tromper, tout comme ils vous accordent le droit de bouder ou de claquer les portes de temps à autre.

PARENTS, MODE D'EMPLOI
Ils entrent encore dans votre chambre sans frapper ? Ne les incendiez pas mais dites-leur gentiment que cela vous déplaît. Ils vous charrient sur un garçon alors que vous ne voulez pas leur en parler ? Peut-être croient-ils simplement que cela vous flatte. Dites-leur sans agressivité que vous n'avez rien à leur dire sur le sujet. Bref : parlez, ne criez pas !

PITIÉ POUR EUX !
Soyez un peu indulgente avec vos parents. Ils agissent souvent du mieux qu'ils le peuvent. Regardez les efforts qu'ils font malgré vos airs renfrognés et vos silences ! Et tant pis s'ils font parfois l'inverse de ce que vous attendez, s'ils viennent vous chercher quand vous pleurez dans votre chambre alors que vous vouliez être tranquille ou si, au contraire, ils vous laissent mariner dans votre coin alors que vous aimeriez justement qu'ils viennent vous voir. Vous êtes parfois si difficile à comprendre !

LE JUSTE MILIEU
Ils vont sans doute avoir du mal à trouver le juste milieu. S'ils vous laissent tout à fait tranquille et ne disent plus rien, vous allez vous sentir abandonnée. S'ils s'occupent trop de vous, vous serez exaspérée. Ne croyez pas cependant qu'ils ne comprennent vraiment rien. Ils ont été adolescents eux aussi ! Mais une chose est sûre : ils ne pourront jamais se mettre à votre place, ils ne pourront jamais vous comprendre complètement. C'est fini, la relation fusionnelle « parents-bébé » ! Ils souffrent sans doute de vous sentir vous éloigner et ils ont besoin de savoir que vous continuerez à les aimer même quand vous serez grande. Mais rassurez-vous, ils vont grandir, eux aussi !

VOIR AUSSI
AUTORITÉ, BEAU-PÈRE/BELLE-MÈRE, CONFIANCE, LIBERTÉ, MÈRE, PÈRE.

CONSEILS

- Quand vous rentrez le soir, ne filez pas directement dans votre chambre : prenez le temps de parler avec vos parents, de leur raconter votre journée (vous n'êtes pas obligée de tout dire !), de les écouter aussi.
- Si vous n'avez plus trop envie que votre père vous fasse des bisous dans le cou ou des chatouilles, vous n'êtes pas obligée de le repousser méchamment. Expliquez-lui que vous n'aimez plus ça. Il sera peut-être un peu surpris et même peiné au départ, mais il comprendra certainement.
- Si vous n'êtes pas d'accord avec certaines idées de vos parents, discutez-en avec eux, présentez les vôtres, sans tout de suite penser qu'ils sont nuls ou trop vieux pour comprendre.
- Si vous trouvez que vos parents ne vous laissent aucune autonomie, discutez-en ouvertement avec eux. Demandez-leur pourquoi. Faites des propositions raisonnables pour apprendre à vous faire mutuellement confiance.
- Essayez de garder du temps pour faire des choses avec vos parents (du shopping avec votre mère, un cinéma avec votre père, une balade le dimanche) : c'est souvent une occasion pour parler tranquillement. Vous avez besoin d'eux, de leur soutien, de leur affection ? Eux aussi, ne l'oubliez pas !

Paresse

Poil dans la main…

🟠 S'INFORMER

Il y a les hyperactives. Et puis celles qui ne se bougent pas beaucoup, qui préfèrent traîner, lézarder, celles que le travail et l'effort font fuir : en un mot, les paresseuses ! La paresse peut être un trait de caractère que vous avez toujours eu ; mais le moment de l'adolescence est souvent celui où elle s'épanouit.

FATIGUÉE OU PARESSEUSE ?

Il ne faut pas confondre la paresse avec la fatigue physique qui vous immobilise parce que vous vous sentez sans force et sans ressort. Cette fatigue est d'ailleurs très fréquente à votre âge. Si vous êtes réellement épuisée, consultez un médecin : il vérifiera que vous n'êtes pas anémiée, que vous dormez suffisamment et que cette fatigue n'a pas une origine physique.

MADAME PRÉTEXTE

La paresse, c'est cette voix intérieure qui vous dispense de chercher dans le dictionnaire un mot que vous ne comprenez pas, de réviser votre cours d'histoire, de persévérer dans les activités qui demandent des efforts (sports, musique…). Bref, de vous donner du mal, dans tous les domaines. Son surnom ? Madame Prétexte : elle est très douée quand il s'agit de vous trouver des tas d'excuses béton pour éviter de faire un effort !

🟠 COMPRENDRE

Si vous vous sentez concernée par la question, il est temps de vous demander pourquoi vous vous laissez aller ainsi. Ce serait dommage de stagner dans la paresse : elle vous empêche de profiter pleinement de la vie, et surtout de ces années décisives pour votre avenir.

ELLE A JURÉ VOTRE PERTE !

La paresse est un vrai handicap et, comme tout handicap, il faut la combattre. Sinon, elle va compromettre vos études en vous empêchant de vous mettre au travail. Vous avez peut-être des raisons (valables) d'être parfois un peu démotivée. Vous ne savez pas encore ce que vous voulez faire plus tard ; vous vous demandez à quoi servent certaines connaissances que les professeurs tiennent absolument à vous voir assimiler…

NON, NE CÉDEZ PAS !

D'accord. Mais ce n'est pas une excuse ! Le seul moyen d'arriver à faire ce que vous voulez plus tard, c'est d'avoir la tête bien pleine. Le seul moyen d'avoir la tête bien pleine… c'est de la remplir, même de choses dont vous ne voyez pas l'utilité immédiate. Et le seul moyen de la remplir, c'est de secouer votre flemme.

VOLONTÉ CONTRE PARESSE

Pour vous aider dans votre lutte antiparesse, vous avez un trésor à disposition : votre volonté. Seule la volonté est capable de couper court aux arguments de votre paresse. C'est un moteur formidable. Si le sujet de votre devoir de français vous ennuie, que vous n'y trouvez aucun intérêt et que vous louchez du côté de la télé en retardant le moment de vous y mettre, appelez votre volonté à la rescousse !

ALLEZ, ZOU !

Elle vous soufflera que c'est votre avenir que vous jouez en traînant ainsi, que ce sujet est peut-être beaucoup plus intéressant que vous ne le pensiez… et que vous serez sûrement plus satisfaite d'avoir réussi à vous y mettre que d'avoir abandonné la partie. La volonté est un atout formidable pour ne pas passer à côté de votre vie. Plus vous vous en servez, plus cela marche ! Vous verrez, elle finira même par vous donner envie de travailler.

UN PEU DE FLEMME : EXCELLENT POUR LA SANTÉ !

Cela dit, de temps en temps, il faut savoir s'accorder un répit, un petit accès de « bonne paresse ». Surtout pour celles qui sont hyperactives et incapables de s'arrêter. Un moment à ne rien faire, une bonne sieste, c'est un bon moyen de recharger ses batteries. Question de dosage : juste un tout petit peu de paresse et on repart !

BONS PLANS

VOLONTÉ OU PARESSE, À VOUS DE CHOISIR QUI VA GAGNER.

- Fixez-vous des objectifs pour bien montrer que c'est votre volonté qui commande. N'hésitez pas à aller jusqu'à l'héroïsme pur : finir votre dissertation même si votre feuilleton télé a commencé.
- Entre deux efforts, accordez-vous une pause. Rien de tel qu'un petit plaisir après l'effort pour regonfler la volonté à bloc !
- Souvenez-vous d'une phrase utile : « Ce qui est fait n'est plus à faire. » Résoudre les problèmes pour les avoir derrière soi, c'est encore le meilleur plan. Cela devrait être l'attitude de toute paresseuse qui se respecte !

Parfum

Mmm, tu sens bon !

S'INFORMER

Se parfumer est une pratique vieille comme le monde. Les Égyptiens ont été les premiers à fabriquer des parfums, il y a 3 500 ans ! À partir de la Renaissance, le parfum envahit les cours des rois. La France devient vite le pays du parfum. En 1889, Guerlain crée le premier parfum moderne, *Jicky*, alliant essences naturelles et produits de synthèse. On trouve encore aujourd'hui de grands parfums qui datent du début du XXe siècle et n'ont rien perdu de leur charme : l'éternel N° 5 est né en 1921, *Shalimar* de Guerlain en 1925. Le très célèbre parfum de jeune fille, *L'Air du temps*, a… près de 70 ans !

SECRETS DE FABRICATION

Au début, on laissait macérer des plantes, des écorces (cannelle, bergamote), des épices (vanille, safran) ou des substances odorantes comme le musc et l'ambre. La distillation puis l'extraction par des solvants ont permis de produire des parfums à plus grande échelle. Maintenant, des composants synthétiques reproduisent la plupart des substances naturelles. Un parfum est le résultat d'une alliance unique et secrète qui fait la valeur des plus renommés.

UN LUXE

Un grand parfum peut valoir très cher, mais il existe aussi des parfums bon marché. Il se décline sous plusieurs formes, de la senteur la plus légère et la moins chère, l'eau de toilette, jusqu'à l'extrait, le plus intense et le plus coûteux. Vous pouvez trouver un moyen terme, avec l'eau de parfum, par exemple. Il vaut toujours mieux investir dans une eau de toilette de qualité plutôt que de se contenter d'un vulgaire parfum de supermarché.

COMPRENDRE

Les parfums ont d'abord été utilisés comme encens pour les dieux. Et puis, les hommes ont commencé à les utiliser pour embaumer les morts. Et on a continué à leur attribuer les mêmes vertus : purification, soins, envoûtement. Les hommes et surtout les femmes ont récupéré à leur usage cet instrument incomparable de beauté et de séduction.

VOTRE PARFUM, C'EST VOUS

Pour vous, le parfum, c'est peut-être très nouveau. Comment le choisir, comment l'utiliser ? Pourtant votre premier parfum ne date pas d'aujourd'hui : votre maman utilisait déjà une eau de Cologne pour bébé et votre grand-mère vous mettait du « sent-bon » pour rire…

Aujourd'hui, un parfum exprime votre personnalité. Grâce à lui, vous pouvez attirer, séduire (ou repousser s'il est trop fort ou mal choisi !). Il laisse toujours un souvenir de vous.

LEQUEL CHOISIR ?
Votre premier essai sera peut-être un pschitt furtif tiré du vaporisateur de votre mère. Vous essaierez ceux de vos copines… ou copains car, au début, on peut préférer quelque chose de pas trop féminin. Mais, très vite, les grands parfums vous séduiront.

L'HEURE DU CHOIX
Le parfum résulte d'une alchimie avec votre peau : il n'est jamais tout à fait le même sur deux personnes différentes. Autant dire qu'il faut l'essayer sur vous. Chez un parfumeur, vous en trouverez pour tous les goûts. Mais n'en essayez pas plus de trois ou quatre à la suite, au-delà vous ne sentirez plus rien. Et surtout, attendez 10 ou 15 minutes avant de choisir, le temps qu'il réagisse sur votre peau.

UN PARFUM, UN STYLE
Si vous ne savez pas par où commencer votre recherche, ouvrez votre placard. Tout est dans le genre sixties un peu hippie ? Cherchez dans les parfums frais et naturels. Vous êtes plus dentelles et falbalas ? Il vous faut un parfum plus lourd, plus sucré de séductrice. Si vous êtes plutôt sweat et jeans, préférez les parfums frais et sportifs.

N'ASPHYXIEZ PAS LES AUTRES
Le parfum est un message personnel réservé à un cercle restreint. Quand vous vous parfumez, c'est comme une auréole que vous créez autour de vous. La règle de base : que cette auréole ne dépasse pas la longueur de votre bras. Cela évitera, par exemple, que vos voisins de restaurant en perdent le goût des aliments ! Si vous utilisez le même parfum depuis longtemps, vous ne le sentez plus. Ce n'est pas une raison pour en mettre plus. Les autres, eux, le sentent.

AMOUR ET PARFUM
Parfum veut dire séduction. Mais aussi souvenir. Quand la personne est absente, son parfum nous restitue sa présence. Le parfum de votre maman vous rassurait quand vous étiez petite fille.
Un parfum peut faire jaillir le souvenir d'une personne qu'on aime et, quand cet amour est fini, c'est parfois douloureux. Mais, comme souvent, le temps apaise les souffrances et sentir ce parfum pourra évoquer à nouveau des souvenirs heureux.

VOIR AUSSI
PEAU.

CONSEILS

CONSERVER VOTRE PARFUM
- *Un parfum s'évapore rapidement. Ne l'achetez pas en trop grande quantité.*
- *Gardez-le dans un endroit sec et frais. Chaleur, froid et soleil peuvent le dénaturer.*

COMMENT VOUS PARFUMER
- *Ne vous parfumez jamais sans être parfaitement propre : le mélange de parfum et de transpiration est particulièrement insupportable !*
- *Appliquez votre parfum aux endroits où bat votre pouls : poignets, base du cou, intérieur des coudes, derrière les genoux, intérieur des chevilles.*
- *Le parfum s'évapore moins vite sur les peaux grasses. Si vous avez la peau sèche, remettez-en régulièrement.*
- *Choisissez un parfum léger pour le jour et gardez les parfums capiteux pour le soir.*
- *Ne vous parfumez jamais avant de vous exposer au soleil : le parfum laisserait des marques indélébiles sur votre peau. Utilisez plutôt une crème parfumée.*

Passion

À la folie…

🔸 S'INFORMER

On confond souvent la passion avec l'amour. La passion est un sentiment intense qui vous pousse vers quelqu'un : à première vue, si ce n'est pas de l'amour, cela y ressemble fort !

TORNADE SUR LE CŒUR

Pourtant, la passion n'est pas l'amour. Ce n'est pas une forme d'amour plus belle, plus forte, ou plus intense que les autres, comme beaucoup le pensent. Alors que l'amour enrichit, construit et rend heureux, la passion dévore, détruit et fait souffrir.

TORNADE OU RAZ-DE-MARÉE ?

La passion est toujours excessive. C'est comme un vent de folie qui neutralise complètement la raison et la volonté.

Un mélange d'émotions puissantes, de rêve, de sensualité, de jalousie, tout cela sans mesure et sans limites. En gros, quand vous vivez une passion, vous ressemblez à un fétu de paille pris dans une tornade ! Vous ne décidez plus de rien, vous êtes réduite à attendre que la tornade passe pour reprendre vos esprits. Bref, vous subissez. C'est d'ailleurs le sens du mot latin *patior*, qui a donné aussi l'adjectif « passif ». La passion est un sentiment dévorant qui vous prend tout entière et vous prive de liberté.

LA FUREUR DE VIVRE

Les livres et le cinéma utilisent souvent le langage de la passion pour parler de l'amour, ce qui n'aide pas à dissiper la confusion entre les deux termes. Les amoureux y apparaissent comme des gens complètement fous ; leur raison démissionne à l'instant où ils rencontrent l'âme sœur, et ils se laissent ensuite emporter dans une histoire qu'ils ne maîtrisent pas. Le lecteur (ou le spectateur) sort de là époustouflé par l'intensité des sentiments… et persuadé que ce tumulte fou fait le sel de la vie et la grandeur de l'amour !

🔸 INFO +

DES EXPRESSIONS QUI EN DISENT LONG

« Je suis folle de lui », « je l'ai dans la peau », « je suis mordue », « il me fait tourner la tête », disent les femmes qui vivent une passion, comme si elles étaient prises au piège. Et que dire de l'expression « les ravages de la passion » ? Quant aux adjectifs, vous avez le choix : une passion est dévastatrice, destructrice, fatale ou dévorante !

🔸 COMPRENDRE

La passion peut être la meilleure et la pire des choses, comme le feu peut réchauffer ou brûler grièvement. « Rien de grand ne se fait sans passion », dit-on avec justesse. Car la passion est un formidable potentiel d'énergie : elle développe la créativité et incite à se dépasser, à faire des choses dont vous vous croyiez incapable.

QU'EST-CE QUE JE NE FERAIS PAS POUR LUI !

Qui n'a pas voulu réaliser des exploits en tout genre pour subjuguer l'élu de son cœur ? La passion donne des ailes qui ne poussent pas sur le dos des gens trop raisonnables. Elle dynamise une relation amoureuse et permet de la vivre pleinement. Quand vous aimez à la folie, vous avez horreur des demi-mesures, vous voulez tout donner et aussi tout recevoir de l'autre.

LE MEILLEUR DE L'AMOUR ?

La passion, c'est le propre de votre âge. Vous êtes débordante de force, de générosité et vous voudriez vivre pleinement votre idéal d'amour. Vous pensez sans doute que la passion est la forme la plus parfaite de l'amour, la plus pure, la plus intense. « Il n'y a plus de passion », dites-vous tristement en regardant certains couples qui vous paraissent ne plus mettre assez de cœur à s'aimer.

PASSION RAISONNABLE

Vous avez raison de regretter l'absence de passion si vous appelez « passion » le fait d'être éperdument amoureuse, d'avoir le cœur qui bat et de penser sans cesse à l'être aimé. Bref, ce qui arrive à la naissance de toute relation amoureuse et qui est tout à fait normal et nécessaire pour qu'un véritable amour se construise. Mais la véritable passion, celle qui dévore tout sur son passage, ne finit jamais en amour heureux.

POSSÉDER L'AUTRE EN EXCLUSIVITÉ

Un amoureux qui se laisse emporter par la passion devient aveugle, sourd, imperméable à tout ce qui n'est pas son amour. Il veut posséder l'autre complètement… comme si l'autre n'existait que pour lui. Résultat garanti : il se fait mal, il lui fait mal, et il finit par détruire la relation à force de la vouloir exclusive et idéale.

LA PASSION AVEUGLE, L'AMOUR ÉCLAIRE

Le véritable amour, c'est le contraire de la passion : c'est la tendresse, le respect de l'autre, la capacité à l'accepter différent, à le laisser libre. Cela demande de la patience, du temps, beaucoup d'humilité, et souvent de renoncer un peu à ses désirs pour écouter ceux de l'autre.

Tout cela vous semble peut-être un peu terne à côté des couleurs flamboyantes de la passion. Mais c'est pourtant toute la folie de l'amour d'être grand dans les toutes petites choses !

VOIR AUSSI
AMOUR, AMOUREUSE.

BON PLAN

VOUS VOULEZ DE LA PASSION, DE LA VRAIE ?

Cherchez-la dans la fiction. Les héros vont jusqu'au bout de leur passion… et le paient souvent de leur vie. Âmes sensibles, prévoyez des mouchoirs ! Quelques idées pour pleurer la mort d'amoureux légendaires, ou leur naufrage dans la folie :
- *Romans : Belle du Seigneur (A. Cohen), Les Hauts de Hurlevent (E. Brontë), Anna Karénine (L. Tolstoï), Tess d'Uberville (T. Hardy), Lettre d'une inconnue (S. Zweig).*
- *Théâtre : Roméo et Juliette (W. Shakespeare), Andromaque ou Phèdre (J. Racine), Une chatte sur un toit brûlant (T. Williams).*
- *Opéra : Carmen (G. Bizet), La Traviata (G. Verdi).*
- *Cinéma : Autant en emporte le vent, Camille Claudel, Adèle H.*

Patience

Ma patience a des limites !

S'INFORMER

Patience vient d'un mot latin, *patior*, qui a aussi donné « passion » et signifie supporter, subir, et même souffrir. La patience, c'est la capacité de supporter des choses désagréables : une maladie (les médecins appellent leurs malades des « patients »), les défauts des autres, le bruit que fait le voisin, l'incompréhension des parents…

UNE QUALITÉ, DEUX ÉTATS D'ESPRIT

Il y a des filles qui sont capables d'attendre la fin de leurs tracas avec le sourire, d'autres qui sont seulement résignées. Dans les deux cas, elles ont droit à la médaille de la patience, du moment qu'elles attendent sans se plaindre.

LA PATIENCE ? UNE RÉUSSITE !

La patience est aussi la capacité de persévérer dans une action sans vous décourager, jusqu'à ce que vous obteniez le résultat recherché. On vient à bout de bien des choses grâce à elle.

COMPRENDRE

Vous considérez peut-être la patience comme une qualité strictement réservée aux grands-mères. Plus généralement, à tous les adultes qui ont obtenu ce qu'ils désiraient, vécu plein de choses, et qui ont (selon vous) des droits et des libertés à ne plus savoir qu'en faire.

LA PATIENCE, TRÈS PEU POUR MOI !

Vous avez peut-être l'impression d'être dans l'antichambre de la vraie vie. Quand la porte s'ouvrira-t-elle enfin sur tous vos projets d'avenir ? Hâte d'avoir passé le bac pour ne plus entendre parler du lycée, hâte de rencontrer le prince charmant, hâte de décrocher le permis de conduire, hâte d'être majeure, hâte d'avoir un métier formidable, hâte de gagner de l'argent…
Il y a de quoi bouillir et ronger votre frein. Alors, vous trépignez et vous rêvez du miracle qui vous ferait traverser les années d'un coup de baguette magique.

À BOUT DE PATIENCE

En attendant, il y a toutes les petites choses qui mettent votre patience à l'épreuve au quotidien. Le cours de maths qui n'en finit pas, les vacances qui semblent si lointaines, ce bouton sur le nez qui s'obstine à ne pas disparaître, etc. Rien que des problèmes qui ont toutes les chances d'être solubles… dans la patience !

TOUT, TOUT DE SUITE !

Et si vous étiez justement à l'âge d'apprendre la patience ? Être adulte, c'est d'abord savoir qu'on ne peut pas avoir tout, tout de suite. Eh oui, il faut attendre son tour. Vous ne serez pas tout de suite performante dans votre métier, vous devrez

faire vos preuves. Vous ne trouverez pas l'homme de votre vie en claquant des doigts. D'ailleurs, une fois que vous l'aurez trouvé… vous devrez vous armer de patience pour apprendre à vivre avec lui ! Après, quand vous aurez envie d'avoir un enfant, vous ne deviendrez pas mère comme cela en un jour, parce qu'un bébé, on le désire puis on l'attend pendant neuf longs mois. Et ainsi de suite.

ATTENDRE, C'EST DÉJÀ ÊTRE HEUREUSE

Et si l'attente faisait partie du bonheur, si elle donnait du goût à la vie ? Vous savez bien que vous êtes plus heureuse d'obtenir ce que vous avez longtemps désiré et attendu que si vous l'aviez eu tout de suite, sans effort et sans désir. Regardez ce qui se passe quand vous rêvez d'un beau voyage : ce moment d'attente et d'espoir est déjà un moment de bonheur parce que vous anticipez, vous espérez, vous imaginez.

TRAVAILLEZ, PRENEZ DE LA PEINE…

Être patiente, c'est aussi accepter de se donner du mal pour obtenir un résultat. La sportive, le petit rat de l'opéra, la pianiste ou la violoniste le savent : elles ne peuvent réussir que par la persévérance. Elles apprennent même à aimer ce temps d'apprentissage où il faut recommencer sans se décourager les mêmes exercices, les mêmes efforts, les mêmes souffrances aussi. Bien sûr, c'est difficile de contenir l'impatience, le cœur qui bat, les mains qui tremblent, les jambes qui courent et l'esprit qui galope. Mais la patience est peut-être aussi la capacité de savourer… même l'impatience !

IMPATIENTE AUJOURD'HUI, NOSTALGIQUE DEMAIN

Si vous n'êtes pas convaincue, s'il vous arrive de trépigner en comptant les jours, de claquer la porte parce que l'on n'a pas répondu assez vite à votre question, de vous ronger les ongles en attendant l'avenir, pensez que dans quelques années vous rirez de votre impatience. Vous pourriez aussi regretter un jour de n'avoir pas assez savouré ce temps « pénible » qui vous agace aujourd'hui ! Alors, en attendant… patience !

VOIR AUSSI
ZEN.

Une peau pour la vie

● S'INFORMER

Vous voyez peut-être votre peau comme une simple enveloppe, une sorte d'emballage. En fait, c'est un organe à part entière qui a un rôle essentiel dans la protection du corps et dans la perception du monde extérieur. Savez-vous qu'en moyenne, la peau d'un adulte pèse 3 à 4 kg et représente une surface de 1,5 m^2 ?

DESSUS

La peau, c'est un organe complexe, bien organisé. Elle comprend trois couches qui ont chacune un rôle. La surface de la peau, c'est l'épiderme. Il est composé de cellules qui sont éliminées au fur à mesure qu'elles meurent (peaux mortes). Il protège votre corps de l'eau et des intrus (substances chimiques, microbes), mais aussi du soleil en produisant une substance, la mélanine, qui colore la peau.

DESSOUS

En dessous, le derme produit continuellement des cellules pour remplacer celles qui meurent en surface. Il contient les cellules nerveuses qui permettent de sentir le chaud, le froid, la douleur et la douceur et la substance qui assure l'élasticité de la peau, le collagène. Quand sa production diminue, la peau se ride. La troisième partie de la peau s'appelle l'hypoderme. C'est essentiellement de la graisse qui sert à amortir les pressions. On le trouve surtout là où la peau en subit le plus fortement (fesses, talons, etc.)

MALADIES DE LA PEAU

La peau peut développer toutes sortes de maladies. Certaines sont le symptôme d'une maladie du corps comme les boutons de la varicelle. D'autres sont des réponses à des attaques extérieures : infections, mycoses. La peau peut aussi réagir à son environnement (eczéma, urticaire, psoriasis, allergies) ou à un chamboulement intérieur : vergetures après avoir maigri ou grossi trop vite, acné liée au bouleversement hormonal de la puberté. Les plus graves sont les cancers de la peau dont beaucoup sont provoqués par des expositions prolongées et/ou sans protection au soleil.

● COMPRENDRE

Bébé, vous aviez la peau dont toutes les femmes rêvent, une « peau de bébé », douce, lisse, fraîche. Vous l'avez conservée toute votre enfance, jusqu'à ce que l'adolescence vous fasse découvrir les joies des traitements contre l'acné. Rassurez-vous, vous retrouverez vite une belle peau !

MA PEAU, C'EST MOI

Mais attention ! il faut en prendre soin. Votre peau est le miroir de votre histoire. Si votre père est noir et votre mère blanche, cela se lit à la couleur de votre peau. Mais celle-ci trahit aussi ce que vous vivez. Si vous vous endormez au soleil sans crème protectrice, sa rougeur dira votre imprévoyance.

AMIS ET ENNEMIS

Votre peau révèle aussi votre vie quotidienne. Pas de belle peau sans une alimentation saine et équilibrée. Les légumes, les fruits, l'eau sont ses amis. Graisses et alcool la ternissent. La fatigue la rend pâle et tirée. Le tabac la jaunit et la fait vieillir prématurément. Si vous ne vous souciez pas d'elle, elle se vengera et, attention, elle a vite fait de s'abîmer. Une femme qui fume pendant toute sa jeunesse aura à 40 ans la peau d'une femme de 60 ans et rien ne pourra réparer les dégâts.

SOIGNER SA PEAU

La peau du visage est plus fine et plus fragile que celle du corps. Mais les deux méritent mieux qu'un savonnage brutal. Pour le corps, il faut bien choisir votre gel douche surtout si vous avez une peau sensible : il existe des produits surgras ou sans savon pour les plus fragiles. Un lait hydratant après la douche est recommandé.

PEAU SÈCHE, PEAU GRASSE

Veillez particulièrement sur votre visage. Déterminez d'abord votre type de peau. Si elle est assez épaisse et brillante, elle est sans doute grasse. Si elle tire et a vite tendance à peler, elle est sèche. Le plus souvent, on a une peau mixte, avec le milieu du visage plus gras et les pommettes plus sèches. Il faut choisir vos produits de soin en fonction de votre type de peau. Oubliez l'eau et le savon. Préférez un lait de toilette puis une lotion tonique ou une lotion nettoyante qui remplace les deux produits. Vous pouvez ensuite mettre une crème hydratante dans la journée et une crème de nuit plus riche.

VOIR AUSSI
ACNÉ, MAQUILLAGE.

CONSEILS

RÈGLES D'OR
- *Ne vous couchez jamais sans vous être démaquillée.*
- *Appliquez une crème protectrice sur votre visage avant de sortir.*

CAPITAL SOLEIL
Le soleil est le pire ennemi de votre peau. Savez-vous que la mode du bronzage est très récente ? Jusqu'au début du XXe siècle, pour être belle, il fallait avoir une peau… très blanche.
Après un siècle où la mode fut au bronzage intensif, on a découvert que l'exposition au soleil provoquait une augmentation des cancers de la peau. Chacun de nous dispose en fait d'un « capital soleil », c'est-à-dire d'un nombre déterminé d'heures d'exposition au soleil au-delà duquel on risque d'avoir un cancer de la peau. Ce nombre est personnel et non calculable. Autrement dit, la meilleure façon de ne pas prendre de risque, c'est de ne jamais s'exposer au soleil aux heures les plus chaudes et d'utiliser des crèmes protectrices adaptées à la luminosité.

Pédophile
Briser le silence !

LA PÉDOPHILIE EST L'ATTIRANCE SEXUELLE D'UN ADULTE POUR LES ENFANTS, FILLES OU GARÇONS. UN PÉDOPHILE EST DONC UN ADULTE QUI RECHERCHE LES RELATIONS SEXUELLES AVEC LES ENFANTS OU LES ADOLESCENTS : IL PEUT S'AGIR DE **RAPPORTS SEXUELS, D'ATTOUCHEMENTS OU ENCORE DE PERVERSION DE L'ENFANT AU MOYEN D'IMAGES** OU DE FILMS PORNOGRAPHIQUES.

S'INFORMER
La pédophilie est une déviance sexuelle sévèrement punie par la loi française. Un adulte n'a pas le droit d'avoir des relations sexuelles avec un mineur de moins de 15 ans, même s'il ne les a pas obtenues par la force. C'est aussi le cas si le mineur a entre 15 et 18 ans et que l'adulte a autorité sur lui (un professeur, par exemple).

DES ACTES GRAVES
Un pédophile peut agir par la contrainte mais aussi user de persuasion ou de séduction. Dans tous les cas, ce sont des actes graves : ils sont unanimement dénoncés par la société qui cherche à mettre les pédophiles hors d'état de nuire. Ces crimes meurtrissent pour longtemps les jeunes victimes. Certains pédophiles vont jusqu'à les tuer.

PRISE DE CONSCIENCE
Depuis quelques années, on entend beaucoup parler de la pédophilie. C'est une bonne chose parce que, maintenant, les institutions qui sont en lien avec les mineurs, comme l'Éducation nationale, le ministère de la Jeunesse et l'Église, font un grand travail de prévention et de lutte contre la pédophilie.

SILENCE TERRIBLE
De plus en plus de victimes de la pédophilie osent porter plainte. Malheureusement, ce n'est sans doute que la partie visible de l'iceberg : comme pour le viol ou l'inceste, beaucoup de jeunes victimes n'osent pas encore parler.

COMPRENDRE
Les pédophiles sont des personnes malades, déséquilibrées, qui ont une sexualité pervertie puisqu'elle ne s'oriente pas vers un adulte, ce qui est normal, mais vers un enfant qui n'est pas en mesure de vivre une sexualité adulte. Ils abusent de la fragilité des enfants, de leur incapacité à se défendre et à comprendre ce qui leur arrive.

ABUS DE POUVOIR
Un enfant ou un adolescent n'est pas toujours capable de refuser les propositions ambiguës d'un adulte : il peut ne pas se

rendre compte tout de suite de ce qui se passe. Il peut même au départ se sentir valorisé d'être le centre d'intérêt d'un adulte qu'il estime : enseignant, animateur, aumônier, voisin ou membre de sa famille.

L'ADULTE EST COUPABLE

Souvent, l'enfant se croit coupable de n'avoir pas pu résister. Pourtant, c'est toujours l'adulte qui est responsable. L'enfant est toujours innocent. Il a surtout besoin de se faire aider, de parler avec des professionnels, des psychologues pour se reconstruire, retrouver sa dignité et sa confiance dans la vie.

POURQUOI ÇA ARRIVE ?

Pourquoi les pédophiles font-ils cela ? Certains d'entre eux en ont été victimes : ils reproduisent ce qu'ils ont vécu. Ce n'est pas le cas de tous. La plupart disent avoir agi parce qu'ils étaient poussés par des pulsions incontrôlables. Ce qui est sûr, c'est qu'ils ont tous de graves problèmes et qu'ils doivent absolument être soignés sous peine de recommencer.

EST-CE QU'ILS COMPRENNENT ?

Certains pédophiles demandent à être soignés en prison, et même à leur sortie, parce qu'ils ne veulent pas prendre le risque que cela se reproduise. Mais beaucoup d'autres nient les faits.

INTERNET CRIMINEL

Certains pédophiles ne voient même pas où est le problème. Ils ne vont pas forcément violer puis étrangler un enfant après l'avoir kidnappé à la sortie de l'école, mais ils commettent d'autres délits. Regarder des photographies, des sites ou des films clandestins mettant en scène des relations sexuelles entre adultes et enfants est un crime à double titre : crime parce que des victimes ont été violées, crime parce qu'elles ont été filmées, ce qui ajoute à l'horreur. En plus, ce genre de choses entretient les fantasmes des pédophiles et peut les conduire à l'idée que leur sexualité est normale.

ENFANTS DES AUTRES PAYS

Certains pays ont des lois moins strictes que la loi française sur la pédophilie, ou moins de moyens pour les appliquer. Ce sont souvent des pays pauvres, où les enfants sont prostitués pour nourrir leur famille. Les pédophiles qui vont dans ces pays (on appelle cela le tourisme sexuel) sont criminels, même s'ils sont rarement punis. Il y a encore beaucoup à faire dans la lutte contre la pédophilie.

● INFO +

Il existe bien des réseaux de pédophiles à l'échelle internationale, mais 80 % des cas de pédophilie sont révélés dans le cadre de la famille ou des proches de l'enfant.

VOIR AUSSI
INCESTE, MALTRAITANCE, VIOL.

CONSEILS

QUE FAIRE SI VOUS ÊTES CONVAINCUE DE LA CULPABILITÉ D'UN ADULTE ?

• Vous pouvez faire part de vos soupçons à un adulte. Il saura comment s'y prendre pour vérifier vos soupçons, les lever ou les confirmer. Vous pouvez aussi vous adresser à l'association Allô Enfance maltraitée (voir les numéros utiles en fin d'ouvrage).
• Une personne qui, enfant, a été victime de pédophilie peut porter plainte jusqu'à l'âge de 28 ans, y compris pour des faits remontant à sa petite enfance.
• Attention ! Accuser quelqu'un de pédophilie est très grave. L'accusé sera mis en examen, peut-être emprisonné en l'attente de son jugement. Sa réputation sera détruite, il pourra perdre son emploi, l'amour de sa famille et l'amitié de ses proches. Récemment, le procès d'Outreau a montré que des erreurs judiciaires très lourdes peuvent briser la vie d'innocents accusés de pédophilie. Accuser ou dénoncer quelqu'un à tort est donc très grave. C'est aussi une insulte aux vraies victimes qui ont souvent du mal à dénoncer leurs bourreaux et dont la parole a longtemps été mise en doute.

Père

Mon père, ce héros…

🔴 S'INFORMER

Pendant longtemps, les rôles et les tâches des parents étaient bien séparés. La mère s'occupait des enfants et du bien-être de toute la famille, le père mettait tout son honneur à pourvoir aux besoins de sa femme et de ses enfants, à protéger sa famille de toutes ses forces.

LE PATER FAMILIAS

Il n'y a pas si longtemps, l'autorité du père sur sa famille était pour ainsi dire toute-puissante : ni sa femme ni ses enfants n'allaient à l'encontre de ses décisions. C'était lui qui fixait les règles. Gare à celui qui désobéissait ! En revanche, il faisait entièrement confiance à sa femme pour s'occuper des bébés et des petits enfants. Même s'il avait de la tendresse pour eux, il aurait été inimaginable qu'il les berce, les lange ou les nourrisse comme beaucoup de pères le font aujourd'hui.

PAPA NOUVEAU MODÈLE

Maintenant, les choses ont changé. Beaucoup de femmes travaillent et leurs compagnons trouvent tout à fait normal de les aider à la maison. Mieux : ils ont découvert le plaisir de pouponner, de s'occuper eux aussi de leurs enfants, même tout-petits. On les appelle d'ailleurs les « nouveaux pères » ou les « papas poules » et la loi a instauré un partage plus équitable des responsabilités du père et de la mère.

PAPA DIVORCÉ

Pourtant, même si les papas d'aujourd'hui ne ressemblent plus aux pères d'autrefois, c'est souvent la mère qui a la garde des enfants quand un couple divorce. C'est d'ailleurs une grande souffrance pour le père et les enfants. Depuis 2001, la loi encourage la « garde partagée » des enfants qui vivent ainsi alternativement chez leur mère et chez leur père.

🔴 COMPRENDRE

Père autoritaire, papa poule, père absorbé par son travail, ou même père à mi-temps dans le cas des familles séparées, il y a toutes sortes de pères. Ce qui est sûr, c'est que l'on a besoin de son père, qu'on l'aime… même si les relations au moment de l'adolescence sont parfois tendues !

T'ES PLUS DANS LE COUP !

Il vous arrive peut-être de trouver que votre père ne vous comprend pas, qu'il en fait trop… ou pas assez. Bref, vous n'êtes plus la petite fille qui rêvait d'épouser son papa !

MA FILLE À MOI…

Pour votre père, ce n'est pas facile non plus. Il y a peu de temps encore, vous étiez une petite fille câline qui se jetait dans ses bras ou s'agrippait à son cou. Et vous voilà tantôt câline, tantôt distante, voire agressive quand il n'est pas « cool ».

PAS TOUCHE À MA FILLE !

Il n'a peut-être pas envie de vous voir grandir, de perdre sa petite princesse. Il a sans doute un peu peur, comme tous les pères, du mal que l'on pourrait vous faire. Ce « on » un peu mystérieux, ce sont les garçons, notamment ceux qui s'intéressent déjà à vous ou ceux qui le feront forcément un jour. Comme votre père a eu leur âge, il sait bien quelles idées ils ont derrière la tête !

J'ARRIVE PLUS À SUIVRE

En même temps, il est certainement fier de vous voir grandir, devenir une femme, prendre de l'assurance et une certaine forme d'autonomie. Alors, entre fierté et inquiétude, il a sans doute des réactions qui vous étonnent ou vous énervent. Les crises d'autorité (« pas question que tu sortes ce week-end ! ») succèdent peut-être aux grands moments de complicité ou de tendresse.

PAPA POUR TOUJOURS

Votre père sera toujours votre père, même quand vous serez partie de la maison ! C'est normal qu'il s'inquiète pour vous, qu'il soit exigeant, s'il vous aime. Soyez donc un peu indulgente et patiente. Laissez-lui le temps de retrouver ses marques. Ce n'est pas facile pour vous de changer ? Pour lui non plus, soyez-en sûres ! Alors ne l'envoyez pas promener trop sévèrement quand vous trouvez ses plaisanteries déplacées, ses gestes de tendresse maladroits ou ses interdictions un peu trop fréquentes à votre goût. Au moins, cela prouve qu'il s'intéresse à vous !

MOI, JE N'AI PAS DE PAPA

Il arrive, hélas, que certaines se retrouvent privées partiellement ou complètement de père. Décès, divorce ou relation tellement conflictuelle que le père en est presque absent. L'amour d'un père, ce n'est pas la même chose que celui d'une mère et on a besoin des deux. Un papa aide à voir clair, sait être exigeant, parfois même autoritaire, par amour, pour le bien de ses enfants. C'est difficile de grandir et de se construire sans ce soutien précieux. Si c'est votre cas, vous avez peut-être dans votre entourage un oncle, un parrain, un ami adulte qui, sans remplacer votre papa, pourra vous apporter le soutien dont vous avez besoin pour finir de grandir.

BONS PLANS
POUR BIEN VOUS ENTENDRE AVEC VOTRE PÈRE

- Si votre père est plutôt du genre très occupé et qu'il rentre tard le soir parce qu'il travaille beaucoup, essayez de trouver quelques heures le week-end pour les passer avec lui. Dites-lui que vous avez envie que vous fassiez des choses ensemble. Il sera certainement très fier que sa grande fille veuille encore passer du temps avec lui.

- Parlez-lui de ce que vous faites et demandez-lui de vous expliquer ce qu'il fait. S'il lit un journal, posez-lui des questions sur l'actualité, demandez-lui de vous l'expliquer.
- Si vous trouvez qu'il est trop sévère ou qu'il vous interdit trop de choses, parlez-en avec lui. Demandez-lui sereinement de vous expliquer pourquoi il le fait. C'est en posant ces questions comme une adulte que vous lui ferez peu à peu comprendre que vous avez grandi, qu'il peut vous faire confiance et vous traiter comme la grande fille que vous êtes !
- Si la communication est bloquée, n'oubliez pas qu'il a souvent un excellent médiateur : sa femme !

VOIR AUSSI
BEAU-PÈRE/BELLE-MÈRE, MÈRE, PARENTS.

Permis de conduir
Ça roule !

S'INFORMER
FAITES VOTRE CHOIX !

Il faut être titulaire de l'attestation scolaire de sécurité routière de deuxième niveau pour s'inscrire au permis de conduire. Il y a deux parcours possibles pour obtenir le permis B : le parcours classique et la conduite accompagnée. Le parcours classique est possible à partir de 18 ans. Dans les deux cas, il faut s'inscrire dans une auto-école. Celle-ci propose un forfait comprenant la préparation à l'examen du code, et un minimum de 20 heures de leçons de conduite avant de vous présenter à l'examen pratique.

5 TENTATIVES, 3 ANS DE DÉLAI

Vous passez d'abord le code. Quand vous l'avez réussi, vous avez droit à 5 tentatives pour décrocher l'examen de conduite, dans les trois années qui suivent votre réussite au code ; faute de quoi celui-ci est périmé et il faut le repasser. Pour la conduite, vous avez droit à une évaluation avant de commencer les leçons : elle permet au moniteur de décider du nombre d'heures de conduite qui vous seront nécessaires. La plupart des candidats ont besoin de plus de 20 heures : moins de 10 % l'obtiennent avec ce minimum obligatoire.

CONDUITE ACCOMPAGNÉE

L'« apprentissage anticipé de la conduite » est possible dès l'âge de 16 ans. Au début, c'est le même parcours que pour l'apprentissage classique : cours de code, examen théorique, 20 heures de conduite. Ensuite, il vous faut rouler 3 000 km, accompagnée par un parent ou tout autre adulte âgé d'au moins 28 ans qui suit la formation d'accompagnateur. Pour être accompagnateur, il faut posséder le permis depuis plus de 3 ans (sans avoir eu de condamnation) et accepter de participer à deux rendez-vous pédagogiques. Il faut aussi prendre une assurance complémentaire pour sa voiture. À 18 ans, vous passez l'examen pratique. Environ 80 % des jeunes qui ont suivi ce parcours obtiennent leur permis du premier coup.

PERMIS SOUS CONDITIONS

Vous recevez votre résultat par la poste 2 ou 3 jours après avoir passé l'examen. Ce permis est désormais un « permis probatoire » : il ne comporte que 6 des 12 points du permis complet. Vous devrez gagner les 6 autres en n'encourant aucun retrait de points pendant les 3 ans qui suivent votre réussite à l'examen. Cette période est réduite à 2 ans si vous avez fait la conduite accompagnée. Si vous perdez 3 points pendant cette période, vous devrez suivre un stage de sensibilisation à la sécurité routière et vos points ne vous seront pas rendus à la fin de la période probatoire. Il vous faudra attendre de nouveau 3 ans sans infraction pour les récupérer.

DES POINTS EN MOINS

Le permis fonctionne avec un système de points. Au départ, il compte 12 points. Si un conducteur commet une infraction (un excès de vitesse, par exemple), on peut lui retirer de 1 à 6 points, selon la gravité de l'infraction. Plus de points ? Le permis n'est plus valide : il faut attendre 6 mois, et souvent repasser le code ou la totalité du permis. Pour retrouver des points perdus, deux possibilités : ne pas commettre d'infraction pendant 3 ans ou effectuer des stages (payants) de sensibilisation. Un stage de deux jours (environ 230 euros) peut permettre de récupérer 4 points.

INFO +

LES JEUNES ET LA CONDUITE

En 2004, la mortalité des 18-24 ans sur la route a augmenté. Les accidents de voiture restent la première cause de mortalité chez les 15-19 ans (40 % des décès).

PERMIS À 1 EURO PAR JOUR

Mise en place par le gouvernement le 1er juillet 2004, cette mesure réservée aux moins de 25 ans est destinée à aider les futurs jeunes conducteurs à financer leur permis. Objectif : réduire les cas de conduite sans permis. Le principe est simple : une banque vous prête de l'argent pour financer votre permis. Vous la remboursez au rythme d'un euro par jour et c'est l'État qui paie les intérêts. Par exemple, si les cours coûtent 800 euros, vous remboursez pendant 26 mois. Mais vous pouvez aussi rembourser tout ou partie du prêt par anticipation si vous avez une rentrée d'argent.

COMPRENDRE

Le permis de conduire, c'est la liberté : une bonne raison de le passer dès votre majorité. Si vous habitez à la campagne et que vous dépendez de vos parents pour vos moindres déplacements, vous devez déjà en être convaincue !

ON SE BOUGE !

Même si tous les transports en commun sont à votre disposition, ne tardez pas trop à obtenir ce petit papier rose. Le permis pourra vous être demandé par un futur employeur. Plus vous attendrez, plus vous aurez du mal à vous y mettre.

VOIR AUSSI
ALCOOL, CANNABIS, DEUX-ROUES, DROGUE.

CONSEILS

TRUCS ET ASTUCES POUR DÉCROCHER LE PERMIS

- *Choisissez une auto-école qui a fait ses preuves plutôt qu'un tout nouvel établissement, même si ses prix sont attractifs ! Vérifiez que ce centre est agréé par la préfecture, sinon vous ne pourrez pas passer l'examen.*
- *Ne vous laissez pas impressionner par votre moniteur : si vous trouvez qu'il crie trop (cela arrive, hélas !), vous avez le droit de lui dire que cela vous paralyse… et même d'exiger de changer de moniteur.*
- *Évitez de trop espacer les leçons de conduite. D'une semaine sur l'autre, on oublie ce qu'on a appris si l'on n'a pas pris le volant.*
- *Réclamez d'être inscrite à l'examen pratique dès que vous êtes prête : une auto-école ne peut présenter qu'un nombre limité d'élèves à l'examen, et l'on risque de vous faire attendre.*

Piercing

Quand le look agresse...

🔴 S'INFORMER

Comme le tatouage, le piercing est une très ancienne pratique. Dans bien des sociétés, il représentait une marque sociale, un signe d'appartenance à une tribu ou à une catégorie particulière : prêtres, nobles, etc. On pouvait aussi le recevoir lors d'un rite initiatique de passage de l'enfance à l'âge adulte.

UN LOOK PROVOCATEUR

Ces pratiques ont été remises au goût du jour par les hippies dans les années 1960. Le piercing exprimait leur rêve de retour à une vie primitive supposée plus belle et plus vraie et il était comme un signe de reconnaissance entre eux. Les punks ont repris l'idée dans les années 1980. Se transpercer le corps avec des épingles, c'était une manière de dire leur refus violent de la société en adoptant un look criard, provocateur et agressif.

UN PIERCING, OÙ ÇA ?

On peut se percer beaucoup de parties du corps. Sur le visage : oreille, arcade sourcilière, lèvres, langue, narine, et même cloison centrale du nez. Ailleurs : nombril, seins et aussi organes génitaux. Sur certaines parties du corps comme les bras et le dos, les risques de rejet sont plus importants. Les piercings proches des yeux et dans la bouche sont dangereux. Dans tous les cas, c'est une pratique qui n'est pas sans risques.

C'EST DANGEREUX ?

Oui, car il y a des risques de transmission de maladies graves, voire mortelles (hépatite C, sida) et des risques d'infection. Les professionnels sérieux se sont regroupés et ont édicté une charte de déontologie mais aucune loi n'oblige un « perceur » à la suivre.

ÇA FAIT MAL ?

Cela fait souffrir quand on perce et après quand on cicatrise. Le temps de cicatrisation varie suivant les piercings : 6 à 8 semaines pour le lobe de l'oreille, l'arcade sourcilière ou la lèvre ; 8 semaines pour la langue, 6 à 9 mois pour le nombril. Pendant cette période, il faut désinfecter régulièrement la plaie, ne pas s'exposer au soleil, éviter les bains de mer et le sable. Et garder le bijou posé jusqu'à cicatrisation complète.

GARE AUX ALLERGIES !

On peut ensuite changer de bijou. Mais il vaut mieux éviter de faire circuler les bijoux entre différents endroits percés : ne pas mettre sur le nez celui que l'on avait dans le nombril, et bien sûr ne rien échanger avec personne si l'on ne veut pas multiplier les risques d'infection ! Enfin, il est préférable d'utiliser des bijoux en métal précieux ou anallergique pour éviter les réactions allergiques.

INFO +
LES RISQUES D'INFECTION

Avant même d'envisager un piercing, il faut savoir que des risques existent. Un bon nombre de tous nouveaux « piercés » défilent dans les cabinets de dermatologues ou aux urgences pour cause de complications diverses !
Il y a quatre risques de réactions de la peau après un piercing :
- Le granulome est un bourgeon charnu qui se forme autour du trou.
- La surinfection (ou rejet).
- Le fibrome, une tumeur bénigne qui se forme sous la plaie. Attention, cela arrive beaucoup plus souvent que l'on ne le croit.
- Les irritations de la peau, qui démangent désagréablement.
En cas de réaction, il n'y a qu'une seule solution : renoncer au piercing. Les cas d'infection (fibrome, etc.) nécessitent des interventions chirurgicales.
Il faut parfois « nettoyer un peu large » autour de la plaie : cicatrice voyante garantie !

COMPRENDRE

Dans notre société, en dehors du trou dans le lobe de l'oreille, le piercing n'a rien d'une coutume ancestrale que l'on respecte. C'est une effraction volontaire du corps, une sorte d'agression qui mérite que l'on y réfléchisse à deux fois. D'abord, certains piercings sont vraiment encombrants et gênants, même quand on a l'habitude de les porter. Le piercing sur la langue, par exemple, cogne ou vibre contre les dents à chaque consonne prononcée… Quant au bijou sur une narine, c'est un excellent moyen de s'entraîner à loucher élégamment. Sans compter que, vu de loin, un petit diamant sur le nez ressemble furieusement à un énorme point noir !

T'ES MON FRÈRE DE PIERCING !

Aujourd'hui les adeptes du piercing, garçons et filles, voient cette pratique comme une technique esthétique originale. Mais, comme les hippies et les punks d'hier, ils aiment aussi le sentiment d'appartenance qui l'accompagne : en gros, il y a ceux qui pratiquent le piercing et les autres. C'est bien là le problème : on peut mal vous juger si vous portez un piercing. Mieux vaut y réfléchir avant un oral d'examen ou un entretien d'embauche !

LE CORPS : MANIPULATION OU MUTILATION ?

Comme pour le tatouage, il y a toujours une sorte de désir malsain de manipuler et même de mutiler son corps, pour provoquer, pour prouver ou se prouver qu'on est libre de l'utiliser à sa guise. Le tout est de savoir si on a vraiment besoin d'un piercing pour se sentir bien dans sa peau. Une chose est certaine : votre peau, elle, n'en a vraiment pas besoin pour se sentir bien !

BON PLAN
CURIEUSE ?

Envie de voir à quoi vous ressembleriez avec un piercing ? N'allez pas jusqu'à vous trouer la peau ; votre nombril s'en passe très bien, votre nez aussi, votre langue encore mieux ! Pensez aux faux piercings aimantés ou aux autocollants. Cela vous permettra de réfléchir tout en faisant une bonne blague à votre grand-mère ou à vos parents.

VOIR AUSSI
TATOUAGE.

Pilule

Lundi, mardi, mercredi...

CE QU'ON APPELLE COURAMMENT « LA PILULE » EST UN **CONTRACEPTIF ORAL QUI SE PRÉSENTE SOUS FORME DE COMPRIMÉS**. IL EXISTE EN RÉALITÉ UNE TRENTAINE DE MARQUES DE PILULES, QUI FONCTIONNENT TOUTES SUR LE MÊME PRINCIPE.

● S'INFORMER

Pendant le cycle menstruel, le corps de la femme se prépare à l'éventualité d'une grossesse. Sous l'effet complexe d'hormones, l'ovaire libère un ovule et la muqueuse utérine se développe pour accueillir l'ovule fécondé. La pilule est un moyen contraceptif qui modifie le taux d'hormones pour que le corps de la femme ne soit jamais prêt pour une grossesse.

PAS D'OVULE, PAS DE BÉBÉ

Les comprimés contiennent des hormones de synthèse qui viennent modifier l'action naturelle des hormones fabriquées par le corps de la femme. Le cycle d'une femme sous pilule n'est pas un cycle « naturel » : il n'y a pas d'ovulation et la muqueuse utérine ne se développe presque pas. Une grossesse n'est donc pas possible.

PILULES COMBINÉES ET « MICROPILULES »

Dans la plupart des pilules, il y a deux types d'hormones : l'œstrogène et la progestérone. On dit que ce sont des pilules combinées. Les « micropilules » ne contiennent qu'une sorte d'hormone, les progestatifs. Mais le principe est toujours le même, quel que soit le type de pilule prescrit.

TOUS LES JOURS

Si l'on prend la pilule régulièrement, sans oublier un seul jour, elle est efficace à presque 100 %. On commence la première plaquette le premier jour des règles, qui est le premier jour du cycle. Généralement, on doit la prendre tous les jours pendant 21 jours puis on arrête pendant 7 jours et on recommence. Certaines pilules doivent être prises sans interruption, mais elles sont plus rarement prescrites. Pendant les jours d'arrêt, on a des saignements qui ressemblent aux règles, mais qui sont souvent moins abondants. C'est normal puisqu'il n'y a pas d'ovule et peu de muqueuse utérine à évacuer.

PAS D'OUBLI

La pilule n'a rien de magique : si la femme oublie un comprimé, elle ne prend pas la dose d'hormones nécessaire pour bloquer l'ovulation, son cycle peut donc recommencer normalement. Il faut donc prendre la pilule tous les jours à la même heure (le matin en se levant ou le soir en se couchant).

QUE FAIRE EN CAS D'OUBLI ?

Si l'on a oublié et que l'on s'en aperçoit au bout de quelques heures, on peut encore réparer l'erreur en la prenant aussitôt. Au-delà de 12 heures, on n'est plus protégée, il faut mettre un préservatif à chaque rapport sexuel, tout en continuant de prendre la pilule tous les jours jusqu'à la fin de la plaquette. Attention, le délai est beaucoup plus court pour les micropilules souvent prescrites aux jeunes filles, parce qu'elles contiennent moins d'hormones : après 3 heures de retard, c'est trop tard !

● INFO +

Pour se faire prescrire la pilule :
1. Il faut aller consulter un gynécologue (la consultation coûte environ 33,50 euros remboursés en partie par la Sécurité sociale).
2. Le gynécologue prescrit des examens de sang.
3. On doit aller revoir le gynécologue avec les résultats des examens. Le gynécologue prescrira une pilule s'il ne remarque pas de contre-indications. Il peut aussi prescrire la pilule dès le premier rendez-vous et dire d'attendre les résultats des examens pour la prendre. Il explique comment la prendre. C'est aussi indiqué dans la boîte de comprimés.
4. La pilule est prescrite pour trois mois, voire six mois : ensuite, il faut retourner voir son gynécologue pour qu'il renouvelle la prescription.
5. En cas d'oubli, il est toujours possible de lui téléphoner pour savoir ce qu'il faut faire.

● CONSEIL

Si une fille ne veut pas en parler avec ses parents, elle peut s'adresser à un centre de planification familiale,

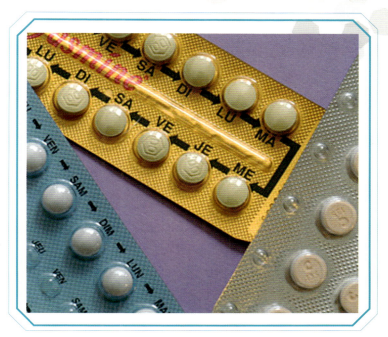

au dispensaire municipal ou à certains hôpitaux : la consultation est anonyme et gratuite.

● COMPRENDRE

Depuis l'invention de la pilule dans les années 1960, la recherche a fait beaucoup de progrès et il existe maintenant des pilules minidosées qui sont bien moins fortes que celles que vos aînées avalaient.

LÉGÈRE, OUI MAIS

La pilule, même minidosée, reste un médicament. Ce n'est pas un comprimé que l'on avale à la légère. D'ailleurs, si vous voulez la prendre, vous devez voir un médecin et faire des analyses de sang. Elle n'est pas dangereuse, à condition de la prendre convenablement, c'est-à-dire en faisant tous les examens pour s'assurer régulièrement que le corps réagit bien à ce traitement. Il faut aussi éviter de fumer quand on prend la pilule car l'association pilule-tabac multiplie considérablement les risques de maladies cardio-vasculaires.

ÇA REND STÉRILE ?

La pilule ne rend pas stérile et une femme qui l'a prise pendant des années pourra attendre un bébé tout à fait normalement. Mais il faut savoir que la pilule modifie le cycle naturel de la femme.
Une fille qui commence à prendre la pilule à 15 ans et l'arrête à 30 ans pour avoir un bébé aura passé quinze années de sa vie sans connaître le rythme naturel de son corps. Ses cycles mettront sans doute un peu de temps à reprendre un rythme naturel régulier. Mais il n'y a pas de règle absolue :

certaines femmes qui arrêtent la pilule mettent un certain temps avant d'être enceintes, d'autres sont enceintes le mois suivant l'arrêt de la pilule !

RESPONSABLE ET SÉRIEUSE

D'où la nécessité de bien réfléchir avant de la prendre et de ne pas le faire n'importe comment, un comprimé un jour sur deux, ou alors une plaquette un mois sur deux, au petit bonheur la chance, parce que l'on n'en a pas vraiment besoin, mais que l'on prévoit, « au cas où ». C'est le meilleur moyen de se retrouver enceinte, le jour du « cas où » !

UNE DÉCISION IMPORTANTE

Prendre la pilule est une décision qui se mûrit. Si vous décidez un jour de prendre la pilule, c'est que vous envisagez d'avoir des relations sexuelles, d'en prendre la responsabilité et de l'assumer pleinement, comme une adulte. Cela suppose d'être capable de vous prendre vraiment en charge : en cas d'oubli de la pilule, il faudra assumer les conséquences d'une grossesse éventuelle.

UNE CHANCE

Avant la pilule, les couples ne disposaient pas d'un moyen fiable pour éviter qu'un rapport sexuel n'aboutisse à la naissance d'un enfant. La pilule a permis aux femmes d'être délivrées de l'angoisse parfois insupportable de la grossesse non désirée. C'est une chance, surtout pour une jeune fille qui ne sait pas encore ce que sera son avenir et ce qu'elle veut faire de sa vie. Une bonne raison de considérer cela avec sérieux : ce n'est pas parce que l'on a le droit de prendre la pilule maintenant (même sans l'autorisation de ses parents) qu'il faut le faire systématiquement, sans trop y réfléchir, dès que l'on a ses règles !

UN CHOIX RAISONNÉ

Prendre la pilule ne vous fera pas devenir une femme, elle ne vous fera pas basculer dans le monde adulte, comme par miracle. C'est seulement le fait de choisir après avoir mûrement réfléchi, en fonction de vos projets, de votre vie affective, de votre façon de voir la vie, qui fera de vous une fille responsable. Ce choix de fille, personne ne peut le faire à votre place, ni votre mère ni le garçon que vous aimez.

VOIR AUSSI
AVORTEMENT, CONTRACEPTION, FÉCONDITÉ, GROSSESSE PRÉCOCE.

VRAI/FAUX

• **LA PILULE EST EFFICACE DÈS LE PREMIER JOUR.**
Vrai. *Elle est efficace immédiatement, si l'on commence bien la plaquette dès le premier jour des règles et qu'on la prend correctement (tous les jours à heure fixe) pendant 21 jours. Il n'y a donc pas besoin d'attendre la fin de la première plaquette pour être protégée.*

• **LA PILULE FAIT GROSSIR.**
Faux. *Les pilules actuelles, moins fortement dosées que les premières, ne font pas grossir.*

• **LA PILULE EST CANCÉRIGÈNE.**
Faux. *Il n'y a pas plus de cancers chez les femmes qui la prennent que chez les autres.*

• **AVEC LA PILULE, PLUS BESOIN DE PRÉSERVATIF.**
Vrai. *Pour les risques de grossesse.*
Faux. *Pour les risques de transmission du sida et des MST.*

• **LA PILULE SERT À RÉGULER LES CYCLES IRRÉGULIERS**
Vrai. *Un médecin peut la prescrire comme traitement à une jeune fille qui n'a pas de cycles réguliers ou qui a des règles très douloureuses.*

Pitié

Je ne veux pas de ta pitié !

🟠 S'INFORMER

La pitié n'a pas bonne presse. Ce n'est pas vraiment un sentiment que l'on aime inspirer : quand on fait pitié, on n'en est pas fière. Parce que l'on associe souvent le mépris à la pitié : ceux qui font pitié sont considérés comme des gens sans valeur, incapables de se sortir seuls de leurs difficultés, voire coupables de les avoir provoquées.

TOUCHÉE PAR LES SOUCIS DES AUTRES

Pourtant, la pitié se dit aussi avec d'autres mots. La « compassion », qui en latin veut dire « souffrir avec ». Ou encore la « sympathie », qui vient du grec et signifie la même chose. Autrement dit, la pitié est la sensibilité au malheur d'autrui, le sentiment que vous éprouvez quand vous êtes touchée, bouleversée par ceux qui souffrent, quand vous vous sentez proche d'eux.

PERSONNE NE MÉRITE LE MALHEUR

La pitié n'a en fait rien à voir avec le mépris. Elle vous pousse à être bienveillante, à ne pas condamner l'autre. Elle vous fait voir au-delà des apparences, et surtout croire qu'on a tous une valeur : personne ne mérite le mépris, la solitude ni le malheur.

🟠 COMPRENDRE

La pitié, c'est le premier pas vers celui qui souffre. Vous avez envie de faire quelque chose pour l'aider, pour le soulager, pour lui montrer qu'il compte pour vous, qu'il a du prix. Tout le contraire de l'égoïsme. Pour éprouver de la pitié, il faut être capable de sortir de soi-même et de ses petits (ou grands) problèmes pour regarder autour de soi. Ce n'est pas forcément facile. Quelquefois, vous avez peut-être l'impression d'avoir tellement de soucis que vous oubliez qu'il existe de plus grands malheurs autour de vous.

COMME UNE INSULTE

Surtout, vous-même n'avez pas envie de la pitié des autres. Vous préférez vous débrouiller toute seule, pleurer dans votre coin ou serrer les dents, mais surtout pas subir le regard condescendant des autres quand vous êtes en difficulté. Il faut de l'humilité pour accepter l'aide d'autrui. C'est pour cela qu'accorder votre pitié ne vous paraît peut-être pas évident… pas très gentil, en tout cas.

SUR DES ŒUFS

Alors, pas de pitié pour les gens malheureux ? Si, bien sûr. Mais, effectivement, pour témoigner de la compassion à quelqu'un qui est fragile, perdu, écrasé, qui a fait une faute ou qui a honte, il faut être à peu près aussi délicat que si l'on marchait sur un parterre d'œufs.

RESPECT !

Vous avez sûrement entendu parler de gens comme Mère Teresa en Inde, l'abbé Pierre qui a fondé en France le mouvement Emmaüs, ou encore Geneviève de Gaulle, l'ancienne présidente d'ATD-Quart monde. Leur point commun ? Ce sont des personnes qui ont employé toutes leurs forces et toute leur intelligence à aider ceux qui étaient sans secours. Elles avaient pitié d'eux, mais pas n'importe comment : elles considéraient tous ces gens malheureux avec respect. Pour les aider, elles se sont efforcées de leur donner les moyens de s'aider eux-mêmes, afin qu'ils retrouvent leur dignité et leur confiance en eux.

À VOTRE BON CŒUR

Quand vous avez pitié d'un SDF, vous pouvez lui donner une pièce ; mais vous lui donnez quelque chose de plus si vous le saluez, si vous lui parlez de manière respectueuse, sans avoir l'air de le mépriser. La fille qui a raté son devoir de maths, qui se sent nulle et qui pleure vous fait pitié ? L'important, c'est de la réconforter mais aussi de lui rendre confiance en elle, de l'aider peut-être à faire des maths… en lui demandant de vous apprendre à faire ce qu'elle sait bien faire, du français, de la musique ou n'importe quoi d'autre !

À LA RENCONTRE DE L'AUTRE

La pitié seule est dangereuse : elle peut être une manière de vous croire supérieure aux autres. Mais si la pitié s'accompagne de respect et d'un vrai souci de l'autre, elle vous conduit à une rencontre, à un partage. Elle n'a plus rien de méprisant et devient une source de surprises et de bonheur. Si vous décidez de déjeuner avec la fille un peu seule de votre classe (vous savez, celle dont aucune bande ne veut), vous pouvez le faire par compassion… et découvrir quelqu'un de charmant et d'intéressant. En tout cas, vous la considérerez avec un autre regard !

UNE GOUTTE D'EAU DANS L'OCÉAN ?

On est tous impuissants face à la misère, à la souffrance. On ne peut faire que de petites choses. Ce qui compte, ce qui change, c'est le geste, le regard, le sourire que vous adressez aux gens. Cela ne transforme pas forcément le malheur en bonheur, mais c'est le signe que vous êtes présente, que vous ne vous en fichez pas, que vous partagez la douleur de l'autre, même modestement. C'est peu, et pourtant c'est beaucoup… parce que les petits ruisseaux de pitié font les grandes rivières de solidarité.

VOIR AUSSI
ÉGOÏSME, FRATERNITÉ.

Plaisir
Il n'y a pas de recette !

● S'INFORMER

Le plaisir, c'est un sentiment de plénitude, de bien-être, que vous ressentez quand vous satisfaites un besoin ou que vous réalisez un désir. À la différence du bonheur qui concerne une vision plus globale de la vie, le plaisir est un sentiment qui ne dure pas. Il donne du goût à l'instant présent.

PETITS ET GRANDS PLAISIRS

Il existe toutes sortes de plaisirs, petits et grands, qui donnent des couleurs et des saveurs à la vie. Déguster un bon repas, écouter une musique que vous aimez, passer du temps avec des amis sont de vrais plaisirs qui contribuent à votre bonheur. Mais quand on parle du plaisir, on pense souvent au plaisir sexuel, que beaucoup considèrent comme le plus grand de tous.

● COMPRENDRE

Quand une fille commence à s'intéresser aux relations avec les garçons, elle s'interroge souvent sur le plaisir sexuel. Qu'est-ce que c'est ? Que doit-on ressentir ? Est-ce normal de ne rien ressentir ? On dit que l'orgasme est le sommet du plaisir sexuel : comment le reconnaître et, surtout, comment y parvenir ?

OBJECTIF SEPTIÈME CIEL

Ces questions sont d'autant plus angoissantes que notre société fait du plaisir une sorte d'obligation sans laquelle une vie ne peut être réussie. Dans les magazines féminins (et masculins), on trouve régulièrement des dossiers remplis de conseils pour parvenir au plaisir (en l'occurrence l'orgasme), comme s'il s'agissait de technique ou de méthode. Sans parler des vedettes en tout genre qui prétendent vivre une relation torride et des garçons qui ne parlent que de cela (ou presque) ! Il y a de quoi se poser beaucoup de questions et surtout se demander si l'on est capable d'atteindre le « Plaisir ».

LE « PLAISIR », ÇA N'EXISTE PAS !

D'abord, il faut le savoir, ce plaisir avec un grand P dont tout le monde parle d'un air entendu… n'existe pas ! Il n'y a pas une façon unique d'éprouver du plaisir, qui serait la même pour tout le monde.

De plus, le plaisir se découvre et s'apprend : ce n'est pas un don inné, même si toutes les filles (et tous les garçons) sont physiquement capables d'en éprouver.

D'ACCORD, MAIS C'EST COMMENT ?

Très bien, direz-vous, mais comment savoir ce qu'est l'orgasme ? L'orgasme, c'est le sommet du plaisir sexuel. Pour les garçons, il est souvent directement lié à l'éjaculation. Mais il n'y a pas de modèle unique de l'orgasme masculin : ce peut être un plaisir plus ou moins intense et certaines éjaculations ne s'accompagnent même pas de plaisir !

Pour les filles, c'est aussi un moment très intense. Il est différent pour chacune mais, le moment venu, vous saurez le reconnaître.

DU PLAISIR AVANT LE SOMMET

L'important, c'est de bien comprendre que l'orgasme n'est que le sommet du plaisir. Cela veut dire qu'avant d'atteindre ce sommet, il y a déjà du plaisir. Plaisir du corps bien sûr, mais aussi plaisir du cœur quand on fait l'amour… avec amour. Ces plaisirs-là sont tout aussi importants que l'orgasme, qui est très intense, certes, mais aussi très éphémère. Ce ne sont pas des lots de consolation inventés pour réconforter les perdants de la tombola de l'orgasme, loin de là !

IMPOSSIBLE D'ARRIVER EN HAUT

L'orgasme n'est pas toujours au rendez-vous dans un rapport sexuel. Pourquoi ? Parce que les partenaires ont « raté » leur performance, qu'ils s'y sont mal pris, qu'ils ne sont pas doués ? Pas du tout ! Le plaisir n'est pas une affaire de technique. Il n'y a pas de méthode homologuée ni de gestes définis pour l'atteindre. C'est une alchimie un peu mystérieuse entre les deux personnes qui fait qu'elles connaîtront le plaisir. Dans ce mystère, la tête et le cœur entrent tout autant que le corps.

AU DÉBUT DE L'ASCENSION

Quand on commence sa vie sexuelle, il est important de prendre son temps : on ne connaît pas forcément les caresses qui vont émouvoir. On est souvent gauche, intimidée par la découverte du corps de l'autre, si différent. Il faut être patiente, savoir parler sans honte de ce qui plaît ou de ce qui déplaît, caresses ou baisers. Mais le plus important, c'est d'abord de se faire confiance et de faire confiance à l'autre, de façon à pouvoir prendre tranquillement le temps de se découvrir et de se connaître mutuellement.

FAIRE CONFIANCE

Plus les amoureux se font confiance, plus la rencontre est réussie parce que l'on a d'autant plus de plaisir que l'on accepte de lâcher prise, de s'abandonner et même de perdre le contrôle de ce que l'on éprouve. Pour en arriver là, il faut faire drôlement confiance à son partenaire !

DU TEMPS, DU TEMPS, DU TEMPS…

C'est pour cela qu'il ne faut pas vous presser d'avoir des relations sexuelles. Ce serait tellement dommage d'être déçue et de croire que vous ne connaîtrez jamais le plaisir simplement parce que vous vous êtes trop précipitée ! Il y a un temps pour tout dans la vie. Le temps des regards échangés, le temps des premiers baisers, le temps des premières caresses… Si vous franchissez ces étapes à la vitesse de la lumière pour avoir très vite des rapports sexuels, vous risquez fort d'être un peu perdue.

… ET TOUJOURS DU TEMPS !

Ce qui est vrai au début de la vie sexuelle le reste tout du long de l'existence. Un célèbre professeur de médecine, spécialiste des questions sexuelles, répète souvent qu'il n'y a pas de mauvais amants, mais seulement des amants pressés. Alors, patience !

● INFO +
LE PLAISIR, CELA S'APPREND… MAIS APRÈS, CELA MARCHE À CHAQUE FOIS ?

Faire l'amour s'apprend, mais pas comme une technique. Ce n'est pas une mécanique bien rodée que l'on apprendrait comme le vélo ou la conduite. Cela s'invente à deux, et c'est toujours unique. Et même quand un couple vit une relation durable et s'entend bien, le plaisir n'est pas au rendez-vous à chaque fois. Ce n'est ni grave ni angoissant ! Le plaisir obligatoire et systématique, c'est bon pour les magazines et pour les films. Dans la réalité, faire l'amour avec amour, c'est plus que du plaisir, c'est du bonheur, même sans orgasme !

VOIR AUSSI
CARESSE, PREMIER RAPPORT SEXUEL, SEXE.

Poils

Comment s'en débarrasser ?

● S'INFORMER

Le développement de la pilosité fait partie des petits « cadeaux » sympathiques de la puberté, comme l'acné ou les petites rondeurs superflues. Seulement, contrairement aux boutons qui finiront bien par décrocher un jour, vous allez devoir apprendre à vivre avec vos poils… ou plus exactement à vous en débarrasser !

QUAND LES INTRUS S'INCRUSTENT

Tout commence autour de 12 ans, avec quelques poils épars sur le pubis qui se développent autour du sexe et un peu sur les cuisses. Ceux des aisselles apparaissent un peu plus tard. La pilosité définitive est atteinte autour de 13 ans. Mais tout cela est indicatif et varie beaucoup d'une fille à l'autre : chacune a une couleur, une quantité, une répartition différente de poils. Les blondes sont évidemment privilégiées !

LA « FAUTE » AUX PARENTS !

Une pilosité très développée est souvent héréditaire. Mais quand on a vraiment beaucoup de poils sur les bras et les jambes, ce peut être le signe d'un mauvais fonctionnement hormonal. C'est assez rare et dans ce cas, un traitement hormonal peut être prescrit par un médecin ou un gynécologue.

LA QUESTION DE TOUTES LES FILLES

Que l'on ait trois poils ou davantage, de toute façon, la question de toutes les filles, c'est : « Comment m'en débarrasser ? » Tout dépend du temps et de la patience que vous avez, de votre budget, de la quantité et de la couleur des coupables, et de la sensibilité de votre peau.

SOLUTION ÉCLAIR

Le premier réflexe des filles, c'est souvent le rasoir. C'est rapide, facile, économique – surtout si vous prenez celui de votre père ou de votre frère : à éviter, pour l'hygiène et la sérénité familiale ! Le résultat est joli mais il faut recommencer très vite, la peau souffre et les poils en profitent pour repousser de plus en plus vite et de plus en plus fournis. Dans l'idéal, le rasoir doit être réservé au dépannage de dernière minute, qui vous évite de rater la sortie à la piscine avec les copains !

CRÈMES ET ÉPILATEURS

Les crèmes et mousses en tout genre laissent la peau plus douce, mais elles coûtent plus cher et il faut recommencer presque aussi souvent qu'avec un rasoir. Les épilateurs électriques qui arrachent les poils plutôt que de les couper évitent une repousse drue. Mais l'épilation est plus douloureuse et il faut attendre que les poils aient un peu repoussé pour renouveler l'opération. Avec cette technique, certaines filles ont, à la longue, des poils qui repoussent sous la peau, ce qui donne des plaques rouges assez inesthétiques. Rien n'est parfait !

L'ÉPILATION À LA CIRE

La cire est sans doute la meilleure méthode si vous n'êtes pas trop douillette. Vous serez tranquille pour un mois environ et la repousse sera discrète. Mieux vaut vous épiler à un rythme régulier sans laisser trop repousser les poils. Cela fait moins mal, et vous ne serez pas prise au dépourvu en cas de sortie imprévue à la piscine !

LA CIRE TIÈDE, UNE ARME EFFICACE

Vous pouvez vous initier en allant chez une esthéticienne pour observer sa façon de faire et acquérir le coup de main. Pour la maison, il existe maintenant des cires à faire chauffer au micro-ondes : faciles à utiliser, elles sont très efficaces. Une douche chaude suffit pour faire partir les dernières traces.

CIRE FROIDE : POUR LES RETOUCHES

La cire froide est moins efficace que la cire tiède mais très pratique quand on est en vacances, pour faire des petites retouches. Son inconvénient ? Elle laisse des traces souvent difficiles à enlever, même avec l'huile vendue dans le paquet de bandelettes.

● INFO +
COMMENT S'ÉPILER À LA CIRE ?

- Prévoyez une bonne heure devant vous, pour vous épiler tranquillement.
- Dans l'idéal, faites cela à deux. C'est plus facile pour les zones qu'on ne voit pas bien, derrière les jambes par exemple.
- Assurez-vous que votre peau est bien propre et sèche. Pour faire fondre la cire, suivez bien le mode d'emploi et divisez le temps par deux si votre pot est à moitié vide. Vérifiez impérativement la température de la cire sur une petite surface de peau avant de vous lancer. Pour la cire froide, réchauffez bien la bandelette entre vos mains avant de la séparer tout doucement en deux.

- Posez la cire dans le sens de la pousse du poil. N'en mettez pas trop. Une fine couche d'un ou deux millimètres suffit. Posez la bandelette de tissu dessus. Lissez bien dans le sens de la pousse du poil. Respirez un grand coup. Et tirez d'un coup sec dans le sens inverse de la pousse du poil. Pas d'hésitation : cela fait moins mal et c'est plus efficace !
- Vous pouvez réutiliser immédiatement la bandelette pour parfaire le résultat de la zone « débroussaillée ». Vous pouvez aussi faire les finitions à la pince à épiler.
- Faites partir les dernières traces de cire à l'eau chaude, puis mettez une bonne crème hydratante. Les petits boutons rouges qui peuvent apparaître après une épilation (même chez l'esthéticienne) partent en général au bout de deux jours.

COMPRENDRE

À votre âge, on découvre les poils ou on les a découverts depuis peu. Ce « fléau » nouveau vous affole peut-être. Il est vrai que les poils ne simplifient pas la vie des filles : c'était tellement plus commode quand vous n'en aviez pas !

MAIS OUI, VOUS ÊTES NORMALE !

Si vous êtes brune, vous regardez probablement avec envie les bras de vos copines blondes. On a souvent l'impression d'avoir trop de poils, trop foncés, trop épais, au point que l'on se trouve un air de gorille ! Vous vous demandez si vous en avez plus ou moins que les autres. Question absurde : chacune a sa pilosité.

VOUS AVEZ LE CHOIX DE L'ARME…

La seule question à vous poser est de savoir quel genre d'épilation vous convient le mieux. Commencez par un état des lieux et réfléchissez à ce que vous pouvez supporter. S'épiler à la cire les aisselles ou ce que l'on appelle pudiquement le « maillot » demande un vrai courage. La crème, ou le rasoir en cas d'urgence, feront aussi bien l'affaire.

JAMBES : L'IDÉAL, C'EST LA CIRE

Sur les jambes, quand on commence seulement à avoir quelques poils, ce n'est peut-être pas la peine de sortir l'artillerie lourde. Crèmes ou décoloration peuvent suffire. Après, l'idéal reste quand même la cire. Quant aux bras, par pitié, ne commencez pas ! Vous entreriez dans un véritable esclavage, alors qu'un peu de soleil les blondit si vite. Inutile de faire des excès de zèle. Les poils « aux pattes » demandent assez de travail comme ça !

SAVOIR-VIVRE
EN FRANCE, ON N'AIME PAS LES POILS !

L'épilation est une affaire culturelle. Dans certains pays d'Amérique latine ou d'Asie, on ne s'épile pas, dans d'autres très peu : beaucoup d'Allemandes gardent sans complexes leurs poils sous les bras. En France, l'usage veut que l'on s'épile. Les gens seraient choqués de vous voir avec des poils sous les aisselles : c'est supposé être très laid. En fait, cela peut donner l'impression qu'une femme ne prend pas soin d'elle ou pire, qu'elle est sale.

VOIR AUSSI
COMPLEXES, PUBERTÉ.

CONSEILS

SPÉCIAL VISAGE

• *Si vous faites partie de celles qui ont un petit duvet sur la lèvre supérieure, en général une décoloration suffit. S'il est un peu trop abondant, vous pouvez aussi utiliser des crèmes, voire de la cire tiède, mais avec précaution. Jamais de rasoir sous peine de finir femme à barbe dans les foires !*

• *Si vous avez des poils sur d'autres parties du visage et que vous êtes très complexée et malheureuse, sachez qu'il existe une technique d'épilation définitive. Il faut s'adresser à un dermatologue spécialiste du cuir chevelu, qui pratique l'épilation électrique : en quelques séances, remboursées par la Sécurité sociale, vous retrouverez une peau toute douce.*

Politique

La politique c'est votre affaire !

POLITIQUE **VIENT D'UN MOT GREC**, *POLIS*, **QUI VEUT DIRE VILLE**, CITÉ. LA POLITIQUE, C'EST À LA FOIS **L'ORGANISATION DE LA VIE D'UNE COLLECTIVITÉ** COMME UNE VILLE OU UN ÉTAT **ET LA MANIÈRE DE FAIRE FONCTIONNER CETTE ORGANISATION** : LE POUVOIR ET L'EXERCICE DU POUVOIR.

S'INFORMER

On appelle régime politique la façon de répartir les pouvoirs dans une société. Autrement dit, qui décide quoi, au nom de qui. Le régime politique établit la façon dont se prennent les décisions qui concernent tous les membres d'une communauté : combien paie-t-on d'impôts ? Quelles routes construit-on ? Est-ce qu'on fait la guerre ? Comment s'assure-t-on que tous les membres de la communauté peuvent vivre décemment et en sécurité ? Quelles lois vote-t-on ? Comment fait-on régner la justice, etc. Il existe différents régimes politiques, selon que le pouvoir est détenu par un seul, par quelques-uns ou par tous.

NOUS, LE PEUPLE

La démocratie a été inventée il y a 2 500 ans à Athènes, en Grèce ; le mot signifie littéralement « le pouvoir au peuple » (à l'époque, le « peuple » ne comprenait ni les étrangers, ni les esclaves, ni les femmes !). Aujourd'hui, la principale caractéristique de la démocratie est la consultation électorale. Le peuple exerce son pouvoir en élisant des représentants qui vont, en son nom, voter les lois, organiser le pays, gouverner, dialoguer avec les pays voisins. Parfois, le peuple exprime directement son opinion par un référendum. On répond par oui ou par non à une question précise et importante. Aujourd'hui, le suffrage est devenu « universel » ; il concerne tous les citoyens adultes, riches ou pauvres, hommes ou femmes.

LA SÉPARATION DES POUVOIRS

Une autre caractéristique des démocraties modernes est la séparation des pouvoirs ; celui de gouverner, le pouvoir exécutif ; celui de faire les lois, le pouvoir législatif ; celui de rendre la justice, le pouvoir judiciaire. Le délicat équilibre entre les différents pouvoirs est

particulier au régime politique de chaque pays ; les « règles du jeu » sont inscrites dans un texte, la Constitution.

DÉMOCRATIES

Le régime politique de la France est la démocratie au sein d'une république. Nos voisins les plus proches vivent aussi en démocratie, certains dans des républiques : Italie, Allemagne, Portugal ; d'autres dans des monarchies, Espagne, Belgique, Pays-Bas, Royaume-Uni.

EN FRANCE

Concrètement, en France, on élit au suffrage universel direct le président de la République, les députés nationaux (membres de l'Assemblée nationale), les députés européens, les conseillers régionaux et généraux (au niveau du département), et les conseillers municipaux. Les sénateurs, qui ont la charge de voter les lois conjointement avec les députés de l'Assemblée nationale, sont élus au suffrage indirect par les différents élus locaux, maires, maires adjoints, etc. En revanche, les juges sont nommés, et non élus, contrairement à ce qui se passe aux États-Unis, par exemple.

ET LES PARTIS ?

Les partis politiques sont nés en même temps que les régimes démocratiques : un parti, ce sont des citoyens qui ont les mêmes idées et qui s'organisent ensemble pour les défendre, convaincre l'opinion publique et se faire élire pour les appliquer. Pour cela, ils présentent des candidats aux élections. Dans une démocratie, il existe différents partis politiques qui peuvent tous défendre leurs opinions.

LE FINANCEMENT DES PARTIS

En France, pour éviter autant que possible la corruption, les partis politiques reçoivent de l'État des subventions proportionnelles au nombre de voix qu'ils ont obtenues aux élections. De même, les frais des campagnes électorales sont pris en charge par l'État quand les candidats ou les listes ont obtenu un pourcentage minimal de voix (5 % des suffrages exprimés pour les élections présidentielles).

● INFO +
D'OÙ VIENNENT LES TERMES « DROITE » ET « GAUCHE » ?

Ce classement est né à la Révolution française, lors de la première séance de l'Assemblée constituante en 1789 : les défenseurs de la monarchie s'installèrent à la droite du président de séance, et les autres, républicains ou partisans de l'abolition de la royauté, à sa gauche. Depuis, le contenu des deux appellations a beaucoup évolué mais, à l'Assemblée nationale, les députés de droite continuent à s'installer à droite du président de l'Assemblée et ceux de gauche, à gauche.

COMPRENDRE

Quand vous grandissez, vous commencez à vous intéresser à ce qui se passe autour de vous et, très vite, vous rencontrez des questions liées à la politique. Vous vous demandez qui s'occupe des classes trop chargées, des enfants handicapés qui ne trouvent pas d'école, de la vieille voisine qui a une retraite trop faible pour vivre, d'un parent au chômage. Vous voudriez aussi lutter contre le racisme, l'injustice, la violence. Et quand vous regardez la télévision, vous êtes révoltée de voir les guerres, les pays qui n'ont pas de médicaments ou de nourriture en quantité suffisante, etc. Vous vous sentez bien impuissante et peut-être même découragée. Si les adultes ou les spécialistes de ces problèmes ne réussissent pas à changer les choses, qu'est-ce qu'une jeune fille, même pleine d'enthousiasme et de générosité, peut faire ?

QU'EST-CE QUE JE PEUX FAIRE ?

Préparez-vous à voter, c'est-à-dire à donner votre avis, à désigner des représentants qui défendront vos idées, vos espoirs. Si vous ne votez pas, ce sont les autres qui choisiront pour vous ! Et puis, commencez à réfléchir, à discuter avec vos copains, avec vos parents, avec les professeurs qui vous enseignent l'histoire, les sciences économiques et sociales, la géographie et bientôt la philosophie. Le monde de demain sera le vôtre, vous pouvez contribuer à le rendre meilleur, plus beau, plus juste, plus habitable.

SALE, LA POLITIQUE ?

Peut-être avez-vous l'impression que la politique n'est qu'une histoire minable d'argent, de pouvoir et de corruption. Vous avez bien raison de ressentir du dégoût à l'égard de ces hommes (ou femmes, même si elles sont peu nombreuses dans le monde politique) qui ont abusé de la confiance de leurs électeurs pour tirer des avantages immérités de leur position.

Mais ce n'est pas parce que quelques personnages peu recommandables donnent cette image désastreuse de l'action politique que vous devez vous désintéresser de ce qui se passe autour de vous et dans le monde !

La politique de votre génération ressemblera à celles et à ceux qui la feront. Il ne tient qu'à vous qu'elle soit plus propre que celle de la génération d'avant.

VOIR AUSSI
ÉCOLOGIE, IDÉAL, JOURNAUX, JUSTICE, PAIX.

INFO +

LES FEMMES ET LA POLITIQUE

En 1995, il n'y avait que 6 % de femmes élues à l'Assemblée nationale ; c'était le chiffre le plus bas des 15 pays de l'Union européenne. En 2000, une nouvelle loi a été votée pour permettre aux femmes d'avoir plus de place dans la vie politique. La loi sur la parité oblige les partis politiques à proposer davantage de candidates pour les élections. S'ils n'atteignent pas 40 % de candidates, ils doivent payer des pénalités.

En 2007, le pourcentage des femmes élues à l'Assemblée nationale est passé à 18,9 %. La même année, sur 12 candidats à l'élection présidentielle, il y avait 4 femmes, soit un tiers des candidats. Et, pour la première fois, une femme était au second tour de l'élection présidentielle : Ségolène Royal.

Pornographie
Dites NON!

LA PORNOGRAPHIE EST LA **REPRÉSENTATION GROSSIÈRE ET VULGAIRE D'ACTES SEXUELS**, DESTINÉE À ÊTRE **RENDUE PUBLIQUE**. CE SONT AUSSI BIEN DES FILMS, DES MAGAZINES, DES BD QUE DES PUBLICITÉS.

S'INFORMER

Les garçons s'intéressent souvent à la pornographie. Qui n'a pas eu un frère ou un cousin qui cachait des magazines porno pour les regarder en cachette ? Beaucoup sont passés par là et ne sont pas pour autant devenus des obsédés sexuels.

DU SEXE PARTOUT
Malheureusement, la pornographie ne se limite plus aux magazines cachés par des adolescents honteux. Elle s'est répandue dans les vidéoclubs, sur Internet, à la télévision et dans les kiosques.

DE PLUS EN PLUS SORDIDE
Ces représentations deviennent de plus en plus violentes pour satisfaire les fantasmes des blasés par le « déjà-vu » de la pornographie. Résultat ? L'homme et la femme sont traités avec mépris, comme des objets ou comme des bêtes.

INFO +
DES CHIFFRES INQUIÉTANTS
Des garçons – et des filles – de plus en plus jeunes regardent des films porno : deux adolescent(e)s de 11 ans sur trois auraient déjà vu ce genre de films. Les pouvoirs publics se mobilisent pour protéger les enfants et les adolescents de ces images malsaines.
Source : CIEM, 2002.

COMPRENDRE

Les filles sont beaucoup moins tentées que les garçons par la pornographie. Vous faites d'ailleurs probablement partie de celles que cela dégoûte.

CE N'EST PAS L'AVIS DE TOUT LE MONDE
Pourtant, de plus en plus de garçons de votre âge tombent dans ce piège. Alors qu'ils ne connaissent rien en matière de sexualité, ils regardent des vidéos pour s'exciter, bien sûr, mais aussi pour faire leur éducation sexuelle.

DRÔLE DE COURS D'ÉDUCATION SEXUELLE
Tous les adolescents s'interrogent sur la sexualité mais n'osent pas forcément demander des informations et des explications. Alors certains jeunes croient que les films porno sont un bon moyen d'information. Résultat : ils croient que ce qui traîne dans les kiosques ou à la télé est parfaitement normal.

ATTENTION À VOTRE IMAGE, LES FILLES !
Mais qu'est-ce qu'ils apprennent de ces films ? Que les filles sont toutes soumises ou perverses. Eh oui ! L'image que ces films donnent de vous, les filles, n'est pas glorieuse. Dans les films porno, les filles apparaissent dominées par les garçons, elles

sont partantes pour tous les jeux sexuels, même les plus violents et les plus dégradants.

PAUVRES GARÇONS

L'image des garçons n'est pas plus flatteuse. Elle fait croire aux filles que les hommes sont brutaux, obsédés, voire bestiaux. Quant au regard que les garçons portent sur eux-mêmes, il est terrible et fait naître bien des angoisses : ils se disent qu'ils ne seront jamais aussi performants, que leur sexe ne sera pas assez gros, que leur érection n'arrivera pas au bon moment, etc.

PLUS DE TABOUS

Les films porno montrent avec beaucoup de précision une succession de positions et de pratiques sexuelles, sous prétexte que rien n'est « tabou ». Selon eux, on peut tout regarder et tout montrer : on est enfin « libérés ».

LE PORNO, UNE VRAIE PRISON

Pourtant, ils véhiculent un tas de clichés assez désolants sur le sexe : les filles sont toutes des perverses, et les garçons des étalons prêts à sauter sur tout ce qui bouge. En fait, ces films sont de véritables machines de prêt-à-penser sexuel qui incitent à se conformer à telle ou telle « technique », sous peine d'être la dernière des coincées.

UN VRAI DANGER

Le danger du porno ? Faire croire que pour bien faire l'amour, il faut obligatoirement reproduire ce que l'on voit dans ces films. De quoi craindre le premier rapport sexuel, bien sûr, mais surtout le transformer en véritable catastrophe, si on veut imposer à l'autre ce que l'on a vu !

PAS TABOU MAIS INTIME

Le sexe n'est ni sale ni honteux, mais il doit rester caché, un peu comme un trésor. La sexualité, c'est d'abord une affaire intime : personne n'a à savoir ce qui se passe entre deux personnes qui s'aiment et se le montrent, et rien ne doit leur dicter leurs gestes ou leur conduite, si ce n'est un grand respect et un immense amour.

UNE RENCONTRE, PAS UNE TECHNIQUE

Mais surtout, faire l'amour n'a rien à voir avec un exercice technique et prédéfini. C'est toujours une histoire unique. Tout s'y mêle : désir, plaisir mais aussi tendresse, douceur et bonheur quand la rencontre est réussie. Et justement, le meilleur moyen de la rater, c'est d'imiter les films porno !

ALORS, DITES NON !

Jugement moral, direz-vous ! Eh bien oui, il n'y a pas de honte à cela, au contraire. C'est très sain de dire que le porno est sale, nul et dangereux et de le refuser catégoriquement. C'est une forme de résistance à l'air ambiant pour rester vous-même et vous donner toutes les chances de vivre une vie sexuelle heureuse. Alors les filles, respectez-vous et faites-vous respecter !

VOIR AUSSI
FILLES/GARÇONS, PREMIER RAPPORT SEXUEL, SEXE, SEXUALITÉ.

BONS PLANS

- Ne ressassez pas seule vos malheurs. Parlez-en avec votre mère, une grande sœur déjà passée par là, des amies qui sont dans la même galère. Cela fait du bien de constater que toutes les filles vivent ces moments difficiles… et passagers.
- Une question qui vous torture l'esprit ? Pensez à la poser à votre médecin. Au sujet des transformations physiques, il est bien placé pour vous répondre.
- Allez au cinéma, lisez pour découvrir des filles qui vivent les mêmes angoisses que vous : Charlotte Gainsbourg dans le film L'Effrontée, ou Stéphanie, l'auteur du roman Les Cornichons au chocolat.
- Essayez d'apprivoiser ce nouveau corps, de l'adopter et même de l'aimer en faisant ensemble des choses intéressantes. Faites du sport, du théâtre, du chant… Dansez, bougez, vous verrez, quand vous aurez de bons souvenirs ensemble, vous commencerez à devenir amis.

Premier baiser

Quand il me prend dans ses bras…

🔴 S'INFORMER

Entre amoureux, il y a plusieurs sortes de baisers. Le petit baiser sur la bouche, juste les lèvres qui se touchent, en signe de tendresse. C'est un baiser tout doux, tout léger, comme la caresse d'une plume. C'est souvent celui que l'on échange avant de se lancer pour le premier « vrai baiser ». Ce que les filles considèrent comme leur premier baiser, c'est le *french kiss*, comme disent les Américains. À croire que nous sommes les seuls à savoir faire cela : joindre les lèvres, entrouvrir la bouche pour permettre aux langues d'entrer en contact et de se caresser.

COMMENT ÇA SE PASSE ?

Il n'y a pas de méthode agréée : chacun a sa façon de faire. Un baiser dure plus ou moins longtemps suivant le plaisir et le désir des amoureux. Si cela ne vous est encore jamais arrivé, vous êtes sans doute bien curieuse de savoir comment vous y prendre… Désolée les filles, mais cela ne s'apprend pas : un baiser s'invente à deux, et chacun trouve sa manière d'embrasser.

🔴 COMPRENDRE

Le premier baiser est un moment important, parfois un peu impressionnant, souvent émouvant. C'est beaucoup plus fort que de se prendre par la main ou par le cou !

BOULEVERSANT… SI VOUS ÊTES AMOUREUSE

Si vous en avez envie, si vous êtes amoureuse, ce peut être un moment bouleversant. Mais si on vous vole ce baiser, si on vous le prend de force ou par surprise, ou si vous vous laissez faire uniquement pour ne pas avoir l'air idiote, il y a toutes les chances pour que ce baiser vous paraisse dégoûtant : sans désir, sans tendresse, sans respect, cette intrusion dans votre intimité se réduit à une affaire de muqueuses, de goût et de contacts pas forcément très appétissants.

TOUT ÇA POUR ÇA !

Et même si vous en avez envie, vous pouvez être déconcertée par ce premier baiser dont les filles rêvent beaucoup et qui n'est pas toujours à l'image de ce qu'elles ont imaginé ! Il va vous falloir apprendre des sensations nouvelles, découvrir cette façon de partager des sentiments, des désirs. Ne vous inquiétez pas trop si ce baiser n'était pas à la hauteur de vos espérances. Vous n'êtes peut-être pas encore tout à fait prête pour cela, pas assez amoureuse ou tout simplement pas attirée pour l'instant par ce genre de marque d'affection !

Surtout, ne vous forcez pas : vous avez tout le temps de découvrir la douceur d'un vrai baiser.

UN MOMENT MAGIQUE

Ce baiser était merveilleux ? Tant mieux ! Vous venez certainement de découvrir l'une des plus jolies manières de dire vos sentiments autrement qu'avec des mots, de partager du plaisir et de l'émotion. Un baiser, c'est une façon unique de dire : « Je t'aime. »

TROP PRÉCIEUX POUR ÊTRE BRADÉ

Un premier baiser peut être un moment vraiment magique au début d'une relation amoureuse. C'est le moment où vous vous abandonnez, où vous avouez tout l'amour que vous avez pour l'autre. Raison de plus pour ne pas embrasser à tout bout de champ : un baiser est trop précieux pour être bradé.

COLLECTIONNEUSE DE BAISERS

Eh oui, un baiser est comme un trésor. Ce serait tellement dommage d'en faire l'objet d'un pari, d'une collection, ou même de le voir comme un rite d'entrée dans le groupe de « celles-qui-sont-déjà-sorties-avec-un-garçon » ! C'est le meilleur moyen d'être déçue.

VOIR AUSSI
AMOUREUSE,
DÉSIR,
SORTIR AVEC.

CONSEILS

NE GÂCHEZ PAS VOS BAISERS

• Un baiser est important, mais il ne vous engage pas non plus pour la vie ! Et surtout, il ne doit pas vous obliger à aller plus loin… Ne l'oubliez pas dans l'exaltation du moment, ce serait dommage de le regretter ensuite !
• Mais un baiser n'est pas rien non plus : vos sentiments, votre corps, vos émotions sont en jeu. Alors, ne vous laissez pas voler un baiser parce que vous ne l'avez pas vu venir ou parce que vous n'osez pas refuser, de peur de passer pour un bébé. N'embrassez que lorsque vous le désirez. C'est tellement plus excitant !

• N'écoutez pas les filles qui racontent leurs baisers sans pudeur et avec force détails. Ne tenez pas compte de leurs conseils farfelus (manger une pomme avant, bien se mouiller les lèvres, etc.). Elles ne vous apprendront rien, puisqu'il n'y a pas de méthode toute faite pour embrasser ! Pire : elles vous donneront plein d'appréhensions et d'idées reçues, alors que c'est justement la spontanéité qui fait la magie et l'émotion d'un baiser.

Premier rapport sexuel

Franchir le pas ?

S'INFORMER

Le premier rapport sexuel est une relation sexuelle avec pénétration. C'est ce qui produit la défloration, c'est-à-dire la rupture de l'hymen de la fille par l'introduction du pénis du garçon dans son vagin. La pénétration peut être un peu douloureuse mais généralement, si l'on éprouve un grand désir, cette douleur n'est pas très importante. Il peut se produire un saignement, mais ce n'est pas toujours le cas : l'absence de sang ne signifie pas forcément que l'on n'était plus vierge, mais que l'hymen était suffisamment souple ou déjà distendu, par la pratique sportive notamment.

PAS VRAIMENT PRÊTE

En revanche, la pénétration peut être difficile sans qu'il y ait de raison physiologique, simplement parce que l'un ou l'autre est trop tendu, crispé ou maladroit. Il suffit souvent d'un peu de patience et même, pourquoi pas, d'un peu d'humour, pour se détendre. Il se peut aussi que cela signifie que l'on n'est pas encore vraiment prêt ou prête à franchir ce pas.

ET POUR LES GARÇONS ?

Il peut aussi arriver que le garçon soit très ému, qu'il ne réussisse pas à avoir d'érection au bon moment ou qu'il maîtrise mal son éjaculation. Ce sont des choses normales au début de la vie sexuelle. Quand on découvre les nouvelles fonctions de son corps et des sensations inconnues, on est forcément un peu anxieux et maladroit, de sorte que les premiers rapports sexuels ne sont pas toujours très faciles ni très agréables. Cela ne veut pas dire que le plaisir en sera absent, même s'il est vrai que les filles ont rarement un orgasme dès la première fois.

INFO +

QUELQUES CHIFFRES

L'âge de la première relation sexuelle s'est rapidement abaissé dans les années 1960. Depuis vingt ans, il reste pratiquement stable autour de 16 ans (16 ans et deux mois pour les garçons, 16 ans et cinq mois pour les filles). Les filles sont plus nombreuses à franchir le pas par amour alors que les garçons mettent davantage en avant l'attirance physique ou le désir.

Cette différence se retrouve dans le fait que les filles restent davantage avec leur premier partenaire. Les femmes sont en effet 20 % à vivre en couple avec leur premier partenaire, contre 6 % des hommes.
Source : Enquête CSF (Ined, Inserm), 2006.

COMPRENDRE

Le premier rapport sexuel est un moment important, c'est un grand pas dans la vie d'adulte et l'on y pense longtemps avant. Il n'y a pas de bon âge pour le faire, cela dépend de chacune. Le bon âge, c'est celui où vous êtes prête. C'est surtout le moment où vous avez rencontré le garçon avec qui vous souhaitez aller jusque-là.

ENCORE VIERGE, LA HONTE !

Bien sûr vous avez envie de savoir comment c'est, de devenir grande. Cette curiosité est légitime, mais elle ne signifie pas qu'il faut vous précipiter sur le premier garçon qui sera d'accord. Il y a aussi la question d'être « comme les autres ». Mauvaise question puisque l'important, c'est d'être soi-même. Vous pouvez aussi avoir envie de vous débarrasser de cette première fois un peu angoissante ou avoir honte d'être encore vierge alors que vos copines ne le sont plus (ou prétendent ne plus l'être !).

RECHERCHE GRAND AMOUR DÉSESPÉRÉMENT

Même si tout cela est un peu mélangé dans votre tête, il faut surtout que cela corresponde vraiment à votre propre désir, à votre propre maturité.
Ce désir n'est pas quelque chose d'abstrait, vous le ressentez parce qu'un garçon vous plaît, que vous vous sentez bien avec lui et que vous avez envie d'« aller plus loin ». Mais attention, même si vous êtes très amoureuse, cela ne suffit pas. Il faut essayer de savoir pourquoi vous voulez le faire maintenant, sans attendre, avec ce garçon-là.

JE T'ATTENDS

Et même quand vous sortez avec un garçon depuis longtemps, que vous êtes vraiment amoureuse, vous pouvez aussi choisir d'attendre pour permettre à l'amour de s'enraciner dans les cœurs, dans les gestes de tendresse, dans le respect. S'attendre l'un l'autre, c'est aussi une façon pour les amoureux de se montrer leur amour.

LA PREMIÈRE FOIS

Quand le moment sera venu, essayez de mettre toutes les chances de votre côté pour que cela se passe le mieux possible. Vous vous souviendrez de ce moment toute votre vie, autant que ce soit un joli souvenir. N'ayez pas honte de dire à votre partenaire que c'est la première fois. De toute façon, vous ne pourrez pas le lui cacher très longtemps et, si c'est aussi son cas (mais en général, les garçons n'osent pas le dire !), vous vous sentirez mieux tous les deux d'avoir à apprendre ensemble. S'il a un peu d'expérience, il saura qu'il a la responsabilité de vous aider dans cette découverte.

SAVOIR DIRE NON

Pour le reste, écoutez ce que vous ressentez, sans jamais accepter de faire des choses qui ne vous plaisent pas. Dans ce domaine, il n'y a pas de modèle, mais si vous vous sentez incapable d'aller plus loin, parce que vous avez trop peur, parce que le comportement ou les gestes du garçon vous déplaisent ou vous choquent, mieux vaut en rester là plutôt que de vous forcer à continuer.
Mieux vaut le souvenir un peu ridicule d'un essai non transformé qu'un souvenir glauque qui restera douloureux dans votre mémoire parce que vous n'aurez pas osé dire non.

UN ACTE QUI ENGAGE TOUTE LA PERSONNE

Même si, avec vos copines, vous prenez des airs de « femme libérée » et traitez cette expérience comme une formalité, vous savez bien que ce premier rapport, comme d'ailleurs ceux qui suivront, n'est pas une affaire banale. Les sensations, les émotions que l'on éprouve dans la relation sexuelle sont bouleversantes. Cet acte n'est pas une simple expérience physique, il engage chacune des personnes dans ce qu'elle a de plus profond. La vie sexuelle n'est pas à part de la vie ; comme elle, elle se vit avec la totalité de ce que vous êtes, votre sensibilité, votre intelligence, vos émotions et vos sens.

APRÈS LA PREMIÈRE FOIS

Il vous reste toute la vie pour apprendre à apprivoiser vos émotions et les réactions de votre corps. Cet apprentissage va prendre du temps parce que votre corps n'est pas une mécanique qui répond automatiquement à la demande. Et puis, n'oubliez pas, même après la première fois, vous pouvez toujours dire non, vous n'êtes pas devenue subitement un nouveau « produit » sur le marché du sexe, vous êtes toujours une personne libre de vos décisions et de vos désirs.

INFO +
QUAND LA PREMIÈRE FOIS SE PASSE MAL

Il arrive que le premier rapport sexuel se passe mal, pour diverses raisons. Parfois, il s'agit d'un problème physiologique : la pénétration n'est pas possible parce que l'hymen ne se déchire pas. Il suffit alors d'une bénigne intervention médicale, mais c'est extrêmement rare.
Si vous utilisez déjà des tampons, soyez tranquille : cela ne vous arrivera pas. Les filles qui ont ce genre de problème ne peuvent pas en mettre.
Il arrive aussi, même si c'est très rare, que sous le coup de l'émotion, la fille ait une très forte contraction du vagin, au point que le pénis du garçon se trouve prisonnier. C'est certainement très angoissant, et c'est pourquoi il vaut mieux savoir que cela peut arriver. La meilleure solution, c'est d'attendre que la détente vienne par la patience, l'humour, l'endormissement. Surtout pas de violence, cela ne ferait qu'aggraver la situation.
En désespoir de cause, appelez le Samu, une simple injection d'un décontractant musculaire dénouera la situation.

VOIR AUSSI
CARESSE, CONTRACEPTION, DÉSIR, MST, PLAISIR, PRÉSERVATIF, SEXE, SEXUALITÉ, SIDA, VIRGINITÉ.

BON PLAN

Attention : les jeunes prennent de plus en plus l'habitude de se protéger lors de leur premier rapport sexuel, mais ne faites pas partie des 23 % qui ne le font pas ! Alors n'oubliez pas ! Contraception et préservatif sont indispensables : la contraception pour ne pas risquer une grossesse non désirée et le préservatif pour vous protéger des MST et du sida.

Source : Enquête CSF (Ined, Inserm), 2006.

Préservatif

Réflexe sécurité

S'INFORMER

Un préservatif est un étui de latex naturel (caoutchouc) que l'on place sur le pénis en érection avant un rapport sexuel pour empêcher le sperme de pénétrer dans le vagin. C'est à la fois une méthode de contraception et un moyen de se protéger des maladies sexuellement transmissibles. On l'appelle aussi « capote anglaise », parce que les Anglais l'utilisent depuis plus longtemps et beaucoup plus couramment que les Français.

OUVRIR LE SACHET

Le préservatif est emballé dans un petit sachet individuel parfaitement hermétique. Il faut l'ouvrir avec précaution pour ne pas risquer d'endommager le préservatif : ne pas utiliser de ciseaux, d'objets coupants et surtout pas ses dents ! Attention aussi aux ongles et aux bagues qui peuvent déchirer ou érafler le latex.

COMMENT LE METTRE ?

Avant de mettre le préservatif, on le déroule un tout petit peu, pour s'assurer qu'il se déroule dans le bon sens et garder un petit espace pour recueillir le sperme (dans le cas des préservatifs avec réservoir, c'est assez simple : l'espace est bien délimité). On pince le haut du préservatif afin d'en chasser l'air, avant de le poser sur le sommet du pénis en érection et de le dérouler complètement jusqu'à la base. Pour être un moyen contraceptif fiable et un bon moyen de protection des MST, il doit être installé avant toute pénétration, et même tout contact entre les parties génitales des deux partenaires.

QUAND ET COMMENT LE RETIRER ?

Le garçon doit se retirer aussitôt après l'éjaculation, avant la fin de l'érection, en maintenant le préservatif bien en place. Il faut le jeter immédiatement.

INFO +

Parmi les jeunes qui ont des relations sexuelles, 77 % déclarent utiliser le préservatif ; 25 % ne l'abandonnent que si la relation devient stable ; 65 % affirment qu'ils l'utiliseront à chaque fois lorsqu'ils auront des relations sexuelles.

Source : Enquête CSF (Ined, Inserm), 2006.

COMPRENDRE

L'utilisation du préservatif est indispensable lors d'une première relation sexuelle avec un partenaire qui a déjà eu des rapports sexuels, et ceci même si vous le connaissez, même si vous avez confiance en lui, même s'il affirme qu'il n'y a pas de risque avec lui. Pourquoi ? Parce que le danger est trop grand de contracter une maladie mortelle, comme le sida, ou d'autres maladies sexuellement transmissibles qui peuvent rendre une fille stérile.

BONJOUR LA CONFIANCE !

C'est vrai : le fait que les amoureux doivent se protéger l'un de l'autre est dérangeant et

peut nous amener à nous poser des questions sur la façon dont nous vivons notre sexualité !
JE DÉTESTE ÇA !
Mais le préservatif est une question de survie, même si ce n'est pas votre tasse de thé. Si votre partenaire ne veut pas en mettre, vous devez refuser d'aller plus loin. Ne prenez pas de risque, par pitié ! Le mieux, c'est d'en parler à l'avance.
JE SUIS SÛRE DE LUI !
Si vous vivez une belle histoire d'amour et que vous êtes fidèles tous les deux, si vous êtes certaine qu'aucun des deux n'a été en contact avec une MST, soit parce que vous étiez vierges tous les deux, soit parce que vous avez fait des tests, vous ne risquez rien à faire l'amour sans préservatif. C'est vrai que c'est beaucoup plus agréable !
LE TEST À FAIRE
Avant d'arrêter le préservatif, il faut faire un test de dépistage du sida dans n'importe quel laboratoire d'analyse de sang. Il existe aussi des centres spécialisés : le test est anonyme et gratuit. Mais il n'est fiable que si aucun des deux n'a commis d'infidélités pendant trois mois, ce qui, bien sûr, n'est pas facile à avouer. De toute façon, l'arrêt du préservatif suppose qu'ensuite les deux partenaires soient fidèles… Autrement dit, il faut être sûre de pouvoir faire confiance à son partenaire. Et il faut prévoir une autre méthode de contraception.
PROTÉGÉE DE TOUT ?
Le préservatif est un outil contraceptif fiable et un excellent moyen de vous

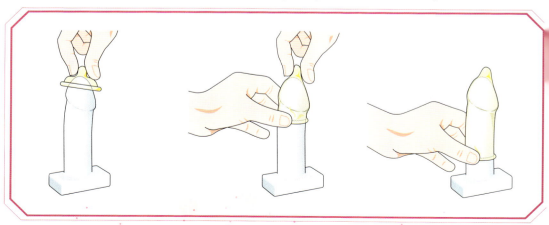

protéger des MST, si vous l'utilisez correctement et systématiquement. Mais cela ne veut pas dire qu'il vous protégera de tout ! Le préservatif ne pourra rien contre les chagrins d'amour et les grandes déceptions sentimentales. Ce n'est pas parce que vous protégerez votre corps que votre cœur sera à l'abri ! C'est important de parler du préservatif aujourd'hui, parce qu'il serait dommage que vous compromettiez votre bonheur futur en jouant avec votre santé. Mais c'est aussi important de vous rappeler que la sexualité et l'amour ne se résument pas à un bout de latex : il y a des bleus à l'âme qui font autant de ravages que les plus terribles maladies ! Le préservatif ne suffit pas pour vivre une sexualité épanouie, car l'absence de danger n'est pas la seule condition d'une vie amoureuse heureuse.

CONSEILS

- Les préservatifs s'achètent en pharmacie, dans les supermarchés ou dans les distributeurs automatiques. Les préservatifs avec réservoir et lubrifiés sont les plus simples à utiliser.
- Ils doivent comporter l'inscription « norme NF » qui garantit qu'ils ont subi les tests exigés par la réglementation.
- Certains sont déjà lubrifiés mais on peut utiliser un lubrifiant spécifique (gel à base d'eau) pour un plus grand confort. Les produits gras (vaseline, crèmes hydratantes, etc.) sont à proscrire car ils rendent les préservatifs poreux.
- En cas de déchirure, la fille et le garçon doivent tous les deux consulter un médecin le plus rapidement possible.
- Les préservatifs ont une date limite d'utilisation, vérifiez-la.

VOIR AUSSI
CONTRACEPTION, MST, PREMIER RAPPORT SEXUEL, SIDA.

VRAI/FAUX

- **CERTAINES PERSONNES NE PEUVENT PAS UTILISER DE PRÉSERVATIF.**
Vrai. Dans le cas rarissime de l'allergie au latex qui provoque des démangeaisons ou donne de l'eczéma, on ne peut pas utiliser de préservatif.
- **IL EXISTE PLUSIEURS TAILLES DE PRÉSERVATIF.**
Vrai. Il existe deux tailles : les préservatifs standard (que l'on donne systématiquement à ceux qui ne précisent pas la taille) et les king size (pour les prétentieux et les phénomènes de la nature).
- **METTRE DEUX PRÉSERVATIFS, C'EST PLUS SÛR.**
Faux. C'est tout le contraire ! Le frottement des deux préservatifs favorise leur rupture.

Prostitution
Attention, grand danger

IL Y A PROSTITUTION DÈS QUE L'ON INTRODUIT UNE NOTION DE **RÉMUNÉRATION DANS DES RELATIONS SEXUELLES**. CETTE RÉMUNÉRATION PEUT ÊTRE DE **L'ARGENT** MAIS AUSSI DES **CADEAUX** OU DES **AVANTAGES**.

● S'INFORMER

La prostitution est une pratique qui ne date pas d'aujourd'hui. Dans les sociétés archaïques, les prostituées étaient des femmes stériles que l'on consacrait à la déesse de la Fertilité ou des femmes pauvres qui utilisaient la prostitution pour se constituer une dot avant leur mariage. Très tôt, les prostituées sont donc devenues une distraction pour les hommes, qu'il s'agisse d'esclaves, de femmes de basse condition ou de courtisanes de luxe. Très vite aussi, on a essayé de réglementer la prostitution. Au Moyen Âge, des maisons de prostitution s'ouvrent et des lois réglementent leur fonctionnement.

MAISONS CLOSES

C'est à partir du XVIe siècle que les gouvernements se mettent à lutter contre la prostitution. En Europe, les maisons de prostitution sont fermées (en 1560 en France), et les prostituées déportées vers les Antilles ou l'Amérique. Pourtant la prostitution se poursuit clandestinement. Devant cet échec, Napoléon autorise à nouveau des maisons que l'on appelle « maisons de tolérance ». Elles seront fermées en France en 1946.

RÉGLEMENTATION OU PROHIBITION ?

Le débat se poursuit aujourd'hui entre ceux qui veulent interdire la prostitution, qu'ils considèrent comme une atteinte intolérable à la personne humaine, et ceux qui veulent la réglementer. Des mouvements de prostituées assurent qu'elles font un métier comme les autres, que la prostitution a toujours existé et qu'il vaut mieux la réglementer pour éviter les conditions épouvantables que vivent les prostituées soumises à la violence de la rue et des proxénètes. Il n'y a pas que dans les pays pauvres que des femmes sont obligées de se prostituer pour survivre. Des hommes et des femmes en grande détresse et dépendants de la drogue sont souvent obligés de se prostituer pour payer leur dose quotidienne. Enfin, des milliers de jeunes femmes ou de jeunes hommes sont victimes de réseaux internationaux qui les font venir de pays de l'Est, d'Afrique ou d'Asie : ils les enlèvent par la force ou leur font miroiter l'espoir d'un emploi en France, les privent de leurs papiers, les droguent et les obligent à se prostituer.

DES FILLES DE VOTRE ÂGE

Même si vous savez que certaines de ces malheureuses ont votre âge, vous pensez sans doute que la prostitution ne vous concerne pas. Vous avez heureusement peu de chances de tomber entre les filets d'un réseau de prostitution et de finir droguée sur un trottoir.

SEXE ET ARGENT

Mais attention ! il n'y a pas que sur les trottoirs que l'on trouve des prostitué(e)s. Il y a mille manières de se prostituer, moins voyantes, mais tout aussi dégradantes. En France, la prostitution touche par exemple des étudiants (filles et garçons) qui ont des difficultés financières et y voient une source de revenus plus facile que d'autres « petits boulots » : ils ne font pas « le trottoir » mais se vendent sur des sites ou dans des lieux de rencontres.

PETITS CADEAUX

Il arrive aussi que des collégiens et des lycéens tombent dans le piège. Les mille et une tentations à la mode (MP3, portables, vêtements à la mode, scooter, CD, etc.) dépassent souvent les moyens financiers des jeunes. Il arrive à certaines jolies jeunes filles (et certains jolis garçons) de rencontrer un « généreux » donateur qui les couvre de cadeaux en échange de faveurs. C'est une forme de prostitution, tout autant qu'une « passe » négociée sur un trottoir. Offrir son corps en échange d'un MP3, c'est de la prostitution. Se laisser embrasser en échange d'un cadeau, avoir des relations ou seulement des pratiques sexuelles (caresses, fellation, etc.) en échange d'argent ou de cadeaux, c'est aussi de la prostitution.

● INFO +
INTERDIT PAR LA LOI ?

En France, la prostitution n'est pas interdite et les prostituées sont considérées comme des victimes. Mais la loi interdit le racolage, c'est-à-dire le fait d'inciter publiquement à avoir des relations sexuelles rémunérées. Elle sanctionne ceux qui font travailler des prostituées et qui vivent de ce qu'elles gagnent, les proxénètes. Et les clients des prostituées mineures risquent 3 ans de prison et 45 000 euros d'amende.

● COMPRENDRE

Votre corps vous appartient, personne n'a le droit d'y toucher sans votre autorisation. Et c'est vous et vous seule qui aurez à décider de vos amours et de vos relations sexuelles.

DEVOIR DE RESPECT

Mais de tels droits impliquent une responsabilité envers vous-même : celle de ne pas vous vendre pour continuer à n'appartenir qu'à vous et à vous seule. C'est aussi une responsabilité à l'égard de toutes les femmes qui se sont battues et se battent encore pour que vous ne soyez pas soumises à la domination masculine. Accepter des cadeaux en échange de faveurs sexuelles, c'est considérer votre corps avec mépris, comme un objet, mais c'est aussi trouver normal qu'un homme puisse vous toucher, vous embrasser, vous caresser sans que vous le souhaitiez vraiment, tout simplement parce qu'il a de l'argent.

POUR L'AMOUR

La prostitution, c'est un piège. Parce qu'il arrive forcément un jour où une femme a envie de se donner corps et âme, sans condition, à celui qu'elle aime. Mais si son corps est devenu une monnaie d'échange, elle s'aperçoit alors qu'elle a tout gâché. Et il lui faut beaucoup de temps et de courage pour se reconstruire et retrouver le sens du don, du respect de soi et de l'autre.

PAS DE RISQUE ?

Vous vous sentez à l'abri et vous pensez que cela ne peut pas vous arriver ? Sans doute, mais peut-être qu'une amie risque de se laisser prendre à ce jeu dangereux. Si vous remarquez qu'elle n'a pas l'air d'aller bien, qu'elle est devenue distante et qu'elle exhibe des objets de valeur (portable dernier cri, bijoux, vêtements, etc.) qu'elle n'a manifestement pas les moyens de s'offrir elle-même, essayez de lui parler. Si elle se renferme et vous tient à l'écart, parlez de vos inquiétudes à une personne de confiance ou composez un des numéros de téléphone que vous trouverez à la fin du *Dico*.

VOIR AUSSI
CORPS, SEXE, VIOL.

Puberté

Le corps en chantier

LA PUBERTÉ EST UN ENSEMBLE DE MANIFESTATIONS PHYSIQUES QUI SURVIENNENT **À LA FIN DE L'ENFANCE** ET TRANSFORMENT LE CORPS DE L'ENFANT EN **UN CORPS D'ADULTE CAPABLE DE PROCRÉER**. ON CONFOND SOUVENT ADOLESCENCE ET PUBERTÉ. EN FAIT, L'ADOLESCENCE DURE PLUS LONGTEMPS PUISQUE C'EST LA PÉRIODE OÙ L'ON PASSE DE L'ENFANCE À L'ÂGE ADULTE, PHYSIQUEMENT BIEN SÛR, MAIS AUSSI SUR LE PLAN AFFECTIF ET INTELLECTUEL.

 S'INFORMER

La puberté arrive sans crier gare, à pas de velours. Elle ne fait pas de bruit et elle est d'une efficacité redoutable !
En l'espace de quelques années, elle transforme le corps du tout au tout. Les manifestations les plus spectaculaires de la puberté sont l'apparition des seins, le développement des poils sur le pubis et sous les bras, et la venue des premières règles. Mais il y a aussi des modifications plus discrètes, comme celle des organes génitaux, qui augmentent de volume.

AU SECOURS, TOUT ARRIVE À LA FOIS !

C'est tout le corps qui se transforme. Vous grandissez, vous grossissez, vos fesses et vos hanches s'arrondissent. Cela s'accompagne de phénomènes moins importants mais bien désagréables : l'acné, le développement de la pilosité sur tout le corps, la transpiration des aisselles mais aussi parfois des mains et des pieds, qui modifie l'odeur de votre corps.

QUI SONT LES COUPABLES ?

Tous ces changements se produisent sous l'effet de substances chimiques, les hormones, sécrétées par certaines glandes (ovaires pour les filles, testicules pour les garçons, hypophyse pour les deux). Ces hormones sont véhiculées par le sang jusque dans les organes qui doivent se transformer.

DE PLUS EN PLUS FEMME

L'hormone de croissance est la première à se mettre au travail pour accélérer le développement des os. Puis vient le tour des hormones spécifiques à chaque sexe. Chez les filles, ce sont les œstrogènes et la progestérone qui entrent en jeu : elles mettent en place le cycle menstruel, le développement des seins, des organes génitaux et la pousse des poils. Ce sont aussi les œstrogènes qui gèrent la répartition des graisses dans la partie inférieure du corps, sur les fesses et les hanches, et donnent au corps ses formes féminines.

INFO +

L'âge moyen de la puberté est aujourd'hui de 13 ans, mais les signes avant-coureurs apparaissent souvent vers 11 ans (développement des seins, en particulier). La période de la puberté peut durer cinq ans.

COMPRENDRE

Tous ces changements corporels ont de quoi vous mettre la tête et le cœur à l'envers ! Même si vous êtes sans doute fière de constater que vous n'êtes plus une petite fille, il n'est pas très facile de voir votre corps se transformer sans que vous maîtrisiez ce qui se passe. D'autant plus qu'il faut apprivoiser ces formes nouvelles ! Vous aimeriez bien savoir précisément quelle allure vous aurez quand toutes les modifications seront achevées. Malheureusement, il faut vous armer de patience : c'est long, et vous ne pouvez pas accélérer le mouvement !

À COURT D'ÉNERGIE

En attendant, il y a des jours où vous vous sentez mal dans cette peau qui n'est plus exactement celle dont vous aviez l'habitude. Pas étonnant que ce malaise rejaillisse sur votre moral. Vous vous énervez pour un rien, vous passez du rire aux larmes, vous vous sentez déprimée, fatiguée, sans ressort.

OUI, VOUS ÊTES NORMALE !

Un peu inquiète de savoir si tout se passe comme il faut, si c'est pareil pour les autres ? Oui, bien sûr ! Il est normal de vous sentir fatiguée, irritable. Normal de regretter votre corps de petite fille et votre ancienne insouciance. Normal de ne pas aimer ces poils disgracieux, ces vilains boutons et ces seins qui poussent et que certaines d'entre vous voudraient cacher. Normal de vous trouver trop petite, trop grande, trop grosse, trop maigre… trop différente de ce dont vous rêviez ! Lorsque l'on vous dit d'être patiente, il vous prend l'envie de tout envoyer balader ? Normal. Tous ces changements vont trop vite, et en même temps ils sont si longs que l'on n'en voit pas le bout. Mais tous les tunnels ont une fin !

VOIR AUSSI
ACNÉ, ÂGE INGRAT, COMPLEXES, FATIGUE, POILS, SEINS, TRANSPIRATION.

CANCER DU COL DE L'UTÉRUS

• Il peut affecter les femmes dès la puberté, à partir du moment où elles ont des rapports sexuels.
• On a découvert qu'un virus, le papillomavirus humain (HPV), était présent dans 99,7 % des cancers du col utérin. Les infections à HPV sont sexuellement transmissibles et s'effectuent à l'occasion de rapports sexuels non protégés.
• Il est donc recommandé aux jeunes adolescentes n'ayant pas encore eu de rapports sexuels de se faire vacciner, à partir de 14 ans, contre les infections par papillomavirus. On conseille également la vaccination aux jeunes filles et jeunes femmes de 15 à 23 ans qui n'auraient pas eu de rapports sexuels. On peut aussi se faire vacciner au plus tard dans l'année qui suit le premier rapport sexuel.
• La Sécurité sociale rembourse à 65 % la vaccination, qui se fait en trois doses.
• Cette prévention vaccinale ne doit pas faire oublier la pratique du dépistage régulier par le frottis cervico-vaginal dès 25 ans pour toutes les femmes ayant des rapports sexuels.

Pudeur
C'est personnel !

LA PUDEUR EST UN SENTIMENT DE RÉSERVE. UN REFUS D'EXPOSER SON CORPS, ET AUSSI SES SENTIMENTS INTIMES, AU REGARD D'AUTRUI.

● S'INFORMER

La pudeur est un sentiment naturel, et pourtant très variable d'une culture à l'autre, en fonction de la manière dont sont considérés le corps humain, la sexualité et aussi la condition des femmes. Dans certaines cultures, le corps de la femme ne doit pas être exposé aux regards des hommes : on l'habille de vêtements amples qui masquent les formes féminines. Ailleurs, la nudité n'est pas impudique dans certaines circonstances, comme en témoigne la pratique collective du sauna ou du bain.

QUESTION DE CULTURE ?

La pudeur n'est pas uniquement une affaire de culture. Au sein d'un même pays, d'une même culture ou d'une même famille, on peut exprimer et vivre la pudeur de manières bien différentes. Votre grande sœur ne sera peut-être absolument pas gênée de se déshabiller devant vous dans la salle de bains avant d'entrer dans la douche, alors que cela ne vous plairait pas du tout. La pudeur est un sentiment très intime, très personnel : logique, c'est ce qui protège votre intimité, votre jardin secret.

MES PETITS SECRETS

Mais la pudeur n'est pas uniquement une affaire physique. Elle concerne aussi bien le cœur que le corps. La pudeur, c'est le désir légitime de garder pour vous ce qui vous paraît être le plus profond et le plus secret de vous-même. Vouloir à tout prix vous faire dire le nom du garçon dont vous êtes amoureuse, par exemple, peut être plus impudique que de rester planté devant la baignoire pendant que vous prenez votre bain !

● COMPRENDRE

Il est parfaitement légitime de ne pas accepter le regard des autres sur votre corps : le désir d'intimité vous est venu naturellement avec la découverte de votre féminité, de votre sexualité. Il est normal aussi de garder une réserve spontanée sur le jardin de vos pensées secrètes, de ne pas vouloir parler de vos sentiments, de vos rêves, de vos désirs avec tout le monde. Ce n'est pas que vous en ayez honte : simplement, il y a des choses qui n'appartiennent qu'à vous et que les autres ont le devoir de respecter.

JE NE SUIS PLUS UNE GAMINE !

Bien sûr, ce n'est pas toujours facile de le faire comprendre à ceux qui vous entourent et qui

...ont connu une petite fille qui galopait sans complexe en tenue d'Ève à la sortie du bain, ou qui adorait raconter tous ses petits secrets à sa maman. Maintenant que vous avez grandi, ils vont devoir accepter que vous ayez envie de garder des choses pour vous et que vous ne vouliez plus que l'on vous voie nue, par exemple.

RESPECT

La pudeur est légitime. Vous avez le droit de refuser qu'une personne entre dans la salle de bains quand vous l'occupez. Le droit de manifester votre mécontentement si vos parents parlent de vos règles ou de votre puberté en public, même gentiment, même sur le mode de la plaisanterie. Le droit de refuser que des adultes aient envers vous des gestes intimes ou déplacés, voire seulement les gestes tendres que l'on se permet à l'égard d'un enfant. Il suffit de le dire, gentiment, mais fermement, plusieurs fois si nécessaire. Dans une famille équilibrée, on comprend rapidement ce genre de choses.

LA PUDEUR, C'EST RÉCIPROQUE

Sachez faire respecter votre intimité mais, en retour, prenez garde à ne pas piétiner celle des autres ! Si vous montrer nue ne vous pose aucun problème, n'oubliez pas que vous voir dans votre plus simple appareil peut gêner les autres, surtout depuis que vous êtes une grande. Soyez délicate : pensez à votre père, à vos frères, et même aux autres filles de la maison !

LA PUDEUR, UNE QUESTION DE CŒUR

De même pour les questions indiscrètes, pas de remarques sur des sujets qui ne vous concernent pas… La pudeur est une manière de vivre qui tient compte de la sensibilité de chacun et de son désir d'intimité ! Or chacun a sa propre pudeur, à des degrés divers, sur des sujets divers : du coup, deviner les zones de pudeur des autres pour mieux les respecter demande une bonne dose de respect et de délicatesse.

AMOUREUX, SOYONS DISCRETS…

Enfin, en amour, la pudeur existe aussi. Elle vous souffle d'éviter de raconter à tout le monde le moindre battement de votre cœur. Quand vous sortez avec un garçon, elle vous donne le souci de ne pas violer son intimité, de respecter son jardin secret, de ne pas vouloir savoir à tout bout de champ ce qu'il pense, par exemple ! Mais c'est aussi être pudique à deux. Les sentiments n'ont pas besoin de s'exposer en public pour être forts. Réservez les baisers passionnés pour les rencontres dans l'intimité : ils peuvent légitimement gêner les autres.

VOIR AUSSI
INCESTE, RESPECT, SECRETS.

CONSEIL

QUAND L'INDISCRÉTION VA TROP LOIN

Il peut arriver que l'on vous taquine sur vos nouvelles formes ou que l'on entre par accident dans la salle de bains alors que vous faites votre toilette.
Ne hurlez pas tout de suite à l'attentat à la pudeur ou à la violation de l'intimité !
En revanche, si quelqu'un entre systématiquement dans la salle de bains quand vous y êtes ou se permet des gestes qui vous dérangent alors que vous lui avez à maintes reprises demandé d'arrêter, il y a peut-être un problème plus grave. Dans ce cas, il faut en parler à un adulte en qui vous avez confiance pour vous aider à démêler tout cela ou vous protéger, si nécessaire.

Racisme

« *Si je diffère de toi, loin de te léser je t'augmente.* » Saint-Exupéry

LE RACISME EST À L'ORIGINE UNE DOCTRINE PRÉTENDUMENT SCIENTIFIQUE. CELLE-CI **AVANCE QU'IL EXISTE DES RACES HUMAINES**, REPÉRABLES GRÂCE À DES DIFFÉRENCES BIOLOGIQUES (COULEUR DE PEAU, TAILLE, ETC.), ET QUE CERTAINES SONT **INFÉRIEURES AUX AUTRES**. ELLE SERT À JUSTIFIER DES COMPORTEMENTS RACISTES : DOMINATION D'UNE RACE, EXCLUSION VOIRE AGRESSION DES RACES « INFÉRIEURES ».

S'INFORMER

De tout temps, des hommes ont été méprisés et maltraités. Mais c'est au XIXe siècle que certains ont voulu faire de la « race » un concept scientifique. Ils se sont inspirés de l'*Essai sur l'inégalité des races humaines* d'Arthur de Gobineau (1853), qui soutenait à tort que les mélanges de « races » conduisent à la décadence des sociétés.

JUSQU'AU GÉNOCIDE

C'est sur cette théorie prétendument scientifique que se sont appuyés les nazis pour fonder leur projet diabolique : exterminer les Juifs (et d'autres, comme les tsiganes), sous prétexte qu'ils risquaient de corrompre la « race pure aryenne » dont les nazis se proclamaient les plus beaux spécimens. Ce massacre, appelé la Shoah, a fait environ 6 millions de morts.

CELA N'A PAS SERVI DE VACCIN...

Mais le racisme n'est pas mort avec la condamnation des nazis en 1945. Jusque dans les années 1960, les États-Unis ont opéré une ségrégation raciale, en prétendant qu'il y avait une différence de nature entre Noirs et Blancs. L'Afrique du Sud inventa dans les années 1950 un système de discrimination absolue des Noirs, l'apartheid, qui a duré jusqu'en 1990. En 1994, au Rwanda, les Noirs hutus massacrèrent les Noirs tutsis, au seul motif qu'ils étaient tutsis.

ON A TOUS LES MÊMES ANCÊTRES !

Tout cela pour une notion qui n'a pas de sens ! Aujourd'hui, les scientifiques sont tous d'accord : les « races » n'existent pas.

La preuve : les groupes sanguins sont les mêmes partout. Mieux vaut recevoir du sang d'un Africain du même groupe que vous, plutôt que le sang de votre sœur, si elle est d'un groupe différent ! Et l'on effectue sans problème des greffes d'organe entre un Noir et un Blanc. Surtout, la génétique a montré qu'il n'y a pas de gènes spécifiques aux Jaunes, aux Noirs ou aux Blancs. Tous les hommes sont issus d'une même population préhistorique : il n'y a qu'une seule race humaine !

QUAND LA LOI DOIT S'EN MÊLER

Ce n'est pas parce qu'il n'y a pas de « races » que le racisme n'existe pas, malheureusement. Au point qu'il faut voter des lois pour lutter contre. En France, la Constitution assure « l'égalité devant la loi de tous les citoyens sans distinction d'origine, de race ou de religion ». Deux lois, celles du 1er juillet 1972 et du 13 juillet 1990, punissent les propos et les comportements racistes.

COMPRENDRE

On a beau soutenir que tous les hommes se valent et que le racisme est une chose affreuse, on a vite fait de se laisser aller à des sentiments peu fraternels et de s'énerver contre des personnes différentes de nous.

POURQUOI EST-ON RACISTE ?

Parce que la différence dérange, énerve et fait peur. On ne comprend pas bien ceux qui ne sont pas comme nous, et l'on ressent cette différence comme une menace. Elle laisse penser que les autres sont moins bien que nous, qu'ils pourraient nous obliger à devenir comme eux, ce qui serait dégradant.

RIDICULES, CES COUTUMES !

Accepter des gens différents et s'entendre avec eux demande d'énormes efforts. Vous pouvez ne pas vous croire raciste et trouver ridicule que votre copine Rachel respecte le shabbat, ou que les parents de Fatima refusent qu'elle porte des minijupes. Ne pas rejeter ceux qui sont différents demande de chercher à les connaître, à les comprendre. Et suppose de croire que la différence n'est pas un danger mais une richesse.

INFO +
LE RACISME À L'ENVERS

Attention : ne tombez pas dans l'excès inverse, qui consiste à refuser de voir les défauts de quelqu'un parce qu'il est d'une couleur différente. Si vous le traitez comme une personne à part que l'on n'a pas le droit de critiquer en raison de ses origines, vous faites du racisme à l'envers : vous le classez dans une catégorie spécifique, alors qu'il a le droit d'être aussi bête qu'un autre !

BONS PLANS

LE RACISME SE SOIGNE EN FAISANT LE MÉNAGE DANS SA TÊTE !

- *Ne dites pas : « Les mecs du lycée d'en face sont tous des nuls. » C'est comme cela que commence le racisme : on proclame que tous ceux qui viennent d'un même endroit ont les mêmes défauts. Alors que chacun est unique et qu'il y a des gens super (et des imbéciles !) partout.*
- *Méfiez-vous de ceux qui disent : « Je ne suis pas raciste, mais… », c'est souvent une manière de justifier des idées racistes !*
- *Lisez : Le Racisme, Autrement junior. Le Racisme expliqué à ma fille, de T. Ben Jelloun, Le Seuil.*
- *Si vous ou l'une de vos copines êtes victimes d'insultes ou de discriminations racistes, ou si vous souhaitez vous engager dans la lutte contre le racisme, adressez-vous à une association (voir en fin d'ouvrage).*

Racket

Ne vous laissez pas intimider

LE RACKET EST UN MOT AMÉRICAIN QUI DÉSIGNE L'**EXTORSION DE BIENS OU D'ARGENT PAR LA VIOLENCE OU L'INTIMIDATION**.

VOUS DONNEZ UN DOIGT, ILS PRENNENT UN BRAS

Le racket a lieu dans les écoles, souvent dès le primaire, mais surtout au collège et au lycée. Les racketteurs s'y prennent toujours de manière progressive. Ils vous demandent d'abord de leur donner un peu d'argent, un objet à la mode. Vous cédez en croyant que cela va leur suffire, vous pensez vous en tirer à bon compte. Hélas ! c'est une lourde erreur, et vous voilà prise dans un engrenage : ils vous réclament de plus en plus d'argent, des objets de plus en plus coûteux, et vous n'osez rien dire, parce qu'un refus risque de vous attirer les ennuis qu'ils vous promettent.

RÉFLEXE POLICE !

Pourtant, il faut savoir que le racket est un acte puni par la loi. Toute victime peut porter plainte au commissariat de police pour faire cesser les agissements de ses agresseurs. Quand on est mineur et que l'on se fait racketter, ce sont les parents qui doivent porter plainte. Les agresseurs peuvent être condamnés à de lourdes amendes et même à des peines de prison.

● COMPRENDRE

Le racket ne peut marcher que si les racketteurs pensent s'attaquer à plus faible qu'eux. Ils croient que leurs menaces (et éventuellement leur violence physique) vont suffisamment terroriser leurs victimes pour obtenir leur docilité et leur silence. Les racketteurs sont des lâches, qui trembleraient si quelqu'un de plus fort qu'eux leur soufflait dessus ! Pour renverser le rapport de forces, il faut donc qu'ils aient peur à leur tour. Il n'y a pas trente-six

● S'INFORMER

« Si tu ne me donnes pas ça, je te… » : le racket est fondé sur la violence que l'agresseur fait peser sur sa victime. Il arrive aussi qu'il utilise le chantage : s'il vous a vu commettre une bêtise, il menacera de vous dénoncer pour vous obliger à satisfaire ses désirs. Pire, il peut vous entraîner à en faire une pour mieux vous tenir ensuite à sa merci.

solutions pour cela. Il n'y en a qu'une : parler. Seulement voilà, très peu de victimes osent le faire…

J'AI PEUR…
Souvent la victime a peur d'ouvrir la bouche, parce qu'elle craint les représailles ; alors elle se tait, elle vit dans la peur, prise dans une situation angoissante puisqu'elle doit sans cesse satisfaire ses agresseurs. Elle peut être forcée à voler, et le plus terrible, c'est qu'elle ne sait jamais comment toute cette histoire va finir.

J'AI HONTE
Enfin, elle a honte : elle pense que si on la rackette, c'est parce qu'elle est faible et qu'elle n'a pas le courage de se défendre. C'est faux : le racket peut arriver à n'importe qui, même à des garçons, même à des personnes fortes en apparence. Il est très difficile de se défendre quand on est agressé, même verbalement.

JE VAIS TOUT DIRE
Pour sortir de la spirale infernale du racket, c'est vrai qu'il faut avoir un peu de courage. Mais attention : il ne s'agit pas de prendre le risque de vous faire agresser violemment en refusant subitement de donner ce que l'on vous demande. Le seul courage qu'il faut avoir, c'est de parler, de dénoncer vos agresseurs, malgré la peur, malgré la honte.

QUE VA-T-IL SE PASSER ?
Si vous en parlez à vos parents, au directeur de votre établissement, ils vont tout faire pour vous protéger et ils y arriveront. Vous n'irez peut-être pas en cours pendant 2 ou 3 jours, le temps de trouver la meilleure solution pour mettre vos agresseurs hors d'état de nuire. Et bientôt, tout rentrera dans l'ordre. Vous n'aurez aucune honte ou aucune peur à avoir en retournant en cours : vous n'avez rien à vous reprocher. Si c'est vraiment trop difficile, vous pouvez en parler à vos parents et envisager de changer d'établissement. Mais, en général, tout se passe bien pour les anciennes victimes.

TOUJOURS PLUS
Surtout ne croyez pas que cela va s'arranger tout seul et que vos agresseurs vont renoncer une fois qu'ils auront eu ce qu'ils veulent. Ils ne seront jamais satisfaits. Ce que les racketteurs aiment, ce n'est pas tellement obtenir les objets ou l'argent qu'ils demandent. C'est aussi et surtout user de leur pouvoir pour terrifier leurs victimes, pour sentir qu'ils font peur et qu'ils sont les plus forts. Si on ne les arrête pas, ils peuvent aller vraiment très loin.

VOIR AUSSI VIOLENCE.

CONSEILS

POUR LUTTER CONTRE LE RACKET
- Faites les trajets à plusieurs entre l'école et votre domicile.
- Si vous êtes seule, évitez les rues désertes. N'hésitez pas à entrer dans un magasin si vous vous sentez suivie, en expliquant ce qui se passe au commerçant.
- Ne transportez pas dans votre sac des choses tentantes : jeux vidéo, bijoux, I-pod, ou grosses sommes d'argent.
- En cas d'agression, téléphonez à Jeunes Violence Écoute ou SOS Violence (voir les numéros en fin d'ouvrage). Des psychologues et des juristes vous écoutent ; ils vous donneront des conseils et vous aideront dans vos démarches.
- Si vous êtes témoin d'un acte de racket, parlez-en à vos parents ou à tout autre adulte responsable.

Radio

Ma radio, c'est la plus cool !

LA RADIO VOUS PERMET D'ÊTRE EN CONTACT AVEC LE MONDE EXTÉRIEUR SANS SORTIR DE CHEZ VOUS, D'ÉCOUTER QUELQU'UN QUI SEMBLE NE PARLER QU'À VOUS, D'AVOIR À DISPOSITION VOTRE MUSIQUE PRÉFÉRÉE, ET TOUT CELA, EN APPUYANT SUR UN BOUTON !

RADIOS JEUNES

Pour cela, il faut commencer par choisir sa station : c'est généralement en fonction de vos goûts musicaux que vous vous déciderez. Les radios les plus écoutées par les jeunes sont surtout NRJ, Skyrock, Fun Radio et Europe 2, sans oublier Le Mouv'.

MA STATION

Vous aurez vite votre radio préférée, celle qui vous propose la musique que vous aimez, des émissions qui vous plaisent, celle que vous commentez entre copines, mais aussi celle avec laquelle vous vous réveillez le matin.

MON ANIMATEUR

La radio, c'est aussi une voix, celui qui présente, raconte des blagues, vous met en route pour la journée ou vous accompagne le soir quand vous vous endormez : l'animateur radio. C'est grâce à sa voix, à son humour, à sa gentillesse, à sa bonne humeur que vous vous sentez bien sur cette radio !

MON ANTENNE LIBRE

Au programme de votre radio, il y a une sorte de jardin secret. C'est le moment de l'émission d'antenne libre. Le concept est simple : trois ou quatre heures d'antenne en soirée, à partir

de 20 h 30 ou 21 heures, de la musique, des animateurs sympas et le standard ouvert aux auditeurs qui posent leurs questions et exposent leurs problèmes. S'y ajoutent parfois des jeux, des canulars pour en faire un moment de détente et de rires.

COMPRENDRE

L'antenne libre, c'est un peu comme si on se retrouvait avec sa bande de copains et de copines. C'est le moyen de se délasser après le stress de la journée et d'écouter une émission proche de vous.

DES QUESTIONS ET PAS DE RÉPONSES

On peut y poser ses questions, écouter celles des autres et sentir qu'on est normale, que les adolescents s'interrogent sur les mêmes choses, en particulier sur les relations entre garçons et filles, un sujet dont vous n'osez pas parler avec vos parents. Mais, souvent, la question de l'auditeur est traitée rapidement ou même éludée, voire tournée en dérision.

DES DÉRAPAGES PAS TOUJOURS CONTRÔLÉS

La sexualité y est généralement traitée de manière triviale, en termes crus, et on en donne trop souvent une vision superficielle et mécaniste, comme s'il s'agissait uniquement de pratiques techniques et pas de la relation entre deux personnes. On y banalise aussi les relations éphémères, la trahison et l'infidélité ; on y véhicule parfois une image peu flatteuse des filles. Vous risquez de garder une image dégradée de la sexualité et d'avoir peu d'espoir de vivre des relations épanouissantes et durables. Il peut même arriver que la dérision conduise les animateurs à l'irrespect de la personne (cf. encadré).

ANIMATEURS : ADOS ATTARDÉS ?

Ils parlent comme vous, ils vous font rire, et vous avez l'impression qu'ils ont votre âge et les mêmes problèmes que vous. Ils ont vite fait de vous faire croire qu'ils sont vos copains et, pourtant, ce sont des adultes qui sont là pour faire une émission avec des impératifs d'audience et de rentabilité. Résultat : ils ont intérêt à privilégier le sensationnel, à ne pas trop s'étendre sur les problèmes difficiles, la tristesse ou l'angoisse de certains auditeurs.

LA PAROLE AUX ADOS

C'est vrai que ces radios ont le mérite de vous donner la parole, mais il faudrait sans doute qu'elles le fassent autrement. Peut-être faudrait-il aussi que vous osiez intervenir, vous les filles, quand vous n'êtes pas d'accord sur la manière dont on traite les auditeurs, sur la réponse donnée à une question ou sur les propos tenus. Ces radios fonctionnent parce qu'on les écoute, et vous avez le droit et le devoir d'exiger du respect.

VOIR AUSSI
LIBERTÉ, RESPECT, SEXUALITÉ.

LE CSA

Le Conseil supérieur de l'audiovisuel (CSA) a été créé en 1989 pour garantir l'exercice de la liberté de communication audiovisuelle et s'assurer qu'elle s'exerce dans le respect de la dignité des personnes et de l'ordre public.
Il peut être saisi pour sanctionner des dérapages. Ainsi, en 2004, une procédure de sanction a été engagée contre Skyrock, qui avait diffusé des propos détaillant en termes crus des pratiques sexuelles, et a abouti à une recommandation indiquant que les radios ne doivent plus diffuser entre 6 heures et 22 h 30 de programmes susceptibles de heurter la sensibilité d'auditeurs de moins de 16 ans.

Râteau

Coup tordu et bleu à l'âme..

S'INFORMER

Ce n'est pas vraiment un chagrin d'amour, parce que vous n'aviez pas encore vécu grand-chose avec lui, peut-être même rien du tout. Vous aviez juste imaginé qu'il finirait par succomber aux regards appuyés que vous lui lanciez en le croisant dans les couloirs du lycée. Et puis tout à coup, patatras ! il dit non, il se met à sortir avec une autre ; bref, ça craque sans que vous ayez vu le coup venir.

EN PLEINE FIGURE !

Vous marchiez tranquille dans l'herbe douce, et pan ! un refus vous arrive en pleine figure, comme le manche du râteau quand on met par mégarde le pied sur les dents. De quoi vous sonner un bon coup ! D'abord, vous voyez trente-six chandelles, vous ne comprenez rien. Ensuite, vous avez mal à votre amour-propre. Le pire, c'est que vous ne savez même pas à qui vous en prendre !

MIEUX VAUT UN COUP BIEN NET

Le coup du râteau est toujours cruel. Il vous prend au dépourvu et aurait plutôt tendance à faire rire… les autres. Mais consolez-vous. Il vaut mieux que le garçon que vous avez repéré vous ait dit tout de suite qu'il n'y avait rien à espérer (ou qu'il vous l'ait fait comprendre avec plus ou moins de délicatesse, en embrassant une autre, par exemple). Il aurait pu vous faire lanterner, alors que cela devait arriver tôt ou tard de toute façon. Mieux vaut recevoir un coup net, brutal, un râteau, quoi ! plutôt que de traîner une histoire mal engagée qui se serait terminée en queue-de-poisson… et vous aurait minée beaucoup plus longtemps.

COMPRENDRE

Reste à panser vos blessures. Pleurez, criez, tapez du pied, traitez-le de tous les noms si ces malédictions vous soulagent. Ensuite, reprenez vos esprits et réfléchissez : un râteau, ça sonne, mais ça peut aussi faire du bien, ouvrir les yeux et permettre de regarder les choses en face.

IL NE SAIT PAS CE QU'IL PERD !

Il ne vous a pas remarquée, il n'a pas su apprécier la perle que vous êtes, il n'a pas vu combien vous étiez géniale ? Tant pis pour lui, il ne vous méritait pas ! Ce petit minable (mais oui, n'hésitez pas à appeler les gens par leur nom !) n'est pas une grande perte : il y en a tant d'autres qui auraient aimé être à sa place ! Il est temps de penser à ceux qui se morfondent en attendant un geste de vous, et d'oublier cette sale histoire.

POURQUOI MOI ?

Mais quand même, vous aimeriez bien comprendre : que s'est-il passé, à qui la faute, pourquoi vous a-t-on fait cela à vous et pas à une autre ? Dites-vous qu'un râteau est une chose qui arrive à tout le monde, à tout âge. C'est vrai que vous êtes plus exposée à ce genre de déception au moment de l'adolescence. Vous tirez souvent des plans sur la comète à propos d'un garçon (après tout, il n'y a pas de mal à rêver !) sans être toujours claire sur vos sentiments et vos intentions. C'est peut-être ce qui est arrivé à ce garçon qui vous a laissé croire que quelque chose était possible entre vous (vous en êtes sûre, il vous regardait !). Il vous arrivera peut-être à votre tour de ne plus vouloir de celui que vous croyiez désirer très fort la veille.

RÂTEAU : L'HERBE QUE L'ON RAMASSE

Le râteau est une expérience difficile à vivre. Vous étiez pleine d'émotions, d'espoir, de rêves de bonheur, et vous voilà brutalement rejetée, ramenée à votre vie banale et quotidienne, sans perspectives et sans projets. Le désir non satisfait, l'espoir qui s'envole et la remise en cause de soi-même sont de vraies douleurs. Mais l'expérience de la vie se fait ainsi : apprendre à perdre, c'est mesurer ses forces et ses limites, affronter la réalité, mais aussi grandir et devenir plus forte. Pour repartir plus riche… et plus lucide.

● CONSEILS

Pour vous en remettre :
- Ne gardez pas tout cela sur le cœur, parlez-en avec vos amies : il n'y a pas de honte à cela, et vous n'êtes pas la seule à vous être pris un râteau dans votre vie. Quand les garçons quittent le navire, il reste toujours les copines sur le pont, prêtes à vous écouter et à vous consoler !
- Pleurez un bon coup, mais ne ressassez pas votre déception trop longtemps : vous avez mieux à faire.
Il ne mérite vraiment pas que vous remplissiez une baignoire de larmes pour lui. Et ne lui donnez pas la joie de voir vos yeux bouffis par sa faute !
- Au contraire, chouchoutez-vous pour vous rappeler ce que vous valez. Offrez-vous une nouvelle robe, une nouvelle coiffure ; faites-vous belle et aimez-vous !

VOIR AUSSI
AMOUR, AMOUREUSE, CHAGRIN D'AMOUR.

Redoublement

Pas de quoi avoir honte !

● S'INFORMER

C'est le conseil de classe du 3e trimestre qui décide d'un redoublement. Cette décision est transmise aux parents qui peuvent faire appel, c'est-à-dire faire savoir qu'ils ne sont pas d'accord. Le cas est alors réexaminé dans des délais très brefs. La seconde décision est irrévocable et applicable partout : on ne peut pas aller tenter sa chance dans un autre établissement.

CONSEILLÉ OU OBLIGÉ

En 6e et en 4e, le conseil décide seul du redoublement. En fin de 5e, il vous laisse libre de redoubler ou de passer en 4e : c'est à vous et à vos parents de choisir.

REDOUBLER POUR MIEUX S'ORIENTER

En 3e et en 2de, tout se complique avec les questions d'orientation. En 3e, si vous avez de mauvais résultats, on vous laisse le choix entre le redoublement et l'orientation vers un enseignement professionnel. En fin de 2de, si l'on ne vous oriente pas vers le bac que vous souhaitez, vous pouvez choisir le redoublement. En 1re, vous pouvez redoubler pour changer d'orientation. En terminale, c'est le bac qui fait barrage : si vous échouez, vous redoublez, à moins de chercher une voie qui n'exige pas d'avoir le précieux examen.

LES POURQUOI D'UN REDOUBLEMENT

Pourquoi vous fait-on redoubler ? Il peut y avoir plusieurs raisons. Vous n'avez pas assez travaillé, vous êtes trop faible dans une ou plusieurs matières essentielles, même si vous êtes brillante dans d'autres, ou encore vous manquez de méthode pour travailler. Mais cela peut être aussi parce que vous avez eu un coup de fatigue dans l'année et que vous avez perdu pied.

UN CHOIX MÛREMENT RÉFLÉCHI

Chaque élève est un cas particulier : c'est pour cela qu'il faut un conseil de classe réunissant tous les professeurs, le conseiller d'éducation et le proviseur pour prendre la décision. Les délégués de classe et des représentants des parents d'élèves y assistent également. La décision n'est pas prise à la légère. Cela ne veut pas dire que le conseil ne se trompe jamais : parfois des élèves proposés au redoublement font appel et réussissent ensuite de brillantes études. Mais le conseil propose toujours la solution qui lui semble la meilleure pour que l'élève réussisse sa scolarité.

● COMPRENDRE

Même si vous vous y attendez, vous pouvez ressentir la nouvelle d'un redoublement comme un coup de tonnerre,

une sorte de catastrophe personnelle. D'abord, vous pouvez avoir un peu honte, à l'égard de vous-même, de votre famille, de vos amies. Surtout, cela vous met dans une situation inconfortable. Vos copines sont passées dans la classe supérieure et vous vous retrouvez avec des plus jeunes : c'est une rentrée difficile à vivre.

UN BILAN SINCÈRE À ÉTABLIR

Pourtant, ce n'est pas si grave. La première chose est de ne pas prendre cette décision comme une injustice, une sale vengeance d'un prof qui ne vous aimerait pas. Et de faire un bilan honnête de l'année pour prendre conscience de vos erreurs afin d'y remédier. Vous manquiez de méthode ? Vous n'avez pas assez travaillé ? Vous avez du mal avec une matière en particulier ? N'hésitez pas à en parler à un professeur en qui vous avez confiance ou au conseiller d'éducation : ils vous aideront à voir clair et à trouver des solutions.

PRENDRE LE TAUREAU PAR LES CORNES

Ensuite il faut retrousser vos manches pour vous attaquer aux problèmes. Peut-être avez-vous besoin d'un cours de soutien dans une matière, ou plus généralement d'une aide pour vous organiser et apprendre à… apprendre ? Parlez-en à vos parents. Bien sûr, ce redoublement ne les enchante pas ; mais ils sont prêts à vous aider, surtout s'ils sentent que vous voulez vous en sortir.

GAGNER LE RESPECT

Reste à vous faire respecter dans votre nouvelle classe. Au début, vous pouvez vous sentir un peu à l'écart. Mais les élèves et les professeurs ont vite fait de distinguer la redoublante qui se met au fond de la salle pour se faire les ongles pendant le cours de celle qui veut tirer parti de cette année supplémentaire.

INTÉRÊT REDOUBLÉ

Un risque à éviter : vous reposer sur vos lauriers sous prétexte que vous avez déjà entendu ces cours. Bien sûr, tout n'est pas nouveau ; mais si l'on vous a fait redoubler, c'est parce que vous n'aviez pas tout compris. Dans les matières où vous êtes bonne, vous pouvez avoir l'impression de vous ennuyer. Un conseil : profitez de votre redoublement pour les approfondir, de façon à devenir une vraie spécialiste. Cela vous servira plus tard !

UNE ANNÉE POUR VOUS INVESTIR

Le redoublement vous donne aussi une occasion de participer davantage à la vie de la classe, d'aider les plus jeunes qui n'ont pas votre expérience ou, pourquoi pas, d'être déléguée. Vous pouvez aussi participer à des activités dans l'établissement : bref, vivre à fond ce que vous avez effleuré du bout des doigts l'an passé.

UN AN DE RETARD, ET ALORS ?

Avec une telle attitude, il se pourrait bien que cette année de redoublement devienne une chance, et plus tard un bon souvenir. Tout dépend de vous, de votre envie de vous battre et de gagner. L'important est de retrouver votre confiance en vous, en réussissant des choses que vous aimez et en faisant le mieux possible celles que vous aimez moins. Et surtout, gardez à l'esprit qu'un an de retard, ce n'est pas grand-chose. Dans 2 ans, ce ne sera plus rien, et dans 10 ans, vous l'aurez oublié !

VOIR AUSSI
LYCÉE, ORIENTATION.

À SAVOIR

ÉCHEC SCOLAIRE

On parle vraiment d'échec scolaire lorsqu'un élève a plus de 2 ans de retard par rapport à l'âge « normal » de sa classe et qu'il est, à nouveau, mal parti pour s'en sortir. Mais même dans ce cas, il ne faut surtout pas baisser les bras ! L'important, c'est de chercher les raisons qui ont créé cette impasse, pour trouver une autre voie. Les résultats scolaires ne jugent qu'un certain type de compétences. Avoir de mauvais résultats ne veut en aucun cas dire que l'on est bête. Le tout, c'est de découvrir pourquoi l'on « bloque ».

Régime

La forme pas les formes

🟠 S'INFORMER

À votre âge, plus de la moitié d'entre vous se trouvent trop grosses. À 14 ans, vous êtes plus du tiers à avoir commencé un régime. Et, à chaque printemps, les magazines féminins vous matraquent de recettes allégées, d'exercices physiques et autres produits miracles pour être belle en maillot et faire craquer le moniteur de voile !

LES RISQUES D'UN RÉGIME

Quand on fait un régime, on se prive d'une certaine quantité d'aliments dans l'espoir de maigrir. Mais on oublie souvent que tous les aliments sont utiles, surtout en période de croissance et qu'un régime peut provoquer des carences importantes entravant le bon fonctionnement de l'organisme. Fatigue physique mais aussi intellectuelle, arrêt des règles et fragilisation des os en sont les principaux symptômes ! Résultat, on peut certes maigrir, mais on risque de s'enlaidir, de perdre sa forme et sa bonne humeur. De plus, ces privations sont toujours difficiles à vivre, alors on craque et on risque de regrossir, voire de devenir plus grosse qu'avant le régime !

DE L'ESSENCE DANS LE MOTEUR !

Notre corps a besoin d'énergie pour se maintenir en vie et pour se développer. Même au repos, il en consomme parce que le cœur bat, le sang circule, les poumons respirent… Il trouve cette énergie dans les aliments. L'unité d'énergie s'appelle la calorie. Une femme a besoin d'environ 2 000 calories par jour pour vivre. Une adolescente qui grandit et se développe a des besoins encore plus importants. Quand le corps dépense toute l'énergie qu'il consomme, il maintient son poids. Quand il en dépense plus, il maigrit, quand il en dépense moins, il fait des réserves et grossit. On dépense des calories dans toutes les activités de la vie, mais davantage en faisant du sport qu'en restant assise devant la télé !

🟠 COMPRENDRE

L'obsession du régime commence souvent au moment de l'adolescence et dure quelquefois toute la vie. Le mieux serait de ne pas commencer… surtout si vous n'en avez pas besoin ! Avoir des fesses et des hanches, ne plus être plate comme une petite fille ne signifie pas que l'on est grosse, encore moins que l'on est « énorme » !

PENSER, SE DÉPENSER

À votre âge, vous changez à la fois de corps et de mode de vie : les risques de grossir sont plus importants. Vous bougez moins qu'une petite fille et vous n'aimez pas forcément le sport, donc vous ne dépensez plus autant de calories que lorsque vous grimpiez aux arbres ou que vous sautiez à la corde dans la cour de récré.

« J'AI TOUT MANGÉ LE CHOCOLAT »

Quand vous êtes mal dans votre peau, angoissée ou que vous avez un chagrin d'amour, vous grignotez. Chips, chocolat, bonbons, tout y passe ! Sans distinction, sans mesure. Plus de place pour le dîner !

LA MAL-BOUFFE

À la sortie des cours, vous aimez bien prendre un pot avec les copains ; malheureusement le soda ou le jus de fruits, cela fait tout de suite quelques centaines de calories en plus. Et si vous ajoutez un restaurant entre amis, menu hamburger-frites ou pizzas-pâtes, avec en plus un soda, l'addition calorique est salée !

COMMENT RETROUVER UN ÉQUILIBRE ?

La première chose à faire quand vous vous sentez un peu grosse, c'est donc d'essayer de mettre de l'ordre dans votre alimentation. Notez ce que vous mangez pendant quelques jours, référez-vous à la grille de la valeur calorique des aliments et faites le total. Avec quelques sodas en moins et un effort pour ne pas grignoter en dehors des repas, vous sortirez déjà du rouge. Il ne vous reste qu'à manger équilibré sans trop de souci, en privilégiant les légumes, les fruits, les laitages allégés et les féculents sans trop de graisses (limitez huile, beurre et fromages).

BOUGEZ, ÉLIMINEZ !

Ajoutez à cela un peu d'exercice physique : préférez les escaliers aux escalators ; le petit trajet que vous faisiez en bus, pourquoi ne pas le faire à pied ? Vous aurez un corps de rêve !

INFO +
RÉGIMES SPÉCIAUX

Les régimes ne servent pas tous à maigrir. Ils peuvent aussi permettre de rectifier des mauvais fonctionnements du corps comme l'hypertension ou encore des manques en vitamines, en fer, en magnésium.

RÉGIMES VÉGÉTARIEN ET VÉGÉTALIEN

Il existe également des modes d'alimentation différents, comme les régimes végétarien et végétalien. Le régime végétarien ne comprend pas de viande et compense en augmentant la consommation de poisson, d'œufs et de produits laitiers. C'est un régime sain que vous pouvez choisir pour des raisons philosophiques ou écologiques mais qui rend la vie un peu compliquée quand vous mangez à la cantine, au restaurant ou chez des amis. Et votre mère devra faire preuve d'inventivité pour concocter des petits plats qui satisferont toute la famille ! Quant au régime végétalien, en plus de la viande, il supprime le poisson, les œufs et tous les produits animaux. C'est un régime très déséquilibré, à proscrire absolument à votre âge.

CONSEILS

Si vous avez vraiment des kilos en trop, parlez-en à votre médecin, lui seul peut vous aider sans risque pour votre santé. Il faut alors se conformer strictement à ses prescriptions et s'armer de persévérance. N'hésitez pas à demander de l'aide :
- À vos parents pour qu'ils mettent hors de portée les aliments interdits qui pourraient vous tenter.
- Aux copains et amis pour ne pas craquer à la cantine et au café.
- Soyez compatissante avec vous-même, offrez-vous des petits plaisirs pour compenser ceux que vous ne pouvez pas trouver dans la nourriture : petits cadeaux pour être plus belle, sorties au cinéma plutôt qu'au restaurant... Et n'hésitez pas à vous dorloter : bain moussant, crème pour le corps, maquillage !

VOIR AUSSI
ANOREXIE, KILOS, REPAS.

Règles

Bienvenue dans la cour des grandes !

C'EST L'**ÉCOULEMENT DE SANG QUI SE PRODUIT PAR LE SEXE DE LA FEMME LORSQU'IL N'Y A PAS EU FÉCONDATION** : ON L'APPELLE « RÈGLES » PARCE QU'IL SURVIENT DE FAÇON RÉGULIÈRE, **CHAQUE MOIS**. LES PREMIÈRES RÈGLES SURVIENNENT AU COURS DE LA PUBERTÉ ET LES DERNIÈRES LORS DE LA MÉNOPAUSE.

● S'INFORMER

Les règles marquent le début d'un processus que l'on appelle le « cycle menstruel » (parce qu'il dure un mois environ) et qui se met en route chez la jeune fille entrant dans la puberté. Ce cycle dure en moyenne 28 jours et se reproduit tous les mois si l'on n'est pas enceinte.

ENTRE LES RÈGLES, QUE SE PASSE-T-IL ?

Pendant la première partie du cycle (les 14 premiers jours environ), la muqueuse qui tapisse l'intérieur de l'utérus s'épaissit pour se préparer à accueillir un ovule fécondé. Pendant ce temps, un ovule mûrit dans l'ovaire. Il en est expulsé autour du 14e jour du cycle (c'est l'ovulation). Puis l'ovule descend vers l'utérus : c'est à ce moment-là qu'il peut rencontrer un spermatozoïde et être fécondé. Dans ce cas, il rejoint l'utérus pour s'y nicher, devient embryon et commence à se développer. Si l'ovule n'a pas été fécondé, la muqueuse utérine, devenue inutile, se détache, produisant un saignement. Le sang, l'ovule et les débris de la muqueuse sont alors expulsés par le vagin. Ce sont les règles.

LES PREMIÈRES RÈGLES

Sous l'effet de la sécrétion d'hormones, le corps de la jeune fille, qui abrite depuis sa naissance tous les outils nécessaires à la conception d'un enfant, se « réveille ».
Les premières règles surviennent quand la puberté est déjà commencée : la formation des seins et l'apparition des poils sur le pubis en sont souvent les premiers signes. Mais elles ne signifient pas la fin de la puberté car le corps continue à se transformer.
Les règles apparaissent ordinairement entre 11 et 16 ans, exceptionnellement plus tôt ou plus tard, suivant le développement physiologique de chaque fille, quand son corps est prêt.

ELLES SONT ARRIVÉES… ET PUIS PLUS RIEN !

Au début, le cycle est parfois très irrégulier (entre 25 et 35 jours). On peut même attendre plusieurs mois après la première fois pour les voir réapparaître ! Le corps apprend ce rythme nouveau petit à petit. À chaque fille de découvrir le sien…
Souvent les premières règles ont lieu sans ovulation, mais il faut malgré tout considérer que, dès ce moment-là, une grossesse est possible et se protéger en cas de rapport sexuel.

ÇA FAIT MAL, DOCTEUR ?

Vous pouvez avoir des règles plus ou moins abondantes, qui durent plus ou moins longtemps (entre 2 et 8 jours). Celles-ci s'accompagnent parfois de douleurs mais ce n'est pas toujours le cas. Vous pouvez avoir des maux de ventre, de tête, les seins douloureux, vous sentir fatiguée, pas « bien dans votre assiette ». Si ces douleurs sont trop difficiles à supporter, n'hésitez pas à en parler à votre médecin qui vous prescrira des calmants. Surtout, il ne faut pas prendre de l'aspirine pendant vos règles : cela fluidifie le sang et risque donc d'augmenter les saignements.

DES JOURS COMME LES AUTRES

Les règles ne sont pas du tout une maladie. Il n'y a aucune raison de changer votre façon de vivre. La plupart des femmes travaillent pendant leurs règles, les championnes gagnent même des médailles !

C'EST SALE !

Mais non ! Les règles ne sont pas sales. Vous vous sentez peut-être mal à l'aise et éprouvez le besoin de vous laver plus souvent. Pourtant, il suffit de vous laver comme vous le faites habituellement, matin et soir. Pas besoin de toilette intime plus approfondie, mais n'oubliez pas de changer régulièrement votre serviette ou votre tampon (attention ! on est parfois tellement à l'aise avec un tampon que l'on risque de l'oublier).

INFO +

LES AUTRES NOMS DES RÈGLES

Autrefois on disait les « menstrues ». Ce n'est pas très beau ! Pour en parler à demi-mot, toutes les filles inventent leur petit vocabulaire : les ragnagnas, les tagadas, les ours, les guss, les emmerdes, les doches, les Anglais débarquent, le beaujolais nouveau est arrivé, les BDF (bidules de filles) ou un discret « je les ai »…

COMPRENDRE

La découverte des premières règles est un moment plein d'émotion dans la vie d'une fille : on se sent un peu bouleversée, triste de quitter la petite fille que l'on a été, fière d'entrer dans la vraie vie, celle des grands, de commencer sa vie de femme.

ET DIRE QUE J'AVAIS HÂTE QUE ÇA ARRIVE !

Vous devez aussi vous habituer à tous les petits inconvénients qui accompagnent les règles : vous vous sentez moins libre dans votre corps. Et si vous avez attendu ce moment avec impatience, vous êtes parfois un peu déçue : vous vous demandez pourquoi les filles qui en parlaient, avant que cela ne vous arrive, avaient l'air si fières ! Pourtant, vous sentez bien aussi que c'est un moment important : vous devenez grande, il y a la promesse des enfants que vous aurez peut-être plus tard.

C'est aussi le signe que votre corps marche bien, que vous êtes en forme, qu'il se prépare. Pas étonnant qu'avec toutes ces émotions contradictoires, vous ayez un peu de mal à vivre, que vous vous sentiez un peu perdue, irritable, déprimée parfois aussi !

JE NE VEUX PAS QUE TU LE DISES À PAPA !

Dans certains pays, on fait une fête à cette occasion pour introduire la jeune fille dans le groupe des femmes : on lui met des habits nouveaux, on lui donne même parfois un nouveau nom. Chez nous, on est beaucoup plus discret, souvent on n'en parle pas, et surtout pas à ses frères ou à son père. Mais rien n'empêche de fêter cela en secret avec sa mère ou sa meilleure amie !

CONSEILS

- Pour être tranquille, vous pouvez avoir toujours dans votre sac une petite pochette contenant serviettes, tampons, mouchoirs en papier et même slip de rechange.
- Cochez dans un calendrier le jour de vos règles. Cela vous évitera d'être prise au dépourvu et vous permettra de mieux connaître le rythme de votre corps.
- Si vous allez voir un gynécologue, pensez à noter la date de vos dernières règles avant d'aller au rendez-vous : c'est une question qu'il pose souvent, ainsi que la durée moyenne de votre cycle (28, 30 ou 32 jours ?), même si ce dernier est encore un peu irrégulier.

BONS PLANS
SERVIETTES OU TAMPONS ?

- Aujourd'hui, les serviettes sont très discrètes (mais non, elles ne se voient pas sous votre jean !), confortables et très absorbantes. Vous pouvez changer de gamme entre le début et la fin de vos règles. Essayez plusieurs modèles pour trouver celles qui vous conviennent.
- Les tampons sont très pratiques : vous pouvez vous mettre en maillot de bain, nager, comme si de rien n'était. Vous pouvez en utiliser même quand vous êtes vierge, à condition de choisir des tampons « mini ». L'hymen, la membrane qui obstrue le vagin, est en effet percé d'un orifice qui laisse écouler le sang et permet l'introduction d'un petit tampon.

SAVOIR-VIVRE

Discrétion et pudeur s'imposent : ne laissez pas de traces de votre passage dans la salle de bains ou les toilettes, et ne laissez pas traîner serviettes ou tampons !

VOIR AUSSI
CONTRACEPTION, FÉCONDITÉ, GYNÉCOLOGUE,

INFO +

COMMENT METTRE UN TAMPON ?
Choisissez de préférence un jour de règles abondantes et un tampon avec applicateur plastique. Ce sera plus facile. Debout, un pied sur la cuvette des toilettes, penchez-vous un peu en avant pour que le tampon entre bien dans l'axe de votre vagin. Détendez-vous. Tenez le tampon au niveau de l'anneau et introduisez-le doucement par le bout arrondi. Le cordonnet de retrait doit pendre hors du tube. Poussez le tube extérieur jusqu'à ce que vos doigts touchent votre corps. Tout en tenant les anneaux, poussez le tube intérieur à l'intérieur du tube extérieur. Le tampon va se mettre bien en place. Si vous le sentez, c'est qu'il n'est pas placé suffisamment en profondeur. Retirez-le et utilisez un autre tampon. Si cela ne vous convient pas, vous ferez un nouvel essai un peu plus tard ! Un truc : se mettre accroupie au-dessus d'une glace pour bien voir ce que l'on fait. Attention : il faut changer de tampon toutes les 3 heures au moins, comme pour les serviettes, pour éviter infections… et mauvaises odeurs !

Religion

Donner sens au monde…

🟠 S'INFORMER

La religion est un ensemble de croyances et de pratiques qui organisent la relation des hommes avec un ou des dieux, et la vie des hommes avec l'ensemble de l'univers. Elle est toujours une manière de donner sens au monde et de proposer des règles de vie.

HISTOIRE ET RELIGIONS

Il existe toutes sortes de religions suivant les pays, les histoires et les cultures. Longtemps, les religions ont été liées aux civilisations. Certaines religions ont d'ailleurs disparu quand la civilisation qui les portait a disparu ; c'est le cas de la religion des Romains, des Égyptiens ou des Gaulois.

DESTINÉES À TOUTE LA TERRE

Aujourd'hui, les grandes religions monothéistes (qui croient en un seul Dieu) – le judaïsme, le christianisme et l'islam – sont répandues dans le monde entier parce qu'elles souhaitent s'adresser à tous les hommes, quels que soient leur pays et leur culture. Le déplacement des populations d'un pays à l'autre fait que, dans la plupart des pays, plusieurs religions cohabitent.

CHEZ NOUS

En France, il y a des chrétiens, des musulmans, des juifs et quelques bouddhistes. Il y a aussi des gens qui n'ont pas de religion ou qui ont abandonné celle qu'on leur avait enseignée. On les appelle « athées », ce qui veut dire qu'ils ne reconnaissent pas de dieu.

ON NE SAIT PAS EXACTEMENT D'OÙ VIENT LE MOT « RELIGION ». LES PREMIERS AUTEURS CHRÉTIENS ONT PENSÉ QU'IL AVAIT LA MÊME ORIGINE QUE LE VERBE « RELIER » : **LA RELIGION SERAIT UN SYSTÈME QUI RELIE LE MONDE DES HOMMES À CELUI DES DIEUX.** CE FAISANT, IL RELIE AUSSI LES HOMMES ENTRE EUX ET AU MONDE QUI LES ENTOURE.

🟠 INFO +
QU'EST-CE QUE LA LAÏCITÉ ?

Longtemps dans l'histoire, la religion a été une affaire publique : on avait la religion de son pays ou de son roi. C'est encore vrai dans certains pays musulmans. Mais plus dans les sociétés qui ont instauré le droit de choisir sa religion (ou de ne pas en avoir). En France, depuis plus de deux siècles, chacun a le droit de pratiquer librement sa religion. Depuis 1905 et la loi de séparation des Églises et de l'État, la République ne reconnaît et ne finance plus aucune religion ; on dit que l'État français est laïc. Autrement dit, la religion est une affaire privée.

COMPRENDRE

Autrefois, tout le monde avait une religion, le plus souvent celle de son enfance, de ses parents. Les gens y croyaient plus ou moins, mais la religion n'était pas vraiment remise en cause.

GRAINES D'EXTRÉMISTES !

Aujourd'hui, c'est un peu le contraire. Beaucoup de gens croient en Dieu mais se méfient de la religion ; ils ont souvent l'impression qu'elle est contraire à la liberté, qu'elle impose des choses ou en interdit. Il est courant d'entendre dire que les religions engendrent des guerres et des massacres, et l'on soupçonne facilement les croyants de devenir des intégristes et des fanatiques à la première occasion.

ILS N'ONT PAS TOUT COMPRIS !

Même s'il est vrai qu'il y a des guerres au nom de Dieu, c'est généralement une fausse interprétation de la religion qui conduit à la violence, car la plupart des religions prêchent au contraire l'amour des autres, le respect et la paix. De nos jours, on appelle encore souvent « guerres de religion » des conflits qui ont des motifs économiques et politiques bien plus que religieux. En fait, dans ces guerres, on utilise Dieu comme prétexte pour se battre.

JE PEUX COURT-CIRCUITER LA RELIGION ?

On peut être en quête de Dieu tout en refusant les contraintes ou les défauts de la religion (qui sont finalement les défauts des hommes), mais on se prive alors de la réflexion et de l'enseignement de tous ceux qui ont vécu avant soi et on ne peut partager avec personne sa manière de vivre sa foi.

UNE DÉCISION PERSONNELLE

Les parents qui ont une religion l'enseignent à leurs enfants. Quand les enfants grandissent et commencent à comprendre la foi, les valeurs et les pratiques de la religion, ils peuvent décider de les reprendre à leur compte. Bien sûr, ils peuvent aussi complètement changer de religion, ou devenir croyants alors que leur famille est athée.

LA RELIGION N'EST PAS UN PATCHWORK !

Aujourd'hui, certains sont tentés de choisir leur religion comme au supermarché : on prend une croyance ici, une pratique là, on laisse sur les rayons

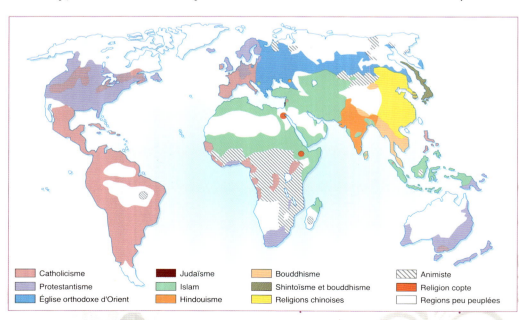

Catholicisme | Judaïsme | Bouddhisme | Animiste
Protestantisme | Islam | Shintoïsme et bouddhisme | Religion copte
Église orthodoxe d'Orient | Hindouisme | Religions chinoises | Regions peu peuplées

telle chose qui dérange. Mais se faire une religion à la carte a des inconvénients : on ne peut partager ses croyances avec personne et c'est la meilleure façon de croire en des choses contradictoires.

C'EST DU SÉRIEUX

La religion donne du sens à la vie, maintenant et même après la vie terrestre. Pas vraiment le lieu pour inaugurer un « bidouillage d'amateur » ! Peut-être vaut-il mieux faire confiance à une religion qui existe depuis longtemps : cela vous évite, en particulier, de tomber entre les mains peu recommandables d'une secte. Et cela ne vous empêche pas de vous intéresser aux autres religions ; on peut partager des tas de choses avec les croyants qui ont une religion différente.

MA RELIGION EST LA BONNE !

Vous avez bien raison d'en être convaincue : si vous pensez que votre religion n'est pas la meilleure ou qu'elle ne dit pas la vérité, il faudrait sérieusement songer à en changer !
Mais n'oubliez pas que les croyants des autres religions ont le droit de penser exactement la même chose. Avoir une religion ne vous autorise absolument pas à l'imposer aux autres. C'est cela, respecter la liberté de conscience.

VOIR AUSSI
DIEU, FOI, TOLÉRANCE.

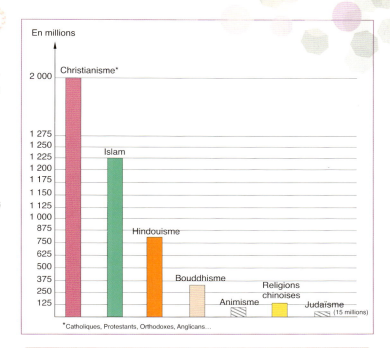
*Catholiques, Protestants, Orthodoxes, Anglicans…

À SAVOIR

INTÉGRISME ET FONDAMENTALISME

*De nos jours, on parle beaucoup de ces phénomènes religieux radicaux. Ces deux notions sont apparues au début du XIXe siècle : l'intégrisme vient du catholicisme et le fondamentalisme du protestantisme. Les intégristes refusent la société moderne et souhaitent un retour au temps où la religion catholique organisait toute la société. Les fondamentalistes défendent une lecture littérale de la Bible, affirmant par exemple que le monde a bien été créé par Dieu en 6 jours. Ils cherchent à intervenir dans la vie politique pour recréer une société dominée par la religion.
Le judaïsme et l'islam ont aussi leurs mouvements radicaux. Chez les juifs on parle d'ultra-orthodoxes et chez les musulmans on a forgé le mot « islamiste ». Ces mouvements prétendent retrouver la vérité de la religion et la réimposer au monde. Ils cherchent à la fois à revenir aux origines de la religion qui aurait été dévoyée au cours de l'histoire et à remettre la société en accord avec ces principes religieux. Ils remettent généralement en cause, à des degrés divers, les libertés individuelles et en particulier celles des femmes. Les plus radicaux vont souvent jusqu'à la violence : attentats mais aussi défiguration ou lapidation des femmes adultères ou supposées l'être, etc.*

Rendez-vous citoyen

Aux armes, citoyennes !

● S'INFORMER

Le rendez-vous citoyen, appelé aussi « Journée d'appel de préparation à la défense » (JAPD), a été instauré pour les garçons et les filles par la loi du 28 octobre 1997. Cette loi a supprimé l'appel des garçons sous les drapeaux (c'est-à-dire le service militaire classique). Depuis 2003, il est remplacé par un « parcours de citoyenneté » obligatoire qui concerne tous les garçons nés après le 31 décembre 1978… et toutes les filles nées après le 31 décembre 1982. 7 750 filles ont ainsi été les premières citoyennes à faire leur JAPD en avril 2000.

TROIS ÉTAPES POUR UN PARCOURS

Ce parcours s'effectue en trois étapes. D'abord, une formation sur la défense nationale et européenne, intégrée dans les programmes scolaires du second degré. Ensuite, le recensement de tous les garçons et les filles à l'âge de 16 ans. Enfin, la Journée d'appel de préparation à la défense, pour tous, entre 16 et 18 ans.

LE RECENSEMENT

Dans le mois qui suit votre 16e anniversaire, vous devez vous présenter à la mairie de votre domicile. Il faut fournir le livret de famille de vos parents, votre carte d'identité et une preuve de résidence (quittance de loyer, facture d'électricité, de téléphone, plus attestation des parents). Une attestation de recensement vous est alors remise. Conservez-la précieusement : elle sera nécessaire pour vous inscrire au permis de conduire, au bac et aux concours de la fonction publique.

LA JOURNÉE D'APPEL DE PRÉPARATION À LA DÉFENSE

La JAPD est destinée à faire connaître aux jeunes les mécanismes et les enjeux de la défense nationale, ainsi que les métiers de l'armée. Vous êtes convoquée entre votre 16e et votre 18e anniversaire. On vous propose trois dates (souvent un mercredi ou un samedi) : vous avez 30 jours pour choisir.

JAPD, LE DÉROULEMENT

Cette journée se passe en général près de chez vous (votre transport et votre déjeuner sont pris en charge). Elle commence

à 8 h 30 et se termine à 17 h. Elle débute par des tests qui évaluent votre maîtrise de la langue française. Aux jeunes qui ont des difficultés de lecture, on propose une formation personnalisée. Ensuite, des intervenants vous présentent les objectifs de défense de la France, les accords internationaux, la situation politique européenne, ainsi que les différents métiers dans l'armée. Vous avez droit également à quelques notions d'histoire sur les deux guerres mondiales. On vous remet à la fin de la journée votre certificat de préparation, que vous devez conserver jusqu'à l'âge de 25 ans.

INFO +

Si vous voulez en faire ou en savoir plus, c'est possible ! Pour participer davantage à la défense militaire, vous pouvez vous inscrire à la préparation militaire ou faire acte de volontariat.

LA PRÉPARATION MILITAIRE

Elle dure 1 à 4 semaines, et vous fait découvrir la vie militaire. Vous pourrez ensuite, dans la mesure des places disponibles et en fonction de vos aptitudes, servir comme volontaire dans les armées.

LE VOLONTARIAT

Vous pouvez aussi devenir volontaire, c'est-à-dire vous engager pour 1 an (renouvelable 5 fois) soit dans les armées (terre, mer, air ou gendarmerie, services de santé, etc.), soit dans un service civil (soutien aux populations en difficulté, animation socioculturelle), ou même encore dans la coopération ou l'humanitaire. Ce volontariat civil peut durer de 6 mois à 2 ans.

LE SERVICE VOLONTAIRE EUROPÉEN

Il existe également un service volontaire européen destiné à renforcer la citoyenneté active des jeunes Européens. Rien à voir avec un service militaire ou civil. Il s'agit de participer à une action d'intérêt général à l'étranger. Ce service peut durer de 3 semaines à 12 mois ; il concerne des actions de tout type (culture, restauration de monuments, animation pour les enfants, les personnes âgées, les handicapés, aide humanitaire, lutte contre le racisme, etc.).

COMPRENDRE

Le but de ce parcours de citoyenneté est de préparer tous les jeunes, filles et garçons, à devenir des citoyens, en leur faisant prendre conscience qu'ils sont tous concernés par la défense de leur pays. Défendre son pays, ce n'est pas seulement prendre les armes et combattre en son nom ; c'est le servir quotidiennement, l'aimer, le connaître, le faire connaître. D'où l'idée de ce « rendez-vous citoyen » qui concerne tous les jeunes, y compris les filles.

VOIR AUSSI
LOI, MAJORITÉ, POLITIQUE.

Repas

À table !

🔴 S'INFORMER

Un repas n'est pas seulement fait pour se nourrir, c'est aussi un moment de partage et de rencontre. D'ailleurs, quand on veut voir des amis, on leur propose volontiers de manger ensemble. « On s'appelle, on se fait une bouffe », dit-on familièrement !

REPAS ET TRADITIONS

Dans la plupart des sociétés, le repas est un moment convivial entouré de traditions. Les arts de la table en sont une preuve : nappes, vaisselle, décorations témoignent par leur raffinement de l'importance accordée à ce temps. Et même pour les repas de tous les jours, une nappe, un couvert bien mis, des plats bien présentés montrent que l'on a besoin d'autre chose que d'ingérer les aliments nécessaires à notre survie.

CEUX QUI PARTAGENT LE MÊME PAIN

Le repas est un temps où l'on se retrouve pour reprendre des forces avec ceux dont on partage la vie. Copains ou compagnons sont deux mots qui signifient « ceux qui partagent le pain ».

Le repas a toujours été aussi un lieu et un moyen d'accueil. La tradition, qui veut que l'on garde une place ou une part pour le pauvre, fait aussi du repas un moment d'attention à l'autre, à celui qui est en peine ou plus démuni que soi.

MANGER SEUL

De tout temps, on a considéré que manger seul n'était pas la meilleure manière de se nourrir. Quand un petit enfant est assez autonome pour être accueilli à la table familiale, il en est heureux parce qu'il n'a pas seulement faim mais envie de participer à tout ce qui s'y passe. Et c'est une punition que de le priver du repas familial et de le faire manger seul à la cuisine. À l'autre bout de la vie, les personnes âgées qui se retrouvent seules n'ont souvent plus le goût de se préparer des repas ; certaines vont même jusqu'à cesser de se nourrir et tombent malades.

🔴 COMPRENDRE

Lieu de convivialité, mais aussi souvent occasion de scènes et de cris, le repas est à l'image de ce que l'on vit dans la famille : on est heureux de s'y retrouver mais on sait se chamailler et régler ses comptes avec l'un ou l'autre. C'est en effet le principal, voire le seul moment de la journée où la famille est réunie au complet. On a donc beaucoup de choses à se dire et l'on veut se faire entendre. Les pleurs et les grincements de dents font partie du folklore quotidien, accompagnés de coups de pied sous la table et autres pinçons invisibles ! L'un des convives peut même parfois sortir de table avant la fin du repas pendant que les autres baissent le nez dans leur assiette ! Sans compter les chamailleries pour savoir qui va mettre le couvert ou débarrasser…

C'EST LA FÊTE !

Mais on partage aussi les bonnes nouvelles, on découvre ce que vivent les frères, les sœurs, les parents. On fête les anniversaires, les succès aux examens, les bonnes notes… Et si, parfois, vous traînez les pieds en rêvant du jour où vous pourrez vous faire votre petit pique-nique toute seule dans votre chambre d'étudiante, vous garderez toujours un souvenir nostalgique de ces repas où battait le cœur de la famille !

BONS PLANS

Pour éviter de transformer les repas en champs de bataille où se règlent tous les différends familiaux, voici les sujets qu'il vaut mieux réserver à d'autres occasions :
- Les résultats scolaires, surtout quand ils ne sont pas à la mesure des espérances des parents.
- Les demandes d'autorisation un peu périlleuses : sortir le soir, partir en vacances sans les parents, dormir chez une copine (ou pire, chez un copain) ou votre désir d'avoir un scooter.
- Les causes habituelles de conflits dans la famille. Chacun a un sujet favori de récriminations : salle de bains pas nettoyée, monopole de l'ordinateur, débarrassage de la table, vêtements empruntés sans l'autorisation du propriétaire…
- Et bien sûr, les débats politiques qui stimulent les ardeurs belliqueuses !

VOIR AUSSI
ENGUEULADE, FAMILLE.

SAVOIR-VIVRE

Sans forcément apprendre par cœur le manuel du même nom, les repas familiaux peuvent être l'occasion d'apprendre quelques règles élémentaires bienvenues quand on sort de chez soi (sous peine de passer pour une femme des cavernes) :
• Ne pas vous asseoir avant la maîtresse de maison, sauf si elle vous le demande.
• Présenter le plat à la maîtresse de maison même si on vous le présente en premier.
• Vous servir modérément la première fois.
• Ne pas commencer à manger avant la maîtresse de maison. Ne pas vous resservir avant qu'elle ne vous le propose.
• Proposer du pain et de l'eau à vos voisins avant de vous servir.
• Ne pas manger la bouche ouverte et ne pas faire de bruit en mangeant.
Ne pas parler la bouche pleine. Vous essuyer la bouche avant de boire.
• Ne pas manger trop vite… ni trop lentement.
• Garder les mains sur la table (pas les coudes !).
• En France, il est préférable de pousser avec son pain ; en Angleterre, avec son couteau. Ne pas saucer votre assiette avec votre pain. On ne lèche ni son couteau, ni sa fourchette, ni son assiette !
• Finir votre assiette, sauf au restaurant où il est de bon ton de laisser un peu de nourriture.
• Ne pas couper le nez du fromage.
• Savoir vous adapter en fonction de l'attitude de ceux qui vous entourent. La politesse vient aussi du cœur !

Respect

Tu me respectes, je te respecte

RESPECT **VIENT D'UN MOT LATIN QUI SIGNIFIE « REGARDER »** : C'EST UNE **AFFAIRE DE REGARD, SUR LES AUTRES ET SUR SOI-MÊME**. LE DÉBUT DU MOT, LE « RE », INSISTE SUR LE FAIT QUE L'ON REGARDE L'AUTRE « À DEUX FOIS » EN LUI ACCORDANT UNE **ATTENTION PROFONDE** : ON LE TIENT POUR IMPORTANT ET **DIGNE D'INTÉRÊT**.

● S'INFORMER

Tout le monde a besoin de se sentir respecté et le réclame, particulièrement les jeunes qui craignent souvent de ne pas être bien traités ni suffisamment pris en considération. « Respect ! », dit-on pour marquer son admiration ou pour signaler que l'on ne veut pas être mal traité.

RESPECT POUR CEUX QUE L'ON AIME

Le respect est une attitude que vous devez à toutes les personnes que vous côtoyez, celles que vous aimez et que vous souhaitez voir heureuses. Vous respectez leurs désirs, leurs manières de vivre et de voir la vie, leur intimité aussi. Vous voyez en elles des individus dignes d'intérêt, même si vous n'êtes pas toujours d'accord avec elles, si vous leur trouvez des défauts, si par moments elles vous semblent insupportables !

RESPECT POUR LES VIEUX !

Le respect est aussi une manière de vous comporter à l'égard des gens plus âgés : les parents, les professeurs et autres adultes qui savent plus de choses que vous, qui ont de l'expérience, qui veillent sur vous et ont pour mission de vous guider afin qu'à votre tour vous deveniez adulte. Et même quand on est adulte, on doit du respect à ses aînés, à ses supérieurs hiérarchiques, à ceux qui sont chargés de faire respecter les lois.

RESPECT POUR LES PLUS FAIBLES

On respecte aussi les plus faibles, ceux qui sont handicapés, qui n'ont pas toujours les moyens de se faire respecter eux-mêmes.

RESPECT... POUR TOUT LE MONDE !

Mais le respect est encore plus exigeant : on le doit à toute personne, quels que soient ses qualités et ses défauts. Ce qui ne veut pas dire qu'il faut respecter tous ses actes, mais qu'au-delà de ce qu'elle peut faire de bien ou de mal, elle a une dignité à laquelle on doit des égards. C'est pour cela que l'auteur d'un délit ou d'un crime, même grave, a le droit d'être défendu par un avocat et jugé selon les règles de la justice. Parce que le respect implique de regarder au-delà des apparences et des actes ;

c'est un comportement, un idéal de vie qui s'apprend dès l'enfance.

🟠 COMPRENDRE

Le respect n'est pas seulement une formalité ou une question de politesse. On peut respecter une personne en paroles (ce n'est déjà pas si mal !) et la mépriser au fond de soi. Respecter quelqu'un, c'est croire qu'il a de la valeur, des qualités ; il mérite qu'on l'écoute et que l'on se soucie de lui.

TU M'ÉTONNES, JE TE RESPECTE

Mais c'est aussi accepter que l'autre ne soit pas toujours comme vous souhaiteriez qu'il soit. Le respect suppose de ne pas vous l'approprier comme un objet qui pourrait vous être utile. Il faut lui laisser son identité, sa personnalité, sa manière de voir. Chaque personne est unique et, malgré tout l'intérêt que vous lui portez, vous ne pourrez jamais la connaître complètement.

CET INCONNU À NE PAS PIÉTINER

Même celui que vous aimez reste toujours un peu mystérieux, malgré l'intimité que vous partagez avec lui. Le respecter, c'est accepter cette part d'inconnu qui reste en lui et que vous ne pourrez jamais éclaircir ni posséder. C'est lui reconnaître un droit au secret, à l'intimité, à la solitude.

SILENCE, ON RESPECTE !

C'est aussi pour cela que le respect suppose parfois de savoir se taire, se faire toute petite devant l'autre quand il est bouleversé, quand il souffre, quand il a besoin d'être seul. Devant la souffrance, le respect consiste parfois à accepter d'être impuissante, de ne pas pouvoir consoler ni réparer, de ne pas tout savoir de l'autre, de lui laisser son secret s'il préfère le garder.

🟠 SAVOIR-VIVRE

Le respect des autres commence par celui des choses :
- De la pelouse, qui doit profiter à tout le monde.
- De l'ascenseur, sur lequel on ne fait pas de graffitis.
- De l'environnement, en ne jetant pas ses papiers par terre.
- Du collège ou du lycée, en n'écrivant pas sur les tables.
- D'un livre prêté, en le rendant propre et sans inscription.
- De la chambre de sa sœur, où l'on ne pénètre pas sans autorisation.
- Du courrier, que l'on n'ouvre pas quand il n'est pas à son nom.
- Du code de la route, pour éviter des accidents mortels.

VOIR AUSSI
CRITIQUES, PUDEUR.

CONSEILS

POUR SE FAIRE RESPECTER
– Refuser la vulgarité dans sa manière de parler et dans son apparence.
– Se montrer respectable, en s'interdisant d'étaler sa vie intime devant tout le monde.
– Respecter les autres, respecter leurs affaires.
– Refuser la compagnie de ceux qui ont des attitudes ou des gestes irrespectueux.
– Se montrer exigeante, mais toujours avec délicatesse.
– Ne pas avoir peur de dire ses désaccords et d'énoncer ses valeurs.

QUAND ON N'EST PAS RESPECTÉE
– Ne pas l'accepter en silence.
– Mettre les choses au point tout en restant polie.
– Réclamer justice quand on a été blessée, auprès d'un adulte si cela est nécessaire (parents, professeur).

Responsabilité

J'assume !

🔴 S'INFORMER

Être responsable, c'est se reconnaître auteur de ses actes : c'est bien moi qui ai fait cela, j'en suis responsable.

J'ASSUME, J'SUIS LIBRE !

La responsabilité est indissociable de la liberté : vous n'êtes responsable que de ce que vous avez fait librement ; si l'on vous a obligé à le faire, vous ne pouvez pas en être déclarée responsable. Le malade mental, qui ne comprend pas le sens de ce qu'il fait, n'est pas jugé responsable. C'est pour cela que les criminels déclarés fous ne sont pas condamnés, mais internés pour être soignés en hôpital psychiatrique.

C'EST MA FAUTE, JE RÉPARE

Il y a différentes sortes de responsabilité. La responsabilité devant la société vous oblige à respecter les lois sous peine d'être punie, par exemple réparer les dégâts que vous avez causés lors d'un accident où vous êtes en tort. La responsabilité morale, plus personnelle, vous oblige à vous conduire dignement, à ne pas porter préjudice à autrui, à ne pas tricher, à ne pas mentir, etc.

GROSSE BÊTISE

Bien sûr, quand on est jeune, il est difficile d'assumer toutes les conséquences de ses actes. C'est pour cela que vos parents sont responsables de vous à double titre : ils ont à votre égard un devoir de garde et d'éducation, mais ils doivent aussi répondre de vos actes jusqu'à votre majorité. Si vous renversez une personne avec votre scooter, ce sont vos parents qui devront rendre des comptes à la justice et payer des dommages et intérêts à la personne blessée.

🔴 INFO +

Sur le plan pénal, vous êtes considérée comme totalement responsable de vos actes à votre majorité. Mais dès 13 ans, si vous avez commis un acte contraire à la loi, vous pouvez encourir une sanction pénale, une peine de prison (rarement appliquée et inférieure de moitié à celle d'un adulte), une amende, un travail d'intérêt général. Entre 16 et 18 ans, vous pouvez être mise en détention provisoire et encourir une peine égale à celle d'un adulte. Mais jusqu'à 18 ans, les jeunes sont mis dans des prisons séparées de celles des adultes et peuvent continuer leur scolarité.

COMPRENDRE

Depuis toute petite, vous apprenez à être responsable : en faisant attention à vos affaires, puis en gérant votre argent de poche, en vous occupant de votre chat, en faisant des petites courses toute seule. Bien sûr, sortir plutôt que faire vos devoirs, monter sur la mobylette de votre copine sans casque… reste tentant : la responsabilité, cela s'apprend peu à peu !

J'SUIS GRANDE, MAINTENANT

À votre âge, vos parents vous confient de plus en plus de responsabilités. Vous pouvez faire du baby-sitting, acheter seule vos vêtements, gérer votre emploi du temps et vos devoirs. Si vous avez des petits frères et sœurs, votre mère vous demande de l'aider : emmener votre petite sœur à l'école ou l'aider à faire ses devoirs, voilà de sacrées responsabilités, vous pouvez en être fière !

C'EST PAS FUN ? CONFIANCE !

Vous trouvez peut-être que tout cela est lourd : c'est génial de voir que vos parents ont confiance en vous, mais il y a sans doute des moments où vous voudriez que l'on fasse les choses à votre place, comme avant ! Pourtant, c'est le signe que vous devenez une personne libre et autonome à qui l'on peut faire confiance et qui va bientôt pouvoir se débrouiller toute seule. Désormais, vous êtes responsable de votre avenir et de votre vie : c'est peut-être un peu effrayant, mais c'est formidable ! Ce qui ne doit pas vous empêcher de dire à vos parents que vous trouvez qu'ils sont trop exigeants si ce qu'ils vous demandent est trop lourd à porter.

RESPONSABLE DE SA ROSE

Il faut aussi apprendre à assumer les choix que vous faites ou décider d'attendre si vous trouvez que c'est trop difficile. Par exemple, s'engager dans une histoire d'amour est une grande responsabilité, car vous pouvez faire souffrir l'autre. En aimant quelqu'un, en étant aimée en retour, vous rendez l'autre un peu vulnérable, parce que son bonheur dépend de vous. Il vous fait confiance, vous en devenez responsable, comme le Petit Prince de Saint-Exupéry qui découvre qu'il est responsable de la rose qu'il aime.

RESPONSABLE… PLUS TARD !

Vous avez le droit d'hésiter, de ne pas vouloir vous engager trop vite. Être responsable en amour, c'est d'abord prendre conscience de la force des liens que cela crée. Vous avez bien sûr le droit de tomber amoureuse ! Seulement, gardez cette idée dans un coin de votre tête pour ne pas vous embarquer dans une histoire qui vous engage alors que vous n'y êtes pas encore prête.

VOIR AUSSI
CONFIANCE, DROIT, LIBERTÉ, MAJORITÉ, PARENTS, SANCTION.

CONSEILS

Pour apprendre à être responsable, le mieux c'est de prendre des responsabilités… à sa mesure :
- *Ranger sa chambre et prendre soin de ses affaires.*
- *Prendre en charge la nourriture et les soins d'un animal domestique.*
- *L'amitié, la vraie, rend responsable d'une amie : on la soutient quand elle ne va pas bien et, quand elle se conduit mal, on n'hésite pas à le lui dire.*
- *Être déléguée de classe.*
- *S'engager dans une association, dans le scoutisme, dans un club sportif, etc.*

Rêve

Message codé

🔴 S'INFORMER

Les rêves sont des productions psychiques qui surviennent pendant le sommeil. Vous ne vous souvenez pas de tous ceux que votre cerveau élabore en une nuit ; pourtant, ceux que vous pouvez raconter en vous réveillant montrent qu'il se passe dans votre tête des histoires étonnantes, des aventures merveilleuses ou terrifiantes. Vous y jouez toutes sortes de personnages, qui sont souvent très loin de vous ressembler !

QUEL MÉLANGE ABRACADABRANT !

Vous pouvez vivre des émotions intenses, être bouleversée ou terrifiée lorsque le rêve vire au cauchemar. Vous pouvez rêver de personnes que vous n'avez pas vues depuis des lustres, en mélangeant allégrement les lieux et les histoires, en inventant des situations impossibles.

CES SONGES OÙ L'ON PENSAIT LIRE L'AVENIR

Autrefois, on croyait que les rêves étaient prémonitoires : ils annonçaient de manière déguisée ce qui allait se passer dans la réalité. Quand on rêvait de la mort de quelqu'un, on se réveillait certain qu'un deuil allait frapper pour de bon autour de soi. Quand on rêvait d'un enfant, on commençait presque à préparer le berceau de celui que l'on allait attendre ! On imaginait qu'à travers les rêves, une puissance divine parlait pour avertir les hommes des dangers qui les guettaient ou leur prédire l'avenir.

SANS QUEUE NI TÊTE !

À d'autres époques, on a considéré les rêves comme de pures absurdités, avec l'idée que, dans le sommeil, c'est notre raison qui s'endort en laissant notre esprit libre de batifoler, d'inventer des monstres ou des situations illogiques et folles. De nos jours, on se penche très sérieusement sur ces films intérieurs déroutants. Mais on n'a pas pour autant élucidé tous les mécanismes du rêve et personne n'est capable de vous dire ce dont vous rêverez la nuit prochaine !

🔴 INFO +

On rêve en général pendant la période du sommeil que l'on appelle le « sommeil paradoxal », c'est-à-dire environ 10 à 15 minutes toutes les 100 minutes. En tout, on rêve plus de 100 minutes par nuit.

Les rêves sont très importants : ils évacuent la fatigue psychique. Même si on ne s'en souvient pas, tout le monde rêve, excepté les personnes qui prennent des somnifères qui font dormir d'un sommeil lourd, sans rêves.

● COMPRENDRE

Grâce à Freud, un médecin autrichien qui a inventé la psychanalyse au début du XXe siècle, on sait aujourd'hui que les rêves sont des scénarios que notre inconscient bâtit pour exprimer de vraies émotions qui nous ont bouleversés, blessés ou effrayés.

L'EMPREINTE DE VOS ÉMOTIONS

Vos rêves disent d'une manière déguisée les tensions, les joies, les inquiétudes que vous avez éprouvées plus ou moins récemment. Ils mettent en scène, dans un langage codé, vos désirs, vos espoirs et, plus profondément, l'image que vous avez de vous-même.

DRÔLES D'ÉCHAFAUDAGES !

Ces histoires imaginaires utilisent des choses banales que vous avez bel et bien vécues dans la journée, et aussi des sensations que vous ressentez en dormant : si vous avez froid, vous avez des chances de vous imaginer sur une banquise ! Si vous avez fait aujourd'hui quelque chose dont vous n'êtes pas fière, vous rêverez peut-être d'une autre situation où vous vous êtes sentie coupable… à moins que vous n'inventiez de toutes pièces un scénario où l'on vous accuse d'un crime !

PAS DE HONTE À AVOIR !

Vos rêves peuvent parfois vous troubler, vous bouleverser, vous faire honte, vous laisser triste ou mal à l'aise au réveil. Il arrive qu'un rêve vous poursuive dans la journée, même si vous ne savez pas bien le raconter, à cause d'une impression étouffante qui demeure en vous. Ou bien vous faites régulièrement le même rêve, angoissant ou bouleversant, si bien qu'il finit par vous tarauder. C'est peut-être le signe d'un malaise qui occupe le 10e sous-sol de votre esprit.

UN ASCENSEUR INDISPENSABLE

Quand vous vivez des choses intenses ou éprouvantes, les rêves fonctionnent comme une soupape de sécurité pour dire les sentiments et les émotions que vous ne savez pas ou n'osez pas exprimer à l'état de veille. C'est pour cela que vous n'avez pas à en avoir honte : on fait tous des rêves bizarres, incohérents ou affreux, dont on n'est pas responsable et que l'on ne voudrait surtout pas voir se réaliser. Considérez plutôt vos rêves comme quelque chose de très utile : un ascenseur (pas toujours très confortable !) capable de faire remonter vos angoisses du 10e sous-sol au rez-de-chaussée, pour qu'elles trouvent la sortie et vous laissent tranquille.

VOIR AUSSI
INCONSCIENT, SOMMEIL.

INFO +

La psychanalyse s'appuie sur le décryptage des rêves pour aider une personne qui en ressent le besoin à comprendre ce qui se dit dans ses rêves et pourquoi elle y revit des choses douloureuses. Travailler avec un psychanalyste sur ces messages permet souvent de mieux comprendre l'origine de ses souffrances, pour prendre du recul et dominer ses difficultés.

Révolte

J'en ai marre, mais marre

🟠 S'INFORMER

« Tu vas dormir, maintenant. – Non ! » : voilà l'un des premiers dialogues passionnés du petit enfant avec ses parents. La révolte est un sentiment très précoce !

QUAND LA RÉVOLTE GRONDE

Mais c'est souvent à votre âge que la révolte devient plus virulente, plus générale, plus implacable : révolte contre toutes les autorités qui ne comprennent rien et qui vous empêchent de juger ou d'agir par vous-même. Pour qui se prennent-ils, ces adultes eux-mêmes capables du pire, quand ils prétendent imposer aux jeunes des manières de vivre ou qu'ils réclament leur obéissance ?

PARENTS SCANDALEUX

D'abord, il y a la révolte contre vos parents qui ne comprennent pas ce que vous vivez, au point que vous doutez qu'ils fassent le moindre effort pour cela. Vous leur reprochez d'être trop présents ou trop indifférents, d'adorer les interdictions absurdes. De parler de grands principes sans jamais les appliquer. Ou tout simplement de se satisfaire de la médiocrité de leur vie ou du monde qui les entoure.

INCENDIE GÉNÉRAL

Plus largement, vous vous insurgez contre la terre entière qui ne ressemble pas aux rêves que vous vous en faisiez. Mensonge, injustice, égoïsme, violence, compromissions… il n'y a qu'à allumer la télévision pour frémir de rage des pieds à la tête devant toute cette pourriture. Mais où sont-elles, les valeurs dont les adultes parlent avec des trémolos dans la voix : la générosité, la justice, la recherche de la vérité, la non-violence, etc. ? Ramassis d'hypocrites ! de lâches ! de traîtres !

UN CHAUDRON BOUILLONNANT

La révolte, c'est tout cela : indignation violente, colère, refus d'obéir à des gens en qui vous n'avez plus confiance. C'est le cœur transformé en chaudron où bouillonnent toutes sortes d'émotions explosives. L'envie de tout casser… ou de vous murer dans votre chambre en claquant la porte de toutes vos forces pour vous défouler.

🟠 ILS ONT DIT

« Ce monde je l'ai fait pour toi, dit le père.
Je sais tu me l'as déjà dit, dit l'enfant,
J'en demandais pas tant.
Il est foutu et je n'ai plus qu'à le refaire
Un peu plus souriant pour tes petits-enfants. »
Maxime Le Forestier

COMPRENDRE

Le monde est très imparfait, c'est vrai. Il y a beaucoup de motifs d'être révoltée, à la fois par les scandales dont les hommes sont responsables (guerre, mensonge, traîtrise, etc.) et par ceux contre lesquels personne ne peut rien (maladie, mort). C'est à votre âge que l'on découvre vraiment tous ces scandales, et vous avez parfois envie de foudroyer tout le monde sur place tellement ils vous mettent en colère.

NE SOYEZ PAS INJUSTE !

Il y a de très bonnes raisons de vous révolter contre l'injustice, le mensonge, l'égoïsme ou la cruauté du monde qui vous entoure. Ce sont de saines réactions si elles vous conduisent à tout faire pour changer les choses. Mais la révolte, même juste, même altruiste, ne vous donne pas tous les droits. Vous ne pouvez pas faire porter la responsabilité de tous les maux de la terre aux adultes. Eux aussi souffrent d'être parfois impuissants, incapables de changer les choses. Et s'ils ne sont pas infaillibles, ils ne sont pas non plus corrompus jusqu'à la moelle !

DÉMOLIR OU RECONSTRUIRE ?

Quand elle est complètement stérile, la révolte est une impasse. Dire non à tout, crier que le monde est laid et injuste, refuser systématiquement d'obéir, pire, se montrer violente… n'a jamais fait avancer les choses. Un flot de paroles incendiaires et un tourbillon de pensées dévastatrices sont toujours moins efficaces qu'un petit geste positif. Il y a des tas d'adultes qui ne se résignent pas devant les problèmes et qui essaient de faire quelque chose. Ils savent que ce n'est pas une solution de s'enfermer dans son bunker avec sa révolte et de tirer au bazooka sur tout ce qui bouge. Démolir est une chose, construire en est une autre !

ACTION !

Bref, la révolte est une excellente chose si elle vous incite à passer à l'action. À découvrir comment vous pouvez jouer votre petite musique dans le grand concert du monde, pour le rendre plus beau. Cela implique de savoir aussi dire oui, d'apprendre à négocier, à accepter vos limites, de bien vouloir sortir d'une révolte destructrice pour passer à la saine colère qui peut déplacer des montagnes !

VOIR AUSSI
FUGUE, HYPOCRISIE, IDÉAL, PARENTS, POLITIQUE.

CONSEIL

LES PARENTS À LA LANTERNE !

Besoin d'autonomie, sens critique qui s'éveille, questions tous azimuts sur votre identité… Vous êtes à un âge où les rapports avec les parents sont tendus. Rien de plus normal que d'avoir parfois envie de faire la révolution, de tirer sur eux à boulets rouges dès qu'ils osent une remarque. C'est un mauvais moment à passer, pour vous comme pour eux. Cela ne veut pas dire que les ponts sont définitivement coupés entre vous ou qu'il faut les rayer de votre cœur. Vous avez l'impression que vos relations ne sont que cris et explosions ? Pourtant, c'est en exprimant votre colère que vous débloquerez la situation, même si ce n'est pas pour demain. Il vaut mieux parler, protester, exploser que vous murer dans un silence stérile ou claquer la porte… pour de bon.

Rompre

Je ne t'aime plus !

● S'INFORMER

Que vous soyez ensemble depuis longtemps ou non, voilà qu'il ne vous paraît plus possible de continuer.

POURQUOI ?

Il peut y avoir mille raisons à cela : il en aime une autre et vous a trompée ; c'est vous qui êtes tombée amoureuse d'un autre. Ou tout simplement vous êtes bien obligée de vous avouer que ce n'est plus ce que c'était, que vous avez envie de retrouver votre liberté, bref que vous ne l'aimez plus.

COMMENT SAVOIR QUE C'EST FINI ?

La première question à vous poser, c'est de savoir si, à vos yeux, c'est bien fini entre vous. S'il en aime une autre et ne vous l'a pas dit, ou si c'est vous qui en aimez un autre, vous avez de bonnes raisons de penser qu'il est temps d'arrêter !
Mais sinon, à quoi le sait-on ? Juste des petites choses qui doivent vous alerter : plus très envie de le voir, besoin de liberté, envie secrète de plaire à d'autres garçons, ennui, lassitude. Vous ne le trouvez plus aussi extraordinaire, vous n'avez plus rien à partager, bref, le feu de l'amour s'éteint, ce n'était qu'un feu de paille !

CELA DEMANDE DU COURAGE

Reste le plus difficile : même si vous êtes sûre de vous, rompre va forcément être douloureux et laisser un goût amer. D'abord parce que vous vous souvenez des débuts de cet amour, des moments merveilleux que vous avez vécus. Peut-être aussi parce que vous vous sentez triste d'y avoir cru comme au grand amour. C'est toujours difficile de voir un rêve se terminer.

● COMPRENDRE

Une rupture, ce n'est jamais facile, même si c'est moins dur de quitter quelqu'un pour un autre, parce que vous regardez déjà vers l'avenir. Quitter quelqu'un pour « rien », c'est préférer la solitude à la médiocrité et au mensonge. Cela demande plus de courage.

NE PAS FAIRE SEMBLANT

Mais dans tous les cas, c'est important, pour vous-même et pour l'autre, de refuser de faire semblant. Il vous faut affronter le moment de la rupture. Ne cédez pas à la lâcheté en vous mettant aux abonnés absents, en ayant toujours quelque chose de mieux à faire que de le voir, en ne répondant plus au téléphone, en l'évitant. Ne vous abaissez pas non plus à le faire dire par une copine ou un copain, c'est humiliant pour votre ancien amoureux et vous aussi vous en garderez sans doute un sentiment de honte.

RESPECTER CELUI QU'ON A AIMÉ
Dans la mesure du possible, quand cela ne se produit pas violemment au cours d'une dispute, vous avez tout à gagner à ménager votre ancien amoureux et en particulier à le traiter avec respect. Vous l'avez aimé, il vous a aimée, ne salissez pas cela. Même si c'est fini, il a gardé les qualités que vous lui trouviez, il n'est pas devenu brusquement nul et sans intérêt ! De plus, il est déjà assez malheureux de vous perdre, n'en rajoutez pas, il a le droit de garder de vous le souvenir d'une fille juste et respectueuse.

EN FACE
De toute façon, mieux vaut vous méfier de vos émotions et si vous ne vous sentez pas capable de tenir le coup, préférez la lettre ou le mail. Le texto, c'est peut-être un peu court ! Mais le mieux, c'est de lui parler en face car, de toute façon, même après une lettre ou un mail, vous risquez d'avoir encore à le croiser ou même à le côtoyer régulièrement.

MAIS OÙ ET COMMENT ?
Choisissez un lieu « neutre », pas trop intime, comme votre chambre ou la sienne, pour manifester la distance que vous voulez mettre entre vous, et aussi pour ne pas être tentée de revenir en arrière, s'il vous supplie de continuer ou si l'émotion vous rattrape.
Si vous craignez une réaction violente de sa part, choisissez plutôt un lieu comme un café ou un lieu public où vous ne serez pas seuls. Prenez un ton simple, neutre, mais bienveillant, pour dire les choses clairement, sans faire porter la responsabilité à l'un ou à l'autre. Quand on ne s'aime plus, ce n'est pas forcément la faute de l'un ou de l'autre, et c'est parfois aussi un peu celle de chacun. S'il réagit violemment, restez calme et coupez court à la conversation, vous ne pourrez rien faire de plus tant qu'il est sous le coup de l'émotion.

ASSUMER
Bien sûr, vous allez vous sentir coupable de lui faire de la peine et il faudra du temps pour vous en remettre. Mais ce serait encore plus irresponsable de continuer si le cœur n'y est plus. L'important, c'est d'être claire avec vous-même et avec lui et de ne pas chercher à revenir en arrière une fois que c'est fait, parce qu'il est trop malheureux ou parce que vous vous sentez trop seule. Si les choses se passent bien, si lui-même n'était plus trop amoureux non plus, vous pouvez envisager de rester amis, mais ce n'est pas facile et il vaut sans doute mieux attendre un peu.

AMOUR TOUJOURS ?
Une rupture, même quand vous l'avez choisie, cela vous force à réfléchir sur l'amour. Quand vous êtes tombée amoureuse, vous avez peut-être cru que c'était « l'homme de votre vie » et voilà que vous décidez de le quitter. Il y a de quoi se poser plein de questions. Était-ce une illusion ? Est-ce que l'amour peut durer ? Que faut-il pour cela ? Sans doute n'êtes-vous pas encore prête pour aimer de façon durable… et les garçons de votre âge non plus ! Mais c'est normal de rêver d'un amour qui dure. Et cela viendra, même si ce n'est pas forcément pour tout de suite.

VOIR AUSSI
AMOUR, AMOUREUSE, RÂTEAU.

Sanction

Privée de sorties !

UNE SANCTION N'EST **PAS NÉCESSAIREMENT UNE PUNITION**. AU SENS LE PLUS GÉNÉRAL, ELLE EST LA **CONSÉQUENCE D'UN COMPORTEMENT**. ON DIT, PAR EXEMPLE, QUE LES RÉSULTATS AUX EXAMENS « SANCTIONNENT » LE TRAVAIL DE L'ANNÉE : VOUS RÉUSSISSEZ SI VOUS AVEZ BIEN TRAVAILLÉ ET VOUS ÉCHOUEZ DANS LE CAS CONTRAIRE. MAIS ON EMPLOIE PLUS SOUVENT LE MOT « SANCTION » DANS UN SENS NÉGATIF. **UNE SANCTION PUNIT LE MANQUEMENT À UN RÈGLEMENT OU À UN ORDRE**.

● S'INFORMER

Des règles, il en existe dans tous les domaines : loi nationale, conventions internationales, mais aussi règlement du lycée, discipline familiale, code de la route, règles d'un jeu…
Or toutes les règles, si elles sont bien faites, prévoient des sanctions pour punir ceux et celles qui s'avisent de les enfreindre. Parce que si l'on ne punit pas les manquements à la loi, on tue la loi : elle n'a plus ni sens ni raison d'être, on peut s'en moquer ou la contourner de tous les côtés.

● COMPRENDRE

Être punie n'est jamais agréable : vous commencez souvent par vous estimer victime d'une injustice absurde. Au mieux, si vous êtes lucide au point de reconnaître que vous avez réellement eu tort, vous grommelez tout de même que la punition est écrasante par rapport à la faute. C'est l'amour-propre qui se rebelle !

QUI AIME BIEN, CHÂTIE BIEN.

Pourtant, lorsqu'on punit quelqu'un, ce n'est pas parce qu'on le méprise. Bien au contraire, c'est parce qu'on pense qu'il mérite des égards. La sanction est une marque de respect. Vous trouvez cette affirmation idiote ? Pourtant, donner une sanction, c'est reconnaître que le fautif est responsable de ses actes. C'est une façon de lui montrer que ses actes ont de l'importance. La sanction l'invite à s'améliorer, pour le bien des autres et pour son bien à lui. C'est donc lui prouver que l'on tient à lui !

IL S'EN FICHE OU QUOI ?

Que penseriez-vous d'un professeur qui laisserait tout faire à ses élèves sans jamais les punir ? Vous vous diriez (avec raison) qu'il se moque de ce qui peut leur arriver ou de ce qu'ils vont devenir. Et si vos parents fermaient les yeux sur tout ce que vous faites, vous finiriez par avoir l'impression… qu'ils ferment les yeux sur vous. Qu'ils ne vous voient pas, que vous êtes transparente et sans importance pour eux ! Alors, lorsqu'ils vous infligent une sanction bien sentie, prenez-la au moins comme la preuve que vous leur tenez à cœur !

LOURDE OU LÉGÈRE ?

Bien sûr, le problème de la sanction, c'est qu'elle doit être juste. Il n'est pas facile pour celui qui punit de proportionner la sanction à la gravité de la faute. Deux copines qui font une bêtise ensemble ne reçoivent pas forcément la même punition de la part de leurs parents respectifs. De même, les sanctions pénales (celles que la loi inflige aux délinquants) ne sont pas les mêmes d'un pays à l'autre.

RÉFLÉCHIR AVANT DE PUNIR !

La justice n'est jamais parfaite puisqu'elle dépend toujours d'un jugement humain. Et surtout chaque acte est unique, commis dans des circonstances bien précises, ce qui explique que l'on doit toujours réfléchir avant de décider d'une sanction. Faut-il punir de la même façon la personne qui vole parce qu'elle n'a rien à manger et celle qui pique un CD dans un supermarché, même si la valeur de l'objet volé est la même ?

SELON LES CIRCONSTANCES

Bien sûr que non. C'est d'ailleurs pourquoi la loi, qui est intelligente, ne dicte pas une sanction uniforme à appliquer bêtement dans tous les cas. Elle prévoit toujours une sanction maximale et une sanction minimale, et c'est au juge de décider de l'importance de la peine.

MIEUX VAUT PRÉVENIR…

L'ombre même de la sanction peut servir à éviter la faute. Savoir que vous serez exclue du lycée si vous êtes surprise à tricher lors des contrôles peut suffire à vous dissuader de faire une telle bêtise. C'est ce qu'on appelle la « peur du gendarme ». La menace de la sanction est faite pour aider celles qui n'auraient pas toujours le courage d'être honnêtes naturellement à respecter les règles malgré tout.

… ET MIEUX VAUT GUÉRIR !

Quelquefois, la peur de la sanction ne suffit pas à prévenir le mal… Dans ce cas, la sanction tombe et elle sert à guérir la faute. Eh oui ! le mot n'est pas trop fort. La sanction aide celui ou celle qui la reçoit à prendre conscience qu'il aurait pu faire mieux. Elle lui permet aussi de se faire pardonner et de se pardonner à lui-même. Bref, elle lui permet un nouveau départ, elle lui offre une nouvelle chance de prouver qu'il est quelqu'un de bien.

VOIR AUSSI
AUTORITÉ, LOI, RESPONSABILITÉ.

CONSEILS

QUAND LA SANCTION VOUS SEMBLE INJUSTE :

• Prenez le temps de réfléchir, d'imaginer comment vous réagiriez si quelqu'un d'autre était coupable.
• Si vous persistez à croire que la sanction est injuste, le mieux est d'aller trouver celui qui vous a punie pour en parler.
• Si c'est trop difficile, vous pouvez demander de l'aide et faire intervenir une sœur ou un frère auprès des parents, une amie ou la déléguée de classe auprès d'un professeur.
• Vous pouvez aussi proposer une autre sanction : moins lourde si vous la trouvez injuste, plus intelligente si vous pensez pouvoir mieux réparer le mal que vous avez fait.
• Et n'oubliez pas qu'il peut y avoir des remises de peine en cas de conduite irréprochable. Même si vous êtes privée de sorties pour un mois, vous pourriez peut-être bien assister à la soirée de Léa dans 15 jours, moyennant quelques efforts !

Secrets

Chut !

S'INFORMER

Il y a toutes sortes de secrets, des faux et des vrais, des drôles et des graves, des tendres et des lourds… Il y a ceux que tout le monde connaît : Amélie sort avec Sébastien, le prof de maths drague la prof de sport. Ces secrets-là galopent dans les couloirs, entre les cours : on se les transmet en riant, chacun ajoute son petit commentaire ; c'est ainsi que l'histoire s'enjolive et passionne les curieux et les bavards.

IL COURT, IL COURT

Il y a le secret que l'on raconte tout bas au téléphone à une copine qui raccroche aussitôt pour en appeler une autre et ainsi de suite ; le secret fait le tour de la bande ou de la classe. Mais c'est drôle de continuer à croire que c'est un secret ! On l'appelle un « secret de polichinelle », en souvenir de la marionnette qui fait des confidences aux enfants dans le dos du gendarme alors que celui-ci entend tout.

TOP SECRET

Mais il y a aussi des secrets plus graves, plus importants parce qu'ils concernent ce qui a le plus de valeur dans votre vie ou parce qu'ils parlent de ceux que vous aimez le plus. Quand vous êtes amoureuse, vous avez souvent envie au début que cela reste un secret.

JARDIN PRIVÉ

Vous pouvez avoir besoin de partager votre émotion avec votre meilleure amie, parce que vous avez le cœur trop plein et qu'il fait bon le laisser s'épancher un peu. Mais la confidence doit s'arrêter là : vous n'avez pas envie que votre vie intime soit exposée aux commentaires de tout le monde. C'est ce qu'on appelle votre « jardin secret », là où vous cachez vos sentiments, vos émotions, vos angoisses et vos soucis, vos espoirs et vos déceptions, comme dans un journal intime.

CES SECRETS DONT ON SE PASSERAIT

On préférerait que certains secrets n'existent pas : par exemple, des secrets de famille, dont vous ne savez pas trop ce qu'ils contiennent mais qui sont lourds de souffrances et de rancœurs. Vous savez qu'il y a un secret autour de l'oncle Antoine, tout le monde baisse la voix quand on prononce son nom, on ne le voit plus, mais personne n'en parle ouvertement. La famille a parfois des secrets douloureux qui se devinent, quand les parents se sont séparés ou à propos d'un cousin ou d'une tante qui a disparu. Il faut beaucoup de délicatesse si vous voulez demander des explications, mais parfois il vaut mieux le faire plutôt que ne rien demander et imaginer n'importe quoi.

SECRÈTES BLESSURES

Il y a aussi des choses qu'on voudrait oublier ou garder secrètes. Les victimes qui sont rackettées,

maltraitées, abusées sexuellement voudraient pouvoir effacer ce qui s'est passé parce qu'elles ont peur, parce qu'elles ont honte. Alors elles enfouissent au plus profond d'elles-mêmes ces secrets qui hantent leur esprit des années après.

COMPRENDRE

Chacun a droit à son intimité, à son jardin secret. Même quand on s'aime très fort, entre amies, entre amoureux, c'est normal de garder encore des secrets, parce que l'on ne peut jamais tout dire de soi : chacun garde toujours une part de mystère.

MOTUS ET BOUCHE COUSUE !

Quand une amie vous confie un secret, rien de plus important que de savoir le garder. Parce que c'est une grande marque de confiance qu'elle vous donne : ce n'est pas seulement une histoire qu'elle vous raconte, c'est une partie d'elle-même qu'elle vous livre.

PARLER, C'EST ÉCORCHER

Divulguer ce secret ? Pure trahison : ce serait mettre à nu les sentiments de votre amie et la laisser fragile, exposée aux regards des autres, sans la protection du secret. Le secret peut être une paire de lunettes noires sur des yeux qui pleurent, un pansement sur une plaie à vif, un coin d'ombre pour se reposer sans risque et sans contrainte.

UN TRÉSOR PRÉCIEUX

Confier un secret crée des liens très forts avec votre confident. C'est d'ailleurs quelquefois trop lourd, un secret ; il peut faire souffrir celui qui le reçoit et qui ne sait pas quoi en faire. Il peut se sentir prisonnier de ce secret qu'il voudrait à son tour partager, même s'il sait qu'il n'a pas le droit de trahir votre confiance.

SECRET TROP LOURD

Il y a certaines circonstances où vous devez savoir divulguer un secret, pour le bien de la personne qui vous l'a confié. C'est très difficile, c'est même souvent un cas de conscience douloureux. D'un côté, vous savez que vous trahissez la confiance de l'autre et que vous risquez de vous brouiller avec lui. Mais, par ailleurs, vous avez l'intime conviction d'agir pour son bien, et même de lui sauver la vie dans certains cas. Drogue, grossesse précoce, menace de fugue, idée suicidaire… il y a des cas où il faut briser le secret. L'essentiel, c'est d'écouter votre conscience et de penser au bien de l'autre, même si cela doit passer par une brouille définitive.

MUETTE COMME UNE…

Mais dans tous les autres cas, c'est-à-dire la plupart du temps heureusement, un secret reçu doit avoir le pouvoir magique de vous transformer en carpe ou en tombe, au choix ! Le meilleur moyen de garder un secret ? Ne pas dire que vous en avez un !

VOIR AUSSI
CONSCIENCE

SAVOIR-VIVRE

• Un secret ne se divulgue sous aucun prétexte, sauf cas gravissime ou si celui qui vous l'a confié vous y autorise.
• Un secret ne s'arrache pas en faisant pression sur celui qui le détient.
• Quand vous n'êtes pas dans le secret, ne cherchez pas à tout prix à y être, respectez le secret des autres.
• Quand vous avez un secret, choisissez bien celui à qui vous allez le confier et évitez de le confier à trop de monde… sauf si vous voulez l'ébruiter.

Seins

Trop ou pas assez…

UN SEIN EST **CONSTITUÉ D'UNE GLANDE MAMMAIRE ENROBÉE DE TISSU ADIPEUX (GRAISSE) ET D'UNE MEMBRANE DE SOUTIEN** QUI LUI DONNE SA FORME. **LA POINTE DU SEIN S'APPELLE L'ARÉOLE**. LA GLANDE MAMMAIRE EST D'ORDINAIRE TRÈS RÉDUITE, ELLE SE DÉVELOPPE PENDANT LES GROSSESSES POUR SÉCRÉTER DU LAIT À CHAQUE NAISSANCE.

● S'INFORMER

Un petit renflement au niveau du sein, sous l'aréole, qui gonfle à peine le tee-shirt et voilà : vous avez le droit aux remarques taquines de votre entourage, pas toujours faciles à supporter ! « Ça y est, tu as les seins qui poussent ! », dit-on en croyant flatter l'intéressée qui se passerait bien de ce genre de réflexion.

J'AI QU'UN SEUL SEIN !

Ce petit signe discret d'entrée dans la puberté apparaît vers 11-12 ans. Souvent, il a l'humour de ne se manifester que d'un seul côté pendant quelques mois. Pas de panique : l'autre sein rattrape son retard, et la poitrine est symétrique ! Les seins mettent en effet plusieurs années à atteindre leur taille définitive. Chez la plupart des filles, cela arrive autour de 15 ans.

À CHACUNE SA POITRINE

La poitrine, c'est comme le reste du corps, comme les yeux, le nez ou les cheveux. À chacune la sienne, généreuse ou menue, ronde comme une pomme ou pointue comme une poire… Tant pis si vos seins n'ont pas la forme dont vous rêviez ! Vous n'y pouvez rien !

ET LE BISTOURI ?

Cela dit, il y a des cas où la poitrine est un véritable handicap, quand elle est vraiment trop lourde, par exemple. Cela peut même causer des douleurs dans le dos, empêcher de faire du sport. Dans ce cas-là, on peut envisager une intervention chirurgicale : elle est même remboursée par la Sécurité sociale. Mais s'il s'agit juste d'un problème esthétique, vous ne serez pas remboursée. Que votre poitrine ne corresponde pas exactement à celle dont vous rêviez n'est pas une raison suffisante pour demander une opération coûteuse qui, comme toute opération, n'est jamais sans risques pour la santé.

AU SECOURS, J'AI DES POILS !

Mais en dehors de leur forme, il y a mille et une raisons de vous poser plein de questions sur vos seins. Si vous constatez que quelques poils apparaissent autour de vos aréoles, par exemple, rassurez-vous ! C'est une chose qui arrive à beaucoup de filles. Il suffit de s'épiler.

UN CANCER ? CE N'EST PAS DE VOTRE ÂGE !

Si vous sentez une boule sous l'un ou l'autre des seins, il faut aller consulter un médecin. Ne vous inquiétez pas, il s'agit d'un

kyste sans gravité. De toute façon, le médecin vous le dira : on n'a jamais vu de cancer du sein chez une adolescente.

CONSEILS
PRENEZ-EN SOIN !

- Rien de tel qu'une pratique régulière de la natation pour avoir une belle poitrine. Ce sport muscle les pectoraux qui soutiennent les seins (ceux-ci ne comportent aucun muscle).
- Si vous êtes adepte de sports un peu violents pour la poitrine (tennis, équitation, etc.), portez un soutien-gorge spécial, surtout si vous avez beaucoup de poitrine.
- La peau des seins est fragile et extrêmement sensible aux coups de soleil. Attention aux expositions sur la plage !

COMPRENDRE

Petite, vous rêviez d'avoir une belle poitrine. Pourtant, quand elle arrive, il est difficile de s'y habituer : vous vous sentez toute gauche, parfois vous avez même un peu honte. Vous craignez aussi le regard des garçons, les remarques pas très fines dont les frères sont capables, sans oublier leur bonne blague qui consiste à faire claquer l'élastique du soutien-gorge sur le dos. Derrière ces plaisanteries de potaches se cache une véritable gêne devant ce symbole de la féminité. Eh oui ! Vous êtes en train de devenir une **vraie femme, et vous pouvez en être fière.**

UN PEU DE PUDEUR !

Mais ce privilège vous confère aussi des obligations. Les garçons sont particulièrement sensibles à une belle poitrine. Il suffit de regarder la publicité pour comprendre combien les seins sont un objet de séduction auprès des hommes. Vous voilà donc dotée d'un pouvoir de séduction nouveau : vous ne pouvez plus vous comporter avec l'insouciance d'une petite fille. Désormais, votre règle d'or doit être « pudeur et discrétion » ! Porter des décolletés provocants attirera certainement autour de vous une nuée de garçons, mais peut-être aussi des gestes, des attitudes qui vous mettront dans l'embarras.

MAUVAIS PLANS

- Ne pas porter de soutien-gorge. Les seins s'affaissent.
- Porter des soutiens-gorge trop petits quand on est gênée par une poitrine qu'on trouve trop grosse. Ils abîment les seins… et c'est laid : il y a souvent des bourrelets qui dépassent !

VOIR AUSSI
COMPLEXES, PUBERTÉ.

BONS PLANS

CHOISIR SES SOUTIENS-GORGE

• Allez dans un magasin spécialisé, au moins une fois : vous aurez affaire à une professionnelle qui vous aidera à ne pas choisir une taille trop petite ou trop grande.
Critère principal : le confort. Un soutien-gorge ne doit pas vous faire mal, et vous devez pouvoir oublier que vous en portez un (même si, la première fois, cela fait une drôle d'impression !).
• Le nombre (70, 80, 85, etc.) correspond au tour de votre dos, sous la poitrine, la lettre (A, B, C, etc.) à la profondeur du bonnet, c'est-à-dire à la grosseur de vos seins.
• Évitez les soutiens-gorge trop bon marché. Ils ne tiennent pas grand-chose et s'abîment rapidement.
• Les soutiens-gorge se lavent régulièrement (au moins 2 fois par semaine, davantage si vous transpirez). La machine à laver les abîme : prenez votre courage et un peu de lessive à deux mains, ou enfermez-les dans des sacs spéciaux « linge fragile » avant de les mettre dans la machine.

Séjour linguistique
À nous les petits Anglais !

S'INFORMER
Pour certaines langues comme l'allemand ou l'italien, pas de questions à vous poser : il n'y a qu'un seul pays possible pour un séjour linguistique. Pour d'autres, le choix est vaste.

UNE LANGUE, DES ACCENTS
L'anglais ? Vous pouvez opter pour la Grande-Bretagne, l'Irlande ou les États-Unis, mais aussi l'Australie, la Nouvelle-Zélande (attention à l'inversion des saisons !), et même Malte. Pour l'espagnol, l'Espagne ou certains pays d'Amérique latine. Mais attention aux accents, pas toujours classiques, et au coût du voyage !

L'IMMERSION TOTALE
Plusieurs formules sont possibles. L'immersion totale dans une famille oblige à une pratique quotidienne de la langue et permet de découvrir vraiment la culture du pays. Attention cependant : cette immersion peut se changer en noyade si votre niveau est trop faible.

FAMILLE D'ACCUEIL : LA LOTERIE
Vous pouvez tomber dans une famille qui s'occupera bien de vous, vous concoctera des activités sympas, vous fera découvrir des spécialités culinaires : saucisses et *beans* pour un breakfast typique à 7 heures du matin, gigot à la menthe et jelly aux couleurs fluorescentes pour le lunch. De quoi vous faire perdre quelques kilos et vous laisser des souvenirs impérissables de l'Angleterre ! Mais vous pouvez aussi tomber sur des gens plus intéressés par l'argent que par votre bien-être, capables de vous laisser devant la télévision sans vous proposer la moindre activité !

L'IMMERSION PARTIELLE
Le séjour dans une famille avec des cours de langue en plus est une excellente formule : il permet à la fois une découverte du pays et un travail de la langue. Mais attention aux bavardages en français avec les autres élèves !

ÉCHANGE DE BONS PROCÉDÉS
L'échange est aussi une bonne solution pour apprendre une langue : vous faites un séjour dans une famille, puis vous recevez votre correspondante. Vous y gagnez financièrement. Peu d'organismes proposent cette formule, mais vous pouvez trouver vous-même votre correspondante, par relations, grâce à un premier séjour dans une famille ou au jumelage de votre ville ou village avec une ville étrangère.

AVEC LA CLASSE

À moins que vous ne partiez avec votre classe : les professeurs de langue organisent souvent des séjours (d'une semaine en général) pour leurs élèves. Vous ne serez pas dépaysée… mais vous risquez de beaucoup parler français.

GRAND DÉPART

Pour « décoller » dans une langue, rien de tel qu'un séjour d'une année scolaire. Vous êtes accueillie dans une famille et vous allez à l'école. Il faut déjà bien maîtriser la langue et savoir vite s'adapter !

ORGANISME : CHOISIR MALIN !

Les organismes sont nombreux et proposent une gamme de prix très large. Ils se sont regroupés pour créer une charte de déontologie et ont défini des labels de qualité. Vérifiez que l'un des deux labels suivants figure sur les brochures : le « contrat approuvé » ou la norme NF « organisateurs de séjours linguistiques ». Pour avoir des noms, vous pouvez vous adresser au CIO ou au BDI de votre établissement.

🔸 INFO +

Les prix moyens pour un séjour de 3 semaines en famille d'accueil, avec des cours, voyage compris :
- Grande-Bretagne : 1 100 à 1 400 €
- États-Unis : 1 700 à 2 000 €
- Allemagne : 1 200 à 1 500 €
- Espagne : 1 100 à 1 400 €
Source : CIDJ.

🔸 COMPRENDRE

Outre que le séjour linguistique est une manière très honorable d'éviter les vacances avec les parents sans leur faire de peine, vous y gagnez à tous points de vue. Rien de tel pour vous donner un coup de fouet en langue, à condition de partir au bon moment : les professeurs de langues recommandent d'attendre la fin de la 4e, voire de la 3e.

PLONGEZ DANS LE BAIN !

Vous allez découvrir qu'une langue est vivante, que des gens la manient pour parler et penser, qu'ils ont d'autres manières de vivre, de voir le monde ; bref, vous allez entrer dans une autre culture et comprendre qu'une langue est bien autre chose qu'une liste de verbes irréguliers !

COMMENT ON DIT… ?

Quand vous êtes obligée de parler pour vous faire comprendre, vous devez bricoler vous-même avec les mots et vous approprier peu à peu la langue. De contresens en lapsus, vous progressez rapidement ! Petit à petit, vous oubliez de traduire dans votre tête ce que vous disent les gens et vous vous mettez à penser dans leur langue. Vous découvrez aussi des expressions jamais vues dans les livres et vous vous apercevez qu'une langue vit, évolue, se plie à la personnalité et aux habitudes de ceux qui l'utilisent.

AMOUREUSE ?

Qui sait, vous allez peut-être tomber amoureuse… Du pays, de ses habitants (ou au moins de quelques-uns !), de sa musique, de ses paysages, de ses recettes de cuisine. Et, si la passion s'en mêle, vous êtes sûre de progresser rapidement !

🔸 CONSEIL

Si vous savez que vous allez redoubler, pourquoi ne pas partir trois ou quatre mois à la fin de l'année scolaire, histoire de ne pas perdre votre temps et de vous donner un bon objectif : ne pas avoir de soucis en langue vivante l'an prochain et pouvoir mettre le paquet sur d'autres matières.

🔸 BONS PLANS

LES BONNES QUESTIONS À POSER

- Transport : est-il compris dans le forfait ?
- Familles d'accueil : qui les recrute ? Sont-elles formées ? Sont-elles proches ou éloignées du lieu où se déroulent les cours ? Parlent-elles français ? Comment serez-vous installée ? Y a-t-il un jeune de votre âge dans la famille ?
- Cours de langue : combien d'heures ? Combien d'élèves par classe ? Qui sont les professeurs ?
- Assurances : avez-vous souscrit une assurance rapatriement ?

VOIR AUSSI
REDOUBLEMENT, VACANCES.

Séries télé

Faites le bon choix

🟠 S'INFORMER

Une série télévisée est un genre télévisuel qui relève de la fiction. Son principe est simple : vous retrouvez les personnages et l'histoire d'un épisode à l'autre, vous vous y attachez et vous avez envie de voir la suite.

SOAPS, SITCOMS ET SÉRIES

Vos grands-mères regardaient déjà des séries mais on les appelait des soaps ou soap operas parce que les séries télévisées des années 1950 étaient sponsorisées par des fabricants de savon (*soap* en anglais). Initialement, elles étaient destinées aux femmes qui ne travaillaient pas et étaient diffusées l'après-midi en semaine. Les plus célèbres chez nous sont *Melrose Place* ou les *Feux de l'amour*.

Le terme de « sitcom », lui, vient de la contraction de l'expression anglaise *situation comedy* et désigne les séries humoristiques enregistrées en public.

SÉRIE OU FEUILLETON ?

Les premières séries étaient des feuilletons. Elles racontaient l'histoire de plusieurs personnages sur de nombreux (voire de très, très nombreux…) épisodes. Dans les séries, en revanche, chaque épisode était parfaitement indépendant. Vous pouviez en rater un sans perdre le fil de l'histoire. L'unité reposait sur un personnage : *MacGyver*, *Columbo*, etc. Puis les deux genres se sont rapprochés. On a introduit une intrigue en trame de fond des séries, comme celle de l'homme à la cigarette dans *X-Files*. La plupart des séries que vous regardez maintenant sont issues de ce mélange.

SPIN OFF ET CROSS-OVER

Plus les séries ont de succès, plus leurs réalisateurs les utilisent. Il n'est pas rare de voir le personnage secondaire d'une série devenir le personnage principal d'une autre. C'est ce qu'on appelle un *spin off*. *Buffy* a ainsi donné naissance à la série *Angel*, et *Friends* à *Joey*. Certaines séries deviennent même des films, comme *Mission : impossible*. Et quand les personnages d'une série apparaissent dans une autre, ce n'est pas une erreur, c'est juste un *cross-over*, une sorte de clin d'œil du réalisateur.

SAISONS 1, 2, 3

Toutes les séries fonctionnent sur le même principe. L'intrigue est divisée en « saisons », chaque saison regroupant les épisodes tournés et/ou diffusés durant une année. Avec *24 heures chrono* ou *The Shield*, on a vu apparaître un nouveau concept de série en temps réel, où chaque minute du film correspond théoriquement à une minute dans la réalité. La plupart des séries que nous regardons sont des séries américaines. Elles sont diffusées d'abord aux États-Unis et les Français les regardent avec une saison de décalage, le temps de réaliser le sous-titrage ou la version française. À moins qu'ils ne les téléchargent (ce qui est tout à fait illégal !) sur Internet. Les saisons déjà parues se vendent ensuite en DVD.

SÉRIES D'AUJOURD'HUI

Les types de séries évoluent avec le temps. Vos mères regardaient *Dallas*, vos grandes sœurs ont aimé *Dawson* ou *Buffy*, et vous, vous avez un choix presque illimité, dans tous les genres : familial, aventure, fantastique, médical, policier mais aussi horreur et sexe.

● COMPRENDRE

Les séries sont de plus en plus nombreuses et il existe des chaînes spécialisées dans ce genre.

MIROIRS DE LA SOCIÉTÉ ET DE LA VIE

Certaines séries nous parlent de notre vie quotidienne à travers des personnages auxquels on s'identifie. Les séries pour adolescents mettent en scène des personnages de votre âge qui vivent les mêmes inquiétudes et les mêmes émotions que vous. D'autres séries présentent la société sous un jour plus humoristique, d'autres encore sous un jour plus noir. Il y en a pour tous les goûts et pour toutes les humeurs !

HORS DU RÉEL

À l'inverse, les séries fantastiques ou de science-fiction vous font sortir du monde réel. Le fantastique invente des univers où les phénomènes surnaturels sont partout, alors que la SF vous projette dans l'avenir. Mais l'objectif est le même : vous permettre de vous évader d'une réalité qui ne fait pas toujours rêver. C'est le royaume de l'imagination et les progrès technologiques permettent de nouveaux effets spéciaux de plus en plus envoûtants.

CULTURE SÉRIES

Dans tous les cas, il suffit d'un ou deux épisodes pour que la magie fonctionne et vous laisse avec une seule question en tête : que vont donc devenir ces personnages auxquels vous vous êtes si vite attachée ? Le meilleur moyen pour attendre l'épisode suivant, c'est bien sûr d'en parler avec les copains ! Plus on approche de la fin de la saison, plus les pronostics deviennent serrés : les moindres sous-entendus sont interprétés, tous les gestes sont décortiqués… Chacun a sa théorie et… sa fin ! Sur Internet, vous pouvez même proposer vos propres scénarios et vos *fan fics* sur le site de votre série préférée ! Parce que le principal intérêt des séries, c'est de les partager. Même une série « nulle » peut devenir l'occasion de fous rires mémorables, entre les commentaires qui fusent et les dialogues que l'on réinvente en éteignant le son…

LES HORREURS DE LA VIE

Mais il faut quand même faire un sacré tri dans toutes les séries que vous propose la télé. Le genre hard se développe, mettant en scène toutes les horreurs de la vie. Vous passionner pour ce genre de séries risque de vous faire voir le monde sous un triste jour comme si la vie et l'humanité tout entières ressemblaient à cela. Évitez de tomber dessus par hasard un samedi soir où vous êtes seule à la maison. C'est le meilleur moyen de passer la soirée à déprimer. Mieux vaut donc éviter le zapping et choisir vos séries… sur les programmes TV !

VOIR AUSSI
TÉLÉVISION, VIOLENCE.

CONSEIL

SOIRÉE SÉRIES

Rien de tel pour passer un bon moment qu'une soirée pyjama-séries entre copines. Il y a le choix pour se faire plaisir, rêver, rire ou se faire peur, sans tomber dans les horreurs et la violence.

SÉRIES TV

The Kennedys

Pour poursuivre dans l'ambiance des années 1960, place à la série qui lève le voile sur l'histoire de la plus légendaire des familles américaines : les Kennedy. L'histoire débute le jour de l'élection de JFK et s'achève à l'assassinat de son frère Bobby. Accomplissements, regrets, amitiés et trahisons sont au cœur de la vie de ce clan hors du commun. Diffusée en France et au Canada, la série a été annulée aux Etats-Unis : pas touche au mythe Kennedy !

Glee

Un prof d'espagnol décide de reformer la chorale du lycée. C'est l'occasion de découvrir une galerie de personnages déjantés : prof de sport sadique, joueur de foot en chaise roulante ou diva afro-américaine aux formes très généreuses... Tout ce petit monde doit faire un effort pour cohabiter et ramener le Glee Club au rang glorieux qu'il tenait quelques années auparavant. Glee dépoussière en beauté le genre de la comédie musicale pour ados !

Gossip Girl

Les étudiants de deux écoles privées très huppées de Manhattan à New York suivent tous les derniers potins de leur communauté très fermée sur le blog de la mystérieuse et cynique Gossip Girl. Le cercle de Serena Van der Woodsen est particulièrement visé. Derrière les apparences dorées, entre amour et amitié, rien n'est simple... La série est très populaire, tout comme les livres dont elle est tirée.

Mad Men

Bienvenue dans le New York des années 1960, une époque où la société américaine est en pleine mutation. La société de consommation et la publicité prennent leur envol, et l'agence de publicité Sterling Cooper monte irrésistiblement. Don Draper, son directeur créatif, est un homme brillant au passé mystérieux. Avec charme et charisme, il séduit à la fois les clients et les femmes autour de lui. Au-delà de son intrigue, la série fait beaucoup parler d'elle grâce à son esthétique.

Skins

Skins met en scène avec réalisme et sans détour la vie d'une bande de jeunes de 16 à 18 ans dans la ville de Bristol, dans le sud-ouest de l'Angleterre. Au sein du groupe, un beau gosse populaire, un musulman drogué, un homosexuel, une fille anorexique et boulimique, un garçon qui ne cherche qu'à perdre sa virginité et un autre fou amoureux d'un professeur. Pas de jeune huppé dans cette série, qui est sans doute l'une de celles qui décrit avec le plus grand réalisme la vie des adolescents...

Gossip Girl

Vampire Diaries

The Kennedys

Vampire Diaries

Après la mort de ses parents dans un accident de voiture, la belle Elena tente de surmonter son chagrin et poursuit sa scolarité au Mystic Falls High. Elle y fait connaissance de Stefan et Demon, deux frères que tout oppose. Elle est fascinée et découvre vite qu'ils sont vampires. Elle commence alors un combat pour le salut des âmes de sa communauté. Les vampires sont décidément à la mode !

True Blood

Les vampires ont trouvé une formule synthétique qui remplace le vrai sang. Ils n'ont ainsi plus besoin de tuer pour se nourrir, et ils peuvent vivre tranquillement parmi les humains. Sookie, une jeune serveuse capable de lire dans les esprits, tombe sous le charme de l'un d'entre eux : le mystérieux Bill. Cette rencontre bouleverse sa vie. La série est l'une des plus populaires chez les jeunes.

Sexe
Tout ce que vou n'avez jamai osé demander sur.

ON PEUT PARLER DU SEXE D'UN POINT DE VUE ANATOMIQUE OU CHROMOSOMIQUE (VOIR LA RUBRIQUE FILLE/GARÇON), MAIS ON PEUT AUSSI PRENDRE LE TERME « SEXE » DANS UN SENS UN PEU FAMILIER : AUTREMENT DIT, LES **PRATIQUES EN MATIÈRE DE VIE SEXUELLE, TOUT CE QU'ON FAIT OU CE QU'ON PEUT** FAIRE DANS CE DOMAINE.

S'INFORMER

La relation sexuelle est un ensemble de gestes et de caresses que chaque couple découvre ou invente en fonction de ses goûts, de son histoire et de la culture dans laquelle il vit. Selon les civilisations, les habitudes sont différentes, ce qui est accepté dans certaines peut choquer dans d'autres. Chaque couple doit apprendre à découvrir les gestes et les caresses qui permettront aux deux partenaires d'atteindre ensemble le grand bonheur.

L'ART AMOUREUX

Vous découvrirez petit à petit que le corps humain est un merveilleux instrument qui peut vibrer de mille manières. Les civilisations orientales ou asiatiques ont su illustrer cette incroyable variété, comme le montre le fameux *Kama-sutra*, traité indien du Ve siècle sur l'art d'aimer qui est célèbre pour ses représentations des « positions amoureuses ». Mais, en réalité, l'art amoureux est beaucoup plus simple que cela. Plus que de chercher à prendre du plaisir dans toutes les positions imaginables, il s'agit de partager ensemble un grand moment d'intimité et de bonheur.

L'ACTE SEXUEL

L'acte sexuel commence par des préludes amoureux qui permettent aux deux partenaires de parvenir au comble de l'excitation. Puis a lieu la pénétration du pénis de l'homme dans le vagin de la femme. L'homme éprouve du plaisir par le mouvement de va-et-vient qu'il exerce et qui aboutit naturellement, après un temps plus ou moins long, à l'éjaculation qui termine l'acte sexuel. La femme éprouve un plaisir plus ou moins intense, essentiellement par l'excitation du clitoris sur lequel le corps et le sexe de son partenaire exercent une pression, des frottements pendant tout le rapport sexuel.

LES DIFFÉRENTES PRATIQUES SEXUELLES

Il existe de nombreuses pratiques sexuelles.
La fellation (excitation du sexe de l'homme avec la bouche) et le cunnilingus (excitation du clitoris de la femme avec

la bouche) sont des caresses sexuelles très intimes qui peuvent prendre place dans les préludes amoureux. Elles peuvent aussi être « poussées jusqu'au bout », c'est-à-dire jusqu'à l'orgasme du partenaire. Ces pratiques peuvent choquer certains, alors que d'autres y trouvent un plaisir intense. La sodomie, ou pénétration du pénis dans l'anus, une pratique peu courante contrairement à ce que laissent penser les films pornographiques.
La masturbation est une pratique qui consiste à se procurer soi-même du plaisir en se caressant le sexe.

COMPRENDRE

Les caresses sont une première manière de faire connaissance avec le corps de l'autre, de découvrir sa sensibilité et ses secrets, d'entrer en communion dans un même désir. Chaque couple trouve petit à petit son mode de communication et ses rites à condition que cet apprentissage se fasse dans une grande liberté réciproque. On a toujours le droit (et même le devoir) de refuser des caresses que l'on « ne sent pas » ou qui mettent mal à l'aise. Ce n'est pas toujours facile d'en parler et pourtant la parole vraie et sincère, sans fausse honte, est indispensable pour se comprendre et comprendre l'autre.

INFO +

L'ÉRECTION, C'EST QUOI ?
Quand vous rougissez d'émotion ou de confusion, le sang vous monte aux joues. C'est le même phénomène qui se joue lors de l'érection du sexe masculin. Sous le coup de l'émotion et du désir, un fort afflux de sang gonfle certaines muqueuses. C'est vrai pour les muqueuses intimes des filles (les lèvres du sexe), et plus vrai encore pour le pénis du garçon qui est constitué d'un corps caverneux (des sortes de grosses éponges) qui se gorge de sang et se durcit. Ce phénomène s'appelle la turgescence. Le pénis du garçon passe alors d'une longueur de quelques centimètres (5 à 11 en moyenne) à une longueur de 10 à 20 centimètres.

LA DÉCOUVERTE DU PLAISIR

C'est souvent par la masturbation que l'on apprend comment fonctionne son propre corps et ce qui lui donne du plaisir. Beaucoup d'adolescents ont honte de se masturber, alors que la plupart, filles et surtout garçons, passent par cette expérience. Autrefois, les adultes cherchaient à en dissuader les jeunes en affirmant que cela rend sourd ! Même si aujourd'hui plus personne n'utilise ce pauvre argument, il y a quelque chose à tirer de cette histoire : c'est vrai qu'une pratique assidue de la masturbation rend d'une certaine façon « sourd »... aux autres. Cela reste une expérience pauvre, où il n'y a pas toute la dimension d'échange que l'on peut trouver quand on est deux.

UNE HISTOIRE DE DON

Car ce qui compte dans une relation sexuelle, c'est bien le mot « relation ». Le plus important, dans les caresses que l'on peut inventer et échanger, c'est ce qu'elles racontent à l'autre. C'est pour lui dire l'attrait, le désir que l'on éprouve pour lui, le souci que l'on a de son plaisir et l'envie de partager avec lui un moment intense de communion que l'on ose et que l'on devient créative. Ce ne sont ni des gestes appris ni des techniques stéréotypées qui peuvent dire ce que vous ressentez de personnel et d'unique à son égard, mais bien la générosité et la tendresse qui se dégageront de toute votre attitude. Le plaisir se vit et s'invente à deux. Parce que la vie sexuelle, c'est avant tout une histoire de don.

VOIR AUSSI
CARESSE, PLAISIR, PORNOGRAPHIE, PREMIER RAPPORT SEXUEL, SEXUALITÉ.

Sexisme

Femmes de tous les pays…

LE SEXISME EST UNE **ATTITUDE DISCRIMINATOIRE À L'ÉGARD D'UN SEXE, ORDINAIREMENT À L'ÉGARD DES FEMMES**. CE N'EST PAS LA MISOGYNIE, DÉFINIE COMME LA HAINE OU LE MÉPRIS DES FEMMES.

🔸 S'INFORMER

Les femmes ont longtemps été soumises aux hommes. Écartée de l'instruction, mariée très jeune sans son consentement, une fille passait de l'autorité de son père à celle de son mari. Elle devait remplir son rôle « naturel » de mère au foyer, en laissant aux hommes le soin des affaires publiques. La condition des femmes a commencé à s'améliorer dans les sociétés occidentales chrétiennes, parce que la religion a affirmé qu'elles étaient les égales des hommes.

VOTE FOR WOMEN !

En définissant les droits de l'homme, la Révolution française de 1789 a un peu oublié ceux de la femme. Quand le suffrage « universel » est instauré en 1848, les femmes en sont exclues. La révolution industrielle du XIXᵉ siècle leur donne une place dans les usines, mais dans des conditions souvent épouvantables. C'est alors que se développent des mouvements de femmes réclamant l'égalité. En Grande-Bretagne, les « suffragettes » commencent à revendiquer le droit de vote, qu'elles obtiennent à grand-peine en 1928.

DEBOUT LES FEMMES !

En envoyant les hommes au front, la Première Guerre mondiale permet aux femmes de montrer qu'elles savent faire marcher les affaires en leur absence. En 1949, Simone de Beauvoir publie *Le Deuxième Sexe*, gros livre où elle analyse les causes de la domination des femmes par les hommes dans l'Histoire. À la fin des années 1960, le mouvement féministe se structure et obtient le droit à la contraception, le droit de travailler et d'ouvrir un compte en banque sans l'autorisation du mari, l'égalité dans l'autorité parentale, l'égalité des salaires à qualification égale.

LE COMBAT N'EST PAS FINI

Dans bien des pays du tiers-monde, la condition des femmes reste difficile du fait de la pauvreté et des mentalités. Beaucoup de filles ne vont pas à l'école et sont placées comme bonnes dans les familles riches ou vendues comme prostituées. En Inde ou en Chine, on tue encore parfois des petites filles à la naissance parce qu'un garçon peut travailler et recevoir l'héritage de sa famille, alors qu'on doit offrir une dot pour marier sa fille.

INFO +

QUELQUES DATES EN FRANCE

1903 : 1re femme prix Nobel, Marie Curie
1924 : création du bac pour les filles
1944 : droit de vote des femmes
1947 : 1re femme ministre, Germaine Poinso-Chapuis
1965 : autonomie financière de la femme mariée, égalité des époux pour gérer les biens du ménage
1967 : droit à la contraception
1972 : « le » major à l'entrée de la 1re promotion mixte de l'École Polytechnique est une fille !
1975 : autorité parentale partagée à égalité
1980 : 1re femme à l'Académie française, Marguerite Yourcenar
1983 : loi sur l'égalité professionnelle
1991 : 1re femme Premier ministre, Édith Cresson
2000 : loi sur la parité favorisant les candidatures féminines aux élections
2007 : 1re femme au second tour de l'élection présidentielle, Ségolène Royal.

COMPRENDRE

Vous avez l'impression que tout cela est de l'histoire ancienne ? C'est vrai qu'en France le sexisme est effacé de la loi. Mais aujourd'hui encore, moins de femmes que d'hommes occupent des postes à responsabilités, alors qu'elles sont en moyenne plus diplômées. Leurs salaires restent globalement inférieurs de 19 % à ceux des hommes, et elles sont davantage touchées par le chômage.

EH, LES FILLES, C'EST PAS JUSTE !

Au Parlement, il n'y a que 13,9 % de femmes. En 2000, la loi sur la parité a été votée pour renverser la tendance : elle oblige les partis à proposer plus de candidates aux élections. C'est une « discrimination positive » : les hommes pourraient crier au sexisme à leur tour ! Certaines femmes ont d'ailleurs critiqué ce sexisme à l'envers.

AU FOUR ET AU BOULOT ?

Reste qu'aucune loi ne peut changer du jour au lendemain des habitudes anciennes. Même si les hommes participent davantage aux tâches ménagères et à l'éducation des enfants, il est toujours difficile pour une femme de mener de front sa vie de famille et sa carrière. Ce qui a heureusement disparu, c'est le climat de guerre des sexes qui a marqué les années 1970, menaçant de diviser la société en deux camps. C'était oublier qu'entre les hommes et les femmes le sentiment le plus naturel est l'amour !

VOUS AVEZ DIT PAREILS ?

Aujourd'hui, on essaie de construire une société où l'on se comprend mieux, où l'on a les mêmes droits et les mêmes devoirs. Mais il faut rester vigilante parce que les acquis sont fragiles. La lutte contre le sexisme ne doit cependant à aucun prix nous faire tomber dans l'uniformité. Stricte égalité devant la loi, oui ; absolue égalité de dignité, oui ; mais il y a des différences à ne pas gommer. Un homme est un homme, une femme est une femme : c'est comme cela que l'on s'aime !

VOIR AUSSI
FILLE/GARÇON, FEMMES.

CONSEILS

• Si vous voulez l'égalité avec les garçons, il faut en accepter les inconvénients : ne pas rechigner devant le rendez-vous citoyen !
• L'égalité n'empêche pas la courtoisie. Vous avez le droit d'apprécier qu'un garçon vous aide à porter votre valise.

Sexualité

Ni ange ni bête

AU SENS ÉTYMOLOGIQUE, **LE MOT « SEXUALITÉ » DÉSIGNE LE FAIT D'APPARTENIR À UN SEXE,** EXACTEMENT COMME LA NATIONALITÉ EST LE FAIT D'APPARTENIR À UNE NATION. **TOUS LES ÊTRES HUMAINS ONT UNE SEXUALITÉ,** TOUS SONT SEXUÉS : ILS SONT IRRÉVERSIBLEMENT HOMME OU FEMME, SAUF TRÈS RARES EXCEPTIONS. ATTENTION DONC, LA SEXUALITÉ, CE N'EST PAS SEULEMENT L'ACTIVITÉ SEXUELLE, LE SEXE.

● S'INFORMER

Votre sexualité, votre identité sexuelle de fille, n'a pas commencé à votre puberté mais dès votre naissance et même dès votre conception. Elle est inscrite dans chaque cellule de votre corps, au point que l'analyse d'un seul de vos cheveux abandonné sur la brosse permet de dire qu'il a appartenu à une fille. Vous êtes fille jusqu'au bout des ongles, en somme !

UNE FILLE DE PIED EN CAP

En grandissant, votre corps a développé la morphologie (la forme physique) d'une fille et vous êtes devenue psychiquement, intellectuellement, culturellement une fille. Vous avez sans doute été attirée très tôt par les garçons et d'abord peut-être par ce garçon grand, beau et fort qu'était votre papa ! Vous avez peu à peu découvert que vous alliez devenir une femme et, pourquoi pas, une maman.

MOI TARZAN, TOI JANE

Ce caractère sexuel, cette sexualité, marque toutes les relations humaines. Les humains ne sont jamais de purs esprits, ils sont toujours des hommes ou des femmes, avec un corps et un esprit marqués par le sexe auquel ils appartiennent. Vous ne pouvez pas vous empêcher d'être une fille, de réagir comme une fille, de vous comporter comme une fille… notamment en présence des garçons ! Vous savez bien qu'un garçon et une fille qui sont amis, un homme et une femme qui se côtoient, qui travaillent ensemble ne peuvent pas faire comme s'ils n'étaient pas lui, un homme et elle, une femme. C'est toute la difficulté mais aussi toute la richesse que vous découvrez quand vous êtes copine avec un garçon.

COMPRENDRE

Même si toutes les relations des hommes et des femmes sont marquées par la sexualité, cela ne veut pas dire que nous ne pensons qu'aux rapports sexuels que nous pourrions avoir avec la personne qui est en face de nous. Même si nous répondons à un instinct de reproduction, comme tous les êtres vivants, nous ne sommes pas des bêtes. Et c'est tout à fait vrai : la sexualité humaine n'est pas la reproduction animale. Nous n'avons pas, comme les animaux, une sorte d'obligation génétique ou hormonale qui nous pousserait à nous reproduire à un moment précis de l'année (chez les animaux, on appelle « rut » cette période d'accouplement). Nous ne nous précipitons pas toutes par une belle nuit de printemps à la recherche du meilleur mâle reproducteur (vous imaginez la scène… Charmant !).

UN ENFANT DE TOI

Bien sûr, quand nous avons des enfants, nous répondons au besoin de reproduction de l'espèce humaine. Mais surtout à un désir un peu mystérieux où se mêlent tout à la fois l'instinct de survie, l'amour de celui ou de celle à qui nous voulons donner un enfant, l'envie de partager ce que nous aimons et ce en quoi nous croyons avec la chair de notre chair. Les êtres humains n'ont pas des petits, des portées de chiots ou des grappes d'œufs comme les tortues. Ils ont des enfants par lesquels ils se projettent dans l'avenir, à qui ils ne veulent pas seulement transmettre des chromosomes mais aussi et surtout une culture, une mémoire, des traditions.

UN FORMIDABLE APPÉTIT DE VIVRE

La sexualité humaine est bien plus qu'un instinct de reproduction. C'est un formidable élan qui pousse à développer la vie et à la reproduire dans tous les domaines. Hommes et femmes peuvent canaliser cette force, l'utiliser, par exemple, dans le domaine de la création artistique. C'est cette force vitale, cet appétit de vivre que les spécialistes appellent libido, qui permet aussi de se tourner vers les autres, de se projeter dans l'avenir.

LE SEXE MÈNE-T-IL LE MONDE ?

Finalement, quand on dit que le sexe est partout ou qu'il mène le monde, on a tort : pour être juste et précis, c'est la sexualité qui est le grand moteur de l'aventure humaine. Cette sexualité ne nous fait ni anges ni bêtes. Nous ne sommes pas des animaux, nous n'obéissons pas à nos pulsions, mais nous ne sommes pas non plus des anges, de purs esprits sans sexe : nous sommes des êtres sexués, des garçons et des filles, avec un corps et un esprit. D'ailleurs, les spécialistes disent souvent avec une pointe d'humour que le principal organe sexuel de l'être humain, c'est le cerveau !

VOIR AUSSI
FILLE/GARÇON, IDENTITÉ, SEXE.

Vivement les soldes !

S'INFORMER

Faire du shopping, ce n'est pas seulement aller s'acheter des vêtements. C'est aussi et surtout « faire les magasins » : regarder les vitrines, découvrir ce qui est à la mode, essayer des tas de choses, rêver de pouvoir tout s'acheter, défiler devant les copines et piquer des fous rires ensemble. C'est une activité proprement féminine (même si certains garçons aiment cela), une manière de se délasser, un temps pour se faire plaisir.

ENTRE COPINES, EXCLUSIVEMENT !

C'est aussi l'occasion de se raconter des secrets de filles, de faire des projets pour la prochaine soirée, de chercher son look. Avec les copines, vous vous amuserez sans doute plus qu'avec votre mère, parce que vous pouvez traîner et avoir plusieurs avis. Elles vous aident à discerner ce que vous aimez, ce qui vous va (attention néanmoins à la bonne copine qui vous fait acheter du XXL en prétendant que c'est juste la bonne taille !).

BESOIN OU ENVIE ?

Quand vous faites du shopping, de deux choses l'une : soit vous avez une idée précise de ce que vous voulez (essayez quand même d'être flexible : après tout, entre le pantalon noir dont vous avez rêvé et celui-ci, gris anthracite, qui vous va comme un gant, il n'y a qu'un demi-ton d'écart !), soit l'occasion fait le larron et vous repartez avec une petite robe d'été ou un pull, un soutien-gorge ou des chaussures… Des fantaisies dont vous n'aviez pas vraiment besoin, mais qui font plaisir : le shopping marche aussi aux coups de cœur !

● INFO +
À QUOI LES FILLES DÉPENSENT-ELLES LEUR ARGENT ?

Sur ce sujet, les différences entre filles et garçons s'estompent. Les filles se soucient plus jeunes de leur tenue vestimentaire (dès le CM2, on ne leur fait plus porter n'importe quoi), surtout avec le phénomène des lolitas. Mais les garçons les rattrapent vite et y attachent ensuite autant d'importance qu'elles. Entre 15 et 25 ans, les plus grosses dépenses, filles et garçons confondus, concernent l'apparence (habillement

et hygiène-beauté), devant les loisirs, puis les frais de téléphone.
Source : *Francoscopie 2005*, Gérard Mermet, Larousse.

● COMPRENDRE

Faire du shopping est un jeu qui se pratique à plusieurs, pour se donner des idées et du courage. Vous entrez dans les boutiques rien que pour voir, même dans celles qui vous intimident ; vous essayez des vêtements que vous n'avez pas l'intention d'acheter, vous testez les rouges à lèvres sur la main, vous respirez les parfums (attention, pas trop à la fois, vous ne sentiriez plus rien). Bref, vous jouez à *Pretty Woman* en vous donnant, le temps de quelques heures, le droit de rêver.

QUELQUES RÈGLES QUAND MÊME !

Cela ne doit pas vous empêcher de respecter quelques règles de savoir-vivre. Évitez de faire déballer une dizaine de paires de chaussures ou de robes quand vous savez que vous n'en prendrez aucune. Après votre départ, les vendeuses ne doivent pas avoir l'impression qu'une tornade a balayé leur magasin !

ACHETER, ÇA S'APPREND

On peut aussi faire du shopping pour apprendre à acheter. Accompagner une amie qui sait déjà choisir constitue un bon apprentissage qui vous permet de faire connaissance avec les marques, les matières et les tailles. Et quand vous voulez commencer à acheter vos vêtements seule, il est rassurant d'y aller avec une ou deux copines de confiance : elles sauront vous dissuader d'acheter quelque chose qui ne vous va pas, même si vous en avez très envie, ou un vêtement qui ferait double emploi avec ceux que vous avez déjà, ou encore un habit trop cher qui ferait exploser le budget que vous vous êtes alloué !

LE SHOPPING NE DOIT JAMAIS VIRER AU DRAME !

Règle n° 1 pour que le shopping reste un plaisir et ne devienne pas un cauchemar : n'achetez jamais un vêtement dans lequel vous ne vous sentez pas à l'aise, même s'il est à la mode, que toutes vos copines en ont, que votre mère vous dit qu'il vous va à ravir et que la vendeuse la soutient énergiquement : il finira au fond d'un placard. C'est particulièrement vrai pour les chaussures. Elles vous font mal ? Renoncez tout de suite, même si vous les adorez : sinon, vous finirez, de toute façon, par abandonner la partie, les pieds pleins d'ampoules.

● CONSEILS

Quand vous commencez à acheter vos vêtements seule :
- Fixez-vous un prix maximal à ne pas dépasser. Si vous êtes du genre très dépensière, faites-vous accompagner par une amie, dites-lui votre budget et obligez-la à vous dire non quand vous commencez à le dépasser.

- Faites le tour de votre garde-robe pour évaluer objectivement ce dont vous avez impérativement besoin : chaussures, manteau, jupe, pantalon, hauts. Quand vous craquez sur un vêtement, interrogez-vous.
À quelle occasion le porter ? Avec quels autres de vos vêtements va-t-il aller ? Comment se lave-t-il ? Est-il de bonne qualité ou va-t-il ressembler à un chiffon au bout de trois lessives ? Risque-t-il de déteindre, de rétrécir, d'être difficile à repasser ?

- Apprenez à repérer les boutiques où vous aurez le plus de chances de trouver votre bonheur, en fonction de vos goûts et de votre morphologie : vous éviterez de perdre du temps à piétiner dans des magasins où vous n'achèterez jamais rien. Mais restez quand même suffisamment curieuse pour éviter la routine !
- Profitez des soldes : allez repérer ce qui vous plaît quelques jours avant et attendez que les articles soient démarqués.

Attention cependant à votre taille. Si vous faites un 38-40 et 37 ou 38 de pointure, vous risquez fort de ne plus trouver grand-chose si vous attendez trop !
- Jour des soldes : évitez de devenir un prédateur en chasse, une lionne prête à mordre pour défendre le petit top qu'elle vient d'arracher des mains d'une autre. Faire une bonne affaire, d'accord ; perdre tout savoir-vivre, bof.
- N'achetez jamais un vêtement sans l'avoir essayé !

VOIR AUSSI
LOOK, MODE.

BONS PLANS

CABINES D'ESSAYAGE, MODE D'EMPLOI

• *Tenue de shopping : évitez le look « oignon » avec six couches superposées, interminables à enlever pour essayer un petit débardeur. Préférez le tee-shirt au chemisier, les chaussettes aux collants. Si vous cherchez une jupe, évitez d'y aller en jean et baskets... et le poil « aux pattes ». Vous n'oserez jamais sortir de la cabine !*
• *Ne vous laissez pas démoraliser par les cabines éclairées au néon : ils répandent une lumière blafarde et donnent à toutes les filles (même les canon, si, si !) un charmant teint de cadavre à la peau marbrée, un vrai délice !*
• *Vérifiez que vous avez bien tiré le rideau de la cabine. Sinon gare aux regards appuyés et pleins de sous-entendus à votre sortie !*
• *Prenez toujours deux tailles du même modèle : cela vous évitera de ressortir pour chercher la version plus petite ou plus grande de la robe qui vous fait craquer.*
• *Si la queue pour les essayages s'allonge sur des kilomètres, vous pouvez créer une cabine entre deux rangées de vêtements, avec l'aide de vos amies. Mais attention à la fragilité de cet abri provisoire, qui pourrait créer une attraction plaisante pour les badauds coincés dans la queue !*

Sida

Se protéger, c'est possible !

SIDA (*AIDS* EN ANGLAIS) VEUT DIRE « **SYNDROME D'IMMUNODÉFICIENCE ACQUISE** ». UN SYNDROME EST UN ENSEMBLE DE SYMPTÔMES ; IMMUNODÉFICIENCE SIGNIFIE QUE **LE SYSTÈME IMMUNITAIRE EST DÉFICIENT** ET NE PEUT PLUS PROTÉGER LE CORPS DES ATTAQUES MICROBIENNES.

● S'INFORMER

Le sida est une maladie provoquée par un virus appelé VIH (HIV en anglais) – « virus de l'immunodéficience humaine » – qui détruit progressivement le système immunitaire. Lorsqu'une personne est contaminée, elle ne tombe pas tout de suite malade. Le virus se propage dans son organisme, qui commence par résister en produisant des anticorps. Quand ceux-ci sont détectables dans le sang, la personne est séropositive.

QUAND LE CORPS SE TROUVE SANS DÉFENSE

On peut être séropositif pendant des années sans avoir de symptômes. Mais le virus continue son travail de sape des défenses immunitaires jusqu'à ce que la personne ne puisse plus se défendre du tout. La moindre infection bénigne (comme une grippe) peut alors être mortelle.

PAR LE SANG ET LES RAPPORTS SEXUELS

Le VIH se trouve dans le sang, le sperme ou les sécrétions vaginales des personnes contaminées. La transmission sexuelle est de loin la plus fréquente : un seul rapport suffit pour être contaminée. La transmission sanguine passe surtout par les seringues contaminées qu'utilisent les toxicomanes, mais la vente libre et la distribution gratuite de seringues ont considérablement diminué ce risque. La transfusion sanguine a contaminé beaucoup de malades en France avant 1985, jusqu'à ce que soient appliquées des mesures sanitaires draconiennes. Une femme enceinte peut aussi transmettre le virus à son bébé.

LE SIDA N'EST PAS LA PESTE

Ce sont les seuls modes de transmission de la maladie. Il n'y a donc aucun risque de contagion par d'autres types de contacts physiques avec un séropositif (baiser, poignée de main) ou par un objet qu'il aurait touché (verre, toilettes, téléphone, eau de la piscine, etc.).

DOUTE ? UNE VÉRIFICATION S'IMPOSE

Après une relation sexuelle non protégée, ou après une

blessure avec un objet souillé du sang d'une autre personne, il faut aussitôt (si possible dans les 48 heures) consulter un médecin, se présenter aux urgences d'un hôpital ou dans un centre de dépistage. Suivant la gravité du risque, un traitement de 4 semaines peut être prescrit pour tenter d'empêcher l'infection par le VIH. Mais ce traitement lourd ne réussit pas toujours. Il faut attendre 3 mois pour faire un test et être sûre de ne pas avoir été contaminée : c'est le temps que met le corps pour développer des anticorps détectables dans le sang.

TRAITEMENTS : RALENTIR SANS GUÉRIR

Les traitements contre le sida permettent de soulager les malades et de leur assurer de meilleures conditions de vie, mais ils ne font que ralentir le processus de destruction du système immunitaire. La trithérapie est certes très efficace pour retarder les effets du virus, mais elle ne guérit pas définitivement du sida : les personnes séropositives doivent se soigner toute leur vie. Ce traitement est très contraignant et a souvent des effets secondaires pénibles. Par ailleurs, il est très cher et seuls les pays riches peuvent soigner leurs malades correctement. En France, les personnes séropositives sont prises en charge à 100 % par la Sécurité sociale.

INFO +

En 25 ans, 25 millions de personnes sont mortes du sida dans le monde, et 3 millions en meurent encore par an. 90 % des malades se trouvent dans les pays du Sud et 90 % des traitements dans ceux du Nord. 33,3 millions de personnes vivent avec le VIH dans le monde, dont 22,5 millions en Afrique subsaharienne. En France, 152 000 personnes sont infectées par le VIH, et ce nombre augmente de 5 % par an.
Source : ONUSIDA.

COMPRENDRE

Les personnes séropositives peuvent mener une vie normale tant que leur santé le leur permet. Il faut beaucoup les entourer : elles ont besoin de se sentir accueillies et de pouvoir partager la vie quotidienne de ceux qu'elles aiment.

CE N'EST PAS UNE PUNITION

Il n'existe pas de malades frappés justement ou injustement par le sida : hétérosexuels, homosexuels, transfusés, enfants, adultes sont tous des victimes, des personnes à aimer pour ce qu'elles sont et qu'il faut apprendre à voir autrement que comme des malades.

PRÉCAUTION OBLIGATOIRE

En France, les spécialistes de la maladie déplorent une recrudescence des cas de contamination. Malgré les campagnes d'information, trop de personnes contractent le VIH, souvent par manque de prudence. Certains imaginent que le sida est de l'histoire ancienne, une maladie que l'on peut soigner. C'est faux : il reste une maladie incurable très grave, même s'il n'est plus mortel à 100 %. La seule façon de se protéger est de s'abstenir de rapports sexuels ou de vivre une relation amoureuse fidèle et stable. Si ce n'est pas le cas, il faut utiliser un préservatif.

VOIR AUSSI
MST, PRÉSERVATIF.

Soldes

Jours de folie(s), mode d'emploi

S'INFORMER

Les soldes consistent à vendre avec une forte réduction les vêtements de la saison qui est en train de s'achever. Elles ont lieu deux fois par an, en janvier, à la fin de la saison d'hiver, et en juillet, à la fin de la saison d'été ; les dates précises des soldes sont fixées dans chaque département par les préfets. Les soldes durent au maximum six semaines et ne doivent concerner que des modèles qui ont déjà été proposés à la vente.

PREMIÈRE ET DEUXIÈME DÉMARQUES

Les rabais pratiqués évoluent au cours de la période des soldes : on passe d'un premier rabais (ou démarque) à un second au bout de quelques jours ou semaines, voire à une troisième démarque en fin de soldes, à un moment où, hélas pour les acheteurs, il ne reste plus beaucoup de choix en modèles et en tailles. Les soldes ne concernaient à l'origine que la mode, ils s'étendent désormais à pratiquement tous les domaines, du livre à l'électroménager.

LES FAUX SOLDES

Il existe aussi d'autres périodes pour faire de bonnes affaires. Tous les grands magasins proposent leurs « 3 jours » (d'une durée variable suivant les chaînes de magasins !) de rabais au début de l'automne. Ils peuvent aussi, en dehors des périodes de soldes, faire des « promotions ». Moins accessibles, il y a également les ventes privées : les grandes marques organisent des ventes pour déstocker sans avoir l'air de brader leurs collections. Certaines sont gratuites, d'autres nécessitent une adhésion à un club, mais toutes demandent un parrainage.

SOLDES EN LIGNE : LE PIÈGE

Soldes et ventes privées se font de plus en plus sur le net. Mais ce sont, le plus souvent, des pièges. Ne vous y laissez pas prendre. Acheter à bas prix des vêtements de marque sur Internet est la meilleure façon de se retrouver avec… un faux !

COMPRENDRE

Discount, déstockage, ventes privées ou d'occasion sont de bons moyens de faire des affaires, mais rien ne remplace le plaisir et l'excitation des vrais soldes !

FÊTE ET FOLIE

Les soldes sont devenus un véritable événement festif qu'on attend, auquel on se prépare et que l'on ne peut rater tant les médias en font leurs choux gras ! Les boutiques ouvrent plus tôt, on fait la queue devant les portes dès l'aube et on se précipite comme des folles à l'ouverture pour s'arracher les meilleures affaires. Certaines entreprises donnent même un jour de congé à leurs employés pour faire les soldes !

ON SE « LÂCHE »

C'est le jour où vous vous permettez des folies, où vous êtes prête à tout pour obtenir le petit haut dont vous rêvez, à marcher sur les pieds des autres, à hurler, à bousculer, à faire des queues sans fin devant les cabines d'essayage, à supporter la chaleur, la foule et le bruit… Un jour un peu comme le carnaval, où le monde ne tourne plus selon son ronron habituel, un jour de transgression (on dépense sans compter) et de régression (on veut tout, comme la petite fille dans un magasin de jouets).

BONNES AFFAIRES OU ARNAQUE ?

Vous pouvez certes y faire de bonnes affaires, mais gare aux déceptions ! D'abord parce que les magasins ont tendance à sortir tous leurs invendus pour l'occasion, même ceux qui ne sont plus très à la mode, ni en très bon état. Ensuite vous allez être tentée d'acheter des tas de choses dont vous n'avez pas besoin ou qui ne vous iront pas. Demandez donc à votre mère si elle n'a pas dans ses placards des chaussures en solde qu'elle n'a jamais portées parce qu'elles lui faisaient mal aux pieds, ou une robe trop décolletée achetée sur un coup de folie !

RÉUSSIR SES SOLDES

Mieux vaut donc avoir réfléchi un peu avant le jour J pour bien en profiter. La première astuce, c'est d'avoir repéré à l'avance ce que vous voulez, voire de l'avoir essayé pour connaître exactement la taille qui vous convient. Il est sage également de vous fixer un budget à ne pas dépasser. Pensez que c'est la fin de la saison et qu'il va bientôt falloir faire des achats pour la prochaine saison : si vous achetez un anorak mi-janvier, vous restera-t-il assez pour vous offrir une petite veste légère dans deux mois ?

SOLDES-PARTY

Bref, ne vous laissez pas trop prendre au jeu, mais ne boudez pas votre plaisir : rien de tel que de faire les soldes avec ses copines pour oublier un moment la vie quotidienne et se donner la pêche.

VOIR AUSSI
LOOK, MODE.

CONSEILS

LES ERREURS À NE PAS COMMETTRE

- Prendre un vêtement trop petit parce qu'il n'y a plus votre taille en pensant que vous allez maigrir !
- Acheter plusieurs exemplaires du même vêtement : vous allez vous en lasser.
- Attendre la dernière démarque en espérant que le vêtement dont vous rêvez sera enfin à votre portée : il y a toutes les chances que vous ne trouviez plus votre taille.

LES BONS PLANS

- Mettre des baskets et emporter une bouteille d'eau.
- Prévoir une pause déjeuner pour souffler… et faire vos comptes avant de continuer !
- En profiter pour acheter des classiques de bonne qualité.
- Se répartir les achats entre copines : une qui fait la queue pour le petit sac que vous voulez toutes et qui en achète plusieurs, l'autre qui va acheter les tops pour toute la bande.

Solidarité

Je suis solidaire… mais de quoi ?

🔴 S'INFORMER

Au sens propre, la solidarité désigne ce qui fait que deux parties d'un mécanisme fonctionnent ensemble. Les anneaux d'une chaîne sont solidaires : si l'un est supprimé, l'autre ne tient plus.

BESOIN DES AUTRES

Ce qui vaut pour les anneaux d'une chaîne vaut aussi pour les hommes ! Ils dépendent les uns des autres. D'abord, très concrètement, pour vivre : vous avez besoin du boulanger pour avoir du pain ; lui a besoin du maçon pour construire sa maison, lequel a besoin du médecin lorsqu'il est malade. Chacun par son métier est utile aux autres. Mais la solidarité des hommes entre eux est aussi morale : ils ont besoin de communiquer, de tisser des liens, d'être reconnus et aimés. Ils sont faits pour vivre en société plutôt que sur une île déserte !

POUR LE MEILLEUR ET POUR LE PIRE

La solidarité est aussi un choix quand on décide d'assumer ensemble une responsabilité, par exemple, celle de se marier et d'avoir des enfants.
La famille est le premier lieu où se vit la solidarité. Un homme et une femme qui se marient deviennent solidaires, ils se doivent assistance « pour le meilleur et pour le pire », dit le Code civil ! Vos parents sont solidaires de vos actes tant que vous ne pouvez pas les assumer : si vous êtes mineure et que vous causez des dommages à quelqu'un, vos parents devront payer.

TOUS À LA RESCOUSSE

Dans votre bande, vous êtes solidaires les uns des autres : vous vous entraidez, vous prenez la défense de celui ou celle qui est attaqué(e), vous partagez les joies et les peines de chacun(e). Il y a aussi une forme de solidarité à l'égard de gens que l'on ne connaît pas, les victimes de guerres ou de catastrophes naturelles qui sévissent à l'autre

bout de la planète : aujourd'hui, grâce à l'information, vous vous sentez proche de gens géographiquement très lointains. On dit que notre planète est un « village » ; or, dans un village, la solidarité n'est pas un mot vide de sens !

UN AUTRE MOT POUR LE DIRE

La solidarité est un engagement volontaire au nom de certaines valeurs : la justice, le souci des autres, la conscience que l'on a tous les mêmes droits, qu'il faut s'entraider. Autrefois, on utilisait le mot « charité », qui signifie « amour ». Mais il a été détourné de son sens premier et il est devenu synonyme d'assistance, voire de pitié ou de mépris, comme si ceux qui reçoivent de l'aide étaient des êtres inférieurs. Par le mot « solidarité », on désigne une entraide d'égal à égal, où chacun est reconnu pour sa valeur : chacun reçoit et chacun donne.

● COMPRENDRE

Vous avez besoin de vos parents, de votre famille, de vos amis, de tous ceux qui vous aiment et vous permettent de vous épanouir. Découvrir la solidarité, c'est prendre conscience que les autres aussi ont besoin de vous et qu'ensemble on est plus fort.

RÉSERVÉE AUX CATASTROPHES ?

Générosité et solidarité sont sûrement des mots qui vous tiennent à cœur. Mais vous ne voyez peut-être pas comment les appliquer à votre échelle. Car à trop regarder la télévision, on pourrait croire que la solidarité est réservée aux événements spectaculaires. Pourtant, non. Vous n'êtes pas obligée d'attendre qu'une tornade ravage la maison des voisins pour être « solidaire » !

DISCRÈTE MAIS EFFICACE

Vous pouvez être solidaire en refusant de laisser tomber la copine qui déprime et qui n'est pas franchement drôle en ce moment ; inviter dans votre bande la nouvelle qui se sent seule ; être déléguée de classe pour défendre les élèves. Parfois, c'est plus difficile. Par exemple, lorsque la voix de la solidarité vous souffle de prendre la défense du bouc émissaire de la classe et, pour cela, de vous désolidariser du groupe pour être solidaire de la victime.

INCONDITIONNELLE ?

Eh oui ! la solidarité demande du courage, et de la réflexion aussi. Vous n'avez pas à être solidaire de n'importe quoi. Si la classe défend un élève devant un professeur alors que vous estimez qu'il est en tort, vous n'êtes pas obligée d'être solidaire. Si votre bande joue à piquer les verres lors d'une virée dans un café, vous êtes en droit de vous désolidariser. La solidarité n'est pas l'obligation de faire comme tout le monde ! Il s'agit de se battre, oui… mais pour la bonne cause.

VOIR AUSSI
FRATERNITÉ.

INFO +

La solidarité n'est pas qu'une histoire d'argent, mais elle passe aussi par une entraide financière. Dans notre société, il existe des systèmes de solidarité. La Sécurité sociale en est un : tout le monde verse des cotisations en fonction de ses revenus, et ceux qui sont malades reçoivent cet argent pour payer une grande partie de leurs dépenses. Il y a aussi une solidarité financière entre ceux qui ont un travail et ceux qui n'en ont pas : les chômeurs reçoivent une allocation financée par les cotisations de ceux qui travaillent. Les retraites sont aussi une forme de solidarité entre les générations.

Solitude

J'me sens si seule !

🔸 S'INFORMER

À votre âge, il n'est pas rare de se sentir très seule. On est complexée, souvent timide, on ne se sent vraiment à l'aise avec personne, on a le sentiment de n'être jamais comprise ni acceptée. Pour peu que votre meilleure amie – la seule avec laquelle vous vous sentez bien – déménage, la solitude peut devenir écrasante. Vous vous dites que vous n'avez pas d'amis, que vous êtes nulle et sans intérêt, que personne ne pense à vous inviter, alors que les autres ont plein de copains et sortent tout le temps. Vous pourriez bien disparaître, personne ne s'en rendrait compte !

SATURDAY NIGHT BLUES

Rien de pire que la soirée du samedi soir quand les parents sont sortis et que votre petite sœur dort tranquillement. Vous imaginez des tas de fêtes sympas auxquelles vous n'avez pas été invitée, vous pensez au garçon qui vous plaît et qui va certainement sortir avec une autre. Bref, vous êtes persuadée que tous les autres s'amusent. Vous vous sentez seule, terriblement seule, et vous avez du mal à vous dire que cela va s'arranger un jour.

SEULE AU MILIEU DE TOUS

Et que dire de cette solitude que vous éprouvez au milieu de tous, au sein de votre famille, ou même de vos copains ? Elle vous saisit à la gorge au milieu d'une fête de famille, d'une soirée ou dans un café alors que vous êtes avec des amis… Vous êtes entourée de monde et pourtant vous avez le sentiment d'être affreusement seule. Les mots passent sur vous sans vous atteindre. Vous n'avez pas les mêmes préoccupations que tous ces gens, vous avez des soucis, vous crevez de n'être pas aimée… Mais eux ne se rendent pas compte de cette souffrance, tout à leur insouciance (du moins le croyez-vous). Alors vous jetez un voile pudique sur cette grande douleur pour la cacher tant bien que mal aux gens que vous aimez, pour qu'ils continuent de croire que tout va bien.

COMPRENDRE

La solitude peut devenir un gouffre dont vous n'arrivez plus à sortir : vous avez l'impression que vous ne comptez plus pour quiconque, que tout le monde vous laisse dans votre coin.

J'SAIS PAS COMMENT FAIRE

Aller vers les autres devient un véritable calvaire. Vous ne savez plus comment les aborder, ni quoi leur dire. Vous vous trouvez gauche, ridicule, alors qu'enfant le contact avec les gens était si facile pour vous ! Ils vous trouvaient mignonne, drôle ; maintenant vous avez l'impression d'être transparente ou de les ennuyer. En outre, la solitude est souvent un cercle vicieux : quand vous êtes seule, vous intimidez les autres, et personne n'ose trop vous aborder, alors qu'il suffirait peut-être de faire le premier pas pour que tout s'arrange.

FACILE À DIRE !

Pour l'instant, si vous vous sentez seule, vous ne voyez sans doute pas comment vous en sortir. Vous faire des amis ? La belle affaire ! Si c'était facile, cela se saurait ! Les parents ? Ils ne se rendent pas compte de ce que vous vivez (cela, c'est ce que vous croyez, mais ils sont rarement aveugles et font probablement tout ce qu'ils peuvent pour vous entourer). Alors, que faire ?

ÇA NE DURERA PAS !

C'est un moment de la vie très difficile à passer. Mais ne vous inquiétez pas : vous ne resterez pas seule toute votre vie ! L'année prochaine, dans votre nouvelle classe, il y aura certainement une ou deux personnes que vous trouverez sympathiques. Vous allez peu à peu prendre confiance en vous, faire de nouvelles rencontres. La solitude frappe beaucoup d'adolescentes, qui ne sont ni plus laides, ni plus bêtes, ni moins intéressantes que les autres, et sans que cela présage en rien de leur vie future.

UN MAUVAIS MOMENT À PASSER

Bientôt, dans la vie active et bien remplie qui sera la vôtre, vous oublierez presque ces moments de solitude qui vous rendent si malheureuse aujourd'hui. Vous vous en souviendrez avec émotion, et espérons que cela vous donnera envie d'entourer de beaucoup de douceur ceux qui vivront ce moment difficile de la vie.

CONSEILS

JE SUIS LA SEULE

Peut-être vous sentez-vous seule parce que vous avez réellement des goûts différents des filles de votre âge. Vous aimez la poésie, pas la télé ; la musique classique, pas la techno ; l'astrophysique, pas le shopping. Cherchez des gens qui vous ressemblent, ils n'ont peut-être pas votre âge, et alors ?

POUR ADOUCIR SA SOLITUDE

Il n'y a pas de remède miracle contre la solitude, seulement quelques pistes pour essayer d'en sortir…
- Inscrivez-vous dans un cours de sport, de danse, de musique, et parlez avec les gens qui sont avec vous : ils ne se doutent pas que vous vous trouvez nulle !
- Organisez des soirées chez vous. Qui inviter ? Toute la classe. Mais si, vous aurez du monde ! Quand il s'agit de s'amuser, tout le monde est partant.
- Proposez à des filles de votre classe de faire vos devoirs ensemble.
- Abordez cette autre fille un peu solitaire que vous croisez souvent : à deux, vous serez plus fortes et déjà moins seules.

VOIR AUSSI
BLUES, TIMIDITÉ.

Sommeil
Les bonnes nuits font les beaux jours

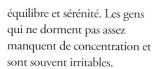

🔴 S'INFORMER

À votre âge, vous ne dormez plus autant qu'un enfant, mais vous avez besoin de plus de sommeil qu'un adulte. Il vous faut encore au moins 9 heures de sommeil par nuit. Pourtant, certaines d'entre vous se demandent à quoi sert cette horripilante perte de temps ; d'autres se complaisent dans des grasses matinées sans fin, quitte à ne vivre qu'une demi-journée ! Sans compter celles qui aimeraient dormir et souffrent d'insomnies.

REMISE À NEUF

Le sommeil est une nécessité vitale. Il élimine la fatigue physique et reconstitue l'énergie. C'est aussi pendant ce temps de repos que se fabrique l'hormone de croissance (dormir fait grandir !). Du point de vue intellectuel, la nuit porte conseil, comme chacun sait ! Elle favorise la mémorisation des connaissances, vous libère des tensions de la journée et vous permet ainsi de retrouver équilibre et sérénité. Les gens qui ne dorment pas assez manquent de concentration et sont souvent irritables.

SILENCE RADIO !

Pendant le sommeil, le fonctionnement de votre organisme ralentit : vous respirez plus lentement, votre température baisse, votre corps s'immobilise, vous devenez insensible aux informations extérieures, images, sons et odeurs.

MARCHAND DE SABLE ET SOMMEIL DE LOIR

Il existe deux sortes de sommeil, qui alternent au cours d'une nuit : le sommeil « lent » pendant lequel vous êtes calme avec une respiration régulière ; et le sommeil « paradoxal » où votre corps est dans un état de détente complète alors que votre rythme cardiaque et respiratoire s'accélère, et que vous faites d'imperceptibles mouvements. C'est dans cette phase paradoxale que vous faites le plus de rêves et les rêves les plus étonnants. Un cycle du sommeil dure environ 90 à 100 minutes et comprend une phase lente et une phase paradoxale. Une nuit comporte 4 à 5 cycles.

MARMOTTES ET INSOMNIAQUES

Tout le monde n'a pas les mêmes besoins de sommeil. Ils varient selon l'âge, les habitudes, la personnalité. Il y a celles qui dorment peu et s'en portent bien, et les grosses dormeuses. Celles qui sont du matin et celles qui sont du soir. Celles qui ont du mal à s'endormir et celles qui se réveillent souvent ou trop tôt le matin.

1 MOUTON, 2 MOUTONS...
La difficulté à s'endormir est fréquente au moment de l'adolescence, surtout chez les filles. Elle peut être due à l'anxiété typique à cet âge de grands bouleversements. Vie amoureuse, peur de l'avenir, questions tous azimuts... sont autant d'éléments qui peuvent perturber votre sommeil et provoquer des insomnies sans gravité.

**3 768 MOUTONS...
RAS-LE-BOL !**
En revanche, des insomnies plus graves et répétées peuvent être le signe de difficultés psychologiques qui nécessitent de consulter un médecin. Dans tous les cas, c'est lui qui peut juger de l'opportunité de prendre des somnifères et pas la copine complaisante qui veut bien vous « prêter » les siens !

COMPRENDRE
En matière de sommeil, vous êtes à l'âge du décalage horaire. Le soir, l'envie de dormir ne vous démange pas. Et le matin, sortir de votre lit relève du cauchemar !

L'ÂGE DU NOCTAMBULISME
Vous travaillez souvent tard le soir. Essayez de mieux vous organiser pour ne pas trop veiller au-dessus de vos manuels (si, si, c'est possible !). Mais il n'y a pas que le travail pour écourter vos nuits. La grande « coupable » est plutôt votre formidable envie de vivre, votre impression que la nuit est destinée à la fête ! Si bien que le week-end, vous sortez à l'heure où les chauves-souris s'éveillent, pour vous coucher au chant du coq.

PAS ENVIE D'ÉTEINDRE !
Même quand vous restez tranquillement chez vous après avoir bouclé vos devoirs à une heure raisonnable, vous retardez l'heure du couvre-feu, parce qu'il y a toujours mieux à faire que d'aller se coucher. Résultat : vous manquez de sommeil, et vous compensez cela par de bonnes grasses matinées le week-end, au grand désespoir de vos parents !

COMME UN ZOMBI
Il est essentiel de prendre le temps de récupérer, mais n'abusez pas des grasses matinées ! Profitez des jours où vous pouvez vous coucher tôt pour obtenir votre compte de sommeil. Vivre la nuit et dormir le jour est partiellement envisageable pendant les vacances, mais pas en période scolaire : vous risquez de souffrir d'un manque chronique de sommeil qui vous fatiguera, vous rendra irritable et nuira aussi bien à votre travail qu'à votre joie de vivre.

VOIR AUSSI
FATIGUE, RÊVE, SORTIES.

BONS PLANS

LE SOMMEIL EST UNE AFFAIRE DE RYTHME ET DE RITES. IL FAUT TROUVER LES VÔTRES.
- *Vous bâillez ? Vous vous frottez les yeux ? Vous ressentez une douce torpeur vous envahir ? Sautez dans votre lit ! Sinon, vous êtes repartie pour un cycle de veille.*
- *Pour favoriser la venue du sommeil, chacune a ses méthodes, mais un bain, un bon livre ou un peu de musique valent mieux qu'un somnifère !*
Vous pouvez aussi essayer le verre de lait, la tisane ou le carré de chocolat.
- *En revanche, ne mangez pas trop au dîner, ne vous couchez pas tout de suite après le repas et ne faites pas d'exercice violent juste avant de vous coucher.*

Sorties

Permission de minuit

LES SORTIES, C'EST UN TERME GÉNÉRAL POUR DÉSIGNER **TOUTES LES ACTIVITÉS** QUE VOUS **FAITES** EN DEHORS DE LA FAMILLE, **AVEC DES COPAINS, LE SOIR OU LE WEEK-END** : CINÉMA, RESTAURANT, CONCERT, SOIRÉE…

S'INFORMER

Petite virée au café ou grande soirée chez une copine, les sorties en tout genre donnent de la saveur à votre vie quotidienne. Comme son nom l'indique, une sortie est ce qui vous fait sortir : de la famille, de la maison, de l'habitude, du travail.

POUR TOUS LES GOÛTS

Il y en a pour tous les genres et toutes les humeurs. La sortie détente, genre soirée plateau-repas devant la télévision d'une copine. La sortie sportive à la piscine, voire ultrasportive à VTT toute la journée, celle que vous achevez plutôt contente… de rentrer vous coucher !

SORTIR EN MÊME TEMPS QUE LE FILM

Il y a aussi l'incontournable soirée au cinéma. Quand un bon film sort le mercredi, si vous voulez être à la page, il faut sortir en même temps que lui ou presque, histoire d'être l'une des premières à le voir. Sans oublier la sortie culturelle au musée ou au théâtre, « prise de tête » pour certaines, « enrichissante » pour d'autres. Parce que oui, vraiment, il en faut pour tout le monde.

COMPRENDRE

À votre âge, les sorties sont le moyen de vous construire une vie personnelle en dehors de la maison. C'est le moment de rencontrer des gens nouveaux, des amis d'amis amenés là par leurs amis qui sont les vôtres (vous suivez ?), et qui élargissent le cercle de vos copains.

C'ÉTAIT TOP !

C'est le moment aussi de faire des expériences nouvelles. Une copine vous invite à passer la journée dans un parc d'attractions, une idée saugrenue que vous n'auriez jamais eue seule ; vous y allez en traînant les pieds et pleine d'*a priori*… et vous en revenez transformée en inconditionnelle des montagnes russes !

FUITES DANS LE PORTEFEUILLE

Le grand problème des sorties, c'est que la plupart d'entre elles n'ont pas la bonne idée d'être gratuites. Bien sûr, on peut s'en tirer relativement bien. Vous n'êtes pas obligée d'aller écouter les concerts de toutes les stars célèbres dont la tournée passe par votre ville, ces concerts dont le billet d'entrée vous prive de sortie pendant 3 mois ! Mais que ce soit le cinéma ou un pot au café, tout a un prix.

1 HAUT OU 2 CINÉMAS ?

Si bien que le budget « sorties » entre en rude concurrence avec d'autres dépenses : disques, vêtements, chocolat, etc. C'est un problème bassement matériel, mais qui suffit à freiner votre envie de sortir… Eh oui, parce que sans argent on ne sort pas ou on ne s'en sort pas !

NON, MA CHÉRIE, PAS CE SOIR !

Autre frein à vos sorties : l'autorisation parentale. La plupart des parents exercent une surveillance vigilante sur la fréquence des sorties. Sans parler de ceux, stricts, qui ont du mal à comprendre que leur fille a grandi, surtout si c'est l'aînée. Si vous sortez 3 soirs de suite, il y a de fortes chances pour qu'ils vous prient (fermement !) de rester à la maison le quatrième, soucieux de vous voir dormir un peu, même si vous êtes en vacances !

MARCHANDAGE SERRÉ

Ils font aussi attention à l'heure de votre retour. Vous avez sans doute l'expérience des négociations plus ou moins orageuses pour obtenir la permission de minuit et demi au lieu de celle de minuit ? Ne croyez pas qu'ils sont incompréhensifs, rabat-joie et anti-fête : ils sont juste un peu inquiets. Alcool, accidents, agressions, drogues… ils ont peut-être des scénarios catastrophes dans la tête, on entend tellement d'histoires de ce genre !

SANG D'ENCRE

Alors, même s'ils vous font parfaitement confiance, même s'ils sont heureux de savoir que vous vous amusez, ils peuvent avoir peur de l'environnement dans lequel vous êtes et qu'ils ne connaissent pas, peur de vous savoir sur le chemin du retour en pleine nuit… Bref, il y a de quoi les empêcher de dormir sur leurs deux oreilles en attendant votre retour, surtout si vous dépassez l'heure convenue. Vous aimez sortir, ils aiment vous entendre rentrer !

CONSEILS
SOYEZ DIPLOMATE !

- Prévenez vos parents à l'avance d'un projet de sortie : ils pourraient avoir prévu de vous demander de garder la petite sœur ce soir-là.
- Ne prévoyez pas de sortie le jour d'une grande fête de famille.

VOIR AUSSI
ALCOOL, DROGUE, FÊTE, RESPONSABILITÉ.

- Faites des choix : pour ne pas vous retrouver privée de la soirée phare de votre semaine, évitez de sortir les jours qui précèdent.
- Donnez à vos parents les indications pour vous joindre en cas de besoin absolu.
- Respectez scrupuleusement votre horaire de retour et appelez si vous avez du retard.
- Ne mentez pas en faisant croire que vous êtes chez une amie alors que vous n'y êtes pas.
- Pour les horaires, ayez des objectifs raisonnables. Gagner une demi-heure tous les 6 mois signifie que, même s'ils veulent vous voir rentrer à 22 heures à 14 ans, ils vous accorderont 1 heure du matin quand vous en aurez 17. Ce qui n'est pas si mal !

Sortir avec

Tu veux sortir avec moi ?

C'EST UNE **JOLIE EXPRESSION** QUI VEUT DIRE QUE VOUS AVEZ NOUÉ UNE **RELATION PRIVILÉGIÉE AVEC UN GARÇON**, CELUI QUI OUS ACCOMPAGNE DANS VOS SORTIES. C'EST UNE NOTION QUI RESTE VOLONTAIREMENT FLOUE MAIS, POUR BEAUCOUP DE MONDE, **CELA VEUT DIRE EN TOUT CAS QUE VOUS ÊTES UN PEU AMOUREUX**, QUE VOUS VOUS EMBRASSEZ SUR LA BOUCHE.

S'INFORMER

Vous l'avez remarqué, il vous a regardée. Vous l'avez trouvé mignon, il vous a souri. Vous vous êtes souvent retrouvés en classe ou dans une bande de copains et vous avez eu envie de vous voir davantage. Il vous émeut, il fait battre votre cœur, vous avez envie de partager avec lui de la tendresse, des émotions, de vivre quelque chose ensemble, rien que tous les deux. Et puis, un jour, il vous demande : « Tu veux sortir avec moi ? », et vous acceptez avec bonheur.

PLUS QU'UN AMI

Sortir ensemble, c'est vivre une relation privilégiée, sans forcément parler du grand amour et de relations sexuelles. Bien sûr, il y a des émotions, des regards, des caresses et des baisers, un désir de vous toucher, mais vous ne voulez pas forcément « aller plus loin », ni tout de suite ni peut-être plus tard.

OCCUPÉ !

Cela peut devenir une histoire d'amour, comme cela peut s'arrêter ; vous ne savez pas encore, et parfois vous n'avez pas envie de savoir tout de suite. Mais les amoureux sont déjà considérés comme un « couple » par leurs amis. Quand vous sortez avec un garçon, il n'est plus libre, et les autres filles sont priées de ne pas trop lui tourner autour !

AUCUN ÂGE LIMITE !

Il n'existe pas d'âge pour sortir avec un garçon. Beaucoup de filles commencent au collège, mais il n'y a pas de quoi s'inquiéter si on « tarde » à avoir un copain. Même si vous entrez au lycée sans être jamais sortie avec un garçon, cela n'a rien d'anormal. Dans ce domaine, il n'y a pas de normes !

COMPRENDRE

Pour sortir avec un garçon, l'important est d'attendre d'en trouver un qui vous plaise vraiment. Cela peut sembler être une évidence ; pourtant, trop de filles se lancent dans une amourette parce que toutes leurs copines l'ont fait et qu'elles ne veulent pas avoir l'air bête. Sortir avec un garçon suppose que vous vous entendiez bien avec lui, que vous ayez des choses à partager, des goûts en commun. C'est la condition pour être bien en sa présence, pour avoir envie de partager de la tendresse et des moments de bonheur ensemble.

POT DE COLLE !

Même si ce n'est pas forcément pour la vie, ni même pour un an, c'est déjà un engagement qui mérite d'être sincère. Sinon, vous allez vite vous sentir mal à l'aise, souhaiter être partout ailleurs que dans ses bras, inventer n'importe quel prétexte pour rater vos rendez-vous, etc. Bref, vous prendre la tête, et finir par mépriser ce pot de colle transi d'amour qui vous suit partout et vous téléphone toutes les 2 heures ! Être exaspérée n'est pas vraiment le but de l'histoire.

SANS TROP ROUCOULER

Si vous l'aimez et que vous avez envie que l'histoire dure, évitez de passer votre temps à vous embrasser. Vous vous en lasserez vite ! Mieux vaut chercher à vivre des tas de choses variées ensemble. Le choix est vaste. Sports, loisirs, activités artistiques et, pourquoi pas, une entraide pour faire vos devoirs : cela vous fera peut-être aimer les maths ou le français au passage !

LES AUTRES : ILS EXISTENT ENCORE

Rester active permet en même temps de continuer à voir les autres, les amis. Sinon, l'habitude est vite prise de s'isoler constamment en tête à tête au risque de rétrécir tristement l'horizon… et de finir par s'ennuyer ensemble. À votre âge, il y a tellement de découvertes à faire qu'il vous faudra forcément du temps avant de savoir si vous voulez vous engager dans une vraie histoire d'amour. Chaque chose vient en son temps. En attendant, il est important de garder les yeux grands ouverts sur le monde. C'est d'ailleurs vrai à toutes les étapes d'un amour !

SAVOIR-VIVRE
QUAND VOUS SORTEZ AVEC UN GARÇON

- Ne faites pas une crise de nerfs chaque fois qu'il se réserve des soirées ou même des week-ends entre copains. Et essayez de vous ménager aussi des temps libres, pour respirer et garder votre indépendance !
- Évitez les démonstrations excessives en public, au lycée ou dans la rue, comme dans les parcs publics ou au cinéma.
- Ne racontez pas votre vie amoureuse à tort et à travers.
- Ne considérez pas celles qui n'ont pas de copain comme des cas sociaux tragiques, respectez leur situation, qu'il s'agisse d'un choix ou non.

VOIR AUSSI

AMOUR, AMOUREUSE, CHAGRIN D'AMOUR, PREMIER BAISER, RÂTEAU, ROMPRE.

CONSEILS

Avoir un copain est une chance qui peut vous permettre d'appréhender le monde amoureux des garçons :
• en découvrant qu'un garçon peut être timide, fragile, ému, doux et tendre, même sous une écorce de gros dur ;
• en vous rendant compte aussi qu'il ne fonctionne pas comme une fille : il ne s'embarrasse pas de discours et va droit au fait, il ne manie pas bien les mots doux, il ne capte pas les sous-entendus, il est plus simple et plus direct qu'une fille ;
• en évitant d'être malheureuse et en gardant à l'esprit qu'un garçon peut sortir avec une fille, être sincère et ne pas avoir envie d'être toujours avec elle !

Sport

Chacun cherche son sport…

🔸 S'INFORMER

« Sport » est un mot anglais issu de l'ancien français « desport », qui signifie « amusement ». Autrement dit, le sport, individuel ou collectif, est d'abord un plaisir ! Mais c'est un plaisir qui joint l'utile à l'agréable puisqu'il développe le corps. C'est pourquoi il a été transformé en plaisir « obligatoire » par les parents et par le système scolaire, soucieux du bien-être physique des jeunes !

SANS RESSORT POUR LE SPORT

Seulement, à votre âge, ce plaisir est parfois une corvée. Vous vous sentez souvent fatiguée à cause de toutes les transformations physiques de la puberté. Vous êtes aussi un peu fragile parce que votre corps est encore en pleine croissance, les maux de dos vous guettent… Il faut faire attention au type de sport que vous pratiquez.

PRÉCAUTIONS RITUELLES

De toute façon, toute pratique sportive demande de respecter certaines règles pour éviter de se blesser et pour pouvoir en profiter : faire des exercices d'échauffement avant de commencer, bien boire avant, pendant et après l'effort, prendre le temps de récupérer et se nourrir correctement pour compenser la dépense d'énergie.

LE SPORT N'AIME PAS…

Faut-il rappeler que le tabac, l'alcool ou encore le cannabis ne font pas bon ménage avec le sport ? Toutes ces substances freinent les performances… et ne donnent pas vraiment envie de se bouger et de se dépenser !

🔸 INFO +

Près de la moitié des 12-19 ans font régulièrement du sport. Les filles sont nombreuses à en pratiquer un dans l'idée de maigrir, alors que les garçons en font plus souvent… pour gagner !

🔸 COMPRENDRE

Pourquoi faire du sport ? Pour entretenir son corps, être « bien dans sa peau »… mais surtout par plaisir, eh oui ! Après une séance de sport, on se sent tout de suite mieux, détendue, calme, et souvent même plus optimiste. Parce que le sport n'apporte pas que des bienfaits physiques.

L'EXIGENCE DE LA QUALITÉ

C'est aussi une manière d'être et de vivre. C'est l'apprentissage de l'effort, de la discipline personnelle et de la persévérance. Tous les sportifs vous le diront : personne n'est spontanément doué. Par exemple, aucune danseuse étoile n'est jamais née avec des chaussons aux pieds : on n'a jamais vu un bébé faire ses premiers pas sur les pointes ! Avant d'être vraiment gracieuse, combien d'années faut-il à une danseuse pour travailler la souplesse de son corps ? Cela vaut pour tous les sports : la volonté de devenir performante suppose de l'entraînement, de la volonté, de la patience. Autrement dit, le sport n'éduque pas seulement le corps.

C'EST UN JEU !

Dans le sport, il y a aussi les compétitions avec soi-même : pour améliorer son niveau, et avec les autres. Mais c'est toujours dans un esprit de jeu et de plaisir : on dit de quelqu'un qu'il a un esprit sportif quand il est bon joueur et qu'il respecte les autres. Parce que le sport suppose de se soumettre à certaines règles, de respecter son partenaire et d'accepter l'action collective. D'ailleurs, on se fait souvent des amis dans une activité sportive, et l'on y passe de bons moments. Les matchs, les randonnées, les balades à rollers sont des moments intenses de vie, d'amitié et de plaisir.

LE SPORT, QUELLE HORREUR !

Bien sûr, il y a celles qui ne sont absolument pas sportives, pour lesquelles se bouger est un véritable supplice. Le cours d'éducation physique est le pire cauchemar des filles qui ne savent pas monter à la corde lisse et qui détestent les séances d'habillage et de déshabillage dans des vestiaires à l'odeur douteuse ! Et il y a celles que le sport ennuie ; alors elles

prétendent que c'est dangereux. La preuve : les sportifs ont toujours un problème, ils passent leur temps à se casser et à se faire réparer. C'est bien connu, ils vont de foulure en entorse, de plâtre en béquilles !

UN PEU, RIEN QU'UN PEU !

Si vous êtes de celles qui détestent le sport… essayez quand même, juste un peu, pour voir comme cela peut faire du bien ! Toute seule ou avec une copine, un petit jogging régulier dans les bois et, qui sait ? vous en redemanderez peut-être. Et cela ne vous mènera pas forcément aux urgences de l'hôpital le plus proche ! L'important est de trouver votre sport, celui où vous vous sentirez à l'aise

dans vos baskets. Inutile effectivement de vous acharner sur le tennis si vous êtes incapable de toucher une balle !

NE MALMENEZ PAS VOTRE CORPS !

Les accros du sport, en revanche, ne doivent pas oublier d'être prudentes et de ménager leur dos et leurs articulations : il n'y a pas de pièces de rechange ! À haute dose, certains sports sont mauvais : une pratique assidue du step, par exemple, provoque des fissures du tibia ou du péroné. Quand on fait beaucoup de sport, on peut être tentée de prendre des produits qui permettent d'améliorer ses performances. Danger ! Le dopage est une drogue qui nuit à la santé… et fausse le jeu.

UN INVESTISSEMENT POUR LA VIE

Ne vous dites pas que vous ferez du sport plus tard. Si vous n'en prenez pas l'habitude maintenant, vous n'en trouverez jamais le temps à l'âge adulte. Mais surtout, cela vaut vraiment le coup de bien muscler votre corps, vos jambes, vos fesses, votre dos, vos épaules en même temps que vous grandissez et prenez des formes plus adultes. Votre corps s'en souviendra toute votre vie et, même si vous arrêtez pendant des années, il vous sera toujours plus facile de reprendre.

INFO +
UNE TAILLE DE RÊVE

Non, le sport ne fait pas maigrir, contrairement à ce que pensent beaucoup de filles pour qui c'est son principal intérêt. Le muscle est plus lourd que la graisse. Donc, quand on fait du sport, on prend du muscle : sur la balance, on grossit… Néanmoins, on paraît plus mince parce que les muscles remplacent peu à peu la graisse. Le corps est plus sculpté, plus travaillé. Mais, pour cela, il faut au moins 3 heures de sport par semaine !

BON PLAN

Les abonnements dans les clubs multiactivités tournent autour de 600 € par an. Mais les municipalités proposent souvent aussi des cours de sport à des prix défiant toute concurrence avec les clubs privés. Renseignez-vous à la mairie de votre ville !

VOIR AUSSI
COMPLEXES.

CONSEILS

SPÉCIAL GRANDES SPORTIVES

Passionnée pour un sport ? Déjà performante ? Vous avez la possibilité de suivre un cursus scolaire aménagé pour permettre des entraînements fréquents. Certains collèges et lycées proposent des classes spécialisées de la 6e à la terminale : les sections sportives scolaires. Elles sont organisées au niveau régional. Pour y entrer, il faut vous adresser au rectorat de votre région ou à la direction départementale de la Jeunesse et des Sports. Demandez conseil à votre fédération sportive.

Pour connaître les établissements proposant ces sections sportives et recevoir toute la documentation, vous pouvez vous adresser au secrétariat de la Jeunesse et des Sports, au ministère de l'Éducation nationale ou au Centre d'information et de documentation jeunesse (voir adresses en fin d'ouvrage).

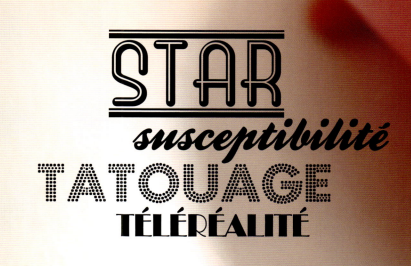

STAR
susceptibilité
TATOUAGE
TÉLÉRÉALITÉ

Star
Je voudrais être une star

S'INFORMER

Être une star, beaucoup de filles en rêvent à votre âge et les émissions comme *Star Academy* cultivent soigneusement ce désir. Mais que faut-il pour devenir une vraie star ? Parce qu'on voit bien à la longue que les vainqueurs des *Star Academy* ne font pas long feu et sont vite oubliés.

LES PREMIÈRES STARS

Les premières à porter le nom de « stars » (étoiles en anglais), furent les vedettes de cinéma de la grande époque d'Hollywood. Elles sont restées des vedettes éternelles de l'histoire du cinéma dont Marilyn Monroe est l'icône inoubliable. Depuis, on a mis le mot « star » à toutes les sauces, bien avant même qu'il soit récupéré par la télévision.

DES STARS ÉTERNELLES AUX STARLETTES

Avec le diminutif en « ette », on n'est tout de suite plus dans la même dimension que les grands mythes du cinéma ! Les starlettes, c'étaient les apprenties stars des années 1960, celles qui voulaient faire du cinéma et couraient les producteurs pour avoir un rôle dans un film, n'importe quel film… Souvent, elles se distinguaient davantage par leur physique que par leur talent. Et, déjà à l'époque, il y avait beaucoup de candidates et peu d'élues.

STARS DU SHOW-BIZ

Le mot « star » a dès lors désigné les vedettes en tous genres, dans tous les domaines : cinéma, mais aussi musique, chanson, télévision, séries télé, etc. La musique a eu ses grandes stars : les Beattles ou les Rolling Stones. De grands sportifs, tel Zidane, sont considérés comme des stars. Mais aujourd'hui on appelle souvent stars des gens qui n'ont rien fait de très extraordinaire, juste parce qu'ils appartiennent au milieu du show-biz ou même simplement à un milieu où l'argent coule à flots. Peu à peu, les people grignotent les stars et on se met à confondre les deux.

NOUVELLES STARS

Les *Star Academy* et autres émissions du même type ont lancé une nouvelle forme de stars, celles qui sont élues par le public après un parcours qui combine apprentissage et épreuves de sélection. Reste à savoir si ce sont vraiment des stars : qu'est-ce qui distingue une star du reste du monde si tout le monde peut le devenir ?

IL N'Y A PLUS DE STARS

C'est ce que vous diront vos grands-mères qui méprisent un peu les nouvelles stars. Elles n'ont pas tout à fait tort. Les stars des années Hollywood sont devenues des mythes. La plupart des stars actuelles du cinéma ou de la musique en sont encore bien loin. D'ailleurs, beaucoup d'acteurs et d'actrices de cinéma ou de chanteurs n'ont pas vraiment envie d'être considérés comme

des stars : ils préfèrent dire qu'ils font leur métier et souhaitent qu'on les traite comme des gens ordinaires.

COMPRENDRE

Qu'est-ce qui distingue une star d'un bon acteur, d'un bon chanteur, d'un grand sportif ?

PAS DE STAR SANS TALENT

Ce peut être un talent particulièrement exceptionnel et qui se confirme au cours du temps. Ou encore la rencontre avec un public qui aura un coup de cœur puis restera fidèle. La durée fait effectivement partie des ingrédients nécessaires à la recette : une star n'est pas une étoile filante, elle doit être capable de rester star toute sa vie et souvent elle ne sera reconnue qu'au terme d'une carrière.

MÉDIAS, FANS ET GROUPIES

Et puis, bien sûr, une star n'est rien sans les feux de la rampe. Parce qu'une star ne se contente pas de faire un métier (cinéma, chanson, etc.) et de le faire avec un grand talent, c'est aussi quelqu'un dont les médias mettent en scène toute la vie. Ils créent autour d'elle un environnement extraordinaire, une sorte d'auréole faisant rêver ses adorateurs, ses fans et groupies, qui lui vouent un culte et courent l'applaudir partout où elle passe.

LA VIE DES STARS

Les vraies stars ont, forcément, une vie de star. Vous ne savez pas grand-chose d'elles, ni comment elles font la vaisselle ni la tête qu'elles ont en se levant le matin. Elles doivent garder un certain mystère pour vous faire rêver davantage par leurs films ou leurs CD que par les ragots des magazines et des sites internet. C'est peut-être d'ailleurs la prolifération des magazines people qui tue les stars : on ne rêve plus d'elles, on se contente de « papoter » sur leur compte.

JE VOUDRAIS ÊTRE UNE STAR

Être une star ne se décrète pas. Vous pouvez avoir envie de faire un métier d'artiste et vous y préparer en apprenant le chant, la danse, la comédie. Vous pouvez espérer être un jour appréciée par un producteur qui vous donnera votre chance. Mais être une vraie star, c'est autre chose qu'être la gagnante de *Secret Story* ou même être une chanteuse reconnue. C'est disposer d'un vrai talent et y consacrer toute une vie. Alors, ne vous laissez pas trop vite éblouir par la vie des stars : sous des dehors de contes de fées, elle demande beaucoup de talent, et surtout de très gros sacrifices !

Suicide

SOS amour !

COMME DANS HOMICIDE OU INFANTICIDE, **LE SUFFIXE « -CIDE » VEUT DIRE MEURTRE** : LE SUICIDE EST LE FAIT DE **SE DONNER LA MORT À SOI-MÊME**.

S'INFORMER

Il y a plusieurs manières de mettre sa vie en danger. Il faut distinguer les tentatives de suicide qui sont souvent des appels au secours (mais qui peuvent malheureusement aboutir à la mort), les conduites suicidaires et les comportements à risques (drogues, alcool, sports ou jeux dangereux, excès de vitesse, etc.) qui peuvent aussi être des appels au secours ou des manières de ne pas vouloir décider soi-même si l'on vivra ou non.

SOUFFRANCE SANS VOIX

C'est toujours la manifestation d'une grande souffrance qui peut avoir plusieurs causes : fragilité et solitude, échec sentimental ou scolaire, conflit avec sa famille, détresse sociale. À un moment donné, on ne se sent plus capable de faire face, sans pour autant savoir appeler à l'aide de manière assez claire.

INFO +

Chaque année en France, 12 000 personnes se suicident. Chez les 15-24 ans, c'est la deuxième cause de mortalité après les accidents de la route. On compte environ 160 000 tentatives de suicide par an ; 3,7 % des jeunes de 15-19 ans ont déjà fait une tentative dans leur vie (2,1 % des garçons et 5,4 % des filles). La moitié de ceux qui ont fait une tentative recommencent dans l'année qui suit.

COMPRENDRE

On ne peut jamais vraiment comprendre un suicide ; c'est ce qui est terrible pour ceux qui restent et se sentent forcément coupables de n'avoir pas pu l'empêcher. Il peut, bien sûr, y avoir un événement qui déclenche le drame : chagrin d'amour, difficultés familiales, perte d'un proche, sentiment d'échec qui fait que la vie paraît soudain invivable. On ne se sent plus le goût ni la force de continuer. L'espérance et les désirs sont éteints, laissant derrière eux le sentiment que plus rien n'a de sens.

FEUX DE DÉTRESSE

Souvent, une personne qui se suicide ne recherche pas tant la mort que la fin de ses souffrances ou le moyen d'interpeller ses proches, de leur demander de l'aide, ou même paradoxalement d'exister parce qu'elle se sent trop seule, pas assez reconnue, transparente. Ce peut être aussi parce qu'elle ne se reconnaît aucune valeur, pas même le droit de vivre.

DÉMISSION DE LA VIE

Mais, au fond, le suicide reste toujours un mystère, et celui qui s'en va emporte son secret avec lui. On voit des gens rencontrer les pires difficultés, vivre les pires souffrances, et tenir le choc ; et d'autres décider de s'arrêter en route, sans que l'on puisse savoir pourquoi.

TRAGÉDIE ET CULPABILITÉ

Quand cela arrive à quelqu'un de votre lycée, de votre classe, c'est un coup de tonnerre qui met tout le monde K.-O. Vous n'y croyez pas ; vous connaissiez le garçon ou la fille et vous avez du mal à vous dire que vous ne le reverrez plus. Vous essayez de savoir pourquoi il a fait ce geste. Certains sont parfois étrangement fascinés par ce « courage » d'avoir osé affronter la mort, cela les met mal à l'aise. Ses copains comme ses profs (sans parler de sa famille) se demandent ce qu'ils ont fait ou pas fait, ce qu'ils auraient dû faire. Mais ces questions sont des impasses. Alors que faire quand on ne peut plus rien faire ? Pleurer d'abord, il ne faut pas hésiter à se laisser aller à son chagrin, ou même à sa colère. Et puis en parler et se faire aider si cela est trop difficile. La plus belle preuve d'amitié que vous pouvez donner à un copain qui s'est suicidé, c'est de continuer à faire ce que vous aimiez faire ensemble, et de réussir votre vie.

IL N'Y A JAMAIS D'IMPASSE

L'adolescence est une période de grande fragilité où l'on se sent souvent seul et incompris. On peut être tenté d'en finir avec ce malaise. La voix du désespoir est alors très forte, mais il ne faut pas se laisser entraîner dans sa spirale. Il y a toujours une lueur d'espoir quelque part. Il faut s'accrocher à toutes ces petites choses qui donnent du prix à la vie. Et ne pas hésiter à appeler au secours. Parce que rien n'est insurmontable : ni un chagrin d'amour, ni un deuil, ni des difficultés familiales ou scolaires. Souvent, un suicide procède d'une formidable envie de vivre, mais de vivre une autre vie, plus belle, où l'on serait aimé, reconnu. Cette vie-là, elle existe, vous pouvez la construire. Si cela vous paraît trop dur, il y a des gens pour vous y aider : parents, amis, tous ces proches qui vous aiment même s'ils ne savent pas vous le dire.

🔴 INFO +
LES DIFFÉRENTS « PSYS » À CONSULTER

- Le psychiatre est un médecin spécialiste, formé pour traiter ses patients par l'écoute et la prescription de médicaments. Ses consultations sont prises en charge par la Sécurité sociale.
- Le psychologue n'est pas médecin. Il a fait des études de psychologie (DEA ou DESS). Il pratique des tests pour aider à définir la personnalité ou les capacités de son patient, et peut aussi traiter les souffrances psychologiques.
- Le psychanalyste est un médecin ou un psychologue qui a suivi une formation à la psychanalyse, comprenant une psychanalyse personnelle et une formation à l'analyse des patients. Toutefois, c'est un traitement « réservé » aux adultes : il est extrêmement rare qu'une adolescente suive une psychanalyse.
- Le psychothérapeute propose un traitement, une aide psychologique. Il peut être psychologue, psychiatre ou psychanalyste, avoir ou non une formation suffisante. Il n'y a pas de titre reconnu de psychothérapeute : il faut donc être prudent et se renseigner avant de consulter une personne qui affiche ce seul titre.

VOIR AUSSI
DEUIL, MORT.

CONSEILS

ELLE NE JOUE PAS LA COMÉDIE !

Si une copine vous dit clairement qu'elle pense au suicide. Si elle émet des insinuations un peu spectaculaires du genre : « Je suis un poids pour tout le monde, bientôt vous serez débarrassés de moi. » Si elle s'intéresse aux somnifères, aux armes. Si elle vous donne subitement des objets qui lui sont chers, ne croyez pas qu'elle bluffe pour faire l'intéressante. Peut-être est-ce juste une sonnette d'alarme : sans vouloir se tuer, elle vous dit ainsi qu'elle a mal. N'importe : quand on entend une sonnette d'alarme, on doit réagir au quart de tour. Parlez-en le plus rapidement possible à un adulte que vous connaissez bien et qui a sa confiance.

Susceptibilité

Je ne suis pas susceptible !

LITTÉRALEMENT LE MOT LATIN DONT VIENT « SUSCEPTIBLE » DÉSIGNE « CELUI QUI PREND LES CHOSES PAR-DESSOUS », CE QUI SIGNIFIE D'ABORD **CELUI QUI PREND MAL LES CHOSES**, MAIS AUSSI CELUI QUI NE SAIT PAS PRENDRE DE LA HAUTEUR **ET QUI PREND TOUT AU PREMIER DEGRÉ**. EN GROS, ÊTRE SUSCEPTIBLE, C'EST **SE VEXER FACILEMENT POUR PAS GRAND-CHOSE**, VOIRE POUR RIEN.

● S'INFORMER

Quand vous êtes susceptible, vous ne supportez pas bien la critique. C'est une question de nature : il y a des gens plus susceptibles que d'autres, comme s'ils étaient plus fragiles.

SYMPA !

C'est aussi une question d'âge. Beaucoup de jeunes ont une susceptibilité à fleur de peau. Vous-même, vous supportez peut-être assez mal que les gens se moquent de vous, vous critiquent ou vous fassent des remarques. Si votre grand-mère vous dit qu'il y avait des fautes d'orthographe dans votre dernière lettre, vous êtes vexée au point de vous dire que vous ne lui écrirez plus jamais. Si votre père répond simplement : « Tout à l'heure ! » quand vous le dérangez dans la lecture de son journal, vous pensez qu'il se fiche de ce que vous avez à lui dire. Si vous voyez des agressions partout et si vous êtes terriblement offensée par ce que vous imaginez être des marques de mépris, vous y êtes : c'est cela, la susceptibilité.

● COMPRENDRE

Être susceptible à votre âge, c'est normal. Vous avez quitté le monde protégé de l'enfance. Vous découvrez un monde qui n'est pas toujours tendre, loin de là ! Les gens sont bourrés d'exigences, certains sont dotés de redoutables langues de vipère, les critiques fusent, les attaques verbales vont bon train… Pas étonnant que vous vous sentiez vulnérable, étant donné l'incroyable capacité des gens à casser du sucre sur le dos des autres, sans épargner qui que ce soit, même leurs « meilleurs amis » !

CES DOUTES QUI DÉSTABILISENT

À cela s'ajoutent les doutes que vous pouvez éprouver en cette période de grandes transformations. Vous n'êtes pas toujours sûre d'être aimée ni aimable, vous avez peur de vous tromper, vous ne vous comprenez pas toujours très bien vous-même, vous vous sentez sans protection… et vous devez pourtant inventer la suite de votre histoire.

JE VOUDRAIS ÊTRE TELLEMENT MIEUX !

En même temps, vous avez une haute idée de ce que vous devez être, vous voudriez faire de grandes choses et aimeriez que votre valeur soit reconnue. Alors, quand vous avez l'impression de ne pas être prise au sérieux ou respectée, vous pensez forcément que ces objectifs sont loin d'être atteints ! Du coup, blessée, vous répliquez violemment à des agressions qui n'en étaient pas, vous n'arrivez pas à vous faire comprendre, vous prenez la mouche pour un rien et vous récoltez les moqueries (souvent gentilles d'ailleurs) des adultes qui soupirent : « Ne sois pas si susceptible ! »

L'ARME INFAILLIBLE

Si vous êtes de celles qui réagissent ainsi, essayez de remédier au problème avec l'arme infaillible par excellence, l'humour. C'est un trésor : quand vous réussissez à rire de vous ou de ce qui vous arrive, vous êtes sauvée.

Vous vous mettez hors de portée des moqueries des autres puisque vous vous moquez de vous-même. Mais cela nécessite de savoir prendre du recul, ce qui n'est pas forcément inné. Patience : c'est une capacité qui s'acquiert avec le temps !

VOIR AUSSI
ÂGE INGRAT, BOUDER, CRITIQUES.

BONS PLANS

• *Ne réagissez pas au quart de tour : quand quelqu'un vous parle, ce n'est pas forcément pour vous agresser… c'est peut-être même quelqu'un de bien intentionné qui essaie de vous dire quelque chose gentiment.*
Ce serait dommage de vous fâcher et de l'envoyer promener !
• *N'attachez pas trop d'importance à ce que les gens disent de vous, c'est souvent tellement contradictoire et superficiel ! Pour répondre aux moqueries, le mieux est encore… de s'en moquer.*

• *Ne tombez pas non plus dans la paranoïa. Quand les gens rient, ce n'est pas forcément de vous. Si deux copines sont en train de se parler à l'oreille, elles ne disent pas obligatoirement des horreurs sur votre compte. Si votre amie a oublié de vous prévenir que la bande se retrouve au café après le cours, ce n'est pas exprès pour que vous ne veniez pas ! Quand on vous dit que vous êtes susceptible, ce n'est pas un reproche… c'est de la compassion devant un trait de caractère qui fait plus souffrir la personne en question que son entourage.*

Taille

Tu mesures combien ?

🟠 S'INFORMER

La croissance commence dès la conception et, jusqu'à la naissance, elle est très rapide. Elle se poursuit régulièrement durant l'enfance et ralentit juste avant la puberté. Après ce répit, tout s'emballe à un rythme effréné !

PRESQUE À VUE D'ŒIL !

Pendant la puberté, une fille peut grandir de 7 cm par an, avec un pic de croissance qui précède de peu l'arrivée des règles. Elle peut ensuite grandir encore un peu, mais pas dans les mêmes proportions. En moins de 5 ans, elle peut gagner ainsi plus de 20 cm. Les garçons s'y prennent un peu plus tard que les filles, mais leur croissance dure généralement plus longtemps et les mène plus loin. Enfin, plus haut !

CELLE QUI VOUS POUSSE VERS LE HAUT

Comme pour nombre de transformations physiques, la responsable de votre croissance est une hormone appelée tout simplement l'hormone de croissance. Elle est produite par une glande située à la base du cerveau, l'hypophyse. Le foie aussi stimule la croissance, ainsi que d'autres hormones produites par la glande thyroïde : l'œstradiol pour les filles et la testostérone pour les garçons.

QUESTION DE FAMILLE

Certaines personnes grandissent plus que d'autres. La croissance dépend en effet de la quantité d'hormone de croissance que notre corps peut produire, et celle-ci est programmée dans nos gènes. C'est pour cela que la taille est généralement héréditaire : il y a des familles de grands et des familles de petits.

MANGE TA SOUPE !

Comme l'hormone de croissance est produite en grande quantité la nuit, l'adage dit que l'on grandit en dormant. Mais il ne suffit pas de dormir pour grandir, ni même de bien manger sa soupe !

NOS ARRIÈRE-PETITS-PARENTS

Cependant, l'alimentation joue un rôle essentiel dans la croissance. Notre ancêtre préhistorique, Lucy, dont on a retrouvé des os, ne mesurait que 1,20 m à 20 ans. Eh oui, c'est pourtant l'aïeule des mannequins actuels qui mesurent plus de 1,75 m ! Grâce à l'amélioration des conditions de vie et surtout de l'alimentation, plus riche en viande, fruits, légumes et produits laitiers, les hommes n'ont cessé de grandir au cours de l'histoire de l'humanité. Le phénomène s'est accéléré ces 50 dernières années chez les jeunes Occidentaux bien nourris. Aujourd'hui, les jeunes générations dépassent leurs parents. Vous, les filles, vous êtes de plus en plus grandes !

INFO +

- Le plus grand homme de tous les temps, l'Américain Robert Pershing Waldon, mesurait 2,72 m.
- Le plus grand homme actuellement vivant est un Chinois, Bao Xishun : il mesure 2,36 m.

Source : Le Livre Guinness des records 2005.

COMPRENDRE

Dès que vous entrez dans l'adolescence, vous vous attendez à grandir vite, et parfois la croissance tarde. Ou, au contraire, vous vous affolez parce qu'en classe vous avez l'impression d'être une géante en visite au pays des nains ! Mais le rythme de croissance est très variable d'une personne à l'autre. Alors pas d'inquiétude : vous pouvez compter parmi les minus de votre classe et rattraper tout le monde l'année prochaine. De même, méfiez-vous avant de traiter un garçon de nabot : il pourrait vous regarder bientôt de très haut, et d'un œil moqueur !

TAILLE DE MANNEQUIN

Y a-t-il une taille idéale ? Non : toutes ont des défauts, mais surtout des avantages ! Grande, on a tendance à se voûter pour se mettre à la portée des autres, on ne sait pas toujours quoi faire de ses bras et de ses jambes, on n'aime pas forcément ses grands pieds… et on fait un peu peur aux garçons qui n'ont pas encore eu le temps de grandir. Pourtant, si vous êtes grande, les copines vous envient parce que vous faites plus « femme », que vous êtes plus à l'abri des problèmes de poids, et que tous les vêtements vous vont bien.

TOUT CE QUI EST PETIT EST JOLI !

Si vous restez petite, vous avez le sentiment de faire « bébé » ; en prenant de la poitrine et des hanches, vous vous sentez du genre « pot à tabac » ; vous avez des torticolis à force de parler aux grands ; il faut faire un ourlet chaque fois que vous achetez une jupe… et vous ne serez jamais mannequin, à moins que la mode s'inverse ! Mais les garçons vous trouvent beaucoup plus de charme que les filles qui les dépassent d'une tête. Et vous pouvez être fière de vos jolis petits pieds et de vos petites mains.

LA BONNE TAILLE, C'EST QUOI ?

Il n'y a donc rien à regretter au sujet de votre taille, aucun complexe à avoir. L'essentiel est de savoir la mettre en valeur. Pour le reste, comme disait Coluche, la bonne taille, c'est quand on a les pieds qui touchent par terre !

CONSEIL
JE NE GRANDIS PAS !

Si vraiment vous êtes inquiète, vous pouvez faire une radio du poignet et du coude, qui permet de déterminer ce qu'on appelle l'« âge osseux », le stade de la croissance, et même de pronostiquer la taille définitive. Le médecin pourra ainsi déceler d'éventuelles anomalies. Lorsqu'elles sont décelées tôt, elles peuvent être bien traitées.

VOIR AUSSI
POIDS, PUBERTÉ.

BONS PLANS

S'HABILLER EN FONCTION DE SA TAILLE

- Petite, vous devez donner l'impression d'une longue silhouette, en évitant tout ce qui la « coupe » : pas de pantalons courts ou de jupes trop longues, pas de foulards sur la tête. Mais à vous les minijupes et tous les vêtements cintrés. Quant aux talons, prenez-les raisonnables : trop grands, vous auriez l'air d'être perchée sur des échasses.
- Les grandes ont la chance de pouvoir presque tout porter. Évitez cependant les grands vêtements vagues et aussi les jupes trop courtes qui découvriront des jambes sans fin et peut-être un peu maigres.

Tatouage
Pourquoi taguer son corps ?

S'INFORMER

Les premiers tatouages connus remontent à plus de 2 000 ans avant Jésus-Christ, chez les Égyptiens. Mais c'est plus tard, chez les Polynésiens, qu'on voit apparaître les motifs les plus sophistiqués. Le verbe « tatouer » vient d'ailleurs d'un mot tahitien, *tatoo*, qui signifie « blesser ». À l'origine, le tatouage s'effectuait avec une aiguille trempée dans une substance colorée qu'on instillait sous la peau. Il y avait aussi des tatouages par brûlure et par scarification (incisions superficielles).

UN TALISMAN DANS LA CHAIR

Le tatouage traditionnel revêtait diverses significations. Il pouvait avoir un sens religieux ou magique : il était censé écarter les forces du mal ou les mauvais esprits. Il protégeait contre les maladies ou la mort, ou même contre les attaques des animaux représentés (crocodiles, serpents, etc.). Il avait aussi parfois une signification sociale : il identifiait l'individu à une tribu, ou marquait une grande étape de sa vie (puberté, mariage, maternité, deuil, etc.).

SIMPLE DÉCO

En général, il était davantage pratiqué sur les hommes que sur les femmes, et à l'origine, il était réservé aux nobles et aux plus hautes castes. Plus tard, il est devenu un simple élément décoratif ou le signe de l'appartenance à une corporation. Certains marins et militaires arboraient fièrement de magnifiques tatouages résolument tape-à-l'œil et d'un goût assez douteux !

VIEUX BAROUDEURS ET JEUNES FILLES DÉLICATES

C'est ainsi que le tatouage a acquis mauvaise réputation, celle des aventuriers ou des loubards qui exhibaient des poitrines et des biceps bariolés. Il est devenu à la mode ces dernières années sous la forme, beaucoup plus discrète, de petits motifs que les filles portent sur l'épaule, la cheville ou sur des parties moins visibles du corps.

COMPRENDRE

Le tatouage est bien autre chose que le maquillage parce qu'il est indélébile. Il existe aujourd'hui des techniques qui l'atténuent ou le décolorent, mais elles laissent des cicatrices.

ARABESQUES DOULOUREUSES

En outre, c'est une pratique qui fait souffrir, alors pourquoi se faire tatouer ? C'est à la mode ? Peut-être, mais vous n'êtes pas obligée de suivre toutes les modes, vous pouvez même choisir de vous en distinguer !

J'AI DU CRAN, MOI, MONSIEUR !

Est-ce pour vous faire remarquer et vous affirmer par le caractère provocateur du tatouage ? Pour crâner en montrant que vous avez du courage face à la douleur ? Est-ce simplement pour vous faire belle de manière originale, parce qu'un tatouage souligne une jolie épaule, une cheville fine, la grâce d'un poignet ?

LE CORPS, UNE ARDOISE ?

Il vaut mieux réfléchir sérieusement à vos motivations, au sens que peut avoir le fait de « taguer » votre corps. Est-ce une façon de l'exhiber, de le cacher, de l'idolâtrer, de le mépriser ? N'est-ce pas une manière de le traiter comme un simple objet au service de vos caprices… au risque d'inciter les autres à le considérer de la même façon ?

EUH… UNE ERREUR DE JEUNESSE, MON AMOUR !

Sans compter que vous pouvez regretter le motif lorsqu'il ne sera plus à la mode ou que vous aurez changé. Tatouer le prénom du garçon que vous aimez vous expose au risque d'avoir à le porter toute votre vie alors que vous aimeriez l'oublier ! De même pour la devise qui vous semble si extraordinaire aujourd'hui. Qui sait si vous ne la trouverez pas ridicule à 25 ans ? Enfin, sachez que les tatouages, comme les piercings, sont souvent très mal considérés dans certains milieux. Arborer un tatouage peut vous fermer des portes (contrairement au piercing, il ne s'enlève pas du jour au lendemain). Ce serait dommage de choquer un employeur ou… la famille de votre chéri ! De bonne raison d'éviter les tatouages, surtout s'ils sont grands ou inscrits sur les parties visibles du corps.

● MAUVAIS PLAN
ATTENTION AUX TATOUAGES TEMPORAIRES AU HENNÉ !

Les dermatologues déplorent de nombreuses allergies à la suite de tatouages réalisés sur les plages ou les marchés à partir de substances à l'origine douteuse. À éviter sous peine de risquer une allergie très handicapante et parfois permanente.

VOIR AUSSI
PIERCING.

INFO +

Sachez que pour un vrai tatouage, il faut compter 3 semaines au minimum de cicatrisation, pendant lesquelles il faut porter un pansement et éviter l'exposition au soleil et à l'eau de mer. Alors, si vous cherchez juste à vous faire belle pour les prochaines vacances, pensez aux décalcomanies… qui s'effacent quand on s'en lasse !

Téléchargement
Pour ou contre ?

COMPRENDRE

Télécharger des logiciels gratuits ne pose pas de problème. Mais télécharger de la musique ou des films sans payer est interdit par la loi. Le premier réseau d'échanges de ce type, Napster, a été fermé pour cette raison. D'autres ont vu le jour mais font le plus souvent des offres payantes pour masquer par ailleurs une activité d'échanges gratuits tout aussi illégaux.

POURQUOI L'INTERDIRE ?

C'est tellement tentant quand on aime la musique de pouvoir en profiter gratuitement ! On oublie juste que le prix d'un CD sert à rémunérer l'artiste, les musiciens, les techniciens et la maison de disques.

LA BATAILLE FAIT RAGE...

… entre ceux que l'on appelle les « majors », propriétaires de maisons de disques ou de labels, et les associations de consommateurs, les uns contre, les autres pour le téléchargement illégal. Les maisons de disques se plaignent de la baisse considérable des ventes de CD et DVD.
Les internautes réclament la gratuité du téléchargement.

TÉLÉCHARGEMENT

C'est la loi Hadopi, votée le 12 juin 2009 qui réglemente actuellement le téléchargement. Elle crée une autorité publique indépendante, la Haute autorité pour la diffusion des œuvres et la protection des droits sur internet (Hadopi). Elle instaure des sanctions selon une méthode dite « graduée » : un courriel d'avertissement en guise de premier rappel à la loi, puis un courrier d'avertissement par lettre recommandée, et enfin la coupure de la connexion Internet. L'efficacité de cette loi qui a suscité de nombreux débats est actuellement controversée dans la mesure où de nouveaux logiciels permettant d'y échapper vont se développer et que, de toute façon, elle n'empêche pas l'échange de fichiers par CD ou clé USB.

UNE QUESTION MORALE

Reste que le téléchargement illégal revient à un non-respect du travail d'autrui. Sans doute finira-t-on par trouver des modalités qui permettront de rémunérer les artistes et d'offrir un accès bon marché aux internautes. C'est déjà ce que font certains sites de musique payante. En attendant, la loi est la loi.

S'INFORMER

On appelle téléchargement le fait de copier sur son ordinateur des données trouvées sur Internet.

PEER-TO-PEER

Le téléchargement peut aussi se faire en peer-to-peer ou P2P (en français, de poste à poste). C'est un système qui permet de mettre en commun *via* Internet certaines données de 2 ordinateurs (musiques ou films, par exemple) sans passer par un serveur central.

TOUT À TÉLÉCHARGER

Les internautes peuvent télécharger des tas de choses : des imprimés administratifs, des billets de train, des sonneries de téléphone, des logiciels, de la musique, des images, des vidéos, des films, des jeux, etc. Le problème, c'est que si tout est possible, tout n'est pas légal.

Téléphone

Allô, t'es où ?

● S'INFORMER

Depuis 1876, date de son invention, le téléphone a beaucoup changé. Plus besoin d'actionner une manivelle ni de passer par une opératrice, même le bon vieux téléphone fixe a pris un coup de jeune : plus de fil, rappel automatique, répondeur incorporé, et même quasi-gratuité quand on utilise une ligne internet haut débit.

LA RÉVOLUTION PORTABLE
Aujourd'hui, la plupart des gens ont un téléphone portable. C'est pratique : vous pouvez prévenir que vous arrivez en retard, informer ceux qui viennent vous chercher de l'endroit précis où vous êtes, etc. Mais attention ! le portable reste un appareil qui coûte cher.

FORMULES AU CHOIX
Vous avez différentes formules à votre disposition : cartes, forfaits ou mini-forfaits, forfaits bloqués. Avec une carte, la minute est plus chère, mais il est plus facile de contrôler votre consommation. Avec un forfait, vous comptez moins vos minutes, mais attention : dès que vous dépassez l'horaire autorisé, la minute devient très chère. Les mini-forfaits, eux, offrent des minutes bon marché sans vous obliger à une consommation minimale de 2 heures par mois. Le mieux, si vous n'êtes pas sûre de résister à la tentation, c'est le forfait bloqué : au-delà du temps compris dans le forfait, il faut attendre le mois suivant pour téléphoner. Attention, en revanche, aux prétendus forfaits illimités en SMS… qui ne permettent plus d'en envoyer quand vous avez atteint votre quota d'heures.

OUVREZ L'ŒIL, ET LE BON !
Quelle que soit la formule à laquelle vous vous abonnez, lisez votre contrat mot à mot. Posez-vous en particulier les questions suivantes : que se passe-t-il en cas de perte ou de vol ? Est-ce que l'on me donnera automatiquement un autre appareil ou faut-il souscrire une assurance spécifique ? Pour combien de temps suis-je engagée ? Est-ce que j'aurai droit à des avantages pour remplacer mon portable au bout d'un ou deux ans de forfait ?

EN CAS DE VOL OU DE PERTE
Portez plainte et informez immédiatement le service clientèle de votre opérateur téléphonique qui suspendra votre ligne. Quand vous achetez un portable, prenez la précaution de noter le numéro de série. Vous devez le donner à votre opérateur en cas de perte pour qu'il suspende votre abonnement. Ce numéro est inscrit sous la batterie et s'obtient en tapant *#06#.

À QUOI SERT VOTRE PORTABLE ?
Objet culte ou gadget, le portable a acquis des tas

de fonctions : il contient un réveil, un agenda électronique, il photographie, filme, enregistre et permet également de se connecter sur Internet. Les filles l'habillent de petits accessoires et d'étuis décoratifs.

TÉLÉPHONITE

On en oublierait presque que le téléphone est d'abord un moyen d'échanger des informations, et bien plus encore. Avec les portables, c'est tellement facile d'appeler pour tout et rien. Le téléphone est devenu un moyen de passer un moment avec celui ou celle qui est loin, ou de partager ses états d'âme et ses secrets. Et là, les femmes sont généralement plus douées que les hommes… Quant aux adolescentes, elles sont imbattables !

INFO +
LE PORTABLE EST-IL DANGEREUX ?

Certains médias accusent le portable de provoquer des maux comme des migraines, des pertes de mémoire, des tumeurs au cerveau, ou même la maladie d'Alzheimer ! Aucune étude scientifique n'a pu prouver de tels effets. Cela dit, il s'agit d'une technologie récente et il faudra du temps pour en mesurer vraiment les effets. En attendant, on ne sait jamais : évitez de l'avoir toujours collé à l'oreille. Elle risque de devenir toute rouge !

COMPRENDRE

S'il est préférable d'adopter un code de bonne conduite pour le téléphone fixe familial afin d'éviter les conflits à répétition à propos de la durée d'utilisation et du coût qui s'ensuit, le portable a aussi ses lois : vous êtes tenue de vous conduire de manière à ne pas déranger les autres et à ne pas jeter votre argent (ou celui de vos parents) par les fenêtres.

ALLÔ, TU ME VOIS ? J'ARRIVE !

Vous avez certainement des tas de choses à dire… qui peuvent attendre que vous rencontriez la personne concernée. Pas besoin, par exemple, d'appeler les copines pour leur dire que vous arrivez, alors que vous êtes à deux pas du lieu de rendez-vous. En revanche, si vous sentez que vous allez être très en retard, il est délicat de prévenir : et là, vive le portable !

EST-CE QUE JE TE DÉRANGE ?

Vous pouvez joindre quelqu'un n'importe quand et n'importe où sur son portable. C'est bien pratique… pour vous ! Mais cela peut le déranger. S'il décroche, ayez la délicatesse de lui demander si vous ne l'importunez pas. Si c'est le cas, proposez de rappeler plus tard. Si vous tombez sur son répondeur, évitez de lui laisser un message assassin, du genre : « C'est pas vrai, t'es jamais joignable ! » Tout le monde a le droit d'éteindre son portable de temps en temps !

TEST

ÊTES-VOUS UNE VRAIE FILLE ?

Si vous n'avez jamais appelé vos copines sur le chemin du retour de l'école alors que vous veniez de les quitter, si vous n'avez jamais passé une soirée assise par terre dans votre chambre au téléphone avec votre meilleure amie, si vous n'envoyez pas des SMS à toute heure du jour et de la nuit, si vous téléphonez uniquement lorsque vous avez vraiment quelque chose à dire, interrogez-vous sérieusement : êtes-vous une vraie fille ? Oui, bien sûr, c'est une blague. Mais avouez qu'on a toutes un peu les mêmes manies…

« VOUS ÊTES BIEN SUR LE PORTABLE DE ZOÉ… »

Évitez, en revanche, de le couper toute la journée : sinon, ce n'est pas vraiment la peine d'en avoir un. Sans compter que vos interlocuteurs risquent de se lasser de n'entendre que votre message d'accueil, surtout si vous avez voulu faire de l'humour et qu'il dure 3 minutes 30 (si, si, c'est long !).

RALLUMEZ-LE APRÈS LE FILM !

En revanche, votre portable doit impérativement être éteint en classe, au cinéma, au théâtre, au

Le phénomène du *happy slapping* (« Joyeuses claques » en anglais) est apparu en Grande-Bretagne en 2004 et se répand en France. Il s'agit de provoquer une bagarre, une agression, un passage à tabac, voire un viol, et de le filmer avec son téléphone portable. Les vidéos circulent après sur Internet ou de portable à portable. Certains se repassent en boucle ces films pour se distraire ! Non seulement cette pratique est interdite et punie par la loi, mais elle est extrêmement choquante : elle banalise la violence et en fait même une sorte de monstrueux concours.

restaurant, à l'église. Mais aussi quand vous écoutez une amie qui a besoin de se confier, quand vous dînez en famille ; bref, dans toutes les occasions où il est important de vous consacrer entièrement aux personnes qui sont avec vous. C'est plus qu'une question de politesse : c'est une question de cœur !

PORTABLE EN CLASSE

Il va de soi (?) qu'on éteint son portable pendant les cours : ce serait dommage de révéler votre sonnerie à toute la classe… et de perturber le cours ! Il va également de soi (?) qu'on ne passe pas les cours à envoyer des SMS : ce serait dommage d'être venue au cours et de n'avoir rien entendu… et rien appris !

● **INFO +**
HAPPY SLAPPING

Parfois les téléphones portables deviennent des outils de violence.

● **MAUVAIS PLANS**
QUAND VOUS OUBLIEZ DE VERROUILLER LE CLAVIER

Ballotté dans un sac ou pressé dans une poche, le portable appelle tout seul comme un grand le dernier numéro composé. C'est le meilleur moyen de vider votre forfait, d'exaspérer la personne appelée quand cela recommence toutes les 30 secondes… à moins que cela ne l'amuse de pouvoir espionner toute votre conversation et votre vie pendant de longues, longues minutes… que vous payez.

● **CONSEIL**
RÉPERTOIRE

Copiez votre répertoire sur un ordinateur ou un carnet d'adresses au cas où vous perdriez votre portable.

SAVOIR-VIVRE

• Il y a des heures décentes pour téléphoner : pas avant 9 heures et pas après 22 heures. Éviter aussi les heures autour des repas.
• Quand la communication est coupée, c'est la personne qui a appelé qui doit rappeler.
• Ne dérangez pas tout le wagon en racontant votre vie au téléphone dans le train ou dans le bus…

Téléréalité

... ou télé-irréalité ?

● S'INFORMER

La téléréalité est entrée en France avec *Loft Story*, première émission du genre qui a été diffusée au printemps 2001 et qui a soulevé une vaste polémique. Depuis, la téléréalité est entrée dans les mœurs télévisuelles.

UNE LONGUE HISTOIRE

La première émission de téléréalité du type *Loft Story* a été montée par une société de production néerlandaise et s'appelait *Big Brother*, en référence à un roman célèbre de George Orwell (voir info+). Mais l'idée de faire vivre des événements en direct à des gens ordinaires dans une émission de télévision est plus ancienne. L'Allemagne et les États-Unis avaient déjà tenté l'expérience sous des modes divers. La France s'y était déjà essayée avec *Perdu de vue*, l'émission de Jacques Pradel, *Témoin n° 1* ou *La Nuit des héros*.

SOUS L'ŒIL DES CAMÉRAS

Toutes les émissions se sont peu à peu construites sur le même principe : un jeu regroupant des gens ordinaires qui vont vivre enfermés pendant plusieurs semaines sous l'œil des caméras 24 heures sur 24. Le public et/ou les participants eux-mêmes votent régulièrement pour éliminer un des participants et le dernier survivant gagne en général une grosse somme d'argent. Chaque émission a sa particularité, suivant le milieu où elle se déroule, le type de personnes recrutées et le principe du jeu. Certaines mêlent, par exemple, des personnes ordinaires et des célébrités.

EXPÉRIENCE DE VIE ET SÉDUCTION

Ensuite, on a imaginé différents types de situations à mettre en scène. Le *Loft* a vécu deux saisons, mais l'ennui l'a tué car il ne s'y passait pas grand-chose. Les émissions style « expérience de vie » se sont donc corsées : défis sportifs comme dans *Pekin Express*, constitution d'un couple dans *The Bachelor*, *Greg le millionnaire*, ou au contraire mise à l'épreuve des couples comme *L'Île de la tentation*.

TÉLÉRÉALITÉ EN CHANSONS

Le coup de génie marketing a été de concevoir des émissions qui allient vie en communauté sous l'œil des caméras et compétition pour devenir une star de la chanson. La *Star Academy* a inauguré le concept. *Pop stars* et *À la recherche de la nouvelle star* lui ont emboîté le pas. Le succès médiatique et commercial semble faiblir et la *Star'Ac* s'est tue.

COMPRENDRE

Qu'est-ce qui fait le succès de telles émissions ? Peut-être le fait de voir des gens ordinaires passer à la télé, des gens comme vous et moi devenir sinon célèbres, du moins connus de millions de spectateurs. Mais on sait bien que cette célébrité n'en est pas une. Les premiers acteurs du *Loft*, qui sont pour la plupart retombés dans l'anonymat, en ont fait la triste expérience.

L'INTIMITÉ DÉVOILÉE

Autre attrait de telles émissions : elles donnent à voir l'intimité des gens, faisant croire aux spectateurs qu'ils les découvrent tels qu'ils sont vraiment. Ce désir de pénétrer dans le secret de l'autre, de savoir ce qu'il est réellement est un rêve vieux comme le monde. Effectivement, les autres peuvent être des gens intéressants. Mais les regarder vivre dans une émission de téléréalité n'est vraiment pas le meilleur moyen de les connaître ! D'abord parce qu'il n'y a aucune réciprocité, aucun échange dans cette découverte : regarder des scènes de téléréalité relève plus du voyeurisme que de la rencontre…

FAUSSE OU VRAIE RÉALITÉ

Et puis, un loft ou toute autre situation de téléréalité n'a rien à voir avec la réalité, avec la vie ou la vérité des gens. Il y a eu beaucoup de débats pour savoir si les participants à ce type d'émission étaient des gens ordinaires ou des acteurs engagés pour jouer un scénario. Même s'il ne s'agit pas d'acteurs, ils ont été préparés, formatés pour se tenir devant une caméra. On peut même considérer avec le recul qu'ils sont choisis pour représenter chacun un type de personnage : l'intello, la bimbo, l'opportuniste, autant de types que l'on retrouve dans toutes les émissions !

UNE ENTREPRISE FLORISSANTE ?

Derrière cette fausse réalité, il y en a une autre, plus crue : les millions d'euros qui rentrent dans les poches des producteurs. Ce type d'émission, et tous les gadgets qui vont avec, coûte relativement peu cher mais l'Audimat semble faiblir et la *Ferme des célébrités* ne fait plus rire grand monde.

AU SECOND OU TROISIÈME DEGRÉ

Reste que vous pouvez vous laisser prendre au jeu et suivre de bout en bout *Koh Lanta* ou la *Nouvelle Star*. Comme vous vous attachez à une série télé… en étant bien consciente que cela n'a pas grand-chose à voir avec la réalité. Toutes ces émissions ne sont pas de même qualité : comme les fictions, elles risquent de basculer très facilement dans la bêtise et la vulgarité. À vous de choisir avec discernement… ou de passer au quatrième ou cinquième degré pour les regarder !

INFO+

BIG BROTHER

Cette expression a été empruntée au livre de George Orwell, *1984*, publié en 1949. Big Brother est un personnage fictif, emblème d'une sorte de Parti omniprésent qui contrôle toute la société selon la phrase restée célèbre : *« Big brother is watching you. »* Dans cette société, son visage est affiché partout dans les rues et des caméras de surveillance observent les gens jusque chez eux. Par la suite, Big Brother est devenu le symbole de l'État policier, de la négation de toutes les libertés individuelles, et même du voyeurisme.

VOIR AUSSI
STAR.

Télévision

T'as vu hier à la télé… ?

🔸 S'INFORMER

La télé, ce n'est pas très ancien. La première diffusion d'images a eu lieu en 1926. Des émissions publiques ont aussitôt été lancées : en 1927 par la BBC en Grande-Bretagne, en 1930 par CBS et NBC aux États-Unis. Les émissions régulières n'ont commencé qu'à la veille de la Seconde Guerre et il a fallu attendre 1970 pour avoir droit aux images en couleurs.

GRATUITES, PAYANTES

Longtemps, il n'y a eu que 3 chaînes en France. Puis, les chaînes hertziennes se sont diversifiées (TF1, France 2 et France 3, Canal+, Arte et M6). Les années 1980 voient le boom des chaînes numériques par câble et satellite. Elles sont dites payantes : on doit s'abonner pour les recevoir. Cet abonnement s'ajoute à la redevance que tout détenteur d'un poste doit payer chaque année. Aujourd'hui, une nouvelle génération de télévision s'installe : la TNT (télévision numérique terrestre), qui propose des chaînes gratuites en qualité numérique (moyennant le prix d'un adaptateur pour les postes de télévision déjà en service) et qui va se répandre dans toute la France.

TOUJOURS PLUS

La télévision est partout : dans presque toutes les familles, dans tous les pays, même les plus pauvres, et jusque dans les bidonvilles. Elle est aussi de plus en plus regardée : l'institut Médiamétrie, qui mesure l'audience des émissions, indique que notre consommation s'accroît régulièrement.
En 2008, un Français a passé en moyenne 3 h 07 par jour devant son petit écran !

🔸 COMPRENDRE

La télé est la meilleure et la pire des choses. C'est une formidable ouverture sur le monde, sur des quantités de connaissances, mais aussi le pire des esclavages. Tout dépend de la manière dont on l'utilise.

UN MERVEILLEUX OUTIL

Personne ne peut dire que la télévision n'est qu'un écran stupide. C'est un véritable outil d'information et de réflexion. Il existe une multitude d'émissions étonnantes et passionnantes (même si elles sont rarement mises en avant par les magazines de télé).

UN COBRA HYPNOTISEUR !

Mais personne ne peut ignorer le piège de la télévision. Pour vous mettre en état d'hypnose, elle est redoutable : c'est un cobra domestique logé sous votre toit, alors méfiance ! Certaines filles, à peine rentrées de cours, appuient sur un bouton pour ouvrir la bouche de leur cobra familier. Dès lors, le mal est fait : elles sont incapables de lui couper le sifflet et se vautrent sur le canapé. De chaîne en chaîne, elles se font balader à travers des émissions plus nulles les unes que les autres… Sans compter que ce type d'attitude est propice au grignotage et aux kilos en trop !

ET ALORS ?

Où est le problème, direz-vous ? Après tout, je suis libre de mon temps. Si je veux me laisser hypnotiser, cela ne regarde que moi ! C'est vrai, en un sens. Mais la télévision donne une image déformée du monde. Elle est si proche, si facile d'accès que l'on finit par croire que la vraie vie, c'est elle.

VIOLENCES BANALES

Or, la télé, c'est aussi une somme incroyable de violences qui nous est régulièrement jetée à la figure : guerres, attentats, enfants mourant de faim, femmes battues ou agressées… les journaux télévisés ne nous ménagent pas et se complaisent même dans les faits divers les plus ignobles. Quant aux séries télé, elles ne sont pas toutes inoffensives et certaines font de la violence leur pain quotidien. Résultat : vous risquez de finir par croire que la vie est comme cela, que la violence est inévitable et qu'il ne faut pas trop s'en offusquer !

MONTREZ QUI EST LE CHEF !

C'est pour cela qu'il est essentiel de maîtriser très rigoureusement votre consommation télévisuelle, en vous fixant des créneaux horaires stricts et pas trop étendus. Il y a trop de choses passionnantes à faire dans la vie pour passer votre temps devant l'écran. D'autant plus qu'après des heures de télévision, on a souvent les nerfs en pelote… et du mal à s'endormir. L'idéal est d'enregistrer votre série ou votre émission préférée pour la regarder quand vous voudrez. Vous pourrez même vous l'offrir comme récompense quand vous aurez terminé vos devoirs.

● INFO +

La télé ne vous veut pas que du bien. Elle n'est d'abord là ni pour vous informer ni pour vous distraire. Elle est en premier lieu une formidable entreprise financière destinée à faire consommer les gens, par la pub bien sûr, mais aussi à travers les modèles qu'elle impose.

TEST

ÊTES-VOUS UNE ACCRO DE LA TÉLÉ ?
1. Vous goûtez tous les soirs devant la télé en rentrant de classe.
2. Vous avez besoin de vous installer tous les jours devant une série.
3. Chez vous, on dîne devant la télé.
4. Vous avez un poste de télé dans votre chambre.
5. Le début de votre série vous fait interrompre séance tenante une conversation téléphonique.
6. Vous parlez télé avec vos copines au moins 2 fois par jour.
7. Vous préférez une émission que vous trouvez nulle à un roman.
8. Vous êtes prête à renoncer à une soirée pour une émission.
9. Pour vous, les gens qui n'ont pas la télé chez eux sont des fous ou des illuminés.
10. Plutôt mourir que de rester une semaine sans regarder la télé.

Moins de 5 oui : vous êtes un animal rare capable de vous en passer !
De 5 à 8 oui : attention, la dépendance vous guette !
Plus de 8 oui : vous êtes accro, mais cela se soigne !

Timidité

J'ose pas…

● S'INFORMER

La timidité est une difficulté à parler en public et plus largement un manque d'aisance dans la vie en société. Une fille timide se sent gauche, elle a peur que les regards convergent vers elle, peur de se mettre en avant. Du coup, elle manque d'audace : elle n'ose pas répondre aux questions des profs, danser en soirée, téléphoner à quelqu'un qu'elle connaît mal, adresser la parole la première à un garçon.

TU AS PERDU TA LANGUE ?

La timidité paralyse dès l'enfance certaines filles, qui se cachent dans les jupes de leur mère, s'enfuient dans leur chambre dès qu'un visiteur pointe son nez et sont incapables de réciter un poème en public. Mais beaucoup sont gagnées par la timidité au moment de l'adolescence : elles perdent soudain leur confiance en elles et ont une peur exacerbée du jugement des autres. Intimidées, elles se mettent à trembler, à bégayer, à transpirer ; elles ont les mains moites, la gorge sèche ; elles ne trouvent plus qu'un filet de voix, elles rougissent ou deviennent livides.

POURTANT, JE SAVAIS PAR CŒUR !

Une personne timide est particulièrement handicapée lors des examens, surtout à l'oral. Même si elle connaît bien le sujet, elle a du mal à rassembler ses idées et à s'exprimer clairement, elle hésite, « perd ses moyens » et ne sait pas mettre en valeur ses connaissances.

● INFO +

CHANGEMENT DE COULEUR !

Sous le coup de l'émotion, la pression sanguine augmente et produit une dilatation des vaisseaux du visage : le sang afflue sous la peau et rosit les joues. Ou, au contraire, les vaisseaux sanguins se contractent et apportent moins de sang au visage : on devient alors livide. Cela dépend du tempérament de chacune.

● COMPRENDRE

Tout le monde est timide, ou plutôt intimidé, dans des situations où il se joue quelque chose d'important. Lorsque l'on passe un examen, que l'on se présente à un entretien d'embauche, il est normal d'être très émue.

QUAND ELLE VOUS TÉTANISE

Mais si vous êtes excessivement timide, au point de ne pas pouvoir prendre la parole dans votre groupe de copains, de vous sentir foudroyée sur place quand le professeur vous envoie au tableau, ou d'être incapable de vous faire des amies, il faut peut-être vous faire aider.

LA TIMIDITÉ, DEHORS !
Ne laissez pas s'installer une timidité qui vous empêche de profiter de la vie. D'autant plus qu'elle peut se dominer. La preuve : lorsque vous êtes passionnée par un sujet ou un projet, vous l'oubliez, et vous osez faire ou dire des choses dont vous ne vous seriez jamais crue capable.

PEUR DE MAL FAIRE
Parmi les artistes ou les hommes politiques, il y a de grands timides qui ont su maîtriser ce handicap, qui ont appris à parler en public, à supporter le regard des autres, à se tromper aussi. La timidité est souvent le signe que l'on veut trop bien faire ou que l'on a peur de l'échec. Il suffit parfois de remettre les choses à leur juste place pour se sentir moins intimidée : le professeur qui vous interroge ne vous veut pas de mal et, si vous ne savez pas répondre, ce n'est pas une catastrophe.

DES OREILLES BIENVEILLANTES VOUS ÉCOUTENT !
Personne ne vous demande d'être parfaite. Vous, est-ce que vous jugez systématiquement mal les gens qui parlent devant vous ? Non, même quand ils ne s'expriment pas comme des livres. Quand vous parlez, vous bénéficiez de la même bienveillance. Vous aussi, vous avez droit à l'erreur !

● BONS PLANS
Pour cacher votre timidité quand vous faites un exposé :
- Installez-vous bien sur la chaise, sans rester tout au bord comme si vous étiez assise sur des charbons ardents. Vous avez le droit de vous appuyer contre le dossier !
- Ne gardez pas vos notes en main, posez-les sur le bureau : sinon, la feuille risque de trembler.
- Évitez de tenir un stylo que vous agiteriez nerveusement. Faites plutôt quelques mouvements de bras comme les Italiens… sans en faire trop quand même !
- Ne vous balancez pas sur la chaise et veillez à ce que vos jambes restent immobiles.
- Raclez-vous la gorge pour ne pas avoir la voix étranglée.
- Si possible, ayez une bouteille d'eau à portée de main pour éviter d'avoir la gorge sèche… et vous donner la contenance d'un conférencier professionnel.
- Parlez lentement pour ne pas bafouiller et avoir l'air sûre de ce que vous dites.
- Regardez l'assistance sans fixer quelqu'un, mais en balayant lentement la classe d'un regard circulaire, comme font les profs : regardez-les vous regarder !
- Tant pis pour la transpiration qui mouille votre chemisier. Vous avez le droit d'avoir chaud.
- Tant pis aussi pour le rouge qui monte aux joues. Une fille qui rougit, c'est charmant.

VOIR AUSSI
COMPLEXES.

CONSEIL

POUR VOUS ENTRAÎNER À LUTTER CONTRE LA TIMIDITÉ

• En famille, répondez au téléphone, ouvrez aux visiteurs, adressez la parole à l'oncle bourru dont vous avez un peu peur.
• En classe, levez le doigt au moins une fois par jour, adressez la parole à la fille qui vous intimide, allez parler à la fin du cours avec le professeur dont le cours vous passionne.
• Prenez des cours de diction, faites du théâtre, du yoga, de la relaxation.
• Pensez au baby-sitting. Vous occuper d'enfants vous apprendra à parler avec autorité et assurance !

Tolérance

Respect, oui ! Indifférence, non

S'INFORMER

Pour beaucoup, tolérer signifie respecter les opinions et les manières de vivre des autres. Mais, à l'origine, le mot latin *tolerare* veut dire « supporter », c'est-à-dire admettre sans enthousiasme, voire à contrecœur. Dans le train, vous tolérez le son qui sort de l'I-pod ; vos parents tolèrent votre mauvaise humeur. Il y a donc une ambiguïté dans cette idée de tolérance : est-ce un progrès, une vertu ou un signe de résignation, voire de lâcheté ?

TOLÉRANCE = TOUT ACCEPTER ?

Sur le plan historique, la tolérance (au bon sens du terme) a d'abord concerné les croyances religieuses. Longtemps, la population d'un pays a dû pratiquer la religion du chef de l'État, les autres religions étant proscrites. L'assouplissement, puis la disparition de cette contrainte sont désignés sous le terme de « tolérance ». En France, Louis XVI a signé en 1787 l'édit de Tolérance, qui reconnaissait la religion protestante, outre le catholicisme. En 1789, la liberté religieuse fut proclamée par l'Assemblée constituante.

TOLÉRANCE = RESPECT ?

Mais il ne faut pas oublier le mauvais sens du terme ! À côté du bel idéal de tolérance religieuse, il y a… les « maisons de tolérance », qui désignaient pudiquement les maisons de prostitution. Elles sont bien un exemple de fléau dont on « tolère » l'existence tout en la déplorant ! Preuve que ce mot est ambigu et qu'il faut éviter de l'employer à toutes les sauces : il n'est pas forcément synonyme de respect !

COMPRENDRE

Respecter ce que pensent les autres nécessite un effort : on a toujours tendance à croire que nos idées sont les bonnes et que tout le monde devrait penser pareil. La tolérance (positive) consiste à considérer que l'autre a le droit de ne pas penser comme vous, et que vous n'avez pas le droit de lui imposer vos convictions par la violence. Cela doit vous conduire à essayer de comprendre son opinion, à en discuter avec lui et aussi à accepter qu'il remette en question votre propre opinion.

TOLÉRANCE, COMMENT FUIR LE DÉBAT

Mais la tolérance mal comprise peut conduire à une sorte d'indifférence à l'égard des autres. Si vous considérez que toutes les opinions se valent, vous ne vous sentez ni le droit ni l'envie de détromper votre interlocuteur, même si vous pensez intimement qu'il a tort. Il ne faut pas juger, dit-on ! Mais ce refus de juger peut servir de prétexte à la lâcheté.

La tolérance, c'est plus tranquille : à chacun ses idées, on ne va pas se battre pour elles.

P'TÊT BEN QU'OUI, P'TÊT BEN QU'NON

Seulement, dans ce cas, la tolérance tue le dialogue. Imaginez une conversation sur un sujet qui vous tient à cœur si, dès la première phrase, votre interlocuteur vous disait : « Je ne pense pas comme toi, mais tu sais, nos opinions se valent et de toute façon on ne peut pas savoir qui a raison. » Et il vous planterait là… Bien sûr, les discussions seraient plus calmes, mais vous auriez des raisons d'être frustrée et de vous sentir méprisée.

CAUSE TOUJOURS, TU M'INTÉRESSES

À ce compte-là, il n'y a plus de rencontre ni de partage, et pas non plus de vrai respect de l'autre, puisque l'on ne s'intéresse pas à lui. Il peut penser ceci ou cela, voire autre chose, c'est exactement pareil. Voilà qui n'est pas très flatteur pour lui ! En plus, on ne se respecte pas non plus soi-même, puisque l'on ne considère pas que ses propres convictions valent la peine d'être défendues. À quoi bon avoir des opinions, des idées, une religion plutôt qu'une autre, si tout se vaut ?

ET L'INTOLÉRABLE, ALORS ?

Êtes-vous prête à tolérer n'importe quoi ? N'y a-t-il pas des choses qui vous paraissent intolérables : que des gens soient obligés de dormir dans la rue ; que des petits se fassent racketter à la sortie des cours ? La tolérance n'a de sens qu'entre gens qui reconnaissent un minimum de valeurs communes et, en premier lieu, le respect des autres.

PAS DE TOLÉRANCE POUR LA HAINE

Lorsque ces valeurs sont en danger, vous êtes amenée à vous battre pour les défendre, même si vous devez pour cela aller jusqu'à l'usage de la force. Car vous êtes alors en situation de « légitime défense » : vous avez le droit de ne pas vous laisser maltraiter ! La tolérance n'est possible que si elle est réciproque : face aux fanatiques qui sont prêts à imposer leurs idées par la violence, il n'y a pas de tolérance possible. Elle serait en effet inefficace et contradictoire avec le but qu'elle poursuit, qui est de permettre à des gens différents de vivre ensemble pacifiquement.

EXPRIMEZ-VOUS !

Tolérer ce qui est opposé à vos propres valeurs, c'est le niveau zéro de la tolérance : vous désapprouvez mais vous supportez, par impuissance, démission ou lâcheté. Et cela ne fait avancer ni le respect des autres ni la liberté d'opinion. Tout le monde a besoin d'avoir des vrais débats, que ce soit dans un groupe d'amis ou à l'échelle de la société. Sinon, l'hypocrisie s'installe, vous n'osez plus rien dire ni rien faire.

Alors, exprimez ce que vous pensez et défendez vos convictions avec respect, mais avec passion !

VOIR AUSSI
DROITS, LIBERTÉ, RACISME, RESPECT, VALEURS, VÉRITÉ.

Transpiration

À vue de nez il est… tard !

🔸 S'INFORMER

La transpiration est un phénomène naturel qui permet d'éliminer les toxines et de rafraîchir le corps : les glandes sudoripares, qui se trouvent sous la peau, sécrètent de la sueur qui perle sur la peau et s'évapore en la rafraîchissant. C'est ainsi que s'échappe de notre corps une partie de l'eau que nous consommons. On transpire quand il fait chaud, quand on fait un effort physique, mais aussi quand on est ému. On transpire des mains, des pieds, du visage et surtout des aisselles car les glandes sudoripares sont nombreuses à cet endroit.

DOUKTUPUDONKTAN ?

Pendant l'enfance, la transpiration est inodore. Mais, au moment de l'adolescence, elle devient plus abondante et surtout prend une odeur qui n'est pas très agréable, particulièrement sous les bras, les poils des aisselles retenant la sueur, ce qui favorise le développement des bactéries. Quant aux pieds, constamment enfermés dans les chaussures, ils dégagent eux aussi une odeur âcre. Certaines filles transpirent plus que d'autres parce qu'elles sont plus nerveuses, plus sensibles au stress ou simplement parce que c'est leur nature : cela n'a rien à voir avec un manque d'hygiène !

🔸 COMPRENDRE

Même si la transpiration est un phénomène naturel, elle n'en paraît pas moins désagréable et inconfortable. Les mains moites et les auréoles sous les bras ne font généralement pas très bon effet. Certaines odeurs de transpiration sont difficilement supportables pour les autres… mais aussi pour soi-même. Vous avez donc raison de chercher à ne pas incommoder les autres, particulièrement dans des lieux confinés comme le train, l'ascenseur… ou les salles de cours. C'est une question de savoir-vivre et de respect des autres.

ET QUE ÇA BRILLE !

En général, une bonne hygiène permet de remédier à ces petits problèmes. Une douche quotidienne (deux fois par jour en saison chaude, si vous en éprouvez le besoin) élimine en grande partie les odeurs. Changer de linge tous les jours est également indispensable (et surtout n'oubliez pas

VOIR AUSSI
PARFUM, PUBERTÉ.

les chaussettes !). Enfin, un bon déodorant est souvent nécessaire.

VAPO, STICK OU BILLE ?
Pour vous sentir tout à fait fraîche, vive les déodorants ! Mais comment choisir ? Spray ou stick, c'est une question de goût. Le spray se prête et s'emprunte, pas le stick ni la bille qui entrent en contact avec le corps ! L'important est de choisir un produit discret, qui ne soit pas trop parfumé afin qu'il n'entre pas en concurrence avec votre parfum. Si votre peau est sensible, prenez-le sans alcool, surtout si vous vous épilez. Mais il sera sans doute moins efficace.

FILEZ DU BON COTON !
Si vous avez tendance à beaucoup transpirer, il vaut mieux choisir des vêtements en matières naturelles (coton, laine, soie, lin) plutôt que des textiles synthétiques (acrylique, viscose, polyester, nylon…) qui favorisent la transpiration et gardent les odeurs. En principe, ces petits conseils devraient suffire à vous mettre à l'aise et à vous sentir fraîche.

CAS PARTICULIERS
Si vous faites partie des malheureuses qui, après avoir appliqué tous ces conseils, transpirent encore beaucoup, au point d'en être elles-mêmes incommodées, pas de panique ! C'est le meilleur moyen de transpirer encore plus. Ensuite, pas de honte : vous n'y êtes pour rien, inutile de culpabiliser. Il faut d'abord cerner le problème.

ALLÔ, DOCTEUR ?
Si vous transpirez beaucoup, sans trop d'odeurs, il n'y a pas grand-chose à faire si ce n'est prévoir un T-shirt de rechange dans votre sac. Si vos mains sont toujours moites et que cela vous gêne, parlez-en à votre médecin, il vous prescrira des traitements spécifiques pour mieux réguler votre transpiration.

JE PUE, L'HORREUR !
Si cela ne se voit pas, mais que cela se sent, il faut simplement prendre le problème à bras-le-corps. Inutile de vérifier toutes les cinq minutes, par un geste que vous croyez discret, mais que tout le monde aura remarqué, que vous ne sentez pas mauvais sous les aisselles ! Glissez plutôt dans vos poches des lingettes déodorantes : de quoi vous sauver la mise entre deux cours ! Si vous êtes toujours gênée, parlez-en à votre médecin ou à votre pharmacien (demandez-lui le déo qui sauve la vie).

🟠 BONS PLANS
JE PUE DES PIEDS !
Si vous avez un problème de transpiration des pieds, utilisez un déodorant spécial pour les pieds… et un produit pour les chaussures. Préférez les chaussettes en coton ou, mieux encore, en fil d'Écosse, aux tissus synthétiques dans lesquels les pieds macèrent.

LE DÉO QUI VOUS SAUVE LA VIE
Il existe un déodorant miraculeux qui neutralise les odeurs de transpiration les plus âcres. C'est le « traitement anti-transpirant, efficacité 7 jours », vendu librement en pharmacie sous forme de tube (fréquent) ou de bille (extrêmement rare). Utilisée tous les jours (c'est ça, l'astuce), cette crème blanche à l'odeur très agréable vous fera oublier tous vos soucis ! Un tube coûte environ 10 € et dure plus d'un mois. Parlez-en à votre pharmacien qui vous indiquera la marque !

Vacances

Sous les pavés, la plage

S'INFORMER

Au sens propre, « vacance » désigne du temps qui n'est pas occupé. En vacances, vous pouvez faire ce que vous désirez sans obligation ni contrainte, et réaliser les activités dont vous avez eu envie pendant l'année : sport, voyages, lecture, musique. C'est aussi un moment pour vous reposer, retrouver de l'énergie physique et mentale. Et, beaucoup moins drôle et attrayant, les vacances permettent aussi de rattraper le temps perdu si vous n'avez pas travaillé suffisamment en classe : cours de rattrapage, stages intensifs…

INFO +

PETIT BOULOT D'ÉTÉ ?
Pas avant 16 ans ! La loi l'interdit. Mais, à partir de cet âge, vous pouvez signer un contrat de travail pour une durée déterminée. Dès le printemps, demandez aux personnes de votre entourage si leurs entreprises cherchent des jeunes pour l'été. Allez voir votre mairie ou faites votre CV… et le tour des boutiques.

COMPRENDRE

Les vacances, vous en rêvez toute l'année. Retrouver les amis, les cousins, les cousines. Ah, les soirées sur la plage, la vie sans souci, sans contrainte ! Ne plus être obligée de se lever aux aurores mais débarquer les yeux encore bouffis de sommeil pour le déjeuner, se traîner jusqu'au soir et retrouver une énergie débordante pour sortir à la nuit tombée. De vraies vacances, quoi !

ET LES PARENTS DANS TOUT ÇA ?

Dans ce beau planning, il n'y a pas toujours de la place pour les parents ! Vous avez un peu honte, vous ne savez pas trop comment le leur dire, mais vous savez très bien faire une tête de six pieds de long et vous traîner lamentablement dans la maison qu'ils ont louée. Participer à la vie de la famille, entre les baignades et les sorties, ne vous fait pas trop envie, si bien que le refrain de l'été devient : « Tu n'es pas à l'hôtel, ici ! »

QUEL GÂCHIS !

Ne plus avoir les mêmes désirs que les parents, vouloir vivre votre vie et surtout pas celle qu'ils vous imposent, c'est normal. Mais pourquoi leur faire de la peine et gâcher leurs vacances ? Ils seront déçus, et vous finirez par ne pas être fière de l'enfer que vous leur ferez vivre et par rendre vos propres vacances insupportables. Pourtant, vos parents ne sont pas bornés ! Il y a moyen de trouver des compromis avec eux : un temps de vacances en famille et un temps dans un organisme, en séjour linguistique, chez une copine, avec des amis. Mais n'espérez pas couper complètement aux vacances en famille. D'ailleurs, ce serait bien dommage.

LES VACANCES EN FAMILLE
Eh oui ! les vacances sont aussi un temps pour se retrouver en famille sans les tensions de la vie quotidienne. Profitez-en pour faire des projets ensemble, avec parents, frères et sœurs, grands-parents, cousins : une randonnée à pied, à vélo, la découverte d'une ville, d'un coin perdu, un festival… Des choses que vous aimez ! C'est le meilleur moyen de redécouvrir vos parents et de commencer à construire des relations d'adulte avec eux.

SANS LES PARENTS
Quant à vos vacances en dehors de la famille, il vaut mieux bien les organiser… et préparer vos parents à l'avance. C'est un peu difficile pour eux de voir que vous avez envie de passer les vacances sans eux. De plus, ils ne sont pas prêts à vous laisser partir sans savoir avec qui, comment et dans quelles conditions. Ils ont le souci de votre sécurité et c'est légitime ; d'ailleurs vous seriez déçue et désemparée s'ils ne s'inquiétaient pas de vos projets.

SOYEZ RÉALISTE !
Si vous leur dites que vous voulez partir faire du camping sauvage seule avec trois copains, ne soyez pas étonnée s'ils ne sont pas d'accord. Mieux vaut leur présenter des projets sérieux, organisés, en passant par des organismes pour les jeunes ou en proposant un échange : 15 jours dans la famille d'une amie, 15 jours avec elle chez vos parents.

MAUVAIS PLANS
CE QUI GÂCHE LES VACANCES
- Avoir tellement peur que vos parents refusent vos projets que vous reculez

sans cesse le moment de leur en parler. Vous risquez ainsi de vous retrouver le bec dans l'eau…
- Les imprudences en tous genres qui conduisent à l'hôpital, comme l'excès de vitesse alors que vous conduisez un scooter. Faut-il parler des rendez-vous amoureux où vous risquez de vous briser le cœur ou d'attraper des maladies graves si vous n'y prenez pas garde ?
- Les méga-coups de soleil qui vous brûlent la peau. Prenez impérativement une bonne crème solaire, avec un indice élevé les premiers jours d'exposition. Vous n'en bronzerez que mieux : après un coup de soleil, on pèle de toute façon !

VOIR AUSSI
SÉJOUR LINGUISTIQUE.

BONS PLANS

POUR DES VACANCES PAS CHÈRES
• Penser à la carte 12-25 SNCF qui permet de voyager pendant un an dans toute la France avec 25 à 50 % de réduction suivant les trains et les périodes.
• Trouver une famille qui vous emmène en vacances à la mer en échange de baby-sitting (contacter des organismes spécialisés).
• Faire des petits boulots l'année pour vous payer un stage de sport l'été.
• Vous renseigner auprès de votre mairie pour savoir ce qu'elle propose.

Valeurs

Quelles sont tes valeurs ?

VALEUR RENVOIE AU VERBE VALOIR. ON EMPLOIE LE MOT VALEUR DANS DIFFÉRENTS DOMAINES : **EN MATHÉMATIQUE** OU EN PHYSIQUE (LA VALEUR DE X), **EN ÉCONOMIE** (LA VALEUR FINANCIÈRE D'UN PRODUIT). MAIS ON PARLE AUSSI DE LA **VALEUR SENTIMENTALE D'UN OBJET**, CE QUI VEUT DIRE QUE CET OBJET A DU PRIX, DE L'IMPORTANCE INDÉPENDAMMENT DE LA SOMME QU'ON POURRAIT EN TIRER EN LE VENDANT. SURTOUT ON PARLE DE **VALEUR** EN MATIÈRE DE **MORALE** : **LES VALEURS SONT LES PRINCIPES DE CONDUITE QUE SE DONNE UN INDIVIDU OU UNE SOCIÉTÉ**.

● S'INFORMER

Employé à partir du XIXe siècle pour désigner la justice, la liberté, la vérité, le mot « valeur » concerne la manière de se comporter à l'égard des autres et de soi-même. Les valeurs permettent de distinguer le bien du mal et de savoir ainsi ce que l'on doit faire. On sait bien que c'est mieux d'être honnête que malhonnête, de dire la vérité que de mentir, de respecter les autres plutôt que de les traiter comme de simples serviteurs.

VALEURS EN STOCK

D'où viennent ces valeurs ? Comment les avez-vous apprises ? Vous les avez reçues de vos parents qui vous ont transmis dès votre plus jeune âge une manière de vous conduire et des principes de vie ; de la société qui a édicté des règles pour permettre à ses membres de vivre ensemble paisiblement ; des grandes religions et certainement aussi de votre conscience, cette petite voix mystérieuse qui vous pousse vers ce qui est bon, beau et bien.

VALEURS EN HAUSSE

On parle aussi de « système de valeurs » ou de « hiérarchie des valeurs », ce qui veut dire que toutes les valeurs ne se valent pas ! Il y a des choses plus importantes que d'autres, et chaque société a sa manière propre d'organiser ses valeurs. Ainsi, l'on considérait autrefois que la vieillesse était source de sagesse, et l'on y attachait de la valeur. Aujourd'hui, notre société valorise davantage la jeunesse, synonyme d'enthousiasme, de générosité, de créativité, que la maturité à laquelle on associe l'habitude, la rigidité, la modération.

VALEURS SANS VISA
Mais les valeurs de la société ne sont pas forcément des valeurs morales. L'enthousiasme n'est pas plus moral que la modération, et inversement. Les vraies valeurs, ce sont celles que les hommes reconnaissent comme universelles et auxquelles ils essaient de rallier tout le monde : la valeur supérieure de toute vie humaine, la liberté, l'égalité, la fraternité sont des valeurs reconnues quasi universellement, même si les hommes sont loin de les mettre en pratique toujours et partout.

COMPRENDRE
Vos valeurs comptent beaucoup, car elles sont les critères qui vont vous permettre de faire des choix et de déterminer votre vie. Il faudra bien que vous vous posiez la question : qu'est-ce qui a de la valeur pour moi ? Pour quoi suis-je prête à me battre, à risquer mon petit confort, mes intérêts ? Qu'est-ce qui compte le plus pour moi ?

VOUS AVEZ DIT ABSTRAITE ?
Cela peut se traduire dans des choses très concrètes : quand ma bande persécute une fille qui ne lui plaît pas, est-ce que je décide de suivre le troupeau ou est-ce que je refuse de faire comme tout le monde parce que je trouve cela injuste et que je pense que cette fille a le droit d'être respectée et acceptée ? Autrement dit, les valeurs ne sont pas seulement des idées pour les philosophes, ce sont des principes qui peuvent nous faire prendre des risques, voire nous placer dans une situation peu confortable, mais qui méritent que nous les préférions à notre tranquillité.

J'VOUDRAIS FÂCHER PERSONNE
Mais, direz-vous, on a tous les mêmes valeurs ! Croyez-vous ? La fille qui refuse de parler à sa voisine parce qu'elle la trouve mal habillée, qui triche en classe, qui pique son amoureux à une copine ou qui ment au prof pour se protéger a-t-elle les mêmes valeurs que vous ? Bien sûr, quand on veut avoir la paix, on peut faire comme si tout le monde avait les mêmes valeurs ou, pire, comme si toutes les valeurs étaient équivalentes. « Chacun ses valeurs », dit-on pour ne fâcher personne.

NON, CE N'EST PAS ÉGAL
Mais c'est faux. Il y a des valeurs supérieures à d'autres et qui méritent que l'on se donne du mal et que l'on se batte pour les défendre. Où en serions-nous aujourd'hui si tous les Français avaient considéré en 1940 que, certes, ils n'avaient pas les mêmes valeurs que les nazis, mais qu'après tout toutes les valeurs étaient respectables !

IL Y A ERREUR SUR LES VALEURS
Sans aller si loin, vous pouvez croire que vous avez les mêmes valeurs qu'une amie et découvrir à vos dépens que vous vous êtes trompée. Si votre amie attache plus d'importance que vous à l'argent, si elle cherche surtout à être admirée et à épater les autres, peut-être serez-vous capable de vous en accommoder un moment ; mais peut-être aussi ne pourrez-vous pas longtemps continuer à être très amie avec elle.

POUR LA VIE
C'est pour cela qu'il est important beaucoup d'avoir les mêmes valeurs que le garçon que vous aimerez et avec lequel vous déciderez de vivre. Parce que, finalement, les valeurs guident aussi bien les gestes de la vie quotidienne que les grands choix de la vie. Et quand on a des enfants à éduquer ensemble, c'est important d'avoir envie de leur transmettre une vision de la vie et des autres fondée sur les mêmes valeurs. Il est bon d'y penser à l'avance et de savoir à quoi l'on attache de la valeur dans la vie.

VOIR AUSSI
COURAGE, ÉGALITÉ, FRATERNITÉ, HONNÊTETÉ, LIBERTÉ, TOLÉRANCE.

Vérité
Comment savoir si c'est vrai ?

● S'INFORMER

On parle de vérité en plusieurs sens et dans plusieurs domaines. En mathématiques, la vérité d'un énoncé est sa conformité au système dans lequel on se trouve. En sciences expérimentales, c'est sa conformité avec l'expérience : ce qui est vrai est ce qui permet de rendre compte de la réalité avec justesse. Mais, là encore, cette vérité doit être conforme au système dans lequel on se situe.

THÉORIES : LE CHANTIER PERMANENT

Ainsi, jusqu'au XVIe siècle, conformément à ce que l'on observait, on pensait que le Soleil tournait autour de la Terre : c'était la vérité. Copernic démonta cette conception, montrant que c'est la Terre qui tourne autour du Soleil et qu'elle tourne sur elle-même. Depuis, les astronomes ont découvert que notre système solaire n'est qu'un élément d'un Univers infini qui comporte beaucoup de soleils. Et d'autres vérités restent à découvrir pour rendre compte de ce que les spécialistes observent avec leurs instruments de plus en plus perfectionnés. Autrement dit, la vérité correspond à un moment donné de la réflexion scientifique qui élabore un système pour expliquer les phénomènes observés. Puis une nouvelle théorie est avancée, qui rend mieux compte de la réalité et devient alors la vérité du moment.

SI JE NE M'ABUSE...

Cet exemple montre que la vérité est complexe. Qu'est-ce que je peux connaître, et comment m'assurer que ma connaissance est vraie ? C'est la question que se pose la philosophie. Est-ce que je peux connaître les choses telles qu'elles sont ? Ce que je dis sur elles est-il vrai ? Ou ce qui compte, est-ce seulement que mon discours soit logique ? Suivant les réponses données à ces questions, on ne conçoit pas la vérité de la même façon.

ET MOI, JE SUIS VRAIE OU FAUSSE ?

Mais la vérité concerne aussi la manière d'agir dans la vie et avec les autres. Y a-t-il une conduite vraie et donc meilleure ? Comment être vraie dans mes rapports avec les autres, comment être moi-même, ne pas les tromper ? Toutes ces questions concernent le sens de la vie, les choix que chacun doit faire.

LA VÉRITÉ, J'Y CROIS PAS !

Face à ces choix, on peut être tenté de dire « à chacun sa vérité ». Cette attitude s'appelle le relativisme : c'est une manière de considérer qu'il n'y a pas de vérité valable pour tout le monde, ou encore que l'on ne peut pas y avoir accès. Autrement dit, qu'il n'y a pas de vérité.

LA VÉRITÉ POUR BOUSSOLE
Une autre manière de répondre est de considérer que la vérité tout entière n'est pas accessible, mais que l'on peut en atteindre une petite partie qui nous aidera à nous orienter dans la vie. Par exemple, chercher la vérité, c'est refuser les idées toutes faites, ne pas se contenter des opinions communes et réfléchir aux principes qui peuvent nous guider.

COMPRENDRE
Dans la vie courante, la vérité est le contraire du mensonge, de la tromperie. Ce n'est pas si simple que cela en a l'air : vous pouvez croire sincèrement être dans le vrai et vous tromper.
La sincérité prouve votre bonne foi, elle ne garantit pas la vérité.

MAIS AU FAIT, QUI SUIS-JE ?
À votre âge, on aspire très fort à la vérité. Vous voudriez vous comprendre vous-même et comprendre le monde, savoir d'où l'on vient, qui l'on est, où l'on va, pourquoi l'on vit et on meurt. Ce sont des questions légitimes que tout être humain se pose ; et les hommes au cours de l'histoire y ont apporté des réponses différentes, suivant l'état de leurs connaissances.

POUR VOUS AIDER À CHERCHER
À vous de chercher la réponse à ces questions en vous faisant aider par les autres. Par ceux qui ont pensé avant vous (d'où l'étude de la philosophie en terminale), par ceux qui pensent autour de vous : adultes, copains, professeurs, penseurs… Il est bon pour cela de s'intéresser aux autres, au monde extérieur, de lire des journaux, de discuter de ces questions.

JE SAIS…
QUE JE NE SAIS RIEN
Mais l'on est obligé de rester modeste : on n'aura jamais les réponses définitives à toutes les questions. C'est ce que disait Socrate : « Ce que je sais, c'est que je ne sais rien. » Il signifiait ainsi que le premier effort à faire est d'essayer de penser par soi-même, de ne pas se contenter des opinions des autres ou des idées à la mode, mais que l'on ne peut pas tout savoir : la première attitude vraie est de prendre conscience des limites de sa connaissance.

UNE AVENTURE PASSIONNANTE
Ce constat n'a pas l'air très encourageant, et pourtant il est précieux parce qu'il vous pousse à être vous-même, à forger vos idées, à chercher la vérité, à bien réfléchir à ce que vous faites, à ne pas vous laisser piéger par des idées fausses sans les avoir vérifiées et approfondies. Chercher la vérité est une attitude qui vous rend libre et maîtresse de votre vie, de vos projets et de vos choix. Et qui vous fait grandir. Pas seulement maintenant, mais aussi plus tard, parce que chercher la vérité est le vrai projet de toute une vie.

CONSEIL
Si vous avez envie de poursuivre la réflexion, si ces questions philosophiques vous intéressent, vous pouvez lire les deux livres de Yves Michaud chez Bayard jeunesse intitulés *La philo 100 % ado* et *La philo 100 % ado*, la suite.

517

VOIR AUSSI
HYPOCRISIE, IDÉAL, MENSONGE, TOLÉRANCE, VALEURS.

Viol
C'est toujours un crime !

🔴 S'INFORMER

Dans le Code pénal (article 222-3), la loi définit le viol comme « tout acte de pénétration sexuelle, de quelque nature qu'il soit, commis sur la personne d'autrui par violence, contrainte, menace ou surprise ». Un viol n'est donc pas seulement une relation sexuelle imposée par la force ou sous la contrainte d'une arme. Refuser d'entendre votre refus d'aller plus loin lors d'un échange amoureux, vous imposer un rapport sexuel que vous ne souhaitez pas vraiment, c'est déjà un viol.

UN CRIME DEVANT LA LOI

Le viol est un exemple particulièrement révoltant de la violence de l'homme, lorsqu'il fait usage de sa force et de sa brutalité pour contraindre plus faible que lui à se plier à ses désirs. Pourtant, la loi française qui fait du viol un crime à part entière est récente : elle date du 22 juillet 1992. Auparavant, on ne retenait contre le coupable que les coups et blessures et ce que l'on appelait pudiquement l'« attentat à la pudeur ».

DES VICTIMES AU FÉMININ ?

Le viol ne concerne pas uniquement les femmes : les enfants et les hommes peuvent aussi en être victimes. Dans tous les cas, il s'agit d'un usage scandaleux de la force à l'égard d'un plus faible que soi.

🔴 COMPRENDRE

Le viol est un acte révoltant parce que c'est le manque de respect le plus total que l'on peut manifester à l'égard d'une personne. En fait, c'est une négation de la dignité humaine, non seulement à l'égard de la victime, mais aussi chez le coupable puisqu'il se conduit comme une bête.

QUAND LA HONTE ATTEINT LA VICTIME

C'est d'ailleurs une situation tellement répugnante que les victimes se sentent souvent éclaboussées par le côté dégradant de l'acte et couvertes de honte alors qu'elles ne sont pas coupables. Elles se sentent salies, niées dans leur existence et leur dignité au point que souvent elles n'osent pas en parler, même à leurs proches. On estime que 20 à 25 % seulement des viols sont dénoncés et font l'objet d'une plainte.

UNE LONGUE TRADITION DE MALVEILLANCE

Il faut dire aussi que l'opinion commune a longtemps laissé entendre que les femmes violées n'étaient pas forcément des victimes tout à fait innocentes. Il leur fallait prouver qu'il y avait vraiment eu viol ; elles étaient souvent accueillies avec incrédulité, voire ironie, dans les commissariats. Parfois, on les soupçonnait même d'avoir un peu cherché leur malheur par une tenue vestimentaire ou une attitude provocantes.

PRISES AU SÉRIEUX

Aujourd'hui les choses ont changé, d'abord parce que la loi a défini le viol comme un vrai crime, et aussi parce que l'on a fait des efforts pour mieux recevoir les victimes qui portent plainte : accueil par des femmes dans les commissariats, soutien psychologique, etc. Peut-être aussi se rend-on mieux compte que le viol touche aussi de très jeunes filles, des enfants et des hommes.

POUR RETROUVER LE BONHEUR

Quand une personne a vécu cette horreur, il vaut mieux qu'elle se fasse aider pour se remettre de ce traumatisme psychologique. Sinon, elle risque de traîner toute sa vie un souvenir insupportable qui l'empêchera de vivre des relations normales avec les autres et une sexualité heureuse.

POUR S'EN SORTIR ET PROTÉGER LES AUTRES

Il est important aussi de porter plainte. Cela permet de se faire reconnaître comme victime et aussi d'aider la justice à arrêter l'agresseur, pour le punir et surtout pour l'empêcher de commettre d'autres viols. C'est une manière de se sentir utile dans son malheur, ce qui peut aider à le dépasser. Mais il s'agit d'un acte difficile. Aussi la loi accorde-t-elle aux victimes un délai important pour prendre une décision : on a 10 ans pour porter plainte et, si l'on est mineure au moment du viol, on compte 10 ans à partir de la majorité.

● CONSEILS
POUR ÉVITER LES SITUATIONS À RISQUES

- Vous faire raccompagner quand vous rentrez tard le soir.
- Éviter les rues désertes.
- Ne pas vous laisser entraîner par une bande de garçons dans un lieu retiré.
- En soirée, éviter les tête-à-tête et rester en bande.
- Éviter l'alcool et ne jamais prendre de drogue : cela fait perdre la conscience du danger. Dans les boîtes de nuit ou les soirées, ne jamais boire un verre que vous ne vous êtes pas servi vous-même.
- Quand un adulte, même connu, se fait pressant, l'éviter et en parler à un adulte de confiance.
- Ne jamais faire de stop, même à plusieurs !
- Mais ne voyez pas non plus des violeurs partout !

SI CELA ARRIVE

- En parler à ses parents, à un adulte de confiance ou à une copine.
- Se faire aider en appelant un service téléphonique (voir numéros en fin d'ouvrage).
- Porter plainte le plus tôt possible, en apportant des indices de preuve : vêtements déchirés ou souillés qui peuvent permettre d'identifier le violeur. La procédure s'accompagne d'un examen médical qui permet de recueillir des éléments de preuve.
- Se faire examiner par un médecin ; demander des tests de grossesse et de dépistage du sida et des autres MST.

● INFO +
CE QUE DIT LA LOI

Le viol est un crime qui peut valoir à l'agresseur jusqu'à 15 ans de réclusion criminelle. Si la victime a moins de 15 ans et/ou que des liens familiaux ou des rapports d'autorité unissent le violeur et la victime, ce sont des circonstances aggravantes susceptibles d'alourdir la peine. La tentative de viol est punie de la même façon s'il y a un début d'exécution interrompu par des événements extérieurs.

VOIR AUSSI
MALTRAITANCE, PÉDOPHILIE.

À SAVOIR

LA DROGUE DU VIOLEUR

Dans les soirées, il est impératif de vous méfier des boissons que l'on ne sert pas devant vous. N'importe qui peut y avoir versé une dose de GHB ou « drogue du violeur ». Ce produit incolore sans goût et sans odeur passe inaperçu. Il provoque un profond endormissement et son pouvoir hypnotique est tel qu'il anéantit toute velléité de résistance physique et psychique, et provoque une amnésie au réveil : la personne qui en a consommé ne garde que de vagues souvenirs sous forme de flashs. Le violeur peut donc accomplir son crime sans encombre et disparaître.

Violence

Parler avant de taper

● S'INFORMER

Il existe toutes sortes de violences : violence physique ou verbale, violence spontanée ou préméditée, racket, ragots, violences sexuelles, maltraitances ; mais aussi violence de la guerre, de la torture, de l'injustice. Et puis il y a des violences naturelles : violence du volcan ou de l'inondation qui détruit hommes et maisons.

LES CANONS… DE LA MODE

On peut aussi appeler « violence » tout ce que la société nous assène à travers les médias et la publicité, tout ce que l'on nomme le prêt-à-penser. Les diktats de la mode, qui veut que les filles soient grandes, maigres et bronzées, sont une violence à l'égard de toutes celles qui ne sont pas conformes à ce modèle. Même chose pour les idéaux de vie : on voudrait vous imposer comme un carcan un modèle unique de réussite (être belle, gagner beaucoup d'argent, tout en réussissant sa vie de couple et sa vie de famille !).

TOUT LE MONDE EST MÉCHANT ?

Autrement dit, la violence est partout, dans la nature et dans la société, et surtout au cœur de chaque être humain. Vous êtes sans doute impressionnée par les récits que vous offrent quotidiennement les médias, en particulier concernant la violence des jeunes. Il faut tout de même les prendre avec précaution : les médias adorent raconter des histoires horribles, sans toujours prendre la peine d'analyser honnêtement ce qui s'est passé, ni de préciser si c'est un événement courant ou exceptionnel.

POUR LES DROITS DU PLUS FAIBLE

Car la violence n'est pas une fatalité. Au cours de l'histoire, les sociétés se sont efforcées de la canaliser et de la maîtriser pour rendre la vie collective possible. D'accord, elles ont elles-mêmes exercé beaucoup de violences, mais aujourd'hui on reconnaît qu'une société civilisée doit refuser la violence et faire en sorte d'en protéger ses membres. Les lois sont faites pour cela.

NON, TU N'ÉTRANGLES PAS MARIE !

La lutte antiviolence commence en famille, par l'éducation. Vos parents vous ont appris à maîtriser votre violence naturelle, à respecter vos camarades, à ne pas leur taper dessus pour leur prendre leurs jouets. À régler un conflit autrement qu'en mordant vos frères et sœurs. Ils vous ont appris à vous expliquer, à traduire votre violence en langage civilisé.

INFO +
LA NON-VIOLENCE

La non-violence est une attitude qui prend pour modèles de grandes figures religieuses comme Jésus-Christ ou Bouddha. Elle consiste à s'interdire de répondre à une agression par une agression. Elle a inspiré des hommes célèbres du XXe siècle : Gandhi en a fait un instrument dans sa lutte contre la domination anglaise sur l'Inde, Martin Luther King y a eu recours pour combattre le racisme aux États-Unis. Plus qu'une arme politique, la non-violence était à leurs yeux une manière de vivre, de respecter les autres et de gérer les conflits par la négociation.

COMPRENDRE

De la violence, nous en avons tous en nous. Tout ce qui contrarie nos désirs, notre volonté d'être reconnu et aimé peut réveiller en nous-même cette violence. Elle peut naître parce qu'on se sent méprisé ou injustement traité. Les garçons sont plus spontanément violents que les filles, mais elles savent aussi faire mal, en paroles et parfois même en actes.

UN ENGRENAGE FÉROCE

Seulement, on sait bien que la violence entraîne la violence, comme un engrenage qui happe dès qu'on y met le doigt. Souvent, les gens violents sont des gens qui ont été eux-mêmes maltraités ; on peut très bien être tour à tour victime et coupable de violence. C'est important de prendre conscience de ce cercle vicieux et de vouloir en sortir.

LES POINGS HORS LA LOI

Mais c'est une entreprise difficile. C'est pourquoi la loi donne un cadre qui doit aider à refuser la violence. Elle interdit et sanctionne le recours à la force dans le règlement des conflits entre les personnes, elle protège les faibles contre l'agression des forts. Elle le fait plus ou moins bien parce qu'elle est une loi humaine, mais c'est à cela qu'elle est destinée.

PARLER AVANT DE GRIFFER

La loi ne suffit pas : chacun doit apprendre à maîtriser sa violence. Cela veut dire ne pas réagir au quart de tour, prendre du temps et de la distance, se mettre à la place de l'autre. Il existe néanmoins un moyen efficace à la fois pour se défendre et se faire respecter, à pratiquer en deux étapes :

Étape n° 1, réfléchir : pourquoi vous sentez-vous agressée, pourquoi avez-vous envie de frapper, de quoi voulez-vous vous venger ?

Étape n° 2, parler : quand vous avez expliqué vos griefs et écouté ceux de l'autre, il devient difficile de retourner à la violence, de regarder cette personne dans les yeux et de frapper !

HALTE À LA VIOLENCE

Ce n'est pas toujours facile d'apprendre à canaliser sa violence, surtout quand l'on voit beaucoup de violences dans les médias. Certains s'y habituent tellement qu'ils la banalisent complètement. Pour eux, la violence devient un moyen de communication comme un autre. Ils n'ont aucun remords à provoquer une bagarre ou une agression. Le phénomène du *happy slapping* a révélé que certains jeunes se réjouissent de filmer des scènes violentes et de les regarder en boucle ! Ils s'amusent de scènes monstrueuses ! Quand vous êtes témoin de violences, c'est très important de réagir et de ne pas fermer les yeux. Parlez-en à des adultes de confiance avant que cela ne dégénère. Pour lutter contre la violence qui se répand dans les collèges et les lycées, certains établissements ont mis en place des « médiateurs ». Ce sont des adultes, ou des élèves formés pour désamorcer les bagarres et aider chacun à s'expliquer calmement.

QUAND ON EST VICTIME DE VIOLENCE

On n'a pas forcément les moyens de se défendre toute seule, mais ce n'est pas une raison pour ne rien faire.

Il faut en parler à un adulte, ou appeler SOS Violence ou Allô Enfance Maltraitée (voir numéros en fin d'ouvrage).

VOIR AUSSI
FEMMES, MALTRAITANCE, TÉLÉPHONE, VIOL.

À SAVOIR

VIOLENCES FAITES AUX FEMMES

Une femme meurt tous les deux jours et demi en France sous les coups de son compagnon ou de son mari. Les violences faites aux filles sont également plus répandues qu'on ne le croit dans notre pays des droits de l'homme.
Agressées verbalement ou physiquement, battues, violées, elles paient parfois cher leur désir de vivre leur vie comme elles l'entendent sans se soumettre aux diktats des hommes. Il est même arrivé à des filles des cités de se faire violer par toute une bande de garçons (on appelle cela du joli nom de « tournantes »), voire de se faire brûler vives, pour avoir éconduit un soi-disant amoureux. Ces violences ne sont pas inéluctables : les filles ont le droit d'être libres et respectées. C'est à elles de le faire savoir et de ne jamais laisser passer une agression sans la dénoncer.

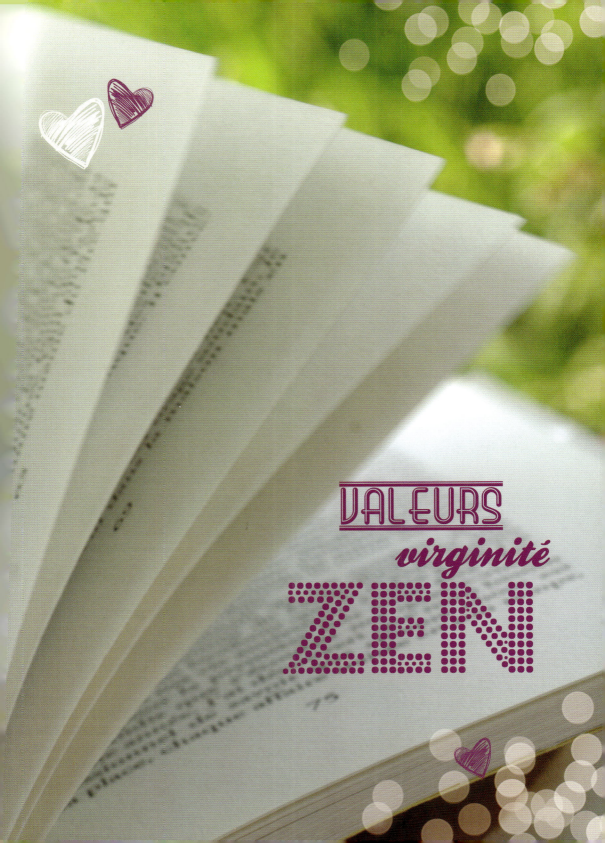

Virginité

La perdre ou la garder ?

ÊTRE VIERGE, C'EST NE **JAMAIS AVOIR EU** DE **RAPPORT SEXUEL**.

🔴 S'INFORMER

Physiologiquement, on dit qu'une jeune fille est vierge lorsque son hymen est intact. L'hymen est une fine membrane qui obstrue partiellement l'entrée du vagin. Lors du premier rapport sexuel, il se déchire au moment de la pénétration du sexe du garçon, ce qui peut produire un léger saignement.

UNE AFFAIRE DE MEMBRANE ?

Les jeunes filles qui font beaucoup de sport ont souvent un hymen très souple ou même déjà déchiré sans avoir eu de rapport sexuel. Dans ce cas, leur premier rapport sexuel se fera sans saignement, mais c'est pourtant bien à ce moment-là qu'elles cesseront d'être vierges ou, comme l'on dit, qu'elles perdront leur virginité. On ne peut donc pas réduire la virginité à une affaire de membrane.

🔴 COMPRENDRE

Nos sociétés occidentales ont attaché une grande importance à la virginité des filles. Les coutumes et les rites variaient selon les pays et les cultures, mais ils manifestaient généralement l'obligation pour les filles de rester vierges jusqu'au mariage.

LE POIDS SOCIAL DANS L'HISTOIRE

La virginité était associée symboliquement à la pureté, et donc considérée comme un bien précieux que la demoiselle offrait à son époux. C'était même souvent l'honneur de la famille de la jeune fille qui était en jeu, et c'est pourquoi différentes coutumes ont été imaginées pour attester de la virginité de la jeune épousée : exposition des draps tachés de sang le lendemain, etc.

ENFANTS : APPELLATION D'ORIGINE CONTRÔLÉE !

En réalité, la raison principale de ces pratiques était de pouvoir garantir aux hommes la filiation de leurs enfants. Si les filles ne restaient pas vierges, elles pouvaient tomber enceintes de « n'importe qui ». C'est pour la même raison que l'adultère était perçu comme plus grave quand il était commis par les femmes que par les hommes.

UN CHOIX PERSONNEL

De nos jours, dans notre société dite « libérée » où les femmes ont acquis une plus grande autonomie, on n'attache plus la même importance à la virginité puisque la contraception offre d'autres moyens de maîtriser la fécondité féminine. La robe blanche de la mariée, symbole de cette pureté virginale, n'est plus qu'un habit de fête que, vierge ou non, on peut choisir de porter pour son mariage.

PASSAGE IMPORTANT

Cela ne signifie pas que la virginité a forcément perdu tout son sens, mais c'est devenu une affaire privée. La plupart des filles continuent à accorder de l'importance au fait d'être vierge ; la perte de sa virginité est toujours un événement marquant dans la vie d'une femme. Certaines y voient simplement le signe de leur entrée dans la vie adulte et considèrent que c'est à elles seules de décider quand et avec qui elles feront ce passage.

FIDÉLITÉ PAR AVANCE

D'autres attachent une grande valeur à la virginité et souhaitent la garder pour un garçon qu'elles aimeront vraiment, avec lequel elles s'engageront durablement. Rester vierge, d'une certaine façon, c'est être fidèle par avance à celui qui sera l'homme de sa vie. C'est un très beau choix, digne de respect (et pas toujours facile à respecter !) qui donne à la relation sexuelle son sens plein d'un acte d'amour. C'est un vrai choix personnel : si vous le faites, vous ne devez pas en avoir honte mais vous n'avez pas non plus à le revendiquer comme la seule façon respectable de vivre la sexualité. Cela doit avant tout rester une affaire privée.
P.-S. : Si l'on croit que la virginité est importante, c'est aussi vrai pour les garçons que pour les filles !

● INFO+

Rester vierge, c'est bien ne pas avoir de rapports sexuels du tout. Il ne s'agit pas seulement de pénétration vaginale. Accepter de pratiquer la fellation ou la sodomie, c'est perdre sa virginité, même si l'on garde un hymen intact !

Vouloir rester vierge, c'est l'assumer complètement, sans tricher !

VOIR AUSSI
PREMIER RAPPORT SEXUEL, SEXE, SEXUALITÉ.

VRAI/FAUX

● **PLUS ON EST VIEILLE, PLUS L'HYMEN EST RÉSISTANT.**
Faux. L'hymen n'a rien à voir avec la corne aux pieds !
● **LA RUPTURE DE L'HYMEN EST TRÈS DOULOUREUSE.**
Faux. Cela dépend des filles et de la douceur ou non de la pénétration. Certaines ne ressentent aucune douleur, d'autres ont plus ou moins mal. C'est dans tous les cas une douleur supportable.
● **METTRE UN TAMPON FAIT PERDRE SA VIRGINITÉ.**
Faux. L'hymen est une petite membrane comportant un orifice par lequel s'écoule le sang des règles. Un tampon « mini » ne le rompt pas. Et quand bien même il serait rompu par un tampon, vous seriez toujours vierge ! Si vraiment cela vous inquiète, lisez attentivement le mode d'emploi inscrit sur les boîtes de tampons pour plus d'informations.

Vol

La main dans le sac

LE VOL EST LE FAIT DE **S'EMPARER DU BIEN D'AUTRUI** SUBREPTICEMENT OU PAR LA FORCE.

🟠 S'INFORMER

Il existe différents types de vols. Le vol « simple » est le vol à la tire. Quelqu'un détourne votre attention pour vous dérober votre portefeuille ou d'autres effets personnels. Le vol « aggravé », c'est par exemple le vol à l'arraché : on vous arrache votre sac ou votre portable en passant près de vous ; ou les vols commis par effraction, comme les cambriolages. Et enfin il y a les vols « qualifiés », plus graves parce qu'ils peuvent causer beaucoup plus de dommages. Il s'agit des vols commis par le recours à la violence, comme les braquages.

LE MASCARA EMPOCHÉ

Avec les nouvelles technologies, les types de vols se sont multipliés : de nos jours, un voleur un peu doué dans le domaine de l'informatique peut pirater des numéros de carte de crédit pour les utiliser lui-même. Mais il existe des vols bien moins sophistiqués et beaucoup plus courants, qui n'exigent pas d'être une pro des technologies : se servir de biscuits ou de boissons dans un supermarché, y dérober des collants, du rouge à lèvres ou des CD. C'est la même chose au lycée, quand on se sert dans la trousse de sa voisine ou que l'on s'attribue le sac de sport d'une autre.

🟠 INFO +
CE QUE DIT LA LOI

Le vol est un délit puni par la loi. La sanction varie en fonction de sa gravité et des moyens employés. Pour un vol simple, on encourt jusqu'à 3 ans d'emprisonnement et 45 000 € d'amende. Un vol commis avec violence est puni de 5 ans de prison et 75 000 € d'amende. Mais il peut y avoir des circonstances atténuantes ou aggravantes. Pour les vols avec violence, les peines encourues dépendent du préjudice causé à la victime. Elles peuvent aller jusqu'à la réclusion criminelle à perpétuité, si la victime a subi des actes de barbarie ou est décédée. Le vol est alors considéré comme un crime.

🟠 COMPRENDRE

« Qui vole un œuf vole un bœuf », dit le proverbe. En effet, le vol d'un petit objet ou d'une petite somme révèle déjà une attitude qui peut conduire à des vols plus graves. Voler, c'est ne pas respecter le bien de l'autre, et par là même ne pas respecter l'autre.

J'FAIS DE TORT À PERSONNE !

Bien sûr, quand on vole dans un supermarché, cet « autre » est indéterminé : ce n'est pas une personne, il n'a pas de visage. Même chose lorsque l'on vole du matériel scolaire ou que l'on voyage sans billet dans les transports en commun : on n'a pas l'impression de faire du tort à quelqu'un.

LE BIEN PUBLIC, C'EST CHACUN DE NOUS

Et pourtant… c'est à soi-même que l'on fait du tort. Pour ne pas subir de préjudice du fait des nombreux vols, les supermarchés en tiennent compte dans leurs prix de vente, qu'ils augmentent en proportion : chacun paie ainsi pour ceux qui volent. Quand on vole au lycée, à la cantine, quand on ne paie pas son titre de transport, on vole la société qui finance ces services, que ce soit l'éducation ou les transports publics : c'est comme si l'on se volait soi-même.

VOLER : UN DROIT POUR SOI

Mais surtout le vol est un acte qui contredit la logique des relations entre les hommes : comment vivrait-on si tout le monde se l'autorisait ? On ne pourrait pas se faire confiance les uns aux autres. Personne ne serait certain que ce qu'il possède est en sécurité. Ce serait invivable. Autrement dit, quand on vole, on s'accorde en privilège spécial et exclusif le droit de le faire, en sachant très bien que l'on ne peut pas faire de ce comportement une règle de vie valable pour tout le monde.

CES PRÉTEXTES QUI N'EN SONT PAS

Bien sûr, on se donne des tas de bonnes raisons : on n'a pas assez d'argent de poche, on est moins bien lotie que les autres, les chaînes de supermarchés sont trop riches et vendent trop cher, etc. Mais ces beaux prétextes ne suffisent pas à justifier un vol quel qu'il soit. D'ailleurs, ce ne sont pas forcément les gens qui ont le plus besoin d'argent qui volent ; il y a aussi des voleurs parmi les gens très riches !

QUAND LE VOL DEVIENT UNE MALADIE

L'envie de voler peut être forte lorsque l'on a très envie de quelque chose. Mais si elle devient permanente, si l'on se met à voler n'importe quoi, même sans avoir envie ou besoin des objets dérobés, c'est une sorte de maladie que

l'on appelle kleptomanie et qui exprime généralement une souffrance psychique plus profonde. Il faut alors se faire aider d'un thérapeute pour trouver l'origine du trouble et neutraliser ces pulsions de vol.

VOIR AUSSI
RACKET.

CONSEILS

QUAND ON A ÉTÉ VICTIME D'UN VOL :

• *Au collège, au lycée, le plus simple est d'en informer le conseiller d'éducation qui s'efforcera de trouver le coupable et de vous faire restituer l'objet. C'est lui qui décidera s'il faut porter plainte.*

• *Quand c'est un vol dans la rue, lors d'un spectacle, dans les transports en commun, vous pouvez porter plainte au commissariat de police, surtout s'il s'agit d'un objet de valeur ou d'une somme importante. Pour cela, il faut vous faire accompagner de vos parents si vous n'êtes pas majeure.*

Zen

Pas de quoi s'énerver

● S'INFORMER

Le zen est une philosophie proche du bouddhisme, qui est née en Chine au VIe siècle et s'est développée au Japon au XIIIe siècle. Elle se fonde sur la contemplation et la méditation, destinées à éliminer en soi tout désir, parce que le désir est considéré comme une source de souffrance.

DES ÎLOTS DE TRANQUILLITÉ

Le zen est étudié dans des communautés monastiques orientales, où les élèves pratiquent la peinture, la calligraphie, le jardinage… et la cérémonie du thé. Le thé est en effet considéré comme la boisson qui donne la sérénité de l'âme et sa dégustation obéit à tout un rituel.

LA NATURE À L'HONNEUR

L'intérêt de nos sociétés pour le zen a été suscité par la publication du livre d'un savant japonais, le docteur Suzuki, *Introduction au bouddhisme zen* (1934). Mais c'est surtout après la Seconde Guerre mondiale que le bouddhisme en général et le mouvement zen en particulier sont devenus à la mode en Occident. Les gens se sont mis à apprécier toutes les œuvres artistiques inspirées de la philosophie zen, qui témoignent d'une grande attention à la nature.

SANS JAMAIS GRINCER DES DENTS

Dans le langage courant, être zen signifie être cool, ne pas s'en faire, ne pas s'énerver pour rien, garder calme et moral en toutes circonstances. Cela veut dire refuser de se faire du souci à l'avance pour ce qui va arriver, ne pas se faire de scénarios catastrophes. C'est une manière de vivre où l'on prend le temps de réfléchir, sans se laisser bouleverser par les choses sans importance. Le remède antistress par excellence !

● COMPRENDRE

À votre âge, vous n'avez pas forcément tendance à être zen, avec tous vos motifs de stress : petits cadeaux physiques de la puberté, grandes questions sur l'avenir, disputes avec les parents, travail scolaire exigeant… sans parler des questions d'amour et d'amitié. Ce garçon qui n'a pas l'air de s'intéresser à vous, cette soi-disant bonne copine qui a trahi vos secrets… Avec tout cela, comment rester zen ?

FACILE, QUAND TOUT VA BIEN !

L'attitude zen serait-elle réservée aux gens pour qui la vie est un long fleuve tranquille et sans remous ? Non, il ne faut pas croire que les gens qui sont zen sont forcément des gens qui n'ont pas de soucis. Ils sont comme tout le monde ! Seulement, ils savent prendre du recul et s'efforcent de ne pas se laisser envahir par les inquiétudes de toutes sortes.

CATASTROPHES ET QUEUES DE CERISES

Pour cela, l'essentiel est de savoir trier les soucis, en définissant ce qui est important et ce qui l'est moins. D'accord, découvrir une tache sur la robe que vous vouliez porter à la prochaine soirée, ce n'est pas drôle, mais ce n'est pas non plus un drame. Une brouille avec votre meilleure amie est sûrement plus grave. Faire le ménage dans votre tête vous permet de ne pas vous laisser encombrer par des choses qui ne valent pas un coup de stress.

AVEC SANG-FROID

Ensuite, il faut aussi essayer, face à une difficulté, de bien la cerner : qu'est-ce que je peux y faire, qu'est-ce que j'ai à craindre, comment faire face ? Quand vous avez fait le tour du problème, que vous avez mis des mots sur vos peurs et vos angoisses, cela va déjà mieux. Après, vous pouvez réagir… en restant zen. Voilà qui vous donne des chances de résoudre votre problème plus facilement !

UN CADEAU POUR LES AUTRES

C'est important de ne pas vous laisser gagner par le stress. D'abord, c'est meilleur pour la santé : vous dormez mieux et vous profitez plus de la vie. Mais c'est également un cadeau à faire à ceux qui vous entourent : ils n'ont pas à supporter vos angoisses, vos sautes d'humeur… ni à se faire du souci pour vous en vous voyant crispée et morose.

UN GROS EFFORT POUR UNE VIE PLUS FACILE

En fait, quand vous faites l'effort de rester zen en toutes circonstances (enfin, presque), vous rendez les autres zen à leur tour (enfin, il y a des personnes que cela peut énerver), et la vie s'en trouve nettement facilitée. Même s'il y a des jours où vous sentez des picotements de colère à la racine des cheveux et une envie très forte de vous ronger les ongles jusqu'au sang… Pour garder son calme, l'effort est rude. Eh non, rester zen n'est pas de tout repos !

VOIR AUSSI
BONNE HUMEUR, COLÈRE, PATIENCE, SUSCEPTIBILITÉ.

BONS PLANS

• POUR RESTER ZEN

- Apprendre à ne pas réagir tout de suite quand il arrive quelque chose de stressant.
- Ne pas s'angoisser à l'avance en fantasmant sur un examen, un entretien, une rencontre intimidante : laisser venir les choses.
- Faire le tri dans votre tête entre les grands et les petits soucis.
- Apprendre à rire de vous-même et de vos folles angoisses.
- Apprendre à respirer et faire du sport.
- Vous calmer avant de dormir en prenant un bon bain ou en écoutant de la musique calme.

• QUAND LES AUTRES NE SONT PAS ZEN

- Refuser de vous laisser gagner par leur stress.
- Les faire parler de leurs angoisses : avec des mots, on chasse l'angoisse.
- S'ils font beaucoup de bruit et parlent fort, vous efforcer de continuer à parler doucement.
- Quand la famille n'est pas zen, aller voir ailleurs pour vous calmer : dans votre chambre, avec une bonne amie ou quelques copains qui ne stressent pas.
- Et vous faire un thé… puisque c'est la boisson zen par excellence !

Numéros utiles

ALCOOL

Les Alcooliques Anonymes
Tél. : 0 820 32 68 83
Permanence téléphonique
7 j/7, 24 h/24.
www.alcooliques-anonymes.fr

Drogues-Alcool-Tabac
Drogues info Service
Tél. : 0 800 23 13 13
Appel anonyme et gratuit d'un poste fixe dans toute la France.
7 j/7, de 8 h à 2 h du matin.
D'un téléphone portable :
01 70 23 13 13. Prix d'une communication ordinaire.
www.drogues.gouv.fr

Écoute Alcool
Tél. : 0811 91 30 30
Prix d'une communication locale depuis un fixe.
7 j/7, de 14h à 2h.

Fil Santé Jeunes
Tél. : 01 44 93 30 74
7 j/7, de 8 h à minuit ;
appel anonyme et gratuit d'un poste fixe, coût d'une communication ordinaire depuis un portable.

ANOREXIE-BOULIMIE

Fil Santé Jeunes
Tél. : 32 24
7 j/7, de 8 h à minuit ;
appel anonyme et gratuit d'un poste fixe ou d'une cabine téléphonique dans toute la France.
www.filsantejeunes.com

BÉNÉVOLAT

France bénévolat
127, rue Falguière (hall B1)
75 015 Paris.
Tél. : 01 40 61 01 61
www.francebenevolat.org
Mais aussi plus près de chez vous, vous pouvez vous renseigner auprès de :
- votre mairie,
- votre paroisse (l'église la plus proche de votre domicile) ou une organisation religieuse dont vous vous sentez proche.

CONTRACEPTION

Fil Santé Jeunes
Tél. : 32 24
7 j/7, de 8 h à minuit ; appel anonyme et gratuit d'un poste fixe ou d'une cabine téléphonique dans toute la France.

Ou depuis un portable :
01 44 93 30 74. Prix d'une communication ordinaire.

DROGUES

Drogues-Alcool-Tabac
Drogues info Service
Tél. : 0 800 23 13 13
Appel anonyme et gratuit d'un poste fixe dans toute la France.
D'un téléphone portable :
01 70 23 13 13. Prix d'une communication ordinaire.

Écoute Cannabis
Tél. : 0 811 91 20 20
Prix d'une communication locale. Cellule ouverte 7 j/7 de 8 h à 20 h.
www.drogues.gouv.fr

DROITS

Pour se renseigner sur les conseils municipaux d'enfants et de jeunes, contacter :
Association nationale des conseils d'enfants et de jeunes (Anacej)
105, rue Lafayette
75 010 Paris.
Tél. : 01 56 35 05 35

www.anacej.asso.fr

Atteinte aux droits d'un enfant ou d'un adolescent (viol, inceste, abus sexuels) :

Allô Enfance Maltraitée
Tél. : 119. Appel anonyme et gratuit dans toute la France, 24 h/24.
www.allo119.gouv.fr

FUGUE
Fil Santé Jeunes
Tél. : 32 24
7 j/7, de 8 h à minuit ;
appel anonyme et gratuit d'un poste fixe ou d'une cabine téléphonique dans toute la France.
Ou depuis un portable :
01 44 93 30 74. Prix d'une communication ordinaire.

INCESTE
Allô Enfance Maltraitée
Tél. : 119. Appel anonyme et gratuit dans toute la France, 24 h/24.

Viol Femmes Informations
Tél. : 0 800 05 95 95
Du lundi au vendredi de 10 h à 19 h, appel anonyme et gratuit. S'adresse aussi aux enfants et aux jeunes victimes d'agressions sexuelles et leur propose une aide juridique.
www.cfcv.asso.fr

MALTRAITANCE
Allô Enfance Maltraitée
Tél. : 119. Appel anonyme et gratuit dans toute la France, 24 h/24.

MST
Fil Santé Jeunes
Tél. : 32 24
7 j/7, de 8 h à minuit ;
appel anonyme et gratuit d'un poste fixe ou d'une cabine téléphonique dans toute la France.
Ou depuis un portable :
01 44 93 30 74. Prix d'une communication ordinaire.

Sida Info Services
Tél. : 0 800 840 800
7 j/7 ; 24 h/24.
Appel anonyme et gratuit de toute la France.
www.sida-info-service.org

PROSTITUTION
Fondation Scelles
21, rue du Château d'eau
75010 Paris
Tél. : 01 44 52 56 40
vww.fondationscelles.org

SOS Femme Accueil
www.sosfemmes.com

RACISME
SOS-Racisme
51 avenue de Flandre
75019 Paris.
Tél. : 01 40 35 36 55
www.sos-racisme.org
Du lundi au vendredi, de 9 h à 18h.

Mrap (Mouvement contre le racisme et pour l'amitié entre les peuples)
43, boulevard Magenta
75 010 Paris.
Tél. : 01 53 38 99 99
www.mrap.asso.fr
Du lundi au vendredi
de 10 h à 12 h 30
et de 14 h à 17 h 30.

Licra (Ligue internationale contre le racisme et l'antisémitisme)
42, rue du Louvre
75 001 Paris.
Tél. : 01 45 08 08 08
www.licra.org
Du lundi au jeudi de 10 h à 18 h et le vendredi de 10 h à 17 h.

RACKET
Jeunes Violences Écoute
Tél. : 0 800 20 22 23
7 j /7, de 8 h à 23 h ;
appel anonyme et gratuit sauf depuis un portable.
www.jeunesviolencesecoute.fr

SECTES
Pour apprendre à reconnaître les méthodes des sectes, consulter le site ministériel :
www.miviludes.gouv.fr

Pour vous informer ou vous faire aider si un membre de votre entourage est entré dans une secte, vous pouvez vous adresser à :

Unadfi (Union nationale des associations de défense des familles et de l'individu victimes de sectes)
Basée à Paris, elle a des antennes dans toute la France.
Tél. : 01 44 92 35 92
Du lundi au vendredi, de 10 h à 12 h 30, 14 h à 17 h.
www.unadfi.org

SPORT
Vous pouvez vous renseigner sur les sections sportives scolaires auprès du CIO de votre établissement ou du rectorat de votre académie dont vous trouverez les coordonnées sur le site du ministère de l'Éducation nationale :
www.education.gouv.fr

SUICIDE
Fil Santé Jeunes
Tél. : 32 24
7 j/7, de 8 h à minuit ;
appel anonyme et gratuit d'un poste fixe ou d'une cabine téléphonique dans toute la France. Ou depuis un portable :
01 44 93 30 74. Prix d'une communication ordinaire.

SOS Amitié
Tél. : 01 42 96 26 26
Écoute 7 j/7, 24 h/24
Appel anonyme ; coût d'une communication locale.
www.sos-amitie.org

Suicide Écoute
Tél. : 01 45 39 40 00
Écoute 7 j/7, 24 h/24.
www.suicide-ecoute.fr

TABAC
Drogues-Alcool-Tabac
Info Service
Tél. : 0 800 23 13 13
Appel anonyme et gratuit d'un poste fixe dans toute la France. D'un téléphone portable :
01 70 23 13 13. Prix d'une communication ordinaire.

Tabac Info Service
Tél. : 39 89
www.tabacinfoservice.fr
Du lundi au samedi de 9 h à 20 h ;
0,15 euros / minute.

VIOLENCE
Jeunes Violences Écoute
Tél. : 0 800 20 22 23
7 j/7, de 8 h à 23 h ;
appel anonyme et gratuit de toute la France.
www.jeunesviolencesecoute.fr

Allô Enfance Maltraitée
Tél. : 119. Appel anonyme et gratuit dans toute la France, 24 h/24.

Fil Santé Jeunes
Tél. : 32 24
7 j/7, de 8 h à minuit ;
appel anonyme et gratuit d'un poste fixe ou d'une cabine téléphonique dans toute la France.
Ou depuis un portable :
01 44 93 30 74. Prix d'une communication ordinaire.

Numéros utiles au Québec

ALCOOL
Les alcooliques anonymes
Tél. : 514 376-9230
www.aa-quebec.org

ANOREXIE-BOULIMIE
Association québécoise d'aide aux personnes souffrant d'anorexie nerveuse et de boulimie
114, avenue Donegani
Pointe-Claire, Qc
Tél. : 1 800 630-0907
www.anebquebec.com

HOMOSEXUALITÉ
Ados Gay Québec
Forum de discussion et liens pour groupes de soutien à travers le Québec
www.gayquebec.com
http://www.gayquebec.aneantis.com

Centre de solidarité lesbienne
4126, Saint-Denis, bureau 301
Montréal, Qc
Tél. : 514 526-2452
www.solidaritelesbienne.qc.ca

INTIMIDATION-DROGUE-SUICIDE-GROSSESSE
Tél-Jeunes
Porte-parole : Marina Orsini
Tél. : 1 800 263-2266
www.teljeunes.com

Jeunesse, j'écoute
Tél. : 1 800 668-6868
www.jeunessejecoute.ca

POISON
Centre antipoison du Québec
Tél. : 1 800 463-5060
24 h/24, 7 j/7

SUICIDE
Suicide-action Montréal
Ligne d'urgence 24 h/24 et 7 j/7
Tél. : 514 723-4000
www.suicideactionmontreal.org

Tél-écoute
Tél. : 514 493-4484
www.tel-ecoute.org

Association québécoise de prévention du suicide
1 866 APPELLE
(1 866 277-3553)
www.aqps.info

VIOL
Viol secours
Tél. : 418 522-2120
www.violsecours.qc.ca

VIOLENCE-INCESTE
Direction de la protection de la jeunesse
360, rue Saint-Jacques, 2ᵉ étage
Montréal, Qc
Tél. : 1 800 361-6477
www.cdpdj.qc.ca

Index

Mots de filles

A

À la page (▶ Mode)
Absolu (▶ Idéal)
Abus sexuel (▶ Inceste, Maltraitance, Pédophilie, Viol)
Accident (▶ Alcool, Deux-roues)
Accouchement sous X (▶ Adoption)
Achats (▶ Shopping)
Acné 72
Acteurs (▶ Cinéma, Séries télé, Star, Télévision)
Activités (▶ Ennui, Vacances)
Admiration (▶ Adulte, Star)
Adolescence (▶ Âge ingrat, Puberté)
Adoption 74
Adulte 76
Affreuse (▶ Complexes)
Âge bête (▶ Âge ingrat)
Âge ingrat 80
Agression (▶ Racket, Viol, Violence)
Agressivité 81
Aider (▶ Solidarité)
Alcool 83
Altruisme (▶ Solidarité)

Ambition 86
Amitié (▶ Copains, Copines, Meilleure amie)
Amour 88
Amoureuse 92
Amour-propre (▶ Honte, Narcissisme)
Angoisse 94
Anniversaire (▶ Cadeau, Fête)
Anorexie/Boulimie 96
Antisémitisme (▶ Racisme)
Anxiété (▶ Angoisse)
Apéritif (▶ Alcool)
Appareil dentaire 99
Apparence (▶ Look)
Apprentissage 101
Argent de poche 104
Ascendant (▶ Horoscope)
Assurance (▶ Confiance, timidité)
Athée (▶ Dieu, Religion)
Attendre un enfant (▶ Grossesse précoce)
Attouchements (▶ Inceste, Maltraitance, Pédophilie)
Audace (▶ Courage)

Auto-école (▶ Permis de conduire)
Autonomie (▶ Autorité, Confiance, Liberté)
Autorisation (▶ Autorité, Sorties)
Autorité 107
Avenir (▶ Ambition, Études, Mariage)
Avortement 109

B

Baby-sitting 112
Baccalauréat 115
Balance (▶ Kilos)
Bande (▶ Copains, Copines)
Banlieue (▶ Cité)
Battante (▶ Courage)
Bazar 118
Beau-père / Belle-mère . . 120
Beauté (▶ Look, Maquillage, Parfum)
Bébé (▶ Baby-sitting, Désir d'enfant, Fécondité)
Bénévolat (▶ Solidarité)

BEPC (▶ Brevet)
Bien et mal (▶ Conscience, Droit)
Bière (▶ Alcool)
Blog. 122
Blonde (▶ Cheveux)
Blues 124
Bobard (▶ Mensonge)
Bonheur 126
Bonne humeur 128
Bordélique (▶ Bazar)
Bouche (▶ Maquillage)
Bouddhiste (▶ Religion)
Bouder 130
Boulimie (▶ Anorexie)
Boulot (▶ Devoirs)
Bouquins. 132
Boutons (▶ Acné)
Boxon (▶ Bazar)
Braquage (▶ Vol)
Brevet 136
Brouille (▶ Bouder, Engueulade)
Bruits qui courent (▶ Critiques)
Brune (▶ Cheveux)
Brushing (▶ Cheveux)

C

Cadeau 138
Cafard (▶ Blues)
Calme (▶ Sommeil, Zen)
Calories (▶ Régime)
Cambriolage (▶ Vol)
Camping (▶ Vacances)
Cancre (▶ Redoublement)
Cannabis. 140
Capote anglaise (▶ Préservatif)
Caractère (▶ Identité)
Carences (▶ Régime)
Caresse. 143

Carrière (▶ Ambition)
Casser avec (▶ Chagrin d'amour)
Casser quelqu'un (▶ Critiques)
Cauchemar (▶ Rêve)
Célébrité (▶ Star, Téléréalité)
Chagrin d'amour 146
Chagrin (▶ Blues)
Chambre à soi. 148
Chantage (▶ Racket)
Chanteurs (▶ Concert, Musique, Star)
Chaussures (▶ Shopping, Soldes)
Cheveux 150
Chlamydiae (▶ MST)
Choix (▶ Conscience, Responsabilité, Valeurs)
Chrétienne (▶ Religion)
Chute de cheveux (▶ Cheveux)
Cigarette 153
Cinéma 156
Cité 163
Citoyenne (▶ Majorité, Politique)
Clitoris (▶ Désir, Fille/Garçons, Sexe)
Cocaïne (▶ Drogue, Concert)
Code (▶ Permis de conduire)
Cœur (▶ Meilleure amie, Amour, Amoureuse, Désir, Sortir avec)
Coiffure (▶ Cheveux)
Colère (▶ Agressivité, Patience, Révolte, Susceptibilité, Violence)
Collège (▶ Brevet, Lycée, Orientation)
Colonies (▶ Vacances)
Coloration (▶ Cheveux)
Compassion (▶ Pitié)
Communication (▶ Blog, Téléphone)
Complexes 166

Compte en banque (▶ Argent de poche)
Concert. 168
Condom (▶ Préservatif)
Conduite accompagnée (▶ Permis de conduire)
Confiance 170
Confidente (▶ Meilleure amie)
Confidentiel (▶ Secrets)
Conscience 172
Conseil de classe (▶ Déléguée de classe, Redoublement)
Contraception. 174
Contrainte (▶ Autorité, Liberté, Loi)
Cool (▶ Zen)
Copains. 177
Copines. 179
Coquetterie (▶ Look, Maquillage, Parfum)
Corps. 182
Correspondant (▶ Séjour linguistique)
Coup de cœur (▶ Amoureuse)
Coup de fil (▶ Téléphone)
Coup de foudre (▶ Amour, Amoureuse, Passion)
Coupe (▶ Cheveux)
Couple (▶ Amour, Amoureuse, Désir, Fidélité, Mariage, Premier baiser, Premier rapport sexuel, Sortir avec)
Courage. 185
Courrier (▶ Meilleure amie)
Cours de conduite (▶ Permis de conduire)
Cours (▶ Lycée)
Courses (▶ Shopping)
Crack (▶ Drogue)
Crampes d'estomac (▶ Mal de ventre)
Crevée (▶ Fatigue)

Crise d'adolescence (► Âge ingrat, Révolte)
Critiques 187
Croire (► Dieu, Foi, Prière, Religion, Valeurs)
Cruauté (► Violence)
Cuisine 189
Culot (► Courage)
Cunnilingus (► Sexe)
Culte (► Cinéma, Musique, Télévision, Star)
Cycle menstruel (► Fécondité, Règles)

D

Déception amoureuse (► Râteau)
Décès (► Deuil, Mort)
Décision (► Conscience, Courage)
Déclaration d'amour. . . . 191
Défi (► Courage)
Défouler (se) (► Fête, Sport)
Déjeuner (► Repas)
Déléguée de classe. 194
Délicatesse (► Respect)
Délinquance (► Racket, Vol)
Déménager 196
Demi-frères et demi-sœurs (► Beau-père, Divorce, Frères et sœurs)
Démocratie (► Politique)
Dentiste (► Appareil dentaire)
Déodorant (► Transpiration)
Dépendance (► Alcool, Drogue, Cigarette)
Dépenses (► Argent de poche, Shopping)
Dépression (► Blues)
Déprime (► Blues)
Dermatologue (► Acné)
Désintérêt (► Blues, Ennui)

Désir 198
Désir d'enfant 200
Désordre (► Bazar)
Détente (► Ennui, Sorties, Vacances)
Détermination (► Courage)
Détresse (► Blues, Suicide)
Deuil 202
Deux-roues 204
Devoir (► Droit)
Devoirs 207
Dieu 210
Différences (► Égalité, Femmes, Racisme, Tolérance)
Dignité (► Droit, Femmes, Respect)
Dimanche blues (► Blues)
Dîner (► Repas)
Discrétion (► Confiance, Meilleure amie, Respect, Secrets)
Discrimination (► Racisme)
Dispute (► Engueulade)
Divorce 212
Dormir (► Sommeil)
Doute (► Angoisse, Conscience, Honte)
Drague (► Sortir avec)
Drogue 214
Droite (► Politique)
Droit 218

E

Échange scolaire (► Séjour linguistique)
Échec scolaire (► Redoublement)
Éclater (s') (► Sorties, Vacances)
École (► Études, Lycée)
Écologie. 220
Écoute (► Meilleure amie)
Ecstasy (► Drogue)

Égalité 222
Égocentrique (► Égoïsme, Narcissisme)
Égoïsme. 224
Éjaculation (► Premier rapport sexuel, Sexe)
Élections (► Politique)
E-mail (► Internet)
Émancipation (► Liberté, Majorité)
Émission (► Séries télé, Télévision, Téléréalité)
Enceinte (► Avortement, Grossesse précoce)
Enfant battu (► Maltraitance)
Enfants (► Fécondité)
Engagement (► Amour, Fidélité, Mariage, Responsabilité)
Engueulade 226
Ennui 228
Ensemble (► Solidarité)
Enterrement (► Deuil)
Entraînement (► Patience, Sport)
Envie (► Jalousie)
Environnement (► Écologie)
Épilation (► Poils)
Épuisée (► Fatigue)
Équilibre (► Régime, Sommeil)
Érection (► Désir, Copains, Premier rapport sexuel, Sexe)
Érotique (► Désir, Pornographie)
Établissement scolaire (► Lycée)
Études 230
Examen gynécologique (► Gynécologue)
Examen (► Baccalauréat, Brevet)
Excuse (► Pardon)
Exigence (► Courage)

Exposé (◯ Devoirs, Timidité)

F

Facebook 232
Fac (◯ Études, Orientation)
Faire l'amour (◯ Plaisir, Premier rapport sexuel, Sexe, Sexualité)
Faire la gueule (◯ Bouder)
Famille. 234
Fan (◯ Cinéma, Musique, Télévision, Star)
Fanatisme (◯ Violence)
Fantasme (◯ Rêve, Pornographie)
Fatigue. 236
Faux-cul (◯ Hypocrisie)
Faux-jeton (◯ Hypocrisie)
Fécondation (◯ Règles)
Fécondité. 238
Fellation (◯ Sexe)
Féministe (◯ Femmes, Sexisme)
Femmes. 241
Fête 246
Feuilleton (◯ Séries télé, Télévision)
Fidélité. 248
Fierté (◯ Ambition)
Fille au pair (◯ Baby-sitting, Séjour linguistique)
Fille/Garçon 250
Fille-mère (◯ Grossesse précoce)
Films (◯ Cinéma, Râteau)
Flirt (◯ Sortir avec)
Foi 254
Fond de teint (◯ Maquillage)
Force (◯ Courage)
Forfait (◯ Téléphone)
Fouillis (◯ Bazar)
Franchise (◯ Honnêteté, Mensonge)
Fraternité. 256
Frères et sœurs 258
Friandises (◯ Régime)
Fringues (◯ Shopping, Soldes)
Fugue 260
Fumer (◯ Cannabis, Cigarette)

G

Gagner (◯ Ambition, Courage)
Garçons (◯ Copains, Filles-garçons)
Garde d'enfants (◯ Baby-sitting)
Gauche (◯ Politique)
Générosité (◯ Solidarité)
Glauque (◯ Blues, Gothique)
Gothique. 263
Gouvernement (◯ Politique)
Grande (◯ Taille)
Grands-parents 265
Grasse matinée (◯ Blues, Fatigue, Sommeil)
Grignotage (◯ Kilos, Régime)
Grosse (◯ Kilos)
Grossesse précoce 268
Groupe (◯ Musique, Star)
Guerre (◯ Paix, Violence)
Gynécologue. 270

H

Haine (◯ Violence)
Harcèlement sexuel (◯ Inceste, Pédophilie, Viol)
Haschich (◯ Cannabis, Drogue)
Hépatite B (◯ MST)
Héroïne (◯ Drogue)
Héros (◯ Cinéma, Musique, Télévision, Star)
Herpès génital (◯ MST)
Histoire d'amour (◯ Amoureuse)
HIV (◯ Sida)
Hold-up (◯ Vol)
Homme (◯ Fille et garçon)
Homosexualité 272
Honnêteté. 274
Honte 276
Humanitaire (◯ Solidarité)
Humour (◯ Bonne humeur)
Hygiène (◯ Cheveux, Transpiration)
Hymen (◯ Premier rapport sexuel, Virginité)
Hypocrisie. 278

I

Idéal. 280
Identité 282
Idole (◯ Cinéma, Musique, Télévision, Star)
Illégalité (◯ Drogue, Droit, Téléchargement)
Image de soi (◯ Identité, Narcissisme)
Impatience (◯ Patience)
Inceste 284
Inconscient 286
Indépendance (◯ Liberté)
Inégalités (◯ Égalité)
Information (◯ Journaux, Télévision)
Injures (◯ Violence)
Injustice (◯ Égalité, Justice)
Insomnies (◯ Fatigue, Sommeil)
Insultes (◯ Violence)
Interdictions (◯ Autorité, Droit, Loi, Sorties)
Internet 288

Interruption Volontaire de Grossesse (⊙ Avortement)
Introverti (⊙ Complexes, Honte, Timidité)
Invitation (⊙ Cuisine, Fête)
Isolement (⊙ Solitude)
IVG (⊙ Avortement)
Ivresse (⊙ Alcool)

J

JAPD (⊙ Rendez-vous citoyen)
Jalousie 293
Jardin secret (⊙ Meilleure amie)
Joie (⊙ Bonheur)
Joint (⊙ Cannabis, Fête)
Journée d'appel de préparation à la défense (⊙ Rendez-vous citoyen)
Journaux 295
Juive (⊙ Religion)
Justice 297

K

Kilos 299

L

Laideur (⊙ Complexes)
Langues (⊙ Séjour linguistique)
Larguer (⊙ Rompre)
Lassitude (⊙ Ennui)
Lecture (⊙ Bouquins, Journaux, Mag)
Lesbienne (⊙ Homosexualité)
Lettres (⊙ Meilleure amie)
Liberté 301
Lingerie (⊙ Seins)

Littérature (⊙ Bouquins)
Livres (⊙ Bouquins)
Loi 303
Loisirs (⊙ Ennui)
Look 305
Loyauté (⊙ Fidélité)
LSD (⊙ Drogue)
Lycée 310

M

Macho (⊙ Sexisme)
Mag. 312
Magasins (⊙ Shopping)
Magazines (⊙ Journaux, Mag)
Maigre (⊙ Kilos)
Maison (⊙ Chambre à soi, Famille)
Maîtrise de soi (⊙ Zen)
Majorité 314
Mal de tête 316
Mal de ventre 318
Mal fichue (⊙ Complexes)
Maladies sexuellement transmissibles (⊙ MST, Préservatif)
Malaise (⊙ Blues)
Maltraitance 320
Maquillage 322
Mariage 326
Marijuana (⊙ Cannabis)
Marques (⊙ Look, Mode, Soldes)
Mascara (⊙ Maquillage)
Masturbation (⊙ Sexe)
Maternité (⊙ Désir d'enfant, Grossesse précoce, Mère)
Maturité (⊙ Responsabilité)
Mauvaise humeur (⊙ Bonne humeur)
Mecs (⊙ Copains)
Médecin (⊙ Gynécologue)

Média (⊙ Journaux, Télévision)
Médisances (⊙ Critiques)
Méditation (⊙ Prière)
Médiums (⊙ Spiritisme)
Meilleure amie 328
Mémoire (⊙ Devoirs)
Ménopause (⊙ Fécondité)
Mensonge 330
Menu (⊙ Régime, Repas)
Mer (⊙ Vacances)
Mère 332
Métier (⊙ Apprentissage, Études, Orientation)
Migraine (⊙ Mal de tête)
Mince (⊙ Kilos)
Mixité (⊙ Filles-garçons)
Mobylette (⊙ Deux-roues)
Moche (⊙ Complexes, Narcissisme)
Mode. 335
Montagne (⊙ Vacances)
Moquerie (⊙ Critiques, Susceptibilité, Violence)
Moral à zéro (⊙ Blues)
Morale (⊙ Conscience, Droit)
Mort 340
Motivée (⊙ Courage)
Moto (⊙ Deux-roues)
MST 342
Musique 346
Musulmane (⊙ Religion)
Mythomanie (⊙ Mensonge)

N

Narcissisme 351
Nature (⊙ Écologie)
Nez (⊙ Complexes)
Nicotine (⊙ Cigarette)
Nourriture (⊙ Régime, Repas)
Nuit (⊙ Sommeil)

O

Obéir (○ Autorité)
Opinion (○ Critique, Liberté, Politique, Respect, Tolérance)
Ordres (○ Autorité, Droit)
Oreilles (○ Musique)
Organisation (○ Devoirs, Fête)
Orgasme (○ Plaisir, Sexe)
Orientation 354
Orpheline (○ Deuil)
Orthodontiste (○ Appareil dentaire)
Ovulation (○ Fécondité, Règles)

P

Paix 356
Paranoïa (○ Susceptibilité)
Pardon 358
Parents 361
Parents adoptifs (○ Adoption)
Paresse 364
Parfum 366
Partage (○ Fraternité, Solidarité)
Passion 368
Patience 370
Peau 372
Pédé (○ Homosexualité)
Pédophilie 374
Peine (○ Blues)
Pénétration (○ Premier rapport sexuel, Sexe, Virginité)
Père 376
Perfection (○ Idéal)
Performance (○ Sport, Courage)
Permanente (○ Cheveux)
Permis de conduire 378
Persévérance (○ Patience, Courage)
Personnalité (○ Identité)
Pétard (○ Cannabis)
Petit ami (○ Premier baiser, Sortir avec)
Petit boulot (○ Argent de poche, Baby-sitting)
Petite (○ Taille)
Peur (○ Angoisse, Timidité)
Philosophie (○ Vérité)
Physique (○ Corps, Peau)
Piercing 380
Pilule 382
Piquer (○ Vol)
Pitié 385
Plage (○ Vacances)
Plaisir 387
Poids (○ Cuisine, Kilos)
Poils 390
Point noir (○ Acné)
Poitrine (○ Seins)
Politesse (○ Hypocrisie, Repas, Respect)
Politique 393
Pollution (○ Écologie)
Pornographie 396
Portable (○ Téléphone)
Pot (○ Alcool)
Potes (○ Copains)
Poudre (○ Maquillage)
Préliminaires (○ Caresse, Sexe)
Premier baiser 398
Premier rapport sexuel . . 400
Prépa (○ Études)
Préservatif 403
Presse (○ Journaux, Mag)
Problèmes de filles (○ Gynécologue)
Professeurs (○ Lycée)
Professionnel (○ Orientation)
Promesse (○ Fidélité, Mariage)
Prostitution 406
Prudence (○ Alcool, Deux-roues)

Psy (○ Inconscient, Suicide)
Puberté 408
Publicité (○ Télévision)
Pudeur 410
Punition (○ Sanction)

Q

Quête spirituelle (○ Dieu, Foi, Religion)
Quotient pondéral (○ Kilos)

R

Racisme 412
Racket 414
Radio 416
Rage (○ Patience, Révolte, Susceptibilité, Violence)
Ragots (○ Critiques)
Rangement (○ Bazar)
Rasant (○ Ennui)
Râteau 418
Rave (○ Concert)
Rebelle (○ Révolte)
Réconciliation (○ Pardon)
Redoublement 420
Régime 422
Règlement (○ Loi)
Règles 426
Regret (○ Honte)
Religion 429
Remariage (○ Beau-père / Belle-mère, Divorce)
Remords (○ Honte)
Rendez-vous citoyen 432
Repas 434
Repas de famille (○ Repas)
Repli sur soi (○ Honte, Timidité)
Repos (○ Fatigue, Sommeil)
République (○ Politique)

541

Respect 436
Responsabilité. 438
Restaurant (◯ Sorties)
Retraités (◯ Grands-parents)
Réussite (◯ Courage)
Rêve. 440
Révolte 442
Romans (◯ Bouquins)
Rompre. 444
Rouge à lèvres (◯ Maquillage)
Rousse (◯ Cheveux)
Rumeurs (◯ Critiques)
Rupture (◯ Chagrin d'amour, Divorce)

S

Sanction 446
Savoir-vivre (◯ Hypocrisie, Respect)
Scooter (◯ Deux-roues)
Secrets 448
Séduction (◯ Désir, Parfum)
Seins 450
Séjour linguistique 452
Sentiments (◯ Amour, Amoureuse, Déclaration d'amour)
Séparation (◯ Divorce)
Séries télé. 454
Serment (◯ Fidélité, Mariage)
Séropositif (◯ Sida)
Service national (◯ Rendez-vous du citoyen)
Service (◯ Solidarité)
Serviettes hygiéniques (◯ Règles)
Sexe 458
Sexisme 460
Sexualité 462
Shit (◯ Cannabis)
Shopping. 464
Sida 468
Sincérité (◯ Honnêteté)

Ski (◯ Vacances)
Sodomie (◯ Pornographie, Sexe)
Sœurs (◯ Frères et sœurs)
Soins corporels (◯ Maquillage)
Soirées (◯ Fête, Concert, Sorties)
Soldes 470
Solidarité. 472
Solitude. 474
Sommeil 476
Somnifères (◯ Fatigue, Sommeil)
Sorties 478
Sortir avec 480
Soutien-gorge (◯ Seins)
Spermatozoïde (◯ Fécondité, Filles-garçons, Copains)
Spiritisme (◯ Gothique)
Spleen (◯ Blues)
Sport 482
Stages (◯ Orientation)
Star 486
Stérilité (◯ Adoption, Fécondité)
Stress (◯ Angoisse, Zen)
Style (◯ Look, Mode)
Styliste (◯ Mode)
Succès (◯ Courage)
Sueur (◯ Transpiration)
Suicide. 488
Supporter (◯ Tolérance)
Surdoué (◯ Redoublement)
Surfer (◯ Blog, Internet, Téléchargement)
Susceptiblité 490
Système judiciaire (◯ Justice)

T

Tabac (◯ Cigarette)
Tact (◯ Respect)
Taille 492
Talents (◯ Ambition)

Tampons (◯ Règles)
Taper sur (◯ Critiques)
Tatouage 494
Techno (◯ Musique, Concert)
Technival (◯ Concert)
Téléchargement. 496
Téléphone 498
Télé réalité. 501
Télévision 503
Temps libre (◯ Ennui, Sorties, Vacances)
Tendance (◯ Mode)
Tenue de soirée (◯ Fête)
Terrorisme (◯ Violence)
Tête de turc (◯ Violence)
Têtue (◯ Courage)
Teuf (◯ Fête)
Timidité 505
Tolérance. 507
Toxico (◯ Drogue)
Trac (◯ Timidité)
Trahison (◯ Fidélité)
Traits (◯ Visage)
Tranquille (◯ Zen)
Transpiration. 510
Travail (◯ Devoirs, Orientation)
Tristesse (◯ Blues)
Troubles alimentaires (◯ Anorexie)
Troubles digestifs (◯ Mal de ventre)
Troubles du sommeil (◯ Sommeil)

U

Université (◯ Études)
Utérus (◯ Fécondité)

V

Vacances 512
Vagin (▸ Fécondité)
Valeurs. 514
Vanité (▸ Égoïsme, Narcissisme)
Vélo (▸ Deux-roues)
Vérité. 516
Vespa (▸ Deux-roues)
Vêtements (▸ Look, Mode, Shopping, Soldes)
Victime (▸ Maltraitance, Pédophilie, Viol, Violence)
Vin (▸ Alcool)
Viol 518
Violence 520
Virginité 524
Visage (▸ Maquillage)
Vogue (▸ Mode)
Vol. 526
Volonté (▸ Courage)
Vote (▸ Majorité, Politique)
Voyage linguistique (▸ Séjour linguistique)
Voyage (▸ Vacances)
Vrai (▸ Vérité)

W

Web (▸ Blog, Internet, Téléchargement)
Week-end (▸ Ennui, Fatigue, Repas)

X

X, Films, Magazines, etc (▸ Pornographie)

Y

Yeux (▸ Maquillage, Visage)

Z

Zen 528
Zic (▸ Musique)

543

Crédits photographiques de la partie « Mots »

Toutes les photos sont de Lionel Antoni.
© Lionel Antoni/Elisabeth Hebert (stylisme)

Sauf les photos pp. 190, 425, 527 : © Lionel Antoni/Anne Favier (stylisme)
Pp. 215, 357, 521 : © Lionel Antoni/Ralph Delval (stylisme)
Pp. 500 : © Lionel Antoni/Sophie Roche (stylisme)
Pp. 377 : © Lionel Antoni/Franck Schmitt (stylisme)

Pp. 73, 89, 97, 105, 113, 136, 139, 157, 201, 206, 229, 237, 253, 266, 315, 352, 373, 414, 423, 424, 435, 511, 513, 525, 539 :
© Claire Curt/Franck Schmitt (stylisme)

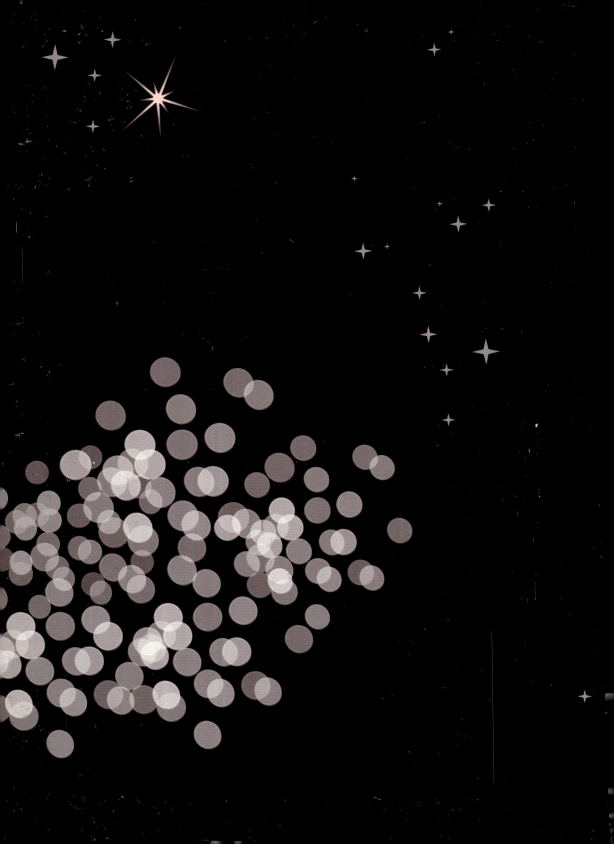